Hervé This-Benckhard
Rätsel und Geheimnisse der Kochkunst

PIPER

Zu diesem Buch

Warum wird der Braten braun? Wodurch entsteht Wohlgeschmack? Wie gelingen Soufflé, Blätterteig und Aspik? Letztlich sind das Fragen an die Chemie und Physik. Hervé This-Benckhard liefert die naturwissenschaftlichen Erklärungen für ein gelungenes Essen und verrät fünfundfünfzig leckere Rezepte von Kartoffelbrei bis Ravioli in Salbeibutter und dazu jeweils die chemisch-physikalischen Vorgänge beim Zubereiten. In einzelnen Kochschritten erfährt man so nicht nur viel über die Kunst des Kochens, sondern auch Grundlegendes über das Verhalten von Molekülen, Proteinen oder die Maillard-Reaktion.

*Hervé This-Benckhard* forscht am Collège de France in Paris über die Physik und Chemie des Kochens und lehrt an der Faculté des Sciences et des Techniques in Tours. Er ist stellvertretender Chefredakteur der Zeitschrift »Pour la Science« und Ehrenmitglied von »Les Toques blanches« dank seiner Verdienste um die physikalisch-chemischen Grundlagen der Kochkunst.

Hervé This-Benckhard

# RÄTSEL UND GEHEIMNISSE DER KOCHKUNST

## Naturwissenschaftlich erklärt

Mit 175 Abbildungen

Aus dem Französischen von Ilse Rothfuss und Rainer Zolk

PIPER

*Mehr über unsere Autorinnen, Autoren und Bücher:*
*www.piper.de*



Unser Versprechen für mehr Nachhaltigkeit
• Klimaneutrales Produkt
• FSC®-zertifiziertes Papier
• Hergestellt in Europa

FSC www.fsc.org MIX Papier | Fördert gute Waldnutzung FSC® C083411

Ungekürzte Taschenbuchausgabe
ISBN 978-3-492-30421-4
Piper Verlag GmbH, München
November 2001 (3458)
1. Auflage Januar 2014
7. Auflage August 2024

Titel der französischen Originalausgabe:
»Révélations gastronomiques« und »Les secrets de la casserole«

Umschlaggestaltung: bürosüd°, München
Umschlagabbildung: StockFood, Fotograf: Patrice de Villiers
Satz: Schneider Druck, Rothenburg o. d. Tauber
Gesetzt aus der Sabon
Druck und Bindung: CPI books GmbH, Leck
Printed in the EU

Rätsel und Geheimnisse der Kochkunst

PIPER

# Inhalt


Kochkunst und Wissenschaft ... 1
Eine neue Physiologie des Geschmacks ... 13
Die Suppe ... 33
Die Milch ... 36
Gele, Gelees und Aspik ... 40
Die Mayonnaise ... 45
Metamorphosen des Hühnereis ... 51
Das Geheimnis der Soufflés ... 58
Das Garen ... 66
Das Kochen ... 72
Das Dämpfen ... 79
Das Schmoren ... 82
Das Huhn im Topf ... 88
Fragen des Drucks ... 90
Das Braten ... 93
Das Fritieren ... 100
Sautieren und Grillen ... 105
Noch zarter bitte! ... 109
Das Pökeln ... 114
Die Mikrowelle ... 117
Das Gemüse ... 120
Die Welt der Saucen ... 129
Ein brennendes Problem ... 146
Köstliche Salate ... 149
Käse und Joghurt ... 152
Das Obst ... 156
Eiscreme und Sorbet ... 159
Schaumgebäck ... 163
Mürbeteig, Blätterteig, Sandteig ... 169
Der Zucker ... 176
Unser tägliches Brot ... 178
Der Wein ... 190
Spirituosen ... 200

Konfitüren ........................................................ 204
Der Tee ........................................................ 209
Kühlen und Gefrieren ........................................................ 213
Der Essig ........................................................ 216
Küchenutensilien ........................................................ 219
Offene Fragen ........................................................ 223
Glossar ........................................................ 226

# Kochkunst und Wissenschaft

# Kleine Sünden, große Sünden

»Man ziehe die Käsesauce unter das zu Schnee geschlagene Eiweiß. Der Eischnee darf nicht zusammenfallen...« In Kochrezepten sind ungenaue Angaben wie zu diesem Käsesoufflé keine Seltenheit. Als Laie fühlt man sich verunsichert: Wie kann man verhindern, daß sich der mühsam steifgeschlagene Eischnee wieder verflüssigt? Möglicherweise wird man die beiden Substanzen sehr vorsichtig – also langsam – miteinander verrühren, aber in Unkenntnis ihrer schlechten Mischbarkeit viel zu früh damit aufhören, so daß man eine Masse erhält, deren Konsistenz zu wünschen übrig läßt. Rührt man aber zu schnell, so wird der Eischnee unweigerlich zusammenfallen. Das Ergebnis ist in beiden Fällen das gleiche: Das Soufflé ist mißraten.[1]

Woran liegt's? Am Kochbuch, das die Kenntnis einfacher Zubereitungstechniken voraussetzt, wie sie zwar dem Experten, jedoch nicht immer dem Laien geläufig sind? Oder am frischgebackenen Hobbykoch, der voller Ehrgeiz in einer Kunst dilettiert, deren Schwierigkeiten oft unterschätzt werden?

Natürlich sollte man angesichts solcher eher technischen Probleme beim Erlernen der Kochkunst nicht resignieren; sie lassen sich überwinden. Selbst der Verzicht auf jegliche Pädagogik in manchen Rezeptbüchern ist nur eine läßliche Sünde, da Beschreibungen küchentechnischer Begriffe und Methoden andernorts (z. B. in Schul-Kochbüchern) leicht zugänglich sind. Nach kurzer Zeit wird auch ein Anfänger einsehen, daß die ständige Wiederholung immer derselben Ratschläge eher lästig wäre.

Weitaus problematischer erscheinen mir dagegen so eingängige Sätze wie: »Geben Sie nun unter ständigem Rühren nach und nach je zwei Eigelb zur Käsesauce.« Warum jeweils zwei? Und warum nicht sechs auf einmal, wenn ich es eilig habe? Hierfür finden wir nämlich nirgends eine Erklärung. Nur die Erfahrung zeigt, daß diese Vorschrift wohl be-

[1] Des Rätsels Lösung: Weil der Eischnee viel lockerer ist als die Käsesauce, muß er behutsam untergehoben (nicht gerührt!) werden. Dazu benötigt man einen Spachtel (Teigschaber), den man wie zum Kuchenschneiden benutzt: Senkrecht durch den obenauf liegenden Schnee und durch die Sauce fahren, dann von unten leicht anheben, bis ein Teil des Eischnees untergezogen ist. Dieselbe Prozedur in wenig Abstand wiederholen, usw.

gründet ist und daß man sie nicht ungestraft verletzen darf. Muß sich also der neugierige Feinschmecker damit begnügen, zwar über das Wie, nicht aber über das Warum Bescheid zu wissen?

Ich habe mir in diesem Buch die Aufgabe gestellt, für die auf bloßer Erfahrung beruhenden, von Koch zu Koch, von Mutter zu Tochter weitergegebenen Regeln und Methoden wissenschaftliche Erklärungen zu finden. Wer sie kennt und versteht, wird mit den kleinen Tips und Tricks der Kochbuchautoren mehr anfangen können als bisher. Selbst schwierige Rezepte (schwierig wegen der Wichtigkeit vieler scheinbar unwesentlicher Details) werden gelingen, wenn man mit größerer Beschlagenheit an sie herangehen kann. In Kenntnis der wissenschaftlichen Grundlagen werden Sie, liebe Leser, bald auch imstande sein, die Rezepte je nach den gerade vorhandenen Zutaten zu variieren und die Zubereitungstechniken entsprechend den Ihnen verfügbaren Küchengeräten abzuwandeln. Mit diesem Rüstzeug werden Sie an Mut und Selbstvertrauen gewinnen und Ihrer kulinarischen Phantasie und Kreativität fortan freien Lauf lassen können.

## Ente à la Brillat-Savarin

Habe ich Sie schon auf den Geschmack gebracht? Oder stehen Sie meiner These vom »Nutzen und Vorteil der Wissenschaft für die Kochkunst« noch skeptisch gegenüber? Vielleicht überzeugt Sie meine *Schnelle Ente à l'orange*: ein Rezept, das den Mängeln der Mikrowelle abhilft.

Gewiß haben viele Leser schon die Erfahrung gemacht, daß Fleisch bei der Zubereitung im Mikrowellenherd unansehnlich grau wird und einen langweilig-faden Geschmack bekommt. Heißt das nun, daß sich das Gerät zum Garen von Fleisch nicht eignet und daß man es nur zum Erwärmen bereits vorbereiteter Speisen nutzen sollte? Das wäre schade, denn die Vorteile der Mikrowelle (schnelles, ökonomisches Kochen) liegen auf der Hand. Aber man darf diese neue Technik nicht überfordern, und darum muß man über ihre Möglichkeiten und Grenzen genau Bescheid wissen: Niemand kann mehr geben, als er hat...

Das Geheimnis der Mikrowellen ist schnell gelüftet: Sie erhitzen vor allem die Teile eines Nahrungsmittels, die viel Wasser enthalten. In anderen Worten: Gibt man ein Stück frisches Fleisch ohne weitere Vorbereitung in den Mikowellenherd, so wird es gedünstet (d. h., es gart im eigenen Wasserdampf). Und natürlich wäre es schade, aus Rinderfilet oder Entenbrust eine Art Siedfleisch zu machen!

Die Erklärung für diese Schwäche der Mikrowellentechnik liegt darin, daß sie eine der beiden zentralen Forderungen der Kochkunst außer acht läßt: Es genügt eben nicht, harte, faserige, schwerverdauliche Lebensmittel bloß genießbar zu machen – man muß ihnen auch Geschmack verleihen.

Beim Grillen oder Braten werden beide Forderungen zugleich erfüllt: In heißer Butter beispielsweise wird die Oberfläche eines Fleischstücks fest und hart, weil dort seine Flüssigkeit verdunstet und die Fleischproteine gerinnen; auch reagieren die Bestandteile des Fleisches chemisch miteinander und bilden Aroma- und Farbmoleküle. Es entsteht eine schmackhafte Kruste. Darüber hinaus werden im Inneren die für die Festigkeit des rohen Fleisches verantwortlichen Kollagenmoleküle[2] abgebaut: Das Fleisch wird zarter. Sofern wir das Steak schnell genug durchbraten, verliert es nur wenig Flüssigkeit und bleibt deshalb schmackhaft und saftig. Erst beim Essen, beim Kauen tritt der Fleischsaft aus und überschwemmt unseren Gaumen mit einer Fülle köstlicher Reize.

An dieser Stelle möchte ich kurz auf eine der wichtigsten chemischen Reaktionen beim Kochen eingehen – wir werden ihr im folgenden noch häufig begegnen –, die sog. *Maillard-Reaktion*[3]: Unter Hitzeeinwirkung reagieren bestimmte Kohlenhydrate, die derselben Familie wie unser Haushaltszucker angehören, und Aminosäuren (die Bausteine der großen Eiweißmoleküle) miteinander, wobei u.a. geschmacksverbessernde Substanzen entstehen. Kulinarisch bedeutsam wird diese Reaktion beispielsweise dann, wenn man beim Kochen auf die Verwendung von Aromastoffen verzichtet.

Somit ist klar, daß die Mikrowellen für ein delikates Rezept wie Ente mit Orangen eigentlich nicht in Frage kommen: Da sie überwiegend nur die wäßrigen Bestandteile des Fleisches erhitzen – und zwar auf nicht mehr als 100 Grad, den Siedepunkt des Wassers –, ist eine echte Maillard-Reaktion nicht zu erwarten. Bei meiner »Ente à la Brillat-Sa-

---

[2] Kollagen ist der Stoff, der beispielsweise unsere Gesichtshaut strukturiert: Die Falten, die wir mit den Jahren bekommen, erklären sich durch eine allmähliche Veränderung des Kollagens. In der Muskulatur umhüllen Kollagenfasern einzelne Zellen, Zellgruppen und ganze Muskeln.

---

[3] Nach dem französischem Biochemiker L.C. Maillard, 1878–1936.

varin« dient mir die Mikrowelle denn auch nur zum *Dünsten.* Zuvor brate ich das Fleisch kurz an.

Aber bitte haben Sie noch einen Augenblick Geduld. Erst möchte ich Ihnen noch jenen Mann vorstellen, dem ich mein Rezept gewidmet habe. Es handelt sich um einen der größten Gastrosophen aller Zeiten, dessen berühmte *Physiologie des Geschmacks* auch heute noch Pflichtlektüre für jeden Gourmand[4] ist.

Jean-Anthelme Brillat lebte von 1755 bis 1826. Seiner Mutter Aurore (daher die gleichnamige Sauce) verdankte er seine kulinarischen Talente: Sie war eine ausgezeichnete Köchin. Einer Tante namens Savarin verdankte er seinen Doppelnamen: Sie hinterließ ihm ihr Vermögen – mit der Auflage, auch ihren Namen zu führen. Während der Französischen Revolution führte er ein bewegtes Leben, mußte fliehen, suchte in der Schweiz und dann in Amerika Unterschlupf. Nach der Schreckenszeit kehrte er zurück, bekleidete verschiedene Ämter und wurde 1800 an das Kassationsgericht in Paris berufen, dessen Mitglied er über lange Jahre blieb.

Zurück zu unserer Ente: hier das Rezept. Wir nehmen die Keulen, die wir in heißer Butter scharf anbraten, bis sie goldbraun überkrustet sind. Natürlich sind sie jetzt noch ungenießbar: Nach so kurzer Bratzeit ist das Fleisch innen noch roh (und jeder weiß, wie wichtig es ist, gerade Entenkeulen gut durchzugaren). Nun mit Saugpapier das Fett entfernen und mit einer Spritze etwas Orangenlikör (z. B. Cointreau) ins Fleisch injizieren. In den Mikrowellenherd geben. Je nach Geräteleistung und Anzahl der Keulen einige Minuten garen lassen – fertig.

Was ist geschehen? Die Mikrowellen wurden vor allem von den inneren, flüssigkeitenthaltenden Fleischteilen absorbiert, während die Fleischkruste ausgespart blieb (sie ist lediglich etwas trockener geworden und bedarf keiner weiteren Behandlung mehr). Auf diese Weise wurde das Fleisch innen gar »gedünstet«, und zwar in alkoholhaltigem, mit Orangenaroma versetztem Dampf (ich selbst steche übrigens vor dem Garen noch eine Gewürznelke in die Keule).

---

[4] Ein Gourmand ist ein Feinschmecker. Die häufig zwischen Gourmand und Gourmet getroffene Unterscheidung, wonach der Gourmet auf einer höheren Stufe steht, weil er Qualität statt Quantität bevorzugt, halte ich für falsch. Der Gourmand liebt das gute Essen – der Gourmet den guten Wein. So bezeichnet der Begriff *gourmet-piqueur* in Frankreich professionelle »Weinschmecker«, die im Auftrag des Handels die Produkte der Winzer verkosten.

Wir brauchen keine Sauce mehr anzurühren – sie ist schon im Fleisch. Wir flambieren nicht – der Alkohol hat schon sein Werk getan. Aber sehen wir auf unsere Uhr: Dank Wissenschaft und Technik haben wir viel Zeit gespart. Und darüber hinaus haben wir ein altes Rezept aufgefrischt und vereinfacht.

## Horresco referens[5]

Leider kann dieses Buch nicht alle Geheimnisse der Kochkunst enträtseln; trotz aller Wissenschaft gibt es auf diesem Gebiet noch viele weiße Flecken. Lebensmittel sind komplexe Mischungen, deren chemische Analyse oft Schwierigkeiten bereitet. An der erwähnten Maillard-Reaktion beispielsweise sind Hunderte von Verbindungen beteiligt, mit unzähligen Kombinationsmöglichkeiten und -produkten, darunter Moleküle, die trotz verschwindend geringer Konzentration für den Geschmack eine große Rolle spielen.

Angesichts der natürlichen Vielfalt unserer Ernährung werden also Phantasie und Intuition in der Kochkunst auch in Zukunft gefragt sein. Beispielsweise enthält eine Gewürzpflanze wie Salbei etwa 500 aromatische Bestandteile: Bis deren geschmackliche Bedeutung restlos geklärt ist, wird noch viel Speck in unseren Pfannen brutzeln! Und man muß kein Prophet sein, um vorauszusagen, daß sich die Erforschung unserer Nahrungsmittel, die Analyse ihrer Bestandteile und Aromastoffe zu einem Projekt ausweiten wird, dessen Ende nicht abzusehen ist.

Heißt das nun, daß die Wissenschaft auch weiterhin ein Schattendasein in unseren Küchen führen muß? Im Gegenteil! Aus wissenschaftlichen Erkenntnissen lassen sich einfache, für bestimmte Lebensmittelgruppen gültige Regeln ableiten, einschließlich der entsprechenden Behandlungstechniken. Eben darüber will dieses Buch aufklären: die Wissenschaft als Werkzeug der guten Küche.

Freilich soll uns die stoffliche Zusammensetzung unserer Nahrung hier nicht weiter kümmern: Diätbücher langweilen den Feinschmecker! Sie handeln nur selten vom Eßvergnügen, sondern enthalten oft endlose Aufzählungen der Nahrungsmittelbestandteile sowie Nährwerttabellen, in denen es um Fette, Kohlenhydrate, Eiweiße und Mineralsalze geht.

[5] Lateinische Wendung (Vergil): Ich sag' es mit Schaudern.

Meist nützen diese Angaben wenig, weil sie nichts über die Umwandlungsprozesse aussagen, denen die Nährstoffe bei der Zubereitung und beim Kochen unterliegen: Wie werden aus faserigen oder schwerverdaulichen Lebensmitteln nicht nur genießbare, sondern delikate, schmackhafte Speisen?

In einem Kapitel seines Buches schreibt Brillat-Savarin: »Ich hatte hier die Absicht, einen kleinen Exkurs zur Nahrungsmittelchemie einzuflechten, um meinen Lesern zu erläutern, auf wieviele Tausendstel Kohlenstoff, Wasserstoff etc. sie sich selbst wie auch ihre Speisen reduzieren ließen. Davon habe ich Abstand genommen, denn um dieser Aufgabe gerecht zu werden, wäre mir nichts anderes übrig geblieben, als aus jenen exzellenten Kompendien abzuschreiben, die heute jedermann zugänglich sind.« Aber hat der große Gastrosoph wirklich nur aus diesem Grunde auf weitere Ausführungen verzichtet? Oder hat er sich vielmehr nach einer Maxime gerichtet, die wir sinngemäß in seiner Vorrede finden: »Gegenstände, die langweilig werden könnten, habe ich nur kurz gestreift.«?

## Reaktionen im Kochtopf

Nachdem wir gezeigt haben, worum es in diesem Buch *nicht* geht, wollen wir uns seinem zentralen Thema zuwenden: Wissenschaft *und* Kochkunst. Wer kocht, läßt sich nur selten auf wissenschaftliche Fragestellungen ein; hier liegt die Hemmschwelle oft sehr hoch. Dabei haben die Naturwissenschaften den unbestreitbaren Vorzug, auf ganz einfachen Grundlagen aufzubauen: Sieht man von jenem Forschungszweig ab, der sich mit den Elementarstrukturen der Materie beschäftigt, so genügt nach wie vor der Satz, daß das Universum aus Molekülen und ein Molekül wiederum aus Atomen besteht.

Das haben wir in der Schule gelernt. Und wir erinnern uns noch, daß Atome durch mehr oder weniger starke chemische Bindungen zusammengehalten werden und daß diese Kräfte je nach Typ variieren: Zwischen Atomen ein und desselben Moleküls sind sie meist stark, zwischen benachbarten Molekülen dagegen schwach.

Wenn man einen Körper in festem Aggregatzustand erhitzt, lösen sich meist nur die Bindungen zwischen den Nachbarmolekülen. Wasser beispielsweise hat in gefrorenem Zustand – also als Eis – eine regelmäßige, feste Anordnung seiner $H_2O$-Moleküle (Abb. 1). Bei Erwärmung bewirkt die zugeführte Energie, daß sich der Zusammen-

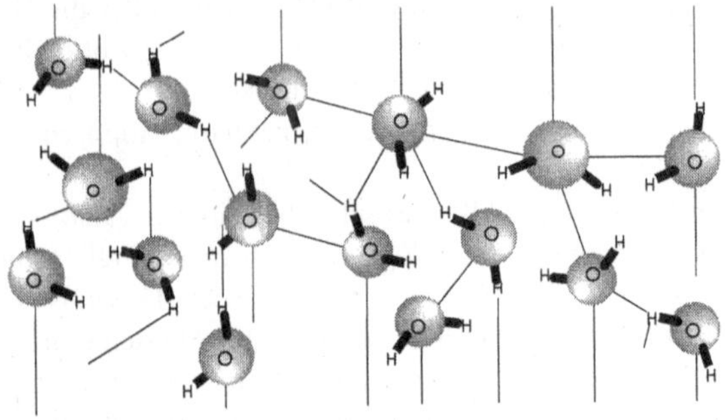

Abb. 1

halt zwischen diesen Molekülen auflöst: Das Eis schmilzt, und es entsteht eine Flüssigkeit, in der sie gegeneinander verschiebbar sind (Abb. 2). Hierbei ist festzuhalten, daß sich die Teilchen stofflich nicht verändern: die Wassermoleküle des Wassers sind identisch mit jenen des Eises.

Erhitzt man auf über 100 Grad, so verdampft das Wasser: Nach Überschreiten des Siedepunkts reichen die Kohäsionskräfte zwischen den Wassermolekülen nicht mehr aus (Abb. 3). Aber auch jetzt noch bleibt das Sauerstoffatom an die beiden Wasserstoffatome gebunden. Bis hierher handelt es sich um physikalische, nicht chemische Vorgänge: das Wassermolekül bleibt ein Wassermolekül.

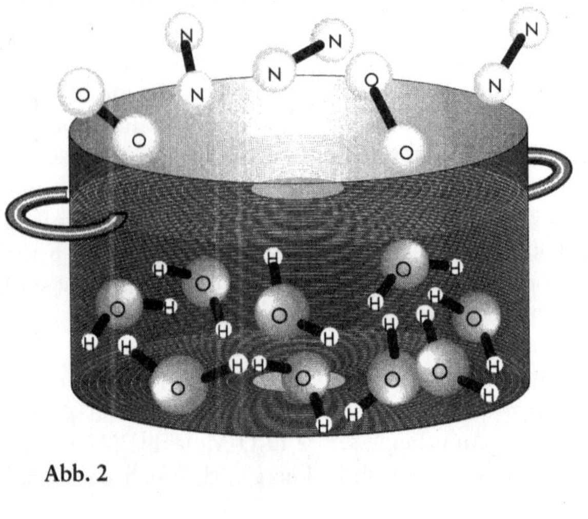

Abb. 2

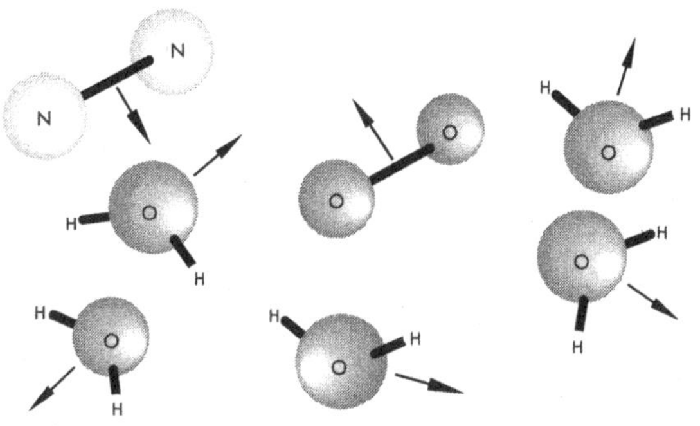


**Abb. 3**

Als Koch sollte man jedoch immer beachten, daß in den Töpfen auch chemische Reaktionen ablaufen. Bei sehr starker Hitze können die Moleküle von Speisen sich aufspalten und neue Verbindungen eingehen; man denke an die Maillard-Reaktion. Lebensmittel sind chemische Mischungen mit bestimmten chemischen Eigenschaften, deren kulinarische Ausprägung man beim Kochen beeinflussen will. Wenn auf der Oberfläche eines Bratens aromatische Verbindungen entstehen, dann ist dies das Ergebnis einer chemischen Reaktion; wenn geschnittene Pilze schwarz werden, liegt eine chemische Reaktion vor (und zwar eine enzymatische, wir werden darauf zurückkommen); wenn Vollreis durch Kochen weich wird, so ebenfalls dank einer chemischen Reaktion.

*Eine* Reaktion? In Wahrheit sind es unzählige. Doch die Biochemie ermöglicht es, unsere Betrachtungen auf die wesentlichen Stoffgruppen zu beschränken: Kohlenhydrate, Lipide, Proteine, Wasser, Mineralsalze. Diese Klassifikation erleichert ein allgemeineres Verständnis der Phänomene. Die Lebensmittelchemie steckt in vielem noch in den Kinderschuhen; erst wenige der beim Kochen ablaufenden Reaktionen wurden entdeckt. Es handelt sich um die Spitze des Eisbergs. Widerwillig nur geben die Kochtöpfe ihre Geheimnisse preis, und so bleibt vieles vorerst im dunklen.

## Kochkunst unter der Lupe

Der Wunsch, sich die Wissenschaft auch in der Küche dienstbar zu machen, ist nicht neu; es gibt berühmte Vorläufer. Mitte des 18. Jahrhunderts forderte der Franzose Menon, daß eine kulinarische »Kunst« auf Experiment und Theorie aufbauen müsse. Schon 1681 erfand Denis Papin eine Art Schnellkochtopf, als er nach einem Mittel suchte, Knochen weich zu machen.

Tragisch ist das Schicksal Francis Bacons, der die Möglichkeiten der Kältekonservierung untersuchte und dies mit dem Leben bezahlte: Während eines starken Schneefalls begab er sich auf einen Bauernhof und kaufte ein Hähnchen, um es mit Schnee zu füllen. Bei diesem Experiment zog er sich eine Bronchitis zu, an der er 14 Tage später starb.

Brillat-Savarin verdanken wir eine großartige, umfassende Darstellung der gastronomisch-kulinarischen Situation zu Beginn des 19. Jahrhunderts; er betrachtet den »Tafelgenuß in all seinen Beziehungen« (einige wenige Fehler, die ihm dabei unterliefen, werde ich mit gebührendem Respekt korrigieren).

Hingegen verdienen die Bemühungen des französischen Mediziners und Gastronomen É. de Pomiane, in den 30er Jahren dieses Jahrhunderts eine neue Wissenschaft namens »Gastrotechnie« zu begründen, keine weitere Beachtung. Hinter diesem überflüssigen Neologismus verbirgt sich lediglich das, was schon Brillat-Savarin unter *Gastronomie* verstand: »Die Gastronomie ist eine Wissenschaft, die alles umfaßt, was mit der Ernährung des Menschen zu tun hat.« (Übrigens weiß nicht jeder, daß sich unser Wort Gastronomie von dem griechischen Feinschmecker und Dichter Archestratos, einem Zeitgenossen des Aristoteles, herleitet, der mit seinem Werk *Gastronomia* eine Art kulinarischen Führer durch den antiken Mittelmeerraum verfaßte. Seit 1800 fand das Wort ins Französische und in andere europäische Sprachen Eingang.[6])

Heutzutage gründet der wissenschaftliche Fortschritt im kulinarischen Bereich auf den in den letzten Jahrzehnten immer weiter verfeinerten Analysemethoden, mit denen sich selbst winzigste Konzentrationen aromatisch bedeutsamer Verbindungen in den Lebensmitteln nachweisen lassen. Angesichts dieser Möglichkeiten ist es paradox, daß wir über die Temperatur im Zentrum der Sonne besser Bescheid wissen als über jene im Inneren eines Soufflés – so sieht es jedenfalls der verdiente »Molekulargastronom« N. Kurti, Physiker an der Universität Oxford

---

[6] Gastronomie setzt sich aus den Bestandteilen gaster (Bauch) und nomos (Regel, Gesetz) zusammen und ließe sich mit »Lehre von der Pflege des Magens« übersetzen. Die im heutigen Deutsch übliche Einengung des Begriffs aufs rein Gewerbliche ist zu bedauern (Anm. d. Übers.).

und Mitglied der alt-ehrwürdigen Royal Society. Wie läßt sich diese Paradoxie erklären? Haben wir Angst vor der Chemie? Muß die Kochkunst kapitulieren?

In diesem Zusammenhang darf ich von einem kleinem Experiment berichten, bei dem mir gute Freunde als Testpersonen dienten. Es ging um die chemische »Verbesserung« von Weinen. Auf die Idee brachte mich eine Entdeckung, die der Physikochemiker P. Étiévant am INRA[7] von Dijon gemacht hatte: daß nämlich ein alter Burgunderwein sein unvergleichliches Aroma hauptsächlich dem Paraäthylphenol und dem Paravinylphenol verdankt. Also besorgte ich mir diese Substanzen und »veredelte« damit einen Billigwein. Einziger Kommentar meiner Versuchskaninchen: »Das schmeckt nach Chemie!« Aber – könnte man erstaunt fragen – ist denn nicht eigentlich fast alles Chemie? Die Speisen, die wir essen, die Geräte, mit denen wir kochen, von uns selbst ganz zu schweigen?

Spaß beiseite: Es wird Zeit, zum Wesentlichen zu kommen und die Geheimnisse der Kochkunst zu enthüllen. Was diesem Ziel nicht dient, soll unter den Tisch fallen: Für wenig hilfreich halte ich z. B. Bemerkungen wie: »Nach dem Spargelessen riecht der Urin nach Methylmercaptan«. Was mich an diesem Satz ärgert, ist weniger seine Trivialität als seine Unbrauchbarkeit für die Praxis: Die Tatsache, daß Spargel Methylmercaptan enthält, ist für seine Zubereitung völlig irrelevant. Ähnliches gilt für die Kartoffeln: Zu wissen, welche ihrer Teile das giftige Solanin enthalten (es sind die grünen, unreifen und die Keime), ist wichtig fürs richtige Essen – nicht aber fürs bessere Kochen. Und nur um letzteres geht es in diesem Buch.

Ich werde im folgenden erprobte Kochtechniken unter die Lupe nehmen, physikalisch-chemische Erklärungen zusammentragen und Verstehenshilfen geben. Ich werde Probleme aufwerfen und Lösungsvorschläge anbieten – alleinseligmachende Wahrheiten verkünde ich nicht. Entschuldigen Sie eventuelle Fehler, liebe Leser, und wenn Sie welche entdecken, dann schreiben Sie mir. Sie können damit helfen, die nächste Auflage dieses Buches zu verbessern – zum Nutzen aller Feinschmecker, denen es gewidmet ist.

Zu meinem Bedauern ist es mir nicht gelungen, hinter die Geheimnisse und das Genie der großen Köche und Küchenchefs zu kommen. Sie

[7] Institut National de la Recherche Agronomique (Nationalinstitut für agronomische Forschung)

müssen mit einem sechsten Sinn begabt sein, der es ihnen ermöglicht, unterschiedlichste Zutaten zu harmonisieren und zu beeindruckenden Kompositionen zusammenzuführen, die beim Esser kulinarische Aha-Erlebnisse hervorrufen. Wer von uns käme schon auf die Idee, ein Kalbsschnitzel zu braten, wie üblich mit Weißwein abzulöschen... und mit einem Schuß Pastis? Das Ergebnis ist ein neuer, unvergleichlicher Geschmack. Nicht Handarbeit macht die Kunst dieser Köche aus – ein Soufflé muß nicht unbedingt mit jedem Anlauf gelingen –, sondern die schöpferische Ahnung, daß beim Kalbsschnitzel ein Tropfen Pastis Wunder wirkt. Alles andere ist Technik.

Diese Technik ist kein Mysterium, man kann sie erlernen. Gewisse Grundlagenkenntnisse sind unabdingbar, will man beim Kochen Geschmack und Aroma der Speisen variieren und verfeinern – ohne gleich fürchten zu müssen, daß die Béarnaise gerinnt oder das Soufflé noch in letzter Minute zusammenfällt. Wer aber diese Grundlagen und Techniken kennt und zu beherrschen gelernt hat, den erwartet reichliche Belohnung: Nun selbst ein Meister, kann er das Erbe unserer großen kulinarischen Ahnen antreten...

# Eine neue Physiologie des Geschmacks

# Der vierte Sinn

Vor dem Einstieg in die Praxis gilt es noch eine wichtige Frage zu beantworten: Was geschieht eigentlich beim Essen? Wir kochen besser, wenn wir zu unterscheiden wissen, welche Sinnesreize unsere Speisen auslösen: durch ihren Geschmack, durch ihre Farben, durch Geruch und Aroma (in dieser Reihenfolge werden sie hier besprochen).

Aristoteles wußte alles – gilt das auch für den Geschmack? Der große Philosoph schwebte nicht nur in metaphysischen Regionen, sondern überließ sich (der Mensch lebt nicht vom Geist allein) durchaus auch feinschmeckerischen Meditationen: »Bei den Säften gibt es wie bei den Farben zunächst Gegensätze einfacher Art, wie süß und bitter. Vom ersten leitet sich das Ölige, vom zweiten das Salzige her, und zwischen diesen liegen das Scharfe, das Herbe, das Stechende und das Saure. Dies sind so ungefähr die Unterschiede in den Säften.«

Aristoteles ist nicht die einzige Autorität, die sich mit den Geschmacksempfindungen befaßt hat; beispielsweise versuchte sich im 18. Jahrhundert Carl von Linné an diesem Thema. Merkwürdigerweise läßt der berühmte Naturforscher und Systematiker, dem wir die Klassifikation unserer Pflanzenwelt verdanken, hierbei ein systematisches Vorgehen vermissen. Er hat nicht deutlich genug zwischen Eigenschaften wie feucht, trocken, sauer, bitter, fett, stechend, süß, scharf, zäh und salzig unterschieden. Das Durcheinander geht so weit, daß bei ihm der Geschmackssinn und die mechanischen Sinne unter dieselbe Kategorie fallen.

Es ist das Verdienst eines Franzosen, etwas Ordnung in dieses Wirrwarr gebracht zu haben. 1824 unterscheidet der Chemiker E. Chevreul, zu dessen großen Leistungen die Analyse der Fette gehört, zwischen olfaktorischer, gustatorischer und taktiler Wahrnehmung. Er erkennt, daß man zwischen thermischen Reizen wie warm oder kalt und Geschmacksreizen wie süß oder sauer differenzieren muß; des weiteren hebt er die taktilen, propriozeptiven Reize in der Mundhöhle (hart oder weich) hiervon ab. Mit Chevreul wurde eine physiologische Bestimmung der Geschmacksempfinden möglich; seither steht der »physiologische Geschmack« im Gegensatz zum »Alltagsgeschmack«, bei dem sich alle durch Essen oder Trinken ausgelösten Reize miteinander vermengen.

Im Feinschmeckerkreis um Brillat-Savarin streitet man zur selben Zeit um Geschmack und Aroma. Man weiß, daß die Zunge den Geschmack registriert, aber man glaubt, auch die Nase spiele als Geschmacksrezeptor eine Rolle. Von wenigen kleinen Irrtümern abgesehen, muß man dem Autor der *Physiologie des Geschmacks* auch hier wieder recht geben: »Es gibt unzählige Geschmacksvariationen; denn jeder lösliche Körper besitzt einen besonderen Geschmack, der keinem anderen ganz ähnlich ist. [...] Da aber bis jetzt der Fall noch nicht vorgekommen ist, wo man einen Geschmack mit mathematischer Genauigkeit hätte bestimmen müssen, behilft man sich mit einer kleinen Zahl allgemeiner Ausdrücke, wie mild, süß, sauer, herb und ähnliches mehr, welche man im Grunde auf zwei Kategorien zurückführen kann: angenehm und unangenehm.«

Etwas weiter unten schreibt Brillat-Savarin: »Jeder schmeckbare Körper hat auch Geruch.« Hierbei vergißt er allerdings, daß es geruchlose Moleküle gibt, auf welche die Geschmacksrezeptoren von Zunge und Gaumen kräftig ansprechen: Salz beispielsweise kann man schmecken, aber nicht riechen.

## Ältere und neueste Erkenntnisse

Bei der Suche nach den Geschmacksorganen stießen die Physiologen auf die Papillen. Sie enthalten die Geschmacksknospen, Gruppen von Sinneszellen, die auf Geschmacksmoleküle ansprechen. Bei allen Säugern beruht der Geschmackssinn auf diesen Rezeptoren, die sich im Mundbereich, auf dem Gaumensegel, dem Kehldeckel, im Rachen und vor allem auf der Zunge befinden. Die etwa 9000 Geschmackszellen des Menschen liegen in Gruppen beieinander und sind mit zahlreichen Nervenfasern ausgestattet. Mit zunehmenden Alter, besonders jenseits des 45. Lebensjahrs, scheint sich ihre Anzahl zu verringern.

Schon in der Ära der Alchimie gab es eine Theorie des Geschmacks, die von heutigen Vorstellungen gar nicht so weit entfernt ist. Die Alchimisten glaubten, daß die Körper nur in gelöstem Zustand eine Geschmackswirkung haben (corpora non agunt nisi soluta). Sie dachten in *makroskopischen* Kategorien: Nicht die Muskatnuß selbst, nur ihr Pulver läßt sich schmecken. Unter *mikroskopischen* Blickwinkel sollte man dieses alchimistische Gesetz wie folgt präzisieren: Ein Molekül hat nur dann Geschmack, wenn es flüchtig und wasserlöslich zugleich ist. Flüchtig muß es sein, um sich von seiner Trägersubstanz abzuspalten; wasserlöslich, um über den Speichel an jene Organe zu gelangen, die

Grimod de la Reynière[1] als »Nerven- und Gefühlswärzchen« bezeichnete: die Papillen.

Vaselinöl hat keinen Geschmack, weil sich seine Bestandteile im Speichel nicht auflösen. Damit es zu einer Geschmackswahrnehmung kommt, muß eine Reaktion zwischen Geschmacksmolekülen und Geschmacksrezeptoren stattfinden: Ein Molekül ist erst dann zu schmecken, wenn es an die Rezeptoren der Geschmackszellen andockt.

Dieser Vorgang läßt sich vereinfacht mit dem Schlüssel-Schloß-Prinzip veranschaulichen: Ein Geschmacksmolekül verbindet sich mit einem bestimmten Rezeptor, weil es aufgrund seiner komplementären Form oder aufgrund seiner komplementären elektrischen Ladung wie ein Schlüssel in das Rezeptorschlüsselloch paßt; der hierdurch ausgelöste Impuls wird über die Nerven an das Gehirn weitergeleitet und dort als Geschmack registriert. – Glücklicherweise sind die Bindungen zwischen Reizstoff und Rezeptor nicht sonderlich fest, so daß wir nach nur kurzer Zeit schon wieder etwas anderes schmecken können: Ein Geschmack jagt den nächsten...

Man versteht heute auch besser, warum es in der Vergangenheit so schwer war, zwischen Geschmacksreizen, Geruchsreizen, mechanischen und thermischen Reizen klar zu unterscheiden: Bei Eintritt in das Gehirn überlappen sich die Nervenstränge, auf denen die Geschmacksinformationen transportiert werden, und die verschiedenen Eindrücke werden miteinander verquickt. So können beispielsweise Duftstoffe auf die Geschmacksempfindung einwirken; und die Schmackhaftigkeit eines Gerichts hängt nicht zuletzt mit der thermischen Wahrnehmung (also der richtigen Temperatur) zusammen.

Um der Wahrnehmung des »reinen« Geschmacks auf die Spur zu kommen, benutzen heutige Sinnesphysiologen bei ihren Experimenten Geräte, mit denen sich Luft in die Nasen der Probanden blasen läßt: Auf diese Weise wollen sie verhindern, daß beim Essen Aromastoffe über den Rachen (also sozusagen von hinten) zu den Riechzellen in der Nase gelangen und das Geschmacksurteil beeinflussen. Die Testpersonen sol-

---

[1] Mit Periodika wie dem berühmten *Almanach des gourmands* (1803-1812) wurde Grimod de la Reynière zum Pionier der gastronomischen Literatur. Bemerkenswert ist auch sein Leitfaden für Gastgeber *(Manuel des amphitryons)*, der darüber Auskunft gibt, wie man Fleisch zerlegt, wie man ein Menü zusammenstellt, wie man seine Gäste richtig bewirtet und wie man sich ganz allgemein bei Tisch zu verhalten hat. Diese Regeln sind bis heute nicht veraltet, und schon darum ist es schade, daß Grimods Schriften nicht mehr aufgelegt werden.

len ausschließlich die schmeckbaren Eigenschaften der Nahrung wahrnehmen, damit Aussagen über die wirkliche Qualität des Geschmacks, über seine Quintessenz gewissermaßen, möglich werden.

Trotz gegenteiliger Forschungsergebnisse herrscht in der Öffentlichkeit und selbst in Kreisen der Wissenschaft noch immer der Glaube vor, es gebe nur vier reine Geschmacksrichtungen, vier Grundgeschmäcke. Dieser Irrtum geht auf eine im Jahr 1916 aufgestellte Theorie des Chemikers M. Henning zurück, die besagt, daß der Mensch nur die Merkmale süß, sauer, salzig und bitter erkennen könne, und zwar mit spezifischen, auf bestimmten Zungenabschnitten lokalisierten Geschmackspapillen. Das Süße schmecke man mit der Zungenspitze, das Saure mit dem Zungengrund, das Salzige mit den vorderen und das Bittere mit den hinteren Zungenrändern.

Neuere sinnesphysiologische Studien haben gezeigt, daß diese »klassische« Theorie einiger Korrekturen bedarf. So findet man Rezeptoren fürs Salzige im gesamten Mundbereich sowie überall auf der Zunge (und nicht nur an den vorderen Zungenrändern, wo sie freilich sehr zahlreich sind). Analoges gilt für die Rezeptoren des süßen, sauren und bitteren Geschmacks. Darüber hinaus gibt es Stoffe, die weder süß noch sauer noch salzig noch bitter schmecken – wie beispielsweise die Lakritze. Und auch die Rezeptoren selbst sind viel variabler, als man bisher dachte, da sie manchmal Bindungen mit ganz unterschiedlichen Geschmacksmolekülen eingehen.

Natürlich bestreiten auch die heutigen Forscher nicht, daß es einen salzigen Grundgeschmack gibt (der von den Natriumionen[2] herrührt) oder einen sauren (der sich den Wasserstoffionen verdankt). Aber sie haben gezeigt, daß die Geschmäcke überaus vielfältig sind – womit sich die Visionen eines Brillat-Savarin bewahrheiten.

In Lebensmitteln bildet z. B. Kochsalz mit Proteinen chemische Komplexe, die bei Kälte stabil sind, durch Hitzeeinwirkung aber zerstört werden. Von diesen Komplexen werden die Geschmackspapillen *nicht* stimuliert. Bei rohen, kalten Lebensmitteln wirkt also immer nur ein Teil des Salzes, und das ist der Grund, warum sie – bei gleicher Salzkonzentration – weniger salzig schmecken als gekochte oder warme.

---

[2] Unter Natrium- und Wasserstoffionen versteht man Natrium- und Wasserstoffatome, die ein Elektron abgegeben haben. (Die hauptsächliche Aufgabe des Chloridions, Partner des Natriumions im Speisesalz, ist die Rezeptorstimulierung.)

Auch in Fetten löst sich Salz nur schwer, so daß fetthaltige Nahrung oft zu wenig gesalzen erscheint. Dagegen sind Aromamoleküle sehr gut fettlöslich: Fleisch beispielsweise verdankt seinen jeweils charakteristischen Geschmack vor allem den Fetten. Machen Sie einmal einen Test, liebe Leser, und braten Sie ein mageres Schweineschnitzel in Lammfett: Sagen Sie nichts davon und fragen Sie Ihre Gäste, was sie wohl essen...

Wie schon angedeutet, gehört die Lakritze mit ihrem typischen Bestandteil Glycyrrhizin zu den Substanzen, die eine eigenständige Geschmacksqualität aufweisen; und japanische Physiologen haben bewiesen, daß man auch den Umami-Geschmack in die Liste der Geschmäcke aufnehmen muß (Umami schmeckt wie Glutamat und hat auch dieselben Aminosäuren). – Gibt es also vier oder sechs Geschmäcke? Weder das eine noch das andere: Zahlreiche Moleküle wie D-Leucin oder Chinin (der Prototyp des Bitteren) haben einen eigenen, reinen Geschmack, der sich nicht auf irgendwelche Mischformen zurückführen läßt.

Selbst eine Geschmacksrichtung wie süß ist viel komplexer, als man zunächst vermutet: Unsere modernen Süßstoffe süßen alles, aber sie haben nicht alle denselben Süß-Geschmack. Interessant ist auch, daß sich das Süße und das Bittere manchmal überlappen: Bestimmte Moleküle wie das Methylmannopyranosid beispielsweise werden von manchen Probanden als süß und sauer zugleich, von anderen als nur süß und von wieder anderen als nur sauer empfunden. Noch haben die Wissenschaftler dieses Rätsel nicht gelöst; aber sie machen uns neugierig auf Phänomene, von denen wir bisher nichts wußten.

Gestatten Sie mir darum einen kleinen Exkurs, in dem es sowohl um Süßmittel als auch um jene seltsamen, L-förmigen Moleküle gehen soll, die süß und bitter zugleich schmecken.

## Fortschritte in der Süßstoffchemie

Wissenschaftliche Studien über Geschmacksrezeptoren sind darum so schwierig, weil zwischen den Rezeptoren und den Geschmacksmolekülen nur schwache Bindungskräfte bestehen. Einige Sinnesphysiologen behelfen sich deshalb mit einer indirekten Methode, um Geschmacksphänomene zu untersuchen: Über mehrere Monate hinweg müssen ausgewählte Probanden täglich z. B. süße Substanzen verkosten. Auf diese Weise haben in einem Labor in Massy bei Paris mehr als 100 Personen etwa 20 Geschmacksmoleküle getestet. Hierbei wurde das weiter oben beschriebene Gebläse eingesetzt, das die Nase von störenden Gerüchen freihält.

Durch diesen Versuch hat man herausgefunden, daß die Wahrnehmungsschwelle für Saccharose (also jene kleinste Menge Zucker, die von den Versuchspersonen in einer bestimmten Menge Wasser noch geschmeckt wurde) je nach Individuum variiert; das gleiche gilt für die Wahrnehmung der verschiedenen Süßstoffe. Wie stark einer seinen Kaffee zuckert, hängt demnach nicht nur von seiner persönlichen Vorliebe fürs Süße, sondern auch von seiner Sensibilität für das Zuckermolekül ab. Und die Wahrnehmung der verschiedenen Süßmittel selbst ist ebenfalls individuell verschieden: Manche reagieren empfindlicher auf Saccharose (Haushaltszucker), andere auf Glukose (Honig- und Traubenzucker).

Solche Tests sind zugleich auch eine Art »Schmeck-Lehre«, und es kann eigentlich nicht überraschen, daß sie die Wahrnehmungsfähigkeit der Probanden verbessern: Nach und nach sinkt die Geschmacksreizschwelle, d. h., die Geschmacksempfindlichkeit nimmt zu. Und das nicht nur bei einem Molekül! Denn wenn die »Lehrzeit« für eine Substanz beendet ist (d. h., daß die Reizschwelle ihr Minimum erreicht hat und fortan stagniert), gehen die Tests mit anderen Substanzen weiter. So führen Beobachtungen dieser Art zu dem erfreulichen Schluß, daß man seinen Geschmackssinn trainieren kann, um ein Feinschmecker zu werden.

Welcher Zusammenhang besteht zwischen der chemischen Struktur und dem Geschmack eines Moleküls? Indirekte Studien wie die von Massy geben keine Antwort auf diese Frage, die gleichwohl von großem gastronomischen Interesse ist. Denn wenn man solche Zusammenhänge (die Struktur-Wirkungs-Beziehungen, wie die Chemiker sagen) genau kennen würde, dann ließen sich maßgeschneiderte Moleküle synthetisieren, die von den Originalgeschmäcken nicht zu unterscheiden wären.

Versuche in dieser Richtung gibt es bereits. Zumeist betreffen sie die Synthese süßschmeckender Moleküle, denn der Markt für synthetische Süßstoffe ist riesig. In San Diego beispielsweise experimentierte die Forschergruppe um Murray Goodman mit Süßstoffen vom Peptidtyp (solche Peptide sind kleine, aus mehreren Aminosäuren aufgebaute Moleküle). Wie viele künstliche Süßstoffe (z. B. Aspartam) enthalten diese Moleküle zwei Ringsysteme (von denen sich eines mit Wassermolekülen verbinden kann), die durch eine kurze, rechtwinklig angeordnete Atomkette miteinander verbunden sind. Die Ringe sind fast koplanar, und das ganze Molekül hat die Form eines L.

Murray Goodman und seine Chemiker haben solche Moleküle umgebaut, indem sie zunächst die beiden Ringe aus ihrer koplanaren Lage brachten: Sie erhielten so Moleküle, die nach gar nichts schmeckten. In einem weiteren Schritt wurden die Ringe durch ein flexibles molekulares Teilstück gekoppelt, so daß sie sich umeinander drehen konnten (die dauernde Bewegung des Moleküls sorgt dafür, daß die Ringe tatsächlich schnell und unaufhörlich rotieren, mit einer Geschwindigkeit, die je nach ihrer relativen Ausrichtung variiert).

Der Geschmack dieser Moleküle ist... nicht vorauszusehen! Manche schmeckten zuerst bitter, dann süß; während andere zuerst süß und später bitter erschienen. Diese Eigentümlichkeit rührt vielleicht daher, daß sich bestimmte Moleküle länger in einer Konfiguration befanden, die ihre Affinität zu den Rezeptoren des Süßen erhöhte; während sich andere, die länger in einer Bitter-Konfiguration waren, eher mit den Bitter-Rezeptoren verbanden. Das Resultat jedenfalls ist eine wirre, schillernde Geschmacksempfindung, in der sich die Grundgeschmäcke vermischen.

Freilich ist das letzte Wort in der Geschmacksforschung damit noch nicht gesprochen. Wie es schon Brillat-Savarin vermutet hat, sind die Geschmäcke erstaunlich komplex: Nach heutigen Forschungsergebnissen kann man davon ausgehen, daß es im Reich des Geschmacks mindestens 10 Dimensionen gibt. In anderen Worten: Die Geschmäcke sind unzählig, und man benötigt mindestens 10 Bezeichnungen, um sie zu klassifizieren. Mit lediglich süß, sauer, salzig und bitter ist es nicht getan.

## Stumpft der Geschmack beim Essen ab?

Läßt die Geschmackswahrnehmung nach, wenn wir bestimmte Speisen oder Getränke im Übermaß genießen? Die Frage ist bedenkenswert. Brillat-Savarin vertrat hierzu die Ansicht, daß die Geschmackswirkung selbst der feinsten Delikatesse nicht durch ein Zuviel, sondern durch ein Zuwenig verpuffe. Seine Auffassung hat etwas für sich: Man könnte nicht lustvoll schlemmen, wenn die Geschmackswahrnehmung und damit das Geschmacksvergnügen nach nur wenigen Bissen dahinschwinden würden.

Stellen wir die Frage konkreter: Führt übermäßiger Senfgenuß zum Verlust des Senfgeschmacks? Verlieren wir das Gefühl für einen guten Wein, wenn wir ihn ausgiebig goutieren und in Muße seinen Aromen nachspüren? Oder machen wir dabei im Gegenteil einen Lernprozeß durch; schärft die Geschmackspraxis den Geschmackssinn?

Um hierauf eine Antwort zu finden, müssen wir uns dem mehr deutigen Begriff »Ermüdung« zuwenden. Physisch gesehen, versteht man darunter die Ermüdung der Muskulatur (die beim Essen übrigens selten, allenfalls nach Genuß sehr harter und fester Speisen vorkommt).

Des weiteren bedeutet Ermüdung, daß die Fähigkeit des zentralen Nervensystems, Signale zu deuten und zu verarbeiten, mehr und mehr schwindet: Es können dann Störungen der Psychomotorik (etwa beim Maschineschreiben) oder ein Nachlassen des Konzentrationsvermögens (z. B. bei Fluglotsen) auftreten. Wenn man nun bedenkt, daß es beim Schmecken und Riechen im Prinzip auf dasselbe ankommt wie beim Maschineschreiben und bei der Flugsicherung, nämlich auf die Erkennung von Zeichen und Informationen, dann würde es nicht überraschen, wenn es Ermüdungserscheinungen auch bei der Geschmackswahrnehmung gäbe.

Drittens bezeichnet Ermüdung einen Zustand des Desinteresses, der dann eintritt, wenn wir monotone Arbeiten ausführen oder wenn uns eine Aufgabe zu schwer erscheint. Für dieses Phänomen wäre freilich der Ausdruck »Überdruß« besser. (Feinschmecker sind hiervon sicher nicht betroffen – es sei denn, sie würden des Eßvergnügens überdrüssig...)

Zum vierten und letzten kann die Ermüdung auch durch Reizexposition bedingt sein: Das Wahrnehmungsvermögen läßt nach, wenn es der Einwirkung konstanter Reize ausgesetzt ist. (Hält man sich beispielsweise eine Weile in einem schlecht gelüfteten Zimmer auf, so wird man dessen Geruch nach ein paar Minuten nicht mehr als muffig empfinden.) Hierbei haben wir es mit einem unvermeidlichen Anpassungsvorgang zu tun, wie man ihn manchmal auch beim Essen beobachtet. Um eine echte Ermüdungserscheinung jedoch handelt es sich kulinarisch gesehen nicht, da dergleichen sowohl zu Beginn als auch am Ende einer Mahlzeit auftreten kann.

Ja, die Wahrnehmungsqualität kann sich durch eine allmähliche Reizanpassung sogar verbessern: Professionelle Weinprüfer beispielsweise spülen vor einer Degustation den Mund mit Wein, um ihren Geschmack einzuüben und weil sie eine Geschmacksreferenz benötigen (sie ähneln darin Musikern, die vor dem Konzert ihre Instrumente einstimmen). Ähnliches haben Geschmacksphysiologen beobachtet, als sie die

Sensibilität für Saccharose (Haushaltszucker) untersuchten: Probanden, die sich vor einem Test den Mund mit einer Saccharoselösung spülen mußten, hatten eine niedrigere Wahrnehmungsschwelle (also eine größere Sensibilität) für diesen Stoff als solche, die ihren Mund nicht oder nur mit Wasser spülten.

Läßt der Geschmack nun nach oder nicht? Um diese Frage abschließend zu beantworten, muß ich noch kurz auf eine Studie eingehen, die unter der Leitung von F. Sauvageot in Dijon durchgeführt wurde. Bei dieser Untersuchung hing die Schwierigkeit der jeweiligen Tests von der zuvor erbrachten Leistung ab: Hatten die Probanden einen Stoff richtig erkannt, so erschwerte man die nächste Aufgabe; hatten sie sich getäuscht, so wurde sie erleichtert. Die Tests erstreckten sich über vier bis fünf Stunden, mit einer 30minütigen Pause. Im Mittel blieben die Degustationsergebnisse über diesen ganzen Zeitraum konstant; das Geschmacksvermögen ließ also *nicht* nach. Eine gute Nachricht für Schlemmer und Genießer, wie ich finde: Sie dürfen sich bestätigt sehen...

## Farbe und Geschmack

Es wird oft behauptet, daß Farben das Eßvergnügen entscheidend beeinflussen. Dem kann man nur zustimmen; denn es ist sicher ein Unterschied, ob man an einer festlich gedeckten Tafel speist – Kerzen, Kristallgläser, Silberbesteck – oder ob man seine Mahlzeit auf einem grell gefärbten Wachstuch vorgesetzt bekommt.

Wirkt eine Farbe in gleicher Weise auf den Geschmack eines Gerichts wie z. B. die Temperatur? Die Frage ist nicht leicht zu beantworten, da sich das Eßvergnügen nie auf nur eine einzige Ursache zurückführen läßt. Das Geheimnis der guten Küche besteht darin, die verschiedenen Einflüsse miteinander zu verbinden. Darum wäre es auch grundfalsch, einzelne Farben isoliert zu untersuchen, um ihnen bestimmte kulinarische Eigenschaften zuzuordnen.

Sehr viel wichtiger ist das Thema »Farbe und Appetit«, d. h. der Zusammenhang zwischen der Farbe einer Speise und dem Appetit, den sie erregt. Gute Köche bemühen sich intuitiv um ansprechende Farben: das zarte Rosa des Fleisches, das Weiß der Fische, frischaussehendes Gemüse... Und die Feinbäcker und Konditoren geben sich alle Mühe, uns mit phantasievoll gefärbten Cremes und Glasuren zu beeindrucken – und zu verführen. So zeigt beispielsweise das berühmte Kochbuch von

Curnonsky[3] preisgekrönte Torten von Feinbäckern, die ihre Kreationen mit Methylenblau gefärbt hatten.

In der Alltagsküche erscheinen solche Färbungen extravagant, und sie sind dort nur selten am Platz. Um so mehr wird man auf frische Farben achten und daran denken, daß graues Fleisch und gelblicher Lauch nicht sonderlich appetitlich aussehen.

Alexandre Dumas empfiehlt in seinem *Grand Dictionnaire de cuisine* einige »nicht offensive« Färbungen, um Speisen attraktiver zu machen:

| | |
|---|---|
| Blau: | Indigo mit Wasser verdünnen. |
| Gelb: | Gummigutt oder Safran. |
| Grün: | Eingekochten Saft aus Spinatblättern oder jungem grünem Getreide durchsieben, mit Wasser verdünnen und zuckern. |
| Rot: | Koschenille und Alaunpulver in Wasser sieden. |
| Purpurrot: | Pollen der Mohrrübenblüte trocknen und in Wasser auflösen, oder Holundersaft mit Wasser verdünnen. |
| Violett: | Koschenille und Preußischblau. |
| Orange: | Safran und Koschenille. |

Aber sind diese Farben wirklich »nicht offensiv«? Wichtiger noch: Regen sie den Appetit an? Wohl kaum, und zu Recht bemerkte Curnonsky: » Alles Gute schmeckt nach dem, was es ist«, d. h., die Speisen müssen ihren natürlichen Geschmack (und ihre natürliche Farbe, wie ich meine) bewahren. Hierzu eine kleine Anekdote: Bei einem Bankett, das seinerzeit Aufsehen erregte, ließ der Gastgeber seiner Leidenschaft fürs Grüne freien Lauf. Nicht nur die Speisen waren grün, sondern auch alles, was sich sonst noch auf den Tischen oder im Saal befand: das Tafelgeschirr, die Servietten, die Tischtücher... Mit Mühe brachten die Gäste ein paar Happen hinunter; und manche gingen sogar mit leerem Magen, weil sie ihr bißchen Essen wieder von sich geben mußten!

Von der Farbe ließen sich unlängst selbst professionelle Degustatoren in die Irre führen: Sie hielten für Heidelbeersaft, was in Wirklichkeit blau gefärbter Orangensaft war.

---

[3] Curnonsky ist der Künstlername von M.E. Sailland (1872–1956). Der bekannte französische Schriftsteller und Journalist wurde 1927 zum »Prince des Gastronomes« gewählt.

Vergewaltigen wir nicht die Natur! Wir dürfen ihr allenfalls nachhelfen, wenn sie schon beschädigt ist: um beispielsweise alt gewordenem, unansehnlichem Gemüse wieder Farbe zu geben. Aber warum nicht gleich frisches Gemüse verwenden?

## Die unerwünschte Braunfärbung

Wer bei frischen Champignons nicht achtgibt, legt als Koch keine Ehre ein: Diese Pilze werden schwarz, wenn sie aufgeschnitten mit Luft in Berührung kommen. Häßliche Verfärbungen gibt es auch bei Bananen, Aprikosen, Kirschen, Kartoffeln, Äpfeln, Pfirsichen oder Avocados, wenn sie zu früh vor dem Essen aufgeschnitten werden und dann zu lange offen liegen bleiben.

Verantwortlich hierfür sind bestimmte Enzyme, die in all diesen Früchten vorhanden sind. Sie können phenolische Verbindungen[4] in Obst und Gemüse zu braunen oder grauen Polymeren oxidieren. Beim Schneiden werden die an den Schnitträndern gelegenen Zellen der Früchte verletzt, so daß die Enzyme auf die Schnittflächen gelangen, wo sie alsbald – in Kontakt mit dem Sauerstoff der Luft – ihr Zerstörungswerk beginnen.

Wie vermeidet man solche Verfärbungen? Indem man die freigesetzten Enzyme hemmt oder zerstört! Sicher haben Sie schon bemerkt, daß Zitronen, Melonen und Tomaten dem Gesetz des Braunwerdens *nicht* unterliegen: Die natürliche Säure dieser Früchte blockiert die Enzyme. Und mit dem noch viel saureren Essig lassen sich z. B. Gürkchen, Kapern, Mixpickles oder auch Strandfenchel vor Fäulnis schützen.

Eine vergleichbare Wirkung haben Kühlen und Kochen. Durch Kälte wird die Oxidation verlangsamt (bei einer Abkühlung um 10 Grad verringert sich Reaktionsgeschwindigkeit um die Hälfte). Und durch Kochen »denaturiert« man die meisten Enzyme: Sie sind Proteine, d. h. Eiweißmolekülketten, die auf spezifische Art gefaltet sind (ihre charakteristische räumliche Struktur ist für die Wirkungsweise entscheidend) und die durch nur schwache Bindungen zusammengehalten werden. Bei

[4] Das Phenolmolekül besteht aus sechs zyklisch angeordneten Kohlenstoffatomen (C), die bis auf eines jeweils an ein Wasserstoffatom gebunden sind. Ans letzte Kohlenstoffatom bindet eine Hydroxyl-(OH-)Gruppe, die sich aus einem Sauerstoff- und einem Wasserstoffatom zusammensetzt.

Wärmezufuhr lösen sich diese Bindungen: das Molekül wird deformiert, und die Enzymtätigkeit kommt zum Erliegen.

Hemmend wirkt auch das Salz: Es konserviert z. B. Kräuter und Gewürze. Und ebenso behindert Vitamin C die Arbeit der Enzyme: Dank dieser Eigenschaft hat es übrigens der ungarische Biochemiker Albert Szent-Györgyi erstmals isoliert. In seinem Buch *On food and cooking* schildert Harold McGee , wie es dazu kam: Mitte der 20er Jahre begann sich Szent-Györgyi für die Chemie der Pflanzen zu interessieren, denn er hatte beobachtet, daß eine Erkrankung der Nebenniere Ähnlichkeiten mit der Braunfärbung beschädigter Früchte aufwies. Daraufhin untersuchte er Pflanzen, die nicht braun wurden, und stellte fest, daß sich mit ihrem Saft das Braunwerden der beschädigten Früchte verzögern ließ. Er isolierte den Wirkstoff und entdeckte, daß es sich um eine Säure handelte: Es war die Ascorbinsäure, unser lebenswichtiges Vitamin C.

## Das Rot des Meeres

Man könnte noch viel zur kulinarischen Bedeutung der Farben sagen, dieses Thema ist unerschöpflich. Wir wollen es hier mit einer Frage abschließen, die sich an die Liebhaber der Meeresfrüchte richtet: Warum färben sich Krabben, Garnelen, Langusten oder Hummer rot, wenn man sie in siedendem Wasser kocht?

Der Grund hierfür ist das Astaxanthin, ein Molekül mit vier Sauerstoffatomen (Summenformel $C_{40}H_{52}O_4$), das in den Schalen dieser Krebse vorkommt. Bei lebendigen Tieren ist es allerdings an Eiweiß gebunden, mit dem es einen dunkelgrünen Komplex bildet. Erst beim Kochen wird es abgespalten (auch hier sind die Bindungskräfte nur schwach) und entwickelt sich zu einer selbstständigen roten Substanz.

Auch in den Lachsen findet sich Astaxanthin: Es liegt hier von vornherein in nichtgebundener Form vor und gibt dem Fleisch dieser Fische das appetitliche Rosa.

## Düfte und Aromen

Würden wir nur über Geschmacks- und Gesichtssinn, nicht aber über den Geruchssinn verfügen, dann wären wir sehr zu bedauern! Denn wir schmecken vor allem mit der Nase. Man glaubt, daß Feinschmecker einen feinen Gaumen haben müssen, und vergißt, daß das Riechvermögen fast noch wichtiger ist.

Wie setzt man als Koch die Aromen ein? Im Jargon des Küchenpersonals wird der Herd, an dem der Chef wirkt, manchmal als Klavier bezeichnet: Man sollte ihn besser Orgel nennen. Denn ein Meister zieht mehrere Register auf einmal, und jedes Register hat seine eigene Harmonie, die sich mit den Harmonien der anderen Register vereint. Ich habe nicht den Ehrgeiz, das Geheimnis solcher Virtuosen zu lüften; aber vielleicht kann ich einige Tips geben, die uns beim Kochen helfen.

Zugleich mit den Farben, aber mit vielleicht noch größerer Intensität, nehmen wir die Düfte wahr. Die Gäste sitzen noch kaum bei Tisch, da vermischen sich ihre eigenen Gerüche mit denen des offenen Kamins und mit jenen der Kerzen, die ihr warmes, flackerndes Licht über die Abendgesellschaft werfen. Die Tür zum Speisesaal öffnet sich, das Gericht wird aufgetragen, man hebt den Deckel ab – und Wohlgerüche steigen auf. Ein großer Augenblick! Doch wie gelingt er?

## Wie verwendet man Aromastoffe?

Aromastoffe bestehen meist aus flüchtigen organischen Molekülen, die sehr empfindlich sind: Gibt man beim Kochen nicht acht, so können sie verdunsten oder ihre Qualität verlieren (eventuell werden sie herb und bitter). Man sollte es sich darum zur Regel machen, entweder bei möglichst niedrigen Temperaturen zu kochen oder die Aromen erst kurz vor dem Ende der Kochzeit zuzusetzen. Pfeffer beispielsweise darf nicht sehr lange mitkochen, sonst wird er beißend; und auch die Petersilie verträgt zu langes Kochen nicht.

Wie verwendet man Aromen? Mit Vorsicht! Wie die Wirkstoffe der Medikamente sind diese Substanzen so konzentriert, daß die »vorgeschriebene Dosis« in keinem Fall überschritten werden darf. Muskatnüsse beispielsweise enthalten einen toxischen Bestandteil, der so giftig ist, daß das Pulver einer einzigen Nuß einen Erwachsenen töten kann. Und ein Burgunderwein verliert sein einzigartiges Bukett, wenn die Konzentration des schon erwähnten Paraäthylphenols vier Teile pro eine Million Teile (ppm) übersteigt; statt dessen riecht er penetrant »nach Chemie«.

Aromen sind also vorsichtig zu verwenden – und mit Fingerspitzengefühl! Weil sie überwiegend organischer Natur sind, lösen sie sich gut in organischen Verbindungen, aber manchmal schlecht in Wasser. Bei-

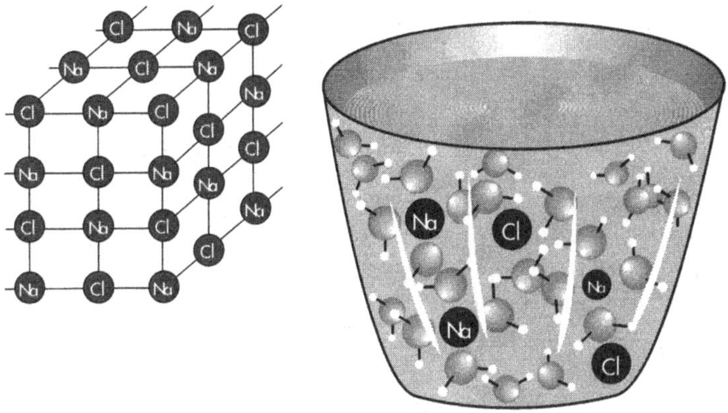


Abb. 4

spielsweise befinden sich die Aromastoffe des Fleisches, das zu einem großen Teil aus Wasser besteht, vor allem im Fettgewebe.

Werden wir genauer: Moleküle lösen sich in einem bestimmten Milieu, weil sie mit den dort vorhandenen Teilchen lockere »Brückenbindungen« eingehen. Auch in ungemischten Flüssigkeiten bestehen solche Bindungskräfte: Dort halten sie die gleichartigen Moleküle zusammen und verhindern, daß sie sich bei Raumtemperatur zu schnell verflüchtigen (wozu sie aufgrund ihrer natürlichen Eigenbewegung tendieren).

Ganz andere Verhältnisse herrschen beim nichtgelösten Kochsalz, bei dem sich Natrium- und Chloratome zu einem regelmäßigen Gitter fügen (Abb. 4). Dies geschieht, weil die Natriumatome jeweils eines ihrer Elektronen an die Chloratome abgeben, so daß zwischen ihnen entgegengesetzte elektrische Ladungen bestehen, die sich anziehen. Dadurch werden die Atome aneinander gebunden und ordnen sich zu festen Körpern. Die Moleküle des Wassers dagegen, die aus einem Sauerstoff- und zwei Wasserstoffatomen zusammengesetzt sind, assoziieren sich zu Verbänden, zwischen denen keine Elektronen ausgetauscht werden: Die chemische Bindung befindet sich im Wassermolekül selbst, aber nicht zwischen den Molekülen.

Warum vereinen sich die Wassermoleküle trotzdem zu einer Flüssigkeit (Wasser), die erst bei relativ hohen Temperaturen zu sieden beginnt? Weil die Sauerstoffatome »lüstern« auf Elektronen sind! Zwar haben sie sich mit zwei Wasserstoffatomen zusammengetan, um das Wassermolekül zu bilden, aber sie streben nach mehr. In anderen

Worten: Im Wassermolekül besteht seitens des Sauerstoffatoms ein leichtes Elektronenungleichgewicht; die negative Ladung des Sauerstoffs in *einem* Molekül und die positive Ladung des Wasserstoffs in einem *anderen* Molekül ziehen sich an, so daß sich die Wassermoleküle locker miteinander vereinen. Diese Bindungsart, die natürlich viel schwächer ist als die Bindung zwischen Atomen innerhalb eines Moleküls, heißt Waserstoffbrückenbindung.

Was hat das alles mit den Aromen zu tun? Nun, bei den Aromamolekülen ist das elektrische Gleichgewicht meist stabil, d. h., ihre Atome streben nicht nach anderen Elektronen. Viele Substanzen mit Minze- oder Harzaroma beispielsweise sind Terpene, Molekülverbände, die sich aus mehreren Isoprengruppen zusammensetzen (eine Isoprengruppe – Summenformel $C_5H_8$ – enthält fünf Kohlenstoffatome, die in Form eines Y angeordnet sind: drei Kohlenstoffatome sitzen am Y-Stamm, je eines am Ende der beiden Arme). Diese Gruppen können keine Wasserstoffbrücken bilden, und so sind Terpene in Wasser schlecht löslich.

Desgleichen mischt sich Fett nicht mit Wasser, denn nur gleich und gleich gesellt sich gern: Schlecht löslich sind Moleküle, die mit dem Wasser nicht die Fähigkeit zur Brückenbildung gemein haben. (Dagegen enthält der Äthylalkohol ein Sauerstoffatom, das ihm die Ausbildung von Wasserstoffbrücken erlaubt: Alkohol ist wasserlöslich.)

Natürlich lösen sich die Aromaterpene auch im Muskel- und Bindegewebe des Fleisches nur schlecht, denn es besteht überwiegend aus Wasser. Im Fettgewebe dagegen sind sie reichlich vorhanden. Auf die Gefahr hin, mich zu wiederholen: Vor allem durch das Fett bekommt Fleisch sein typisches Aroma. Wegen des Fetts riecht und schmeckt Lammfleisch nach Lamm und Rindfleisch nach Rind. Würde man ein mageres Rinderfilet in Entenfett braten, so entstünde ein kulinarisches Zwitterwesen: eine Kreuzung aus Ente und Rind... Unsere Vorfahren schätzten das Fett über alles, wovon Redewendungen wie »das Fett abschöpfen« (= sich selbst das Beste sichern) zeugen. Sie hatten recht! Denn dem Fett verdanken die Speisen ihren ungeschminkten, reinen Geschmack.

Was wir über die chemische Struktur und die Eigenschaften der Terpene sagten (übrigens finden diese »Moleküle der Sinnlichkeit« in der Parfümindustrie breite Verwendung), gilt ähnlich auch für die Alkane und die Alkene[5] mit ihren oft fruchtigen Geruchsnoten

[5] Alkane und Alkene sind ebenfalls Kohlenwasserstoffe, d. h., ihre Moleküle bestehen ausschließlich aus Kohlenstoff- und Wasserstoffatomen.

sowie für zahlreiche andere organische Verbindungen, die in Pflanzen und Tieren vorkommen. – Als Koch sollte man mit allen Aromastoffen sehr pfleglich umgehen und insbesondere darauf achten, welches Milieu sie bevorzugen, d. h., ob sie eher fett- oder wasserlöslich sind.

Vielleicht versteht man jetzt besser, welche Bedeutung das Garen in Folie oder das Schmoren und Dünsten haben: Weil dabei der Siedepunkt des Wassers nicht überschritten wird, bleiben die Aromastoffe weitgehend erhalten. Zudem können sie aus ihrer abgeschlossenen Umgebung nicht entweichen und bleiben so in oder bei den Speisen. Darum ist übrigens auch die neue Technik des Vakuumkochens für Feinschmecker eine Göttergabe. Hierbei werden die Nahrungsmittel kurz angebraten und gewürzt; dann kommen sie in einen Plastikbeutel, aus dem die Luft herausgesaugt wird. Sie garen bei nur 65 Grad, eine Temperatur, bei der die Eiweiße gerinnen (wie beim normalen Kochen auch), aber ihr Hydratationswasser nicht verlieren. Der Saft bleibt im Fleisch, der Wohlgeschmack auch – dank der niedrigen Temperatur hat sich das hitzeempfindliche Aroma nicht verflüchtigt. So gegartes Fleisch ist eine besondere Köstlichkeit, es ist zart und zergeht auf der Zunge: Mir läuft das Wasser im Munde zusammen, wenn ich nur daran denke...

Zum Schluß noch ein Wort zu jenen Aromen, die beim Kochen entweichen: Wird bei geöffneter Küchentür gekocht, dann steigen sie uns draußen in die Nase. Aber man riecht nicht das, was man später ißt! Erhitzte organische Moleküle reagieren mit dem Sauerstoff der Luft, der sehr aggressiv ist: Oxidiert er nicht sogar Eisen? Wir nehmen also nicht das natürliche Aroma der Speisen wahr, sondern eine komplexe Mischung von Molekülen, die mehr oder weniger dessen Abkömmlinge sind. Aus diesem Grund kocht man besser bei geschlossener Küchentür: Die Gäste bleiben von den Aromaabfällen verschont, und beim Servieren ist die Überraschung perfekt.

## Gewürze und Aromapflanzen

Ist Safran ein Gewürz oder ein Aromatikum? Er ist nicht scharf, aber er duftet; mit seinem eigenen Aroma verfeinert er das Aroma anderer

Speisen: Safran ist ein Aromatikum.[6] Pfeffer dagegen ist ein Geschmacksanreger, der fast keinen Eigengeruch hat: Pfeffer ist ein Gewürz.

Fast schelmisch spielen die Gewürze mit überraschenden Geschmacksnuancen, während ein Aroma in tiefere Bewußtseinsschichten eindringt: Man denke an das berühmte Madeleine-Gebäck, das Proust eines Tages in seine Kindheit, in die Zeit bei der geliebten Großmutter zurückversetzt hat. (Wie alle olfaktorischen Signale werden die Düfte im limbischen Systems des Gehirns verarbeitet, das auch für das Gedächtnis und die Gemütsbewegungen zuständig ist.)

Am richtigen Würzen erkennt man den Meister, und darum sollte jeder gute Koch Gewürze und Aromatika auseinanderhalten können. Das ist nicht immer leicht. Beispielsweise ist Knoblauch riechend *und* pikant, er regt den Geschmack an *und* entwickelt Aroma: Knoblauch ist Gewürz und Aromatikum zugleich.

Möchten Sie das unentbehrliche aromatische Zubehör der feinen Küche klassifizieren, liebe Leser? Dann machen Sie mit bei einem kleinen Quiz und geben Sie an, welche der folgenden Würzmittel eher geschmacksanregende Gewürze und welche eher Aromaträger sind: Zimt, Sesam, Kresse, Rettich, Anis, Dill, Koriander, Kreuzkümmel, Fenchel, Thymian, Basilikum, Salbei, Rosmarin, Pfefferminze, Majoran, Senfsaat, Zwiebel, Petersilie, Lupine, Kardamom, Oregano, Lorbeer, Frühlingszwiebel, Schnittlauch, Wermut, Porree, Piment, Tafelsenf, Wiesenkümmel, Sellerie, Zucker, Honig, Essig, Bohnenkraut, Ingwer, Gewürznelke, Kaper, Olive, Kerbel, Pimpinelle, Muskat, Sauerampfer, Estragon, Myrte, Meerrettich, Schnittsellerie, Schwarzkümmel, Portulak, Baldrian, Weinraute, Paradieskörner, Liebstöckel, Sternanis, Poleiminze, Muskatblüte, Ysop...

## Kruste und Krume

Warum sitzt in der Brotkruste mehr Geschmack als in der Brotkrume? Warum brät man Fleisch in Butter an, wenn man einen Fond kochen will? Warum wird die Lammkeule mit Öl eingepinselt, bevor

[6] Diese Unterscheidung trifft man in Deutschland nicht: Hier zählt Safran (wie übrigens alle exotischen Spezereien) zu den Gewürzen, die nach herrschender Auffassung auch aromatisch sein können. Stattdessen unterscheiden wir zwischen Gewürzen und den frischen oder getrockneten, meist einheimischen Kräutern, wobei die Grenzen fließend sind: Manche Kräuter stehen den Gewürzen nahe (Salbei, Dill, Koriander), andere dem Gemüse (Porree, Sellerie und Zwiebel). (Anm. d. Übs.)

man sie in den Ofen schiebt? Woher hat das Bier seine goldgelbe Farbe? Warum riechen geröstete Kaffee- und Kakaobohnen so gut?

Auf diese und unzählige anderer solcher Fragen gibt es nur eine einzige, lakonische Antwort: »die Maillard-Reaktion«. Vor allem ihr ist es zu verdanken, daß unsere Speisen beim Garen braun-krustig, aromatisch und schmackhaft werden.

Der Maillard-Reaktion liegt ein einfaches Prinzip zugrunde: Unter Hitzeeinwirkung reagieren Aminosäuren (die einfachsten Bausteine der Eiweiße, die alle die Aminogruppe $NH_2$ enthalten) mit Zucker. Dabei spalten sie ein Wassermolekül ab und verbinden sich zunächst zu einer Schiffschen Base, um sich alsbald zu einem Amadori-Produkt umzulagern (Abb. 5). Hieraus entstehen im weiteren Verlauf durch Reaktionen mit anderen Verbindungen ringförmige »aromatische« Verbindungen: Es entwickeln sich geruchs- und geschmacksverbessernde Substanzen und die Bräunungsstoffe mit ihrer oft intensiven Färbung.

Die Zahl der möglichen Reaktionsprodukte ist astronomisch, viele sind noch gar nicht bekannt. 1990 widmete ein bekanntes chemisches Fachblatt der Maillard-Reaktion einen Artikel von mehr als 20 Seiten, in dem zahlreiche Aromen und ihre Reaktionswege beschrieben sind. Wie gesagt ist auch die braune Kruste, die sich bildet, wenn man Fleisch in Fett scharf anbrät, eine Folge der Maillard-Reaktion, denn sie läuft bei hohen Temperaturen bevorzugt ab. Dagegen passiert beim bloßen

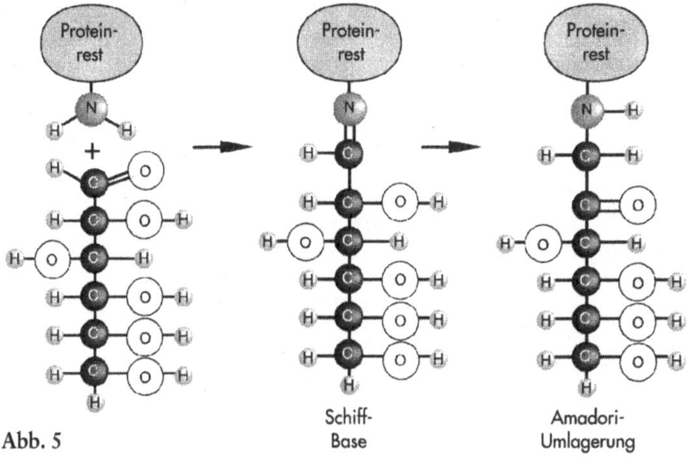


Abb. 5

Kochen nur wenig, weil hierbei 100 Grad, die Siedetemperatur des Wassers, nicht überschritten werden.

Wie verbessern wir unsere Kochkunst mit der Maillard-Reaktion? Indem wir sie anwenden! Wichtig ist, daß beim Kochen Zucker und Eiweiße zusammenkommen (man denke z. B. an glacierte Ente). Wichtig ist auch, die Speisen zunächst sehr stark zu erhitzen, so daß die Reaktion stattfinden kann; dann aber muß man die Temperatur reduzieren, damit sich die Aromastoffe nicht verflüchtigen. Will man Fleisch im Mikrowellenherd garen, so sollte man es vorher kurz anbraten. Und um die Wärmeübertragung zu verbessern, darf man in bestimmten Fällen das Einfetten nicht vergessen: Auf dieses wichtige Thema werden wir noch zu sprechen kommen (s. S. 94).

## Kuriosa

Bevor wir das Reich der Düfte verlassen, wollen wir uns noch einigen Kuriositäten zuwenden, die aber höchst aufschlußreich sind.

Das Aroma der Orangen kommt hauptsächlich vom Limonen, einem Terpenmolekül, das in veränderter, spiegelsymmetrischer Form nach Zitrone riecht. Beide Früchte enthalten Zitronensäure (als Lebensmittelzusatzstoff verbirgt sich diese Säure hinter der Kennzeichnungsnummer E 330, die wir oft auf Verpackungshinweisen sehen). Mit den Mohrrüben haben die Orangen das Karotin gemein; wie jene verdanken sie diesem Pflanzenfarbstoff ihre gelbrote Farbe. Karotin findet sich aber auch in Kräutern und Gräsern; nach dem Mähen zerfällt es in der Sonne zu heuartig riechendem Ionon ($C_{13}H_{20}O$), das ein Baustein des ätherischen Veilchenwurzöls ist.

Und das Resümee? Den Tausenden von Sinneseindrücken beim Essen und Trinken liegt ein komplexes, dynamisches Wechselspiel der Geschmacks-, Farb- und Aromamoleküle zugrunde, das nicht leicht zu beherrschen ist. Die Kunst des Kochens besteht im Erkennen, Unterscheiden und Harmonisieren. Man denke an die Orgel...

# Die Suppe

## Warum läßt sich Suppe durch Blasen kühlen?

Feinschmecker sind Enthusiasten, die Kochkunst ist ihr Gott. Aber es gibt auch Menschen, die sich mit Leib und Seele der Wissenschaft verschrieben haben, denn auch sie ist der Schlüssel zu einer neuen, der Alltagserfahrung fremden Welt. Manche, die von lebenstüchtigen Freunden für sanfte Träumer gehalten werden, haben sich dorthin verirrt.

Woraus besteht diese Welt? Aus Atomen, aus Molekülen, die sich in unaufhörlicher Bewegung befinden. Was sind diese Moleküle, wie sehen sie aus? Das hängt davon ab, unter welchem Blickwinkel man sie betrachtet. Für den Chemiker sind sie oft ein Gemengsel farbiger Stoffe, die man in Phiolen, Reagenz- und Bechergläsern (oder in Kochtöpfen!) lösen oder ausfällen kann.

Für den Physiker sind sie manchmal harte, kompakte Elemente, die aneinanderprallen wie Billardkugeln; manchmal auch kleine Sonnensysteme, die sich gleich Liebenden gegenseitig anziehen; und manchmal sind sie Wellen wie jene, die das Wasser eines Teiches kräuseln...

Was für ein Bild müssen wir uns von der Suppe machen? Wie alle Materie im Universum besteht sie aus einer Zusammenlagerung von Molekülen. Für den Feinschmecker sicher ein ungewohnter Aspekt, denn ihm ist die Suppe ein Objekt der Begierde: Verheißung köstlicher Aromen und Mittel, Hunger und Durst zu stillen. (Übrigens hat ein so berühmter Koch wie Antonin Carême dem Thema Suppe ein ganzes Buch gewidmet.) Ich lade Sie nun dazu ein, mir in jene ganz andere Welt zu folgen, in die Welt der Moleküle.

Unsere Suppe ist eine warme Suppe, aus der in Spiralen aromatische Dämpfe aufsteigen. Für den Physiker verhält sie sich genauso wie Wasser, das erleichtert unser Problem. Skizzieren wir das Szenario: Wasser in einer Schüssel; darüber Luft; Dampf, der in die Luft aufsteigt. Der Dampf besteht aus Wasser, das in einen gasförmigen Zustand übergegangen ist. Aufgrund der zugeführten Wärme bewegen sich die Wassermoleküle so schnell, daß sie die Anziehungskräfte in der Flüssigkeit überwinden und in die Luft entweichen, mit der sie sich nach und nach vermischen. Da der Dampf heiß ist, also leichter als Luft, steigt er auf wie ein Stück Holz, das man unter Wasser losläßt, oder besser noch wie ein Heißluftballon: das Phänomen ist das gleiche.

Dagegen bewegen sich die unzähligen Moleküle unserer Suppe mit unterschiedlichen Geschwindigkeiten; normalerweise besitzen sie nicht genug Energie, um aus der Flüssigkeit zu entweichen. Manchen, die besonders schnell sind, gelingt es; aber kaum in die Luft gekommen, kondensieren sie sogleich und kehren in die Suppe zurück. Die langsameren bleiben im Topf, wo sie, bedingt durch Kollisionen mit anderen Molekülen, in Zickzackbewegungen durcheinanderwimmeln.

Draußen in der Luft befinden sich Stickstoff- und Sauerstoffteilchen sowie Moleküle diverser anderer Elemente ebenfalls in Bewegung; manchmal prallen sie mit den aufsteigenden Wassermolekülen der Suppe zusammen und stoßen sie weg wie beim Bocciaspiel. Dadurch stellt sich nach und nach ein Gleichgewicht zwischen der Suppe und der darüberliegenden Luftschicht her, so daß in beiden Medien schließlich ein und dieselbe Temperatur herrscht.

Wenn man über die Suppe bläst, wird die mit Wasserdampf gesättigte Luftschicht von der Oberfläche entfernt und durch trockene Luft ersetzt. Darum können die Dampfmoleküle nicht mehr in die Suppe zurück: Durch Blasen wird das Verdampfen beschleunigt.

Zudem besitzen die verdampfenden Teilchen die meiste Energie; jene mit weniger Energie bleiben in der Suppe zurück. Die Verdampfung geht also mit einem Energieverlust der Suppe einher, d. h. mit einer Abkühlung. In anderen Worten: Wer kühlen will, der blase. (Etwas ganz Ähnliches geschieht übrigens nach dem Baden im Meer, wenn am Strand ein kräftiger Wind weht: Schnell verdunsten die Wassertropfen auf unser Haut, und wir beginnen zu frieren.)

Bei dicken, gebundenen Suppen sollte man beachten, daß man sie beim Blasen umrühren muß, denn sonst kühlt nur die Oberfläche ab: Wegen der Viskosität solcher Suppen findet kein Temperaturausgleich zwischen den oberen Molekülen und den weiter unten gelegen statt.

# Die Milch

# Aufgepaßt, die Milch läuft über!

Zu den Hauptschwierigkeiten der Wissenschaft gehört die richtige Einschätzung des Untersuchungsgegenstands: Bis zu welchem Punkt kann man ein System vereinfachen, ohne das Wesentliche des Phänomens, das man begreifen will, zu verfälschen?

Um zu wissen, wie die Suppe abkühlt, haben wir sie mit Wasser verglichen: Der für die Abkühlung wesentliche Wärmeaustausch an der Oberfläche ist in beiden Medien derselbe. Hätten wir uns dagegen für die Strömungseigenschaften interessiert, so wäre für den Vergleich mit Wasser nur eine sehr dünnflüssige Suppe in Frage gekommen. Wie Dichter und Literaten müssen auch Chemiker und Physiker das Sprechen in Bildern, die Kunst der Metaphorik, beherrschen.

Können wir die Milch ebenfalls mit Wasser vergleichen, um zu verstehen, warum sie überläuft? Sicher nicht, denn kochendes Wasser läuft nicht über. Offenbar ist Milch komplizierter aufgebaut als Wasser. Eine Beobachtung bestätigt diesen Verdacht: Läßt man die Milch eine Weile ruhen, so überzieht sie sich mit Rahm, also mit Fett (geschlagener Rahm wird zu Butter). Woher kommt der Rahm? Unter dem Mikroskop können wir sehen, daß sich in der Milch unzählige Fetttröpfchen tummeln: Die Milch ist eine »Emulsion«. Die Fetttröpfchen zerstreuen das Licht in alle Richtungen: daher die weiße Farbe.

Natürlich besteht die Milch nicht nur aus Fett und Wasser, denn diese beiden Stoffe allein lassen sich nicht mischen. Wasser und geschmolzene Butter (und erst recht ungeschmolzene) bleiben getrennt; Naturwissenschaftler würden sagen, daß sie zwei verschieden Phasen darstellen. In der Tat befinden sich in der Milch noch Eiweiße und diverse »grenzflächenaktive« Netzmittel (Emulgatoren), d. h. Moleküle, die sowohl wasserlösliche als auch fettlösliche Gruppen enthalten. Die wasserlöslichen Gruppen treten mit dem Wasser und die fettlöslichen mit dem Fett in Verbindung; sie umhüllen die Fetttröpfchen und grenzen sie voneinander ab, so daß sie sich stabil im Wasser verteilen. Zu dieser Stabilität (also zur Beständigkeit der Emulsion) tragen auch Kaseinmoleküle bei, die auf der Oberfläche der Fetttröpfchen sitzen und sie aufgrund ihrer negativen Ladung voneinander abstoßen.

Aber die Abstoßungskräfte des Kaseins können nicht verhindern, daß sich die Fetttröpfchen manchmal vereinen: Da sie sich in der Flüssigkeit unablässig hin und her bewegen, kann es passieren, daß die schnellsten unter ihnen aufeinanderprallen und zu größeren Tropfen verschmelzen. Je größer sie sind, desto kleiner werden die Abstoßungskräfte zwischen ihnen: Ihr Umfang nimmt immer weiter zu, bis sie an die Oberfläche steigen und dort den Rahm bilden.

Erhitzt man die Milch, so wird dies alles erheblich beschleunigt: Die Fetttröpfchen bewegen sich immer schneller, so daß sie immer häufiger zusammenstoßen und immer öfter miteinander verschmelzen. Oberhalb von 80 Grad gerinnt das Kasein, mit folgenden Konsequenzen: Geronnen kann es die Fetttröpfchen nicht mehr schützen; und auf der Oberfläche der Milch bildet es eine Deckschicht, die Haut. Der Wasserdampf, der auf dem Boden des Topfes entsteht, staut sich unter der Haut zunehmend auf, hebt sie schließlich an... und ergießt sich über den Herd, wobei er den scheußlichen Geruch fauliger Eier ausströmt.

Warum kommt es zu diesem Geruch? Weil sich in den Eiweißketten der Molke Glieder mit Schwefelatomen befinden. Erhitzt man über 74 Grad, so lockern sich die Ketten, und die Schwefelatome reagieren mit den Wasserstoffionen der Lösung, um Schwefelwasserstoff zu bilden. Und dieses Gas hat bekanntlich die Eigenschaft, ziemlich penetrant zu riechen...

## Warum ist Muttermilch leichter verdaulich als Kuhmilch?

Nur wenigen meiner Leser wird sich die Gelegenheit bieten, Muttermilch zu trinken, aber viele haben es schon getan – als Babys. Und viele jüngere Leserinnen werden irgendwann einmal ihre eigenen Kinder von dieser Milch trinken lassen.

Warum ist Muttermilch leichter verdaulich als Kuhmilch? Weil sie weniger Proteine enthält. Im sauren Milieu des Magens gerinnen die Proteine, so daß sie von den Verdauungsenzymen nicht so leicht aufgeschlossen werden können: die Verdauung verlangsamt sich.

Übrigens nutzt man die Gerinnung beim Käsemachen; das Prinzip ist das gleiche. Wenn man Salz oder eine Säure zur Milch gibt, dann gerinnt sie: Die positiv geladenen Ionen des Salzes werden von den negativ geladenen des Kaseins angezogen; sie umschließen das Kasein und neutralisieren dadurch die Abstoßungskräfte zwischen den Fetttröpfchen, die nun miteinander verschmelzen können.

Die Eigenschaft der Kuhmilch, nicht so gut verdaulich wie Muttermilch zu sein, ist beim Käsemachen von Vorteil: mit mehr Proteinen gerinnt die Milch schneller. Jedes Alter hat seine Freuden...

# Gele,
# Gelees,
# Aspik

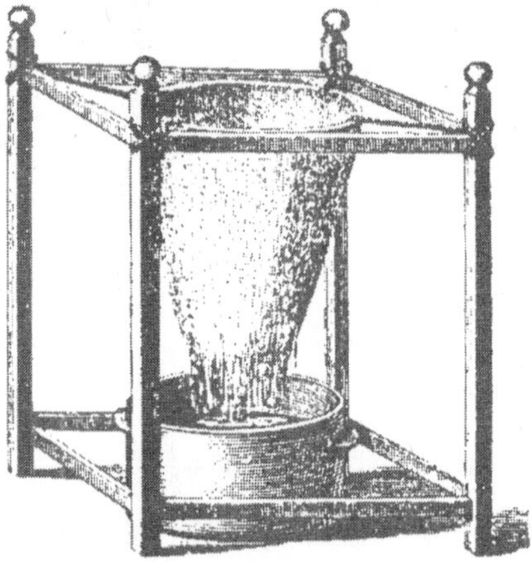

## Der Wirkstoff der Kalbsfüße

Gel, Gelee, Aspik... Diese Worte sind Musik in den Ohren des Feinschmeckers, und vor seinem geistigen Auge erscheinen Speisen, die von einer glänzend-transparenten Masse überzogen sind, durch die Köstlichkeiten wie Fische im Kräuterbett oder mit Trüffeln verziertes Geflügel hindurchschimmern. Doch Schönheit ist nicht die einzige Eigenschaft dieser Delikatessen: Sie sind zart, zergehen auf der Zunge und zeichnen sich durch ein besonders gehaltvolles Aroma aus.

Das Geheimnis dieser Gerichte liegt im Gelee; daß es gelüftet werden konnte, verdanken wir der Physik und der Photographie.[1] Nach Jahrhunderten bloßer Empirie sind die Köche heute mit Sachkenntnis gewappnet, um ihre Kreationen in Gelee und Aspik zu erschaffen.

Man weiß seit langem, daß beim Kochen bestimmter Fleischsorten (z. B. Kalbsfüße) Wirkstoffe freigesetzt werden, die die Kochflüssigkeit später steif machen. Ganz einfach funktioniert das bei Huhn in Gelee: Man muß es nur lange genug kochen und dann in der Kochflüssigkeit abkühlen lassen. Die Lösung bleibt durchsichtig, geliert aber beim Erkalten.

Dasselbe geschieht bei einer Glace, die man zum Verfeinern von Saucen benötigt: In einer Brühe, die mit Karotten, Zwiebeln und anderen aromatischen Ingredienzen angereichert ist, werden Knochenstücke mit Fleischresten gekocht (für einen Fischfond nimmt man Gräten). Man läßt die Brühe reduzieren; dabei tritt nach und nach Kollagen aus (das wichtigste Eiweiß von Haut, Sehnen, Knorpel und Bindegewebe). Es bildet sich um und konzentriert sich zu einem zähflüssigen Sirup, mit dem man z. B. Saucen eindicken kann.[2]

Es geht allerdings auch einfacher: Anstelle der Glace kann man Blattgelatine nehmen. Sie enthält dasselbe Kollagen, das man sonst erst mühsam auskochen muß.

---

[1] Photographische Filme wurden ursprünglich mit Silberbromidgelatine versehen, d. h. mit einer lichtempfindlichen Schicht, die aus in Gelatine eingelagerten Silberbromidkristallen besteht.

[2] Ein interessantes Rezept mit einer solchen Glace sind Tournedos mit einem Pinot noir aus dem Elsaß: Die Tournedos in einer Pfanne in Butter durchbraten, herausnehmen und warmstellen. Den Bratensatz mit zwei Dezilitern Pinot noir und zwei Eßlöffeln Glace ablöschen. Reduzieren, zwei Eßlöffel Rahm unterrühren und die Tournedos mit diese sirupartigen Sauce überziehen.

Eine andere Art Gelee wird aus Obst und Zucker gewonnen. Zahlreiche Früchte (z. B. Äpfel) besitzen Gelierstoffe, die gezuckerte Fruchtsäfte in halbfeste Massen verwandeln. (Das Geheimnis dieser fruchtigen Leckereien, die von Feinschmeckern aller Altersstufen so sehr geschätzt werden, wird im Kapitel »Konfitüren« gelüftet.)

Auch Fischpasteten, Füllungen nichtsüßer Mürbeteigkuchen (z. B. Quiche Lorraine), selbst Soufflés und Meringen sind Gelees; ich werde an gegebenem Ort auf sie eingehen. Und vergessen wir die Stärke-Gele (»Stärkekleister«) nicht: Ihre Bedeutung ist so groß, daß sie in gleich zwei Kapiteln behandelt werden müssen, bei den Saucen und bei den Teigen.

## Die Wasserfalle

Kommen wir zu den Gelees, die man mit Gelatine bereitet: Sie bestehen fast nur aus Wasser. Mit einem einzigen Blatt handelsüblicher Gelatine (etwa zwei Gramm) lassen sich mehrere Deziliter Wasser gelieren. Dieser Vorgang ist »reversibel«: Durch Erhitzen kann man ein Gelee flüssig machen, und beim Abkühlen erstarrt es dann wieder. Wie Konfitüren sind auch Gelatinegelees »physikalische« Gele, im Gegensatz zu den »chemischen« Gelen der Eier: Eiweiß gerinnt beim Kochen zu einem Gel, das sich nicht mehr zurückverflüssigen läßt.

Das Geheimnis der Gele begann sich Anfang der 20er Jahre zu lüften, nachdem der Physiker und spätere Nobelpreisträger Hermann Staudinger das Prinzip der *Makromoleküle* entdeckt hatte. Sie bestehen aus mehr als 1000 Einzelmolekülen und erscheinen je nach Zusammensetzung und Umgebung als langgestreckte Ketten oder knäuelförmige Gebilde. In einer wäßrigen Lösung vernetzen sich die Makromoleküle z. B. des Gummis, der Zellulose oder der Gelatine zu einem Geflecht, das die gesamte Lösungsmasse durchzieht.

Wegen ihrer ausgeprägt hydrophilen[3] Eigenschaften reichen schon einige wenige Makromoleküle aus, um eine große Menge Wasser erstar-

---

[3] Keine Angst vor Fachausdrücken! Hydrophil setzt sich aus hydro (von griechisch hydor, Wasser) und der Endung -phil (von philein, lieben) zusammen: wasserfreundlich, wasseranziehend (in lipophil steckt lipos, Fett). Mit der Endung -phob (von phobos, Furcht) wird das Gegenteil ausgedrückt, z. B. hydrophob: wasserfeindlich, wasserabstoßend.

ren zu lassen. Eine Lösung mit Gelatine ergibt ein klares, durchsichtiges Gel, wenn man sie auf 30 Grad abkühlt.

Warum entstehen aus Gelatine geschmeidig-weiche Gele, wo doch ihr Ausgangsstoff, das Kollagen, fest und unelastisch ist? Kollagen bildet im Tiergewebe Fasern; wegen der Festigkeit dieser Fasern muß man bestimmte Fleischstücke (z. B. Nacken) länger garen. Dies hängt offenbar mit einer besonderen Molekülstruktur zusammen: Wie jedes Protein ist das Kollagenmolekül eine lange Kette, deren Glieder Aminosäuren sind. Genaugenommen hat Kollagen folgende Aminosäurensequenz: Glyzin, irgendeine andere Aminosäure, Prolin, Glyzin, eine andere Aminosäure, Hydroxyprolin usw. (Abb. 6).

Prolin und Hydroxyprolin sind chemische Gruppen, die diese Kette örtlich verfestigen. Darüber hinaus besitzen sie Seitenatome, die für die Löslichkeit des Kollagens wichtig sind: über Wasserstoffbrücken ermöglichen sie den Kontakt zu den Molekülen des Wassers.

In tierischen Geweben schließen sich die Kollagenmoleküle spontan zur »Tripelhelix« zusammen, die aus drei spiralig ineinander verschlungenen Ketten besteht (die Festigkeit der Tripelhelix beruht auf Wasserstoffbrücken zwischen den Seitengruppen benachbarter Aminosäuren). Je etwa 1000 solcher Tripelhelixeinheiten lagern sich zusammen, um die Fibrillen der Kollagenfasern zu bilden.

Kollagen ist in kaltem Wasser nicht löslich; in heißem Wasser dagegen läßt es sich auskochen: Die Wassermoleküle schieben sich zwischen die Kollagenmoleküle, spalten sie ab und bringen sie in Lösung. Dasselbe Resultat erreicht man übrigens mit Hilfe von Basen oder Säuren: Beispielsweise wird Fleisch in Säure zarter, weil sich das Kollagen, das es normalerweise verhärtet, auflöst – man denke an Marinaden.

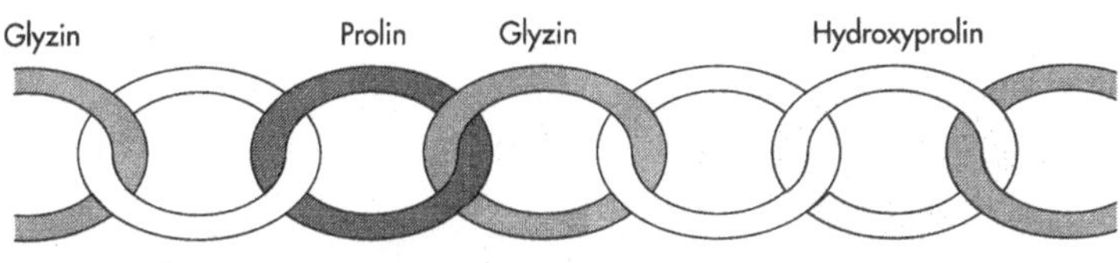


**Abb. 6**

## Immer langsam – Gelee braucht Zeit!

All den besprochenen Vorgängen liegt eine chemische Umwandlung zugrunde, die man fachsprachlich »Hydrolyse« nennt: Das Wasser hat die Bindungen zwischen den Ketten gelöst und das Kollagenmolekül gespalten; es hat auch die Tripelhelix in einzelne, isolierte Fäden zerlegt. Die Fäden streben danach, sich wieder zu vereinen: Dies geschieht, wenn man die Gelatinelösung abkühlen läßt; denn durch die Molekülbewegung bleibt es nicht aus, daß zur Bindung geeignete Gruppen aufeinandertreffen. Kühlt man zu schnell ab, dann wird die Wiedervereinigung der Fäden gestört: In einem Stadium, in dem sich in allen Teilen der Lösung ein durchgängiges Netzwerk bildet, kommt der Erstarrungsprozeß zum Stillstand.

Bei zu niedrigen Temperaturen können sich nämlich zwei Helixstränge, die sich an einigen Stellen fehlerhaft miteinander verbunden haben (so daß ihre Vereinigung gestört ist), nicht voneinander lösen, um neue, engere Bindungen einzugehen: In kaltem Wasser bewegen sich die Moleküle zu langsam. Es ist wie bei einer Kugel, die über einen Berghang zu Tal rollt und auf halber Höhe in einer Mulde liegenbleibt, weil sie nicht mehr genug Energie hat, um wieder aus der Mulde herauszurollen.

Darum wird ein Gelee, das langsam abkühlt, fester als eines, das man in den Kühlschrank stellt. Kühlt es langsam ab, so sind Störungen nicht unumkehrbar, denn bei höheren Temperaturen haben fehlerhafte Helixstränge noch die Möglichkeit, sich auseinanderzuwickeln, um sich aufs neue – und zwar fester – zu vereinen.

Man versteht nun auch, warum man die Gläser, in denen sich das Gelee bildet, nicht bewegen soll: Während des Eindickens sind die Molekülhaufen nur lose verknüpft und folglich sehr empfindlich; wenn man die Gläser bewegt, löst man die Bindungen auf, und der ganze Prozeß muß fast von vorne beginnen. Man weiß noch nicht genau, welche Mechanismen hier zugrunde liegen: Entweder brechen die Aminosäureketten, oder die Helixstränge werden auseinandergerissen, oder beides findet gleichzeitig statt. Jedenfalls wird die Geleebildung verzögert.

# Die Mayonnaise

# Öl und Wasser

Gießt man Öl in eine Glasschüssel und gibt dann Wasser hinzu, so kann man beobachten, daß die beiden Phasen sich trennen: unten das schwerere Wasser, oben das leichtere Öl. Auch mit dem Schneebesen lassen sich die beiden Flüssigkeiten nicht vermischen. Zwar wechseln einige Wassertröpfchen zum Öl und einige Öltröpfchen zum Wasser, aber sobald man mit dem Rühren aufhört, kehrt Öl zu Öl und Wasser zu Wasser zurück: die Phasen trennen sich wieder. So erscheint es wie ein Wunder, daß das Wasser des Eigelbs (es sind etwa 50 Prozent!) und das Öl in der Mayonnaise zusammenbleiben.

Doch sehen wir zunächst, warum sich Öl und Wasser normalerweise nicht vereinen. Die Wassermoleküle, die aus einem Sauerstoffatom mit zwei Wasserstoffatomen bestehen, werden untereinander durch Wasserstoffbrücken verknüpft. Abbildung 7 zeigt, daß in solchen Brücken

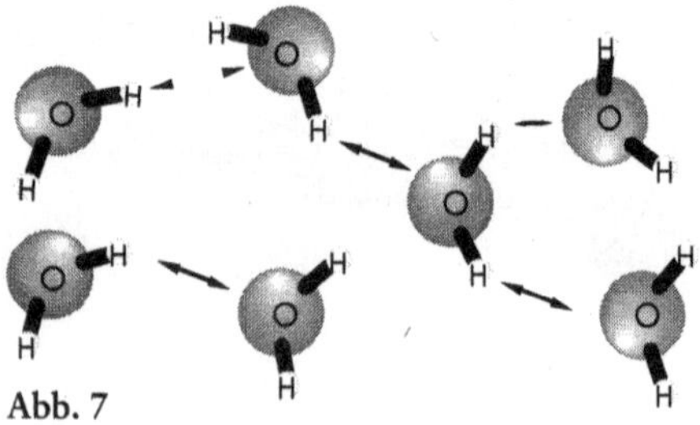


**Abb. 7**

Kräfte zwischen dem Sauerstoffatom *eines* Moleküls und dem Wasserstoffatom eines *anderen*, benachbarten Moleküls wirksam werden.

Die Moleküle der Öle (oder Fette) verhalten sich ziemlich snobistisch, denn sie lassen sich nicht mit dem Wasser ein. Oft sind es Triglyzeride, deren Moleküle wie dreifach gezähnte Kämme aussehen (Abb. 8). Sie bestehen überwiegend aus Kohlenstoff- und Wasserstoffatomen.

Wie vermischt man Öl und Wasser? Indem man »Emulgatoren« verwendet, Substanzen, die sich von *beiden* Flüssigkeiten angezogen fühlen. Dank dieser Netzmittel oder »spannungsaktiven« Stoffe (sie setzen die Grenzflächenspannung herab) entsteht beim Rühren Mayonnaise. Ihre Ölkonzentration kann 65 Prozent erreichen.

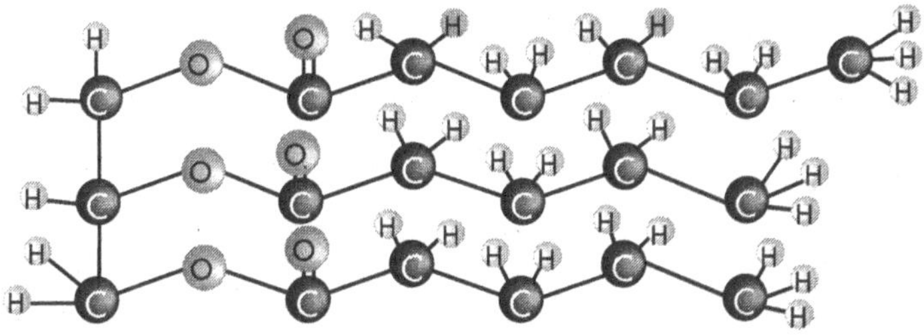


Abb. 8

Mayonnaisen sind »Emulsionen«: Die Emulgatoren des Senfs und des Eigelbs (z. B. Lezithin) umschließen die Öltröpfchen mit ihrem hydrophoben, wasserfeindlichen Teil und halten sie im Wasser verteilt, denn ihren nach außen gerichteten, hydrophilen Teil zieht es zu den Wassermolekülen hin.

Warum verschmelzen die einzelnen Öltröpfchen nicht wieder? Weil die hydrophilen Pole der Emulgatormoleküle elektrisch geladen sind, so daß die Tröpfchen gleiche elektrische Ladungen aufweisen: Sie stoßen sich ab. Darum sind übrigens auch Säuren wie Essig oder Zitronensaft gut für die Mayonnaise: Sie machen sie beständiger, denn in einem sauren Milieu besitzen manche Emulgatoren eine höhere elektrische Ladung, wodurch sich die Abstoßungskräfte noch verstärken.

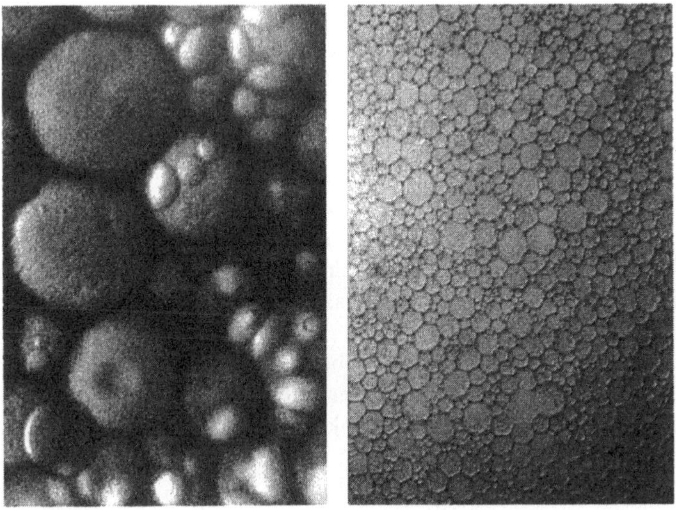

Abb. 9

Daß die Mayonnaise dick wird, obwohl sie soviel Öl enthält, hat folgenden Grund: Je kräftiger man sie schlägt, während man das Öl hinzufügt, desto zahlreicher werden die Öltröpfchen und desto kleiner. Sie verteilen sich schließlich fast über die gesamte wäßrige Lösung, hemmen sich gegenseitig und können kaum noch auseinanderfließen: Die Mayonnaise dickt ein (Abb. 9).

## Zitrone hilft!

Ist die Mayonnaise zu dick geworden? Dann helfen Essig oder Zitronensaft, denn sie bringen Wasser in die Emulsion. Die Tröpfchen können sich nun besser bewegen; die Mayonnaise wird flüssiger. Zudem wird sie weißer: Man vermutet, daß die Tröpfchen kleiner werden und das Licht anders streuen; aber bewiesen ist das noch nicht.

## Wieviel Liter Mayonnaise kann man mit einem Eigelb machen?

Das hängt ganz vom Öl-Wasser-Verhältnis ab. In vielen Rezepten wird davor gewarnt, zu verschwenderisch mit dem Öl zu sein, sonst gerinne die Mayonnaise; meist wird empfohlen, höchstens ein bis zwei Deziliter Öl pro Eigelb dazuzugeben.

Dagegen hat mein amerikanischer Freund Harold McGee, der wie wenige andere den Ehrentitel »Wissenschaftlicher Gastronom« verdient, mit nur einem einzigen Eigelb 24 Liter Mayonnaise zusammengerührt. Natürlich hat ihm die Wissenschaft dabei geholfen: Er wußte, daß sich das Öl nur in einer kontinuierlichen Wasserphase weiter zu Tröpfchen anordnet und daß sich darum mit der kleinen Menge Wasser, die ein Eigelb normalerweise enthält (ungefähr ein halber Teelöffel), nicht viel Emulsion herstellen läßt. Um die Tröpfchen dauernd getrennt zu halten, gab er also zusätzlich Wasser hinzu: zwei bis drei Teelöffel pro Tasse Öl.

Mein Vorschlag für den Hausgebrauch: Nehmen sie nicht zuviel Eigelb. Ein großer Eidotter enthält genug Netzmittel, um mehrere Liter Mayonnaise zu emulgieren. Zudem kann die Mayonnaise durch zuviel Eigelb einen Geschmack nach rohem Ei bekommen, den manche als unangenehm empfinden. Nehmen sie also kein ganzes Eigelb – ein Tropfen reicht für die ganze Familie. Beginnen sie ihr Werk auf der Grundlage von Zitrone, Essig oder Wasser, und fügen sie feingehackte frische Kräuter hinzu...

## Bitte kräftig schlagen!

Um das Öl in Tröpfchen aufzuspalten und um diese Tröpfchen samt ihren Emulgatoren im Wasser zu verteilen, muß man die Mayonnaise kräftig schlagen. Nicht immer hat man Erfolg damit: Je niedriger die Temperatur, um so unterschiedlicher ist die Mischbarkeit von Öl und Wasser; wenn das Öl zu stark abkühlt, wird es fester und läßt sich nicht mehr in Tröpfchen zerteilen. (Desgleichen muß man Butter erwärmen, wenn man eine Sauce hollandaise oder béarnaise zubereiten will – ebenfalls Emulsionen, zu denen das Eigelb seine Emulgatoren beisteuert.)

## Warum nicht alles Öl auf einmal?

Bei der Zubereitung einer Mayonnaise werden traditionellerweise zunächst Essig, Senf sowie das Eigelb miteinander verrührt; dann läßt man das Öl langsam eintröpfeln und schlägt es gleichzeitig mit dem Schneebesen unter. Warum gibt man das Öl in die Wasserphase, und nicht umgekehrt? Weil es erstens in mikroskopisch kleine Tröpfchen zerteilt werden muß, was leichter fällt, wenn man es Tropfen für Tropfen im Wasser zerschlägt. Und zweitens wegen der Emulgatormoleküle, die von Anfang an in großer Zahl vorhanden sein müssen, um die Tröpfchen schnell und gleichmäßig zu umhüllen. (Die Emulgatoren liegen zunächst als Mizellen vor, kugelförmige Gebilde, in deren Zentren die hydrophoben Pole ihrer Moleküle versammelt sind.)

Die Schwierigkeit beim Rühren besteht vor allem darin, die Öltropfen in winzige Tröpfchen zu zerschlagen und diese dann getrennt zu halten. Solange noch mehr Wasser als Öl da ist, können einzelne Tropfen dem Schneebesen entwischen; sie steigen an die Oberfläche. Erst wenn das Verhältnis zwischen Öl und Wasser ausgeglichen ist, beginnt die Emulsion dick zu werden, da sich die Tröpfchen gegenseitig am Aufsteigen hindern.

Mischt man nun weiter Öl bei, dann hat man es mit dem Rühren leichter: Die neu hinzugekommenen Öltropfen können sich in der dickflüssigen Masse kaum noch bewegen, so daß man sie besser zerkleinern kann.

## Vermeidbare Katastrophen

Es kann vorkommen, daß die Mayonnaise gerinnt oder »ausflockt«, weil die Öltröpfchen miteinander verschmelzen und sich von der Wasserphase trennen. Solche Katastrophen passieren, wenn die Zutaten zu kalt sind oder zuviel Öl in zuwenig Wasser gegossen wird.

Kann man eine geronne Mayonnaise retten? Wenn man zu verschwenderisch mit dem Öl war, dann sollte man laut Kochbuchempfehlungen ein weiteres Eigelb unterrühren. Manchmal genügt es aber auch, einfach etwas Wasser dazuzugeben und mit dem Schneebesen kräftig zu schlagen. Man spart das zweite Ei, aber man braucht... Gelenkschmiere.

# Metamorphosen des Hühnereis

## Unentbehrliche Küchenhelfer

In der Küche ist das Ei ein verkanntes Genie, obwohl seine kulinarischen Verdienste schon in Grimod de la Reynières *Almanach des gourmands* herausgestrichen wurden: »Die Eier sind für die Küche, was die Geschlechtswörter für die Sprache sind: eine absolute Notwendigkeit. Wäre es ihm verboten, mit Eiern zu kochen, dann würde auch der talentierteste Koch seiner Kunst Adieu sagen.«

Wie wahr! Allein schon der Eischnee ist so wichtig, daß wir später noch ausführlich auf ihn eingehen müssen; ganz zu schweigen von den Soufflés, deren Grundlage er ist: Sie richtig zuzubereiten setzt die Kenntnis so vieler physikalischer Prinzipien voraus, daß ich ihnen ein ganzes Kapitel (das nächste) gewidmet habe. Aber auch das Hartkochen von Eiern (kein Problem scheinbar für den blutigsten Anfänger) hat seine Tücken, wie wir noch sehen werden.

Man kann die kulinarische Bedeutung des Eies kaum überschätzen. Zunächst ist es eine unentbehrliche Hilfe, wenn man einem Gericht eine bestimmte Form geben will: Wird z. B. eine Eimasse in irgendein Koch- oder Backbehältnis gegossen, so formt sie sich, ob mit oder ohne Füllung, nach dessen Gestalt, die sie auch nach dem Kochen bewahrt.

Dann bringt das Ei mit seinem Eischnee das Element des Schaums in Soufflés, Meringen und warme Schaumcremes, aber auch in kalt servierte Schaumspeisen wie Mousse au chocolat oder Mousse au Grand-Marnier. Des weiteren ist es die Grundlagen von Gelees, mit denen man Quiches und Clafoutis[1] überglänzt. Schließlich ist das Ei wegen seiner im letzten Kapitel besprochenen »grenzflächenaktiven« Emulgatorstoffe nützlich bei der Zubereitung von Saucen (Mayonnaise, Béarnaise, Hollandaise), beim Legieren von Bratensaft etc. Hier und bei den zuvor genannten Speisen ist es Zutat, Hilfsmittel... und doch essentiell.

Aber es gibt auch Gerichte, in denen das Ei selbst die Hauptsache ist: Denken wir an Rührei, an Omeletts und an russische Eier zum Beispiel.

Warum hat das Ei all diese Eigenschaften? Sein Eigelb besteht zur Hälfte aus Wasser, zu einem Drittel aus Fettstoffen (darunter Lezithin und Cholesterin) und zu 15 Prozent aus Proteinen. Sein Eiklar enthält

---

[1] Fladenkuchen mit Früchten, meist Kirschen (Clafoutis aux cerises, Clafoutis tutti frutti), die man mit einer Eier-Sahne-Mischung überzieht.

noch viel mehr Wasser und etwa 10 Prozent Proteine (vor allem Globuline, Ovalbumin und Konalbumin).

Was es uns nützt, diese Zusammensetzung zu kennen? Nur so sind wir gerüstet, die wichtigen Fragen zu klären, um die es im folgenden geht!

## Roh? Hartgekocht?

Im Kühlschrank, den die ganze Familie benutzt, stehen rohe und hartgekochte Eier oft durcheinander. Sie haben das gleiche Gewicht (wer sich überzeugen will, der wiege sie), die gleiche Farbe, das gleiche Aussehen. Wie kann man sie auseinanderhalten?

Im Zweifelsfall sollte man sich daran erinnern, daß Dotter und Eiweiß roher Eier noch flüssig sind. Läßt man ein solches Ei rotieren, so dreht sich die Flüssigkeit zunächst kaum mit (ähnlich wie sich der Kaffee in einer Tasse nicht mitbewegt, wenn man sie herumdreht). Schnell verlangsamt sich seine Geschwindigkeit, weil sich Schale und Inhalt aneinander reiben. Endlich setzt sich auch die Flüssigkeit in Bewegung: Plump und schwerfällig dreht sich das Ei um die eigene Achse. Dagegen ist das harte Ei wie aus einem Guß und dreht sich wie ein Kreisel gleichmäßig und schnell.

## Wie werden Eier gar?

Um es vorauszuschicken: Grundsätzlich ist das Eiergaren ein sehr komplexer Vorgang, man denke nur an die vielen verschiedenen Moleküle! Andererseits zeigte uns eine erste, grobe Analyse der Inhaltsstoffe, daß wir es beim Ei hauptsächlich mit einer Mischung aus Proteinen und Wasser zu tun haben.

Nehmen wir ein einfaches Beispiel, das Spiegelei. Sein Wasser birgt keine Überraschungen, es verhält sich normal. Ab einer Temperatur von etwa 100 Grad geht es in Dampf über; eventuell bilden sich Blasen.

Die Proteinmoleküle hingegen erscheinen wie lange, vielfach gewundene Fäden, deren Struktur durch schwache intramolekulare Bindungen zwischen ihren Atomen bedingt ist. Beim Erhitzen brechen diese Bindungen; dabei werden jeweils zwei Atome frei, die auf Partnersuche gehen müssen. Dank der Wärme treffen sie schon bald auf andere ver-

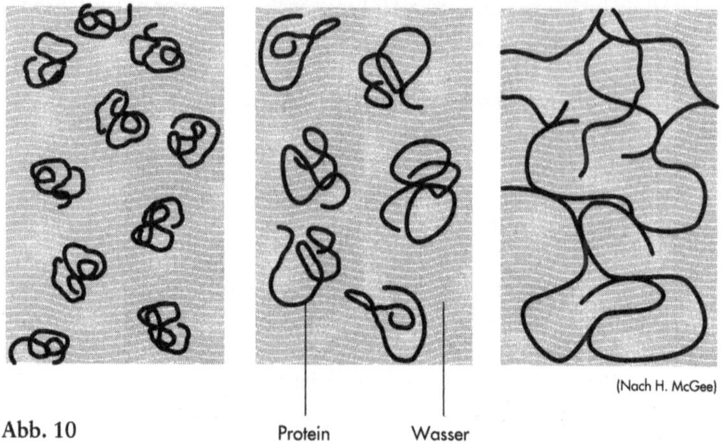


Abb. 10

einsamte Kollegen, mit denen sie sich zusammentun können, selbst wenn sie nicht zum selben Molekül gehören.

Wenn die Temperatur im Spiegelei ansteigt, beginnen die Proteinknäuel also zunächst Ketten zu bilden (sie wickeln sich noch nicht auseinander; das Eiklar bleibt durchsichtig); dann baut sich ein Netz auf, dessen Maschen aus mehreren Proteinen bestehen (Abb. 10). Es ist lichtundurchlässig, opak: Das Ei ist weich gekocht. Erhitzt man es weiter, so entrollen sich die Knäuel vollends, und das Wasser verdampft. Jetzt verbinden sich die Atome, die zuvor an Wasser gebunden waren, untereinander, so daß die geronnene Masse fest wird. Dieser Prozeß ist irreversibel: Die Weichheit und Elastizität eines richtig zubereiteten Spiegeleis sind unwiderbringlich dahin.

Und die Moral? Man nehme die Spiegeleier vom Feuer, sobald ihr Eiklar dick und opak geworden ist. Jenseits dieser Grenze werden sie zu hart.

Daß das *Eigelb* erst nach dem Eiklar gar wird, ist allgemein bekannt; dabei spielt es keine Rolle, ob es sich um Spiegeleier handelt oder ob Ei in der Schale gekocht wird. Die Gerinnungstemperatur des Eigelbs liegt stets um 8 Grad höher – ein kleiner, aber entscheidender Unterschied.

Wenn ein Ei kocht, gerinnen zuerst die Proteine des Eiklars. Dieser Prozeß absorbiert Energie und hält die Temperatur eine Weile bei 60 Grad, so daß das Eigelb noch nicht gerinnen kann. (Etwas Ähnliches sieht man, wenn bei normalem Luftdruck Wasser erhitzt wird: Es verdampft, aber die Temperatur im Topf bleibt bei 100 Grad, solange noch Flüssigkeit da ist.)

Im berühmten Dreiminutenei wird der Dotter vom Eiklar geschützt; erst nach vier Minuten erreicht auch er seine Gerinnungstemperatur und beginnt hart zu werden. Man hat also eine Minute Zeit, um das Frühstücksei zu retten – für den aufmerksamen Eierkoch kein Problem.

## Problemzone Dotterrand

Sicher ist vielen Lesern schon aufgefallen, daß bei Spiegeleiern das nahe beim Eigelb gelegene Eiklar nur widerwillig gerinnt. Warum gart es so schwer?

Das Eiklar enthält ein Protein namens Ovomuzin, welches später gerinnt als seine anderen Proteine. Ovomuzin sorgt dafür, daß das Eiklar im Übergangsbereich zum Dotter besonders dickflüssig und konsistent ist. Wie aber kann man es gar bekommen, ohne daß der Rest des Eiklars zäh wie Gummi wird?

Salz hilft; denn Salz oder Säure (z. B. Essig oder Zitronensaft) begünstigen das Garen von Proteinen in wäßriger Lösung, weil ihre elektrisch geladenen Atome, die Ionen, sich zu den Proteinatomen hingezogen fühlen, die eine komplementäre Ladung haben. In Anwesenheit dieser Ionen haben es die Proteine leichter, sich zu entfalten, einander anzunähern und miteinander zu verbinden. Daraus folgt: Mit Salz oder Essig gart das Eiklar schon bei niedrigeren Temperaturen. Brät man ein Spiegelei, so sollte man also insbesondere den Übergangsbereich zum Dotter salzen, um ein gleichmäßiges, homogenes Weiß zu erhalten.

Im Extremfall könnte man ein Ei sogar ganz ohne Wärmezufuhr garen: Legt man es in Essig, dann lösen dessen Säureionen die schwachen Bindungen im jeweiligen Proteinmolekül und setzen einsame Atome frei, die sich mit den alleingelassenen Atomen anderer Moleküle vereinigen können: Das Ei gerinnt. Diese Erklärung nimmt die Antwort auf die nächste Frage schon vorweg.

## Warum pochiert man Eier in Essigwasser?

Will man pochierte oder verlorene Eier kochen, dann ist Essigwasser hilfreich (ca. drei Eßlöffel Essig auf einen Liter Wasser): Der äußere

Teil des Eies gerinnt sofort und hält den Rest der Eimasse zusammen, so daß sie sich nicht im Wasser verteilt.

Für Eier in der Schale sollte man das Wasser salzen, bevor man die Eier hineinlegt, denn Salz hat die gleiche Wirkung: Wenn die Schale aufplatzt, dann gerinnt das an der Rißstelle gelegene Eiweiß sofort und verstopft das Leck. (Man kann das Platzen aber auch von vornherein verhindern, indem man das Ei mit dem Eipieker ansticht: So kann die Luft, die sich beim Kochen ausdehnt, ohne zu schaden entweichen.)

## Geheimnisse der harten Eier

Wer kochen kann, vergißt es gern: Auch harte Eier haben ihre Tücken! So schreibt Madame Saint-Ange: »Es ist ein weitverbreiteter Irrtum zu glauben, man könne Eier beliebig lange hart kochen, als ob es nicht weiter darauf ankäme, wieviel Zeit sie noch im siedenden Wasser verbringen, nachdem sie fest geworden sind. Zu lange gekocht, wird das harte Ei zäh; um seinen Dotter entsteht ein grüner Rand; dem Eiweiß entströmt ein unerfreulicher Geruch: man hat den Eindruck, das Ei sei nicht frisch.«

Und sie fährt fort: »Ein anderer Irrtum ist, die Eier in lauwarmes oder sogar kaltes Wasser zu geben, das erst jetzt zum Kochen gebracht wird. Die Folge: Das Eiweiß verteilt sich nicht regelmäßig um den Dotter, so daß es später in den Eischeiben keine kreisrunden gelben Rondelle mehr gibt. Auch gefüllte Eier verlieren an Form, denn die Eiweißhälften sind nicht gleichmäßig dick.«

Das erste dieser Phänomene läßt sich einfach begründen: Wenn man ein Ei zu lange kocht, setzen die Proteine des Eiklars, die Schwefelatome enthalten, Schwefelwasserstoff frei: daher der unangenehme Geruch. Zudem verfärbt dieses Gas das Eiklar: daher die grüne Farbe.

Um Eier *richtig* hart zu garen, sollte man sie in bereits siedendes Wasser geben und zehn Minuten kochen lassen, sobald die Siedetemperatur wieder erreicht ist. Danach muß man sie sofort mit kaltem Wasser abschrecken: Sie lassen sich dann besser schälen.

## Ei und Flüssigkeit, gemischt

Omeletts, Quiches und bestimmte Puddings sind Mischungen aus Eiklar, Eigelb und einer Flüssigkeit (meist Milch oder Wasser), welche die Gerinnungstemperatur erhöht. Selbst wenn die Proteine schon denaturiert sind (dies ist der Fall, wenn sich ihre Molekülknäuel entfaltet haben), gerinnen sie nicht, weil sie nur schwer Nachbarn finden, mit denen sie sich vereinen können. Je mehr Flüssigkeit da ist, desto höher kann die Temperatur sein, ohne daß eine Gerinnung erfolgt. Allerdings sollte überall die gleiche Wärme herrschen: Wenn es örtlich zu heiß ist, dann bilden sich die unbeliebten Klümpchen.

Was läßt sich dagegen tun? Eine Prise Mehl oder Stärke hilft. Bei höheren Temperaturen gehen die langen Moleküle des Mehls in Lösung und verhindern, daß sich die Proteine der Eier zusammenklumpen (warum das so ist, weiß man noch nicht genau). Dieser Kniff nützt übrigens auch bei Saucen, die mit Eigelb legiert werden, desgleichen bei Weinschaumcremes wie Zabaione oder Vanillespeisen wie Crème anglaise.

# Das Geheimnis der Soufflés

# Schaumgeborene Aufläufe

Wie gelingt ein Soufflé auf Anhieb? Es gibt Zauberkünstler, die Soufflés aus dem Ärmel schütteln, weil sie eines Tages zufällig auf die richtige Methode gestoßen sind: Hier ist guter Rat überflüssig. Aber was ist mit den vielen anderen, die nicht das Glück hatten, den entscheidenden Kniff zu entdecken? Sicher werden sie bessere Ergebnisse erzielen, wenn sie wissen, was ein Soufflé eigentlich ist: aus welchen Inhaltsstoffen es sich zusammensetzt und wie sich diese verhalten.

Ein Soufflé besteht immer aus Eischnee und einer Zutat: sei es eine herzhafte Sauce auf Béchamelbasis für salzige Soufflés, sei es eine Mischung aus Milch oder Mus und Zucker für süße, die als Nachspeise serviert werden. Der unentbehrliche Ausgangsstoff ist immer der Eischnee, dem man die Zutat sehr vorsichtig beigeben muß, damit er im Ofen schön aufgeht und nach dem Backen nicht zusammenfällt.

Betrachten wir zunächst das Eiklar, das wir zu Schaum schlagen wollen. Es handelt sich um eine Mischung aus Wasser und Proteinen, in die man Luftblasen hineinbringen muß. Wie wird sie schaumig, wo doch Wasser die Luft normalerweise nicht festhält? Weil das Eiklar Proteine enthält (besonders Ovomuzin und Konalbumin), die sich gleichzeitig zu Wasser und Luft hingezogen fühlen (sie sind »grenzflächenaktiv«). Darüber hinaus machen sie das Eiklar zähflüssig und kapseln die eingedrungenen Luftblasen ein (Abb. 11).

Um es genauer zu sagen: Weil diese Proteine einen wasserfreundlichen *und* einen wasserfeindlichen Teil haben, siedeln sie sich bevorzugt

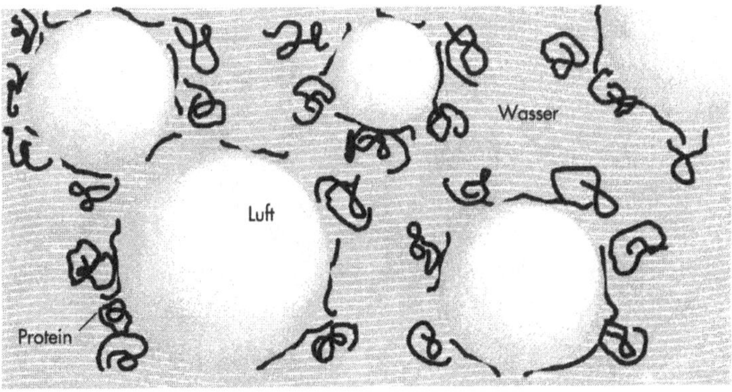


**Abb. 11**

in den Übergangsschichten (den Grenzflächen) von Wasser und Luft an. Bei der Mayonnaise haben wir gesehen, daß die Netzmittel des Eigelbs die Öltröpfchen umschließen und in der Emulsion verteilen. Ganz ähnlich ist es beim Eischnee: Die Proteine umgrenzen die Luftbläschen und verteilen sie im Wasser des Eiklars (s. Abb. 11).

Wenn man Eiweiß zu Schnee schlägt, entstehen zunächst sehr große Luftblasen (Abb. 12 a); aber je länger man schlägt, desto mehr schrumpft ihr Umfang (Abb. 12 b). Dadurch wird der Zusammenhalt zwischen den Blasen fester: Der Einfluß des Gewichts, der normalerweise bewirkt, daß die leichtesten Teile des Schaums (die Blasen) aus der Flüssigkeit aufsteigen, wird schwächer als die Kräfte der Oberflächenspannung, die nun Luft und Wasser zusammenhalten. Fazit: Länger geschlagener Eischnee enthält mehr kleine Bläschen und ist damit stabiler als zu kurz geschlagener.

Warum ist Seifenschaum weniger beständig als Eischnee? Weil die Moleküle der Seife meist viel kleiner als die Proteine des Eiklars sind: Darum ist Eiklar zähflüssiger als eine Seifenlösung und kann nicht so leicht in die Trennschichten der Blasen fließen. Der Effekt wird durch Bindungen zwischen den Proteinen verstärkt, die die Oberfläche der Bläschen umkleiden. Diese globulären Proteine sind lange, gewundene Fäden, deren Struktur durch Bindungen bestimmter Atome aufrechterhalten wird. Schlägt man das Eiklar mit dem Schneebesen, dann entrollen sich die Fäden; aber die dabei freigewordenen Atome wollen neue Bindungen eingehen. Sie tun sich unterschiedslos mit alleingelassen Atomen ihres eigenen Proteins und solchen von Nachbarn zusammen, d. h.,

Abb. 12a

12b

es entstehen Bindungen zwischen benachbarten Proteinen, die die Grenzfläche von Wasser und Luft verfestigen.

## Wann ist der Eischnee steif geschlagen?

Es gibt ein paar einfache Methoden. Zunächst sollten die guten Rechner unter uns wissen, daß 3,5 cl Eiweiß, im Kupfergefäß geschlagen, 15 cl Schnee ergeben.

Wer mehr pragmatisch veranlagt ist, wird nach einer Weile seinen Schneebesen aus der Eimasse herausnehmen und ihn begutachten: Bleibt der Eischnee selbst beim Herumdrehen fest haften und sieht dabei aus wie die spitze Tolle einer Clownperücke, dann kann man mit dem Schlagen aufhören.

Oder: Für ein Soufflé ist Eischnee fest genug, wenn er das Gewicht eines ganzen Eies (in der Schale!) aushalten kann.

Aber Vorsicht! Es besteht eine gewisse Gefahr, das Eiweiß zu fest zu schlagen und dadurch das Wasser der Proteine abzuspalten, so daß der Eischnee »perlt« (er trennt sich, zerfällt in einen festen und in einen flüssigen Teil). Dieses Risiko ist allerdings gering, wenn man den Schnee mit der Hand schlägt (Amateurköche schlagen eher zuwenig als zuviel). Manche geben Zucker hinzu, um das Perlen zu vermeiden – für diesen Kunstgriff gibt es noch keine wissenschaftliche Erklärung.

## Warum muß das Eiklar »rein« sein?

Weil der Schnee nicht oder nicht richtig stehen bleibt, wenn das Eiklar mit Fett oder Eigelb verunreinigt ist.

Der Grund: Das Eigelb enthält kleine grenzflächenaktive Moleküle, die sich mit den Proteinen des Eiklars verbinden und ihre Vernetzung erschweren, so daß die Trennschicht zwischen Wasser und Luft geschwächt wird. Außerdem verbinden sich die Fette des Eigelbs mit den wasserfeindlichen Teilen der Eiklarproteine, deren Bereitschaft, die Luftblasen zu umhüllen, dadurch schwindet. Im richtig geschlagenen Eischnee dagegen können sich die Proteine untereinander verbinden und sich gleichmäßig an den Grenzflächen verteilen. Nun darf man auch ungestraft Eigelb hinzugeben: Der Platz für die Fette ist schon besetzt.

In der Praxis sollten wir fürs Eischneeschlagen keine Schüsseln aus Plastik oder anderen Materialien verwenden, an denen das Fett gerne haften bleibt: Die Folgen wären verheerend. Wie Eigelb bewirkt das an den Innenwänden solcher Schüsseln verbliebene Fett, daß sich das Eiklar nicht hochschlagen läßt.

## Salz und Säure

In vielen Kochbüchern wird empfohlen, etwas Salz oder Essig in die Eiweißmasse zu geben, weil sich der Eischnee dadurch höher und steifer schlagen lasse. Stimmt das?

Sicherlich wirkt Säure auf den Eischnee ein, weil ihre $H^+$-Wasserstoffionen die schwachen intramolekularen Bindungen lösen, auf denen die Struktur der Proteine beruht. Wenn viele solcher Ionen da sind, lagern sie sich zu den Sauerstoffatomen, die normalerweise mit Wasserstoffatomen ein und desselben Moleküls verbunden sind. Ein sechzehntel Teelöffel Essig oder Zitronensaft verzehnfacht die Konzentration der Wasserstoffionen, die zudem mit ihrer positiven elektrischen Ladung verhindern, daß die Säuregruppen der Proteine ihr Wasserstoffatom verlieren und sich elektrisch aufladen. – Ist Säure zugegen, dann stoßen sich die Proteine weniger ab. Aus diesem Grund kann man auch dem Kochwasser der Frühstückseier einen Schuß Essig beimengen: Sollten sie aufplatzen, wird das Eiklar sofort gerinnen, weil sich seine Proteine nicht mehr abstoßen; und der Sprung ist gekittet. Ebenso hilft Säure bei der Bildung des Eischnees, weil sie die Proteine an den Luftblasen schneller gerinnen läßt, so daß diese beständiger werden.

Salz wirkt ähnlich, aber es verändert nicht den Dissoziationsgrad der Proteine: Die Salzionen umschließen die elektrisch geladenen Atome der Proteine lediglich, was aber deren elektrostatische Abstoßung verringert und die Gerinnung ebenfalls beschleunigt.

## Vorsicht beim Mischen!

Was macht man mit dem Eiweiß, wenn es zu Schnee geschlagen ist? Der *Larousse gastronomique* empfiehlt, man solle es zu einer Béchamelsauce geben, die mit Eigelb und Zutaten wie Haschee, Ragout, Gemüse-, Fleisch- oder Fischpüree oder geriebenem Käse gemischt ist. Oder man solle es einer Masse aus Milch bzw. Obstmus und Läuterzucker zufügen.

Zu beachten ist (man weiß es aus Erfahrung), daß die Béchamelsauce etwas abkühlen muß, bevor das Eigelb eingerührt wird, sonst gerinnt es. Aber warum soll man die Dotter paarweise untermischen, wie es einige gute Kochbücher empfehlen?

Das ist auch mir ein Rätsel, obwohl ich Sonntag für Sonntag meine Familie mit einem Roquefortsoufflé traktiere, dem ich den letzten Schliff geben will. Ich habe alles ausprobiert: die ganzen Dotter auf einmal unterzurühren, sie einzeln oder zu je drei beizugeben etc. Das beste Resultat erhielt ich stets mit paarweise zugefügten Dottern. Die Kochbücher haben recht, aber das Rätsel bleibt ungelöst.

Wenn das Eigelb in der Sauce ist, steht man vor einem anderen Problem: Wie soll man den Eischnee untermischen? Diese Aufgabe ist nicht nur deswegen so schwierig, weil der Eischnee sehr empfindlich ist, sondern weil die beiden Massen unterschiedlich viskos und damit schlecht mischbar sind.

Madame Saint-Ange empfiehlt, die leichtere Masse (also den Eischnee) über die dichtere (die dickflüssige Sauce) zu geben, mit einem Spachtel wie beim Kuchenschneiden durch beide senkrecht hindurchzufahren, die Sauce hochzuziehen und etwas Eischnee damit zu bedecken. Sodann wird die ganze Operation ein Stückchen seitwärts wiederholt. Es ist klar, daß der Eischnee ziemlich steif sein muß, um eine solche Behandlung auszuhalten.

Nun gibt man die Mischung in die Auflaufformen, die zuvor mit Butter ausgestrichen und mit Mehl ausgestreut wurden. Die Butter ist nötig, damit das Soufflé nicht hängenbleibt, das Mehl, damit es besser aufgeht. Man sollte die Formen nur bis zu zwei Dritteln ihrer Höhe füllen, um zu vermeiden, daß das Soufflé zu sehr über den Rand steigt.

Die Festigkeit eines solchen Soufflés kommt vom Ovalbumin des Eiklars, das beim Backen gerinnt. Es begrenzt die Ausdehnung der Luftblasen, die anderenfalls platzen würden.

Ein Soufflé geht auf, weil sich die Luftblasen wegen der Hitzeeinwirkung ausdehnen; jedoch läßt sich dadurch nur ein Anschwellen um 20 bis 30 Prozent erklären. Tatsächlich aber verdoppelt, ja verdreifacht ein Soufflé sein Volumen. Der Grund: Es verdampft Wasser, und der Wasserdampf vergrößert die Blasen; die gerinnenden Proteine halten sie endgültig in der Masse gefangen.

Jedoch sollte man darauf achten, daß die Ofentür beim Backen geschlossen bleibt. Solange die Proteine noch nicht geronnen sind, besitzt das Soufflé kein besonders tragfähiges Gerüst. Es wird von den Luftblasen getragen, die keinen Zug bekommen dürfen: Die Luft in den Blasen zieht sich sonst zusammen, und das Soufflé schrumpft ein. Schließt man die Ofentür wieder, so gerinnen dann die Blasenwände, bevor die Bläschen erneut anschwellen können.

## Das Problem der Temperatur

Bei welcher Temperatur muß ein Soufflé garen? Notgedrungen muß ich diese Frage zweideutig beantworten: Die Temperatur muß ziemlich hoch sein, damit die Proteine gerinnen, bevor die Luftblasen platzen und die Masse zusammenfällt. Andererseits muß sie ziemlich niedrig sein, damit auch das Innere des Soufflés aufgehen kann, was durch eine vorzeitige Gerinnung der Proteine verhindert würde.

Küchenchefs haben herausgefunden, daß die ideale Temperatur bei 200 Grad liegt, wenn man einen saftigen Kern und eine goldbraune Kruste haben will, und bei etwa 150 Grad, wenn die Unterschiede nicht so ausgeprägt sein sollen.

Die Backzeit hängt vom Volumen der Soufflés ab: Für große empfiehlt man 25 bis 30 Minuten, für kleine eine Viertelstunde.

Zum Schluß noch ein Kniff: Wer ein besonders wohlgeformtes Soufflé erhalten will, der sollte es vor dem Backen für ein paar Augenblicke in den Grill geben: Dadurch wird es oben fest, steigt im Ofen gleichmäßig in die Höhe und bekommt eine dekorative Haube.

## Läßt sich ein Kollaps verhindern?

Die entscheidendende Frage beim Soufflé ist, wie man verhindern kann, daß es in sich zusammenfällt. Einige Küchenchefs empfehlen, die Soufflémasse im voraus zuzubereiten, noch bevor die Gäste eingetroffen sind, und sie solange in einem lauwarmen Wasserbad ruhen zu lassen. Unter der Einwirkung der milden Wärme würden die Soufflés ganz langsam aufzugehen beginnen und später – oh Rätsel der Wissenschaft – nach dem Backen nicht zusammenfallen. Ist dieser Ratschlag wirklich gut?

In Zusammenarbeit mit Nicholas Kurti habe ich vor ein paar Jahren das erste internationale Kolloquium für molekulare und physikalische Gastronomie organisiert; es fand im Juli 1992 in Erice auf Sizilien statt und befaßte sich mit dem Thema, wie und warum Soufflés aufgehen. Dabei untersuchten wir natürlich auch, was von der genannten Empfehlung zu halten ist.

Zu diesem Zweck haben wir eine Käsebéchamel gekocht, den Eischnee geschlagen und beides gemischt. Mit dieser Masse haben wir einige kleine Auflaufformen gefüllt, aber zunächst nur eine von ihnen in den vorgeheizten Backofen gegeben. Bei einer Temperatur von 180 Grad war das Soufflé nach 25 Minuten gar; sein Volumen hatte sich verdreifacht. Als wir es aus dem Ofen holten, war es mustergültig; aber es ist später eingeschrumpft.

Die nächste Form stellten wir in den Kühlschrank, eine weitere in die Gefriertruhe; und die beiden letzten Formen blieben offen in der Küche stehen. Nach einiger Zeit ließen wir das gefrorene Soufflé auftauen und backten es gleichzeitig mit dem aus dem Kühlschrank: Es ging etwas besser auf; aber insgesamt war das Resultat weniger befriedigend als beim ersten Soufflé, das sofort gebacken wurde. Von den beiden letzten Soufflés stellten wir eines in ein Wasserbad, während das andere weiter ruhte; dann schoben wir sie ebenfalls gleichzeitig in die Röhre. Auch hier war das Ergebnis enttäuschend.

An dieser Versuchsreihe ist zu kritisieren, daß das Wasserbad-Soufflé zuerst im Kühlschrank war und nicht, wie empfohlen, sofort in warmes Wasser gestellt wurde. Darum habe ich das Experiment mehrmals wiederholt: Ich gab die Formen mit der Soufflémasse immer sofort ins Wasserbad, ließ sie aber unterschiedlich lange darin ruhen und variierte die Wassertemperaturen. In keinem Fall waren die so vorbehandelten Soufflés später ähnlich hoch wie die sofort gebackenen: Es stimmt schon, daß ein Käsesoufflé aus dem Wasserbad nach dem Garen nicht zusammenfällt... aber dafür geht es nicht auf!

Was lernen wir daraus? Ein wirklich ansprechendes Ergebnis erzielt man nur, wenn man die Soufflémasse unverzüglich in den Backofen gibt. Der Umweg über die Gefriertruhe oder das Wasserbad ist nur ein Notbehelf.

# Das Garen

## Zartheit und Wohlgeschmack

Mit dem Garen verfolgen wir zwei Ziele: Wir wollen Nahrungsmittel verdaulich machen und ihnen Geschmack verleihen. Oft erreicht man als Koch beides gleichzeitig: Die Wärme, die die zu zähen Moleküle z. B. des Fleisches abbaut, setzt zugleich chemische Reaktionen in Gang, in denen Aromastoffe gebildet werden.

Warum wird Fleisch durch Kochen zart? Warum verliert das Gemüse seine Härte? Oder, allgemeiner gefragt, was ist das Geheimnis der kulinarischen Metamorphosen?

Ich will nicht mein ganzes Buch in diesem Kapitel resümieren, der Extrakt wäre zu konzentriert. Das richtige Garen macht neun Zehntel der Kochkust aus; hier sollen vorweg nur einige grundsätzliche Fragen geklärt werden, während die verschiedenen Garmethoden (Kochen, Dämpfen, Schmoren etc.) den folgenden Kapiteln vorbehalten sind.

Jedenfalls wird durch Wärme die Bewegung der Atome und Moleküle erhöht; sie können jetzt reagieren, weil sie genug Energie bekommen haben, um sich umzugruppieren: Die Moleküle bewegen sich schnell und ruhelos hin und herstoßen aneinander, zerfallen in kleine Bruchstücke; und wenn sich zufällig zwei chemische Gruppen begegnen, die sich anziehen, bilden sich sich neue Moleküle. Diese Umsetzungen nennt man chemische Reaktionen: Es gehen daraus neue Verbindungen mit neuen Eigenschaften hervor.

## Was geschieht beim Erhitzen?

Die Frage erscheint naiv; aber wer beispielsweise versucht, eine dickflüssige Suppe mit einem kleinen Wärmestrahler von *oben* zu erhitzen, der wird feststellen müssen, daß nur die alleroberste Schicht der Suppe siedet, während der Rest kalt bleibt.

Desgleichen verliert ein empfindlicher Spießbraten viel, wird er direkt über dem Feuer gegart. Wenn man delikate Vögel wie Wachteln brät (man sollte sie natürlich bardieren: typischerweise hüllt man sie in Weinblätter ein, bevor man sie mit dem Speck umwickelt), sollte man sie etwas neben der Wärmequelle garen lassen anstatt darüber, sonst schmecken sie nur nach Rauch. Wer aber die Mechanismen der Wärmestrahlung kennt und die Vögel richtig, also etwas neben dem Feuer brät, dem winkt reiche Belohnung: In der milden Hitze werden die Wachteln gleichmäßiger gar, und ihr Fleisch reichert sich mit den subtilen Aromen der Weinblätter an.

Aus diesen und ähnlichen Gründen ist es nützlich zu wissen, daß sich die Wärme vor allem durch drei Mechanismen auf die Speisen überträgt: durch Konvektion, durch Wärmeleitung und durch Wärmestrahlung.

## Billiardkugeln im Kochtopf

Um mit der Wärmeleitung zu beginnen: Sie ist in festen Körpern wirksam. Ein Metallöffel wird in einer siedenden Flüssigkeit so heiß, daß man sich die Finger verbrennt, wenn man ihn anfaßt. Desgleichen überträgt sich die Wärme vom Herd auf die Oberfläche eines Bratens und erfaßt nach und nach auch die Moleküle des Brateninneren: Wegen der Wärme bewegen sich die Oberflächenmoleküle immer schneller, kollidieren mit den mehr innen gelegenen und geben ihre Energie an sie weiter. Auch diese kommen in Wallung und übertragen die Bewegung (und damit die Wärme) noch tiefer nach innen.

Man kann Wärme als die Bewegungsenergie der Moleküle auffassen. Unsere Nahrungsmittel sind wie ein Haufen Billiardkugeln: Durch einen kräftigen Stoß setzen wir eine Kugel in Bewegung; sie prallt auf andere, mehr zentral gelegene, die ebenfalls in Bewegung geraten und ihre Energie an wieder andere Kugeln weitergeben. So erklärt sich das Phänomen der Wärmeleitung.

## Wärmekonvektion

Durch Konvektion beschleunigt sich die Wärmeübertragung in Flüssigkeiten: Wenn man Wasser in einem Topf erhitzt, überträgt sich die Wärme von der Herdplatte über den Topfboden auf die unteren Wasserschichten. Dies geschieht natürlich durch Wärmeleitung; aber nun steigt das wärmere Wasser (es ist leichter) vom Boden nach oben und wird durch kälteres Wasser (es ist schwerer) ersetzt, das nun seinerseits erhitzt wird, usw. Die entstehenden Strömungen (Konvektionsströmung) zirkulieren in der Flüssigkeit und verteilen die Wärme schnell.

Dieses Phänomen ist sehr schön zu sehen, wenn man eine Bratensauce klärt und entfettet. Zunächst rösten wir ein Stück Fleisch mit etwas würzendem Gemüse im Ofen fünf Minuten an. Dann löschen wir mit Weißwein ab und lassen das ganze einige Zeit leise schmoren (die Temperatur im Ofen sollte bei 100 Grad liegen). Inzwischen haben wir in einer Kasserolle eine helle Mehlschwitze vorbereitet, in die wir vorsichtig die Hälfte der Schmorflüssigkeit geben, um sie zu binden: so bekommen wir eine leichte, sämige, cremig-zarte Sauce.

Doch nun zu der Prozedur, mit der sich alle festen Bestandteile entfernen lassen, die die Sauce trüben. Dazu stellen wir die Kasserolle auf der Herdplatte leicht schräg (indem wir auf einer Seite irgendetwas Hitzeunempfindliches, z. B. einen alten Löffel, unterschieben). Die Flüssigkeit wird nun nur noch an einem einzigen Punkt erhitzt und bildet eine »Konvektionszelle«, in der sie umgewälzt wird: Sie absorbiert die Wärme, steigt vertikal hoch und sinkt an den Seiten wieder herunter. Beim Umwälzen geraten die festen Teilchen ins Zentrum der Konvektionszelle und bilden dann einen Schaum, den man vorsichtig abschöpft. Desgleichen betupft man die Oberfläche mit Küchenkrepp, um das Fett zu entfernen.

Das Konvektionsprinzip wurde vom Grafen Rumford entdeckt, der ein genialer Abenteurer mit vielseitigen wissenschaftlichen Interessen war (vielleicht heiratete er deshalb die Witwe Lavoisiers). Er fragte sich, warum seine Apfelsauce länger warm blieb als seine berühmte Suppe. Wir wissen jetzt, daß die Konvektion um so besser abläuft, je dünnflüssiger ein Körper ist: In zähflüssigen Körpern strömt die Flüssigkeit nicht so gut. In der dünneren Rumfordsuppe sorgte die Konvektion für einen raschen Wärmeaustausch zwischen Suppe und Luft, während die cremigere Sauce nur durch Wärmeleitung, also langsam abkühlte. Die Sauce blieb länger warm als die Suppe.

## Wärmestrahlung

Die dritte Art der Wärmeübertragung ist die Wärmestrahlung. Sie läßt uns vorne schwitzen, aber hinten frieren, wenn wir am Feuer sitzen. Auf ihr beruhen das Braten in der Röhre, das Braten am Spieß und das Grillen. Hierbei sendet die jeweilige Wärmequelle unsichtbare Strahlen aus: die Infrarotstrahlen. Wie Lichtstrahlen verbreiten sie sich geradlinig und werden von strahlungsundurchlässigen Körpern aufgehalten. Ihre Energie überträgt sich auf das Fleisch, erwärmt es und macht es gar.

## Theorie und Praxis

Wenn die Wärme in die Nahrungsmittel kommt, erfüllt sie dort verschiedene Aufgaben, die das Garen ausmachen: Erweichung harter Substanzen, Gerinnung, Quellung oder Zersetzung, Veränderung des Aussehens, Reduktion oder Extraktion von Säften und Nährstoffen...

Konvektion, Wärmeleitung oder Wärmestrahlung? Den verschiedenen Methoden, Nahrung gar zu machen, liegt zumeist einer dieser Mechanismen zugrunde; ihre Medien sind Wasser, Fett, trockene oder feuchte Luft:

Kochen: Konvektion (der Wärmeüberträger ist eine Flüssigkeit).
Dämpfen: Konvektion (der Wärmeüberträger ist Wasserdampf).
Braten in der Röhre: Konvektion (der Wärmeüberträger ist feuchte Luft).
Braten in Fett: Wärmeleitung (der Wärmeüberträger ist Fett).
Braten am Spieß: Wärmestrahlung (die Wärme überträgt sich durch die trockene Luft).

Vergessen wir schließlich nicht eine wirklich originelle Art zu kochen, die Mikrowellen: eine Strahlung wird von bestimmten Molekülen (dem Wasser) im Inneren der Nahrungsmittel absorbiert; und diese Wärme gart die Speisen durch, indem sie sich durch Wärmeleitung auf jene Moleküle überträgt, die die Mikrowellenstrahlung nicht absorbiert haben. Wie sagte schon Brillat-Savarin: »Die Entdeckung eines neuen Gerichts ist für das Glück der Menschheit wichtiger als die Entdeckung eines neuen Gestirns«...

## Garen ohne Hitze?

Wir möchten die Liste der verschiedenen Garmethoden nicht schließen, ohne auf eine etwas eigentümliche Technik hinzuweisen: Das Garen in Säure!

Man sollte sich vom Wort Säure nicht abschrecken lassen; es handelt sich lediglich darum, Lebensmittel in Zitrone oder Essig zu legen, so daß ihre Proteine durch die Säureeinwirkung gerinnen. Zum Beispiel wird Fisch in Zitronensaft genauso gar, als hätte man ihn in siedendes Wasser gegeben; sein Geschmack jedoch ist unvergleichlich.

# Das Kochen

## Fünfzig Schinken!

Lange hat man geglaubt, daß das Fleisch aus zwei Teilen besteht: einem saftigen, der zur Bouillon wird, wenn man Fleisch lange genug in Wasser kocht, und einem faserigen, den man Gesottenes oder Siedfleisch nannte. Die Feinschmecker fanden meist nur harsche Worte für das Gesottene; es schien ihnen vom Prinzip des Wohlgeschmacks verlassen und wurde von ihrer Tafel verbannt.

Zu Ehren des »Osmazoms«, den er für den wichtigsten Aromastoff des Fleisches hielt, überliefert uns Brillat-Savarin die folgende Anekdote:

»Der Fürst von Soubise hatte eines Tages die Absicht, ein Fest zu geben; es sollte mit einem Abendessen enden, und er verlangte den Küchenzettel. Sein Oberkoch kommt morgens mit einer langen Liste voller Aufzeichnungen, und der erste Posten, den der Prinz sieht, heißt: fünfzig Schinken. ›Na so was, Bertrand‹, ruft er, ›ich glaube du schwadronierst! Fünfzig Schinken! Willst du mein ganzes Regiment bewirten?‹ – ›Durchaus nicht, mein Fürst, es kommt nur einer auf die Tafel. Aber die anderen brauche ich für die spanische und die weiße Sauce, für die Garnierungen, für…‹ – ›Bertrand, Sie sind ein Dieb, dieser Posten wird gestrichen.‹ – ›Aber gnädiger Herr‹, antwortet der Künstler, kaum fähig, seine Wut zu beherrschen, ›Sie kennen unsere Möglichkeiten nicht! Sie müssen nur befehlen, und ich bringe Ihnen diese fünfzig Schinken, an denen sie sich so stoßen, in einem Kristallflacon, der nicht größer als ein Daumen ist.‹ Was sollte der Prinz zu einer so optimistischen Behauptung sagen? Er lächelte, neigte den Kopf und genehmigte den Posten.«

Ein paar Seiten weiter geht Brillat-Savarin dann näher auf das Osmazom ein:

»Die Entdeckung oder vielmehr die Erkennung des Osmazoms ist der größte Dienst, den die Chemie der Ernährungswissenschaft erwiesen hat. Das Osmazom ist jener besonders schmackhafte Teil des Fleisches, der in kaltem Wasser löslich ist, während sich seine Extraktivstoffe nur in kochendem Wasser lösen. Durch Osmazom gelingen gute Suppen; durch Osmazom, indem es karamelisiert, bekommt das Fleisch seine braune Kruste; dem Osmazom verdankt das Wildbret sein charakteristisches Aroma. Das Osmazom findet sich vor allem im roten und schwarzen Fleisch erwachsener Tiere; man findet es nicht oder fast nicht im Lamm, im Spanferkel, im Huhn und selbst im weißen Fleisch der ganz großen Vögel. Aus dem letzten Grund haben die wahren Kenner schon immer den Zwischenschenkel vorgezogen; bei ihnen ist der Geschmacksinstinkt der Wissenschaft vorausgeeilt. Wegen der Vermutung, daß es etwas wie Osmazom geben müsse, wurden früher viele Köche davongejagt (man glaubte sie überführt, das Beste der Suppe stets selber zu essen); ihretwegen betrachtete man Brotscheiben aus dem Suppentopf als Stärkungsmittel in Bädern; und ihretwegen erfand der Domherr Chevrier verschließbare Kochtöpfe, derselbe Chevrier, dem man freitags nur dann Spinat vorsetzen durfte, wenn er schon seit Sonntag gekocht hatte und jeden Tag mit einer neuen Portion frischer Butter wieder aufs Feuer gestellt worden war. Um diese Substanz zu schonen (obwohl sie quasi noch unbekannt war), wurde damals der Grundsatz aufgestellt, daß der Topf beim Kochen einer guten Fleischbrühe nur *lächeln* solle – ein treffender Ausdruck, der das Land auszeichnet, aus dem er stammt.«

Und Brillat-Savarin schließt: »Man kann das Osmazom, das so lange unsere Ahnen beglückt hat, bevor es entdeckt wurde, mit dem Weingeist vergleichen, der viele Generationen berauschte, bevor es gelang, ihn zu destillieren. Beim Kochen in siedendem Wasser folgt dem Osmazom das, was man gemeinhin unter Extraktivstoff versteht: Im Verein mit dem Osmazom bildet dieses Produkt den Fleischsaft.«

## Ein universelles Aroma?

Die gelehrten Ausführungen unseres großen Gastrosophen sind hier ausnahmsweise einmal nicht ganz richtig: Das Osmazom Brillat-Savarins ist ein Mythos, der in einer Epoche entstand, in der sich die analytische Chemie auf die Destillation verlegt hatte. Der Ausdruck »Osmazom« (aus griechisch *osme*, Geruch, und *zomos*, Suppe) geht auf einen Artikel des französischen Chemikers Louis Jacques Thenard zurück, der im Jahre 1806 im *Bulletin de la faculté de médecine de Paris* erschien.

Das Zitat Brillat-Savarins möchte glauben machen, das Osmazom sei wie der Äthylalkohol geistiger Getränke eine genau definierte, eindeutig bestimmte Substanz; aber moderne Analysemethoden haben gezeigt, daß der Kaltwasserauszug des Fleisches ein Gemenge vieler verschiedener Stoffe ist: Wasser, Fette, Aromamoleküle, Salze...

Insgesamt enthält das Fleisch über 100 verschiedene Aroma- und Geschmackssubstanzen. Daß der erste Auszug vom Fleisch der beste ist, dürfen wir unseren Vorfahren ruhig glauben: Sie kannten sich viel besser mit Bouillons aus als wir. Außerdem werden die flüchtigen Moleküle oft besser wahrgenommen als solche, die in der Nahrung bleiben und weder Geschmackspapillen noch Geruchssensoren aktivieren.

Fazit: Der Aphorismus Valérys »Was einfach ist, ist immer falsch« trifft auch auf das Osmazom zu: Es ist eben nicht das »Prinzip der Schmackhaftigkeit«, sondern nur einer der vielen aromatischen Extrakte, die man aus Fleisch gewinnen kann. *Einer* der vielen? Nach Brillat-Savarin ist es der beste.

## Bitte keine dünne Brühe!

Wie kocht man eine kräftige, aromatische Bouillon? Erinnern wir uns: Fleisch enthält zahlreiche Proteine; man ißt es, um sich damit zu versorgen. Was enthält es noch? Fette! Es ist weniger bekannt, daß sich in den Fetten die meisten Aromastoffe anlagern: Weil sich in den Fetten die charakteristischen Aromen befinden, schmeckt Rindfleisch nach Rind und Lammfleisch nach Lamm. Aber auch kleine Vögel verdanken ihren so delikaten Geschmack ihren Fetten, denn sie enthalten alle für diese Spitzschnäbler typischen Aromamoleküle[1].

Wie erhält man eine kräftige, wohlschmeckende Bouillon, wo doch das Fett, in dem die Aromen sitzen, nach dem Kochen, wenn es fest geworden ist, abgeschöpft wird?

Zunächst einmal sind Verbindungen, die sich in Wasser nicht lösen, nie ganz und gar unlöslich: in Gegenwart von Öl und Wasser verteilen sie sich bis zu einem gewissen Grad auf beide Körper. Um dem Öl eine wenig wasserlösliche Substanz zu entziehen, muß man es in reichlich Wasser kräftig schütteln. Ist die Substanz extrahiert, so wird das Öl eliminiert und das Wasser konzentriert... und mit ihm das Parfüm!

In der Praxis sollte man die Ratschläge Brillat-Savarins befolgen, wenn man eine gute Bouillon kochen will, selbst wenn seine gelehrte Begründung auf wackeligen Beinen steht:

---

[1] Feinschmecker wissen genau, daß das Fleischaroma im Fett steckt. Wenn sie z. B. Wachteln braten wollen, bardieren sie diese mit Speck, stecken sie auf den Spieß und garen sie über Weißbrotscheiben, die später mit der Leber bestrichen werden. Die Weißbrotscheiben fangen das Fett auf, so daß kein Tröpfchen verlorengeht.

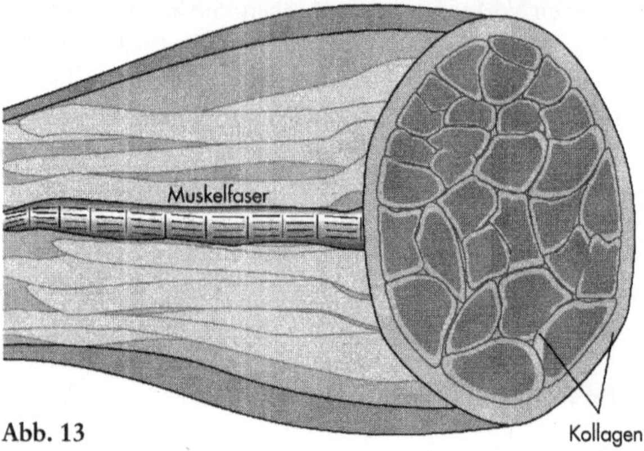


Abb. 13

»Zunächst löst das Wasser einen Teil des Osmazoms auf und danach das Eiweiß, das aber schon vor einer Wärme von 50 Grad Réaumur gerinnt und den Schaum bildet, den man gewöhnlich abschöpft; hierauf kommt das noch übrige Osmazom mit dem Extraktivstoff oder Fleischsaft an die Reihe und schließlich noch einige Teile der Faserhüllen, die sich während des langen Siedens abgespalten haben. – Um eine gute Bouillon zu bekommen, darf man das Wasser nur langsam erhitzen, damit das Eiweiß im Inneren nicht gerinnt, bevor es ausgezogen werden kann; und das Wasser darf nur leise köcheln, damit sich die verschiedenen Teile, die nach und nach aufgelöst werden, ungestört innig vereinigen können.«

Lassen sich diese Richtlinien wissenschaftlich halten? Fest steht, daß die Muskelfasern (die Zellen der Muskeln) von zwei für die Muskelkontraktion wichtigen Proteinen gebildet werden, dem Aktin und dem Myosin. Abbildung 13 zeigt, daß die Muskelfasern von Kollagenfasern umschlossen sind: Kollagen verfestigt das Fleisch und macht es hart und zäh; deswegen muß man Siedfleisch lange in Wasser kochen. Während der langen Kochzeit geht das Kollagen allmählich in die Bouillon über und wird gleichzeitig teilweise zersetzt. Auf diese Weise löst man die Gelatine aus dem Fleisch, aber auch aus Haut, Sehnen und Knochen, wo sie reichlich vorhanden ist.[2]

---

[2] Diese Gelatine ist ein wichtiger Bestandteil der mehr oder weniger stark eingekochten Kraftbrühen (Glace und Demiglace), mit denen man Saucen auch ohne Eier, Mehlschwitze, Gemüsepüree, Blut etc. binden kann.

Warum behält das Siedfleisch trotzdem seine fibröse Struktur? Wegen der Muskelfasern. Ihre Proteine gerinnen, nachdem sich das Kollagen gelöst hat, und werden unlöslich.

Warum muß man die Bouillon offen, ohne Deckel, kochen? Weil sie trüb werden würde, wie jeder Koch weiß. Aber warum wird sie trüb? Ich weiß es nicht. Und wie klärt man eine Bouillon, die trüb geworden ist? Indem man ein Eiklar unterrührt, das um die Teilchen, die sie eintrüben, gerinnt. Und warum darf das Kochen nicht unterbrochen werden? Schon wieder muß ich passen.

Kommen wir zur Hauptsache: Warum verdampfen die flüchtigen Moleküle des Fleisches nicht während der langen Kochzeit? Hier liegt der Kern des Problems: Bestimmte flüchtige aromatische Moleküle verlassen die Bouillon tatsächlich, aber sie reagieren auch (sie »karamelisieren«, sagte Brillat-Savarin, der damit nicht ganz unrecht hatte): Durch die Maillard-Reaktion und andere Bräunungsreaktionen entstehen im Laufe der Kochzeit zahlreiche Geschmacksmoleküle, die die Brühe anreichern. Ihr Geschmack ist vor allem die Frucht des langen Kochens: Wer will, der vergleiche einmal ein Stück Fleisch, das in kaltem Wasser mazeriert wurde, in dem keine Bräunungsreaktionen stattfinden, mit einer nach den guten alten Rezepten zubereiteten Bouillon!

## Siedfleischdiät?

Nimmt man ab, wenn man ausschließlich gesottenes Fleisch ißt? Eine wichtige Frage: In einer Zeit, in der viele zu wenig Bewegung haben, ist beim Essen oft Zurückhaltung angesagt. Wir haben gesehen, daß das Fleisch Proteine im Überfluß enthält, aber auch Fette, die ihm den Geschmack verleihen.

Wenn man rotes Fleisch auf 150 und weißes Fleisch auf 240 Grad erhitzt, schmelzen die Fette und verlassen das Fleisch. Was man manchmal beim Grillen als störend empfindet, ist eben dieses auf die Oberfläche ausgetretene Fett.

Kann man diesem Problem abhelfen, indem man das Fleisch kocht? Bestimmt nicht! Die Maximaltemperatur einer Bouillon liegt bei 100 Grad, so daß das Fett schlechter schmilzt und nicht so leicht das Fleisch verläßt. Dagegen können die Mineralsalze und die Aromastoffe der Fleischzellen eher austreten und in die Bouillon übergehen. So gesehen, ist Siedfleisch weniger schmackhaft... und auch weniger gesund!

Da ist es besser, gegrilltes Fleisch mit Küchenkrepp abzutupfen: Man erhält sich den Grillgeschmack (es schmeckt nicht fett, weil das Fett ausgetreten ist), und man tut etwas für die schlanke Linie...

# Das Dämpfen

## Weich garen ohne Aromaverlust?

Gesottenes Fleisch ist sicher zart, aber es hat keinen Geschmack mehr: Wir haben eben gesehen, daß seine harten Teile, das Bindegewebe und vor allem das Kollagen, zwar abgebaut werden, daß aber seine Geschmacks- und Aromamoleküle vom Fleisch in die Suppe übergehen – zurück bleiben nackte Fasern ohne Geschmack.

Man kann das Fleisch jedoch auch mit Wasser weich garen, ohne daß es an Aroma verliert: Dies geschieht beim Dämpfen, bei dem *über* dem Wasser in einer mit Wasserdampf gesättigten Umgebung gekocht wird (Dämpfen unterscheidet sich nur wenig vom Dünsten, aber beim Dünsten hat das Gargut noch mit dem Wasser am Topfboden Kontakt). Dahinter steckt ein ähnliches Prinzip wie beim Garen in Folie oder auch beim texanischen Barbecue (große Fleischstücke werden in einem Kanister auf den Grill gestellt und garen dort zwei Tage lang bei nur 70 Grad).

Beim Dämpfen genügt es, das Fleisch längere Zeit dem Wasserdampf auszusetzen. Natürlich sollte dieser Dampf heiß sein, und je heißer er ist, desto schneller geht das Garen: Das Wasser unten muß heftig sieden. Aber niemals darf das Fleisch direkten Wasserkontakt bekommen, sonst gäbe es Gesottenes: *horresco referens!*

Man liest in Rezepten oft Empfehlungen, nach denen man das Fleisch anbraten soll, bevor man die Flüssigkeit und etwas Salz hinzugibt. Das ist keine schlechte Methode, denn einerseits beginnt man bei den hohen Anbrattemperaturen schon mit dem Weichmachen und andererseits setzt man die Maillard-Reaktion und andere Bräunungsmechanismen in Gang, durch die die charakteristischen Aromen gebratenen Fleisches entstehen.

Danach legt man das Fleisch einfach in einen gelochten Einsatz, z. B. eines Schnellkochtopfs, den man über die Flüssigkeit stellt. Man kann ruhig im Schnellkochtopf garen, aber man darf ihn nicht unter Druck setzen. Das Fleisch braucht eine Dämpfzeit von vier bis fünf Stunden, bis sich das Kollagen deformiert, denaturiert und aufgelöst hat. Diese Methode ist besonders für Gerichte geeignet, bei denen man die Aromen von bestimmten Gewürzen und frischen Kräutern zur Geltung bringen will: Die Aromastoffe werden vom Wasserdampf herausgelöst (in der chemischen Industrie z. B. ist die Wasserdampfextraktion eine häufig eingesetzte Trennungsmethode) und an das Fleisch herangebracht; bei der Dämpfungstemperatur (höchstens 100 Grad) werden sie nicht abgebaut und dringen nach und nach ins Fleisch ein.

Zudem tritt auch das Fett allmählich aus. Es tropft in die Flüssigkeit: Der Kreis schließt sich. Eine Gartechnik mit so vielen Vorteilen sollten wir nicht vergessen.

# Das Schmoren

## In fremdem Saft schmoren!

Die französische Küche verdankt ihren legendären Ruf nicht zuletzt den köstlichen Schmorgerichten. Sie werden in einem geschlossenen Topf mit wenig Flüssigkeit gegart, mit der Idee, daß die Wirkstoffe dieser Flüssigkeit (wir werden gleich sehen, welche) ins Fleisch eindringen sollen und nicht umgekehrt. Das Dämpfen war ein erster Schritt zur aromatischen Bereicherung des Fleisches; das Schmoren ist der folgenreichere zweite.

Auf die Gefahr hin, mich zu wiederholen: Garen heißt weich machen und Geschmack geben. Beim Schmoren wird beides *nacheinander* erreicht: Zunächst bräunt man das Fleisch bei starker Hitze an, so daß die Maillard-Reaktion ablaufen kann, durch die Geschmacks- und Duftstoffe entstehen; danach läßt man es bei sehr milder Hitze langsam fertig garen. Das Ergebnis wird auch allerhöchste kulinarische Ansprüche befriedigen: ein wunderbar aromatisches Fleisch, das auf der Zunge zergeht.

Weil viele glauben, daß schmoren mehr Arbeit mache als braten, wird der Schmorbraten oft durch einen gewöhnlichen Braten ersetzt. Diese Rechnung geht nicht immer auf: Wenn man methodisch an die Sache herangeht, erfordert das Schmoren keinen wesentlich größeren Arbeitsaufwand, und das Risiko des Scheiterns ist geringer. Allerdings ist der Schmorbraten etwas teurer: Sein Fleisch gart in der Kraftbrühe eines anderen Fleisches!

Beim Schmoren wird also das Bratenfleisch durch einen würzigen Jus angereichert: ein ganz anderes Prinzip als das Dämpfen! Nicht allein die Gartechnik macht das Schmoren aus, sondern vor allem die Zutaten: Mit Kraftbrühe, Speck, Wein, Weinbrand wird das Bratenfleisch schmackhaft gemacht. Diese Schmackhaftigkeit ist das eigentliche Ziel des Schmorens, das mit den verschiedensten Methoden angestrebt wird. Nach dem Kochgenie Carême[1] bedeutet Schmoren: »Man legt einen

---

[1] Marie-Antoine (auch Antonin) Carême, geboren 1783 in Paris, wuchs in einer sehr armen Familie auf und wäre ein Gassenjunge geworden, hätte ihn nicht glücklicherweise ein Garkoch unter seine Fittiche genommen, der ihm das Kochen beibrachte. Begabt und voller Ehrgeiz, machte er schon mit 16 Jahren seinen Konditormeister. Er verschaffte sich Zugang zum Kupferstichkabinett der Nationalbibliothek, wo er Architekturentwürfe kopierte, um sie nachzubacken. Seine Kreationen wurden selbst von Napoleon bewundert. Er wurde Küchen-

Topf mit Speckstreifen aus und gibt darüber in Scheiben geschnittenes Fleisch. Darauf setzt man eine Gans, einen Puter, eine Lammkeule, ein Rinderstück oder ähnliches. Nun fügt man weitere Fleischscheiben und Speckstreifen hinzu, gewürfelte Karotten, sechs mittelgroße Zwiebeln, ein Kräutersträußchen, Basilikum, Muskatblüte, geschroteten Pfeffer und einen Hauch Knoblauch, sodann ein halbes Glas alten Weinbrand und zwei Suppenlöffel Kraftbrühe oder Bouillon. Mit gebuttertem Backpapier abdecken und bei Ober- und Unterhitze garen lassen.«

Man braucht diesen Angaben nicht Schritt für Schritt zu folgen, sondern könnte sie auch als den Entwurf einer Philosophie des Schmorens ansehen. Denken wir etwas nach, um das Rezept zu verstehen: In einen großen Schmortopf wird Fett (z. B. Öl oder Gänseschmalz) gegeben; es folgen eine Schicht Zwiebeln, eine Schicht Karotten, Schinken, das eigentliche Bratenstück, Speckstreifen, weitere Schichten aus Schinken, Karotten und Zwiebeln. Nun schiebt man den Topf, offen!, in den sehr heißen Ofen und läßt das Ganze anrösten. Danach gießt man Bouillon, Kraftbrühe, Weißwein und eventuell Weinbrand hinzu. Man verschließt den Topf mit einem Deckel und reduziert die Hitze, so daß der Braten in der leise köchelnden Flüssigkeit schmoren kann. Am Ende der Kochzeit gießt man die übriggebliebene Brühe ab, bindet sie mit einer leichten Mehlschwitze ab und klärt sie, während das Bratenfleisch warmgestellt bleibt.

## Was geschieht beim Schmoren?

Wie gesagt geht es beim Schmoren um die Anreicherung des Fleisches mit einer würzigen Kraftbrühe. Was heißt das? Man könnte meinen, die Brühe dringe in das Schmorgut ein, doch das ist falsch: Wie Beobachtungen gezeigt haben, vergrößert sich das Volumen des Fleisches nicht. Was geschieht also?

---

chef bei Talleyrand, beim Prinzregenten von England, bei Zar Alexander I., am Hofe von Wien, beim Botschafter von England, bei der Prinzessin Bagration, bei Lord Stewart und bei Baron Rothschild. Er starb im Alter von 50 Jahren, »verbrannt von der Flamme seines Genies und von seinen Holzkohlen«. Dieser »Lamartine des Küchenherds« leistete auch einen bedeutenden Beitrag zur kulinarischen Literatur seiner Zeit und war einer der Pioniere der »Monumentalküche«, deren wichtigster Repräsentant Urbain Dubois wurde.

Abb. 14

Das Schlüsselwort heißt *Osmose*. Dabei handelt es sich um einen einfachen physikalischen Vorgang, den ich in zwei Schritten erklären möchte. Uns allen vertraut ist das folgende Phänomen: Wenn man einen Tropfen gefärbte Flüssigkeit in reines Wasser gibt, läßt sich nach einiger Zeit feststellen, daß sich der Farbstoff im Wasser verteilt hat (Abb. 14): Seine Moleküle bewegen sich unablässig hin und her und kollidieren dabei mit den Wassermolekülen, so daß sie sich immer mehr im Wasser verbreiten, bis ihre Konzentration in der Lösung ausgeglichen ist. Dieser Ausgleichsprozeß, Diffusion genannt, ist ein ziemlich universelles Phänomen: In einer Umgebung, in der Molekülbewegungen möglich sind, verteilen sich die Stoffe so, daß ihre Konzentration überall gleich ist.

Komplizieren wir nun das Experiment, indem wir eine U-förmige Röhre verwenden, welche durch eine Membran geteilt wird, die Wasser durchläßt, aber größere Moleküle wie jene des Farbstoffs zurückhält. Um die Konzentration auszugleichen, diffundiert das Wasser in den Teil

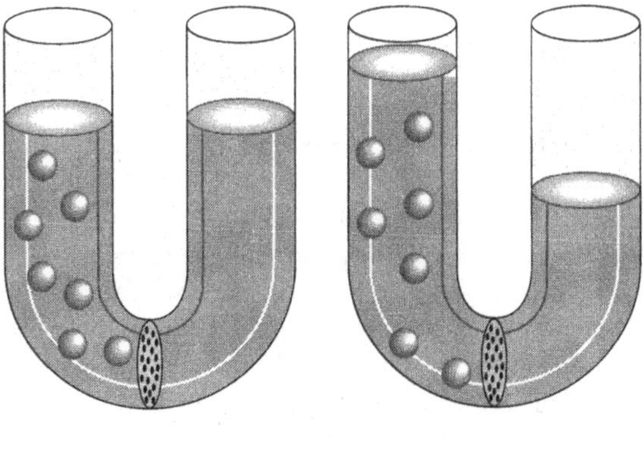

Abb. 15

der Röhre, in dem sich der Farbstoff befindet. Dagegen müssen die Farbstoffmoleküle in ihrem Röhrenteil bleiben, weil sie von der Membran aufgehalten werden. Am Ende wird sich auf der Seite des Farbstoffs etwas mehr Wasser angesammelt haben, so daß der Flüssigkeitsspiegel in beiden Teilen der Röhre unterschiedlich hoch ist (Abb. 15). Dieses Phänomen nennt man Osmose.

Beim Schmoren wird die Osmose auf folgende Weise wirksam: Das Fleisch besteht aus Zellen, d. h. aus winzigen Bausteinen, die Salze enthalten und durch Zellmembranen begrenzt sind. Läßt man Fleisch in einer würzigen Brühe garen, so dringen die Aromastoffe der Karotten, des Porrees, der Zwiebeln usw. in sein Gewebe ein. Die Aromen des Fleisches selbst aber bleiben erhalten, weil Schinken und Speck um den Braten herum schon die gleichen Substanzen freisetzen, die sonst vielleicht ausgetreten wären.

Mit dem Wasser hat das alles nichts zu tun, denn es bleibt, wo es ist, in der Brühe oder im Braten: Seine Konzentration in beiden Medien ist fast gleich.

## Schmorbraten ohne Sauce?

Schmorbraten ohne Sauce: Das wäre ein Verbrechen gegen die Kochkunst. Sie ist nicht einmal besonders schwer zuzubereiten: Entweder ist die Flüssigkeit im Schmortopf schon konsistent genug geworden, um in einer Sauciere Ehre einzulegen, oder man bindet sie nachträglich mit ein wenig Stärke, Mehlschwitze oder Mehlbutter. Gebunden oder nicht gebunden, die Sauce ist die Krönung eines jeden Schmorbratengerichts.

Erinnern wir uns daran, daß man für eine Mehlschwitze sehr vorsichtig Mehl in geschmolzene Butter einrühren muß: Dabei sollten kleine Bläschen entstehen, die nach einiger Zeit verschwinden. Die Schwitze ist fertig, wenn sie eine ansprechende hellbraune oder mittelbraune Farbe angenommen hat, je nach Geschmack. Nachdem man den Bratensaft hineingegossen hat, muß man die Sauce noch eine Weile kochen lassen, um sie zu klären: Dazu wird der Topf schräg auf die heiße Kochplatte gestellt, so daß sich eine Konvektionszelle bildet, in der die Flüssigkeit umgewälzt wird (s. S. 69). So kommen alle festen Teile, die sie trüben, als Schaum nach oben und können abgeschöpft werden. Das Endprodukt ist eine schmackhafte und gesunde Sauce, aus der alles überschüssige Mehl und Fett eliminiert wurde.

Wenn man keine Zeit für eine Mehlschwitze hat, kann man auch Mehlbutter nehmen: Mit einer Gabel verknetet man Butter und Mehl und formt daraus nußgroße Kugeln, die man in die kochende Sauce rührt.

# Das Huhn im Topf

## Wie salzt man richtig?

Wann werden Pot-au-feu, Blanquette (Kalbsragout) oder das berühmte Suppenhuhn des *bon roi Henri*[1] gesalzen?

Wenn Sie diese schwierige Frage nicht bereits gelöst und etwas mehr Zeit als gewöhnlich zur Verfügung haben, dann wagen Sie sich doch einmal an das folgende Experiment: Kochen Sie gleichzeitig in zwei Suppentöpfen mit der gleichen Menge gleicher Zutaten gleich lang bei gleicher Hitze. Salzen sie den einen vor und den anderen nach dem Kochen: Sie werden den Unterschied schmecken... und die Bedeutung der Osmose erkennen, die wir im letzten Kapitel besprochen haben.

Es handelt sich um folgendes Problem: Wenn man das Gericht (es besteht wesentlich aus Wasser und Fleisch) zu Beginn nicht salzt, dann gehen die Mineralsalze des Fleisches während des Kochens ins Wasser über: Das Fleisch verliert seinen Geschmack. Salzt man aber am Anfang, dann wird die Brühe fade, weil der Fleischsaft im Fleisch bleibt.

Handeln Sie darum im Einklang mit dem kulinarischen Geist des Gerichts, das Sie zubereiten. Wenn Sie eine würzige Bouillon wollen, dann dürfen Sie erst zum Schluß salzen. Soll das Fleisch geschmackskräftig werden, so salzen Sie zu Beginn. Und wenn Sie sowohl ein gutes Suppenhuhn als auch eine leckere Sauce wünschen, wird das Salz kurz vor dem Ende der Kochzeit zugegeben, damit sich der Fleischsaft harmonisch verteilt.

[1] Der gute König Heinrich IV. (»Paris ist eine Messe wert«) soll seinen Franzosen ein allwöchentliches Huhn im Topf (poule-au-pot) versprochen haben. Das Suppenhuhn à la Henri IV wird mit Hühnerleber, -magen, -nieren, -herz, Speck Zwiebeln, Eiern und Gewürzen gefüllt und zusammen mit Gemüse (Karotten, Sellerie, weiße Rübchen etc.) in Rinderbrühe gekocht. (Anm. d. Übs.)

# Fragen des Drucks

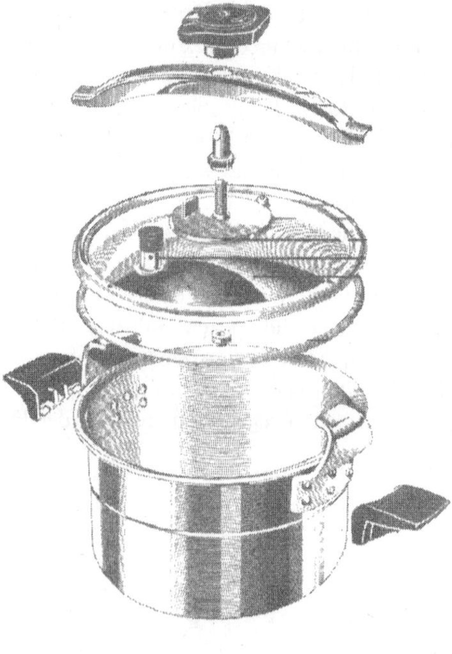

## Wie funktioniert ein Schnellkochtopf?

Auf dem Berg ist die Luft und der Luftdruck geringer als am Meer, so daß Wasser in der Höhe früher verdampft als in der Ebene, also schon unter 100 Grad.

Der Schnellkochtopf (oder Dampfdrucktopf) ist ein »Anti-Berg«: Das Wasser, das zu Anfang des Kochens verdampft, erhöht nach und nach den Druck im Topf, so daß die Wassermoleküle länger in der Flüssigkeit bleiben müssen: der Siedepunkt erhöht sich. Die heutigen Schnellkochtöpfe werden in der Regel für eine Temperatur von etwa 130 Grad ausgelegt.

Allerdings hat der Schnellkochtopf einige Nachteile, weswegen ihn viele Köche verdammen. Zunächst einmal kann man nicht sehen, was drinnen passiert, so daß ein Gericht auch schnell mißlingen kann: Fünf Minuten im Dampfdrucktopf entsprechen einer Viertelstunde normaler Kochzeit. Zudem sind beim Kochen oft Reaktionen mit der Küchenluft erwünscht, wenn z. B. ohne Deckel gegart wird, um Aromen zu bilden; im hermetisch abgeschlossenen Schnellkochtopf können sie nicht stattfinden.

Endlich werden nicht alle Reaktionen durch die Temperaturerhöhung in gleicher Weise beschleunigt; besonders die Gemüsefasern werden schneller weich, als sich die Aromen entfalten können: Das Gemüse wird zart, schmeckt aber fade.

Für einige ist der Schnellkochtopf ein Notbehelf, für andere das Ideal. Wir wollten hier nicht Richter sein, sondern lediglich sein Prinzip kennenlernen.

## Kochen mit weniger Druck?

Wenn man mit höherem Druck kochen kann, geht es dann auch mit niedrigerem? Dazu benötigt man eine Wasserstrahlpumpe, wie sie in jedem Chemielabor zu finden ist. Sie besteht aus einer Röhre, die auf einen Wasserhahn geschraubt wird. An eine seitliche Verzweigung schließt man einen Plastikschlauch an, dessen anderes Ende gewöhnlich in dem Behälter mündet, dessen Luft man verdünnen will. Dieser Behälter kann natürlich auch ein Schnellkochtopf sein: Anstelle seines Sicherheitsventils befestigt man den Schlauch. Läßt man nun Wasser durch die

Hauptröhre strömen, dann reißt es die Luft aus dem Nebenarm und damit aus dem Kochtopf mit, in dem sich der Druck verringert. Wie wir zu Beginn des Kapitels gesehen haben, wird dadurch auch die Siedetemperatur herabgesetzt. Die chemischen Reaktionen laufen jetzt langsamer ab: Es entstehen neue Geschmacksvarianten.

Der Erfinder dieses Verfahrens ist Nicholas Kurti. Wir haben es auf dem schon erwähnten ersten internationalen Kolloquium für molekulare Gastronomie ausgiebig getestet, aber die Resultate müssen noch ausgewertet werden. Immerhin wissen wir, daß eine Bouillon bei niedrigerem Druck einen anderen Geschmack entwickelt; man muß nur noch die Fälle ausfindig machen, in denen er auch der bessere ist. Liebe Leser, Köchinnen und Köche, jetzt sind Sie an der Reihe!

# Das Braten

## Ein Prinzip des Wohlgeschmacks

Das Braten mit seiner relativ kurzen Garzeit zielt nicht darauf ab, das Fleisch weich zu machen, denn es ist ausgewählten Stücken vorbehalten, die von jungen und zarten Tieren stammen. Es läßt ihr charakteristisches Aroma unangetastet; lediglich in der Kruste entstehen neue, brattypische Geschmacksnuancen. Rinderbraten z. B. sollte in seinem Kern noch »blutig« sein; so bleibt er saftig und zart und setzt beim Essen köstliche Aromen frei.

Ein Braten muß bei hohen Temperaturen garen, wenn er gut werden soll: Der Ofen muß vorgeheizt und das Fleisch mit Öl bestrichen werden. So verliert der Braten nicht zuviel Saft, und durch die Hitze entstehen neue Aromastoffe, denn die Membranen der Oberflächenzellen werden zerstört. Die Bestandteile verschiedener Zellschichten können sich vermischen und untereinander reagieren, so daß sich deren Fette, Aminosäuren und Zucker zu großen Molekülen vereinen, die neue Farben, Aromen und Geschmacksstoffe entwickeln.

In Frankreich wird Rindfleisch traditionell so gebraten, daß es innen »blutig« (saignant) bleibt: Man pinselt die Oberfläche mit Öl oder geschmolzener Butter ein, damit es schneller anbräunt und sich jene knusprige Kruste bilden kann, die von Feinschmeckern so geschätzt wird.

Man hat lange geglaubt, daß diese Kruste wasserundurchlässig sei und das Austreten des Fleischsafts verhindere, aber mein amerikanischer Freund Harold McGee aus Palo Alto konnte experimentell beweisen, daß das ein Irrtum ist. Der Braten bleibt allein darum voller Saft, weil sich bei starker Hitze die Garzeit verkürzt und somit weniger Flüssigkeit verlorengeht.

Wenn der Braten aus der Röhre kommt, muß er zart, aromatisch und saftig sein. Man läßt ihn etwas ruhen, damit sich der Saft aus dem Zentrum in die trockeneren Teile der Peripherie ausbreiten kann; dann tranchiert man mit einem sehr scharfen Messer, damit das Gewebe geschont wird und der Saft im Fleisch bleibt.

Andere Länder, andere Sitten: Die Engländer sind berühmt für ihr Siedfleisch, aber auch für ihre extrem durchgegarten Braten. Auf der anderen Seite des Ärmelkanals hält man einen Braten für gelungen, wenn die Temperatur im Bratenkern 60, ja sogar 80 Grad beträgt! In Frankreich dagegen liegt sie manchmal noch unter 30 Grad.

## Wie wird der Braten gar?

Erinnern wir uns an die drei Arten der Wärmeübertragung, die ich im Kapitel über das Garen besprochen habe. Sie alle spielen auch beim Braten eine Rolle: die Wärmestrahlung, die Wärmekonvektion (heiße Luft sorgt für die Wärmeausbreitung im Ofen) und die Wärmeleitung (im Inneren des Fleisches).

Wie brät man richtig? Man sollte daran denken, daß sich die Wärmeleitfähigkeit des Fleisches bei niedrigen Temperaturen erheblich verringert: Bei 0 Grad z. B. leitet es die Wärme schlecht, bei höheren Temperaturen besser. Wie wir das praktisch anwenden können, werden wir gleich beim Puter sehen.

## Der Weihnachtstruthahn

Wie werden Truthähne richtig gegart? Angeregt von der Kugelgestalt des Truthahns, haben sich auch Physiker für dieses Problem interessiert: Sie können den Wärmetransfer im Inneren einfacher Körper leicht berechnen. Schon im Jahre 1947 haben H. Carslaw und J. Jaeger die Beziehung zwischen dem Radius eines idealen, kugelförmigen Truthahns und seiner Garzeit untersucht. Sie gingen davon aus, daß ein Truthahn aus Wasser, Fetten und Proteinen im Verhältnis 60 zu 20 zu 20 besteht, und ermittelten dann, wann er optimal gebraten ist.

Warum ist die Garzeit so wichtig? Wenn man einen Truthahn brät, bleiben seine Fasern gespannt, bis sich bei einer Temperatur von etwa 70 Grad die Muskelzellen zu zersetzen beginnen. Während des Bratens werden schwache Bindungen zwischen den Atomen bestimmter Moleküle gelöst und damit Proteine denaturiert: Diese langen Fäden, die in einer jeweils spezifischen Konfiguration ineinandergedreht sind, wickeln sich nun ab und bewegen sich in alle Richtungen. Dabei bleibt es nicht aus, daß sie Kontakt miteinander bekommen: Die Proteine verbinden sich und gerinnen. Das Fleisch wird etwas fester.

Wenn man zu lange brät, tritt das Wasser, das noch an die Proteine gebunden ist, aus: Das Fleisch wird hart. Andererseits wissen wir, daß die Kollagenfasern, die das Fleisch zäh machen, erst nach längerer Kochzeit abgebaut werden. Wer brät, muß also einen Kompromiß finden: Einerseits soll das Kollagen verschwinden, andererseits dürfen die

Proteine, die zwischen 70 und 80 Grad gerinnen, nicht austrocknen und hart werden.

## Berechnung der Garzeit

Wenn ein Truthahn zart und saftig werden soll, darf man den Ofen während des Bratens nicht öffnen: Der in gewissem Umfang ausgetretene Wasserdampf könnte sich nach draußen verflüchtigen. Er würde dann ersetzt werden, d. h., es würde erneut Fleischsaft verdampfen, so daß der Truthahn austrocknet. Trotzdem soll man den Vogel auf keinen Fall vor dem Braten befeuchten: Wenn zuviel Dampf da ist, kann das Wasser der oberen Hautschichten nicht verdunsten, und man erhält keine knusprige Kruste.

Schwieriger als auf der Oberfläche wird es im Inneren des Truthahns: Das Fleisch muß zart werden. Schon um unsere Gäste, die auf den sprichwörtlich strohtrockenen Weihnachtsputer gefaßt sind, angenehm zu enttäuschen, müssen wir dieses Problem noch lösen.

Die Zartheit entsteht durch den Abbau des Bindegewebes. Es enthält drei verschiedene Proteine: Kollagen, Retikulin und Elastin. Weder Retikulin noch Elastin werden durch die Ofenhitze wesentlich verändert, aber die Tripelhelices der Kollagenmoleküle (s. S. 43) können sich auflösen und Gelatine bilden. Wie jeder weiß, wird Gelatine in Wasser weich.

Die Berechnung der Garzeit erfordert einige Geschicklichkeit, denn das Kollagen und die Muskelproteine (vor allem Aktin und Myosin) denaturieren bei verschiedenen Temperaturen und in den einzelnen Teilen des Truthahns auch unterschiedlich schnell. Wir sollten festhalten, daß man eine Temperatur von mindestens 70 Grad im Fleisch benötigt, damit sich das Kollagen zu Gelatine umsetzt und die Muskeln weich werden. Andererseits verliert der Truthahn Wasser, wenn er zu lange in starker Hitze gart, und seine Proteine gerinnen. Die Optimalzeit ist infolgedessen eine Minimalzeit: Man brät nur so lange, bis im Zentrum des Tieres 70 Grad erreicht sind.

Wie weiß man, wann dieser Zeitpunkt erreicht ist? Das ist einfach, denn die Physiker kennen die Gesetze der Wärmeübertragung, und sei es in tierischem Gewebe. Bei ihren Berechnungen gehen sie davon aus, daß die Temperatur einheitlich ist, daß das Tier eine gleichmäßige Form hat, etc. Auf diese Weise gelangen sie zu präzisen Resultaten, nachdem in ihre Berechnungen der Radius und die Temperatur des Truthahns, die Temperatur des Ofens und der Koeffizient der Thermodiffusion eingeflossen sind.

Glücklicherweise gibt es ein einfacheres Mittel, die Garzeit von Truthähnen zu berechnen: das Ficksche Gesetz. Es besagt, daß die Zeit, in der in der Mitte des Vogels eine gegebene Temperatur erreicht wird, proportional dem Quadrat seines Durchmessers ist. Da die Masse einer Kugel proportional zur Kubikzahl ihres Radius ist, läßt sich die Garzeit mit folgender einfacher Formel berechnen:

$$t = (M/M_0)^{2/3} t_0.$$

Mein Freund Peter Barham, Physiker und Molekulargastronom in Bristol, hat mit dieser Gleichung die folgenden Bratzeiten bestimmt:

> Bei 180 °C wird ein 5 kg schwerer Truthahn in 2 Stunden und 35 Minuten gar, ein 7 kg schwerer in 3 Stunden.
> Bei 160 °C wird ein 5 kg schwerer Truthahn in 3 Stunden und 35 Minuten gar, ein 7 kg schwerer in 4 Stunden und 30 Minuten.

## Braten kann man lernen!

»Man wird Koch. Zum Bratkünstler wird man geboren.« Dieser Aphorismus Brillat-Savarins ist eine Paraphrase des lateinischen Sinnspruchs *Poeta nascitur, orator fit* (Dichter ist man von Geburt, Redner kann man werden). Wir wollen Brillat-Savarin zum Schluß dieses Kapitels Lügen strafen, indem wir kurz die klassischen Regeln der Bratkunst rekapitulieren.

Das Fleisch muß *à point* sein, d. h., die Oberfläche ist gut gebräunt, und die inneren Schichten sind gar geworden, ohne ihren Saft verloren zu haben. Um den Saft zu bewahren, muß man das Bratstück in einen gut vorgeheizten Backofen geben (er soll sehr heiß sein, aber nicht zu heiß, sonst verkohlt das Fleisch).

Wie der Pot-au-feu werden auch die Braten erst am Ende der Garzeit gesalzen, denn wenn man zu früh salzt, tritt Wasser aus: Das Fleisch kann nicht richtig bräunen, und innen wird es trocken (das Phänomen der Osmose!). Desgleichen sollte man auch erst ganz zum

Schluß pfeffern, denn zu stark erhitzter Pfeffer kann unangenehm schmecken.

Es ist kein Fehler, daß Fleisch zu spicken, mit Speck zu umwickeln oder in ein Schweinsnetz zu stecken, weil dadurch die Bräunung erleichtert wird: Das zusätzlich freigesetzte Fett verbessert den Wärmetransfer und schützt gegen eventuell zu starke Hitze.

Endlich sei noch daran erinnert, daß der beste Braten der vom Spieß ist: Nur dort sind alle Teile des Fleisches der Wärme gleichmäßig ausgesetzt. Im Bräter z. B. ist das nicht der Fall; an den Kontaktstellen mit dem Metall gart das Fleisch schneller.

## Füllung und Sauce

Lassen wir unseren Puter in Ruhe braten, und betrachten wir die Farce, mit der wir ihn gefüllt haben.

Zunächst darf man nicht vergessen, daß die Füllung später von der Wärme erreicht wird als das Fleisch, denn sie sitzt in der Mitte. Aus diesem Grunde sind Farcen oft Mischungen auf der Grundlage von Hackfleisch und Ei: Sie bilden eine kohärente Masse, deren diverse Bestandteile gebunden werden, wenn das Ei gegen Ende der Bratzeit gerinnt (die Temperatur im Zentrum hat 70 Grad erreicht).

Um zu verhindern, daß die Oberfläche des Bratenstücks verkohlt, sollte man sie alle drei Minuten mit dem geschmolzenen Fett begießen, das man in der Fettpfanne aufgefangen hat (keine andere Flüssigkeit, sonst würde die Kruste aufweichen). Manche schützen den Braten mit eingeöltem Backpapier, aber Begießen ist besser. Natürlich darf man damit erst anfangen, wenn sich die Kruste schon gebildet hat.

Mit dem Fett gelangen auch einige Tropfen karamelisierten Fleischsafts in die Pfanne. (Erinnern wir noch einmal daran, daß es sich nicht wirklich um Karamel handelt, denn es wurde kein Zucker erhitzt: Das Fleischbraun wird von der Maillard-Reaktion und anderen Reaktionen gebildet.) Das Ganze ergibt eine Glace, die zur Grundlage einer köstlichen Sauce wird: Nach dem Garen nimmt man den Braten heraus und löscht mit kochendem Wasser ab, so daß der Bratensatz mit seinen Mineralsalzen aufgelöst wird. Die Gelatine der Glace emulgiert daß Fett, und wenn man etwas mit dem Schneebesen schlägt, erhält man sofort eine gebundene Sauce von guter Konsistenz. (Wenn sich das

Fett nicht emulgieren sollte, kann man dem mit einem Blatt Gelatine ganz einfach abhelfen.)

Ich gestatte mir zum Schluß noch den Hinweis, daß man, je nach Braten und Geschmack, natürlich auch mit Wein, Milch, Sahne oder Cognac ablöschen kann. Guten Appetit!

# Das Fritieren

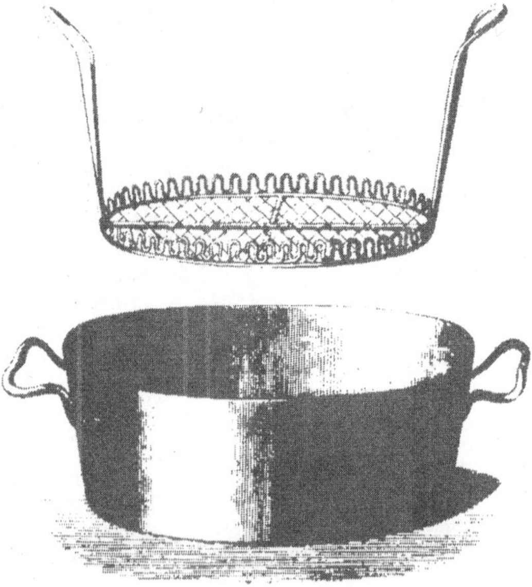

## Warum soviel Fett?

Alle Köche wissen, daß das Gargut beim Fritieren in »schwimmendem Fett« badet und daß es dadurch eine goldbraune Kruste bekommt. Sie wissen auch, daß diese Technik einige Nachteile hat: Das Fett kann spritzen, es kann sich in der Küche niederschlagen, und es kann nach und nach schwarz werden und allem Fritierten einen schlechten Geruch und einen schlechten Geschmack mitteilen. Aber muß man deswegen gleich »Haltet den Dieb« rufen und das Kind mit dem Bade ausschütten, wie es einige unserer modernen Mimosen tun? (Sie verdammen das Fritieren natürlich auch aus diätetischen Gründen.)

Die Friteusenhersteller haben bereits die ersten beiden Nachteile ausgeschaltet: Sie haben Deckel mit Geruchsfiltern eingebaut, so daß man im geschlossenen Gefäß fritieren kann. Gibt es ein auch Mittel, den dritten Nachteil zu beheben und das Eßvergnügen zu steigern? Kann man dabei etwas für die Gesundheit, ja sogar für die schlanke Linie tun? Wie fritiert man richtig? Welches Fett soll man benutzen?

Beim Fritieren geht die Gartemperatur weit über jene 100 Grad hinaus, die man maximal mit Wasser erreichen kann. Wegen dieser sehr hohen Temperaturen gerinnen die Moleküle auf der Oberfläche des Fritierguts schnell und bilden die charakteristische Kruste. Haben Sie schon bemerkt, daß fritierte Oberflächen trocken sind? Ihre Feuchtigkeit ist im heißen Fett verdampft.

Um richtig zu fritieren, muß man das Fett so stark wie möglich erhitzen: Wenn sich nicht sehr schnell eine Kruste bildet, kann Fett in das Fritiergut eindringen und es durchtränken.

Je größere Stücke man fritiert, um so höher sollte die Temperatur am Anfang sein: Wenn man sie in die Friteuse gibt, entziehen sie dem Fett zunächst Wärme. Ein großes Stück kühlt das Fett mehr ab als ein kleines. Da auch Fette ihre Maximaltemperatur haben, ist es eine gute Lösung, für eine größere Menge Gargut auch eine größere Menge Fett zu verwenden: Es ist dann mehr Wärme vorrätig.

Es wäre ein schwerer Fehler, zu wenig Fett zu nehmen. Man glaubt damit zu verhindern, daß das Fett ins Fritierte eindringt, doch es geschieht gerade das: Die Fritierstücke kühlen das wenige Fett zu schnell ab, so daß sich keine Kruste bilden kann. Das Resultat sind gräßliche Fettschwämme.

Man sollte auch wissen, daß das Fett nicht zu stark erhitzt werden darf. Zu stark erhitzte Butter wird schwarz, desgleichen zersetzt sich zu heiß gewordenes Öl. Und wer oft fritiert, hat sicher schon bemerkt, daß die Maximaltemperatur nicht bei allen Fetten gleich ist.

Wenn man Fett überhitzt, beginnt es zu rauchen und entwickelt einen säuerlich-stechenden Geruch, für den eine Substanz namens Akrolein verantwortlich ist. Ein guter Koch wird das zu vermeiden wissen: Er kann heute auf speziell zum Fritieren entwickelte Fette zurückgreifen, deren »Rauchpunkt« so hoch wie möglich liegt.

## Warum sauberes Fett?

Keiner kann mehr geben, als er hat: Selbst das beste Fett fritiert schlecht, wenn es nicht geschont und saubergehalten wird.

Verbrauchte Fette beginnen schon bei niedrigen Temperaturen zu rauchen; sie haben ihre Fritierfähigkeit verloren. Nach und nach haben sie sich mit kleinen Teilchen angereichert, mit Fleischteilchen beispielsweise, die jenseits von 70 Grad schwarz werden und bitterschmeckende Bestandteile freisetzen. Will man gebrauchtes Fett wieder verwenden, dann sollte man es also filtern, damit es wieder klar wird.

Dasselbe Phänomen des Verkohlens von Proteinen ist auch der Grund, weshalb man Butter nicht ohne weiteres zum Fritieren benutzen kann. Bei 45 Grad beginnt sie zu schmelzen, ab 65 Grad verliert sie ihr Wasser und bei 120 Grad beginnt sie zu rauchen und zersetzt sich, es sei denn... man »klärt« sie.

Wie man Butter klärt, ist heute leider weitgehend in Vergessenheit geraten. Es handelt sich darum, aus der Butter die Proteine (vor allem das Kasein) zu entfernen, um ein möglichst reines Fett zu erhalten, daß auch bei starker Hitze nicht schwarz wird. (Proteine vertragen diese starke Hitze nicht; sie würden schwarz werden und die Butter nach Kohle schmecken lassen. Zugleich würden sie den Fettabbau förden.)

Man kann es nicht genug betonen: In geklärter Butter fritierte Speisen sind die Freude eines jeden feinen Gaumens. Außerdem ist geklärte Butter auch bei vielen anderen Rezepten, z. B. für Grillgerichte, nützlich.

Wie klärt man Butter? Man gibt sie in einen Topf, läßt sie vorsichtig schmelzen und hält sie 30 Minuten lang bei milder Hitze flüssig. Nach dieser Zeit beginnt sich das Kasein abzusetzen (es wird ausgefällt): Obenauf schwimmt die geklärte Butter, die man nun einfach in einen anderen Behälter umgießen kann. Es sei noch bemerkt, daß beim Klärungsprozeß keine Geschmacks- und Aromaqualitäten verlorengehen.

## Warum trockenes Fritiergut?

Der Wärmeinhalt eines Körpers ist proportional zu seiner Masse: Aus diesem Grund sollte immer reichlich Fett vorhanden sein (wir haben gesehen, daß zu wenig Fett bei Zugabe von zu viel Fritiergut zu stark abkühlt). Und vergessen wir nicht, daß man größere Fritierstücke möglichst teilen sollte, damit das Innere gar werden kann, bevor die Oberfläche verkohlt ist.

Endlich ist es sehr wichtig, daß die Gefrierstücke trocken sind: Zum einen vermeidet man so einen unnötigen Wärmeverlust, denn das Fett müßte sonst erst die Feuchtigkeit von der Oberfläche verdampfen, bevor das eigentliche Fritieren beginnen kann. Zum anderen vermeidet man Fettspritzer. Wenn Wasser plötzlich in heißes Fett kommt, dehnt es sich sofort aus, verdampft und reißt dabei das umliegende Fett mit sich.

## Was kann man fritieren?

Halten wir uns nicht mit einer endlosen Aufzählung auf, sondern erinnern wir uns daran, woher die knusprige Kruste, die goldbraune Farbe und der charakteristische Fritiergeschmack kommen: Sie entstehen zum Teil durch die Gerinnung der Proteine und die »Karamelisierung« der Kohlenhydrate während des Garens. Darum sind Kartoffeln zum Fritieren prädestiniert: Sie enthalten viel Zucker und Stärke, die sich gut umwandeln lassen.

Dennoch kann selbst die Zubereitung von Pommes frites mißlingen, wenn man zuviel auf einmal in die Friteuse gibt: Das Fett (es beginnt bei 190 Grad zu rauchen) kühlt bis auf 130 Grad ab. Deshalb empfiehlt sich eine zweizeitige Methode: Man zieht den Fritierkorb heraus, sobald das Öl zu sehr abkühlt (es brodelt dann weniger stark), und stellt ihn wieder hinein, sobald es erneut zu rauchen anfängt.

Für Nahrungsmittel, die keine Kohlenhydrate auf der Oberfläche besitzen, ist Paniermehl (Weißbrot- oder Semmelbrösel) ein gutes Hilfsmittel: Wie das richtige Mehl besteht es wesentlich aus Sacchariden. Weil es aber schlecht haftet, sollte man die Fritierstücke, z. B. Fleisch, zunächst in verquirlter Eimasse und erst dann in Paniermehl wälzen. Das Ei hat zudem den Vorteil, daß die Brösel des Paniermehls gebunden werden und daß seine Proteine chemisch mit dessen Zuckern reagieren (schon wieder die Maillard-Reaktion!).

Mit Mehl kann man diese Prozedur noch verbessern, will man verhindern, daß sich die Kruste später zu schnell ablöst: erst Mehl, dann Ei, dann Paniermehl. Wegen der Klebekraft der Mehlstärke wird die Panade fester am Fleisch haften. Und man kann diese Wirkung noch steigern, wenn man das Fritierstück vorher mit einer Gabel ansticht: Ei und Mehl dringen in die Löcher ein, so daß die Panierschicht fest verankert wird.

# Sautieren und Grillen

## Auf die Hitze kommt es an!

Strenggenommen heißt sautieren, daß Fleisch, Fisch oder Gemüse bei starker Hitze in der offenen Pfanne kurz gebraten werden. Sie garen nur in Fett, es wird keine Flüssigkeit zugegeben. In der Praxis allerdings schließt sich bei *größeren* Stücken der ersten, heißen Phase eine zweite, mildere an. Sautieren unterscheidet sich vor allem darin vom Schmoren, als das Kochgeschirr offen bleibt, so daß kein Wasserdampf die Gartemperatur begrenzt: Wie beim Fritieren liegt sie weit über 100 Grad, dem Siedepunkt des Wassers.

Beim Sautieren ist nichts wichtiger als das Fett, in dem gebraten wird. Ob Fleisch, Gemüse oder Fisch, gute Ergebnisse wird man stets mit geklärter Butter erzielen. Sie ist aromatisch und verträgt wesentlich höhere Temperaturen als nichtgeklärte Butter. Doch auch natürliche Butter soll hitzeunempfindlicher werden, wenn man sie in der Pfanne mit etwas Öl vermischt. Warum das so ist, weiß ich noch nicht; aber die Empfehlung hört man oft.

Beim Grillen ist die Temperatur ebenfalls sehr hoch; das Gargut liegt über oder unter einer Wärmequelle auf einem Rost. Fleisch wird mit Öl oder geklärter Butter eingepinselt, um den Kontakt mit dem Rostgitter und den Wärmetransfer zu verbessern.

In der kulinarischen Literatur, z. B. im *Larousse gastronomique*, liest man häufig, daß durch die Karamelisierung der Oberflächenproteine des Fleisches eine undurchdringliche Kruste entstehe, die verhindere, daß Nährstoffe und -säfte austreten. Meine Beobachtungen und die meiner Freunde haben nichts dergleichen ergeben; ich komme gleich darauf zurück. Zuvor will ich noch daran erinnern, daß das Fleisch auf keinen Fall gesalzen oder angestochen werden sollte, es würde sonst Saft verlieren. Erinnert Sie das nicht an unseren Weihnachtstruthahn?

## Ein zählebiger Irrtum

Richtig ist, daß man nicht salzen darf, weil durch Osmose der Fleischsaft austreten würde; richtig ist, daß man nicht stechen darf, weil sonst Kanäle entstehen, durch die er herausrinnt. Aber es ist falsch zu hoffen, daß durch Koagulation eine wasserundurchlässige Kruste entsteht. Dieser Mythos geht auf den deutschen Chemiker Justus von Liebig (1803–1873) zurück, der entdeckt hatte, daß die Proteine der Fleischoberfläche bei Hitzeeinwirkung gerinnen. Liebig folgerte daraus zu voreilig, daß die geronne Kruste den Fleischsaft einschlösse. Jedoch setzte sich die nie bewiesene Idee, daß schnelles Anbraten das Fleisch »kauterisiere« und Saftverluste begrenze, bald durch, gelangte nach England und Amerika und endlich auch nach Frankreich, wo sie noch heute die Köpfe verwirrt.

Diese Hypothese wurde durch Beobachtungen meines Freundes Harold McGee[1] endgültig widerlegt. Erstens zischt ein Steak, wenn es brät: Das bedeutet, daß eine Flüssigkeit – der Fleischsaft – austritt und sich verflüchtigt (das Zischen stammt vom entweichenden Dampf!).

Zweitens: Wenn man das Steak aus der Pfanne nimmt und auf eine Servierplatte legt, dann bildet sich dort eine kleine Saftlache: Wo soll sie herkommen, wenn nicht durch die angeblich undurchlässige Krustenschicht?

Drittens löscht man mit Wein ab, weil man den Bratensatz ablösen will: Er besteht aus eingekochten, lecker karamelisierten Säften, die während des Bratens aus dem Steak ausgetreten sind.

Und viertens entwickeln sich während der gesamten Garzeit Dämpfe, d. h., daß Flüssigkeit aus dem Steak verdampft.

Man kann festhalten, daß es immer einen gewissen Flüssigkeitsverlust gibt, selbst wenn das Fleisch gleich zu Beginn kräftig überbräunt wurde. Wegen der großen Hitze zieht sich das Bindegewebe um die Muskelfasern zusammen, und dies bewirkt, daß Saft austritt.

Wie soll man es anstellen, daß möglichst viel Fleischsaft im sautierten oder gegrillten Fleisch bleibt? Eine Möglichkeit besteht natürlich darin, nicht zu heiß zu braten: je geringer die Bindegewebskontraktion, desto geringer der Saftverlust. Aber auch das Gegenteil ist richtig: Brät man bei sehr starker Hitze, dann verkürzt sich die Garzeit, so daß nur eine geringe Menge Fleischsaft austreten kann. Keinesfalls sollten wir das Fleisch salzen oder anstechen (die Gründe wurden weiter oben ge-

[1] Ich möchte an dieser Stelle nachtragen, daß Harold McGee neben seinem bemerkenswerten Buch *On food and cooking* ein weiteres kulinarwissenschaftliches Werk allerersten Ranges veröffentlicht hat: *The curious cook*, North Point Press, 1990.

nannt). Endlich muß gegrilltes Fleisch unverzüglich auf den Tisch gebracht und gegessen werden, sonst fließt sein Saft auf die Servierplatte.

Sollte übrigens eine Sauce zum Grillfleisch serviert werden, so kann sie etwas dicker sein als üblich: Mit Sicherheit wird noch Fleischsaft auf die Teller auslaufen und sie verdünnen.

# Noch zarter bitte!

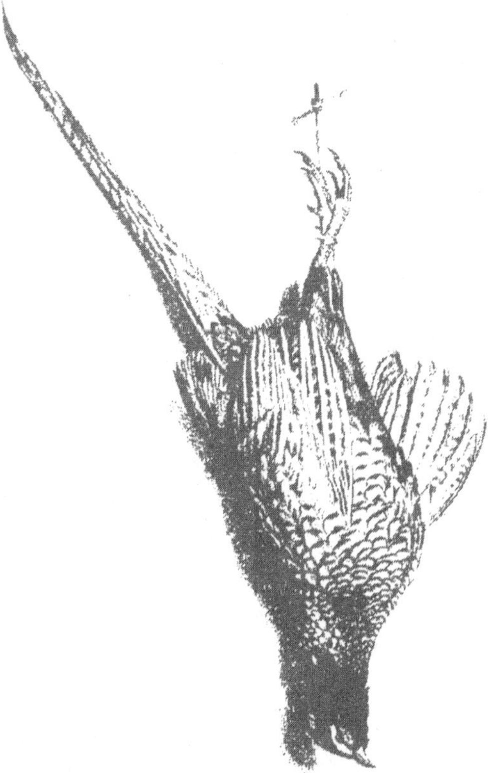

## Zwischen Härte und Verwesung

Frisches Fleisch ist zäh; nach und nach wird es weich und mürbe; dann beginnt es zu verwesen. Das Fleisch unserer Nahrung befindet sich also im prekären Gleichgewicht zwischen einem Zustand, der unsere Kaumuskeln strapaziert, und einem anderen, in dem ekelerregende Gerüche freigesetzt werden, die das sichere Zeichen der Verwesung sind. Läßt sich dieses Gleichgewicht längere Zeit bewahren?

Unsere Vorfahren mußten sich zahlreicher Konservierungsverfahren bedienen, z. B. Räuchern, Salzen, Trocknen, während wir Heutigen uns das Fleisch beim Metzger um die Ecke holen und keine Haltbarkeitsprobleme kennen. Wir wünschen lediglich kontrolliert abgehangenes Fleisch, das beim Garen zart wird. Der Metzger hält es für uns bereit.

Langes Kochen ist ein gutes Mittel, Kollagen abzubauen, welches das Fleisch zäh macht (wir haben das beim Pot-au-feu gesehen). Aber auch mit anderen Verfahren erreicht man dieses Ziel: Das Abhängen von Federwild, das Marinieren und die »Proteolyse« (Eiweißabbau) haben Vorzüge, die man kennen sollte.

## Am Hals oder am Schnabel aufhängen?

Lassen wir einen Experten zu Wort kommen: »Hoch ... über allen Vögeln schwebt der Fasan, aber wenige verstehen, ihn zur rechten Zeit zu servieren. Ein Fasan, den man in den ersten acht Tagen nach seinem Tode verzehrt, ist weniger als ein Rebhuhn, ja ein gewöhnliches Huhn wert, denn seine Spezialität liegt im Aroma.«

Kann uns dieser Hinweis Brillat-Savarins weiterhelfen? Hören wir uns um: Überall wird man sagen, daß das Abhängen ein schreckliches Verfahren sei und daß unsere Urahnen verdorbenes Fleisch gegessen hätten. Speziell Fasanen hätten sie am Hals aufgehängt und erst verzehrt, nachdem der Körper sich verwesungsbedingt vom Kopf getrennt habe und zu Boden gestürzt sei. Ist das nicht etwas dick aufgetragen? Wo wären wir heute, wenn sich unsere Vorfahren freiwillig mit Fasanen vergiftet hätten? Und wer hat schon einmal mit seinen eigenen Augen gesehen, daß Fasanen am Hals abgehängt wurden?

Die Literatur gibt für das Abhängen von Fasanen keine absolute Regel an; aber es steckt ein richtiger Grundgedanke dahinter. Zunächst haben die großen Köche niemals empfohlen, daß man Fasanen am Hals oder am Schnabel abhängen solle, sondern an den Schwanzfedern: Weil der Fasan ein relativ schwerer Vogel ist, würde er so schon lange vor dem Verwesen zu Boden stürzen. Eine zweite Vorschrift besagt, daß der Fasan im Federkleid abhängen muß, damit er gegen Insekten und anderes Ungeziefer geschützt ist.

Die Dauer des Abhängens richtet sich nach Temperatur und Wetter. So wie frische Fische plötzlich »umkippen«, wenn sie bei schwülem Wetter nicht sofort ausgenommen werden, darf auch ein Fasan bei feuchtem, regnerischem Wetter nicht länger als zwei bis drei Tage abhängen; dagegen bis zu zehn Tage, wenn das Wetter schön ist und ein frischer Wind bläst. Es wird behauptet, daß sich während des Abhängens in den Federkielen ein besonderer Saft bilde, der das Fleisch aromatisiere... Dies bleibt noch zu beweisen.

Brillat-Savarin hat geschrieben, der Fasan sei »ein Rätsel, das sich nur den Eingeweihten enthüllt«. Wie wird man ein Eingeweihter? Wie kann man ihn so zubereiten, daß er wirklich besser schmeckt als gutgebratenes gewöhnliches Federvieh?

Nach Grimod de la Reynière wird der Fasan am Spieß gebraten, »bedeckt mit gebuttertem Backpapier. Man enthüllt ihn sodann, damit er Farbe nimmt... Dazu reicht man eine Verjus-Sauce sowie Pfeffer und Salz.« Heute gibt man anstelle des Verjus (ein Saft von unreifen, grünen Weintrauben) gerne eine Zitronenscheibe in die Sauce.

## Wie lange soll man marinieren?

Abhängen ist typisch für den Fasan und anderes Federwild. Das Marinieren empfiehlt sich besonders für Haarwild wie das Wildschwein, das oft zäh ist, sowie für Hammel und Rind.

Das Prozedere ist einfach. Man legt das Fleisch in eine Mischung aus Wein, Öl, Essig, Kräutern, Gewürzen und etwas Gemüse. Mit der Zeit wird es weich und aromatisch. Das Gericht wird gewissermaßen vorgegart, ob es nun zum Grillen oder zum Braten bestimmt ist oder in der Marinade selbst kochen soll (was immer Sie wollen...).

Was sind die wichtigsten Parameter der Marinade? Essig, Aromen und Zeit.

Essig ist eine Säure, die das Bindegewebe angreift und zersetzt: Darum wird das Fleisch mürbe. Natürlich sollte es nicht nur teilweise, sondern vollständig in die Marinade getaucht werden.

Wie schnell durchdringt die Marinade das Fleisch? Das läßt sich ganz leicht feststellen: Man stellt ein zylindrisch geformtes Stück Fleisch senkrecht in einem Topf mit Marinade und schneidet oben oder unten täglich eine dicke Scheibe ab. Auf der Innenseite der Scheibe kann man dann genau erkennen, wie weit die Marinade vorgedrungen ist. Auf diese Weise hat man herausgefunden, daß die Marinade jeden Tag um 10 Millimeter im Fleisch vorankommt.

Bemerkenswert finde ich auch ein Phänomen, auf das man bei mehr kulinarisch ausgerichteten Recherchen gestoßen ist: einen marinierten Schweinebraten kann man mit Frischlingskeule verwechseln, und mariniertes Hammelfleisch schmeckt nach Reh!

Aber ob Sie ihre Gäste nun täuschen wollen oder nicht, servieren sie ihnen doch einmal Fleisch, das in Johannisbeergelee mariniert wurde: es schmeckt einfach köstlich...

## Mürbmachen mit Ananas?

Mein hochverehrter Freund Nicholas Kurti hat die verschiedenen Methoden, Fleisch mürbe zu machen, intensiv erforscht. Dabei entdeckte er ein in Vergessenheit geratenes Verfahren, das er am 14. März 1969 der Öffentlichkeit vorstellte: Auf einer Sitzung der *Royal Institution*, bei der die BBC zu Gast war, konnte er zeigen, daß Schweinebraten durch eine Injektion frischen Ananassafts vollendet zart wird.

Eine typisch englische Schrulle? Nicht ganz, denn Nicholas Kurti, Professor für Physik in Oxford und Mitglied der *Royal Society*, ist von Geburt Ungar. Zu seinen Glanzleistungen gehört die Erringung des »Kälterekords«, den ihm lange keiner streitig machen konnte: Er kam bis auf ein Millionstel Grad an den absoluten Nullpunkt (ca. –273 °C) heran. Aber Nichalas Kurti ist auch ein begeisterter Koch. Mit seinem Versuch wollte er die Wirkung von Ananasenzymen veranschaulichen und eine alte Technik, derer sich die Azteken bedienten, experimentell bestätigen.

Enzyme sind Moleküle, die bestimmte biochemische Vorgänge begünstigen; sie finden sich in allen lebenden Zellen. Die spezifischen Enzyme der Ananas und der Papayafrucht (Bromelain bzw. Papain) haben die Eigenschaft, proteolytisch zu wirken: Sie bauen Proteine ab. Im Fleisch gibt es zahlreiche Proteine, besonders Kollagen, das rohes Fleisch hart und zäh macht.

Nicholas Kurti hat demonstriert, wie man die Eigentümlichkeit der genannten Enzyme in der Küche nutzen kann: Mit einer Spritze injizierte er Ananassaft in die eine Hälfte eines rohen Schweinebratens (die andere Hälfte diente als Vergleichsmaßstab). Er ließ das Fleisch einige Augenblicke ruhen, damit die Enzyme Zeit hatten zu wirken, und schob es dann in die Bratröhre. Die Garzeit wurde reduziert, d. h., das Fleisch briet weniger lange als üblich.

Nachdem er den Braten aus dem Ofen geholt und in Scheiben geschnitten hatte, konnte man sehen, daß die nichtgespritzte Hälfte noch rosa war (wie es zu für kurz gegartes Schweinefleisch typisch ist). In der anderen, gespritzten Hälfte des Bratens aber war das Fleisch schon völlig durchgegart! Natürlich schmeckte es deutlich nach Ananas. Das muß nicht unangenehm sein; es gibt Rezepte, in denen Schweinefleisch und Ananas prächtig harmonieren.

## Kochkunst und Medizin

»Deine Nahrung sei deine Medizin«, sagte sinngemäß Hippokrates. Statt darauf zu warten, bis unsere modernen Ernährungswissenschaftler all die Lebensmittel analysiert und definiert haben, die uns Gesundheit und ein langes Leben bescheren, wollen wir uns lieber eines ihrer Instrumente ausleihen: die Spritze.

Was uns Nicholas Kurti mit seinem Ananassaft vorgemacht hat, sollten wir auch einmal versuchen – aber mit Marinade! Man nehme eine Spritze, fülle sie mit der jeweiligen Marinierflüssigkeit und injiziere diese mehrmals in regelmäßigen Abständen. Das Ergebnis ist eindrucksvoll: Die Marinade wirkt nun von außen und von innen, so daß sich die Marinierzeit erheblich verkürzt.

Übrigens warnen viele Kochbücher davor, mariniertes Fleisch zu braten: es würde trocken werden. Nach meinen Erfahrungen stimmt das; doch mit ein paar Marinade-Injektionen läßt sich diesem Mangel abhelfen...

# Das Pökeln

## Für Babys gefährlich!

Ökologen schlagen Alarm, daß Nitrate das Grundwasser verseuchen und damit unser Trinkwasser gefährden. Man sollte wissen, daß auch gepökeltes Fleisch Nitrate enthält!

Kaliumnitrat, d. h. Salpeter, wurde schon in der Antike und im Mittelalter zum Konservieren von Lebensmitteln verwendet. Im Jahre 1891 fand der Biologe M. Polenski heraus, daß es im Fleisch von bestimmten Bakterien zu Nitrit abgebaut wird. 1899 entdeckte man, daß das charakteristische Pökel-Rot von eben diesem Nitrit, und nicht vom Nitrat selbst herrührte; 1901 konnte der Biologe J.S. Haldane beweisen, daß diese Farbe durch Reaktion der chemischen NO-Gruppe mit den Fleischpigmenten entsteht. Endlich beobachtete man 1929, daß Nitrite die Bakterienvermehrung hemmen. Fazit: Das Pökeln mit Kochsalz-Salpeter-Mischungen (Pökelsalz) ist ein wirksames Konservierungsverfahren, denn aus den Nitrationen des Salpeters entstehen bakterientötende Nitritionen.

Leider sind die Nitrite für den Menschen nicht ganz unschädlich: Sie reagieren mit den Aminosäuren der Proteine, so daß sich die krebserzeugenden Nitrosamine bilden. Insbesondere für Säuglinge sind Nitrite gefährlich, denn im Blut verbinden sie sich mit Hämoglobin zu Methämoglobin, so daß nicht mehr genug Sauerstoff aufgenommen und transportiert werden kann. Wir Erwachsenen besitzen ein Enzym namens Methämoglobin-Reduktase, welches Methämoglobin in Hämoglobin zurückverwandelt. Babys besitzen dieses Schutzenzym noch nicht: Sie müssen darum noch eine Weile warten, bevor sie sich an Dauerwurst und Pökelfleisch laben dürfen!

## Pökeln ohne Nitrit

Mit Nitrit versetztes Pökelsalz ist im Handel erhältlich; aber es ist gut zu wissen, daß man auch ohne Nitrit pökeln kann. Für den Hausgebrauch reicht eine Salzlake, mit der man dem Fleisch Wasser entzieht.

In der Salzlake wirkt das bereits besprochene Phänomen der Osmose: Legt man Fleisch in eine Kochsalzlösung, dann wird den tierischen Zellen so lange Wasser entzogen, bis die Salzkonzentration im Inneren der Zellen gleich groß ist wie außerhalb. Das Salz dringt nicht in die Zellen ein, aber das Wasser mit seinen kleinen Molekülen fließt heraus. Das Fleisch wird trockener, enthält weniger Wasser, das damit auch für die verderbniserregenden Mikroorganismen nicht mehr zur Verfügung steht: Ihr Wachstum ist gehemmt.

Warum genügt es nicht, das Fleisch lediglich mit trockenem Salz zu bedecken? Warum sollte immer etwas Wasser dabei sein? Weil dadurch die gesamte Fleischoberfläche erfaßt und befeuchtet wird, so daß sich ihr Kontakt mit dem Salz verbessert.

Nach einigen Tagen in der Lake wird das Fleisch herausgeholt und an der Luft fertig getrocknet. Das gelingt nur schwer in feuchten, schlecht belüfteten Räumen; aber in einem kalten, trockenen Kellerraum oder einem luftigen Speicher ist der Erfolg garantiert. Nach und nach wird das Fleisch hart, bis uns nach einiger Zeit der Genuß dieser Delikatesse für die Mühen der langwierigen Zubereitung entschädigt.

# Die Mikrowelle

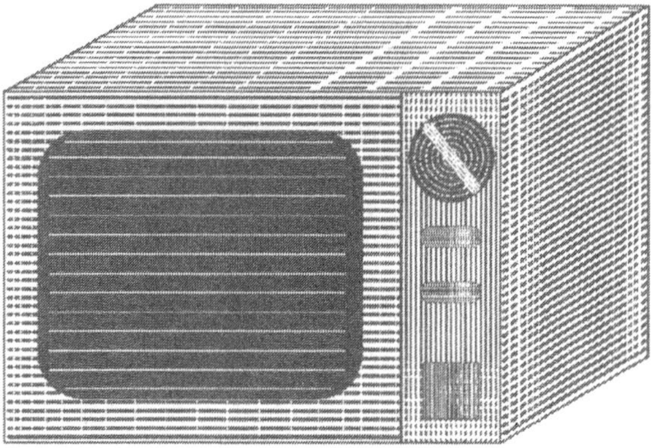

## Eine neue Garmethode

Vor Feinschmeckern findet Rindfleisch aus dem Mikrowellenherd keine Gnade: die graue Farbe außen, die Eintönigkeit innen, der Aromamangel, der fade Geschmack... Sie haben recht, denn mit dieser Technik werden Lebensmittel *von innen* gegart: Die Mikrowellen dringen tief in die Speisen ein, bevor sie von den Wassermolekülen absorbiert werden. Dabei erhitzen sich die Wassermoleküle, bis sie verdampfen: Die Temperatur wird also nicht höher als 100 Grad. Und wie wir bereits gesehen haben, bringt ein Garen dieses Typs beim Fleisch nur ziemlich unbefriedigende Ergebnisse, denn Bräunungsreaktionen wie die Maillard-Reaktion kommen erst bei weitaus höheren Temperaturen in Gang.

Allerdings sind Mikrowellen hervorragend geeignet, um beispielsweise Eier zu garen, denn deren Proteine gerinnen schon bei 60 Grad. Ob Ei im Glas, ob Rührei oder Omelett: Sie sind blitzschnell fertig und schmecken akzeptabel. Auch für die schlanke Linie ist etwas getan, denn man braucht kein Gramm Fett. Daneben sind Mikrowellen für Fischgerichte zu empfehlen, da sie den Fischsud optimal erwärmen. Desgleichen eignen sie sich gut für Gemüse, das man in siedendem Wasser garen will.

## Wie wirken Mikrowellen?

Das Herzstück eines Mikrowellengeräts ist das Magnetron, das elektromagnetische Wellen aussendet (also Schwingungen ähnlich dem Licht oder den Radiowellen, aber von einer anderen Wellenlänge). Ihre Frequenz liegt bei 896 Megahertz: An jedem Punkt des Raums, den ein Mikrowellenbündel durchquert, schwingen die elektromagnetischen Felder 896 Millionen Mal pro Sekunde.

Ohne Schutzvorrichtungen wären solche Geräte gefährlich, denn Mikrowellen könnten natürlich auch das Wasser in einem lebenden Organismus erhitzen: Sie würden uns buchstäblich zum Sieden bringen. Man leitet sie darum über eine Aluminiumantenne in den Garraum, in dem sie durch feine Metallgeflechte zurückgehalten werden.

Wird ein Lebensmittel mit Mikrowellen bestrahlt, dann beginnen jene Teilchen zu vibrieren, die eine elektrische Asymmetrie aufweisen: die Wassermoleküle. Ihre Schwingungen werden von anderen, nicht angeregten Molekülen aufgenommen, so daß alles zusammen in Bewegung gerät, d. h. warm wird.

Da die meisten Lebensmittel viel Wasser enthalten, können sie durch die Schwingungen der Wassermoleküle schnell erwärmt werden. Natürlich werden jene Teile am meisten erhitzt, in denen auch das meiste Wasser steckt: Erinnern wir uns an das Rezept mit der Orangenente... (s. S. 5)

## Drei Fragen

Warum liegt die Mikrowellenfrequenz etwas unter jener Frequenz, mit der eine optimale Absorption der Wellen erreicht wird? Damit die Lebensmittel gleichmäßig durchgaren. Bei höheren Frequenzen würden die Mikrowellen nämlich schon vom Wasser der äußeren Lebensmittelschichten absorbiert. Bei den niedrigeren Frequenzen aber kann ein Teil der Mikrowellen die äußeren Schichten durchdringen und sich auch im Inneren der Speisen ausbreiten.

Warum garen gesalzene Lebensmittel im Mikrowellenherd schneller als ungesalzene? Weil die Wassermoleküle die Salzionen umhüllen und hydratisieren, so daß sie sich schneller erwärmen als gewöhnliche, isolierte Wassermoleküle.

Warum wird Fleisch im Mikrowellenherd graubraun? Weil die Gartemperatur etwas unterhalb von 100 Grad bleibt: Das Oxymyoglobin wird nicht denaturiert und behält seine Farbe.

Zum Schluß ein Tip für alle, die es süß mögen: Im Mikrowellenherd läßt sich ganz leicht Karamel zubereiten. Man gebe Zucker mit etwas Wasser in ein Schüsselchen und erhitze dann: Er karamelisiert schnell und problemlos.

# Das Gemüse

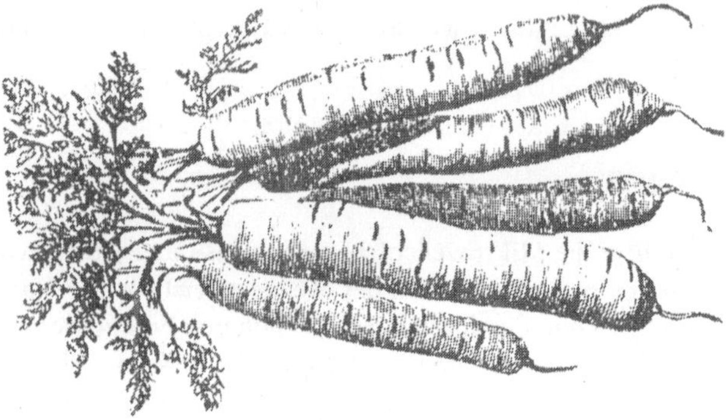

## Farbe und Frische

Gäbe es das Gemüse nicht, man müßte es erfinden! Schon in der Antike erfreute es sich höchster kulinarischer Wertschätzung, wie berühmte römische Namen zeigen: Die Fabier ehrten die Bohne (*faba*), die Lentuler die Linse (*lens*) und Cicero die Kichererbse (*cicer*).

Gemüse muß frisch sein: Es erzählt dann von der Erde, in der es herangewachsen ist, und von der Sonne, die es beschienen hat... falls es richtig gekocht wurde! Denn seine Zubereitung hat Tücken: Wie lange muß es kochen, bis es weich genug ist? Soll man es in heißes oder kaltes Wasser geben? Muß man das Kochwasser salzen? Und wie lassen sich seine leuchtenden Farben, Kennzeichen der Frische, bewahren?

Bevor wir uns der letzten Frage widmen, sollten wir daran denken, daß frisches Gemüse meist ohnehin schon zart ist und das Weichkochen hier keine große Rolle spielt. Bei altgewordenem Gemüse oder gar bei trockenem (z. B. Linsen) ist dagegen eine »Rehydratation« obligatorisch.

Entsprechend unterschiedlich sind die Garmethoden: Dem frischen Gemüse will man die Zartheit und Saftigkeit lassen, während altem, trockenem Gemüse das verlorene Wasser zurückgegeben werden muß.

## Wie lassen sich Farbverluste vermeiden?

Wirft man bestimmte Gemüsepflanzen in kochendes Wasser, so zeigen sie nach wenigen Sekunden ein kräftigeres Grün. Diese Farbintensivierung entsteht durch eine Freisetzung von Gasen aus den Lufttaschen zwischen ihren Zellen (Abb. 16). Die Lufttaschen wirken meist wie Lupen, die die Farbe der Chloroplasten verstärken. (Chloroplasten nennt man die grünen Zellbestandteile, die die Umwandlung von Kohlendioxid in Sauerstoff gewährleisten.)

Aber Gemüse kocht man gewöhnlich länger als nur einige Sekunden, so daß die Luft zwischen den Zellen verschwindet und es seine schöne Farbe verliert: Zu lange gekochter Spinat wird braun, desgleichen Sauerampfer; Lauch verblaßt usw. Wie läßt sich das vermeiden, wie kann man erreichen, daß das appetitliche Aussehen nicht verlorengeht?

Schon in der Antike hatten sich die Köche mit diesem Problem befaßt und eine überraschende Entdeckung gemacht: Das Gemüse blieb grün, wenn man dem Kochwasser Salpeter beigefügte. Warum?

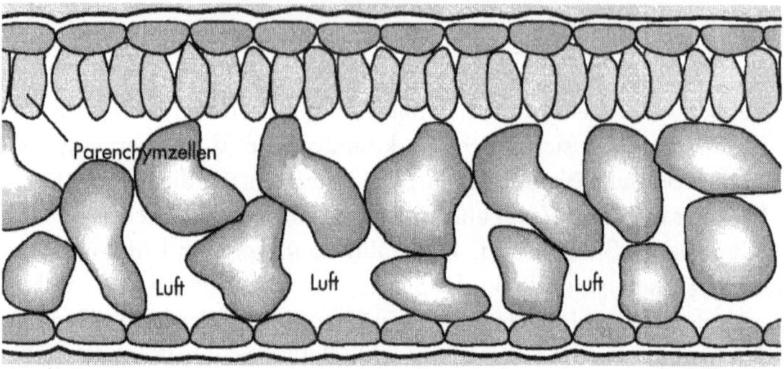


**Abb. 16** (Nach H. McGee)

Erhitzt man grünes Gemüse, dann platzen einige seiner Zellen und setzen organische Säuren frei. Die Wasserstoffionen dieser Säuren reagieren mit Chlorophyllmolekülen, dem grünen Farbstoff der Pflanzen. Chlorophyllmoleküle enthalten eine umfangreiche chemische Einheit, die Porphyringruppe, deren Struktur als Quadrat erscheint, mit einem Magnesiumatom im Zentrum. Leider haben die Wasserstoffionen die schlechte Angewohnheit, das Magnesiumatom von seinem Platz zu verdrängen, so daß das Chlorophyll in Phäophytin umgewandelt wird. Phäophytin absorbiert verschiedene Farbkomponenten des Lichts; aber anstatt alle Lichtstrahlen zurückzuhalten bis auf die grünen, reflektiert es eine Mischung verschiedener Wellenlängen: Das Resultat ist ein schreckliches Graubraun.

Aus dieser Analyse ergeben sich für die Praxis folgende Konsequenzen: Gemüse sollte bei starker Hitze, aber nicht zu lange gekocht werden, und vor allem ohne Deckel: So können sich die freigesetzten Säuren zusammen mit dem Wasserdampf verflüchtigen, und das Magnesium bleibt länger in seinem Porphyrinkäfig.

Natürlich ist auch das Dämpfen eine gute Möglichkeit: Das Gemüse befindet sich außerhalb des Garwassers, so daß es keinen direkten Kontakt mit den Wasserstoffionen hat. Kocht man lieber traditionell, so empfiehlt es sich, keine zu kleinen Töpfe zu verwenden: Damit die Säurekonzentration schwach bleibt, benötigt man eine große Menge Wasser. Und es wäre ein schwerer Fehler, Essig in das Kochwasser zu geben – statt dem Übel abzuhelfen, würde man es verdoppeln!

Erfindungsreiche Köche kamen auf die Idee, beim Garen von grünem Gemüse bestimmte Salze zu verwenden; deren Ionen sollten den

Wasserstoffionen ihren Platz wegschnappen. Insbesondere haben sie es mit Kupfer- und Zinksalzen versucht: Das Gemüse blieb grün... aber es wurde giftig!

Desgleichen hat man daran gedacht, durch Zusatz einer Base die Säuren zu neutralisieren. Diese Lösung (sie erklärt das *Warum?* von weiter oben) war schon in der Antike bekannt. Beispielsweise bemerkt Apicius[1]: *Omne holus smaragdinum fit, si cum nitro coquantur* (jedes Gemüse wird smaragdgrün, wenn es mit Natron gekocht wird). Er hatte recht – leider nur verdarb das antike Natron (oder Salpeter) den Geschmack...

## Wie lange muß Gemüse garen?

Auf eine solche Frage kann es keine allgemeingültige Antwort geben: Frischer Spargel braucht weniger Zeit als Spargel, der schon vor zwei oder drei Tagen gestochen wurde; doch selbst alter Spargel ist schneller gar als beispielsweise Kartoffeln... Hier kann uns nur, wie schon so oft, eine Analyse des Problems weiterhelfen: Sie wird die kulinarische Praxis erleichtern.

Ziel muß es sein, daß Gemüse weich zu bekommen. Im Gegensatz zum Fleisch werden Gemüsezellen durch eine faserige, harte Wand geschützt, die durch Kochen nachgiebiger wird (nicht die Zellulose wird chemisch verändert, wohl aber Pektin und Hemizellulose): Die Wand wird porös, und ihre Proteine denaturieren, so daß sie die Fähigkeit verlieren, den Wasserhaushalt der Zelle zu regulieren. Deshalb kann Wasser in und durch die Zellen fließen, während größere Moleküle abgesperrt bleiben.

Man versteht nun besser, warum Gemüse in ungesalzenem Wasser quillt: Aufgrund von Osmose dringt Wasser in die Pflanzenzellen ein. Ist das Wasser jedoch stark gesalzen, dann wird das Gemüse (besonders Karotten) hart: Es kann kein Wasser mehr in die Zellen gelangen, um dort die Salzkonzentration zu verringern; eher geschieht das Gegenteil.

---

[1] Marcus Gavius Apicius, geb. um 25 v. Chr., römischer Feinschmecker, bekannt für seine kulinarischen Extravaganzen. So wird überliefert, daß er eigens ein Schiff charterte und nach Tunesien reiste, nachdem er erfahren hatte, daß es dort faustgroße Garnelen geben solle. Als man ihm dort einige Probeexemplare an Bord gebracht hatte, war er so enttäuscht, daß er sofort wieder absegelte, ohne überhaupt an Land gegangen zu sein.

## Trockengemüse muß quellen

Der Fall des getrockneten Gemüses ist etwas anders gelagert, denn hier geht es darum, das gesamte Wasser, das entzogen wurde, wieder zurückzugeben. Nach den obigen Ausführungen ist klar, warum das Kochwasser dabei auf keinen Fall gesalzen werden darf. Aber dies allein ist nicht genug; in der Praxis ist ein gut abgestimmtes Verfahren notwendig, wenn man gute Resultate erhalten will.

Der wichtigste Schritt ist das Einweichen, damit das Gemüse quellen kann. So wird die Außenhaut weich, was später das Kochen erleichtert. Oft reichen schon zwei Stunden aus, um die Haut genügend aufzulockern. Fürs Einweichen scheint lauwarmes Wasser besser geeignet als kaltes, weil es die Quellung beschleunigt. Es kann dann vor dem Kochen durch frisches Wasser ersetzt werden.

Das Kochwasser darf nicht kalkhaltig sein, da das Gemüse sonst hart werden und nicht richtig garen würde. Madame Saint-Ange empfiehlt, kalkhaltigem Wasser haushaltsübliches Natron (Natriumbikarbonat) zuzusetzen. Warum? Pflanzliche Zellwände bestehen aus Pektinabkömmlingen, die den Zusammenhalt des Gewebes bewirken. In einer sauren Umgebung sind ihre Bindungen fester als in einer basischen. Somit trägt Natron dazu bei, die Pektine zu spalten und das Gemüse weich zu machen. Ein weiterer Effekt richtet sich gegen die Wasserhärte selbst, die auf Kalziumbikarbonat zurückzuführen ist. Die bivalenten Kalziumionen können sich mit zwei Pektinmolekülen verbinden: Sie machen die Zellwände fester, anstatt sie zu erweichen. Erhöht man die Natronkonzentration des Kochwassers, so bleibt das Kalziumbikarbonat in Lösung. Auch durch diesen Mechanismus wird das Gemüse weicher.

Sehr vernünftig sind Ratschläge, nach denen man das Kochwasser erst allmählich erhitzen soll: Kocht man das Gemüse zu schnell, dann wird es außen zu Brei, ohne daß es innen schon gar ist. Endlich sollte man kein kaltes Wasser zugießen (wenn z. B. zuviel Kochwasser verdampft ist). Das Gemüse würde platzen, so daß seine Inhaltsstoffe verlorengingen.

## Mohrrüben nicht im Schnellkochtopf garen!

Behalten Mohrrüben beim Kochen ihre schöne Farbe? Wenn man etwas achtgibt, ja. Man sollte wissen, daß die Farben der verschiedenen

Gemüsearten von diversen Pigmenten stammen, z. B. von Chlorophyll (grün), von Karotinoiden (gelb, orange, rot) und Anthozyanidinen (rot, blau, violett). Grünes Gemüse ist grün, weil es Chlorophyll aufweist; desgleichen sind Karotten orangefarben, weil sie vor allem Karotinoide enthalten.

Karotinoide sind zwar fettlöslich, aber wasserunlöslich. Auch in kochendem Wasser werden sie nur wenig verändert; normalerweise behalten Karotten (wie auch Tomaten) ihre ansprechende Farbe. Anders gesagt: Karotten lassen sich problemlos kochen, und der Erfolg ist garantiert... solange man keinen Schnellkochtopf verwendet. Denn hierbei würde der steigende Druck die Karotinoidmoleküle deformieren und nach und nach entfärben.

## Die Stärke der Kartoffeln

Kartoffeln enthalten Stärkekörner, die bei Wassertemperaturen von 58 bis 66 Grad weich werden, aufquellen und gelieren. Die perfekt gekochte Kartoffel sollte überall, auch im Zentrum, 66 Grad warm geworden sein, damit sie nur noch solche gequollenen, zarten Stärkekörner enthält.

Aus einem ähnlichen Grund empfiehlt es sich, Bratkartoffeln einige Minuten vorzukochen: Sie bekommen so eine schützende, stärkeverkleisterte Oberfläche. Dank dieser Schutzschicht absorbieren die Stärkekörner im Inneren nicht viel Öl, und man kann die Kartoffeln bei einer Temperatur von 160 Grad braten. Dadurch wird Stärke abgebaut und zu einer leckeren, goldbraunen Kruste umgesetzt.

## Gemüse in Butter aufwärmen?

Gemüse in Butter aufzuwärmen ist meist ein Fehler, denn dabei bilden sich Fettaugen in der Sauce. Zudem wird angebratenes Gemüse hart und trocknet aus. Man sollte zum Aufwärmen lieber eine winzige Menge Wasser verwenden, um den Wasserverlust, der bei der Erstzubereitung entstanden ist, auszugleichen.

Die Besitzer von Mikowellenherden haben hier gut lachen: Für sie stellen sich solche Probleme nicht!

## Das Geruchsproblem des Blumenkohls

Die Mitglieder der großen Kohl-Familie (Senfpflanzen, Rosenkohl, Blumenkohl, Brokkoli, weiße Rübchen...) enthalten schwefelige Verbindungen, ähnlich bestimmten Aromavorläuferstoffen der Zwiebel. Diese Vorläufer sind an Zucker gebunden: Sie riechen nicht. Erst durch den Kontakt mit einem bestimmten Enzym werden sie zu Aromastoffen umgebaut.

Bei Säureverhältnissen, wie sie im normalen Pflanzengewebe herrschen, bleibt dieses Enzym inaktiv. Wenn aber das Gewebe zerreißt, kommt es mit den Aromavorläufern in Berührung, spaltet deren Zucker ab und setzt Geruchsmoleküle frei. (Die chemische Waffe »Senfgas« ist ein synthetisches Produkt solcher Derivate, die zur Familie der Isothiozyanate gehören.)

Der starke Geruch, den das Kohlgemüse beim Kochen freisetzt, mag der Anlaß dafür gewesen sein, daß man es schon früh gründlich analysierte. So wurde um 1928 herausgefunden, daß sich die Auszüge des Kohls sowie ihre Zysteinderivate in bestimmte Geruchsstoffe aufspalten, namentlich in Schwefelwasserstoff, in Merkaptane und in Methylsulfid. Diese Verbindungen reagieren dann untereinander und bilden Trisulfide.

Je länger Kohlgemüse kocht, desto mehr Aromamoleküle werden freigesetzt und desto schlimmer wird der Geruch. Insbesondere beim Blumenkohlkochen verdoppelt sich die Menge des entstehenden Schwefelwasserstoffs zwischen der fünften und siebten Minute. Wenn man nicht aufpaßt, ist schnell das ganze Haus verpestet.

Man koche den Blumenkohl so zart, wie man mag, aber diese Zeitgrenze sollte man nicht allzusehr überschreiten!

## Warum blähen dicke Bohnen?

Dicke Bohnen, aber z. B. auch Erbsen enthalten Raffinose, einen Zucker, der durch die Verknüpfung von drei chemischen Ringstrukturen entsteht: von Fruktose, Glukose und Galaktose. Unser Haushaltszucker setzt sich aus Glukose und Fruktose zusammen; von den Verdauungsenzymen wird er zunächst in diese beiden Bestandteile zerlegt, die dann in den Stoffwechsel eingehen, d. h. metabolisiert werden.

Wir besitzen jedoch kein Enzym, das die Galaktose metabolisieren könnte: Sie wandert unaufgespalten in den Dickdarm und wird dort von der Darmflora, insbesondere von Escherichia-coli-Bakterien, assimiliert. Diese Mikroorganismen setzen dann Wasserstoff, Kohlendioxid und Methan frei, drei Gase, die Blähungen erzeugen. Es kommt zur Flatulenz mit all ihren peinlichen Begleiterscheinungen...

Es gibt ein gutes Mittel, die Galaktose zu entfernen: Wenn man das Gemüse keimen läßt, entsteht Galaktosidase, ein Enzym, das Galaktose zerstört. Aber auch das Einweichen hat sich bewährt; nur sollte man das Einweich- und später das Kochwasser dann fortschütten.

## Sauerkraut muß gären

Sauerkraut wird durch Fermentation, genauer durch Milchsäuregärung von Weißkohl in einer Salzlake gewonnen. Dabei werden bestimmte fäulniserregende Bakterien unterdrückt, während sich andere Mikroorganismen wie *Leuconostoc mesenteroides* und *Lactobacillus plantarum* gut entwickeln. Diese Bakterien verbrauchen Glukose und vergären sie zu Milchsäure, durch die das Sauerkraut seinen typischen Geschmack erhält.

Die Milchsäure ($C_3H_6O_3$) besteht aus der Hälfte eines Glukosemoleküls ($C_6H_{12}O_6$). Sie bildet sich durch anaerobische Gärung (d. h. ohne die Mitwirkung von Sauerstoff) und ist u.a. auch für unseren Muskelkater verantwortlich, wenn nach längeren Anstrengungen die Sauerstoffversorgung der Muskeln vermindert ist.

Desgleichen wird Milch sauer, wenn sie von den Säurebakterien besiedelt wird: Sie laben sich an ihrem Zucker, der Laktose, und scheiden Milchsäure aus. Die Milch bekommt dann nach und nach einen höheren Säurespiegel und gerinnt (spezifische Milchsäurebakterien bilden auf diese Weise Joghurt). Und schließlich verdanken auch die Mixpickles und anderes essiggesäuertes Gemüse der Milchsäure ihren charakteristischen Geschmack.

Sauerkraut läßt sich sehr leicht selbst herstellen: Man muß nur in gleichmäßige Streifen geschnittenen Weißkohl und schichtweise Salz in ein geeignetes Gefäß geben. Eventuell füllt man gelegentlich Wasser nach, um einen optimalen Salzgehalt (etwa 2,25 Prozent) zu erhalten. Bei Temperaturen zwischen 18 und 21 Grad gedeiht *Leuconostoc mesenteroides* prächtig und setzt reichlich Milchsäure frei; wenn die Säurekonzentration etwa ein Prozent erreicht hat, übernimmt *Lactobacillus plantarum* diese Aufgabe. Nach etwa drei Wochen ist das Sauerkraut durchgegoren.

## Tomaten sind empfindlich

Beenden wir unseren Ausflug mit den Tomaten: Sie sind schmackhaft, aber empfindlich. Grün wachsen sie heran; in den Strahlen der Sonne reifen sie rot und werden saftig und aromatisch. Leider dauert dieser Zustand nicht lange, denn sie faulen schnell. Man schätzt, daß etwa die Hälfte aller Tomaten vor dem Verzehr verdirbt!

Doch der Reifeprozeß läßt sich kontrollieren, so daß Tomaten länger haltbar gemacht werden können. Der Reifung normaler Tomaten geht nämlich eine beschleunigte Zellatmung und ein Anstieg der Äthylenproduktion voran. Äthylen aber wirkt wie ein Hormon.

Nun konnten M. Oller und seine Kollegen an der Universität von Albany vor kurzem zeigen, daß das Äthylen eine Ursache und nicht die Folge der Reifung ist. In anderen Worten: Um die Tomaten vor schneller Fäulnis zu schützen, sollte man sie in einem gut belüfteten, trockenen Raum aufbewahren, damit das Äthylen besser entweichen kann.

# Die Welt der Saucen

## Weder Saft noch Püree

Die Sänger der Griechen rühmten die Taten des listigen Odysseus und der Helden von Troja. Ich möchte zu Beginn dieses Kapitels einer Leuchte der Kochkunst die Ehre erweisen, dem vielgereisten französischem Ingenieur und Feinschmecker Ali-Bab. Er verfaßte eine *Gastronomie pratique*, in der er die Summe seiner kulinarischen Erfahrungen zog; und insbesondere im Passus über die Saucen stehen einige bemerkenswerte Sätze, die uns hier als Motto dienen sollen:

»Saucen sind Kombinationen flüssiger Lebensmittel, die bestimmte Gerichte begleiten. Es gibt gebundene und nichtgebundene Saucen: Am wichtigsten sind die gebundenen, die sich alle aus einer mehr oder minder würzigen Flüssigkeit, dem Fond, und einer Bindemasse, der Liaison, zusammensetzen. Die Anzahl der verschiedenen Saucenfonds ist beträchtlich; ihre Aromen sind vielfältig; man kennt verschiedene Bindungsarten: hieraus folgt, daß die Zahl der möglichen Kombinationen quasi unendlich ist. Die Welt der Saucen ist eine Fundgrube für Feinschmecker.«

Was bedeutet dieses Zitat? Daß die Saucen meist sämige, gebundene Flüssigkeiten sind; sie dürfen nicht mehr Saft und noch nicht Püree sein. Die ideale Sauce ist immer würzig oder aromatisch und von harmonischer Konsistenz; sie ist manchmal mehr sirupartig und manchmal mehr cremig, je nachdem, welche Gerichte sie begleiten soll: Fische, Fleisch, Gemüse, Süßspeisen...

Die Schlüsselworte bei Ali-Bab sind »Aroma« und »Bindungsart«. Lassen Sie alle Saucen, die Sie schon gekocht haben, an Ihrem geistigen Auge vorbeiziehen: Sie werden sehen, daß sie fast immer zwei Grundelemente enthielten, einen aromatischen Fond und eine Liaison.

Leitmotiv dieses Kapitels wird nicht das Aroma sein, sondern das für die Saucen ganz entscheidende Problem der Konsistenz. Vor kurzer Zeit wurden von Wissenschaftlern zwei erstaunliche Entdeckungen gemacht, die die Bedeutung dieser Frage erhellen:

Am Nationalinstitut für agronomische Forschung (INRA) in Dijon ließ der Physikochemiker Patrick Étiévant von Geschmacksprüfern diverse Erdbeerkonfitüren verkosten. Alle Konfitüren waren hinsichtlich ihres Fruchtgehalts und ihrer chemischen Zusammensetzung völlig gleich, aber Étiévant hatte ihnen verschiedene Mengen Geliermittel zugesetzt, um unterschiedliche Festigkeitsgrade zu erhalten.

Testergebnis: Je fester die Konfitüre war, desto weniger Geschmack besaß sie.

An der INRA-Filiale in Nantes experimentierten Michel Laroche und René Goutefongea mit Leberpasteten. Um sie leichter verdaulich zu machen, ersetzten sie einen Teil des Fetts durch ein Hydrokolloid (d. h. eine Art Stärkekleister aus Wasser und Mehl). Auch hier hing die aromatische Qualität von der Konsistenz ab: Je höher die Hydrokolloidkonzentration der Pasteten, um so zartschmelzender wurden sie von den Geschmacksprüfern empfunden... und um so bessere Noten erhielten sie!

Man sieht, daß die Konsistenz nicht nur fürs Auge wichtig ist: Auch die Aromawahrnehmung hängt ganz entscheidend von ihr ab.

## Der Begriff der Viskosität

Diese Ergebnisse der modernen Lebensmittelforschung sollten uns dazu veranlassen, noch etwas nützliches Gepäck aufzuladen, bevor wir in die Welt der Saucen aufbrechen: Es gilt einen wichtigen Begriff zu klären, das Phänomen der Viskosität.

Eine Sauce ist weder Saft noch Püree, ihre Konsistenz oder Viskosität liegt genau dazwischen. Diese Vorbemerkung läßt uns bereits ahnen, wie Saucen unter den Händen unachtsamer Köche mißlingen: Entweder werden sie zu flüssig oder zu fest, oder sie sind inhomogen und voller Klümpchen.

Die Physik kann uns Feinschmeckern zeigen, daß die Viskosität ein sehr interessantes, komplexes Phänomen ist – und ein kulinarisch wichtiges dazu! Vielleicht können uns ein paar kleine Experimente weiterhelfen:

Lösen wir zunächst Zucker in Wasser. Solange die Zuckerkonzentration niedrig ist, bleibt die Lösung dünnflüssig; aber je mehr Zucker wir hinzufügen, um so mehr verdickt sie sich, bleibt schließlich am Löffel kleben und fließt nur noch schwer. Diese Viskosität ist der Kehrwert der Dünnflüssigkeit (oder Fluidität). Mit einer geeigneten Meßvorrichtung könnte man zeigen, daß die Viskosität bei unterschiedlicher Fließgeschwindigkeit gleich bleibt: Die Kraft, die man jeweils ausüben muß, um eine schneller fließende einfache Lösung oder einen langsam fließenden Sirup in ein Rohr zu pressen, ist konstant.

Dieses Gesetz gilt aber nicht uneingeschränkt auch für Emulsionen wie Mayonnaise oder richtige Saucen wie die Béchamel und die Béarnaise. Manchmal verringert sich die Kraft, wenn die Fließgeschwindigkeit ansteigt; manchmal ist es anders herum. Eine Béarnaise beispielsweise erscheint in der Sauciere dickflüssig, ja beinahe fest; im Munde dagegen verwandelt sie sich in ein fast ätherisches Fluidum (mit einer Fließgeschwindigkeit von etwa 50 cm pro Sekunde!). Natürlich ist die besondere molekulare Konstitution der Saucen für solche Fließeigenschaften verantwortlich.

Dieser Abstecher auf das Terrain der Physik sollte uns eigentlich genügen: Wir haben nun genug Gepäck, um zu den Saucen aufzubrechen.

## Heiße Mayonnaise?

Im Kapitel über Mayonnaise haben wir gesehen, daß sich Wasser (flüssig) und Öl (flüssig) zu einer viskosen, dicken Masse vereinen können, die man manchmal mit dem Messer schneiden kann: Man muß sie nur zu einer Emulsion verrühren, in der die Öltröpfchen von grenzflächenaktiven Molekülen (Netzmittel, Emulgatoren) fein verteilt werden.

Die Viskosität der Emulsionen nützt man in der Küche nicht nur für die Mayonnaise, ihr verdanken beispielsweise auch Hollandaise, Béarnaise und die weiße Sauce (Weißwein-Butter-Sauce) ihre seidig-glatte Beschaffenheit. Selbst Milch und Sahne sind Emulsionen; die Menge des im Wasser verteilten Fetts erreicht hier 4 bzw. 38 Prozent.

Meistens sind Saucen Öl-in-Wasser-Emulsionen: Die Tröpfchen eines Fetts werden in einer kontinuierlichen Wasserphase verteilt. Die Butter mit ihrem Wassergehalt von 18 Prozent ist dagegen eine Wasser-in-Öl-Emulsion.

Um dies besser zu verstehen, sollten wir uns das Rezept der holländischen Sauce veranschaulichen[1]: Zunächst schlägt man zwei bis drei

[1] Die berühmte Sauce béarnaise ist im Grunde die würzigere Schwester der Hollandaise. Sie ist ebenfalls eine warme Emulsion: In einem Töpfchen erhitzt man z.B. ein halbes Glas Weißwein und ein drittel Glas Weinessig mit einer feingehackten Schalotte, einem Zweig Estragon, etwas Kerbel und Petersilie sowie einer Prise frisch zerdrückter Pfefferkörner. Man reduziert bis auf 5 Teelöffel Flüssigkeit, läßt etwas abkühlen und schlägt im warmen Wasserbad mit dem Schneebesen 3 Eigelb hinein. Dann gibt man unter kräftigem Schlagen flöckchenweise Butter hinzu, bis die Sauce dick und cremig geworden ist. Man passiert sie noch durch ein feines Sieb, um die Kräuter und die Schalottenwürfel zu entfernen.

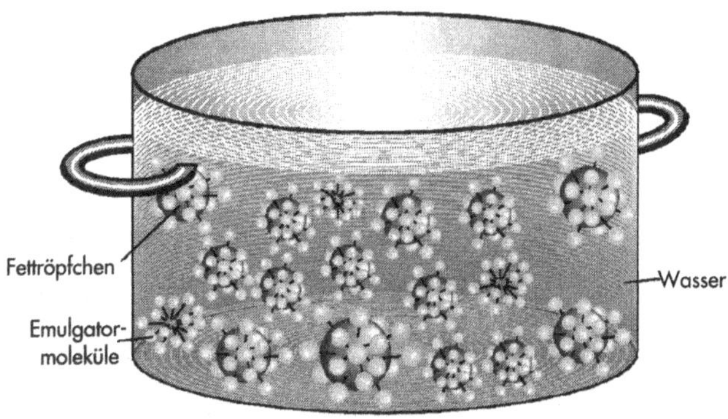


**Abb. 17**

Eigelb mit dem Schneebesen gut durch, dann gibt man Wasser, Zitronensaft und Salz hinzu. Man erhitzt vorsichtig (nicht ganz so Erfahrene sollten das im Wasserbad tun) und rührt, bis die Masse glatt und cremig wird. Nach dieser ersten Andickung zieht man die Butter flockenweise unter, wobei man immer kräftiger schlägt (sie muß völlig in der Mischung aufgehen). Wenn die Sauce dick zu werden beginnt, nimmt man sie vom Feuer und serviert sie unverzüglich.

Was geschieht während der verschiedenen Zubereitungsstadien? Zunächst haben wir die grenzflächenaktiven Moleküle des Eigelbs in einer aromatisierten wäßrigen Lösung verteilt. Sie ordneten sich zu den kugelförmigen Mizellen an, wobei ihre hydrophoben Pole ins Innere dieser kleinen Kugeln gerichtet waren, ihre hydrophilen Pole aber nach außen, zum Wasser wiesen. Als wir dann die Butter kräftig schlugen, während sie schmolz, haben wir ihr Fett dadurch ins Zentrum der Mizellen gebracht: Es entstanden Fetttröpfchen, die von grenzflächenaktiven Emulgatormolekülen umgeben wurden und sich in der Wasserphase verteilten (Abb. 17).

## Warum wird eine Hollandaise schön cremig-dick?

Woher kommt diese besondere Viskosität der holländischen Sauce? Sie erklärt sich durch die Mischung: Wir haben es mit einer Emulsion zu tun, die viel komplexer ist als reines Wasser und die viel schlechter fließt. Sie enthält Fetttröpfchen, die wesentlich massiger sind als die Wassermoleküle und sich gegenseitig hemmen.

Ein weiterer Effekt steigert diesen ersten noch. Durch Salz und Essig werden die grenzflächenaktiven Moleküle in zwei Typen von Ionen dissoziiert, die jeweils positiv oder negativ geladen sind: Die wasserfreundlichen Pole der Moleküle bekommen dadurch alle eine identische elektrische Ladung und stoßen sich ab. Die Fließfähigkeit der Sauce wird durch diese Abstoßung noch weiter verschlechtert: Die Viskosität nimmt um mehrere Prozent zu.

Endlich wirkt die Erwärmung auf die Proteine des Eigelbs und trägt damit ebenfalls zum Dickwerden der Emulsion bei. Erst denaturieren die Proteine, dann laufen sie zusammen. Das Risiko der Klümpchenbildung steigt: Nun gilt es kräftig schlagen!

## Warum sind emulgierte Saucen undurchsichtig?

Bei Emulsionen wie Hollandaise, Béarnaise oder weißer Buttersauce gehen wir von Zutaten aus, die durchsichtig sind: Sei es das Wasser oder die Butter, die ebenfalls transparent wird, wenn sie schmilzt. Warum ist dann ihre Emulsion undurchsichtig?

Weil das Licht, das sich in der Sauce ausbreitet, an der Oberfläche der vielen Fetttröpfchen reflektiert und im Inneren der Tröpfchen gebrochen wird; es wird zerstreut. Das gleiche Phänomen kann man beobachten, wenn man ein Glasgefäß mit Glasscherben füllt: Das Gefäß wird undurchsichtig, obwohl jede einzelne Scherbe für sich durchsichtig ist. So erklärt sich die Opazität von Saucen wie der Béarnaise, aber auch von Mayonnaise und Milch.

## Ein gefährlicher Drahtseilakt

Warum mißlingen emulgierte Saucen so leicht? Die Zubereitung der Hollandaise wie auch der Béarnaise ist ein Drahtseilakt: Um sie schön dickflüssig-homogen zu bekommen, muß man sie so lange erwärmen, bis sie... fast »kippen«. Gibt es Mittel, einen solchen Unfall zu reparieren, wenn er einmal eingetreten ist? Im wesentlichen begegnen sich hier zwei Schulen: Wir werden sehen, daß die Komplexität des Problems der kulinarischen Bedeutung dieser Saucen entspricht.

Eine Hollandaise kann mißraten, weil die Tröpfchen der geschmolzenen Butter miteinander verschmelzen oder, schlimmer noch, weil die

Proteine des Eigelbs gerinnen und verklumpen. Das Verschmelzen ist ärgerlich, läßt sich aber beheben. Mit der Gerinnung ist es schwieriger: Soll man, wie manche empfehlen, eine geronnene Hollandaise vom Herd nehmen und unter Zugabe von Essig kräftig schlagen (oder sogar in den Mixer geben)? Von anderen hört man, daß Zitrone Wunder wirke. Und wieder andere behaupten, daß Säure überhaupt nichts nütze: etwas Wasser und kräftiges Schlagen würden genügen. Was soll man davon halten? Wie kann man die Sauce wirklich retten?

Rekapitulieren wir: Elektrische Kräfte bewirken eine Abstoßung der Tröpfchen. Dadurch wird verhindert, daß sie miteinander verschmelzen und an die Oberfläche steigen. Wenn die Hollandaise jedoch zu warm wird, bewegen sich die Tröpfchen schneller und stoßen immer öfter und heftiger zusammen: Die Energiebarriere der grenzflächenaktiven Moleküle bricht, und die Tröpfchen verschmelzen. Und bei noch höheren Temperaturen gerinnen die Proteine und flocken aus.

Entscheidend ist also die Beherrschung der Temperatur: Wie wir sahen, darf sie nicht zu hoch sein ; sie darf aber auch nicht zu niedrig sein, da dann die Grenzflächenspannung zunehmen würde und die Emulgierung erschwert wäre. Läßt sich ein Mittelweg finden?

Die erste Maxime heißt:

## Die Eier müssen frisch sein!

Wenn eine Hollandaise oder Béarnaise gelingen soll, muß ausreichend grenzflächenaktives Netzmittel vorhanden sein. Lezithin ist ein besseres Netzmittel als Cholesterin; aber wenn Eier alt werden, wird das Lezithin in ihrem Dotter teilweise abgebaut und in Cholesterin umgewandelt.

In anderen Worten: Die Fetttröpfchen der geschmolzenen Butter werden in der Sauce feiner verteilt, wenn die Eier ganz frisch sind.

## Was bewirken Essig und Zitrone?

Der Zitronensaft der Hollandaise und der Essig der Béarnaise geben diesen Saucen eine pikante säuerliche Note, die mit dem milden Buttergeschmack wunderbar kontrastiert. Aber diese beiden Säuren vermehren nicht nur unsere Gaumenfreuden, sie vergrößern auch die Stabilität der Saucen. Warum wird durch eine Ansäuerung, die z. B. Milch gerinnen ließe, hier die Ausflockung verhindert?

Während sich die Säure bei der Milch gegen die Proteine richtet, wirkt sie bei unseren Saucen auf die Emulgatormoleküle ein. Sie vereitelt deren Gerinnung, so daß sie ihre grenzflächenaktiven Eigenschaften noch besitzen, wenn die Proteine längst geronnen sind: Eine Mayonnaise ließe sich auch mit hartem Eigelb aufschlagen!

Zudem spalten die Säuren in einer warmen Emulsion die intramolekularen Proteinbindungen (Wasserstoff- und Schwefelbrücken) so, daß sich Proteine an der Oberfläche der Fetttröpfchen anlagern und als Emulgatoren wirken.

## Wie leistet man erste Hilfe?

Wir sind nun in der Lage, die Rettungsmaßnahmen der Experten besser zu beurteilen. Der erste Grund, warum eine emulgierte Sauce umkippen kann, ist der Wassermangel. Wie bei der Mayonnaise muß genug Wasser da sein, sonst verteilen sich die Tröpfchen nicht richtig, und die Saucen werden nicht wie sie sollen: dickcremig und glatt.

Wie wir gesehen haben, werden Hollandaise und Béarnaise auf der Basis von warmer Flüssigkeit zubereitet: mit etwas normalem Wasser (im Fall der Hollandaise), aber auch mit dem Wasser, das in dem Weißwein, dem Essig oder der Zitrone steckt. Dann kommt das wasserhaltige Eigelb und schließlich die wasserhaltige Butter hinzu. Wenn das Wasser trotzdem nicht ausreicht, kann das vor allem zwei Ursachen haben: ein zu hoher Butteranteil, wodurch die Öl-in-Wasser-Emulsion ihre Stabilität verliert, oder es ist ganz einfach zuviel Wasser verdampft.

Sollten die Tröpfchen miteinander verschmelzen, obwohl Sie alle Dosierungsvorschriften minutiös eingehalten haben, dann haben Sie vielleicht nicht kräftig genug mit dem Schneebesen geschlagen. Doch verzweifeln Sie nicht: Die Sauce schnell vom Feuer nehmen, sobald sich das Fett trennt; etwas abkühlen lassen und zwecks Volumenerhöhung eventuell einen Eßlöffel warmes Wasser zugeben; dann kräftig schlagen. Mit hoher Wahrscheinlichkeit wird die Sauce wieder glatt und cremig.

Geronne Saucen sind schwerer zu retten. Dieser Unfall passiert, wenn man zu stark erhitzt: Das Eigelb gerinnt, und es bilden sich die berüchtigten Klümpchen. Und mit Sicherheit trennt sich auch das Fett von der Wasserphase.

Aber selbst hier ist der Fall nicht ganz hoffnungslos: Lassen Sie eine Béarnaise schnell abkühlen, gießen Sie etwas kaltes Wasser hinzu und geben Sie sie in den Mixer! Manchmal ist diese Operation erfolgreich. Zwar bleiben die Proteinklumpen geronnen, aber der Mixer zerhackt sie zu unsichtbaren Miniklümpchen. Nur die unbestechlichen Geschmackspapillen eines eingefleischten Feinschmeckers könnten jetzt an Ihrer Sauce noch Anstoß nehmen...

## Warum hilft Essig?

Salz oder Säuren (wie Essig oder Zitronensaft) zertrennen bestimmte intramolekulare Bindungen der Proteine und erhöhen ihre Löslichkeit; sie verhindern das Verschmelzen der Proteine und verbessern ihre Emulgierfähigkeit, indem sie elektrische Abstoßungskräfte wachrufen. Wenn beispielsweise Ihre Béarnaise nur darum umgekippt ist, weil Sie nicht kräftig genug geschlagen haben, können auch Säure und Salz helfen, den Schaden zu beheben.

Manchmal stockt eine Béarnaise, weil sie zuviel Wasser verloren hat. Wie bei der Mayonnaise darf sich die Wasserphase nicht zu sehr abschwächen; sie würde dann nicht mehr alle Fetttröpfchen aufnehmen können. Übersteigt die in eine Béarnaise eingerührte Buttermenge einen bestimmten Grenzwert, dann reicht das Wasser nicht mehr aus, und die Fett-in-Wasser-Emulsion schlägt in eine Wasser-in-Fett-Emulsion um. Leider wird diese Phasenumkehr oft von einer Trennung der zwei Phasen begleitet.

Kann man beides vermeiden? Erinnern wir uns: Das Eigelb in der Sauce besteht nur etwa zur Hälfte aus Wasser. Um den Fetttröpfchen genügend Spielraum zu verschaffen, ist es darum nicht falsch, noch etwas Flüssigkeit (Wasser, Essig oder Zitronensaft) zuzugießen.

Wann ist der kritische Punkt erreicht, an dem eine Emulsion umschlägt oder auseinanderbricht? Man schätzt, daß der Raumanteil gleich großer Tröpfchen in einem Emulsionsvolumen höchstens 74 Prozent betragen darf: Nach dieser Hypothese läge das Verhältnis Fett zu Wasser dann bei etwa 3 zu 1. Da die Fetttröpfchen in einer Béarnaise unterschiedlich groß sind, kann man diese Grenze ein klein wenig überschreiten.

Fest steht, das emulgierte Saucen oft an zu wenig Wasser scheitern. Darum sollte man immer daran denken, daß beim Erhitzen Wasser verdampft!

## Die weiße Buttersauce

In guten Kochbüchern wird empfohlen, für eine weiße Buttersauce (Beurre blanc) etwas Weißwein oder Sahne eine Weile einkochen zu lassen, bevor man die Butter aufschlägt. Warum Sahne? Erinnern wir uns: Die Sahne ist eine Fett-in-Wasser-Emulsion; sie enthält einen höheren Wasseranteil als die Butter, die eine Wasser-in-Fett-Emulsion ist.

Darum erhält man auch mit der Sahne den gewünschten Emulsionstyp (Fett in Wasser), wenn man die Butter nun flöckchenweise mit dem Schneebesen unterzieht.

## Emulsionen aus Bratensaft?

Wenden wir uns noch kurz einer anderen Art emulgierter Saucen zu, bevor wir in neue Gefilde aufbrechen.

Brät man beispielsweise einen Braten, so tropfen Fleischfett und Fleischsaft in die Fettpfanne. Der Saft enthält etwas Gelatine, die grenzflächenaktive Eigenschaften hat. Vermischt man Fett und Saft am Ende der Kochzeit mit dem Schneebesen (eventuell gibt man noch ein paar Flöckchen Butter hinzu), dann erhält man eine gebundene, emulgierte Sauce.

Falls sehr lange gegart wurde, ist oft das Wasser verdampft und in der Fettpfanne hauptsächlich das Fett zurückgeblieben. Dann sollte man mit etwas Wein oder Wasser ablöschen, um die nötige Wasserphase wiederherzustellen.

Auch aus dem Bratensatz von Kurzgebratenem läßt sich leicht eine emulgierte Sauce herstellen: Wir gießen etwas Wein in die Pfanne, um die karamelisierten Säfte vom Pfannenboden zu lösen; dann ziehen wir mit dem Schneebesen Butter oder Sahne unter.

In beiden Fällen gilt es, wie bei allen emulgierten Saucen, das Emulsionsprinzip zu wahren: feinverteilte Tröpfchen in einer stetigen Phase.

## Das Geheimnis der Gelatine

»Gelatine ist ein Netzmittel, denn aufgelöst schäumt sie in bewegtem Wasser.« Also sprach Madeleine Djabourov, als ich sie wegen meines Saucenkapitels um Rat fragte (Frau Djabourov ist Physikochemiker an der Hochschule für Physik und Chemie in Paris). Ihre Bemerkung sollte Folgen haben; ich fand dadurch eine Möglichkeit, das Saucenkochen leichter zu machen!

Die Grundlage vieler Saucen ist ein Fond: zerhackte Knochen, Fleisch (oder Gräten und Fischreste für den Fischfond) sowie Gemüse und Kräuter, die man zunächst in heißem Fett anbräunt. Das alles läßt man in reichlich Wasser mehrere Stunden kochen. Soviel zum Prinzip; ich übergehe das Abschäumen, das Reduzieren und andere wichtige, aber langweilige Details (man kann sie in Kochbüchern nachlesen). Zum Fond fügt man dann das würzende Element, das den Charakter der jeweiligen Sauce ausmacht, sowie Sahne oder Butter.

Ein Fond ist deshalb eine so ideale Saucengrundlage, weil er nicht nur Aromen, sondern auch ein bindendes Prinzip enthält: Stellt man einen reduzierten Fond in den Kühlschrank, dann erstarrt er zu einer festen, geleeartigen Masse. Die Aromen kommen von den Kräutern und dem Gemüse, die Bindungsfähigkeit von der Gelatine, die – man denke an den berühmten Kalbsfuß – beim Kochen aus dem herausgelösten Kollagen der Knorpel und Knochen entsteht.

Ich hatte diese Bindungsfähigkeit im Auge, als ich mich fragte, ob man sich mit Hilfe der Gelatine der mühsamen Fond-Zubereitung entledigen könne (oder ob sie sich wenigstens beschleunigen ließe, indem man z. B. an einen würzigen Fleischjus ein bis zwei Blätter Gelatine gibt). Ein erster Versuch scheiterte kläglich: Ich mußte nicht nur ein bis zwei Blätter zugeben, sondern drei, vier, fünf! Die Viskosität der abgekühlten Sauce ließ nichts zu wünschen übrig, aber wenn man sie erwärmte... Kurz, das Ergebnis war enttäuschend.

Auf der Suche nach den Gründen des Scheiterns erleuchtete mich plötzlich die Bemerkung von Madeleine Djabourov: Wenn die Gelatine wirklich ein grenzflächenaktives Netzmittel war, dann würde sie vielleicht mit ihren Emulgatorkräften eine Emulsion bilden...

Ich wagte nun einen neuen Versuch: Ich nahm nur ein einziges Blatt Gelatine, schlug aber diesmal Butter unter – und hatte Glück: Die Sauce wurde perfekt gebunden.

Dieser Erfolg ermutigte mich, meine Versuche noch weiter voranzutreiben. Denn eigentlich sind Saucen ja Gift für Feinschmecker und Schlemmer: Sie machen dick, und drohend lauern Gicht... und Diät. Kann man auf die delikaten, aber schädlichen Fette verzichten, ohne daß die Saucen an Geschmacksfülle verlieren?

In einem gewissen Umfang ist das möglich. Ich ließ Wein mit einigen Würzkräutern eine Weile einkochen und schlug Gelatine und eine fettreduzierte Sahne unter (Fettgehalt 15 Prozent). Normalerweise ist solche Diätsahne für Saucen ungeeignet: Sie flockt aus. In Anwesenheit der Gelatine aber entwickelte sie sich vorzüglich, und ich erhielt eine homogene Sauce.

## Das Binden mit Ei

Vermutlich wurde die Legierfähigkeit der Eier um 1700 entdeckt. Das Warum ist bis heute nicht ganz aufgeklärt, aber das Wie scheint simpel: Man gibt Eigelb in eine aromatische wäßrige Lösung, lauwarm oder kalt; man erhitzt und schlägt ausdauernd mit dem Schneebesen; nach und nach dickt die Lösung ein.

Dennoch haben wir es mit einer wahrhaft delikaten Angelegenheit zu tun: Schlägt man nicht genug oder erhitzt man zu stark, dann ist es aus mit der Viskosität. Die Proteine gerinnen, und in der Sauce bilden sich Klümpchen.

Wenn ein solches Mißgeschick trotz aller Vorsicht passiert ist, dann läßt es sich mit derselben Methode beheben, die wir schon bei der geronnen Béarnaise angewandt haben: Durch Glattziehen im Mixer werden die ausgeflockten Proteinklümpchen so fein zerteilt, daß man sie kaum mehr wahrnimmt. Aber es gibt keine Garantie, daß die Sauce auch wirklich so homogen und glatt wird, wie sie es bei richtiger Zubereitung geworden wäre.

Kluge Köche beugen derartigen Unfällen vor: Mit einer Prise Mehl läßt sich die Sauce so gut stabilisieren, daß man sie sogar zum Sieden bringen kann, ohne daß sie ausflockt. Wer's nicht glauben will, der unternehme das Experiment, in zwei gleichgroßen Töpfchen mit der gleichen Menge Wein oder Wasser je ein Eigelb bei gleichen Erwärmungsbedingungen gleich lange unterzuschlagen; der einzige Unterschied sei eine Messerspitze Mehl. Das Ergebnis wird überzeugen: Im Töpfchen mit dem Mehl befindet sich eine glatte, homogene Sauce, die selbst das Sieden gut überstanden hat, während die Sauce in dem anderen Töpfchen... Schweigen wir, sie ist nicht einmal mehr mit dem Mixer zu retten.

Warum wirkt diese winzige Menge Mehl so gut? Sicher löst sich das Mehl in der Sauce nach und nach auf: Seine langen, sperrigen Moleküle hindern die Eigelbproteine daran, sich zu vereinigen; zudem bringen sie schon etwas von jener Viskosität mit sich, wie sie typisch ist für die Béchamel und andere mit Mehl gebundene Saucen.

## Das Binden mit Blut

Den mit Eigelb legierten Saucen stehen die mit Blut gebundenen nahe: Auch das Blut enthält viele Proteine, welche die Sauce in einer bestimmten Weise binden können. Diese Bindungskraft wird bei den Wildragouts genutzt: Bei Hasen-, Reh- oder Wildschweinpfeffer verdickt das Blut eine Sauce aus Wein, Essig und Gewürzen.

Und denken sie bitte beim Kochen an diese winzige Prise Mehl: Wie beim Binden mit Eigelb vollbringt sie auch hier ihre Wunder!

## Das Binden mit Mehl

Kommen wir zu den beliebten Mehlschwitzen. Gegen diese Bindungstechnik ist nichts einzuwenden, wenn man sie beherrscht. Denn anderenfalls wird das Mehl der Sauce seinen typischen Mehlgeschmack mitteilen und, schlimmer noch, die Sauce in eine zähe, klebrige Masse verwandeln. Aber seien wir gerecht: Bevor wir die Nachteile des Mehls unter die Lupe nehmen, wollen wir uns seine Vorteile ansehen.

Eine Mehlschwitze wird folgendermaßen zubereitet: Man läßt Butter bei milder Hitze schmelzen, rührt das Mehl hinein und läßt die Mischung bei niedriger Temperatur (so daß sich gerade noch Bläschen bilden) mindestens 15 Minuten rösten. Wenn die Mischung die richtige Farbe bekommen hat (ein sehr helles Braun für eine helle Mehlschwitze, fast schon tiefbraun für die braune), gießt man mit einer aromatischen Flüssigkeit auf. Die Sauce wird dick; man erhitzt sie langsam und läßt sie eine Weile kochen, damit der Mehlgeschmack verschwindet. Anschließend sollte man sie, wenn nötig, noch klären.

## Warum macht Mehl die Sauce dick?

Mehl setzt sich aus komplexen Zuckern, die kleine Stärkekörner bilden, und aus Proteinen, dem Klebereiweiß oder Gluten, zusammen.

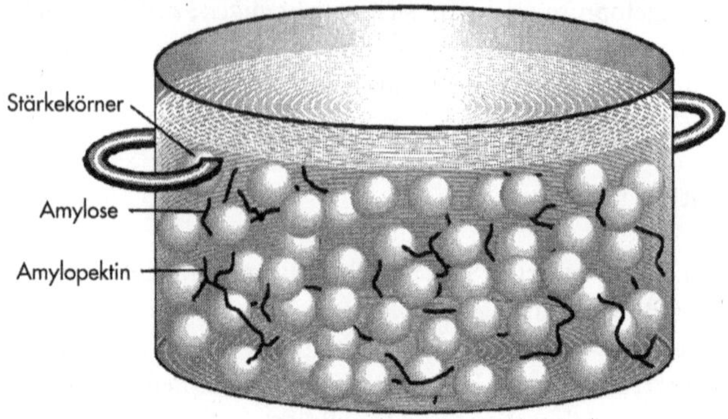


**Abb. 18**

Aus der Stärke entsteht während des Verdauungsprozesses Glukose, ein kleines Molekül, das in tierischen und pflanzlichen Organismen den Zellen als Brennstoff dient. Über den Blutkreislauf gelangt die Glukose in die Zellen und versorgt sie mit Energie.

Bei den Pflanzen benötigen besonders die Samenkörner viel Energie, um sich zu entwickeln. Darum lagern die Pflanzen Glukosevorräte an ihren Samen ein. Weil aber die wasserlöslichen Glukosemoleküle schon beim ersten Regenguß herausgewaschen werden würden, verketten sie sich zu großen, weniger löslichen Molekülen: zur fadenförmig angeordneten, unverzweigten Amylose und zum stark verzweigten Amylopektin.

Aufgrund von schwachen Bindungskräften zwischen ihren Molekülen vereinen sich Amylose und Amylopektin zu winzigen, 2 bis 50 millionstel Millimeter großen Stärkekörnern (Abb. 18). Meist bilden sich dabei wohlgeordnete, kristalline Körner, aber stellenweise sind sie weniger geordnet und weniger fest.

Bei der Zubereitung von Saucen ist die Stärke nur nützlich, wenn man sie erhitzt: Durch die zugeführte Energie bilden sich Wasserstoffbrücken zwischen den Stärkemolekülen und den Molekülen des Wassers. Das Wasser dringt dann in die Stärkekörner ein, so daß sie aufquellen und die Amylose sowie das Amylopektin gelöst werden; dabei kann sich Stärkekleister bilden (die »Verkleisterungstemperatur« liegt beim Weizenmehl zwischen 60 und 65 Grad).

Warum verdickt das Mehl die Sauce? Weil die in Lösung gegangenen, von Wassermolekülen umgebenen Amylose- und Amylopektinteilchen der Stärke sehr sperrig sind: Die Fließfähigkeit des Wassers nimmt ab, die Lösung wird dickflüssig. Die größtmögliche Viskosität wird zwischen 79 und 96 Grad erreicht, also noch vor dem Siedepunkt.

## Die Schwitze muß schwitzen!

Warum sollte man das Mehl lange (mindestens eine Viertelstunde) in der Butter rösten lassen? Damit es den Mehlgeschmack verliert! Dieser Geschmack ist eine Eigenschaft der Amylose; aber durch längeres Erhitzen läßt sie sich in kleinere Zucker aufspalten, die keinen Mehlgeschmack besitzen.

Zudem enthält das Mehl auch Proteine (Gluten), die sich mit den Zuckern im Rahmen der schon oft erwähnten Maillard-Reaktion umsetzen: Dadurch entstehen neue Aromastoffe. So schlägt man durch längeres Rösten gleich zwei Fliegen mit einer Klappe: Der Mehlgeschmack verschwindet, und die Sauce wird aromatischer.

Kartoffelstärke braucht man nicht so lange rösten, denn ihre Amylosemoleküle (sie sind länger als die des Weizenmehls) schmecken kaum nach Mehl. Außerdem wird sie bei niedrigeren Temperaturen fest, so daß man damit eine zu dünne Sauce noch in letzter Minute eindicken kann.

## Warum darf die Sauce nicht zu stark kochen?

Laut Kochbuchempfehlungen sollte man mehlgebundene Saucen nicht zu stark erhitzen: Nachdem man die Mehlschwitze abgelöscht und mit der Flüssigkeit innig vermischt hat, soll die Sauce köcheln, nicht kochen. In der Tat erreichen die Saucen bei etwa 93 Grad ihre maximale Viskosität; jenseits dieser Grenze werden sie wieder flüssiger.

Durch Sieden, aber auch durch starkes Rühren begünstigt man diese »Refluidifizierung«: Die gequollenen Körner zerfallen dabei in kleinere Teilchen, die sich besser bewegen können und die Fließfähigkeit erhöhen. Außerdem geht noch mehr Amylose in Lösung, so daß ihr Anteil schließlich überwiegt: Das von der Amylose gebildete Netzwerk ist aber weniger stabil als das zuerst vorherrschende Amylopektinnetz und kann die Körnchen nicht so gut festhalten.

## Bitte keinen Kleister servieren!

Warum sollten mehlgebundene Saucen im Kochtopf nicht zu viskos werden? Weil sie nach dem Kochen abkühlen und sich dabei die Stärkelösung verdickt; unterhalb von 38 Grad kann sie gelartig erstarren: Die Energie der Wasser- und der Stärkemoleküle schwindet, die Wasserstoffbrücken werden brüchiger, die ursprünglichen Bindungen der Stärkekörner stellen sich wieder her. Die Lösung wird fest.

Auch daran sollte man denken, wenn man eine Sauce auf der Basis einer Mehlschwitze macht. Sie darf im Kochtopf nicht so sämig werden, wie sich das eigentlich für Saucen gehört: In der Zeit, bis sie serviert ist, kühlt sie unweigerlich etwas ab und dickt nach.

## Das Klären

Durch das Klären sollen feste Bestandteile aus der Sauce entfernt werden. Besonders mehlgebundene Saucen gewinnen bei dieser Prozedur, denn sie enthalten noch festgebliebene Stärke und andere Teilchen. Zudem sind bei der Zubereitung Glutenproteine zu kleinen Klümpchen geronnen: Auch sie sollte man beseitigen, wenn man eine wirkliche perfekte Sauce haben will.

Weil diese letzte Operation etwas langwierig ist, wünschte sich der berühmte französische Koch Auguste Escoffier die Entwicklung eines glutenfreien Mehls. Er hat dabei nicht bedacht, daß die aromaerzeugenden Maillard-Reaktionen, die Proteine benötigen, auch noch während des Klärens ablaufen.

Wie ein solches Klären durch Erhitzen im einzelnen aussieht, wurde bereits ausführlich beschrieben (s. S. 69). Festzuhalten bleibt, daß man den Topf mit der Sauce (die man natürlich »vorgeklärt«, d. h. abgeseiht hat) schräg stellen muß, so daß er nur noch an einer Stelle mit der Wärmequelle Kontakt hat: Über dieser Stelle bildet sich eine aufsteigende Flüssigkeitssäule, mit der die noch verbliebenen festen Teilchen an die Oberfläche transportiert werden, so daß man sie abschöpfen kann.

## Zwei Mängel, die man beheben kann

Ist die Sauce zu dick geworden? Dann müssen die gequollen Stärkekörner weiter zerteilt werden: Schlagen Sie kräftig mit dem Schneebesen, bis die richtige Konsistenz erreicht ist.

Oder ist die Sauce zu dünnflüssig? Dann hilft Mehlbutter, die man in nußgroßen Stückchen unter die Sauce zieht. Wegen der Butter kann das Mehl keine Klümpchen bilden; es wird nach und nach freigesetzt. Allerdings bekommt die Sauce nun einen Mehlgeschmack, so daß man diese Methode nur als Notlösung ansehen kann (vielleicht sollte man die Mehlbutter statt mit Weizenmehl darum besser mit Maisstärkepuder wie Maizena herstellen).

## Welche Rolle spielt das Fett?

Durch das Fett ändert sich nichts an der Viskosität der späteren Sauce, aber man beeinflußt den Geschmackseindruck. Zudem umhüllt es die Mehlpartikel beim Rösten, so daß sie dann in der Sauce nicht so leicht verklumpen können. Ganz verhindern läßt sich die Klümpchenbildung freilich nicht.

## Bitte keinen Essig!

Warum sollte man an mehlgebundene Saucen keinen Essig (oder Zitronensaft) geben? Weil diese Säuren die Amylopektinketten in kürzere Einheiten zerlegen, die weniger Wasser binden, und weil nun die Stärkekörner bei niedrigeren Temperaturen gelartig erstarren. Die Sauce wird daher nicht so sämig, wie es ihrem Stärkeanteil entspräche.

# Ein brennendes Problem

## Verbotene Speise, gute Speise

Die kleinen Chilischoten haben es in sich: Aus ihnen gewinnt man den teuflisch scharfen Cayennepfeffer wie auch das in Lateinamerika so beliebte Chilipulver, eine Gewürzmischung. Zunehmend finden auch Europäer an diesen »Scharfmachern« Geschmack. Aber sind scharfe Gewürze nicht schädlich? Bevor wir näher darauf eingehen, wollen wir unser Thema noch kurz um eine hochaktuelle Frage erweitern: Schadet nicht essen überhaupt?

Brillat-Savarin war kein Freund von Tafelexzessen und Völlerei. Gleich in seinem zweiten Aphorismus heißt es: »Das Tier frißt, der Mensch ißt; allein ein kultivierter Mensch versteht zu speisen.« Und im zehnten: »Völlerei und Säufertum sind der Kunst zu essen diametral entgegengesetzt.«

Aber unmäßiges Essen und Trinken ist nicht nur unkultiviert: Allzuviel ist ungesund! Unsere modernen Ärzte haben bereits herausgefunden, welche Lebensmittel und Lebensmittelstoffe besonders zu meiden sind: weniger tierische Fette, weniger Kohlenhydrate, weniger Röstprodukte, kein gepökeltes, weil nitrithaltiges Fleisch...

Die Gefahren, die sie sehen, lauern überall. Chemiker, die die fürs Kochen unentbehrliche Maillard-Reaktion untersuchten, haben entdeckt, daß sie gefährliche Verbindungen aller Art hervorbringt. Und Biologen entdeckten im Pfifferling und in den meisten anderen Speisepilzen Amanitin, den Giftstoff des Grünen Knollenblätterpilzes (wenn auch nur in verschwindend geringer Menge). Daraus darf man schließen, daß nur der Exzeß schadet: Nicht der Stoff, die Dosis ist das Problem.

## Brennt Chili Löcher in den Bauch?

Sind Lebensmittel, die schädlich scheinen, wirklich schädlich? Etwa die stechend scharfen Chilischoten, die uns die Zunge zu verbrennen scheinen? Es ist das Verdienst von David Graham aus Houston, daß dieses »brennende« Problem gelöst werden konnte: Bei 12 Versuchspersonen untersuchte er gastroskopisch die Wirkung von Chilipulver auf die Magenschleimhaut. Er wollte herausfinden, ob es durch den Genuß scharfgewürzter Speisen zu Entzündungen kommt.

Zunächst erhielten die Versuchspersonen ein »neutrales« Gericht: Steak und Pommes frites. Einige Tage später mußten sie dasselbe noch einmal essen, allerdings »gewürzt« mit Aspirin (von dem man weiß, daß es die Magenschleimhaut angreifen kann). Als letztes servierte man ihnen mit scharfen Grillwürstchen belegte Pizzas und verschiedene mexikanische Spezialitäten, denen die Ärzte bis an die Grenze des Erträglichen Chilipulver zugesetzt hatten.

Die Gastroskopie ergab, daß lediglich das Aspirin die Magenwand angegriffen hatte; nach dem scharfgewürzten Essen waren keinerlei Veränderungen zu sehen.

Der typische Wirkstoff des Chilis ist das Capsaicin (Vanillyl-8-methyl-trans-6-nonensäureamid), das auch im Pfeffer enthalten ist. In einem weiteren Schritt untersuchte man nun die Wirkung von Capsaicin auf die Darmwand und verglich sie mit jener von Aspirin: Capsaicin hinterließ keine sichtbaren Verätzungen; und auch Chilipulver, das man mit einer Kanüle auf direkten Weg in den Darm gebracht hatte, erwies sich als unschädlich.

Dagegen hatte Tabascosauce, die man ebenfalls direkt einbrachte, eine Darmentzündung zur Folge. Warum? Weil Tabasco Essigsäure enthält (unser Tafelessig ist eine stark verdünnte Essigsäure). In Tabasco ist die Essigsäure jedoch doppelt so hoch konzentriert wie in gewöhnlichem Tafelessig.

Somit ruft Chilipulver, obwohl es die Schmerzrezeptoren insbesondere der Mundhöhle erregt, keine Verätzungen und dadurch bedingte Entzündungen hervor. Dagegen stimuliert es den Speichelfluß und aktiviert die Magen-Darm-Passage (allerdings soll hier auch das manchmal etwas lästige Analbrennen nicht verschwiegen werden). Unweigerlich stellt sich nach der Mahlzeit ein Gefühl des Wohlbefindens ein. Warum? Vermutlich werden durch die Wirkung des Capsaicins auf bestimmte Rezeptoren des Schmerzsinns Endorphine, das sind endogene Morphine, freigesetzt.

Fürchten wir uns also nicht vor dem scharfen Pulver! Sein Feuer wird uns nicht verbrennen.

# Köstliche Salate

## Gemischter Salat braucht Zeit

Salate werden meist mit einer Vinaigrette-Sauce angemacht; deshalb stehen ihnen Feinschmecker mit gespaltenen Gefühlen gegenüber. Zwar sind Salate eine leichte, willkommene Erfrischung, besonders nach einem opulenten Hauptgericht, aber... die kräftige Säure der Vinaigrette »tötet« den Wein! Darum sollte man zum Salat allenfalls Wasser reichen: Man wechselt, bildlich gesprochen, den Schritt; den Käse und die Nachspeisen kann dann ein ganz anderer Wein begleiten. So serviert, ist der Salat eine vorzügliche Zwischenspeise, die zwischen dem Hauptgericht und den abschließenden Gängen eines Menüs vermittelt.

Wie macht man Salat richtig an? Jeder von uns glaubt es zu wissen: Man wäscht den Salat, gießt die Vinaigrette darüber und vermischt beides miteinander.

Aber ganz so einfach ist es nicht! Beispielsweise darf man bei gemischten Salaten nicht alle Bestandteile gleichzeitig mit der Vinaigrette vermengen: Zunächst muß das härtere Gemüse durchziehen; erst ganz zum Schluß wird der zartere Blattsalat dazugegeben. Und es ist auch wichtig zu wissen, daß sich je nach Ölanteil der Charakter einer Vinaigrette verändert.

## Die Vinaigrette

Man erhält eine Emulsion, wenn man zwei ineinander nicht lösliche Flüssigkeiten (Phasen) feinstmöglich miteinander vermischt. Wie wir gesehen haben, ist dies bei der Mayonnaise der Fall: Öltröpfchen werden in Wasser dispergiert. Und auch die Vinaigrette-Sauce ist eine Emulsion: Sie besteht im wesentlichen aus Öl und Essig; daneben enthält sie meist noch Salz, Pfeffer und Senf.

Essig ist nichts anderes als in Wasser gelöste Essigsäure. Normalerweise löst sich Öl nicht in Wasser; aber wenn man kräftig mit dem Schneebesen schlägt, gelingt es, die Öltröpfchen suspensionsartig im Wasser zu verteilen. Dieser Zustand ist immer nur temporär: Weil die Öltröpfchen leichter sind als Wasser, steigen sie nach und nach auf, vereinigen sich wieder und bilden eine getrennte Ölphase.

Je feiner die Verteilung und je kleiner die Tröpfchengröße ist, um so beständiger wird die Emulsion. Darum ist der Senf in einer Vinaigrette nicht nur für den Geschmack gut: Wegen seiner grenzflächenaktiven Bestand-

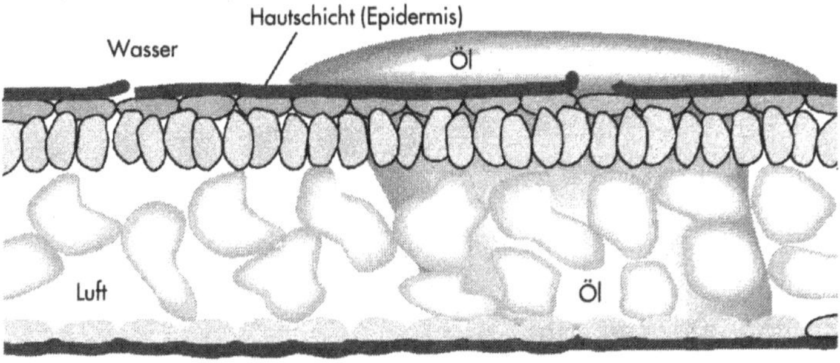


**Abb. 19**

teile erhöht er die Stabilität. Wie wir schon anderenorts gesehen haben, besitzen diese Emulgatormoleküle einen lipophilen, fettfreundlichen Pol, an dem sie sich mit dem Öl verbinden, sowie einen hydrophilen, der zum Wasser weist. Sie sind damit ein Bindeglied zwischen Öl und Wasser.

Diese Beschreibung trifft allerdings nur dann zu, wenn der Ölanteil nicht zu groß ist: Nur dann werden Öltröpfchen in Wasser verteilt. Steigt dagegen der Ölanteil über eine bestimmte Grenze, dann werden umgekehrt Wassertröpfchen in Öl verteilt. Wenn Senf in der Emulsion ist, liegt diese Grenze bei zwei Teilen Öl auf ein Teil Wasser.

Auf jeden Fall ist die Vinaigrette eine viel unbeständigere Emulsion als die Mayonnaise: Überläßt man sie eine Weile sich selbst, so trennt sie sich wieder in Essig, der unten bleibt, und Öl, das obenauf schwimmt.

## Blattsalat

Wie wirkt eine Vinaigrette auf den Salat? Ihr Öl haftet gut an der Oberfläche der Blätter, aber zusammen mit dem Wasser schadet es der grünen Farbe: Durch die winzigen Spaltöffnungen in der Hautschicht der Blätter dringt die Vinaigrette ins Blattinnere ein und verdrängt dort die Luft. Das Licht wird nun anders gebrochen, und das Blatt verliert seine frische grüne Farbe (Abb. 19).

Darum sollte man eine Vinaigrette (egal ob es sich um eine Öl-in-Wasser- oder um eine Wasser-in-Öl-Emulsion handelt) erst ganz kurz vor dem Servieren unter den grünen Blattsalat ziehen.

# Käse und Joghurt

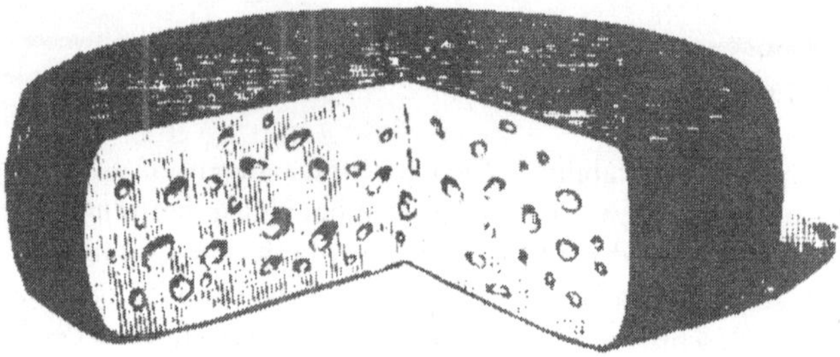

## Säure und Lab

Heute soll es (niemand hat sie alle gekostet) weltweit über 3000 verschiedene Käsesorten geben. Meist kommen sie als Fertigprodukte auf den Tisch; kaum jemand macht seinen Käse noch selber. Was sollte ein Feinschmecker von dieser Gabe der Götter wissen?

Käse wird durch »Dicklegung« der Milch gewonnen, d. h., man bringt das Milcheiweiß (Kasein) zum Gerinnen. Unsere Milch besteht zu 4 Prozent aus Proteinen, davon ist der größte Teil (85 Prozent) Kasein. Es ist in Mizellen angeordnet, die unter bestimmten Bedingungen verklumpen.

Daneben enthält die Milch Fette: Aus einem Vorsprung der Milchdrüsenzellen treten Fettkügelchen mit einem Durchmesser von etwa 2,5 Mikrometern aus. Sie enthalten in ihrem Inneren nicht nur Fett, sondern auch Vitamin A und Cholesterin. Auf ihrer Oberfläche sitzen grenzflächenaktive Moleküle, die die Emulgierung gewährleisten.

Durch Zusetzen von Lab (ein Gerinnungsstoff, den man aus der Labmagenschleimhaut des Kalbes gewinnt), Salz oder Säure läßt man das Kasein der Milch gerinnen. Wir haben einen ähnlichen Effekt kennengelernt, als wir die Problemzonen beim Spiegelei mit Salz bestreuten (s. S. 55): Von den Salz- oder Säureionen werden die elektrischen Abstoßungskräfte der Kaseinmoleküle lahmgelegt, so daß sie miteinander verschmelzen.

## Käsebruch und Käsereifung

Mit der Gerinnung allein ist es jedoch nicht getan. Das ausgefällte Kasein enthält noch Molke, die abgeschieden werden muß. Dadurch erhält man eine körnige Masse, den »Bruch«. Es folgt die Reifung mit Hilfe bestimmter Mikroorganismen: Bereits während des Abtropfens werden Milchsäurebakterien zugesetzt, um das Milieu anzusäuern (sie setzen Milchsäure frei). Dann wird der Bruch in eine Kochsalzlösung eingelegt. Schließlich wird er noch Reifebakterien behandelt, die jeder Käsesorte ihren unverwechselbaren Charakter geben.

## Warum der Käse riecht

Käse enthält einen beträchtlichen Anteil freier Fettsäuren, die nicht in Triacylglyceriden eingebunden sind. Hierfür sind fettspaltende Enzyme (Lipasen) der Mikroorganismen verantwortlich.

Sehr aktiv ist beispielsweise *Penicillium camemberti*, ein Schimmelpilz, der Fette angreift und umbaut. Man findet ihn vor allem in der Nähe der Rinde, wo er Triacylglyceride spaltet und den Käse mit zunehmendem Reifegrad weich macht. Dabei setzt er Ammoniak frei. Dieses kräftig riechende Gas, das empfindlichere Naturen abstößt, ist das Markenzeichen des voll ausgereiften Camemberts, der erst jetzt seine höchste Geschmacksfülle erreicht. So liebt man ihn in Frankreich.

Übrigens scheint auch das Ammoniakgas den Reifungsprozeß günstig zu beeinflussen. Darum ein kleiner Tip: Wenn sie einen noch jungen, zu festen Camembert schneller weich bekommen möchten, sollten sie ihn in einem fest verschlossenen Behältnis außerhalb des Kühlschranks heranreifen lassen.

## Joghurt selbst machen!

Man kann Joghurt ganz einfach selbst herstellen. Hier eines von mehreren Rezepten: In kleine Gläser oder Töpfchen wird Milch gefüllt; pro Glas mischt man einen Löffel fertigen Joghurt unter. Dann gibt man die Gläser in ein Wasserbad und hält sie bei milder Hitze mehrere Stunden warm. Die Milch wird dick: Durch eine Art Multiplikationseffekt ist neuer Joghurt entstanden.

An diesem Effekt ist ganz wesentlich die Milchsäure beteiligt. Wie bereits beschrieben, besteht das Milchsäuremolekül aus der Hälfte eines Glukosemoleküls: Milchsäure bildet sich durch Abbau von Glukose oder anderer Zucker unter Ausschluß von Sauerstoff.

In der Milch vermehren sich die Milchsäurebakterien schnell, denn sie finden in der Laktose, dem Milchzucker, einen üppigen Nährboden: Sie vergären Laktose zu Milchsäure, so daß die Milch sauer wird und gerinnt. Auch bei der Käseherstellung kann man dieses Phänomen beobachten: Durch die Kaseingerinnung entsteht zunächst eine weiße Gallerte, in der das Wasser und die Fetttröpfchen festgehalten werden.

# Das Obst

## Kaum geschnitten, und schon braun!

Warum wird die schöne weiße Oberfläche geschnittener oder geschälter Äpfel so schnell braun? Bei Aprikosen, Birnen, Kirschen und Pfirsichen ist es sogar noch schlimmer: Sie werden nicht nur braun, sie werden schwarz! Und auch Bananen und Kartoffeln verfärben sich bräunlich. Dagegen bemerkt man dergleichen bei Zitronen und Orangen nicht. Sie werden von ihrer natürlichen Säure geschützt.

Die anderen Früchte aber werden braun, weil man beim Schneiden ihre Zellen verletzt und deren Inhaltsstoffe freisetzt. Darunter befinden sich Enzyme, die zuvor fest eingeschlossen waren.

Um genauer zu sein: Es werden Polyphenoloxidasen freigesetzt, Enzyme, welche die farblosen Polyphenolmoleküle zu Orthochinonen oxidieren. Diese ordnen sich neu an, unterliegen ebenfalls einer Oxidation und polymerisieren zu braunem Melanin (diesem Farbstoff verdanken wir z. B. unsere Sommersonnenbräune).

Durch Säure läßt sich die Aktivität der Enzyme teilweise unterbinden, so daß diese Reaktionen nur noch verzögert ablaufen. Die Ascorbinsäure der Zitrusfrüchte (Zitronen, Orangen, Pampelmusen etc.) ist ein Antioxidans. Darum sollte man die Schnitt- und Schälflächen z. B. von Äpfeln mit Zitronensaft beträufeln, wenn ihre Farbe frisch und appetitlich bleiben soll.

## Der Zucker im Eingemachten

Das Einmachen von Obst wird all jenen besonders gut gelingen, die sich mit dem (schon des öfteren erwähnten) Osmose-Phänomen auskennen. Der Begriff stammt aus dem Griechischen (*osmos:* der Stoß, das Stoßen) und besagt unter anderem, daß mischbare Flüssigkeiten und besonders Lösungen nach einem Konzentrationsausgleich streben. Die Osmose, die stets durch eine feinporige, halbdurchlässige Wand verläuft (s. Abb. 15), ist ein Spezialfall der Diffusion (von lateinisch *diffundere*, sich verbreiten, ausdehnen).

Zum Obsteinmachen braucht man Zucker: Würde man Obst in reinem Wasser einkochen, so würde Wasser in die Zellen der Früchte eindringen, um dort die Zuckerkonzentration zu verdünnen. Das Ergebnis wäre fatal: Das Obst quillt auf und platzt.

Wenn man dagegen die Früchte in einer hochkonzentrierten Zuckerlösung einkocht, geschieht genau das Gegenteil. Wasser tritt aus, um die Zuckerkonzentration in der Lösung zu verringern: Das Obst schrumpelt ein. Konsequenterweise sollte also der Zucker in der Einmachlösung genauso hoch konzentriert sein, wie er das in den Früchten ist. Auf diese Weise erhält man am ehesten ein geschmacklich und ästhetisch gleichermaßen ansprechendes Produkt.

Manchmal sind derartige Phänomene aber auch durchaus gewollt, beispielsweise bei der Zubereitung glasierter Maronen: Man kocht sie in Wasser weich und schält sie. Dann überzieht man sie vorsichtig (sie zerfallen leicht!) mit dickem Zuckersirup, den man mit Vanille aromatisiert hat. Nach und nach wird der Zucker die Maronen durchtränken.

# Eiscreme und Sorbet

## Vorsicht, Eiskristalle!

Der wunde Punkt bei selbstgemachtem Eis oder Sorbet sind die Eiskristalle. Ihr Dessert sieht delikat aus, samtig, zart schmelzend... Doch dann knirscht es im Munde Ihrer Gäste, und man hat das Gefühl, auf Glasscherben zu beißen.

Physiker und vor allem Kristallographen wissen, wie man besonders große Kristalle bekommt: Um ein möglichst langes Wachstum sicherzustellen, darf man die Mutterlösung nicht schütteln oder bewegen.

Beim Eismachen ist demnach genau das Gegenteil angesagt: Man muß die Grundmischung kräftig rühren, um die Bildung größerer Kristalle zu verhindern. Gleichzeitig bringt man so Luftblasen in die Masse, die Eiscreme oder Sorbet leichter und lockerer machen.

Allerdings muß die Mischung erst auf Null Grad abkühlen, bevor man sie schlägt; vorher bilden sich nämlich noch keine Kristalle. Außerdem wäre sie dann noch viel zu flüssig, um die Luftbläschen festzuhalten. Und schließlich könnten zu warme Eiscreme-Mischungen beim Schlagen zu Butter werden, denn sie enthalten Sahne. Lassen wir unser Werk also im Gefrierfach zunächst leicht erstarren; und dann noch einmal frisch gerührt!

## Die Wärmefalle

Soll man seine Eismischung warm oder kalt ins Gefrierfach stellen? Was für eine Frage! Der gesunde Menschenverstand sagt uns, daß sie besser friert, wenn sie bereits abgekühlt ist. Aber der gesunde Menschenverstand hat nicht immer recht: Warmes Wasser gefriert schneller als kaltes!

Dieses Phänomen wurde von Ernesto Mpemba aus Tansania untersucht; er publizierte darüber im *Journal for Physical Education*. Wie er berichtet, hielt er sich bei der Eiszubereitung stets streng an ein Rezept: Milch erhitzen, Zucker einrühren, abkühlen lassen, gefrieren. Eines Tages vergaß er das Abkühlen und gab die Mischung warm in den Gefrierschrank: Sie wurde schneller fest.

Wie das? Man hat vermutet, daß es zwischen der erwärmten Eismasse, dem warmen Topfboden und dem Gefrierschrank zu einer besseren thermischen Leitung komme. Doch greift diese Erklärung zu kurz, denn das Phänomen war auch dann zu beobachten, wenn man den direkten Kontakt mit dem Gefrierschrank durch kleine Holzkeile oder eine Styroporunterlage unterbrochen hatte.

Mir scheinen hier drei Ursachen zugrunde zu liegen: Zunächst die Wärmekonvektion, d. h. Bewegungsimpulse, denen Flüssigkeiten ausgesetzt sind, die in ihren unteren und oberen Anteilen unterschiedliche Temperaturen aufweisen. Die Dichteunterschiede bewirken Strömungen, welche die Lösung homogen machen. Zweitens ist in warmem Wasser weniger Gas gelöst als in kaltem, so daß es auch darum schneller gefriert. Und drittens verliert eine warme Lösung durch Verdampfung noch Wasser, d. h., daß weniger Flüssigkeit herabzukühlen ist.

## Instant-Eis

Gibt es eine ideale Zubereitungsart, mit der sich alle Schwierigkeiten beim Eis- und Sorbetmachen schnell und elegant überwinden lassen? Mein Freund Peter Barham hat sie erfunden: Mit seiner Methode werden die Eiskristalle so winzig, daß sie nicht mehr wahrzunehmen sind; mit seiner Methode lassen sich unzählige Luftbläschen in die Mischung hineinbringen, die das Eis wunderbar leicht und locker machen. Noch dazu bietet man seinen Gästen ein aufregendes Schauspiel, denn man zaubert das Eis in wenigen Sekunden vor aller Augen herbei.

Peter Barham schlägt vor, die klassische Eismaschine auszurangieren und statt dessen flüssige Luft zu verwenden! Diese durchsichtige Flüssigkeit gibt es in allen Chemie- und Physiklabors: Sie ist Luft, die auf mindestens –183 °C heruntergekühlt wurde. Flüssige Luft ist also sehr kalt.

Wenn man die flüssige Luft (langsam!) in den Behälter mit der Eiscreme- oder Sorbetmasse gießt, dann geschieht folgendes: Die Luft verdampft; gleichzeitig entzieht sie der Mischung die Wärme, so daß sie sofort zu Eis erstarrt. Das geht so schnell, daß sich nur noch winzige Kristalle bilden können. Und während die Luft vom flüssigen in den gasförmigen Zustand übergeht, werden unzählige Luftbläschen in der erstarrenden Masse eingeschlossen.

Über alledem schwebt eine beeindruckende weiße Wolke (mit einer ähnlichen Technik erzeugen Filmemacher gern Rauch und Nebel). Ihre

Gäste werden begeistert sein! Aber bitte lassen sie etwas Vorsicht walten: Beim Umgang mit flüssiger Luft sollte man eine Schutzbrille tragen und alle Anwesenden auf die Gefahr eventueller Spritzer hinweisen.

# Schaumgebäck

## Eine leichte, solide Basis

Auguste Escoffier riet angehenden Köchen, bei Feinbäckern in die Schule zu gehen: Nur dort lerne man die schwierige Kunst des exakten Dosierens. Ich möchte hinzufügen, daß sich auf dem weiten Feld der Kuchen und Torten nicht nur Feinschmecker mit besonderer Lust tummeln, sondern auch Physiker und Chemiker. Sie können uns einige wissenschaftliche Grundlagen vermitteln, auf deren Boden all die Cremes, Schäume, kandierten Früchte und tausend andere Leckereien noch besser gelingen.

Viele Kuchen und Torten besitzen ein solides Fundament, das den Rest des Gebäudes trägt. Trotzdem soll dieses Fundament geschmeidigweich und zart schmelzend sein. Wie macht man das? Zur Nachahmung bieten sich schwammartige oder schaumige Strukturen an: Die Wände der Blasen und Alveolen verleihen eine Stabilität, wie sie sich beispielsweise in den Waben der Bienenstöcke zeigt. Ein Tortenboden bewahrt dank seiner Blasenstruktur einen Schmelz, der wunderbar mit dem meist cremig geschlagenem Belag harmoniert.

Jedoch ist z. B. Eischnee viel zu zart, um die Last eines ganzen Kuchens zu tragen (selbst Soufflés fallen schnell zusammen, wie wir gesehen haben). Was soll man tun? Wie macht man ihn fester?

Im folgenden will ich zwei Stabilisierungsmethoden vorstellen, die Peter Barham analysiert hat: Bei der ersten handelt es sich um die Verfestigung der Blasenwände des Eischnees (ohne sie gäbe es keine Baisers und Meringen); bei der zweiten geht es, wie beim Häuserbau, um das Einbringen eines (natürlich eßbaren) Stützmaterials: Mehl und Zucker.

## Der Stoff, aus dem Meringen sind

Schlägt man Wasser mit dem Schneebesen, so bilden sich einige Blasen, die aber schnell wieder verschwinden. Schlägt man dagegen Eiklar (das mindestens 88 Prozent Wasser enthält), dann entsteht ein lockerer, feinporiger Schaum, der über mehrere Stunden stabil bleibt. Warum? Das Schlüsselwort heißt »Grenzflächenaktivität«; es ist uns schon öfters begegnet.

Eischnee wird durch den Einschluß von Luftblasen in einer Flüssigkeit, dem Eiklar, gebildet. Da Luft in einer Flüssigkeit zur Oberfläche strebt, muß man das Eiklar kräftig mit dem Schneebesen schlagen, um Kräfte wachzurufen, die die Luftblasen festhalten. Dies geschieht durch die grenzflächenaktiven Moleküle: Sie besitzen einen hydrophilen, wasserfreundlichen Pol (der sich mit dem Wassermolekülen verbindet) sowie einen hydrophoben, wasserfeindlichen Pol, der nichts mit dem Wasser zu tun haben will und sich stattdessen... an die Luft wendet.

Desgleichen sollten wir uns daran erinnern, daß kleinere Bläschen besser auf die grenzflächenaktiven Moleküle ansprechen als große: Sie bilden einen viel stabileren Schaum und ertragen auch einen ausgeübten Druck viel leichter, denn dieser Druck verteilt sich auf viel mehr Blasen.

Um Meringen zu machen, gibt man Puderzucker dazu, der sich löst. Hier das klassische Rezept: Für weiche Meringen benötigt man zwei, für feste vier Eßlöffel Puderzucker pro Eiklar. Man trocknet die Mischung im warmen Backofen. Wenn genug Flüssigkeit verdampft ist, erhält man eine feste Struktur, die sich aus grenzflächenaktiven Molekülen, Zucker und eingebunden gebliebenem Wasser zusammensetzt. Trocknet man die Masse zu lange (was man natürlich vermeiden sollte), dann verdampft auch das restliche Wasser, und die Meringen werden zu hart.

In der Backröhre dehnt die Wärme die Luftbläschen aus, so daß die Masse aufgeht; gleichzeitig gerinnen das Albumin und die anderen Eiklarproteine, so daß die größer gewordenen Bläschen stabilisiert werden. Die optimale Backtemperatur, bei der man eine schöne Kruste erhält, liegt für weiche Meringen bei 110 Grad (60 Minuten) und für die festen bei 180 Grad (15 Minuten).

## Den Zucker nicht zu früh beimengen!

Wann soll man den Zucker ans Eiklar geben: Vor dem Schlagen oder besser danach?

Hierin sind sich alle Köche und Bäcker einig: Der Zucker darf erst dann untergemischt werden, wenn der Eischnee fest genug ist. Warum? Weil Zucker den Proteinen Wasser entzieht; um so mehr, wenn er (wie bei den Meringen) als Puderzucker fein verteilt wird. Auch hier liegt wieder das Diffusionsprinzip vor: Wenn man Zucker, der kein Wasser enthält, mit Proteinen zusammenbringt, strebt das Wasser der Proteine danach, den Zucker zu lösen. Mengt man also den Zucker zu früh bei, dann läßt sich das Eiklar nur schwer aufschlagen.

## Neugier kann verderblich sein

Darf man die Backofentür öffnen, um nach den Meringen zu sehen, während sie trocknen? Nein! Es gilt hier dasselbe wie für die Soufflés: Die Luftbläschen haben sich dank der Wärme ausgedehnt; wenn man die Ofentür öffnet, können sie wegen des damit verbundenen Wärmeverlusts leicht zusammenschrumpfen. Schließt man dann die Tür und backt weiter, so verfestigt sich das Eiklar meist schneller, als die Bläschen wieder aufquellen können. Wer neugierig ist, sollte sich darum besser einen Backofen mit Glastür anschaffen.

## Zwischen Scylla und Charybdis

Die Scylla des Eischnees ist das zu kräftige Schlagen: Die Proteine denaturieren zu schnell, so daß nicht genug Luft eingeschlossen wird, wenn sich die Bindungen zwischen den Proteinmolekülen herstellen. Schlägt man dann kräftig weiter, so wird die Zahl dieser Bindungen stetig zunehmen. Die Moleküle werden das Wasser abspalten, das normalerweise an sie gebunden ist: Auf dem Eischnee bilden sich Perlen.

Die Charybdis des Eischnees soll das Eigelb sein. Es sei unmöglich, so wird oft behauptet, ein Eiklar steif zu schlagen, wenn sich auch nur eine Spur vom Dotter darin befinde. Ich halte das für ein Märchen. Sicher ist es richtig, daß sich aus dem Eiklar nicht so leicht ein stabiler Schaum schlagen läßt, wenn es mit Eigelb verunreinigt wurde; aber unmöglich ist es nicht.

Die Schwierigkeiten werden vom Cholesterin des Eigelbs verursacht. Nachdem die Proteine denaturiert sind, verbindet es sich mit den hydrophoben Gruppen des Albumins und hindert sie daran, an der Bildung des Eischnees teilzunehmen. Ist Cholesterin vorhanden, dann muß man also mehr Proteine denaturieren, d. h., man muß die verunreinigte Masse wesentlich länger schlagen als reines Eiklar. Zudem muß man sie auch schneller schlagen: Je niedriger die Viskosität einer Flüssigkeit, desto höher muß die Umrührgeschwindigkeit sein, um ein Molekül zu denaturieren. Allerdings kann uns eine Prise Salz oder Zucker die Arbeit erleichtern: Man erhöht so die Viskosität.

## Eine weiche Basis

Die beliebten Biskuitböden beruhen auf einem einfachen Prinzip: Wie bei den Meringen ist auch beim Biskuit die Grundlage Eischnee, jedoch kommt noch ein weiterer »Baustoff« hinzu: Mehl.

Das Mehl darf erst zugegeben werden, wenn der Eischnee schnittfest geschlagen ist; die Mehlstärke würde sonst die Luft aus den Bläschen saugen, und der Schaum würde zusammenschrumpfen. Man vermengt Mehl und Eischnee vorsichtig miteinander (am besten mit der gleichen Technik wie beim Soufflé), bis die Mischung eine einheitliche Farbe bekommen hat.

Um das Wiederauskristallisieren der Stärke zu verhindern und um die Masse seidig-weich zu machen, gibt man noch Fett zu, meist in Form von geschmolzener Butter. Auch sie muß ganz vorsichtig unterzogen werden, damit sich die Fettmoleküle der Butter nicht mit den wasserfeindlichen Gruppen der Proteine verbinden, so daß der Schaum zusammenfallen würde. Beim Backen entstehen durch die Proteindenaturierung dauerhafte Bindungen zwischen den Proteinmolekülen, und die Masse verfestigt sich in einer schwammartigen Struktur.

Das heißt, daß im Ofen die Grenzflächen der Bläschen fest werden und so dem Druck standhalten, der durch die Ausdehnung der Luft und durch die Dampfentwicklung auf sie ausgeübt wird. Normalerweise bildet sich der Dampf jedoch etwas schneller, als die Proteine gerinnen, so daß sich die Bläschen beim Backen noch etwas vergrößern und das Gesamtvolumen der Masse um etwa 10 Prozent anwächst. Um zu sehen, ob der Teig gar ist, sticht man am besten mit einem Holzstäbchen hinein: Bleibt etwas Teigmasse daran kleben, dann ist er noch nicht genug durchgebacken.

Holt man den Kuchen aus dem Ofen, so kühlt er ab, die Luft in den Bläschen zieht sich zusammen, der Dampf kondensiert. Dadurch läßt die innere Spannung nach, und der Kuchen fällt in der Mitte zusammen, wenn er nicht richtig durchgebacken ist.

Man kann eine solche Enttäuschung vermeiden, indem man absichtlich einige Blasen zum Platzen bringt. Dazu läßt man den Kuchen in der Kuchenform aus etwa 10 cm Höhe auf die Arbeitsfläche fallen. Zwar verliert der Kuchen dadurch etwas an Höhe; aber das ist immer noch besser als ein Biskuit, der später unter der Last seiner süßen Beläge zusammenbricht oder sich unregelmäßig verformt.

# Die Schlagsahne

Noch ist unsere Torte nicht fertig; es fehlt ihr die Füllung oder der Belag. Für die Füllungen nimmt man oft eine Mischung aus Schlagsahne und roten oder rotschwarzen Früchten: Die Schlagsahne eignet sich deshalb so gut, weil auch sie einen stabilen Schaum bildet. Wie die Milch enthält die Sahne Fetttröpfchen, deren Verteilung im Wasser durch grenzflächenaktive Moleküle wie Kasein beständiger wird.

In der Kuhmilch befinden sich etwa 4 Prozent Fett, im Sauerrahm mindestens 10 und in der Schlagsahne mindestens 30 Prozent. Die Butter dagegen besteht zu 83 Prozent aus Fett und stellt damit einen anderen Emulsionstyp dar: Wassertröpfchen verteilen sich in einer Fettphase.

In eine ganz ähnliche Emulsion will man die Schlagsahne überführen. Man schlägt sie, um eine Art Phasenumkehr zu erreichen: Wasser und Luft werden in Fett dispergiert. Es ist nicht falsch, dazu eine möglichst fette Sahne zu verwenden, die man vor dem Schlagen in den Kühlschrank stellt: dadurch erhöht sich die Viskosität. Und um zu verhindern, daß sich beim Schlagen Butter bildet, kann man den Behälter, in dem man die Sahne schlägt, auf zerstoßenes Eis stellen.

Wenn die Fetttröpfchen fein zerteilt sind, so daß sie die Luftbläschen umschließen und stabilisieren, wird die Schlagsahne fest. Man kann sie nun weiterverwenden: Beispielsweise für eine leckere Torte, auf der sich Schichten aus Biskuit, Früchten und Schlagsahne abwechseln. Man vergesse nicht, den Tortenboden mit ein wenig Alkohol zu aromatisieren und auf die Torte etwas Schokoladenraspel zu streuen: So wird das Werk perfekt.

# Mürbeteig,
# Blätterteig,
# Sandteig…

## Warum müssen Teige ruhen?

Jeder weiß, daß die Ausgangsbasis vieler Kuchenteige Mehl, Wasser und Butter sind. Dennoch hat ein Mürbeteig nichts mit einem Blätterteig zu tun, und der unterscheidet sich wiederum erheblich von einem Sandteig. Warum kommt es trotz gleicher Zutaten zu so verschiedenen Ergebnissen? Weil sich die Teige unter den Händen des Konditors verändern. Wir wollen das Werk dieser Hände beobachten.

Der allereinfachste Teig besteht nur aus Mehl und Wasser: Es ist ein dicker, kittähnlicher Stoff, der aber nicht an den Händen klebt. Während der Zubereitung dieses Teigs wird aus den unzähligen Stärkekörnchen des Mehls eine kohärente Masse: Aufgrund der »Kapillarattraktion« dringt das Wasser zwischen die Stärkekörnchen und in ihre Spaltöffnungen ein.[1] Walzt man diese Masse nun mit einer Teigrolle zu einer Platte von etwa zwei bis drei Millimeter Dicke aus, so erhält man ein ungesäuertes Fladenbrot wie z. B. Matze. Während des Backens steigt die Wassertemperatur; die Stärkekörner quellen auf und verkleistern. In dem Ausmaß, wie das Wasser verdampft, verfestigt sich der Kleister allmählich: Es entsteht eine zusammenhängende, harte Masse.

Der Mürbeteig unterscheidet sich davon durch die Butter (oder Margarine), mit der man die einzelnen Mehlkörner voneinander trennt. Dadurch bekommt der Teig eine gewisse Geschmeidigkeit. Auch hier entsteht aus Mehl und Wasser Kleister, aber wegen der trennenden Butter bildet er keine zusammenhängende Masse. Nach dem Backen ist der Teig darum zunächst noch bröckelig; seine spätere Stabilität verdankt er der Butter, die beim Erkalten zu einer Art cremigem Zement erstarrt. Darum sollte man Mürbeteigkuchen und -torten erst dann aus der Backform nehmen, wenn sie richtig abgekühlt sind.

Aus diesen beiden einfachen Rezepturen können wir etwas wichtiges lernen: Weil die Stärke quellen muß, darf man bei der Teigzubereitung nichts überstürzen. Das Wasser muß Zeit haben, zwischen die Stärkekörner zu fließen und in sie einzudringen. Und darum heißt es richtig in vielen Kochbüchern: »Lassen Sie den Teig eine halbe Stunde ruhen.«

---

[1] Man kann sich dieses Phänomen leicht selbst veranschaulichen. Stippt man ein Stück Zucker in eine Tasse Kaffee, so kann man sehen, daß der Kaffee in den trockenen Teil des Zuckerwürfels hochsteigt: Er wird von den Kräften der Kapillarität, die zwischen den Zuckerkristallen wirksam sind, angesaugt.

## Vorsicht beim Kneten!

Desgleichen wird in Kochbücher häufig empfohlen, den Teig nicht zu lange durchzukneten. Warum?

Das Mehl besteht nicht nur aus Stärke, es enthält auch Proteine: das sog. Klebereiweiß oder Gluten. Wasser übt eine große Anziehungskraft auf die Glutenproteine aus; in seiner Gegenwart bilden sie ein festes, elastisches Netz. Knetet man zu lange, so können sie gerinnen: Der Kuchen wird dann sehr hart.

Bei Teigen für feines Hefegebäck wie Brioches hat sich das folgende Vorgehen bewährt: Man vermischt zunächst Mehl und Butter, so daß die Mehlkörner vom Butterfett umschlossen werden. Gibt man jetzt das Wasser hinzu, so quellen die Körner zwar auf; aber wenn man nicht zu sehr knetet, kann sich kein durchgängiges elastisches Glutennetz bilden: Der Briocheteig geht besser auf.

## Der Blätterteig

Der Blätterteig ist »exponentiell«: Wenn man eine Teigplatte in 3 Lagen zusammenfaltet (»einfache Tour«), bildet man 3 übereinanderliegende Blätter. Rollt man dieses Teigpaket aus und faltet erneut, so entstehen schon 9 Blätter. Gibt man insgesamt 6 Touren, dann erhält man 3 mal 3 mal 3 mal 3 mal 3 mal 3, also 729 Blätter!

Wenn man den Teig richtig zubereitet, blättert er beim Backen perfekt: Die einzelnen Schichten werden vom Fett der Butter auseinandergehalten und können nicht miteinander verschmelzen. Außerdem wird beim Falten Luft zwischen den Schichten eingeschlossen. Sie dehnt sich beim Backen aus, so daß sich die Blätter noch besser voneinander abheben: Der Teig geht auf und wird dabei so locker und luftig, wie wir ihn lieben.

Genug der Theorie, schreiten wir zur Praxis! Es gibt viele Methoden, die zu einem guten Blätterteig führen sollen. Ich habe sie alle ausprobiert und dabei recht unterschiedliche Ergebnisse erhalten. Das Rezept, mit dem ich die besten Resultate erzielte, möchte ich Ihnen jetzt vorstellen. Aber nehmen Sie sich Zeit: Ein Blätterteig ist nicht im Handumdrehen zubereitet!

Vermischen Sie 250 Gramm Mehl und maximal 1,5 Deziliter Wasser zu einem Teig (die Wassermenge kann variieren, je nachdem, ob es

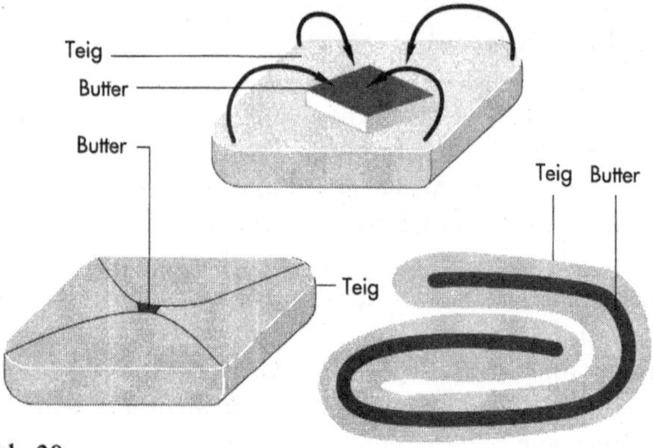


**Abb. 20**

sich um ein mehr oder weniger eiweißreiches Mehl handelt). Wenn der Teig glatt und elastisch geworden ist (er darf weder kleben noch bröckeln), formt man daraus eine Kugel. Anschließend 250 Gramm Butter durchkneten; sie muß geschmeidig werden, aber dennoch fest bleiben. Nun wird der Teig zu einem Quadrat von etwa 20 Zentimetern Seitenlänge ausgerollt, desgleichen die Butter, die einen flachen quadratischen Block von etwa 10 Zentimetern Seitenlänge bilden muß. Wie Abbildung 20 zeigt, wird dieser Butterblock auf der Teigplatte so positioniert, daß seine verlängerten Diagonalen die Seiten der Platte halbieren würden. Man zieht den Teig von den Ecken her über die Butter; sie muß vollständig eingepackt sein.

Jetzt geben Sie die Touren: Das Teigpaket wird der Länge nach ausgerollt (es muß ein Rechteck bilden) und dann in drei Lagen gefaltet (s. Abb. 20). Nachdem man das gefaltete Paket um 90 Grad gedreht und erneut zu einem langen Rechteck ausgewalzt hat, gibt man auf dieselbe Weise die zweite Tour. Nun muß der Teig, gut eingewickelt, etwa 20 Minuten im Kühlschrank ruhen. Es folgen die nächsten beiden Touren, denen sich wiederum ein Aufenthalt im Kühlschrank anschließt. Danach wiederholt man die Prozedur zum letztenmal, ritzt den Teig auf der Oberfläche leicht an und bestreicht ihn mit einer Eigelb-Sahne-Mischung. Lassen Sie ihn nun 20 Minuten lang bei 200 Grad backen und... zählen Sie anschließend die Blätter!

## Der Sandteig

Die bisher besprochenen Teige bestanden aus Mehl, Wasser und Butter. Der Sandteig enthält ebenfalls Mehl und Butter, aber kein Wasser; stattdessen kommen Zucker und Eigelb hinzu. Er wird beim Backen sehr trocken und zergeht zwischen den Zähnen wie feiner Sand. Die Teigmasse selbst ist bröckelig und läßt sich nur schwer ausrollen: Wenn das gelingen soll, darf man nicht zu sehr auf die Teigrolle drücken.

Bei der Zubereitung des Teigs gelangen Butter und Eigelb zwischen die Stärkekörner und die Zuckerkristalle. Aber die Kräfte der Kapillarität, die das Eindringen des Wassers in die Spaltöffnungen der Körner begünstigen, spielen hier keine Rolle: Dem Teig mangelt es an innerem Zusammenhalt; er ist zerbrechlich und krümelt leicht aus.

Zwar enthalten die Eidotter Wasser, doch ist die Menge zu klein, als daß sich viel Stärkekleister bilden könnte. So garen die einzelnen Stärkekörner quasi isoliert vor sich hin, desgleichen der Zucker. Dennoch verdankt der Sandteig seine – wenn auch schwache – Kohäsion vor allem dem Eigelb: Es gerinnt zu einem Netz, das die Masse zusammenhält.

## Die Bläschen des Biskuits

Auch der klassische Biskuitteig enthält nicht viel Wasser. An Stärke fehlt es ihm ebenfalls, so daß er ganz leicht und locker wird. Um ihn richtig zuzubereiten, muß man eine Mischung aus Eigelb und Kristallzucker schaumig schlagen, denn es soll möglichst viel Luft in die Masse eingearbeitet werden. Das Eigelb drängt sich zwischen die Zuckerkristalle, die in diesem fetten Milieu intakt bleiben und durch Millionen von Luftbläschen voneinander getrennt werden. Um eine schwammartige Struktur zu bekommen, rührt man steifgeschlagenen Eischnee unter. Während des Backens dehnen sich die Luftbläschen aus, und die Oberfläche karamelisiert. (Für einen besonders zäh-elastischen Teig gibt man mit dem Eischnee geschmolzene Butter auf die Eigelbmasse und vermischt das alles sehr vorsichtig miteinander.)

Nun wird der Teig in eine Springform gefüllt. Man backt bei sehr starker Hitze: Schnell verfärbt sich der Teig und geht auf, und nach 15 bis 20 Minuten zeigt uns die Holzstäbchen-Probe, daß er gar ist. Man läßt noch abkühlen, bevor man die wunderbar luftige und delikate Masse aus der Form nehmen darf.

Warum führt das geschilderte Prozedere zu einem so erfreulichem Resultat? Zum einen, weil die Proteine geronnen sind und dadurch das Netz zwischen den Luftbläschen mit verfestigt haben. Zum anderen, weil der Zucker mit dem Eigelb reagiert hat: Der Zucker dient hier als »Baustoff«, der ebenfalls das Netz stabilisiert. Und endlich haben die verschiedenen, durch das Erhitzen ausgelösten Reaktionen von Eiklar und Eigelb sowie die Karamelisierungsreaktionen des Zuckers dem Biskuit noch etwas Geschmack gegeben.

Die *Génoise* (oder Genueser Teig), eine wichtige Grundlage für Torten und Süßspeisen, unterscheidet sich insofern vom Biskuit, als hier Eiklar und Eigelb (sowie Zucker und später die anderen Zutaten) gemeinsam verrührt werden. Eiklar zusammen mit Eigelb schaumig zu schlagen ist zwar schwierig, aber nicht unmöglich. Man sollte mit dem Vermischen in einem lauwarmen Wasserbad beginnen und danach noch mindestens eine Viertelstunde weiterschlagen, um viel Luft in die Masse zu bringen. Der Teig ist fertig, wenn sie schaumig und dick geworden ist.

## Der »Hebe«-Teig

Beenden wir unsere kleine Backschule mit einem Blick auf die Backpulverteige (es geht hier nur ums Kuchenbacken; das Brot verdient ein Kapitel für sich). Statt echter Hefe benutzt man dafür Stoffe, die fälschlicherweise manchmal als »chemische Hefe« bezeichnet werden. Worum handelt es sich?

Es handelt sich *nicht* um Hefen – Hefepilze sind einzellige Mikroorganismen, die in Anwesenheit von Wasser und Zucker Kohlendioxid freisetzen. Vielmehr geht es um Backpulver: Diese Stoffe sind ausgezeichnete Triebmittel auch für die feinsten Kuchen. Um Kohlendioxid freizusetzen, benötigen sie nur Wasser; auf den Zucker können sie verzichten.

Meist setzen sich die Backpulver aus mehreren Bestandteilen zusammen: Beispielsweise aus Natron (Natriumbikarbonat), Säuren (z. B. Weinsäure sowie saures Natrium- und Aluminiumsulfat) und Stärke. Die Stärke dient als Trennmittel: Sie isoliert Natron und Säure, so daß sich diese eigentlich wirksamen Stoffe nicht vorzeitig umsetzen.

Backpulver wirken in zwei Etappen. Der »Vortrieb« findet bereits bei Zimmertemperatur statt; dabei wirkt Weinsäure auf Natron ein, wodurch Kohlendioxid freigesetzt wird und im Teig kleine Bläschen entstehen. Der »Nachtrieb« wird erst in der Hitze der Backröhre ausgelöst: Durch die Wirkung z. B. des Aluminiumsalzes vergrößern sich die Bläschen, und der Teig wird noch höher und lockerer.

Dies alles hat also herzlich wenig mit lebenden Hefen wie der Backhefe (Saccharomyces cerevisiae) zu tun. Solche Hefen haben den Nachteil, hohe Temperaturen nicht zu überleben. Andererseits sind sie vor allem in festen Teigen gut wirksam, und in einem ganz besonderem Maße im Brot.

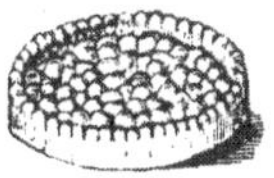

# Der Zucker

## Süßer Karamel

Jean de la Varenne, Leibkoch Ludwigs XIII., war kein Freund süßer Nachspeisen: »Wen es nach einer üppigen Mahlzeit noch nach einem Dessert gelüstet«, soll er einmal gesagt haben, »ist ein Narr, der sich seinen Kopf ebenso verdorben hat wie seinen Magen.«

Manche Feinschmecker teilen diese Ansicht; aber viele von uns können trotzdem nicht von den süßen Dingen des Lebens lassen, vom Zucker in all seinen Erscheinungsformen, z. B. als Karamel. Woher kommt dessen braune Farbe, woher sein unnachahmlicher Geschmack?

Unser Tafelzucker besteht aus Saccharose, einem Molekül, das sich aus einem Glukose- und einem Fruktosering zusammensetzt, die über ein Sauerstoffatom miteinander verbunden sind. Erhitzt man Saccharose, so macht sie eine Reihe von Umsetzungen durch (da sie zahlreiche Sauerstoffatome enthält, sind molekulare Neuanordnungen möglich). Die Moleküle werden gespalten, wobei flüchtige Fragmente wie Akrolein entstehen, die entweder verdampfen... oder sich in der Zuckermasse auflösen, um dem Karamel seinen typischen Geschmack zu verleihen.

## Bitterer Süßstoff

Von Diät-Hungrigen wird der Zucker heutzutage oft abgelehnt und durch Süßstoffe, z. B. Aspartam, ersetzt. Aber darf man mit Aspartam kochen?

Davon möchte ich abraten, denn Aspartam setzt sich aus Asparaginsäure und Phenylalaninmethylester zusammen. Unter Wärmeeinwirkung entmischen sich die beiden Bestandteile, und ihr jeweiliger Einzelgeschmack tritt an die Stelle des ursprünglich sehr süßen Aspartamgeschmacks. Nun ist zwar die Asparaginsäure geschmacklos, aber das Phenylalanin schmeckt bitter.

Desgleichen sollten wir nicht vergessen, daß Aspartam auch in kalter wäßriger Lösung allmählich zersetzt wird: Aspartamhaltige Diätsäfte beispielsweise sollten darum nicht lange gelagert werden, sonst bekommen auch sie einen bitteren Geschmack.

# Unser tägliches Brot

## Wir backen ein Baguette!

Ein Kennzeichen des postmodernen Zivilisationsmenschen ist es, der Natur nachzutrauern, von der er sich so weit entfernt hat. Und mit dieser ersten ist besonders in den großen Städten jene zweite, erworbene Natur des Menschen verlorengegangen, die sich in Jahrtausenden herangebildet hat: die Zubereitung des täglichen Brots. Der moderne Städter ist allenfalls durch einige Häuserblocks vom nächsten Bäcker getrennt, der über spezialisierte Backgeräte, große Erfahrung, kurz: über Professionalität verfügt... und über appetitliche Produkte.

Warum sollten wir uns die Mühe machen, selbst Teig zu kneten und Brot zu backen – mit manchmal recht mäßigen Resultaten? Werden unsere Brötchen jemals so knusprig, unsere Baguettes so ansprechend goldgelb sein wie die der netten Bäckersfrau im Laden um die Ecke? Welches Mehl sollen wir nehmen und welche Hefe? Haben wir zum Brotbacken überhaupt genug Zeit? Und ist es nicht schwierig, sich die nötige handwerkliche Technik anzueignen, die auch hier die Grundlage des Erfolgs ist?

Fragen über Fragen, welche die Zweifler unter uns, die niemals selbst Brot gebacken haben, abschrecken. Doch wenn sie wüßten! Aller Anfang ist schwer; aber schon nach dem ersten selbstgebackenen Brot wird man feststellen, daß sich die Mühe gelohnt hat. Zum Stolz auf das eigene Werk gesellt sich die Befriedigung, ein gehaltvolles Produkt zu verzehren, dessen Inhaltsstoffe man kennt: Es ist sicher besser als jene zweifelhaften Erzeugnisse, die sich – Tendenz steigend – manche sogenannten Bäcker aus großen Backfabriken kommen lassen und teuer verkaufen.

Ich lade Sie hiermit ein zu einem Fest des häuslichen Brots; ich möchte Ihnen die Angst vor dem ersten Schritt nehmen und zeigen, daß Brotbacken eigentlich ein Kinderspiel ist. Wenn Sie sich über einige wenige physikalisch-chemische Vorgänge im klaren sind, die bei der Teigbereitung und beim Backen selbst eine Rolle spielen, kann eigentlich nichts mehr schief gehen. Juckt es Sie schon in den Fingern? An die Arbeit: Frisch gewagt ist halb geteigt!

## Wasser, Mehl und Hefe

Um Brot zu backen, bedarf es nicht vieler Voraussetzungen: Man benötigt Wasser, Mehl, Hefe, zwei Hände und einen Backofen. Nur drei

Schritte sind nötig: Kneten, Gären, Backen. Nichts einfacheres als diese Technik, die im Prinzip schon vor 3000 Jahren im alten Ägypten so praktiziert wurde.

Kommen wir zu unserem eigenen Teig: Wir benötigen 12 Deziliter Weizenmehl, 5 Deziliter lauwarmes Wasser, 25 Gramm Hefe und einen Teelöffel Salz. In einer großen Schüssel lösen wir die Hefe in dem Wasser und geben das Mehl und das Salz hinzu. Nun heißt es mischen, kneten, walken, bis wir eine Kugel formen können, die wir mit etwas Mehl bestäuben. Wir lassen sie in der Schüssel, decken mit einem Geschirrtuch ab und machen drei Stunden Pause: Unsere Kugel braucht eine erste »Gare«, damit sie anschwillt und lockerer wird.

Danach kneten wir sie auf ihr Ausgangsvolumen zurück und rollen sie anschließend zu zwei oder drei wurstförmigen Teiglingen aus, die wir jeweils in eine gebutterte Backform legen. Noch einmal abdecken und ruhen lassen (drei Stunden in der Küche, über Nacht an einem kühleren Ort). Während dieser zweiten Gare muß der Teig gut aufgehen und über den Rand der Backform hinauswachsen. Vergessen wir nicht, jetzt die Teigwürste auf der Oberfläche schräg einzuschneiden; dann schieben wir sie in den vorgeheizten Backofen. Sie müssen dort 15 Minuten bei 220 Grad backen; anschließend läßt man sie bei 150 Grad noch 25 Minuten goldgelb werden. Wir nehmen sie aus dem Ofen und lassen sie auf einem Rost abkühlen.

Wenn Sie jetzt kosten, kann es sein, daß Ihnen das Brot zu fest und zu schwer vorkommt oder daß es innen noch feucht ist, lasch und voller Löcher... Vielleicht waren Sie etwas übermütig. Jeder Schritt, den Sie getan haben, hat einen tieferen Grund, wie Bäcker aus Erfahrung wissen. Lernen Sie diese Gründe jetzt kennen, dann wird Ihr nächster Anlauf von Erfolg gekrönt sein!

## Das Netzwerk des Glutens

Nehmen wir zunächst den ersten Schritt zum selbstgemachten Brot, das Verkneten, unter die Lupe. Wasser, Mehl, Hefe und Salz werden miteinander vermischt. Warum entsteht dabei eine geschmeidig-zähe Masse, der Brotteig?

Der Hauptbestandteil des Brotes ist das Mehl. Besonders gut zum Backen eignet sich Weizenmehl: Weizen ist das weltweit wichtigste Brotgetreide. Weizenmehl setzt sich vor allem aus Stärke und Eiweiß-

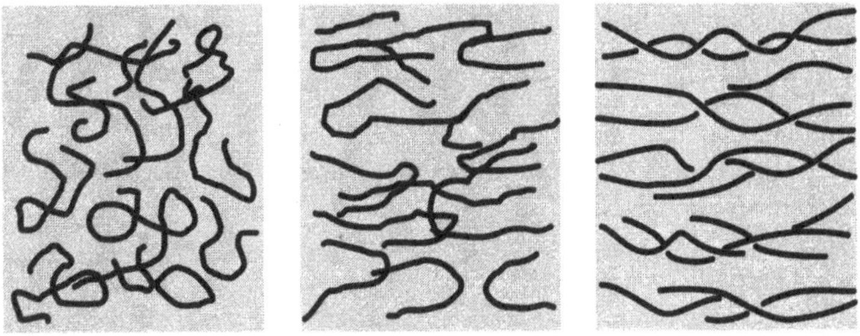

**Abb. 21** (Nach H. McGee)

stoffen zusammen: aus Stärkekörnern, die von Amylase- und Amylopektinmolekülen gebildet werden, sowie aus Proteinen, die teils löslich (Albumine und Globuline), teils unlöslich sind (das »Klebereiweiß« oder Gluten, ein Proteingemisch aus Gliadin und Glutenin). Bei den folgenden Ausführungen sollten wir dies im Auge behalten.

Beginnen wir mit den Proteinen: Der Teig wird elastisch, weil das Gluten aufquillt und eine Art Netzwerk bildet (daher auch der Name »Weizenkleber«). Von diesem Netz werden Luft und Kohlendioxid, die beim Kneten bzw. Gären in den Teig hineinkommen, in winzigen Bläschen festgehalten (später entstehen daraus die Poren der Krume).

Die kettenartig angeordneten Proteinmoleküle erscheinen zunächst als vielfach gefaltete, verknäulte Gebilde; sie werden durch intramolekulare Bindungen (d. h. Bindungen innerhalb ein und desselben Moleküls) wie Wasserstoffbrücken und Schwefel-(Disulfid-)Brücken zusammengehalten. Daher die typische »Knäuel«-Form: Die Proteinketten sind ineinander verfilzt und verschlungen (Abb. 21, linkes Bild).

Beim Kneten werden die Proteine voneinander getrennt, abgewickelt und auseinandergezogen. Ähnlich Algen, über welche die Wellen streichen, oder (um in der Küche zu bleiben) wie Spaghetti, die man ins Abtropfsieb schüttet, werden die Proteinfäden durch die Knetkräfte gestreckt und nebeneinandergereiht.

Diese Anordnung der Proteine ist typisch für den durchgekneteten Brotteig: Die Masse ist zäh, aber glatt und elastisch. Warum elastisch? Die Proteinfäden sind unregelmäßig gewellt (s. Abb. 21, rechts), wegen dieser Schleifen und Windungen besitzen die Proteine eine spiralfederartige Dehnbarkeit.

Die Elastizität eines Teiges hängt u.a. vom Konzentrationsverhältnis zwischen Gluteninen und Gliadinen ab. Glutenine sind sehr großes

Moleküle, die den Teig verfestigen, weil sie ein starres, wenig dehnbares Netz bilden; die etwa tausendmal kleineren Gliadine dagegen sind beweglicher und ihre Spiralen elastischer. Endlich spielen auch Fette für die Teigmechanik eine gewisse Rolle.

Warum eignet sich gerade Weizenmehl so gut zum Brotbacken? Weil sein Gluten sehr quellfähig ist (es quillt viel besser als beispielsweise das Gluten des Roggens); aufgrund seiner günstigen Zusammensetzung kann es ein besonders stabiles elastisches Netz bilden. Beim Backen bildet sich daraus ein festes Klebergerüst, das dem Brot Halt gibt.

## Warum muß Mehl trocken sein?

Mit einem Anteil von etwa 70 bis 80 Prozent ist die *Stärke* der Hauptbestandteil des Mehls. Wie schon erwähnt, besteht sie aus winzigen kugelförmigen Körnchen von 2 bis 40 Mikrometern Durchmesser, die sich aus Amylose (20 Prozent) und Amylopektin (80 Prozent) zusammensetzen.

Wer Diät halten muß, kennt diese Moleküle unter dem Namen »Kohlenhydrate«: Beide bilden lange Ketten, deren Glieder Glukosegruppen sind. Amylose und Amylopektin unterscheiden sich lediglich durch die Anordnung dieser Gruppen: Die Amylosemoleküle erscheinen als lange Fäden, während die Ketten beim Amylopektin stärker verzweigt sind (s. Abb. 18). Beide Kohlenhydrate gehören zur selben Familie wie der wichtige pflanzliche Zellbaustoff Zellulose, ein Makromolekül, das aus 10000 bis 15000 Glukosemolekülen besteht.

Wir kennen nun die Bausteine des Brots; doch was hält sie zusammen? Diese Aufgabe übernehmen spezialisierte Proteine, deren Menge zwar klein, deren Bedeutung aber um so größer ist. Es handelt sich um *Enzyme*, die wie Katalysatoren biochemische Reaktionen beschleunigen, ohne selbst mit umgesetzt zu werden.

Ein einfaches Beispiel: Wenn man Wasserstoff und Sauerstoff im Verhältnis 2 zu 1 vermischt, reagieren sie nicht. Hält man aber eine Flamme an dieses Gemenge (»Knallgas«), dann explodiert es. Man kann die Explosion aber auch ohne Flamme auslösen, indem man z. B. Platinpulver in die Mischung bringt: Die Gasmoleküle verdichten sich am Metall und reagieren. Das Platin selbst aber erfährt durch diese Reaktion keine Veränderung: Es diente als Katalysator.

Die gleiche Aufgabe fällt in der belebten Materie den Enzymen zu: Sie begünstigen und beschleunigen, d. h. sie katalysieren biochemische Reaktionen.

Auch das Mehl enthält solche Enzyme. Bei der Stärkehydrolyse beispielsweise sind Amylasen am Werk; sie spalten von den langen Stärkemolekülen die Maltose ab. Die Maltosemoleküle bestehen jeweils aus zwei Glukosemolekülen und bilden zusammen mit Dextrinen den Nährboden für die Hefepilze. Unser Mehl ist zum Brotbacken also geradezu prädestiniert: Es besitzt genau jene Enzyme, die im Teig die Nahrung der Hefe freisetzen; und die Hefe ist nötig, damit der Teig aufgeht und locker wird.

Nun wird auch ersichtlich, warum Mehl nicht feucht gelagert werden darf: Die Enzyme würden dann mit Hilfe der Luftfeuchtigkeit die Stärke zersetzen. Merken wir uns also: Damit die Enzyme gut wirken, müssen wir die Stärkekörner gut anfeuchten. Fürs häusliche Brotbacken heißt das: Mit Wasser nicht sparen und kräftig kneten! Dank der Enzyme erhalten wir dann Maltose, welche die Hefe zu teiglockerndem Kohlendioxid vergärt.

Fassen wir zusammen: Durch kräftiges langes Kneten entsteht viel Maltose. Viel Maltose begünstigt die Vermehrung der Hefepilze. Viel Hefe bedeutet viel Kohlendioxid. Und durch viel Kohlendioxid bilden sich viele kleine Gasbläschen im Teig: Er wird beim Backen wunderbar aufgehen.

## Altes Mehl gibt gutes Brot

Bäcker wissen, daß sich mit ein bis zwei Monate altem Mehl ein besseres Brot backen läßt als mit ganz frisch gemahlenem. Warum?

Mit Abb. 21 wollte ich veranschaulichen, wie die Proteine beim Kneten gestreckt und reihenförmig angeordnet werden. Ihren Zusammenhalt sichern Wasserstoff- und Disulfidbrücken. Durch die Brücken entstehen spiralfederartige Windungen, die dem Teig Elastizität verleihen.

Disulfidbrücken können sich sowohl zwischen zwei Schwefelatomen ein und desselben Proteins wie auch zwischen zwei Schwefelatomen benachbarter Proteine bilden (Abb. 22, oberer Teil). Nach einer starken Dehnung jedoch wird die Rückbildung der elastizitätsfördernden Brücken durch die Anwesenheit von Thiol-SH-Gruppen erschwert:

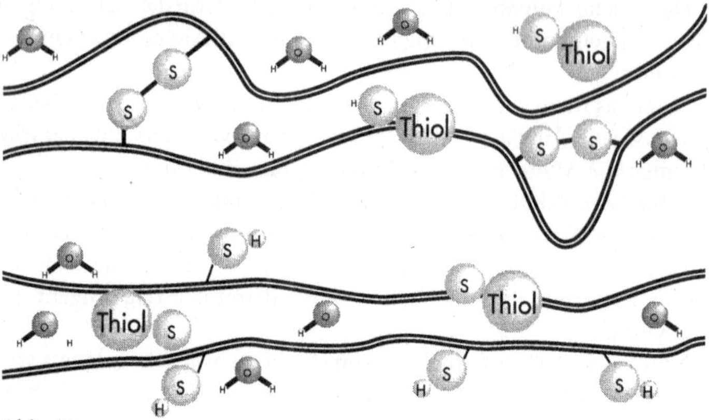

Abb. 22

Sie geben ihr Wasserstoffatom an ein Schwefelatom ab, und die Proteine bleiben gestreckt (Abb. 22, unten).

Mit anderen Worten: Wird eine Disulfid-Brücke gedehnt und befindet sich eine Thiol-SH-Gruppe in der Nähe, so besteht die Gefahr, daß ein Wasserstoffatom zu einem der ursprünglich gebundenen Proteine übergeht. Der Teig läuft auseinander, anstatt elastisch zu werden. Wenn man das Mehl älter werden läßt, dann oxidieren die Thiolgruppen: Die Schwefelbrücken können sich nun leichter wieder aufbauen, und damit stellt sich auch die gewünschte Elastizität des Teiges ein.

Dem aufmerksamen Leser wird nicht entgangen sein, daß auch das Wasser H-Atome an den Schwefel abgeben kann (s. Abb. 22); doch müßte man dazu schon sehr stark kneten. Wenn man keine Teigknetmaschine benutzt, sondern den Teig mit den Händen walkt, wird ein solches Mißgeschick nur selten auftreten.

## Das Gehen

Nach all dem Kneten dürfen wir etwas ausruhen, denn es folgt die zweite Stufe der Brotzubereitung: die Teiggärung oder »Gare«. Sie ist ein natürlicher, spontaner Prozeß, den wir durch unsere Vorarbeit begünstigt haben: In unserem Teig findet die Hefe einen optimalen Lebensraum.

Man unterscheidet die Sauerteiggärung (die älteste Form der Teiglockerung) und das Gären mit Backhefe (Bäckerhefe), die auf Melassebasis gezüchtet wird und als Preß- oder Trockenhefe im Handel ist. Für die häusliche Praxis ist es am einfachsten, Backhefe zu verwenden. Sie macht das Brot locker und voluminös und verleiht ihm Geschmack und Aroma. (Keinesfalls eignet sich Backpulver zum Brotbacken; es hat nicht die nötige Triebkraft.)

Mit der Hefe bringt man Leben in den Teig. Tatsächlich sind Hefen einzellige Mikroorganismen, die sich vermehren, wenn sie über entsprechende Nährstoffe – z. B. Glukose und Maltose – verfügen. Der Hefeorganismus synthetisiert daraus Proteine und andere wichtige Bausteine, dann teilt er sich in zwei identische Zellen, die sich wieder teilen usw. In einer warmen Umgebung vermehrt sich die Hefe schneller; darum löst man sie zunächst in lauwarmem Wasser: So wird sie »geweckt«.

Nach dem Kneten vergärt die Hefe in einer etwa einstündigen Teigruhe, der ersten Gare, Maltose: Spezifische Hefeenzyme, Maltasen, spalten Maltosegruppen in zwei Glukosemoleküle auf, die zu Kohlendioxid, Äthylalkohol, diversen Aldehyden, Ketonen und weiteren aromatischen Alkoholen abgebaut werden.

Bei der Hefegärung sind zwei Reaktionen miteinander verknüpft: Die Umsetzung der Glukose ($C_6H_{12}O_6$) zu zwei Kohlendioxidmolekülen ($CO_2$) und zwei Molekülen Äthylalkohol ($C_2H_5OH$) ist verbunden mit einer Reaktion, durch die sich Adenosintriphosphat (ATP) entwickelt, ein Brennstoff lebender Zellen.

## Der Sauerteig

Mit bloßem Auge kann man Hefepilze nicht sehen, aber wie andere Mikroorganismen auch sind sie überall. Ihre Sporen verbreiten sich durch die Luft; und wenn bestimmte Arten auf einen für sie günstigen Nährboden gelangen, vermehren sie sich. Offen stehengelassene Säfte oder Konfitüren verderben auf diese Weise schnell. Auch der Teig ist ein günstiger Nährboden, und mit etwas Glück läßt er sich ebenfalls mit wilder Hefe besiedeln, die hier ein nützliches Werk tut.

Wenn Sie einen Sauerteig von Anfang an selbst zubereiten wollen, müssen Sie die Wachstumsbedingungen der natürlichen Mikroflora des Brotes fördern: Bereiten Sie eine Teig aus Mehl und Wasser und fügen Sie Salz, Honig oder etwas Joghurt hinzu. Lassen Sie ihn einen

Tag lang an einem nicht zu kühlen Ort offen stehen und vermischen Sie Ihn dann mit einer gleich großen Menge Mehl sowie etwas Salz und Wasser. Wiederholen Sie diese Prozedur viermal alle sechs Stunden. Der Sauerteig sollte jetzt fertig sein. Verwenden Sie ihn für ihren Brotteig: Vielleicht haben Sie die wilde Hefe *Saccharomyces minor* herangezüchtet, die Ihrem Brot den typischen säuerlichen Geschmack geben wird.

Baguettes (wie auch Weißbrot) werden nicht mit Sauerteig gelockert. Historisch gesehen sind sie jüngeren Datums: Erst nach der Französischen Revolution begannen sie sich in Frankreich durchzusetzen. Zuvor war auch hier die Sauerteiggärung die häufigste Teiglockerungsmethode, und die Herstellung von Sauerteig wurde überaus ernst genommen. Eine Quelle aus dem Jahr 1771 erläutert die Methode: Der Bäcker nimmt ein Stück fertigen Sauerteig (den »Anstellsauer«), um damit wie folgt zu verfahren: »Er gibt Mehl und Wasser zu, bis sich das Gewicht verdoppelt oder verdreifacht hat. Dieser aufgefrischte Teig ist der Anfrischsauer, er muß sechs Stunden ruhen. Erneut werden Mehl und Wasser hinzugefügt, und erneut wird geknetet: So wird er der Grundsauer. Noch einmal muß die Operation wiederholt werden, um den Vollsauer zu erhalten. Er soll zwei Stunden gären, dann kann er den Brotteigen zugesetzt werden...«

Diese klassische dreistufige Sauerteigherstellung wird auch heute noch praktiziert: Der Bäcker gewinnt aus einem alten Sauerteig neuen, indem er ihm eine Portion »Anstellsauer« entnimmt, den er durch Zusatz von Mehl und Wasser auf das 200fache vergrößern kann. Sauerteig ist eine Mischkultur aus Hefepilzen und Milchsäurebakterien; er wird heute überwiegend zur Herstellung von Roggenbrot verwendet, während Weißbrot mit Backhefe hergestellt wird.

## Gärtemperatur und Gärdauer

Die optimale Gärtemperatur liegt bei 27 Grad. Zwar vermehren sich die Hefepilze bei 35 Grad schneller, aber sie setzen dann bittere Substanzen frei. Auch würde der Teig zu klebrig werden.

In der Praxis läßt man den Teig so lange gären, bis sich sein Volumen verdoppelt hat. Zur Probe sticht man kurz mit dem Finger hinein: Wenn sich das Loch nicht sofort wieder schließt, hat sich das Glutennetz bis zur Elastizitätsgrenze ausgedehnt.

## Schon wieder kneten?

Nach diesem ersten Gärvorgang geht es wieder an die Arbeit, denn der Teig muß unbedingt noch einmal geknetet werden: Die neu entstandenen Hefepilze müssen gleichmäßig im Teig verteilt werden, damit sie sich beim zweiten Gären gut weitervermehren und viel Kohlendioxid freisetzen.

Wenn man genug geknetet hat, werden die Brote geformt. Es ist sehr wichtig, sie auf der Oberseite mit einem scharfen Messer mehrmals einzuschneiden, um das Glutennetz zu entlasten. Damit vermeidet man, daß das Netz unter dem Druck des Kohlendioxids reißt und die Brotkruste durch häßliche Risse verunstaltet wird.

Den so geformten Teig läßt man bis zur Ofenreife ein zweites Mal gären. Hierbei können die Hefepilze von den Zuckern profitieren, welche die Stärke und die Amylasen inzwischen freigesetzt haben.

## Die Tugenden des Kohlendioxids

Das von der Hefe im Teig freigesetzte Kohlendioxid ist das Gas, das wir auch im Bier oder im Champagner finden: Dort sprudelt es hoch, sobald man die Flasche öffnet und dadurch den Druck verringert. In Wasser wird Kohlendioxid als Kohlensäure gelöst: Sie verleiht vielen Getränken einen erfrischenden Geschmack und entfaltet eine leicht keimtötende Wirkung. Kohlendioxid soll auch die Magen-Darm-Passage der Nahrung beschleunigen, wodurch sich vielleicht die schnell berauschende Wirkung des Champagners erklärt.

Wie wir gesehen haben, entsteht im Brotteig Kohlendioxid, weil Hefepilze Kohlenhydrate vergären; dabei können sich auch geschmacksverbessernder Äthylalkohol und aromaverbessernde Aldehyde, Ketone, Alkohole und Diacetyle entwickeln.

Warum wird der Brotteig durch Kohlendioxid (und die beim Kneten hineingebrachte Luft) lockerer und im Volumen größer? Weil sich Gase ausdehnen, wenn sie erwärmt werden. Dazu braucht das Kohlendioxid Platz: Es schafft ihn sich, indem es den noch weichen Teig auftreibt.

Je besser man die Gase im Teig verteilt, um so mehr Bläschen entstehen und um so feinporöser wird das Brot: Auch darum sollte man lange und gründlich kneten.

## Das Backen

Endlich sind wir bei der letzten Stufe der Brotzubereitung angelangt, die darüber entscheidet, ob sich unsere Mühen gelohnt haben: Wir backen.

Zunächst dehnen sich die Luft, die wir in den Teig hineingeknetet haben, und das Kohlendioxid der Hefe aus; der Teig hebt sich. Gleichzeitig legt die Hefe mit der steigenden Temperatur noch einmal an Aktivität zu, aber bei 60 Grad stirbt sie ab. Ab einer Temperatur von 90 Grad beginnt sich die Kruste zu bilden. Es entsteht Wasserdampf, der sich größtenteils im Brotinneren ausbreitet. Die Stärke verkleistert. Die Proteine denaturieren: Nachdem sie ihr Wasser verloren haben, gerinnen sie und bilden das feste Gerüst der Krume.

Das im Teig enthaltene Wasser verdampft nur im Bereich der Teigoberfläche; dadurch kann der Teig 10 bis 15 Prozent seines ursprünglichen Gewichts verlieren. Durch die Maillard-Reaktion und diverse Karamelisierungsreaktionen entwickeln sich bei der Krustenbildung eine Vielzahl von Geschmacks- und Aromastoffen. Um besonders knuspriges und goldbraunes Brot zu erhalten, erhöhen übrigens Bäcker die Luftfeuchtigkeit im Backofen: Sie nennen das »Schwadengabe«.

Bei welcher Temperatur soll das Brot backen? Sie darf nicht zu hoch sein, damit sich das Gas ausdehnen kann, bevor das Proteingerüst dafür zu fest wird; und nicht zu niedrig, sonst bliebe die Krume feucht. In der Regel backt man bei 200 bis 250 Grad.

## Wie läßt sich Brot länger frisch halten?

Altbackenes Brot ist nicht trocken: Beim Älterwerden des Brotes bleibt die Wasserkonzentration zunächst konstant; aber die an Wasser gebundenen Stärkemoleküle entquellen und kristallisieren, wodurch die Krume fester wird.

Insbesondere wird schlecht durchgebackenes Brot sehr schnell altbacken. Es enthält zuviel ungebundenes Wasser, das nun zusätzliche Bindungen mit den Zellulosefasern eingeht: das Brot wird hart. Durch erneutes Backen kann man diese Bindungen auflösen; das Brot wird wieder knuspriger.

Wie hält man Brot am besten frisch? Schlecht durchgebackenes Brot sollte man in den Gefrierschrank legen. Man verhindert so, daß die überschüssigen Wassermoleküle im Teig herumvagabundieren und neue Wasserstoffbrücken bilden. Gut durchgebackenes Brot sollte man vor Luftfeuchtigkeit schützen, so daß die Wassermoleküle nicht von außen eindringen können. Am längsten hält es sich im altbewährten Brotkasten frisch.

# Der Wein

## Wein lockert die Zunge

Über Geschmack läßt sich streiten: der Wein hat nicht einen, sondern tausend. Wegen seiner Komplexität und Vielfalt entzieht er sich jeder noch so genauen Analyse. Man nimmt subtile Aromen wahr, man vergleicht; Erinnerungen an andere, große Momente werden wach, man kann sich in ihnen verlieren. Weil sich der Wein gegen jede Definition sperrt, werde ich in diesem Kapitel anders vorgehen als gewohnt. Ich werde mich dem Wein vorsichtig annähern und einige seiner Eigenschaften umkreisen. Das Unterfangen hat eher beschreibenden Charakter, sonderlich tief schürfen will ich nicht: »Der Wein erfindet nichts, er schwatzt's nur aus.« Bleibt hinzuzufügen, daß die vom Weingenuß freigesetzten Geheimnisse meist die interessantesten sind.

Wer sich einem Wein annähert, benutzt zunächst seine Augen: Man mustert das Erscheinungsbild (Farbe, Tiefe, Klarheit). Dann erschnuppert man seine Aromen: Man »nimmt ihn mit der Nase«. Im Munde schließlich werden die ersten Eindrücke bestätigt oder korrigiert; man prüft den Geschmack, sucht nach weiteren Aromen, ermittelt den Reifegrad und beurteilt die Ausgewogenheit.

## Das neugierige Auge

Man hält das Glas schräg gegen das Licht und unterscheidet nach folgenden Kriterien: Farbe (Schattierungen, Nuancen), Klarheit (Transparenz; Reinheit oder Trübung), Tiefe (Farbsattheit oder -blässe), Leuchtkraft (strahlend oder stumpf).

Wer die richtigen Fragen stellt, dem gibt das Auge wichtige Auskünfte: Ist die Farbe hell oder dunkel? Wie wirkt sie im Vergleich, zu ähnlichen, früher verkosteten Weinen? Sieht sie frisch und jung aus, oder ist sie durch das Alter nachgedunkelt? Ist sie gleichmäßig intensiv?

Um das Erscheinungsbild eines Weines beschreiben zu können, bedient sich der Weinfreund zahlreicher charakterisierender Begriffe. Hier eine kleine Auswahl: intensiv, tief, hell, klar, fein, transparent, glänzend, funkelnd, hell strahlend; himbeerfarben, granatrot, purpurn, rubinrot, kirschrot schimmernd, ins Violette spielend, rotbraun, rosé, gelbgrün, strohgelb, goldgelb, tiefgolden; tränenreich (oft große Weine) mit gelben, klaren, schlierigen Tränen... Bitte ergänzen Sie die Liste nach Ihren eigenen Eindrücken: Wein ist Poesie.

## Die prüfende Nase

Den Wein mit der Nase nehmen... Manche Önologen behaupten, sie sei das wichtigste Organ. Die Nase unterscheidet vier Eigenschaften: Bukett, Finesse, Aroma und Reife.

Das *Bukett* kann mehr oder weniger ausgeprägt sein; die Eindrücke liegen zwischen »flach« und »mächtig«. *Finesse* drückt ein Werturteil aus: Der Wein kann plump sein oder elegant. Das *Aroma* schwebt in den Düften des Weins: Man nennt ihn fruchtig, wenn er nach Himbeeren, Kirschen oder Pflaumen riecht; und blumig, wenn er wie Veilchen oder Geranien duftet. Ein Wein kann holzig riechen oder nach Trüffeln; und er kann sogar tierische Gerüche ausströmen (z. B. Moschus). Endlich ist es wichtig, den *Reifegrad* zu ermitteln: Ein zu junger Wein ist oberflächlich und zurückhaltend oder im Gegenteil spritzig und bissig; ein zu alter Wein wirkt flach und verbraucht.

Haben Sie Lust bekommen, den Aromen der Weine nachzuspüren? Ich habe wieder eine kleine Liste für Sie zusammengestellt, die bei der Beschreibung helfen kann: Schwarze Johannisbeere, Himbeere, Aprikose, Ananas, Zitrone, Quitte, Sauerkirsche; Holunderblüte, Wildrose, Veilchen, Reseda, Liguster, Chrysantheme; Vanille, Anis, Zimt, Karamel; Harz, Balsam, Zeder, Sandelholz, Bienenwachs, Tabak, Teer, Moschus...; arm, klein, spitzig, stichig; fruchtig, blumig, erdig, rauchig, sauber, rassig, nervig, nobel, großer Atem...

Es leuchtet ein, daß es einer langen Erfahrung bedarf, um die Vielfalt der Weinaromen richtig zu klassifizieren. Aber was heißt richtig? Daß es auch bei den Gerüchen keine absolute Wahrheit gibt, zeigt der Vergleich zwischen europäischen und japanischen Nasen: Bei der Degustation ein und desselben Weines notierten die europäischen Experten unter der Rubrik Bukett die Aromen diverser Obstsorten, während die Japaner den Duft von Meeresfrüchten erkannten!

## Und wozu der Gaumen?

Der Gaumen soll uns zunächst die Eindrücke bestätigen, die wir mit der Nase gewonnen haben; des weiteren muß er uns Informationen über vier weitere Eigenschaften liefern. Der *Körper* eines Weines ist abhängig von seinem Alkoholgehalt (leichter oder schwerer Wein). Mit dem

*Körperreichtum* wird der Gehalt nicht flüchtiger Stoffe beschrieben, vor allem Glyzerin und Zucker (ein Rotwein kann voll oder mager sein, ein Weißwein trocken oder süß). Die *Säure* unterstützt das Bukett. Wenn sie zu reichlich vorhanden ist, bekommt der Wein eine unangenehme Schärfe; dagegen ist er flach und nichtssagend, wenn sie fehlt. Mit der *Balance* schließlich beschreibt man das ausgewogene Zusammenspiel aller biochemischen Komponenten wie Alkohol, Zucker, Säure, Glyzerin und Tannin (letzteres hält den Geschmack auf der Zunge, es macht den Wein »lang«). Eine vollkommene Balance wäre die vollkommene Harmonie.

Mit der Geschmacksanalyse wird die vorangegangene Geruchsprüfung bestätigt oder korrigiert. Zudem wird sie verfeinert, denn man prüft die Aromen ein zweites Mal: Sie steigen über den Rachen in die Nase auf.

Vergessen wir nicht, die Adstringenz zu beurteilen (ein den Mund wässernder, die Schleimhäute zusammenziehender Effekt) und nach bitteren Elementen sowie nach Spuren von Salzgeschmack (selten) zu fahnden. Ein weiteres wichtiges Kriterium ist die Geschmackspersistenz oder Geschmackslänge: Ein guter Wein hat einen »Schwanz«, d. h. einen kräftigen Abgang mit einem langen Nachgeschmack. Bei ganz großen Weinen hat man manchmal den Eindruck, daß dieses Bukett nach einiger Zeit wiederkehrt; der glückliche Gourmet spricht dann vom »Pfauenrad«.

## Der erste Schluck (endlich!)

Aber es ist zunächst ein ziemlich kleiner Schluck, den wir auch nicht hinunterschlucken, denn wir wollen den Wein ja degustieren. Wir lassen ihn über die Zungenspitze rollen, um festzustellen, ob er adstringierend ist (eine etwas rauhe Empfindung, als ob man ein Rosenblatt kaut; u.a. typisch für tanninhaltige Weine). Des weiteren reagieren die Geschmacksknospen der Zungenspitze besonders gut auf eventuelle Süße (ein aufgezuckerter Wein wirkt zudem ölig oder teigig im Mund). Eine pikante Säure wird an den Zungenrändern wahrgenommen (Eindruck der Frische). Wenn man nun den Kopf etwas zurücklegt und leicht einatmet, um den Wein zu belüften, dann treten neue, »retroolfaktorische« Sinneseindrücke auf: Sie sind weniger flüchtig und verfeinern, wie beschrieben, das Urteil der Geruchsanalyse.

Um Körper und Struktur zu bestimmen, kaut man den Wein und rollt ihn im Mund hin und her. Verkostet man mehrere Weine nacheinander, so empfiehlt es sich, jede Probe wieder auszuspucken (dafür gibt es spezielle Spucknäpfe).

Und wie beschreibt man den Geschmack? Die Vielfalt der Begriffe ist hier vielleicht noch unübersichtlicher als bei den Gerüchen; ich habe versucht, die wichtigsten zusammenzustellen:

Weinig, voll, rund, lieblich, gehaltvoll, weich, leicht (wenig Alkohol, oft frisch und jung), fleischig (so körperreich, daß man ihn fast kauen kann), fruchtig, reich, lebendig, flach, schwer, ausgewogen (in Frucht, Säure, Alkohol, Tannin), ölig, nussig, samtig (Fülle), seidig (feine Struktur), wuchtig (alkoholreich, steigt schnell zu Kopf), schwer, robust, würzig, feine Säure. Besonders negative Geschmackskriterien für mißratene, manchmal ungenießbare Weine sind: Fremdgeschmack, Essigstich, Bitterkeit (haftet an Gaumen und Zungenhintergrund); tintig, metallisch, krautig, brandig, hart, klein, dünn (wenig Körper, wäßrig), roh, spitzig-scharf (zuviel flüchtige Säure), oxidiert, verbraucht, stichig (bakterieninfiziert, riecht nach Äthylazetat, ungenießbar).

Der Gesamteindruck ist immer objektiv und subjektiv zugleich. Er ist objektiv, weil charakteristische Merkmale oder Fehler vom Kenner richtig beschrieben werden; er ist subjektiv, weil die Bewertung oft persönlich und »hedonistisch« ist: Am Wein kann alles stimmen, aber er gefällt nicht.

## Soll man Weine nachbessern?

Die Versuchung ist groß, nicht nur vor Weinprämierungen, Weine chemisch zu schönen. Man senkt die Herstellungskosten und kann scheinbar hochwertige Weine billig anbieten.

Der Wein ist zu leicht? Da gibt es Äthylalkohol. Er hat kein Aroma? Dann helfen Cassislikör oder Vanilleextrakt. Zu wenig Körper, zu wenig Tannin? Der Chemiker setzt Glyzerin und Tannine zu. Wer liebt nicht den Geschmack alter Weine? Nehmen wir etwas Vanillin. Oder mögen Sie es lieber fruchtig? Dann bitte ein Hauch Linanool. Sie schätzen den Ledergeruch alter Burgunder? Versuchen wir es mit Paraäthylphenol. Und die unverbesserlichen Bordeaux-Liebhaber? Ein Geheimtip ist 2-Isobutyl-3-methoxy-pyrazin...

Und dann sind da noch die all die vielen anderen Verbindungen, die ohnehin schon im Wein vorhanden sind, deren Menge und Ausgewogenheit aber zu wünschen übrig läßt: Paravinylphenol, Laktone (in Weinen aus Eichenfässern), Zimt, Muskat, Azetaldehyd (der wichtigste Aldehyd aller Weine, besonders geschmackskräftig im Sherry). Insbesondere bei zu leicht und zu flach geratenen Weinen entwickelt Azetaldehyd seine Tugenden: Richtig dosiert, verhilft er ihnen zu mehr Bukett (überdosiert wirkt er allerdings oxidierend).

Ich überlasse es Ihrer Phantasie, die Möglichkeiten solcher kleinen Manipulationen weiter auszuspinnen. Aber man erwarte keine Wunder: Große Weine sind Kunstwerke, an denen bisher jeder noch so kühne Reproduktionsversuch gescheitert ist; und auch die ehrlichen Produkte kleiner Winzer lassen sich nicht so einfach nachbauen. Zudem müssen wir Chemiker an unsere Gesundheit denken: Geschmackstests mit kontaminierten Substanzen verbieten sich, und der steigende Alkoholpegel setzt selbst dem hartnäckigsten Bemühen gewisse Grenzen...

## Wie man Wein macht

Wein ist eine äußerst komplexe Angelegenheit. Dabei kann man ihn aus fast jedem Obst herstellen; außer aus Trauben z. B. aus Himbeeren, Erdbeeren, schwarzen Johannisbeeren, sogar aus Kartoffeln...

Grundprinzip ist das Vergären des Zuckers, der in den Früchten enthalten ist. Man kann die Trauben (bzw. anderes Obst oder mit Zucker und Zitronensaft gekochte Kartoffeln) zusammen mit Backhefe einfach in ein offenes Gefäß füllen und gären lassen. Danach wird die vergorene Flüssigkeit durchgefiltert und in Flaschen gefüllt, die man fest verschließt.

Ein Winzer macht es sich natürlich nicht ganz so leicht, und er wählt auch die Hefestämme, die er zum Gären benutzt, sorgfältig aus. Für Burgunder oder Côtes du Rhône werden meist *Saccharomyces cerevisiae* des Stammes Montrachet verwendet, die bei Temperaturen zwischen 18 und 25 Grad den Wein in wenigen Tagen vergären.

Weißweine gären bei niedrigeren Temperaturen, da dann die Ausbeute an Fruchtsäureestern höher ist. Zur Herstellung von Schaumwein wird ein zweiter Gärprozeß mit einer Edelhefe wie *Saccharomyces bayanus* angeschlossen.

Großen Einfluß auf das Ergebnis hat der Zuckergehalt im Most: Ein Most mit einem Zuckergehalt von 20 Prozent ergibt einen Wein mit 12 Prozent Alkohol. Auch hier zeigt sich die Traube als ideal für die

Weinherstellung, denn anderes Obst enthält in der Regel zu wenig Zucker, so daß vor dem Gären nachgesüßt werden muß.

Auch die Fruchtsäure spielt für die optimale Entwicklung der Hefen eine wichtige Rolle. Deshalb verläuft der Gärprozeß am besten, solange der Most noch relativ sauer ist (pH zwischen 3,2 und 3,6). Auch am Ende der Gärzeit sollte der Wein noch Säure enthalten, denn ein säureloser Wein ist leblos. Zudem können bei einem säurearmen Saft unerwünschte Substanzen entstehen: Deshalb sollten Sie bei Ihrem Experiment mit dem Obstwein vor dem Gären etwas Zitronensaft zugeben.

Rotwein wird in der Regel bei etwas höheren Temperaturen auf der Maische vergoren (also den zerquetschten Traubenhäuten und Stielen), damit die Farbe und das Tannin in den Wein gelangen. Zu warm darf es allerdings nicht werden, denn bei zu hohen Temperaturen produzieren die Hefen Substanzen (Dekansäure und Oktansäure und deren Ester), welche sie zum Absterben bringen. Schwere, dunkle Rotweine mit hohem Tanningehalt, die lange lagern können, bleiben etwa 10 bis 30 Tage auf der Maische (die Traubenhäute enthalten sowohl die roten Farbstoffe – die Anthozyane – als auch das Tannin). Leichte Rotweine werden dagegen schon nach wenigen Tagen von der Maische getrennt; und bei Weißweinen wird allein der gepreßte Most vergoren. Die Gärung ist beendet, wenn keine Blasen mehr aufsteigen. Füllen Sie nun den Wein in ein steriles Gefäß und geben Sie etwas zehnprozentige Natriumbisulfitlösung dazu, um ihn gegen Oxidation zu schützen und zu stabilisieren.

In der Kellerei wird der Wein für etwa 30 Sekunden auf 80 Grad erhitzt, was Hefen, Enzyme und Mikroorganismen abtötet. Zur Konservierung werden statt Natriumbisulfit Schwefeldioxid oder Ascorbinsäure zugegeben, die beide antibakteriell wirken.

Nun müssen Sie Ihren Wein noch klären: Nach dem Gären enthält der Wein noch Trübstoffe, die durch das Klären entfernt werden. Am häufigsten werden dafür Eiweiß, Gelatine, Bentonit oder Kasein verwendet. Dabei entfernt das positiv geladene Eiweiß die negativ geladenen Stoffe (etwa unerwünschte Gerbstoffe oder Anthozyane), während das negativ geladene Bentonit die positiv geladenen Stoffe entfernt (Proteine und andere organische Substanzen).

Manchmal kommt der Wein jetzt zum Reifen in ein Holzfaß (in der Regel aus Eiche). Dabei reagiert der Alkohol des Weins mit den Tanninen des Holzes, wodurch verschiedene Aldehyde und Aromastoffe entstehen, z. B. Vanillin. (Deshalb habe ich Ihnen geraten, einen schwachen Wein mit ein wenig Vanille aufzubessern.)

## Warum ändert Wein beim Altern die Farbe?

*Rotwein* verdankt seine Farbe Pigmenten aus der Stoffklasse der Anthozyane, die aus den Häuten der Beeren extrahiert werden. Wenn er altert, reagieren die Anthozyane mit den farblosen, bitteren Verbindungen im Wein, die unter dem Namen Tannin zusammengefaßt werden. Bei dieser Reaktion wird Tannin teilweise ausgefällt, und nach und nach bildet sich ein Depot (oder Bodensatz). Auch verliert das Tannin dabei seinen Bittergeschmack: Ein junger, noch rauher Wein wird runder. Wenn sich der Alterungsprozeß und damit die Reaktion jedoch fortsetzt, verschwindet zunehmend auch das Anthozyan, so daß der Wein braun wird.

Für die Farbe des *Weißweins* sorgt das Querzetin, ein Molekül, das beim allmählichen Oxidieren braun wird. Junge Weißweine besitzen oft einen deutlich grünen Farbton, weil bei ihnen noch Chlorophyll sichtbar ist. Im Laufe der Zeit dominiert mehr und mehr das Querzitin, mit zahlreichen Farbschattierungen.

## Wie soll man Wein lagern?

Bei dieser wichtigen Frage kann leider nur die Erfahrung helfen: Die Wissenschaft ist hier noch nicht weit vorgedrungen. Die Temperatur im Weinkeller soll konstant zwischen 8 und 15 Grad liegen; der Wein muß im Dunkeln liegen und darf nicht erschüttert werden; abgestandene, feuchte Luft ist Gift.

All dies müßte verifiziert werden, denn man hört auch andere Geschichten: So soll eine Ladung Bordeaux, die man irrtümlich nach Indien verschifft hatte, unter der lange Reise nicht gelitten haben; im Gegenteil sei der Wein bei der Rückkehr frischer und runder gewesen!

Fest steht, daß die Ultraviolettstrahlung des Sonnenlichts dem Wein schadet: Sie stimuliert chemische Reaktionen. Aus diesem Grund sind braune Flaschen stets vorzuziehen, denn sie schützen besser als grüne. Ein Teil der photochemischen Effekte, so heißt es, sei wieder rückgängig zu machen, wenn man den geschädigten Wein einige Monate lang in absoluter Dunkelheit ruhen läßt.

## Woher diese Tränen?

Das Auftreten von Tränen im Wein hängt schlicht mit der Anwesenheit von Alkohol in Wasser zusammen. Die Art ihrer Bewegung und Form verrät dem Weinkenner jedoch mehr: Bestimmte Tränen bedeuten einen hohen Glyzerin- und Extraktgehalt und sind ein Zeichen großer Weine.

Oft verwechselt man Tropfen, die ins Glas zurücklaufen, wenn man es schräg gehalten hat, mit den eigentlichen Tränen, die sich spontan bilden, wenn das Glas ruhig steht. Bereits 1855 widmete sich der englische Physiker James Thomson diesem Phänomen: Er vermutete Unterschiede in der Benetzungsfähigkeit zwischen dem kleinen Anteil des Weins, der an der Oberfläche Alkohol durch Verdunstung verliert, und dem Rest des Weins im Glas, dessen Alkoholgehalt gleich bleibt.

In anderen Worten: In einem nichtbewegten Glas steigt Wein spontan an den Wänden hoch und bildet über der Oberfläche einen wenige Millimeter hohen Kranz. Aus diesem Kranz rollen schwere Tränen heraus, um sich mit der restlichen Flüssigkeit wieder zu vermischen. Da aber die fortdauernde aufsteigende Strömung den Kranz mit Nachschub versorgt, können die Tränen einige Minuten bestehen bleiben, nachdem der Wein eingeschenkt wurde.

Enthielte das Glas nur reines Wasser, so gäbe es keine Tränen. In der Alkohol-Wasser-Mischung des Weins verdunstet der Alkohol in dem dünnen Kranz am Glasrand schneller als das Wasser. Dadurch entsteht ein Sog vom Boden des Glases bis zur Spitze der Wölbung. Gleichzeitig kehrt die alkoholärmer gewordene Lösung – sie besteht fast aus reinem Wasser – in Form von Tränen in die Flüssigkeit zurück.

Dabei kann es vorkommen, daß sich die Tränen und der Wein aufgrund ihrer unterschiedlichen Benetzungskräfte nicht miteinander vermischen. Gelegentlich tritt der gleiche Effekt nach dem Geschirrspülen auf: Manchmal bleiben Spülmittelreste am Spülbecken hängen, so daß Wassertropfen die Beckenwand nicht benetzen können. In unserem Fall spielt der Alkohol die Rolle des »grenzflächenaktiven Netzmittels« (wir lernten den Begriff bei den Emulsionen kennen): Er besitzt eine wasserunlösliche Gruppe ($CH_3CH_2$) sowie eine hydrophile (OH).

Die Physikochemiker sind sich heute einig, daß die Tränen damit noch nicht zur Gänze erklärt sind. Für Form und Dynamik der Tränen scheint insbesondere dem Glyzeringehalt des Weins maßgebliche Bedeutung zuzukommen.

Apropos Glyzerin: Wußten sie schon, daß dieser Stoff, der den Wein körperreich macht und ihm eine leichte Viskosität gibt, aus der Edelfäule der *Botrytis cinerea* entsteht? Dieser Pilz befällt unter bestimmten Bedingungen im Herbst die Trauben, durchdringt ihre Schalen und macht sie porös, so daß ihr Wasser verdunstet. Solche Trauben sind sehr glyzerinreich; aus ihnen gehen weiche, samtige Weine hervor.

## Sollen Weine vor dem Trinken atmen?

Diese Frage entzweit immer noch die Experten; und schon wieder kann die Wissenschaft wenig helfen. Am besten scheint es zu sein, den Wein eine Weile vor dem Genuß zu verkosten: Wenn er etwas rauh wirkt, sollte man ihn in eine Karaffe umgießen. Ist dies nicht der Fall, dann läßt man ihn in der Flasche, damit er nicht oxidiert.

Mit dieser Methode kann man auch die Idealtemperatur leichter feststellen. Ein geschmackskräftiger Rotwein darf ziemlich warm serviert werden, damit er seine flüchtigen Aromen entfalten kann. Zu hohe Temperaturen sollte man aber vermeiden: Der Wein würde an Geschmack verlieren und einen Teil seines Alkohols in die Umgebung verströmen. Zu bedenken ist auch, daß leichte, junge Weine gefährdeter sind als alte, schwere.

Doch genug der grauen Theorie: Nunc est bibendum!

# Spirituosen

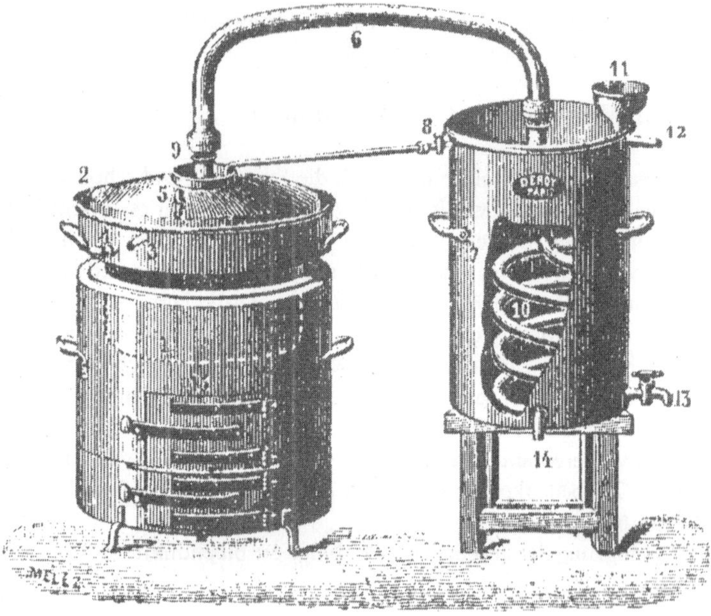

## Selbst destillieren?

In früheren Zeiten wurden Spirituosen mit einfachsten Geräten hergestellt: In den Dörfern boten fahrende Schnapsbrenner ihre Dienste an, die kupferne Branntweinblasen benutzten, um damit Wein, Apfelwein sowie gegorenen Saft von Kirschen, Birnen, Pflaumen etc. über offenem Feuer zu destillieren.

In der Tat beruht das Branntweinbrennen auf einem simplen Prinzip: Man trennt eine Mischung aus Wasser, das bei 100 Grad siedet, und Äthylalkohol, der schon bei 78 Grad siedet, durch Erhitzen. Der verdampfende Äthylalkohol wird durch einen spiralig gewundenen Kühler geleitet und kondensiert, während das Wasser zurückbleibt.

In der Praxis gestaltet sich diese Prozedur etwas komplizierter, denn man will keinen reinen Alkohol gewinnen, sondern einen aromatisierten. Auch müssen toxische Substanzen wie Methanol (Methylalkohol) eliminiert werden, das in den ersten Fraktionen des Destillats auftritt (im Nachlauf befinden sich die Fuselöle). Methanol ist giftig; es kann blind machen. In schwacher Konzentration ist es jedoch unbedenklich und sogar gut für das Bukett (es kommt z. B. in einigen klaren Obstwässern vor).

Körper- und bukettreiche Weine eignen sich nicht zum Brennen, da zu viele unerwünschte Substanzen mit auf das Destillat übergehen würden. Man bevorzugt schlanke, leichte Weißweine mit viel Säure und einem geringen Alkoholgehalt (im Falle des Cognacs sind sogar bestimmte Anbaugebiete vorgeschrieben: Seine Weine wachsen auf den kalkreichen Böden der Charente).

Es war übrigens sehr klug von den alten Brennern, Kupferblasen zu verwenden: Ihr Kupfer bindet sowohl die Fettsäuren des Weins als auch den Schwefel des zugesetzten Schwefeldioxids.

Wenn die private Destillation nicht verboten wäre, dann könnte sich jeder seinen guten Tropfen leicht selbst destillieren: Wer einen Schnellkochtopf besitzt, würde an der Stelle des Sicherheitsventils einen Schlauch anbringen, um die entweichenden Alkoholdämpfe zu kondensieren. Den gewünschten Alkoholgrad erhält man durch wiederholte Destillation, d. h., man läßt das Destillat noch ein- oder zweimal durchlaufen. Unbedingt ist daran zu denken, die ersten und letzten Fraktionen zu entfernen, denn sie enthalten diverse toxische Substanzen (s. oben).

Eine noch viel einfacheres, aber weniger bekanntes Verfahren ist die »Kältedestillation«. Eine geeignete alkoholhaltige Mischung wird in eine Tiefkühltruhe gegeben: Beim Gefrieren erstarrt das Wasser zu einem Block, während der Alkohol und die anderen Substanzen flüssig bleiben.

Doch leider ist auch diese Methode gesetzlich streng verboten...

## Whisky mit Vanille?

Um das Destillat zu aromatisieren, kann man es in Flaschen reifen lassen, in die man Holzstäbchen steckt (im Osten Frankreichs benutzt man dazu vorzugsweise trockenes Holz vom Haselnußstrauch). Nach und nach wird das Lignin der Hölzer von der Destillatsäure zu Phenolaldehyd abgebaut, der weiter zu Phenolsäure oxidiert wird. Dadurch verringert sich der Säuregehalt des Branntweins, und gleichzeitig entstehen aromatische Substanzen wie Sinapisäure, Vanillinsäure oder Ferulasäure.

Warum darf man zum Aromatisieren nur trockenes Holz verwenden? Weil grünes Holz das bittere Aesculitin enthält, das sich erst beim Trocknen des Holzes zum weitaus weniger bitterem Aescutin umsetzt. Wenn die trockenen Stäbchen zuvor kurz mit einer Flamme bestrichen werden (ähnliches sieht man bei Küfern, welche die Faßdauben beflammen), dann entstehen noch mehr interessante Aromastoffe.

Läßt sich die Reifung beschleunigen? Alle mit Holz gereiften Alkohole enthalten bestimmte Verbindungen wie z. B. Vanillin: Warum sollte man sie eigentlich nicht gleich zusetzen? Versuchen Sie einmal, Whisky mit Vanilleextrakt zu veredeln: Einige Tropfen nur (er sollte nicht nach Vanille riechen) können ihn runder und harmonischer machen.

## Warum berauscht Alkohol?

Der chemischen Stoffklasse der Alkohole gehört eine Vielzahl von Verbindungen an. Wenn wir »Alkohol« sagen, meinen wir eigentlich Äthanol, den Äthylalkohol, der dieser Klasse entstammt. Er ist wasserklar, hat einen eigentümlichen Geruch und brennt auf der Zunge. An seiner chemischen Formel ($CH_3CH_2OH$) kann man erkennen, daß er sich vom Äthan ($CH_3CH_3$) herleitet, bei dem ein Wasserstoffatom durch die alkoholtypische OH-Gruppe ersetzt wurde.

Woher kommt der Name Alkohol? Das Wort stammt aus dem Arabischen: Dort bedeutet *al-kuhl* »feines, trockenes Pulver«. Gemeint ist Antimonsulfid, das in der Natur als Antimonit-Erz vorkommt. Besonders die Ägypter bereiteten daraus eine Salbe zum Färben der Augenlider. Später dehnte sich der Begriff auf alle möglichen Essenzen aus; jedoch verstanden die Alchimisten darunter vor allem den Weingeist (nachdem das Prinzip der Destillation im 10. Jahrhundert von Avicenna entdeckt worden war).

Warum macht Alkohol betrunken? Weil er ein Stimulans ist, das in der Hirnrinde erregungshemmende Steuerungsmechanismen außer Kraft setzt: Darum sind Trinker in den ersten Stadien des Rausches so aufgekratzt und aufgedreht. Nur steht leider am Ende dieses Weges oft der Zusammenbruch oder, schlimmer noch, die Alkoholvergiftung.

Was geschieht genau? Der Alkohol wirkt auf die Erregungssteuerung im Gehirn ein: Bestimmte Nervenzellen des Gehirns, die Interneuronen, empfangen und verarbeiten Informationen, um dann andere spezifische Neuronen zu hemmen oder zu aktivieren. Zu diesem Zweck setzen sie »Neurotransmitter« frei, die an den Rezeptormolekülen der Zielneuronen andocken.

Alkohol beeinflußt einen wichtigen Neurotransmitter namens Gamma-Aminobuttersäure oder kurz GABA, die im zentralen Nervensystem eine wichtige hemmende Rolle spielt: Sie verbindet sich mit dem Rezeptor des Zielneurons und verändert ihn so, daß Chloridionen in das Neuron eindringen können und es weniger erregbar wird.

Ausgerechnet auf die GABA hat es nun der Alkohol abgesehen: Wegen seiner Affinität zu diesem Neurotransmitter lockern sich die bestehenden Bindungen und werden neue erschwert. Fazit: Die Neuronen werden weniger gehemmt.

Da wir diese Gefahr nun kennen, wollen wir maßhalten.

# Konfitüren

## Die Gelierkraft des Pektins

Konfitüre selbst machen ist im Grunde ein Kinderspiel: Man vermischt Zucker und Früchte, kocht sie eine Weile und füllt die erhaltene Masse ab. Das wäre schon alles, gäbe es im Detail nicht die eine oder andere Schwierigkeit. Es handelt sich dabei nicht so sehr um die richtige Konservierung, als vielmehr um Probleme der Konsistenz: Wie bekommt man eine streichbare, geschmeidig-feste Konfitüre? Warum sind dazu bestimmte Früchte besser geeignet als andere?

Das Geheimnis der Konfitüren liegt in einem langen Molekül, das sich, unterschiedlich konzentriert, in den Wänden pflanzlicher Zellen findet: dem Pektin. Dieses Molekül bewirkt die Gelierung. Es besteht aus sechseckigen Ringverbindungen mit fünf Kohlenstoffatomen und einem Sauerstoffatom, die über kurze Segmente miteinander verknüpft sind. Wie Proteine muß man sich die Pektine als lange Fäden vorstellen, die Säuregruppen (COOH) enthalten: Sie können sich »ionisieren«, indem das Wasserstoffatom ein Elektron verliert.

Diese Ionisation zu vermeiden ist bei der Herstellung von Konfitüre unumgänglich; denn wenn sie stattfände, erhielten alle Pektinmoleküle die gleiche elektrische Ladung: Sie würden sich abstoßen. Will man Konfitüre machen (d. h. durch Verknüpfung der Pektinmoleküle eine Art Gel bilden), so muß man die Abstoßung verhindern. Das aus den Früchten herausgekochte Pektin soll sich zu einem dreidimensionalen Gerüst vereinen, das die gesamte Konfitüremasse wie ein Netzwerk durchwirkt und festhält.

Im wesentlichen hängt der Erfolg also von zwei Voraussetzungen ab: Die Früchte müssen genug Pektin enthalten; und das Milieu muß sauer genug sein, damit die COOH-Gruppen nicht getrennt werden und sich die elektrostatische Abstoßung zwischen den Molekülen verringert (genaugenommen sollte der pH-Wert bei 3,3 liegen).

Man holt das Pektin aus den Zellwänden, indem man eine Mischung aus Obst und Zucker kräftig erhitzt. Der Zucker entzieht den Zellen Wasser (durch Osmose), so daß sich zunächst eine Art Sirup bildet; dadurch werden die Zellen beschädigt, so daß gleichzeitig mehr Pektinmoleküle freikommen. Des weiteren begünstigt der Zucker die Pektinextraktion, indem er die Siedetemperatur der Mischung erhöht: Reines Wasser siedet bei 100 Grad, während eine Mischung aus 900 Gramm Zucker und einem Liter Wasser erst bei 130 Grad zu sieden beginnt.

Die Menge des Zuckers ist entscheidend, denn in einer nur sauren Lösung vereinen sich die Pektine nicht so leicht: Sie verbinden sich lieber mit dem Wasser. Gibt man Zucker zu, so bindet dieser das Wasser: Die Pektinmoleküle bleiben für sich, gehen Bindungen untereinander ein und gelieren.

Früchte wie Brombeeren, Aprikosen, Pfirsiche und Erdbeeren besitzen allerdings nicht genug Pektin für eine gute Konfitüre. Ihnen sollte man darum Obst mit hohem Pektingehalt beimischen (wie Trauben, Äpfel und die meisten Beerenarten). Außerdem gibt es Früchte, die wenig natürliche Säure aufweisen: Bei ihnen empfiehlt sich etwas Zitronensaft. Dadurch wird verhindert, daß sich die Säuregruppen der Pektinmoleküle ionisieren und voneinander abstoßen.

## Und der Geschmack?

Wer Konfitüre mag, wird wissen: Zu fest ist selten gut. Warum kann sich zuviel zugesetztes Pektin – auch wenn es die Haltbarkeit verbessert – auf den Geschmack und das Aroma einer Konfitüre eher negativ auswirken? Die Physikochemiker des Labors für Aromaforschung am INRA in Dijon sind dieser Frage nachgegangen: Um zu ermitteln, wie eine gute Erdbeerkonfitüre zusammengesetzt sein muß, untersuchten sie akribisch den Zusammenhang zwischen Konsistenz und Geschmack. Ihre Ergebnisse lassen sich leicht auf andere Obstarten übertragen.

Traditionellerweise läßt man eine Mischung aus Erdbeeren und Zucker kurz kochen: Es verdampft etwas überschüssiges Wasser, die Mikroorganismen werden abgetötet; dann füllt man die Masse in sterile Gläser um. Soll man mit Deckel kochen? Soll die Mischung leise köcheln oder stark brodeln? Kann man aus minderwertigen Erdbeeren eine gute Konfitüre gewinnen? Wie wirkt sich der Zusatz eines Geliermittels aus? All diese Fragen haben die Forscher in Dijon motiviert. Auch handelsübliche Massenprodukte wurden untersucht: Ihre Konsistenz ist meist zufriedenstellend, doch wird behauptet (vielleicht zu Unrecht), daß sie nicht die Aromaqualitäten selbstgemachter Konfitüren erreichen. Worin läge dann der Fehler bei der Produktion?

Es ist bekannt, daß Hydrokolloide zwar einerseits die Viskosität von Lebensmitteln verbessern, andererseits aber deren Geschmacks- und Aromaqualitäten schmälern. Darum untersuchte man zunächst den

Zusammenhang zwischen der Konsistenz und den aromatischen Eigenschaften der Konfitüren.

In der Nahrungsmittelindustrie werden sowohl stark methoxylierte Pektine (sie besitzen viele Methoxy-Seitengruppen) als auch schwach methoxylierte verwendet: Mit den ersten geliert man normalerweise sehr zuckerhaltige Lebensmittel, mit den anderen eher nichtsüße Produkte. Bei den Untersuchungen wurden fünf Konfitüren mit stark methoxylierten und fünf weitere mit schwach methoxylierten Pektinen verglichen; die Pektinkonzentration war jeweils unterschiedlich. Schließlich gab es noch eine »Kontrollkonfitüre«, bei der das Pektin ganz aus den Erdbeeren stammte.

Das Prozedere bestand aus zwei Teilen: einer chemischen Analyse der flüchtigen Bestandteile der Konfitüren und einer sensorischen Analyse, bei der ausgewählte Prüfer die Produkte bewerten mußten. Dafür standen ihnen 25 zuvor definierte Begriffe zur Verfügung, darunter 10 für das Aroma und 3 für den Geschmack. Außerdem sollten sie den taktilen Eindruck einer jeden Probe beschreiben, d. h. ihre Konsistenz in der Mundhöhle. Die Tests fanden in einem mit Rotlicht ausgeleuchtetem Prüfraum statt, so daß die je nach Zubereitungstyp unterschiedliche Farbe der Konfitüren das Ergebnis nicht beeinflussen konnte. Die Kostproben wurden nicht gekennzeichnet, von jeder Konfitüre gab es zwei, und ihre Reihenfolge unterlag dem Zufallsprinzip.

Bei der chemischen Analyse wurden 31 Aromastoffe identifiziert. Ihre Konzentration unterschied sich je nach Art und Zustand der jeweils verwendeten Früchte: Die Qualität einer Konfitüre hängt sehr von der Qualität ihrer Früchte ab!

Danach testeten die Geschmacksprüfer zunächst die Konsistenz, mit übereinstimmenden Ergebnissen. Es trat dabei ein interessantes Phänomen zutage: Alle Prüfer bevorzugten Konfitüren mit einem geringen Gehalt an stark methoxylierten Pektinen; für optimal wurde eine ähnliche Konzentration gehalten, wie sie gewöhnlich auch in den handelsüblichen Produkten anzutreffen ist.

In einem weiteren Schritt sollte der Einfluß des Pektins auf die sensorische Wahrnehmung bestimmt werden. Man stellte fest, daß bei zunehmender Konzentration stark methoxylierter Pektine auch die Viskosität zunahm, aber die süße und saure Geschmacksnote sowie das Karamelaroma geschwächt wurden. Die chemische Analyse ergab hier, daß sich lediglich die Konzentration von sieben flüchtigen Molekülen nennenswert geändert hatte (eine Furanonverbindung mit Karamelaroma und diverse Ester mit fruchtiger oder blumiger Note).

Mit schwach methoxylierten Pektinen ließ sich ebenfalls die Viskosität steigern, aber man benötigte dazu jeweils eine dreimal so große Menge. Obwohl die Chemiker hier einen höheren Gehalt an Estern mit fruchtiger Note registriert hatten, stellten die Geschmacksprüfer keine Veränderungen gegenüber der Kontrollkonfitüre fest.

Insgesamt gesehen ist das Ergebnis der Studie eindeutig: Durch Zusatz von Pektinen gewinnen die Konfitüren an Konsistenz, verlieren aber an Geschmack. Warum? Die Intensität schmeckender oder riechender Substanzen beruht darauf, daß sie sich auf den Geschmackspapillen bzw. Geruchsrezeptoren fein verteilen. Die Pektinmoleküle aber binden diese Substanzen und blockieren ihre Verteilung, so daß sich die Geschmacksqualität verschlechtert. Allerdings sind diese Bindungen nicht besonders fest: Wenn die Konfitüren gut durchgerührt wurden, anstatt nur leise zu kochen, entwichen mit den Dämpfen viele Aromamoleküle.

Überhaupt stellten die Chemiker fest, daß die Zubereitungsart großen Einfluß auf die Geschmacksqualität der Konfitüren hat. Da der Geschmack stark von der Anwesenheit flüchtiger, schwach gebundener aromatischer Substanzen abhängt, wirken sich Aromaverluste durch Verdampfung deutlich auf die Geschmacksqualität aus.

Fazit: Auch eine gute Erdbeerkonfitüre kommt nicht von allein. Man sollte bei der Zubereitung folgende Grundsätze beherzigen:

Nur erstklassige Erdbeeren verwenden.
Kein Geliermittel zusetzen (das natürliche Pektin in den Früchten reicht normalerweise aus).
Beim Kochen nicht zu stark rühren.
Langsam erhitzen, damit das natürliche Pektin gut aus den Früchten herausgelöst wird und nicht zu viele Aromastoffe verlorengehen.

Wer sich dazu noch die Mühe macht, die Kochdämpfe aufzufangen, zu kondensieren, dem Kondensat das Wasser zu entziehen und das so erhaltene Aromakonzentrat zurück in die Kochmasse zu geben, der wird mit einer besonders aromatischen Konfitüre belohnt.

# Der Tee

## Wie lange muß Tee ziehen?

Tee hat eine lange Tradition: In Südostasien wurden Teeblätter höchstwahrscheinlich schon in prähistorischer Zeit gekaut oder überbrüht. Zu kultivieren begann man den Tee im 4. Jahrhundert v. Chr. in China; von dort gelangte er später zu den Japanern, deren Teebegeisterung sich bis ins 6. Jahrhundert n. Chr. zurückverfolgen läßt. Tee wurde ein universelles Getränk: Zwar lassen sich auch andere Pflanzen und Kräuter aufbrühen, aber kaum welche entfalten vergleichbare Aromen und Geschmacksqualitäten...

So ist es kein Wunder, daß der Tee – begünstigt durch verfeinerte Zubereitungstechniken und ein allgemeines Interesse an den Kulturen des Orients – schließlich auch in Europa Einzug hielt. Bis dahin begnügte man sich hier seit undenklichen Zeiten mit Aufgüssen z. B. von Lindenblüten oder Pfefferminzblättern.

Kommen wir zum Thema: Wie lange muß Tee ziehen? Man sollte bedenken, daß manche Aromen langsamer aus den Blättern herausgelaugt werden als die Farbstoffe. Darum sind Empfehlungen sicher richtig, nach denen er länger ziehen soll, als für eine schöne Färbung nötig ist. Aber gleichzeitig kommen auch die Gerbstoffe (Tannine) frei: Die zeitliche Grenze ist dann erreicht, wenn der Tee durch ein Zuviel an Tanninen herb-bitter zu werden beginnt.

Zu bitter gewordener Tee läßt sich mit Milch retten... aber wie?

## Milch in den Tee oder Tee in die Milch?

In England erfreut sich Tee mit Milch großer Beliebtheit. Um die Flüssigkeiten zu mischen, gießt man dort den Tee in die Milch. Offenbar läßt sich so die natürliche Bitterkeit starker Aufgüsse am besten mildern. Warum?

Man muß kein großer Kenner sein, um Tee zu mögen: Über einer leichten Bitterkeit entfalten sich delikate Geschmacksnoten und subtile Aromen. Ließe sich die Bitterkeit ganz vermeiden? Hier kommt die Milch ins Spiel: Vielleicht hat man sie zunächst nur wegen ihres eigenen, milden Geschmacks zugegeben, doch dann entdeckte man, daß sie wie ein »Antidot« gegen die Bitterkeit wirkte.

Tee wird bitter, weil er Gerbstoffe, Tannine, enthält. Die gleichen Tannine lassen bestimmte Weine adstringierend, ja manchmal deutlich bitter erscheinen; sie finden sich selbst in den Blütenblättern der Rose. Milch hingegen besitzt zahlreich Proteine, die mit ihren langen, vielfach gefalteten Ketten die Tanninmoleküle »einwickeln« können: Sie verbinden sich mit ihnen und entziehen ihnen die Bitterkeit.

Wer das nicht glaubt, der vermische kalten, zu bitter gewordenen Tee mit kalter Rohmilch: die Bitterkeit verschwindet. Allerdings scheitert das Experiment, wenn beide Flüssigkeiten heiß sind: Die Hitze denaturiert die Proteine, d. h., sie werden »abgewickelt« und verlieren ihre Einbindungskraft. Darum bleibt bitterer Tee auch bitter, wenn man ihm gekochte Milch zugibt. Schlimmer noch: Zu der Bitterkeit tritt ein Kochmilchgeschmack, der die anderen Aromen überdeckt.

Man sieht, daß unsere Ausgangsfrage ihre Berechtigung hat: Milch in den Tee oder Tee in die Milch? Gießt man Milch in sehr heißen Tee, so werden ihre Proteine denaturiert, und die Bitterkeit bleibt bestehen. Dagegen wird heißer Tee, den man in kalte Milch gießt, an Bitterkeit verlieren: Die Mischung ist zunächst noch nicht warm genug, um die Proteine zu denaturieren; und so neutralisieren sie das Tannin.

## Warum färbt Zitrone hell?

Der wahre Kenner trinkt nur reinen Tee; aber wenn wir schon beim »Panschen« sind, können wir es auch einmal mit Zitrone versuchen. Warum macht sie den Tee heller?

Die Zitrone besitzt keine Proteine, um die Farbstoffmoleküle des Tees zu neutralisieren; die Erklärung muß anderswo gesucht werden. Zunächst sei bemerkt, daß Tee durch Zitronensaft weder farblos wird noch zitronengelb. Vielmehr verändert sich sein Rotbraun in Richtung orange. Die roten Farbpigmente des Tees sind schwache Säuren, deren Moleküle ein säuretypisches Wasserstoffatom enthalten, das sich unter bestimmten Bedingungen abspalten kann. In Anwesenheit von Zitronensaft, einer stärkeren Säure, sieht man die gelbe Farbe der nichtgelösten Form.

Wenn man Natron in den Tee gibt (für den Geschmack übernehme ich keine Verantwortung), tritt der gegenteilige Effekt ein. Die Säuregruppen werden aufgelöst, wodurch sich die Pigmente dunkel verfärben: Der Tee bekommt ein intensives, tiefes Braun.

# Hydrodynamik in der Teekanne

Der »Teekanneneffekt« gehört zu den unliebsamen Begleiterscheinungen der Teestunde: Bei manchen Teekannen weiß man schon im voraus, daß – besonders wenn sie noch voll sind und man sie langsam kippt – der Tee beim Eingießen auf den Knien der Gäste oder auf dem Tischtuch landen wird.

Gewitzte Physiker, die diesen sog. Teapot-Effekt kennen, probieren die Kanne deshalb vor dem Kauf aus. Marcus Reiner vom Technion-Institut in Israel und Joseph Keller von der New Yorker Universität haben den Effekt in den Jahren 1956 und 1957 aufgeklärt:

In der Physik beschreibt man eine Flüssigkeitsströmung durch Strömungslinien, die in die gleiche Richtung laufen wie die Strömung selbst. Man kann diese Linien sehen, wenn man farbige Schwebeteilchen in das strömende Wasser wirft, wo sie sich entlang den Strömungslinien fortbewegen. Im Normalfall verlaufen die Strömungslinien horizontal und parallel; aber wenn sie auf ein Hindernis treffen, werden sie zusammengedrängt. Dabei nimmt die Strömungsgeschwindigkeit zu, während gleichzeitig der Druck sinkt. Jeder Schiffer kennt diese Beschleunigung, z. B. vor Brückenpfeilern, wo die Strömung schneller wird.

Die Verringerung des Drucks, die man im Schiff nicht wahrnimmt, macht sich beim Tee-Eingießen bemerkbar: An der unteren Kante der Tülle wird der Tee durch sein Gewicht nach unten gelenkt, wobei die Geschwindigkeit zunimmt und der Druck nachläßt. Da Flüssigkeiten sich jedoch von Orten hohen Drucks zu solchen niedrigen Drucks ausbreiten, läuft der Tee schnell außen an der Teekanne entlang nach unten. Wissenschaftler nennen dies den Bernoulli-Effekt und lassen damit Flüssigkeiten an Glasröhren entlanglaufen. Beim Tee-Eingießen folgt der Tee jedoch der Kontur der Teekanne… und landet auf dem Tischtuch!

# Kühlen und Gefrieren

## Kühl, aber wie kühl?

Wie lassen sich Obst und Gemüse am besten frisch halten? Indem man sie so schnell wie möglich kühl lagert, indem man verdorbene Früchte aussortiert und indem man für saubere Aufbewahrungsorte sorgt.

Eine der schönsten Erfindungen der Technik ist der Kühlschrank; er ist uns inzwischen so vertraut geworden, daß wir ihn für selbstverständlich halten. Aber man muß ihn richtig einzusetzen wissen, um gute Resultate zu erzielen. Darum geht es im folgenden: In meine Ausführungen sind Forschunsergebnisse eingeflossen, die an der INRA-Zweigstelle in Montfavet erarbeitet wurden; und viel verdanken sie einem Werk, das die Summe der stofflich-kulinarischen Transformationen in den Lebensmitteln zieht: *On food and cooking* von Harold McGee.

Durch Kühlen will man u.a. verhindern, daß pflanzliches Gewebe abgebaut wird. Natürlich wäre es am besten, Obst und Gemüse sofort nach dem Ernten zu verzehren; aber schon weil wir nicht auf dem Land, sondern überwiegend in Städten leben, sind wir darauf angewiesen, unsere Lebensmittel zu konservieren.

Man sollte wissen, daß sich in Obst und Gemüse die stoffliche Zusammensetzung schon wenige Stunden nach der Ernte erheblich verändert: Die Pflanzenzellen arbeiten weiter, obwohl sie kein Wasser mehr aus den Wurzeln beziehen. Beispielsweise verlieren Mais und Erbsen bei Zimmertemperatur in sechs Stunden bis zu 40 Prozent ihrer Zucker. Spargel und Brokkoli benutzen die ihren, schlimmer noch, um schwer verdauliche, holzige Fasern zu synthetisieren. Es ist wahrlich keine Illusion, daß frisches Gemüse am besten schmeckt!

Die Kälte erhält die Frische, verlangsamt die Veränderungen in der Zelle und verhindert den Verderb durch Mikroorganismen. Warum? Weil die Zellen gewissermaßen im Zeitlupentempo leben: Die biochemischen Reaktionen laufen bei Kälte langsamer ab als bei Zimmertemperatur. Desgleichen verlangsamt sich die Vermehrung der Mikroorganismen, so daß die Früchte nicht so schnell faulen.

Jedoch vertragen nicht alle Pflanzen das Kühlschrank-Klima; besonders kälteempfindlich sind tropische Früchte. Bananen bekommen wegen ihrer Enzyme schnell eine braune Schale. Bei Temperaturen unter 7 Grad werden Avocados dunkler und hören auf zu reifen; Zitrusfrüchte werden fleckig. Ananas, Melonen, Tomaten, Gurken und grünen Paprika lagert man am besten nicht unter 10 Grad. Kartoffeln werden unterhalb von 4 Grad weich.

Aber die meisten anderen Gemüsearten – Karotten, Kohl, Salat etc. – vertragen Kälte gut. Man kann sie leicht bei null Grad aufbewahren, denn ihre Zellen enthalten Salze: Sie gefrieren nicht (aufgrund desselben Phänomens sinkt die Temperatur einer Mischung aus Eis und Salz bis zu –17 Grad).

## Die große Kälte

Durch Gefrieren werden die Stoffwechselvorgänge in den Pflanzen praktisch angehalten, aber es wird auch das Gewebe zerstört: Das Wasser der Zellen bildet Eiskristalle, welche die pflanzlichen Zellwände und -membranen durchlöchern. Aufgetaut sind die Früchte dann weich und matschig, denn die Zellmasse hat ihr Gerüst verloren. Dieses Schicksal ist nicht unvermeidlich: Wenn man so schnell und kalt wie möglich einfriert, werden die Kristalle zahlreicher und kleiner und richten weniger Schaden an.

Und noch etwas sollte man bedenken: Durch Gefrieren werden die enzymatischen und chemischen Reaktionen zwar stark gedrosselt, aber nicht völlig blockiert. Will man jegliche Aktivität abstellen, so muß man pflanzliche Lebensmittel blanchieren: Während des kurzen Aufenthalts im kochenden Wasser werden die Enzyme inaktiviert. Allerdings muß man das Blanchiergut anschließend mit kaltem Wasser abschrecken, und dabei werden die Zellwände geschwächt.

Es hat also gute Gründe, daß Früchte vor dem Einfrieren in der Regel nicht blanchiert werden: Sie verlören an Aroma und Festigkeit. Mit Hilfe von Läuterzucker, Alkohol oder Ascorbinsäure läßt sich das Braunwerden weniger folgenschwer verhindern.

# Der Essig

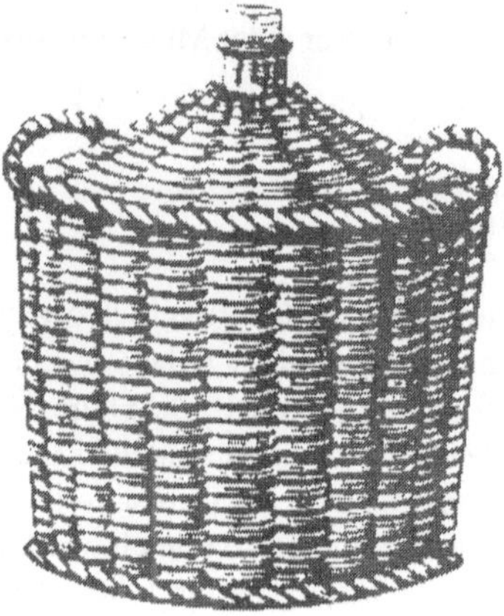

## Die Säure des Alkohols

Seit Pasteurs Zeiten weiß man, wie er entsteht: Einzellige, den Hefen nahestehende Mikroorganismen der Art *Mycoderma aceti* vergären Äthylalkohol zu Essig. Wenn in einer Flüssigkeit die richtigen Voraussetzungen gegeben sind – Säuregrad, Alkoholkonzentration, Nährstoffe (z. B. die Proteine im Wein) –, dann vermehren sich diese Bakterien und bilden auf der Oberfläche eine graue Kahmhaut. Manchmal ist sie so fein wie Seidenkrepp, manchmal solider.

*Mycoderma aceti* absorbiert den Sauerstoff der Luft und überträgt ihn auf den Alkohol; der Alkohol nimmt den Sauerstoff auf, bis Essigsäure entstanden ist. Die verdünnte, wäßrige Lösung von Essigsäure nennt man Essig.

Die *Mycoderma-aceti*-Bakterien haben es gern, wenn ihr Milieu schon gleich zu Anfang etwas angesäuert ist. Darum empfiehlt es sich, dem Wein einen Schuß Essig zuzusetzen, bevor man ihn gären läßt. Außerdem verhindert man so, daß andere Mikroorganismen den Wein verderben.

## Wie wirkt die Essigmutter?

Was soll man von Empfehlungen halten, die zum Essigmachen die Verwendung von Essigmutter befürworten? Die Essigmutter besteht aus Essigsäurebakterien, die in den Essig hineingesunken sind. Anstatt Wein in Essig zu verwandeln, können sie eine unheilvolle Wirkung entfalten: Weil es ihnen in der Lösung an Sauerstoff fehlt, verbrauchen sie jenen des sich bildenden Essigs für sich selbst, und damit zerstören sie ihn. Zudem vernichtet die Essigmutter die Aromastoffe, die das Bukett des Essigs ausmachen. Das ist fast noch schlimmer. Wer Essig machen will, sollte darum auf die Essigmutter verzichten; allein die Kahmhaut ist geeignet.

Der handelsübliche Essig wird auf verschiedene Art und Weise hergestellt. Am interessantesten ist vielleicht eine in Orléans beheimatete Methode, bei der man kaskadenartig angeordnete Fässer verwendet: Ins oberste Faß wird regelmäßig Wein gegossen, und unten zieht man den Essig ab (für 230 Liter Essig entnimmt man wöchentlich 8 bis 10 Liter und ersetzt sie durch neuen Wein). Damit genug Luft vorhanden ist, wird der Weinbehälter nur halb gefüllt. Bei Zusatz von neuem Wein darf die Kahmhaut (die sich spontan bildet) nicht beschädigt werden. Des weiteren achtet man auf gleichmäßige Temperaturen.

Essig kann viele Väter (und Mütter) haben: Apfelwein, Birnenmost, Rosinen, Himbeeren, in Wasser gelöster Honig... doch der beste Essig kommt von gutem Wein. Gewürzessig erhält man, wenn geeignete Kräuter, z. B. Estragon, in Essig ausgelaugt werden.

## Aceto balsamico

Balsamessig, eine italienische Spezialität aus der Gegend von Modena, ist der einzige Essig, der sich mit den Weinen eines guten Menüs verträgt. Er wird aus süßen weißen Trauben gewonnen. Nach der Lese, sobald die ersten Gärungszeichen sichtbar werden, wird der Most filtriert und anschließend langsam eingekocht. Dann filtriert man ihn erneut und zieht ihn auf Holzfässer ab. Während einer langen Lagerzeit, in der sich die Essigsäure bildet und die Flüssigkeit sich konzentriert, wird er in immer kleinere Holzfässer umgefüllt.

Versuchen Sie einmal eine Mischung aus Balsamessig und Walnußöl zu einem Salat, den Sie mit Trüffelscheiben garniert haben! Natürlich verfeinert er auch andere Salate weit mehr als jeder gewöhnliche Essig... aber er hat auch seinen Preis.

# Küchenutensilien

## Neuer Glanz für altes Besteck

Das Silberbesteck, auf das unsere Großmütter stolz waren und das auch heute noch die Tafel festlich schmückt, hat einen schweren Nachteil: Es wird leicht schwarz. Wenn es mit Ei in Berührung kommt, ist sein Glanz dahin. Und reinigt man es in einem Spülbecken zusammen mit weniger edlen Metallen, dann verdüstert sich sein Aussehen, als könne es den Kontakt mit den Plebejern nicht vertragen.

Wie reinigt man angelaufenes Silberbesteck? Vieles wird empfohlen, doch das meiste ist Scharlatanerie. Aber es gibt zwei Verfahren, die wohlbegründet und auch effizient sind; ich darf sie Ihnen vorstellen.

Als erstes zu nennen ist der Einsatz von Wasserstoffperoxid, der sich bei Besteck aus massivem Silber empfiehlt. Wenn Silber schwarz wird, ist daran gewöhnlich Schwefel schuld, der z. B. in Eiern reichlich enthalten ist: Er verbindet sich mit Silber zu wasserunlöslichem Silbersulfid. Wird Wasserstoffperoxid eingesetzt, so oxidiert es das unlösliche Sulfid zu wasserlöslichem Silbersulfat.

Die zweite Methode eignet sich bestens für plattiertes, versilbertes Besteck: Durch *Elektrolyse* löst man den Schwefel und schont die Silberschicht. Dazu bedeckt man den Boden eines Gefäßes mit Aluminiumfolie, gießt warmes Wasser auf und fügt einen Eßlöffel Salz zu; es folgt das zu reinigende Silber, das Kontakt mit dem Aluminium haben muß. Wegen des entstandenen Stromkreises, der sich aus der Lösung (durch Salz wird Wasser leitend), dem Aluminium und dem Silber zusammensetzt, kommt es zu folgender chemischen Reaktion: Das Aluminium verliert Elektronen, die zum Silber fließen. Das an den Schwefel gebundene Silber der Besteckoberfläche fängt diese Elektronen ein und gewinnt seine reine Gestalt zurück, denn der Schwefel wird in die Lösung freigesetzt und wandert zum Aluminium, um Aluminiumsulfid zu bilden. Das Verfahren läßt sich beschleunigen, wenn man möglichst heißes, fast kochendes Wasser verwendet.

## Kupfer für Eischnee?

Sind Kupferschüsseln für die Zubereitung von Eischnee besonders geeignet? Die Annahme, daß Kupfer den Eischnee fester mache, muß schon im 18. Jahrhundert verbreitet gewesen sein: In der *Encyclopédie*

Diderots findet sich die Abbildung eines Kupfergefäßes, das dem Schlagen von Eiklar diente.

Bis heute ist dieses Kapitel wissenschaftlich nicht bewältigt. Offensichtlich wird Eischnee durch Kupfer fester – aber was ist der Grund?

Schon zu Beginn dieses Jahrhunderts fand man heraus, daß ein Protein des Eiklars, das Conalbumin, mit Metallionen Bindungen eingeht, dadurch widerstandsfähiger wird und nicht so schnell denaturiert. Fest steht, daß es sich auch mit Kupfer gut verbindet, wodurch sich der Eischnee farblich verändert. Beispielsweise unterscheidet sich Eischnee, der in einen Kupfergefäß geschlagen wurde, von Eischnee aus einem Eisengefäß: Weil sie das Licht anders absorbieren, haben der Conalbumin-Eisen-Komplex und der Conalbumin-Kupfer-Komplex unterschiedliche Farben.

Es wird freilich noch einiger Studien bedürfen, bis zweifelsfrei bewiesen ist, daß sich die Stabilisierung des Eischnees allein auf die Bildung solcher Metallkomplexe zurückführen läßt. Und selbst wenn das stimmt, ist damit noch nicht gesagt, daß der Eischnee auch im Ofen beständiger bleibt. Hier gilt es zu experimentieren...

Zurück zur täglichen Praxis: Man achte auf größtmögliche Sauberkeit. Auch in Kupferschüsseln läßt sich Eischnee nicht gut hochschlagen, wenn sie mit Fettresten verschmutzt sind. In diesem Fall empfiehlt es sich, die Schüsseln mit Salz und Essig oder Zitrone auszureiben.

Übrigens sollte man mit Kupfer immer sorgsam umgehen, denn es ist giftig: Wasser, das man in einer Schüssel offen stehenläßt, wird nicht von wilden Mikroorganismen besiedelt, wenn sich ein Stück Kupfer darin befindet...

## Soll man in Kupfertöpfen kochen?

Kochtöpfe aus Kupfer sind ein Luxus. Wirklich? Kupfer ist ein sehr guter Wärmeleiter: Die Hitze verharrt nicht an einem Punkt, sondern verteilt sich schnell über alle Flächen. In Kupferkochtöpfen kocht es sich gleichmäßiger; es gibt keine überhitzten Stellen, an denen Moleküle verkohlen und dadurch dem ganzen Essen einen Geschmack nach Verbranntem mitteilen. Des weiteren läßt sich die Temperatur beim Kochen gut regulieren, denn Kupfer reagiert schnell, ohne die Trägheit anderer Metalle, auf Temperaturveränderungen – ein unschätzbarer

Vorteil bei der Zubereitung delikater Saucen und anderer empfindlicher Speisen.

Um die Bildung des giftigen Grünspans zu verhindern, werden Kupferkochtöpfe innen mit einer Zinnschicht überzogen (meist durch Elektrolyse). Diese Schicht ist relativ empfindlich und muß regelmäßig erneuert werden. Deshalb werden Rührschüsseln für Eischnee oder Schaumcremes nicht verzinnt, da der Schneebesen das weiche Metall zerkratzen würde. Außerdem darf man verzinnte Töpfe nicht zu heiß werden lassen, damit die Zinnschicht nicht schmilzt.

Ganz ohne bedenkliche Nebentöne ist mein Loblied auf das Kupfer nicht, zumal ich als Chemiker die Vermutung hege, daß es mehr auf den Zustand der Topfböden und -wände ankommt als auf das Metall selbst (poröses Kupfer jedenfalls wäre verheerend). Bleibt abzuwarten, was die laufenden Studien ergeben...

Kupfer ist schön – und Kupfer ist teuer. Man kann es durch andere gut leitende Metalle ersetzen, z. B. durch Aluminium. Allerdings sollten solche Töpfe ausreichend dickwandig sein, damit nichts anbrennt.

## Der gute alte Holzrührlöffel

Den Rührlöffel aus Holz gibt es immer noch in allen Küchen; er ist nicht nur aus Nostalgie so beliebt. Holz leitet die Wärme nicht: Selbst wenn man den Holzrührlöffel eine Weile in der Suppe stehenläßt, verbrennt man sich die Finger nicht, wenn man ihn wieder anfaßt. Zudem ist er eine Wohltat für die Freunde von Kupferkochtöpfen: Er schont das Zinn, mit dem das Kupfer beschichtet ist.

# Offene Fragen

Auf unserer kulinarischen Reise haben wir Geheimnisse aufgespürt und enträtselt. Dennoch bleibt vieles im dunkeln; die Wissenschaft ist noch nicht in alle Mysterien der Kochkunst vorgedrungen. Ich habe einige solcher offenen Fragen für Sie zusammengestellt:

- Man kann Schaumcreme, die aus einer Mischung von Eigelb und Flüssigkeit (Wasser, Wein, Saft etc.) besteht, zum Kochen bringen, ohne daß sie gerinnt – wenn man eine Prise Mehl dazu gibt! Warum wirkt Mehl so?
- Gibt man Zucker zum Eigelb und vergißt das Verrühren, so soll es sich angeblich später nicht richtig mit der Creme oder dem Teig verbinden, den man zubereiten will. Was hat das zu bedeuten?
- Für die Herstellung eines Fonds läßt man die Zutaten lange kochen. Welche Stoffe werden in welchem Ausmaß mit dem Wasserdampf entrissen und welche nicht? Was für Konsequenzen sollte man daraus ziehen?
- Warum läßt sich eine Mischung aus Öl und Butter höher erhitzen als Butter allein?
- Um eine Mehlschwitze abzulöschen, soll man sie vom Feuer nehmen. Warum?
- Wie kann man verhindern, daß frisch gepreßter Apfelsaft dunkel wird?
- Warum wird eine Bouillon trübe, wenn man mit Deckel kocht? Warum muß man sie langsam zum Sieden bringen?
- Warum darf man Petersilie nur zum kurzzeitigen Marinieren verwenden (ein bis zwei Tage, aber nicht länger)?
- Warum wird Mürbeteig durch zu langes, kräftiges Kneten bröckelig?
- Warum wird Kartoffelpüree zäh wie Gummi, wenn man es zu sehr stampft oder rührt? Warum geschieht das gleiche bei zu starker oder zu milder Hitze?
- Warum wird Mayonnaise durch eine geringe Menge zusätzliche Flüssigkeit nicht nur flüssiger, sondern auch weißer?
- Hat das Metall des Kochtopfs einen Einfluß auf die darin gekochten Konfitüren?
- Stimmt es, daß Champagner in maschinengespülten Gläsern nicht perlt?
- Steckt man einen Teelöffel in den Hals einer Flasche mit Sekt oder Champagner, so entweicht weniger Kohlensäure. Stimmt das und wenn ja, warum?

- Weshalb schäumt Champagner im Glas weniger auf, wenn man zunächst eine kleine Menge eingießt und erst dann auffüllt?
- Durchdringt Marinade verschiedene Fleischsorten mit unterschiedlicher Geschwindigkeit?
- Läßt sich Aioli ohne Eigelb zubereiten, nur mit Knoblauch und Öl?
- Warum beginnt kochende Milch zu gerinnen, wenn man Gelatine zugibt?

Sie kennen die Antwort auf diese Fragen? Dann schreiben Sie mir. Haben Sie selbst noch Fragen? Dann schreiben Sie mir auch: Ich werde mein möglichstes tun, sie zu klären.

Bis dahin: Guten Appetit!

# Glossar

**Aaah!** Ausruf höchsten kulinarischen Entzückens; entzieht sich physikalisch-chemischen Definitionen.

**Abhängen** läßt man z. B. Wildfleisch, bis es den »Hautgout« annimmt. Fasane etwa werden je nach Witterungsbedingungen 2–10 Tage an den Schwanzfedern aufgehängt.

**Aktin** Für die Muskelkontraktion wichtiges Muskelprotein. Läßt sich durch Erhitzen leicht denaturieren.

**Albumine** Gut wasserlösliche Proteine. Sie finden sich z. B. im Eiklar.

**Alkohol** Organische Verbindung, bei der ein Kohlenstoffatom an eine OH-Gruppe gebunden ist. Alkoholische Getränke enthalten Äthylalkohol ($CH_3CH_2OH$).

**Amine** Organische Moleküle, bei denen ein Kohlenstoffatom an die Aminogruppe $NH_2$ gebunden ist.

**Aminosäuren** reihen sich wie die Glieder einer Kette zu Proteinen auf. Sie enthalten alle die Carboxylgruppe COOH und die Aminogruppe $NH_2$. Am Aufbau der natürlichen Proteine sind bis auf wenige Ausnahmen nur 20 verschiedene Aminosäuren beteiligt.

**Amylase** Enzym, das Stärkemoleküle spaltet.

**Amylopektin** Stark verzweigtes, wasserunlösliches Kettenmolekül (Polymer), das sich aus zahlreichen Glukosegruppen zusammensetzt.

**Amylose** besteht wie Amylopektin aus Glukosegruppen, die aber unverzweigt, linear angeordnet sind. Das Molekül ist wasserlöslich.

**Aspartam** Süßstoff von intensiv süßem Geschmack (150–200mal süßer als Zucker). Nicht hitzebeständig: Bei höheren Temperaturen wird bitteres Phenylalanin freigesetzt.

**Äthylen** Gas, das beim Reifen von Obst ausströmt. Manche Früchte setzen mehr Äthylen als andere frei: Deshalb reifen Bananen schneller, wenn man sie zusammen mit Orangen lagert.

**Atome** werden klassischerweise als Gebilde dargestellt, die aus einem Kern und einer Hülle bestehen. Im Kern befinden sich die positiv geladenen Protonen und die Neutronen. Um den Kern kreisen die negativ geladenen Elektronen. Kern und Hülle werden durch die elektrostatische Anziehung ihrer entgegengesetzten Ladungen zusammengehalten.

**Ausflockung** Wiedervereinigung der in einer Emulsion verteilten Tröpfchen. Der Rahm auf der Milch bildet sich z. B. durch Zusammenschluß des im Wasser emulgierten Fetts.

**Autoxidation** Katalytische Reaktion in Anwesenheit von Sauerstoff. Beispielsweise werden Fette und Öle durch Autoxidation ranzig.

**Azidität** Säuregrad einer Lösung, dargestellt mit den pH-Werten O–14 (ein pH unter 7 bezeichnet eine saure, ein pH über 7 eine basische Lösung).

**Backpulver** Ein Gemisch chemischer Verbindungen, aus dem Kohlendioxid freigesetzt wird. Bewirkt die Lockerung und das Aufgehen von Teigen.

**Béarnaise** Traditionsreiche französische Sauce: Weißwein und Essig werden mit feingehackten Schalotten und evtl. Kräutern stark eingekocht, dann rührt man cremig geschlagenes Eigelb und geschmolzene Butter unter. Eine Köstlichkeit!

**Béchamelsauce** Klassische Grundsauce: Eine Mehlschwitze wird mit heißer Milch oder Bouillon abgelöscht.

**Biskuitteig** besteht nur aus Eiern, Mehl und Zucker. Anders als beim Genueser Teig, bei dem man Eiklar und Eigelb zusammen cremig rührt, wird das Eiklar getrennt, zu Schnee geschlagen und vorsichtig unter die Teigmasse gehoben: Dadurch wird Biskuit besonders locker.

**Blätterteig** Sechsmalige Dreifachfaltung eines Teigblatts. Man erhält $3^6 = 729$ durch Butter getrennte Blätter.

**Butter** wird aus dem Rahm der Kuhmilch gewonnen. Sie ist eine Emulsion vom Typ »Wasser in Fett«: Etwa 16% Wasser sind in etwa 82% Milchfett fein verteilt.

**Cholesterin** Lipid, dem man viel Böses nachsagt: Ein zu hoher Cholesteringehalt im Blut erhöht das Herzinfarktrisiko. Aber das Cholesterin in den Lebensmitteln ist nicht die direkte Quelle des Blutcholesterins.

**Deglacieren** »Ablöschen«: Aroma- und Geschmacksmoleküle eines Bratensatzes werden mit Bouillon, Wein, Fond etc. vom Boden des Kochtopfs oder der Pfanne gelöst.

**Denaturierung** Die räumliche Anordnung der ursprünglichen, »nativen« Proteinmolekülkette wird zerstört, z. B. durch Hitze. Denaturierte Proteine besitzen nicht mehr dieselben Eigenschaften wie die nativen.

**Destillation** Trennung von Flüssigkeitsgemischen durch Verdampfung, Gewinnung des verdampften Stoffes durch Kondensation: Bei der Branntweindestillation macht man sich die Tatsache zunutze, daß Alkohol schon bei 78 Grad in Dampf übergeht, während Wasser erst bei 100 Grad siedet. Als Erfinder des Destillationsprinzips gilt der persische Philosoph und Arzt Avicenna (980–1037).

**Diffusion** Ausbreitung eines Stoffes durch die Molekularbewegung. Beispielsweise breitet sich ein Tropfen Farbe in einem Glas Wasser gleichmäßig aus, weil seine Moleküle bis zum Konzentrationsausgleich der Flüssigkeiten diffundieren (ein Spezialfall der Diffusion ist die Osmose, s. dort).

**Eis** Für den Physiker nur gefrorenes Wasser, für den Feinschmecker eine kulinarische Welt...

**Emulgator** Grenzflächenaktives Molekül mit einem hydrophilen und einem hydrophoben Teil. Ein solches Molekül kann eine Öl-in-Wasser-Emulsion stabilisieren, weil es sich auf der Oberfläche der Öltröpfchen konzentriert: Sein hydrophiler Pol ist zum Wasser und sein hydrophober zum Fett gerichtet. Auf die gleiche Weise bewirken Emulgatoren die Verteilung von Wassertröpfchen in einer Fettphase.

**Emulsion** Verteilung von Fetttröpfchen in Wasser oder von Wassertröpfchen in Fett (der Typ der Emulsion hängt vom Mengenverhältnis dieser »Phasen« ab). Grenzflächenaktive Moleküle (»Emulgatoren«), welche die Tröpfchen umgeben, erhöhen die Stabilität einer Emulsion. Verändert man das Mengenverhältnis der beteiligten Stoffe zu sehr, so kommt es zu einer »Phasenumkehr« (kulinarisch meist eine Katastrophe).

**Enzym** Protein mit einer katalytischen Wirkung.

**Essigsäure** Die Säure des Essigs ($CH_3COOH$), gewonnen durch Alkoholvergärung oder synthetisch. Nur verdünnt genießbar (Essigsäuregehalt des Speiseessigs meist 5–6%).

**Fermentation (Gärung)** Kontrollierte Umwandlung eines Lebensmittels durch Mikroorganismen: Hefen beim Brot, Hefen und Bakterien beim Wein, Milchsäurebakterien beim Sauerkraut...

**Festkörper** sind ein Verband eng benachbarter Moleküle, die durch intermolekulare Kräfte an Ort und Stelle gehalten werden.

**Fettsäure** Kohlenwasserstoffkette mit der Carboxylgruppe COOH.

**Fleisch** Muskelmasse aus bis zu 20 cm langen Muskelfaserbündeln sowie Fett und Bindegewebe. Die einzelnen Fasern wie auch die ganzen Bündel sind von einer Kollagenhülle umgeben.

**Flüssigkeit** Molekülverband, dessen Zusammenhalt schwächer ist als bei festen Körpern, aber stärker als bei Gasen. Zwischen den Molekülen einer Flüssigkeit wirken auf kurze Distanz schwache elektrostatische Kräfte.

**Fond** Konzentrat aus Aromen und Gelatine, das durch langes Auskochen von Fleisch oder Fisch zusammen mit Gemüse (z. B. Zwiebeln und Karotten) gewonnen wird. Ein Fond ist die beste Grundlage einer guten Sauce!

**Fritieren** Gartechnik, bei der Lebensmittel in stark erhitztes Fett getaucht werden.

**Fruktose** »Fruchtzucker«, Monosaccharid, dessen Molekülgerüst 6 Kohlenstoffatome enthält.

**Gas** Aggregatzustand, bei dem die Moleküle durch schwache Kräfte zusammengehalten werden und sich in jedem ihnen zur Verfügung stehendem Raum verteilen (leider auch in Magen und Darm: dem Genuß schwerverdaulicher Speisen folgt oft als Strafe die »Flatulenz«).

**Gel** Dreidimensionales Netzwerk, das z. B. in einer Flüssigkeit entsteht, die gelierfähige Moleküle enthält: Die Geliermoleküle verbinden sich untereinander und halten die Flüssigkeit fest, so daß eine formbeständige Masse entsteht. Es gibt verschiedene Gel-Typen; kulinarische Bedeutung haben die Gelees.

**Gelatine** Substanz mit guten Geliereigenschaften, wird aus Kollagen gewonnen. Kühlt eine Gelatinelösung ab, so vereinen sich die Gelatinemoleküle ähnlich wie im Kollagen zu Tripelhelices.

**Gelee** Aromatisiertes Gel (z. B. Fleischgelee aus Fleischsaft, Fruchtgelee aus Obstsaft).

**Gelieren** Geleebildung: Flüssigkeiten, die gelierende Moleküle enthalten, erstarren beim Abkühlen.

**Genueser Teig** besteht aus Zucker, Butter, Mehl und Eiern. Im Gegensatz zum Biskuitteig werden Eigelb und Eiklar zusammen geschlagen, so daß der Teig nicht so locker ist und nicht so gut aufgeht.

**Geschmackspapillen** Winzige Wärzchen vor allem der Zunge, in welche die Geschmacksrezeptoren eingelagert sind.

**Gliadine** Wasserunlösliche Proteine des Mehls.

**Globuline** Wasserlösliche Proteine des Mehls. Ihre Proteinketten sind kugelartig geknäuelt (daher ihr Name: lat. *globulus* = Kügelchen).

**Glukose** »Traubenzucker«, dessen Molekülgerüst 6 Kohlenstoffatome enthält. Brennstoff lebender Zellen.

**Gluten** Klebereiweiß, gebildet aus den wasserunlöslichen, aber quellfähigen Proteinen Gliadin und Glutenin. Bildet beim Verkneten von Wasser und Mehl ein elastisches Netzwerk, bewirkt u.a. die gute Backfähigkeit des Weizenmehls.

**Glutenine** Wasserunlösliche Proteine des Mehls.

**Glyzerin** Mehrwertiger Alkohol der Öle und Fette, Nebenprodukt der alkoholischen Gärung. Verleiht Weinen Vollmundigkeit und Körperreichtum.

**Gourmand** Feinschmecker (oder: ein Schlemmer, der sich beherrschen kann...)

**Gourmet** Weinschmecker (kein Druckfehler!, s. Fußnote S. 5).

**Hefen** Einzellige Mikroorganismen (Pilze), die sich durch Sprossung oder Spaltung vermehren. Viele Hefen vergären Zucker zu Alkohol und Kohlendioxid. Unverzichtbar u.a. bei der Weinherstellung (Weinhefen) und bei der Teigbereitung (Backhefe).

**Hollandaise** Klassische Buttersauce: Eigelb und Butter werden mit etwas Wasser, Pfeffer und Salz im nicht zu heißen Wasserbad cremig geschlagen. Mit Zitronensaft abschmecken.

**Holzrührlöffel** schonen Töpfe, Pfannen und... die Hände (Holz ist ein schlechter Wärmeleiter).

**Hühnereier** bestehen im wesentlichen aus Eiklar und Dotter. Der Dotter setzt sich zur Hälfte aus Wasser und zur anderen Hälfte aus Proteinen und weiteren grenzflächenaktiven Molekülen zusammen (z. B. Lezithin). Das Eiklar ist eine Lösung von Proteinen (8–10%) in Wasser.

**Hydrophil** »Wasserfreundlich«: Moleküle, an die sich Wasser anlagert.

**Hydrophob** »Wasserabweisend«: Moleküle, die sich nicht mit Wasser verbinden.

**Ion** Atom, das Elektronen abgegeben oder erhalten hat. In einer wäßrigen Lösung werden die Ionen von Wassermolekülen umgeben.

**Kapillarität** Phänomen der Oberflächenspannung in engen Röhren, Spalten etc. Aufgrund von Kapillarität dringt Wasser in die Zwischenräume zwischen kleinen Teilchen, z. B. zwischen die Stärkekörner des Mehls.

**Kasein** Wichtigstes Protein der Milch (Anteil am Milcheiweiß ca. 85%). Die Kaseinmoleküle verschmelzen, wenn die Milch gesäuert oder gesalzen wird: Die Milch gerinnt.

**Katalysator** Stoff, der eine chemische Reaktion begünstigt, ohne selbst dauerhaft verändert zu werden.

**Klären** Entfernung von trübenden Bestandteilen aus Suppen, Saucen etc.

**Koagulation** Gerinnung von Proteinen, wird z. B. durch Erhitzen oder Säuern bewirkt.

**Kohlenhydrate** Saccharide: Verbindungen aus Kohlenstoff, Sauerstoff und Wasserstoff mit der in den meisten Fällen typischen Summenformel $C_n(H_2O)_n$. Unter Hitzeeinwirkung reagieren sie mit Proteinen, um Bräunungs- und Aromamoleküle zu bilden.

**Kollagen** Gerüstprotein, macht Fleisch zäh (Hauptbestandteil der Kollagenfasern). Durch Auskochen in Wasser läßt sich aus Kollagen Gelatine gewinnen.

**Kolloid** Feinste Verteilung von winzigen festen Teilchen in einer Lösung: Löscht man z. B. eine Mehlschwitze mit Milch oder Bouillon ab, so erhält man ein Kolloid.

**Konfitüre** wird aus Obst und Zucker zubereitet; sie geliert aufgrund von Pektin (s. dort). Abzugrenzen vom Obstgelee, das aus Saft und Zucker hergestellt wird.

**Konzentration** Anteil eines Stoffes an einem Gemisch oder einer Lösung.

**Kupfer** Rötliches Metall mit hoher Wärmeleitfähigkeit. Kupferrührschüsseln eignen sich bestens zum Eischneeschlagen. Um sie zu reinigen, sollte man sie mit Essig oder Zitronensaft ausreiben.

**Lezithin** Grenzflächenaktives Molekül, kommt u.a. reichlich in Eigelb vor.

**Lipide** Sammelbezeichnung für Fette und fettartige Substanzen (zu griech. *lipos*, Fett).

**Lösungsmittel** Flüssigkeiten, die man zum Lösen von Molekülen verwendet. Das wichtigste Lösungsmittel ist Wasser; in Ölen lösen sich Aromamoleküle wie Terpene gut.

**Maillard-Reaktion** Wichtige chemische Reaktion beim Kochen. Aus ihr gehen die aromatischen Bräunungsstoffe hervor, die in der Kruste von Fleisch, Brot etc. enthalten sind.

**Maltase** Enzym, das Maltose spaltet.

**Maltose** »Malzzucker«, besteht aus 2 Molekülen Glukose.

**Margarine** Butterartige Emulsion aus pflanzlichen Ölen. Für Feinschmecker nur selten eine Alternative: Sie vermissen die subtilen Aromen einer guten Butter.

**Mayonnaise** Öl-in-Wasser-Emulsion (ihr Wasser ist im Eigelb enthalten sowie in evtl. hinzugefügtem Essig, Zitronensaft oder Senf).

**Mehl** wird durch Mahlen von Getreidekörnern gewonnen. Je nach Ausmahlungsgrad ist es gröber oder feiner: Schrot enthält die wertvollen Randschichten der Körner; Feinmehl enthält sie weitgehend nicht und ist darum arm an Vitaminen und Mineralstoffen.

**Mehlbutter** Mehl und Butter werden miteinander verknetet und in nußgroßen Stücken unter eine zu flüssige Sauce gezogen. Für Feinschmecker nur ein Notbehelf, da sich der Mehlgeschmack mitteilt.

**Mehlschwitze** Bindemittel für Saucen. Mehl oder Stärke wird in Butter »geschwitzt«: Gießt man Flüssigkeit zu, wird diese dick, weil die Stärkekörner des Mehls quellen und die sperrigen Amylose- und Amylopektinmoleküle freigesetzt werden.

**Meringe** Schaumgebäck aus Eischnee, der bei sehr milder Hitze im Ofen »trocknen« muß (auch Baiser).

**Mikrowellen** Elektromagnetische Wellen, die beim Kochen zunächst die Wassermoleküle des Garguts zum Schwingen bringen. Deren Schwingungen werden von anderen, nicht angeregten Molekülen aufgenommen. Dadurch erhöht sich die Temperatur.

**Milchsäurebakterien** Einzellige Mikroorganismen, die Milchsäure freisetzen (z. B. bei der Gärung von Sauerkraut und Sauerteig).

**Mizellen** Kugelförmige Aggregate grenzflächenaktiver Moleküle. Im Wasser vereinigen sich die hydrophoben Teile der Moleküle im Inneren der Kugeln, während die hydrophilen Teile nach außen zeigen und Kontakt mit dem Wasser haben.

**Moleküle** Zusammenschluß von Atomen, der durch chemische Bindung bewirkt ist: Moleküle entstehen durch chemische Reaktionen und setzen sich bei chemischen Reaktionen um; von physikalischen Umwandlungen der Materie bleiben sie unberührt.

**Myoglobin** Roter Muskelfarbstoff.

**Myosin** Muskelprotein, wichtig für die Muskelkontraktion. Durch Hitze leicht zu denaturieren.

**Nitrat** Salz der Salpetersäure. Wird u.a. bei der Fleischverarbeitung verwendet, z. B. beim Pökeln.

**Nitrit** Salz der salpetrigen Säure, wird wie Nitrat zum Pökeln verwendet.

**Osmazom** Nach Brillat-Savarin *das* Aromamolekül des Fleisches. Hier irrte der große Gastrosoph: Fleisch verdankt Aroma und Geschmack zahlreichen verschiedenen Molekülen.

**Osmose** Einseitig verlaufende Diffusion von Molekülen in gleichartigen, unterschiedlich konzentrierten Lösungen, die durch eine halbdurchlässige (semipermeable) Wand getrennt sind. Die kleineren Moleküle des Lösungsmittels (meist Wasser) diffundieren bis zum Konzentrationsausgleich von der niedriger konzentrierten Lösung in die höher konzentrierte. Die kulinarische Bedeutung der Osmose wird z. B. beim Pökeln sichtbar: Durch eine hochkonzentrierte Salzlösung verliert Fleisch bis zu 50% Wasser.

**Ovalbumin** Wichtigstes Protein des Eiklars.

**Papain** Proteinabbauendes Enzym der Papaya-Frucht.

**Pasteurisierung** Konservierungsmethode: Abtötung von Mikroorganismen in Lebensmitteln durch schnelles Erhitzen (nach Louis Pasteur, 1822–1895).

**Pektin** Polymer pflanzlicher Zellwände. Obstpektine sind der Gelierstoff von Konfitüren und Gelees.

**pH** Abkürzung für *p*otentia *h*ydrogenii (s. Azidität).

**Phenol** Organisches Molekül, enthält einen Benzolring, an den eine Hydroxylgruppe gebunden ist.

**Phosphatide** sind fettverwandte Substanzen (syn. Phospholipide), die neben ihrem hydrophoben lipoiden Anteil eine hydrophile Phosphatgruppe besitzen: Sie sind grenzflächenaktiv.

**Polymer** Langes Molekül, gebildet durch lineare oder verzweigte Anordnung von Untereinheiten, den Monomeren, die sich wie die Glieder einer Kette aneinanderreihen.

**Proteine** Durch Verknüpfung von Aminosäuren gebildete Moleküle der belebten Materie. Ihr jeweils spezifischer räumlicher Aufbau kann z. B. durch Erhitzen zerstört werden: Das Protein wird »denaturiert«.

**Rahm** Fettreiche Schicht auf der Milch: Weil Fetttröpfchen leichter sind als Wasser, steigen sie zur Oberfläche und sammeln sich dort an. Spezialitäten wie Sauerrahm oder Crème fraîche werden durch Ansäuerung von Rahm mit Milchsäurebakterien gewonnen.

**Reaktion, chemische** Rendezvous von Molekülen, die Atome austauschen und sich umsetzen.

**Reduzieren** Fundamentale kulinarische Operation: Durch Einkochen verbessert man die Viskosität und das Aroma bestimmter Speisen, z. B. von Saucen.

**Saccharose** Disaccharid aus Glukose und Fruktose, Zucker der Zuckerrübe und des Zuckerrohrs (wichtigster Nahrungszucker).

**Salpeter** Übliche Bezeichnung für die Salze der Salpetersäure. Man kann daraus Schießpulver machen, man kann es auch zum Pökeln verwenden...

**Salz** Kochssalz (Natriumchlorid) besteht aus Natrium- und Chloridionen, die sich zu regelmäßigen Ionengittern, den Salzkristallen, anordnen. In der Chemie werden diejenigen Stoffe als Salze bezeichnet, die bei der Umsetzung von Säuren und Basen entstehen.

**Salzlake** Konzentrierte Salzlösung zur Haltbarmachung von Lebensmitteln. Aufgrund von Osmose (s. dort) wird pflanzlichen und tierischen Zellen Wasser entzogen, so daß sich Mikroorganismen langsamer vermehren.

**Sauerkraut** entsteht durch die Milchsäuregärung von gehobeltem Weißkohl in einer Salzlake. Haben Sie schon einmal gefüllten Fasan auf frischem Sauerkraut probiert?

**Säure** Substanz, die Wasserstoffionen ($H^+$) freisetzen kann. In der Küche sind besonders die Säurelösungen Essig und Zitronensaft von Bedeutung.

**Schaum** Feinste Verteilung von Luftblasen in einer Lösung oder in einem festen Körper (beim Eischnee ist der Schaum flüssig, bei der Meringe ist er erstarrt).

**Schmoren** Schonende Gartechnik: Zunächst brät man Fleisch kräftig an, um die Oberflächen zu »karamelisieren«, anschließend wird es bei 100 Grad langsam weich gegart. Bardiert man das Fleisch, d. h., umhüllt man es mit Speck- oder Schinkenscheiben, so bleibt es besonders saftig (es entsteht kein Saftverlust durch Osmose).

**Schwefelwasserstoff** Übelriechendes Gas, das sich aus zwei Wasserstoffatomen und einem Schwefelatom zusammensetzt ($H_2S$). Kann freigesetzt werden, wenn man Eier zu lange kocht.

**Soufflé** Delikatesse mit einem wunden Punkt: Sie fällt leicht zusammen...

**Stärke** Pflanzliches Polysaccharid, Hauptbestandteil des Mehls. Setzt sich aus Stärkekörnern zusammen, die von Amylose und Amylopektin gebildet werden. In warmem Wasser quellen die Körner und verschmelzen zu Stärkekleister.

**Stärkekleister** bildet sich, wenn Wasser in die Stärkekörner eindringt. Er verbessert den Zusammenhalt z. B. eines Mürbeteigs.

**Tannine** Gerbstoffe. Im Mund verbinden sie sich mit den Proteinen des Speichels und blockieren deren Funktion: daher ihre schleimhautzusammenziehende, »adstringierende« Wirkung.

**Terpene** Aromamoleküle, z. B. in Zitrusfrüchten. Ein typischer Vertreter ist das Limonen.

**Vanillin** Wichtigstes Aromamolekül der Vanillefrucht. Zusatzstoff zahlreicher Lebensmittel, in großem Umfang auch synthetisch hergestellt.

**Vinaigrette** Instabile Öl-in-Wasser-Emulsion: Es fehlen ihr die Emulgatoren des Eigelbs (eine Vinaigrette ist keine Mayonnaise).

**Viskosität** Zäh- oder Dickflüssigkeit, beruht auf der inneren Reibung von Flüssigkeiten, meist temperatur- oder bewegungsabhängig. Die Viskosität bestimmter Saucen beispielsweise hängt von ihrer Fließgeschwindigkeit ab: In Ruhe, auf dem Teller, ist eine Béarnaise nachgerade zäh, aber im Munde zerfließt sie zu einem köstlichen Fluidum, das auch die letzte Geschmackspapille mit seinen Aromen überschwemmt.

**Wärmekonvektion** Mitführung von Wärme in flüssigen und gasförmigen Körpern (ungenau auch »Wärmeströmung« genannt). Wird z. B. eine Flüssigkeit von unten erhitzt, so steigen ihre leichter gewordenen unteren Schichten auf: Es entsteht eine Zirkulationsbewegung.

**Wärmeleitung** Übertragung der Wärmeenergie von Molekül zu Molekül in Richtung der abnehmenden Temperatur (die schneller bewegten wärmeren Teilchen geben bei Zusammenstößen Energie an die langsamer bewegten kälteren Teilchen weiter). Der Braten in der Röhre wird durch Wärmeleitung gar.

**Wasser** ist in den Lebensmitteln allgegenwärtig. Kennen sie die Anekdote vom Weinprüfer, dem man ein Glas Wasser unterschob, als er mit verbundenen Augen Wein verkostete? »Hm, hm!« befand er kritisch, »der hat nicht viel Aroma und nicht viel Geschmack. Ich kann ihn nicht genau identifizieren, aber eines ist sicher: Der verkauft sich nicht.«

**Wasserstoff** Chemisches Element. Sein Atom besteht lediglich aus einem Proton und einem Elektron. Durch Verlust des Elektrons entsteht das Wasserstoffion, an das sich im Wasser Wassermoleküle anlagern. Sehr viele Wasserstoffionen machen eine wäßrige Lösung sauer.

**Wasserstoffbrückenbindung** Schwache Bindungsart zwischen zwei elektronegativen Atomen über ein Wasserstoffatom.

**Weiße Buttersauce** paßt sehr gut zu Fischgerichten: Frische Butter wird bei milder Hitze in stark eingekochten Weißwein oder Weinessig eingerührt.

**Zabaione** Weinschaum, delikates Dessert aus Zucker, Eigelb und Wein. Mit einer Prise Mehl wird die Mischung im Wasserbad schaumig geschlagen. Ein paar Tropfen Weinbrand oder Likör runden das Aroma ab.

**Zelle** Kleinste Bau- und Funktionseinheit lebender Organismen, besteht aus Zellkern und Zellkörper: Der Kern ist in ein komplexes wäßriges Milieu, das Zytoplasma, eingebettet. Als äußere Begrenzung besitzen die Zellen eine Zellmembran, pflanzliche Zellen werden zusätzlich von einer festen Zellwand geschützt.

**Zucker** s. Saccharose. Bestreut man Obst mit Zucker, so wird seinen Zellen Wasser entzogen (Osmose).

Kulinarische Geheimnisse

# Inhalt

**Einleitung** . . . . . . . . . . 1
**Ein guter Koch braucht gutes Werkzeug** . . . . . . . . . . 4
Kochlöffel, Schneebesen, elektrischer Handrührer
Messer, Pürierstab
Küchenmaschine, Spitzsieb, Spatel, Meßbecher
Pfannen, Küchenbretter, Tortenringe, Nudelholz
Kernhausausstecher, Dämpftopf, Sparschäler, Mandoline
Fleischwolf, Zesteur, Drahtschaumlöffel, Töpfe

## Amuse-gueules

**Käsewindbeutel** *(Gougéres)* . . . . . . . . . . 14
Mehl, das Aufgehen des Teigs
**Orangenwein** *(Vin d'orange)* . . . . . . . . . . 19
Osmose, Mazeration, Reifung
**Tapenade** . . . . . . . . . . 23
Emulsionen, Püree, grenzflächenaktive Moleküle
**Austern in Blätterteig** ***(Feuilletés aux huîtres)*** . . . . . . . . . . 27
Mehl, Glutennetz, Stärkekleister, Blätterteig, Reduzieren, Emulgieren
**Stockfischkroketten** *(Acras de morue)* . . . . . . . . . . 35
Pochieren von Fisch, Gele, Eischnee, Fritieren, Krustenbildung

## Hors-d'oeuvres

**Ofenfrische Brötchen** *(Petits pains)* . . . . . . . . . . 44
Hefe, Stärke und Gluten, Maillard-Reaktion
**Mayonnaisen-Ei** *(L'oeuf dur de l'extrême)* . . . . . . . . . . 49
Mayonnaise und ihre Varianten, Viskosität von Emulsionen, grenzflächenaktive Moleküle
**Schlemmersalate** *(Salades gourmandes)* . . . . . . . . . . 55
Wein und seine Tannine, Knoblauch, Kräuter und Gewürze
**Gazpacho mit Ei** *(Gaspacho aux oeufs)* . . . . . . . . . . 63
Tomaten, Pochieren von Eiern

**Rühreier mit Krabben** *(Oeufs brouillés aux crevettes)* .......... 67
Garen von Krabben, Fumets, Mehl, Klümpchenbildung, Gerinnung
**Taubenwurst mit Nüssen** *(Saucisson de pigeon aux noix)* ....... 73
Bouillon, Klären, Pochieren, Geleebildung
**Roquefort-Soufflé** *(Soufflé au roquefort)* .......................... 78
Soufflés, Roquefort, Béchamelsauce, Eischnee
**Lachsröllchen** *(Cornets de saumon)* .................................. 85
Fischfumet, Butter, Bräunen, Wasserdampfextraktion, Gelatine, Schlagsahne, Schaum
**Elsässer Pastete** *(Pâté alsacien)* ...................................... 89
Teig, Marinade
**Stopfleberscheiben mit Trauben und Äpfeln** *(Escalopes de foie gras aux raisins et aux pommes)* ............ 94
Konfitüre, Aigredoux, Essig, Fond, Entfetten, Parieren der Leber, Äpfel, Wein
**Aspik vom Lachs mit grünem Pfeffer** *(Aspic de saumon au poivre vert)* ........................... 104
Maillard-Reaktionen, Garen von Gemüse, Gelee, Mayonnaise ohne Eier
**Spiegeleier** *(Les oeufs sur le plat)* ................................ 112
Struktur des Eies, Butter, Klären von Butter, Diffusion
**Schinkenmousse mit Portwein** *(Mousse de jambon au porto)* ..... 117
Mehlschwitze, Mousse und Mousseline, Bouillon, Saucen, Kollagen und Gelatine, Schlagsahne
**Geflügelgalantine** *(Galantine de volaille)* ........................ 123
Entbeinen von Geflügel, Proteingerinnung, Wärmeleitung, Aromamoleküle, Klären
**Ravioli mit Salbeibutter** *(Raviolis à la sauge)* .................. 131
Nudelteig, Kochen von Teigwaren, Aromen
**Trüffeln im Teigmantel** *(Truffes en croûte)* ..................... 136
Blätterteig, Mousse, Teigtaschen

## Fische und Krustentiere

**Hecht mit Sauce béarnaise** *(Brochet sauce béarnaise)* ........... 142
Garen von Fisch, Marinade, heiße emulgierte Saucen, Kartoffeln

**Pochierte Forellen mit weißer Buttersauce**
***(Truites pochées au beurre blanc)*** . . . . . . . . . . . . . . . . . . . . . . . . . . . 148
Garen bei niedrigen Temperaturen, Küchenthermometer
**Gegrillte Hummer im Gemüsefond**
***(Homards grillés à l'infusion de légumes)*** . . . . . . . . . . . . . . . . . . . . . . 153
Gemüsefonds, Zubereitung von Hummer, Flambieren
**Lachs, einseitig gebraten *(Saumon à l'unilatérale)*** . . . . . . . . . . . . . . 158
Maillard-Reaktionen, Wärmeleitung, Konsistenz
**Forellenmousseline *(Mousseline de truite)*** . . . . . . . . . . . . . . . . . . . . . . 162
Fischfumet, Mousselines, Salz im Wasser, Rahm
**Forellenklößchen (*Quenelles de truite)*** . . . . . . . . . . . . . . . . . . . . . . . . 168
Panade, Pochieren

## Fleischgerichte

**Rinderfilet mit Elsässer Pinot noir**
***(Filet de boeuf grillé au pinot noir d'Alsace)*** . . . . . . . . . . . . . . . . . . 174
Kartoffeln, Fette, Braten von Fleisch
**Emincé vom Huhn mit Meerrettichmousse**
***(Émincé de poulet aromatique au raifort)*** . . . . . . . . . . . . . . . . . . . . . . 180
Marinade, Crème fraîche und Sahne in der Sauce
**Geflügeltimbale mit Rieslingsauce**
***(Timbale de poulet au riesling)*** . . . . . . . . . . . . . . . . . . . . . . . . . . . . 184
Pasteten, Pilze, Entwässern, Mehlbutter
**Rinderbraten mit Pommes frites**
***(Rôti de boeuf et pommes de terre frites)*** . . . . . . . . . . . . . . . . . . . . . . 190
Fritieren, Wärmeleitung, Braten
**Gegrillte Wachteln mit Kartoffelpüree**
***(Cailles rôties et purée de pommes de terre)*** . . . . . . . . . . . . . . . . . . . 196
Kruste, Braten am Spieß, Struktur der Kartoffel, Püree
**Ente à la Brillat-Savarin *(Canard à la Brillat-Savarin)*** . . . . . . . . . . 201
Mikrowelle in der Küche, Cointreau, Injektionsspritze, Maillard-Reaktion, Fette, Speck
**Kalbsfrikandeau mit Sauerampfer**
***(Le vrai fricandeau à l'oseille)*** . . . . . . . . . . . . . . . . . . . . . . . . . . . . . 205
Beschaffenheit des Fleischs, Weichmachen des Fleischs, grünes Gemüse

**Fasanenragout mit frischen Nudeln**
*(Salmis de faisan aux pâtes fraîches)* . . . . . . . . . . . . . . . . . . . . . . . 210
Abhängen, Flambieren, Rupfen, Ausnehmen, Klären, Geflügelfond, Wärmekonvektion
**Schmorkaninchen mit Kartoffelplätzchen**
*(Braisé de lapin et galettes de pommes de terre)* . . . . . . . . . . . . . . . 218
Schmoren, Binden mit Mehl
**Kaninchenpfeffer** *(Civet de lapin)* . . . . . . . . . . . . . . . . . . . . . . . . . . 224
Binden mit Blut, Blanchieren
**Kaninchen mit Honig und fritierten Auberginen**
*(Lapin au miel et aux aubergines frites)* . . . . . . . . . . . . . . . . . . . . . . 231
Auberginen, Fritieren, Entwässern
**Falscher Wildschweinbraten** *(Rôti de porc façon sauvage)* . . . . . . . 236
Weichmachen des Fleischs in Marinade, Proteingerinnung
**Schweinebraten mit Ananas**
*(Rôti de porc à l'ananas façon Pravaz)* . . . . . . . . . . . . . . . . . . . . . . . 239
Injektionsspritze, Ananas, proteolytische Enzyme

## Desserts

**Zitronenmousse** *(Mousse au citron)* . . . . . . . . . . . . . . . . . . . . . . . . . 244
Süße Mousses, Sabayon, Gelatine, Eischnee
**Schokoladenblätter** *(Les trois feuilles de chocolat)* . . . . . . . . . . . . . . 249
Kakao-Emulsionen, Schokoladen-Hollandaise
**Kirschgefrorenes** *(Mousses glacées au cerises)* . . . . . . . . . . . . . . . . . 255
Sabayon, Schlagsahne, Fruchtsauce
**Rhabarberkuchen** *(Tarte à la rhubarbe)* . . . . . . . . . . . . . . . . . . . . . . 259
Mürbeteig, Sandteig, Auslegeteig
**Aprikosen in Blätterteig** *(Feuilletés aux abricots)* . . . . . . . . . . . . . . 264
Blätterteig, Mandelcreme
**Zitronenkuchen mit Baiser** *(Tarte au citron meringuée)* . . . . . . . . . . . 269
Baisers und Meringen
**Pfirsich mit Gewürztraminersabayon**
*(Pêches au sabayon de gewurtztraminer)* . . . . . . . . . . . . . . . . . . . . . 274
Sabayon, Klümpchenbildung
**Pfirsichsorbet** *(Sorbets aux pêches)* . . . . . . . . . . . . . . . . . . . . . . . . . 278
Eis und Sorbet

**Schnee-Eier** *(Les oeufs à la neige)* . . . . . . . . . . . . . . . . . . . . . . . . . . . 282
Künstliche Aromen, Vakuum, Mikrowelle, Pochieren, Sirup, Karamel
**Apfeltaschen mit Konditorcreme** *(Aumônières de pommes à la cannelle)* . . . . . . . . . . . . . . . . . . . . . . . . 287
Crèpeteig, Konditorcreme, Garen von Früchten
**Orangentorte** *(Fondant à l'orange)* . . . . . . . . . . . . . . . . . . . . . . . . 293
Génoiseteig, Sabayon, Mousse, Eischnee, Orangen kandieren
**Schwarzwälder Kirschtorte** *(Gâteau de la Forêt-Noire)* . . . . . . . . . 300
Biskuit, Konditorcreme
**Himbeer-Charlotte** *(Charlotte aux framboises)* . . . . . . . . . . . . . . . 306
Löffelbiskuits, süße Gelees
**Madeleines** *(Madeleines au miel et au citron)* . . . . . . . . . . . . . . . . . 310
Vergleich zweier Rezepte
**Brombeerkonfitüre** *(Confiture de mûres)* . . . . . . . . . . . . . . . . . . . . 313
Konfitüren, Pektin, Sirup, Säure, Wasserhärte

## Epilog . . . . . . . . . . . . . . . . . . . . . . . . . . . . . . . . . . . . 317

## Glossar . . . . . . . . . . . . . . . . . . . . . . . . . . . . . . . . . . . 321

# Einleitung

Nach dem Erscheinen meiner *Rätsel der Kochkunst* erreichten mich zahlreiche Briefe voller Anregungen, Hinweise und Fragen, für die ich Ihnen, liebe Leserinnen und Leser, herzlich danken möchte. Besonders habe ich mich natürlich über die Zuschriften all der Kochkünstler und Hobbyköche gefreut, die meinten, daß ein bißchen Physik und Chemie zur Vervollkommnung ihrer Arbeit beigetragen habe. Doch gerade von dieser Seite gab es auch Kritisches zu hören: »Ihre Tips sind ja nicht schlecht«, so wurde moniert, »aber warum bringen Sie sie nicht in einem richtigen Kochbuch?« Oder: »Sehr interessant, wie Sie die Kochtechniken erläutern – aber Ihre Erklärungen wären besser verständlich, wenn Sie sie situationsbezogen geben würden. «

Dieser Herausforderung möchte ich mich in meinem zweiten Buch stellen – ein Kochbuch also.

Der Geist ist willig... Aber was macht eigentlich ein Kochbuch aus? Wie sind jene beschaffen, die ich selbst besitze? Im großen und ganzen lassen sie sich in zwei Kategorien einteilen: Die einen beschreiben das Prozedere, bleiben aber die Begründung einzelner wichtiger Schritte schuldig; die anderen erläutern summarisch alle wesentlichen Kochtechniken, aber im entscheidenden Moment, beim Nachkochen eines bestimmten Rezepts, findet man keinerlei Hilfestellung. Abgesehen davon wird in vielen dieser Bücher wiederholt, was Generationen von Köchen und Kochbuchautoren gesagt und geschrieben haben. Gelegentlich sieht man Verbesserungen, die sich neuen gastronomischen Erkenntnissen verdanken, jedoch werden manchmal auch Vorstellungen aus dem Reich des Aberglaubens ungeprüft übernommen. So mußte ich kürzlich lesen, daß sich Wein durch Abkochen in Essig verwandeln ließe!

Darum ist dieses Kochbuch etwas anders geworden als die herkömmlichen: Es ist das Kochbuch, das ich selbst gerne gehabt hätte. Welchen Ansprüchen muß ein solches Buch genügen?

Zunächst einmal sollte es zuverlässig sein: Alle Rezepte müssen sicher und auf Anhieb gelingen. Des weiteren sollte es solide und ehrlich sein. Ich bin, milde gesagt, kein Freund jener Hochglanzbände, deren appetitlich gestylte Abbildungen kulinarischer Kunstwerke den Benutzer glauben lassen, auch er könne dergleichen realisieren. In Wirklichkeit handelt es sich um aufwendig arrangierte und raffiniert ausgeleuchtete

Fotografien, auf denen Details hervortreten, die normalerweise gar nicht sichtbar sind. Und drittens sollte mein Wunschkochbuch praktisch sein: Wenn ich ein Rezept nachkoche, benötige ich an Ort und Stelle alle Hinweise und Ratschläge, die zu seinem Gelingen nötig sind.

Darum habe ich mir vorgenommen, den Arbeitsgang mit seinen einzelnen Schritten sowie die wesentlichen, versierten Köchen abgeschauten Handgriffe und Techniken stets gemeinsam darzustellen. Und ich mute meinen Lesern einige wissenschaftliche Erläuterungen und Kommentare zu, denn ich bin fest davon überzeugt, daß die Arbeit am Herd durch das Verständnis physikalisch-chemischer Zusammenhänge erleichtert und verbessert wird (jedenfalls bin ich selbst ein besserer Koch geworden, seit ich mich mit Physik und Chemie der Küche beschäftige).

Jedes Rezept enthält zu Beginn die Liste der Zutaten. Die folgenden Arbeitsschritte sind numeriert (und kursivgedruckt hervorgehoben). Dazwischen finden sich meine Erklärungen und Kommentare, die eine Synthese von Kochkunst und Wissenschaft sind: mein Hauptanliegen, meine Leidenschaft... Zahlreiche Wiederholungen sollen den Lesern die Arbeit erleichtern. Denn nichts ist frustrierender, als ständig auf eine andere Seite verwiesen zu werden, um eine bestimmte Anweisung zu finden. Deshalb habe ich meine Anweisungen wiederholt, wo immer es nötig war.

Auch die Zutaten werden doppelt aufgeführt: einmal am Anfang des Rezepts, damit man sich mit einem Blick vergewissern kann, daß alle Zutaten zur Hand sind, und einmal bei den einzelnen Arbeitsschritten, damit man nicht ständig zurückblättern muß und dabei den Faden verliert. Aus demselben Grund sind auch die einzelnen Schritte numeriert, denn so findet man die jeweilige Stelle mühelos wieder.

Natürlich ist bei den Kommentaren und Beschreibungen auch einiges aus meinen *Rätseln der Kochkunst* eingeflossen. Insbesondere finden Sie hier das Rezept für meine Ente à la Brillat-Savarin wieder, das ich bei zahlreichen Gelegenheiten und an den verschiedensten Fakultäten und Orten vorexerziert habe – in Paris, Straßburg, Oxford... Die Leser meiner *Rätsel* mögen mir verzeihen: Ich wollte neben den neuen Rezepten auch ein paar Gerichte anführen, die aus didaktischen Gründen wichtig sind – und dieses hier ist es im höchsten Maße. Im Gegenzug habe ich versucht, mehr zu den berühmten Maillard-Reaktionen zu sagen, ein Thema, das mich ungeheuer fasziniert und das derzeit von den Chemikern eifrig erforscht wird.

Wie wir sehen werden, bedeuten Fortschritte in der Wissenschaft auch Fortschritte in der Küche. So konnte ich meine Beschreibung der besagten Reaktionen mit nützlichen kulinarischen Hinweisen ergänzen. Desgleichen sind die Ergebnisse zahlreicher Experimente eingeflossen, die ich seit dem Erscheinen meines ersten Buches gemacht habe. Tatsächlich habe ich jede freie Minute zum Experimentieren genutzt und meine Küche mit wissenschaftlichen Utensilien blockiert: Thermoelement, Mikroskop, Waage, Pipetten, Reagenzgläser... Mit den Details verschone ich Sie natürlich und liefere Ihnen nur die Resultate, die sich unmittelbar in der Küche anwenden lassen.

Jedem Rezept habe ich ein Zitat aus meiner gastronomischen Sammlung vorangestellt: Wundern Sie sich nicht, wenn Grimod de la Reynière, Brillat-Savarin oder Joseph Berchoux so häufig zu Wort kommen: sie sind nun einmal das große Dreigestirn der kulinarischen Literatur Frankreichs – und meine unbestrittenen Lieblingsautoren.

Der Aufbau meines Buchs entspricht der klassischen Folge: Vorspeisen, Fisch, Fleisch, Desserts. Wie man aus diesen Rezepten eine Mahlzeit zusammenstellt? Sie werden sicher einige Hinweise dazu finden, aber eigentlich genügt der gesunde Menschenverstand: Wenn Ihre Gäste sich zu Tisch setzen, haben sie Hunger. Also serviert man ein Gericht, das diesen ersten Hunger stillt, so können sie sich entspannt auf den nächsten Gang freuen. – Wie steht es mit dem Hauptgericht? Muß es unbedingt Fisch oder Fleisch sein? Warum nicht einmal eine Kompositon aus frischen Gemüsen? Hier tun sich für die Küche ganz neue Möglichkeiten auf. Salate sind in jedem Fall eine willkommene Erfrischung. Und Käse? Vergessen Sie ihn nicht, es sei denn, sie haben vorher schon Käse verwendet. Das Dessert schließlich muß nach einer guten Mahlzeit spektakulär sein, wie schon der große Carême sagte.

Natürlich habe ich die vorliegenden Rezepte nicht alle selbst erfunden, aber ich habe sie immer modifiziert, das heißt, ich habe alle zweifelhaften und unnötigen Handgriffe eliminiert.

Manche dieser Rezepte sehen sehr kompliziert aus – so z. B. der Hummer im Gemüsesud, die Forellenmousseline oder die Geflügelgalantine. Aber keine Angst, die Zubereitung ist einfach, wenn sie gut erklärt wird: auch die aufwendigsten Gerichte setzen sich aus ganz klaren, einfachen Arbeitsschritten zusammen. Jeder kann schließlich Karotten schälen, Wasser in einem Topf zum Kochen bringen oder einen Teig ausrollen... Mit etwas gutem Willen, davon bin ich überzeugt, läßt sich jedes Rezept realisieren. Bleibt mir also nur noch, Ihnen ein gutes Gelingen und guten Appetit zu wünschen!

# Ein guter Koch braucht gutes Werkzeug

Jedes Métier hat seine ganz spezielle Fachsprache, und auch im Reich der Küche muß man sie beherrschen. Sie würden sich als hoffnungsloser Anfänger entlarven, wenn Sie z.B. einen Kochtopf mit einem Bräter verwechselten. In diesem Kapitel möchte ich Sie mit den wichtigsten Utensilien bekanntmachen, die ein guter Koch für seine Arbeit braucht.

*Kochlöffel.* Ein einfacher Holzlöffel. Jeder kann damit umgehen, und wer sich einmal an einem Metallöffel die Finger verbrannt hat, weiß, wie unentbehrlich dieses Utensil ist.

*Schneebesen.* Unentbehrlich zum Sahneschlagen und für (Schaum-)Cremes aller Art. Wenn Sie nur wenige Mäuler zu stopfen haben, muß er nicht allzu groß sein, aber er sollte trotzdem einen möglichst dicken Griff haben – dann ist das Schlagen weniger ermüdend. Viele Leute besitzen zwar einen Schneebesen, können aber nicht damit umgehen. Sie wissen nicht, daß der Schneebesen in der Küche nicht so sehr zum Umrühren da ist, sondern daß er hauptsächlich dazu dient, Luftblasen in eine Masse zu bringen – wenn man z.B. eine Eigelb-Zucker-Mischung schaumig oder Sahne steifschlägt, wenn man einen Brandteig oder ein Sabayon zubereitet... Wann immer Sie mit dem Schneebesen arbeiten, sollten Sie an die unzähligen Luftblasen denken, die Sie einbringen wollen.

*Elektrischer Handrührer.* Er ist nichts anderes als ein automatischer Schneebesen. Wählen Sie keine allzu hohe Geschwindigkeit, damit Ihr Eischnee nicht „perlt". Dies kann passieren, wenn das Eiweiß bereits steifgeschlagen ist: In manchen Fällen zerfällt der Schaum, und kleine Klümpchen trennen sich vom flüssigen Teil.

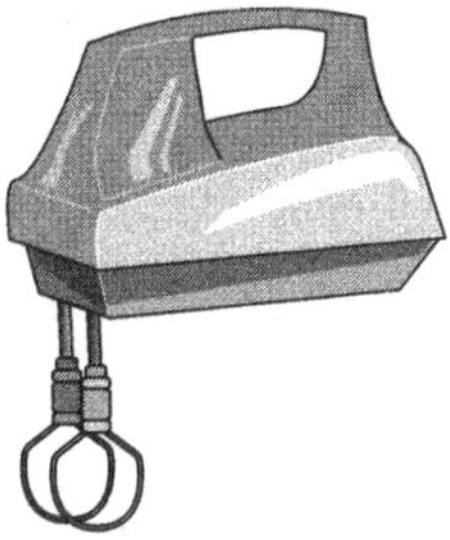

Auf diese nachteilige Wirkung moderner Technik stieß ich ausgerechnet bei einem Gespräch mit meinem Freund Jeffrey Steingarten, dem Gastronomiekritiker von Vogue: Ich sagte ihm, daß ich in meiner ganzen molekulargastronomischen Laufbahn noch keinen ausgeflockten Eischnee erlebt hätte. Er dagegen meinte, das passiere ihm jedesmal. Bei einem detaillierten Vergleich unserer jeweiligen Methoden stellte sich heraus, daß es an seinem Handrührer liegen mußte, einem amerikanischen Modell, das sehr viel perfekter war als meines, aber dennoch ungeeignet – weil zu schnell!

*Messer.* Ob mit glatten oder gezackten Klingen, sie müssen vor allem gut schneiden. Ein guter Koch braucht gute Werkzeuge: das triff auf Küchenmesser ganz besonders zu. Wenn Sie gerne backen, werden Sie öfter einen Biskuit zubereiten, den Sie horizontal durchschneiden müssen. Zu diesem Zweck, aber auch, wenn Sie gern Schinken essen, bietet sich ein Messer mit langer Klinge und abgerundeter Spitze an. Das Schlachtermesser dagegen hat eine kurze Klinge, die unten am Griff breit ist und nach oben spitz zuläuft; es dient zum Entbeinen. Das Hackmesser ist ein schweres, klobiges und robustes Instrument; es dient, ebenso wie das Hackbeil, zum Zerlegen von nicht entbeintem Fleisch oder zum Zerhacken von Knochen für einen Fleischfond.
Das Austernmesser braucht nicht extra vorgestellt zu werden, aber vielleicht ist es nicht schlecht, seinen Gebrauch etwas näher zu beschreiben: Halten Sie die Auster mit einem alten Küchentuch in der linken Hand, oder noch besser, ziehen Sie rutschfeste, baumwollgefütterte Gummihandschuhe an. Um die sich wehrende Auster zu fassen zu kriegen, sollten Sie das Messer ziemlich weit oben an der Klinge packen, damit Sie sich nicht die linke Hand durchbohren, wenn die Auster schließlich lockerläßt. Führen Sie die Messerspitze in den Schließmuskel ein, da wo die Muschel am engsten ist, und schneiden Sie den Fuß ab. Schaben Sie den Deckel aus, um alles Fleisch abzulösen.
Zum Brotschneiden empfiehlt sich ein gezacktes Messer. Der Kartoffelschäler? Siehe weiter unten.

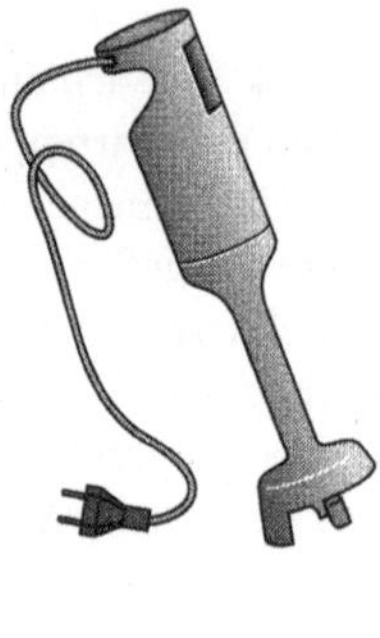

*Pürierstab.* Anders als der elektrische Handrührer muß dieses Gerät schnell sein. Als Tauglichkeitstest empfehle ich Ihnen die Zubereitung der Tapenade aus grünen Oliven (siehe Rezept S. 23). Wenn nach dem Pürieren noch Olivenstückchen übrig sind, sollten Sie ein anderes Modell wählen.

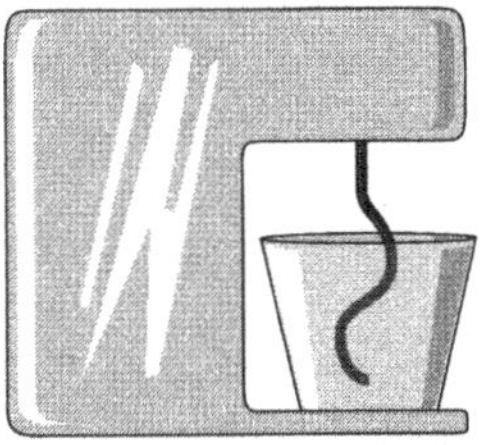

*Küchenmaschine.* Nicht ganz billig, aber ein äußerst nützliches Gerät. Kein mühsames Teigkneten mehr, das Ihnen das Brotbacken verleidet. Und während Ihre Zucker-Eier-Masse in dem Gerät schaumig gerührt wird, haben Sie die Hände für andere Arbeiten frei. Unverzichtbar für alle, die sich der edlen Kunst des Backens verschrieben haben.

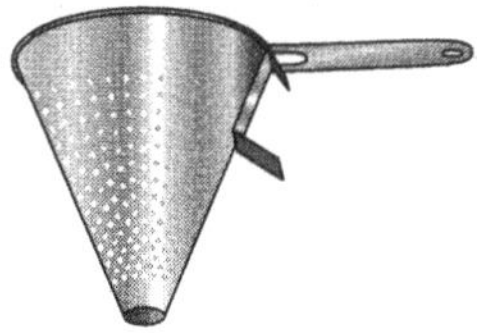

*Spitzsieb.* Konisches Sieb mit einem Stiel. Es sollte möglichst robust sein, am besten aus Edelstahl, und dient u.a. zum Durchseihen von Gemüse-, Hühner- oder Fischfonds. Um auch den letzten Tropfen der kostbaren Flüssigkeit aus dem Passiergut zu pressen, wird der Siebinhalt mit einer kleinen Suppenkelle oder einem großen Holzlöffel kräftig ausgedrückt. Das Sieb darf auf keinen Fall zu fein sein.

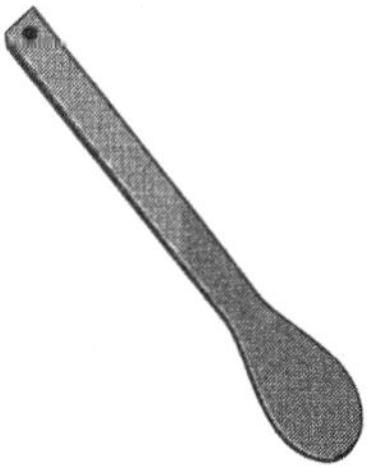

*Spatel.* Es gibt ihn aus Holz und aus Plastik. Mit dem Holzspatel schabt man beschichtete Pfannen aus, die man nicht beschädigen will, und der Plastikspatel dient dazu, auch noch die winzigsten Partikel aus Töpfen und Pfannen zu entfernen. Profiköche verwenden aus diesem Grund oft Teigschaber, halbmondförmige Plastikscheiben, statt des Spatels: nur nichts von dem verlieren, was man mühsam zubereitet hat, und sich gleichzeitig das Abwaschen erleichtern. Eine der wichtigsten Küchenregeln ist, jedes Gerät sofort nach Gebrauch einzuweichen; so erspart man sich viel Mühe.

*Meßbecher.* Unverzichtbar. Am besten sind sogar zwei – einer für flüssige und einer für feste Zutaten. Wenn Sie nur einen haben, müssen Sie ihn allzu häufig abwaschen und vor allem auch trockenreiben, bevor sie ihn wiederverwenden.

*Pfannen.* Warum im Plural? Weil die Wirkung, die Sie erzielen wollen, nicht immer gleich ist. In manchen Fällen will man eine große Menge eines bestimmten Garguts erhitzen, ohne daß es anklebt; dafür bietet sich eine beschichtete Pfanne an. Wenn Sie dagegen Fleisch bräunen oder Säfte karamelisieren wollen, sollten Sie unbedingt eine möglichst schwere Pfanne aus Gußeisen oder Edelstahl verwenden. Für alle Omelettspezialisten schließlich gibt es nur eins: eine gußeiserne Pfanne, die ausschließlich für die Zubereitung von Omeletts reserviert ist und von Zeit zu Zeit mit grobem Salz und Essig gereinigt wird.

*Küchenbretter.* Auch bei den Holzbrettern ist der Plural angesagt. Man braucht ein nicht allzu großes zum Kleinschneiden von Schnittlauch oder Petersilie; ein zweites mit einer Saftrille zum Fleischschneiden und ein drittes, sehr großes, zum Teigausrollen.

*Tortenringe.* Hierbei handelt es sich um mehr oder weniger hohe Metallringe mit unterschiedlichem Durchmesser und ohne Boden. Man legt sie auf ein Backblech, wenn man Kuchen oder Torten backen will. Ich spreche bewußt nicht von Kuchenformen, denn außer für die Zubereitung von kleinen Törtchen benutzen Profiköche zumeist Tortenringe. Warum sollten wir es nicht genauso machen?

Die Tortenringe haben mehrere Vorteile: Erstens bekommt man die Kuchen leichter aus der Form heraus. Zweitens kann man alle möglichen Gerichte darin zubereiten, auch Gemüse und Haschees. Und schließlich lassen sich die Tortenringe problemlos ineinanderstellen und nehmen wenig Platz in der Küche weg. Schaffen Sie sich Tortenringe in verschiedenen Größen und von jeder Größe mehrere an. Sie kosten nicht viel und sind so praktisch!

*Nudelholz.* Jeder kennt dieses Instrument als wirksame Waffe im Ehekrieg.

Für den Gebrauch in der Küche tut es auch eine Flasche, aber eine schöne hölzerne Teigrolle ist weitaus ästhetischer.

*Kernhausausstecher.* Wenn Sie einen haben, wissen Sie, wie nützlich er ist. Ohne dieses Instrument ist es schrecklich mühsam, das Kernhaus aus einem Apfel zu entfernen – mit dem Kernhausausstecher dagegen ein Kinderspiel!

*Dämpftopf.* Er besteht aus einem unteren Topf, in dem man das Wasser kochen läßt, und gelochten Einsätzen, die man mit dem Gargut füllt und mit einem Deckel zudeckt. Wenn ich zwischen einem Schnellkochtopf und einem solchen Dämpftopf wählen müßte, würde ich letzteren nehmen. Im Schnellkochtopf wird Gemüse zwar schneller gar, aber es schmeckt so viel besser, wenn man es nur dämpft!
Man hört immer wieder, daß die Temperatur in den Einsätzen eines Dämpftopfs 140°C erreiche. Das ist Unsinn: Ich habe entsprechende Messungen gemacht, und natürlich übersteigt die Temperatur nicht die 100°C-Marke, den Siedepunkt des Wassers. Nur im Schnellkochtopf, in dem der Druck höher ist, kann die Temperatur den Siedepunkt um einige 10°C übersteigen.

*Sparschäler.* Auf volkstümlichen alten Bildern sieht man manchmal Soldaten, die Kartoffeln mit dem Messer schälen. Welche Verschwendung! Man hätte ihnen Sparschäler geben sollen, die so viel praktischer und vor allen Dingen sparsamer sind!

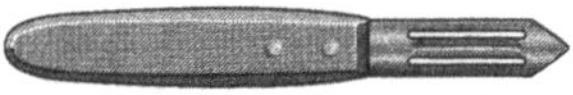

*Mandoline.* Nein, keine Verwandte der Gitarre, mit der Sie Ihrer Angebeteten ein Ständchen bringen, sondern ein ganz und gar unromantisches Küchenutensil. Das Besondere an einem solchen Gemüsehobel sind seine verstellbaren, teils glatten, teils gewellten oder gewinkelten Klingen, so daß Sie damit Ihre Gemüsejulienne schneiden, Kartoffelscheiben raffeln oder Gurken hobeln können. Sie werden noch viele weitere Verwendungsmöglichkeiten finden, wenn Sie dieses überaus nützliche, freilich nicht ganz billige Instrument erst einmal in Ihrer Küche haben.

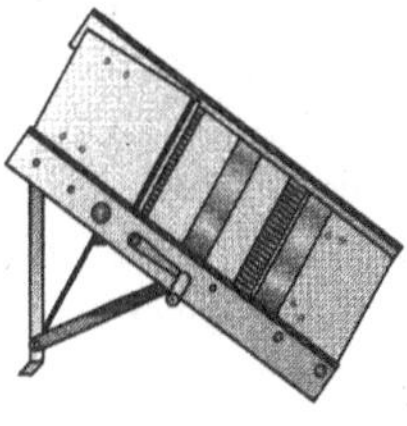

*Fleischwolf.* Ein absolutes Muß für alle Liebhaber guter Charcuterie. Wer jemals selbstgemachte Wurst gegessen hat, wird mir recht geben; wer nicht, darf sich auf ungeahnte Genüsse freuen. Was ist schon eine Knoblauchwurst aus dem Supermarkt oder dem nächsten Metzgerladen, verglichen mit einer Salbei-Lammwurst oder einer würzigen Kräuterpastete, die man selbst – mit Hilfe des Fleischwolfs – zubereitet hat. Nehmen Sie ein möglichst robustes, gußeisernes Modell mit verschiedenen Einsätzen und einem Mechanismus zum Wurstabfüllen. Ich verspreche Ihnen beträchtliche Gaumenfreuden.

*Zestenreißer* (Orangenschäler). Ein Gerät, mit dem Sie die äußere Schale von Orangen, Zitronen oder Pampelmusen hauchdünn abziehen können. Mit dem Messer oder dem Sparschäler würden Sie sich vergeblich abmühen!

*Drahtschaumlöffel.* Im Schaumlöffel aus Draht können Sie z.B. Pommes frites abtropfen lassen. In einem normalen Schaumlöffel aus gelochtem Metall würde zuviel Öl zurückbleiben, während hier alles Öl abfließt.

*Töpfe.* Sie brauchen mindestens fünf in verschiedenen Größen. Aus welchem Material sollen sie sein? Aluminiumtöpfe seien ungeeignet, sagte mir ein bekannter Chefkoch, weil die Kartoffeln schwarz würden, wenn man sie darin kochte. Ich wollte es genau wissen, also teilte ich eine Kartoffel in zwei Hälften und kochte sie in zwei gleich großen Töpfen auf gleich starker Flamme in derselben Menge Wasser. Der Unterschied war nur, daß der eine Topf aus Aluminium, der andere emailliert war. Die fertigen Kartoffeln setzte ich meiner Familie vor, wobei keiner von ihnen wußte, welche Kartoffel in welchem Topf gekocht hatte; ja, sie wußten nicht einmal, daß es sich überhaupt um ein Experiment handelte. Die Kartoffeln wurden auf identischen Tellern serviert, weiß, damit die Farbe besser erkennbar war, und dann wurde allen dieselbe Frage gestellt: „Seht ihr einen Unterschied?“ Niemand sah etwas, und ich selbst hatte schon vor dem einstimmigen Familienurteil festgestellt, daß keinerlei Unterschied zu erkennen war. Es stimmt also nicht, daß Kartoffeln in Aluminiumtöpfen schwarz werden – zumindest nicht in meinen Aluminiumtöpfen. Allerdings wird das Aluminium in jüngster Zeit von Neurologen angeschuldigt, zur Entstehung von Demenz und Alzheimer-Erkrankung beizutragen.

Also lieber Kupfer? Kupfer ist zweifellos ein schönes Metall, aber es hat viele Nachteile. Wenn es nicht mit rostfreiem Stahl beschichtet ist, muß es verzinnt sein. Diese Zinnschicht darf weder trocken erhitzt noch allzu kräftig mit dem Topfkratzer bearbeitet werden. Noch schlimmer, man darf keinen Schneebesen verwenden, wenn man die Zinnschicht nicht beschädigen will, denn sonst würde das nackte und giftige Kupfer zutagetreten. Mit anderen Worten: Kupfertöpfe ja, aber innen mit rostfreiem Stahl beschichtet.

Was also bleibt noch? Emailtöpfe? Eine fantastische Erfindung: Es klebt kaum etwas an, weil die Oberfläche glatt ist, sie ist absolut ungiftig und leiten die Wärme auch nicht viel schlechter als Kuper oder Aluminium.

Wenn Sie einen Induktionsherd besitzen, werden Sie spezielle Töpfe verwenden, die so dünn und leicht wie möglich sind. Widerspricht das nicht allem, was wir bisher gehört haben? Ja, denn der Vorgang ist revolutionär. Bei einem Gasherd z. B. braucht man schwere Töpfe, die die Hitze gleichmäßig verteilen, so daß keine heißen Stellen entstehen, an denen das Gargut anbrennt. Bei Elektroplatten braucht man ebenfalls schwere Töpfe, weil nur so der Boden eben genug bleibt, um einen optimalen Kontakt mit der Kochplatte zu garantieren.

Beim Induktionsherd ist das völlig anders: Die magnetischen Felder lassen den Topf heiß werden, selbst wenn er keinen optimalen Kontakt mit der Platte hat; der Topf kann also dünn sein. Das ist ein Vorteil, denn mit der Induktionshitze kann man viel präziser arbeiten als bei jeder anderen Kochmethode. Das Ziel ist also nicht mehr, eine möglichst große thermische Trägheit zu erhalten, ganz im Gegenteil. Die Hitzeenergie ist viel besser regulierbar, wenn man die Störungen durch den Topf so weit wie möglich ausschaltet. Damit der Topf nicht zu viel Hitze speichert, muß er also dünn sein.

# Amuse-gueules

Käsewindbeutel *(Gougères)*

Orangenwein *(Vin d'oranges)*

Tapenade

Austern in Blätterteig *(Feuilletés aux huîtres)*

Stockfischkroketten *(Acras de morue)*

# Käsewindbeutel
## *Gougères*

*Ein hungriger Magen hat keine Ohren.*
Jean de la Fontaine

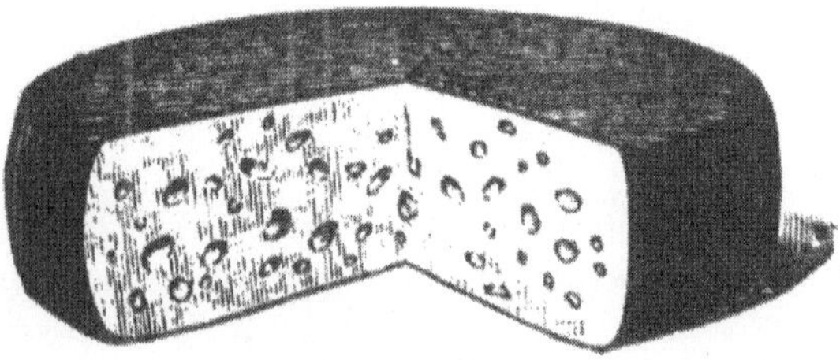

Sie möchten, daß sich unter Ihren Gästen rasch eine angenehme Unterhaltung einstellt? Dann sollten Sie die Appetithäppchen nicht vernachlässigen, denn »ein hungriger Magen hat keine Ohren«.
Die Gougères sind weitaus bessere und originellere Amuse-gueules als jene Knabbereien, die man fertig im Handel kaufen kann. Bieten Sie sie heiß aus dem Ofen zum Apéritif an, zu gut gekühltem Weißwein, zu einem Glas Champagner oder sogar zu einem leichten Rotwein. So wird der Apéritif zu einem ersten Glanzpunkt, den Ihre Gäste in Erinnerung behalten werden.
Wo verbirgt sich die Wissenschaft bei diesem Rezept? Beim Mechanismus des Aufgehens, dem man in zahlreichen Rezepten wiederbegegnet: bei Soufflés, Klößchen, Pasteten, Brot …

ZUTATEN FÜR ETWA 20 WINDBEUTEL

*80 g Butter*

*80 g Mehl*

*3 Eier*

*40 g frisch geriebener Gruyère*

1. *Den Backofen auf 200°C vorheizen.*

Vorsicht: Manche Öfen werden nur langsam heiß. Ich glaube, es ist nicht übertrieben, wenn Sie bei einem neuen Ofen zunächst messen, wie schnell er sich aufheizt. Geben Sie dazu ein wenig Öl in eine Schüssel und messen Sie, nachdem Sie den Ofen angestellt haben, in regelmäßigen Abständen die Temperatur des Öls.

2. *Ein Backblech einfetten und bemehlen: dazu etwas Mehl auf die Butter schütten und dann das Backblech möglichst schnell kreisen lassen, damit das Mehl sich über der Butter verteilt und daran hängenbleibt. Überschüssiges Mehl entfernen.*

3. *20 cl Wasser mit einer Prise grobem Salz und 80 g Butter in einen Topf geben. Auf starker Flamme erhitzen.*

4. *Sobald die Mischung zu kochen anfängt, den Topf vom Feuer nehmen, das ganze Mehl auf einmal hineinschütten und mit einem Holzlöffel kräftig unterrühren, bis die Masse homogen ist und sich vom Rand löst.*

In heißem Wasser schmilzt die Butter. Wenn man das Mehl zugibt, quellen seine Stärkekörner auf, weil das Wasser in sie eindringt und ihre Moleküle z.T. auflöst. Wegen der geringen Wassermenge kann die Mischung nicht auseinanderfließen: man erhält einen Teig.
Warum soll man das ganze Mehl auf einmal hineinschütten? Weil sonst das Mehl, das als erstes im Topf landet, übermäßig aufquellen und das ganze Wasser absorbieren würde; das restliche Mehl könnte sich dann nicht mehr vollsaugen.

5. *Den Topf wieder auf den Herd geben und den Teig bei sehr milder Hitze noch eine Minute trockenrühren.*

Diese Prozedur ist nicht unbedingt nötig, aber wenn man einen Teil des Wassers, mit dem sich die Stärkekörner vollgesogen haben, verdampfen läßt, kann man später mehr Eier einarbeiten, die ja ungefähr zur Hälfte aus Wasser bestehen.

6. *Den Topf vom Feuer nehmen und die Eier sowie 30 g geriebenen Käse so einarbeiten, daß möglichst viel Luft in den Teig kommt: Ziehen Sie den Teig mit dem Löffel von unten hoch und lassen Sie ihn zurückfallen; dabei schließt er Luftblasen ein. Der Teig ist fertig, wenn er die Konsistenz einer dicken Mayonnaise hat.*

In manchen Kochbüchern wird empfohlen, die Eier eines nach dem anderen zuzugeben; in anderen heißt es: »Wer die Technik beherrscht, kann die Eier alle auf einmal oder nacheinander zugeben; ein Anfänger dagegen sollte immer nur ein Ei nach dem anderen oder je zwei und zwei dazugeben, aber niemals halb und halb, das heißt zuerst acht und dann noch einmal acht oder in anderen Fraktionen.« Die pure Willkür! Ich habe sogar gelesen, daß man den Teig nach jedem neuen Ei, das man dazugibt, gleich lang durchrühren muß.

Wie also arbeitet man die Eier in einen Windbeutelteig ein? Ich habe ein paar Experimente gemacht, und vor allem hatte ich am 19. November 1993 bei einem Treffen von ungefähr 50 Personen die Gelegenheit, verschiedene Variationen der klassischen Rezepte zu testen.

Ich konnte einfach nicht glauben, daß die Reihenfolge, in der man die Eier einrührt, wirklich eine Rolle spielt. Warum auch? Sollte der Grund darin liegen, daß der Teig unterschiedlich intensiv durchgearbeitet wird, je nachdem in welcher Weise man die Eier zugibt, und so eine Veränderung der Konsistenz entsteht? Ich machte das folgende Experiment: Ich teilte eine Mischung aus Wasser, Butter und Mehl in zwei genau gleiche Hälften und rührte jeweils dieselbe Menge Eier ein, aber auf unterschiedliche Weise. Bei der einen Hälfte gab ich die Eier eines nach dem anderen dazu, bei der anderen Hälfte alle auf einmal. Und um zu beweisen, daß das Ergebnis nicht davon abhängt, wie man die Eier dazugibt, sondern vom Durcharbeiten des Teigs, rührte ich die Hälfte, in die ich die Eier auf ein-

mal dazugegeben hatte, länger und kräftiger durch. Dann setzte ich zwei parallele Reihen von kleinen Teighäufchen auf ein Backblech.
Mit den fertiggebackenen, noch heißen Windbeuteln ging ich unter meinen Gästen herum und gab jedem zwei davon: einen aus der linken Reihe und einen aus der rechten Reihe. Keiner der Gäste wußte, welche Reihe welche Windbeutelsorte enthielt, aber die Windbeutel, in die ich alle Eier auf einmal gegeben und die ich länger durchgearbeitet hatte, wurden einstimmig vorgezogen. Selten war ein Ergebnis so eindeutig: es war der Beweis, daß der entscheidende Faktor das Durcharbeiten des Teigs ist, die Prozedur, bei der Luftblasen eingebracht werden. Warum das wichtig ist, werden wir bei Schritt 9 sehen.

7. *Mit einem Löffel kleine Teighäufchen in lockeren Abständen auf ein Backblech setzen.*

Denken Sie daran, daß der Teig beim Backen aufgeht: die Abstände dürfen also nicht zu eng sein, damit die Teighäufchen nicht ineinanderlaufen.

8. *Die Teighäufchen mit dem restlichen Käse bestreuen (10 g).*

9. *Ungefähr 20 Minuten bei 190°C goldgelb backen. Die Backofentür während des Backens nicht aufmachen, da sonst die Windbeutel zusammenfallen oder austrocknen.*
*Backen Sie in zwei Stufen: Lassen Sie die Windbeutel zunächst bei mäßig starker Hitze aufgehen. Zu diesem Zweck muß die Temperatur über 100°C, dem Siedepunkt des Wassers, liegen: die Windbeutel gehen auf, weil das im Teig enthaltene Wasser verdampft und somit ein größeres Volumen hat als in flüssigem Zustand.*
*Wenn die Windbeutel gut aufgegangen sind, schalten Sie die Hitze ein paar Minuten auf 250°C hoch, damit das Wasser im Bereich der Oberfläche einige Millimeter tief vollständig verdampft: So bekommen Sie eine schöne Kruste.*

Warum muß man den Teig kräftig durcharbeiten? Weil man so mehr Luftblasen einbringt. Warum sind diese wichtig, wo sich doch die Luft von ungefähr 20°C (der Zimmertemperatur) auf 100°C (die maximale

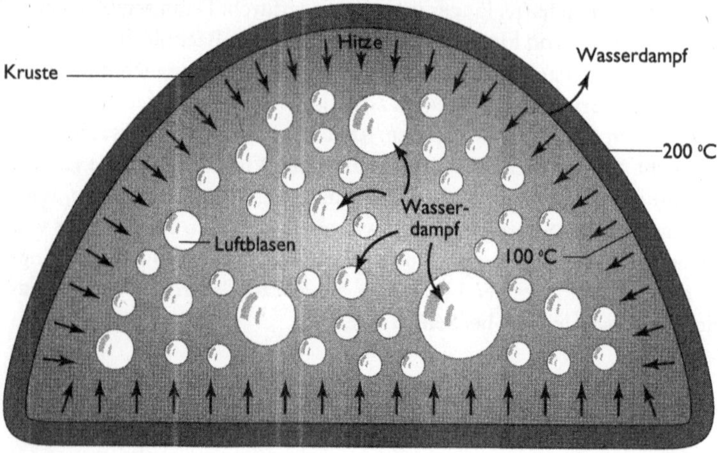


**Abb. 1.** In einem millimetertiefen äußeren Bereich ist das Wasser des Windbeutels völlig verdampft: Es bildete sich eine Kruste. Das im Inneren verdunstende Wasser dehnt die schon ursprünglich im Teig vorhandenen Luftblasen aus: Die Windbeutel gehen auf.

Temperatur im Inneren der Windbeutel) nur wenig ausdehnt? Ganz einfach: Je mehr Blasen es gibt, um so größer ist die Teigfläche, die mit der Luft der Blasen in Berührung kommt; dadurch kann mehr Wasser verdunsten, was wiederum die Blasen und den Teig aufgehen läßt (Abb. 1).

10. *Mit einem Holzspatel oder einem Messer die Windbeutel vom Blech lösen und auf einer Platte arrangieren. Sofort servieren: Die Windbeutel schmecken heiß besser als kalt.*

# Orangenwein
## *Vin d'orange*

*Fünf gute Gründe für das Trinken: die Ankunft eines Gastes, der gegenwärtige Durst, der künftige Durst, die Köstlichkeit des Weins und jeder andere Grund.*
Wikram, L'art de boire, 1537

Schluß mit dem mittelmäßigen Whisky für die Herren, dem ewigen Sherry für die Damen und dem Champagner für alle zum Aperitif! Hier haben Sie einen köstlichen Orangenwein, der das Bittere mit dem Süßen verbindet. Zusammen mit den Käsewindbeuteln können Sie Ihren Gästen einen originellen Apéritif anbieten.
Und was hat uns die Wissenschaft bei diesem Rezept zu sagen? Wir lernen das Prinzip der Mazeration und der Reifung des Alkohols kennen.

ZUTATEN FÜR 6–7 FLASCHEN ORANGENWEIN

*1 Liter Obstbrand*

*4 Bitterorangen (oder 3 süße Orangen, wenn die Saison der Bitterorangen vorbei ist)*

*1 Zitrone (oder zwei, wenn Sie süße Orangen verwenden)*

*1 Vanilleschote*

*5 Flaschen Weißwein*

*1 kg Zucker*

1. *In ein großes Glasgefäß 4 ganze Bitterorangen mit Schale und 1 Zitrone oder 3 süße Orangen und 2 Zitronen geben. Je nach Geschmack eine Vanilleschote, Zimt, eine Nelke dazugeben.*

Bitterorangen sind zwischen dem 15. Januar und dem 15. Februar erhältlich. Nutzen Sie die Gelegenheit: das Ergebnis ist weitaus besser als mit süßen Orangen. Wenn Sie keine unbehandelten Früchte bekommen, die Schale kurz unter heißem Wasser abwaschen.

2. *Mit einem 45%igen Obstbrand übergießen, luftdicht verschließen und 3 Monate an einem kühlen, lichtgeschützten Ort ruhen lassen.*

Bei dieser langen Mazeration arbeitet die Osmose für Sie: Moleküle sind wie Billardkugeln, die sich in alle Richtungen bewegen und dabei ständig miteinander kollidieren. Die ursprüngliche Ordnung (die Alkoholmoleküle in der Flüssigkeit, die Aromamoleküle der Orangen und die Wassermoleküle in den Orangen und im Alkohol in unterschiedlichen Konzentrationen) verliert sich allmählich im Zufallsspiel der Molekülbewegungen. Wie bei einem Tropfen farbigen Sirups, den man in ein Glas Wasser gibt, diffundieren die Moleküle, und ihre Konzentrationen gleichen sich in den verschiedenen Teilen des Systems an, das Sie geschaffen haben, als Sie die Früchte in den Alkohol einlegten.
Bei dieser Osmose geht ein Teil des Wassers aus den Früchten in die Flüssigkeit über: die Orangen und Zitronen schrumpeln ein. Gleichzei-

tig verteilen sich zahlreiche Aromamoleküle der Orangen im Alkohol, wiederum deshalb, weil sie nach einem Gleichgewicht streben, das dann erreicht ist, wenn die Konzentration aller Molekülarten an jedem Punkt des Gefäßes gleich ist.

3. *Nach Ablauf der 3 Monate die Flüssigkeit durchseihen, ohne die Orangen auszupressen.*

Diese haben ihren Zweck erfüllt – also weg damit!

Warum den Nektar verschwenden, den man im Inneren der mazerierten Orangen vermutet? Weil dieser Nektar eine Illusion ist, die nichts als Ärger einbringt: Wenn die Orangen platzen, geben sie das zersetzte Fruchtfleisch frei, das man hinterher herausfiltern muß, wenn man nicht eine Flüssigkeit voller Schlieren servieren will.

4. *4–5 Flaschen Weißwein und 0,5–1 kg Zucker dazugeben. Je trockener und säurehaltiger der Wein, desto mehr Zucker braucht es. Schmecken Sie ab.*

Das Originalrezept, das ich einer ebenso entzückenden wie intelligenten Frau verdanke, die sich überdies mit jedem Weinkenner, also Gourmet messen kann (ich räche mich mit dieser wohlverdienten Lobrede für das Verbot, ihren Namen zu nennen), sieht einen »Vouvray blanc« vor. Ich persönlich bevorzuge einen Elsässer Wein, was Sie bei meiner Vorliebe für diesen gesegneten Landstrich sicher nicht verwundern wird …
Vorsicht: Der Zucker löst sich kalt nur langsam auf. Gedulden Sie sich eine gute Viertelstunde und rühren Sie dann langsam mit einem großen Holzlöffel um.

5. *In Flaschen abfüllen und lufdicht verschließen*

Schnäpse und zahlreiche andere Alkoholarten müssen in Eichenfässern reifen, damit sie ihre Eigenschaften voll entfalten können. Wenn Sie also

---

[1] Wie Sie sehen, setze ich meinen terminologischen Kreuzzug fort: Ich habe einige historische und linguistische Gründe, um den Ausdruck *Gourmand* für den Liebhaber guten Essens zu verwenden, während die Bezeichnung *Gourmet* dem Liebhaber und Kenner guter Weine vorbehalten bleibt. Immerhin haben die drei Fixsterne der gastronomischen Literatur Frankreichs – Berchoux, Grimod de La Reynière und Brillat-Savarin – den Ausdruck Gourmet im selben Sinne benutzt. Außerdem bezeichnet man in Frankreich die vereidigten »Weinschmecker«, die im Auftrag der Händler Weine vorkosten, als »gourmets jurés piqueurs«.

ein wenig Geduld haben, können Sie den Geschmack Ihres Orangenweins verbessern, indem Sie ihn reifen lassen. Sie haben kein Eichenfaß? Daran soll es nicht scheitern: Wenn Sie den Orangenwein nicht in ein Faß geben können, müssen Sie eben das Faß in den Orangenwein geben. Wie? Indem Sie ein Holzstück in die Flaschen stecken.

Diese Methode ist in Lothringen und im Elsaß heimisch: Dort wird das Zwetschgenwasser oder der Mirabellengeist in dicken Korbflaschen gelagert, in die man einen Haselnußstock legt. Für den Orangenwein empfehle ich eher ein Stück entrindetes Eichenholz, das man – in Anlehnung an die traditionelle Herstellung der Fässer – zuvor über eine Flamme hält.

Während der Reifung laufen zahlreiche chemische Reaktionen ab, eine davon ist die Reaktion des Alkohols mit dem Holzstoff, dem Lignin. Durch diese Reaktion entstehen eine Reihe von aromatischen Verbindungen, darunter das Vanillin, das zu einem guten Teil für das Vanillearoma der Vanilleschoten verantwortlich ist. (Wenn Sie nicht die Geduld haben, Ihren Orangenwein altern zu lassen, können Sie auch einen Tropfen flüssiges Vanillearoma dazugeben.)

Wie lange soll der Orangenwein lagern, bevor er getrunken werden kann, und wie lange kann man ihn im Höchstfall aufbewahren? Die Hersteller von Mistelles[2] wie dem »Pineau des Charentes« oder dem »Cartagène de Languedoc« lagern ihre Likörweine ungefähr ein Jahr im Faß ab. Stützen wir uns auf ihre Erfahrung.

Was die maximale Haltbarkeit angeht, muß ich passen: Mein Orangenwein wurde immer viel zu schnell getrunken... Aber keine Sorge, der Alkohol ist konzentriert genug, um eine gute Haltbarkeit zu garantieren.

Und schließlich noch ein Tip: Servieren Sie Ihren Orangenwein mit einem besonderen Leckerbissen – kleinen Canapés, die Sie mit Tapenade bestreichen. Eine Tapenade ist ein feines Püree aus schwarzen Oliven, Kapern (»tapen« auf provenzalisch), Sardellenfilets, einem Schuß Cognac, einem Spritzer Olivenöl und einigen provenzalischen Gewürzen. Haben Sie darauf Appetit bekommen? Dann begleiten Sie mich zu meinem nächsten Rezept.

---

[2] Als Mistelle bezeichnet man ein köstliches Gebräu, das man durch das »Versetzen« von Traubenmost erhält: man blockiert seine Gärung, indem man einen Obst- oder Weinbrand dazugibt.

# Tapenade

*Wenn Sie nicht ein bißchen zaubern können,*
*sollten Sie Ihre Finger vom Kochen lassen.*
Colette

Wie läßt sich das ewige Salzgebäck zum Apéritif umgehen? Mit der Tapenade, einer unwiderstehlichen Köstlichkeit. Rösten Sie dicke Weißbrotscheiben und bestreichen Sie sie großzügig mit Tapenade. Daraus kleine Canapés schneiden und auf einer Platte herumreichen. Ihre Gäste werden begeistert sein! Und das Beste daran: Die Tapenade hält sich ausgezeichnet im Kühlschrank, sie können also gleich einen großen Vorrat machen!
Warum dieses Rezept? Weil es so gut ist natürlich, aber auch, weil manche Köche und Köchinnen es schwierig finden: Es kann vorkommen, daß das Öl oben schwimmt, was nicht sehr appetitlich aussieht. Wenn man jedoch weiß, daß die Tapenade eine Emulsion ist, dann ist das Gelingen kein Problem.

ZUTATEN

*200 g schwarze Oliven*

*50 g grüne Oliven*

*50 g Kapern*

*10 Sardellenfilets*

*30 cl Olivenöl, Saft einer Zitrone*

*1 Blatt Gelatine*

1. *Die nicht abgetropften Kapern mit den entkernten grünen Oliven und dem Zitronensaft pürieren.*

Die Tapenade ist – wie die Mayonnaise – eine köstliche Emulsion: In eine Mischung, die Wasser enthält, schlägt man mit dem Schneebesen Öl unter. Durch das Schlagen wird das Öl in Tröpfchen zerteilt, die von sog. grenzflächenaktiven Molekülen getrennt werden, von Molekülen, die einen Teil haben, der sich mit dem Öl verbindet, und einen Teil, der sich mit dem Wasser verbindet. Die Teile, die sich mit dem Öl verbinden, dringen in die Öltröpfchen ein, und die Teile, die sich mit dem Wasser verbinden, ordnen sich nach außen, zum Wasser hin an. Auf diese Weise isoliert, können die Öltröpfchen nicht ineinanderfließen (Abb. 2); die Emulsion ist stabil (nicht hundertprozentig, aber für unsere Zwecke reicht es aus!).

Beginnen wir mit der Herstellung der Ausgangsmischung, die Wasser und grenzflächenaktive Moleküle enthalten muß. Das Wasser kommt von den Kapern und den grünen Oliven; die grenzflächenaktiven Moleküle werden ebenfalls von den Oliven, aber auch von den Kapern geliefert. Dazu muß man die Pflanzenzellen aufbrechen, deshalb die erste Operation mit dem Pürierstab. Je feiner die Masse ist, desto besser wird die Tapenade. Lassen Sie den Pürierstab so lange laufen, bis Sie eine gleichmäßig glatte Konsistenz erhalten. Das Kapernwasser und der Zitronensaft erleichtern das Pürieren. Der Zitronensaft hat zudem den Vorteil, das Milieu zu säuern, was die Emulsion stabilisiert, wie wir später noch sehen werden, und natürlich verfeinert er den Geschmack.

Wenn Sie ganz sicher sein wollen, daß genug grenzflächenaktive Moleküle enthalten sind, können Sie Knoblauch (dessen grenzflächenaktive

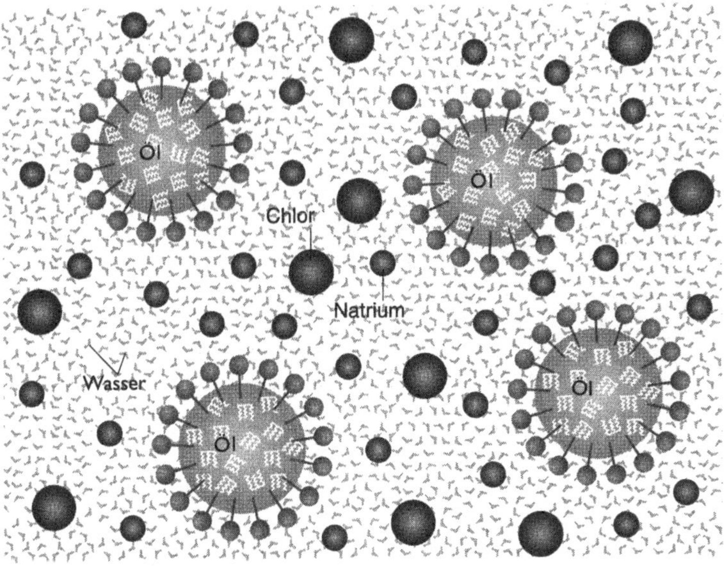


**Abb. 2.** In unserer Emulsion umgeben die durch die Auflösung des Salzes freigesetzten Chlor- und Natriumatome die Öltröpfchen.

Moleküle wirken als Emulgatoren bei der Zubereitung der Aioli) oder ein in warmem Zitronensaft aufgelöstes Blatt Gelatine dazugeben.

2. *Die entkernten schwarzen Oliven und die Sardellenfilets dazugeben; noch einmal gut durchmixen.*

Die Sardellen und die schwarzen Oliven lassen sich leichter pürieren als die grünen Oliven. Wenn man die schwarzen Oliven nach den grünen einarbeitet, hat das den Vorteil, daß die grünen Oliven zweimal püriert werden. Die Sardellen bringen eine kleine Menge Öl ein, mit der man die Emulsion beginnt. Das Prinzip ist dasselbe wie bei der Mayonnaise, bei der man anfangs auch nur ein paar Tropfen Öl dazugibt.

3. *Tropfenweise das Olivenöl dazugeben, bis Sie eine glatte, homogene und nicht zu dicke Masse erhalten.*

Nicht immer erhält man die gewünschte Emulsion: Manchmal ensteht eine Zweiphasenmischung, bei der das Öl über der pürierten Masse

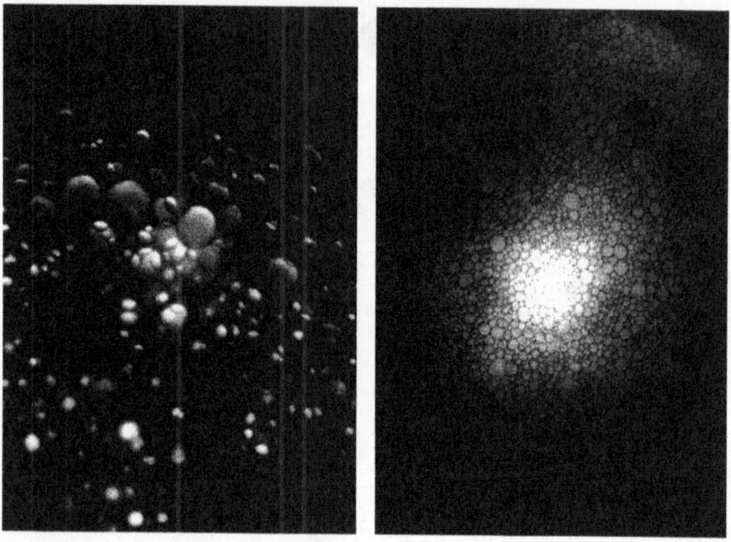

**Abb. 3.** Nimmt man für die Zubereitung einer Mayonnaise wenig Öl, so bleibt die Sauce flüssig, weil die Öltröpfchen genug Platz haben, um sich zu bewegen (links). Wenn man dagegen viel Öl einarbeitet, kräftig schlägt und die Sauce dick und fest wird, dann sind die Öltröpfchen klein und so zahlreich, daß sie keinen Bewegungsspielraum mehr haben (rechts).

schwimmt. Damit die Emulsion gelingt, braucht man genug Wasser, um alle Öltröpfchen aufzunehmen, genug grenzflächenaktive Moleküle, also eine ausreichende Menge Oliven und Kapern, und man muß die Emulsion korrekt zubereiten, das heißt, das Öl in einer wäßrigen Mischung verteilen und nicht umgekehrt. Denken Sie an die Mayonnaise, wenn Sie Ihre Tapenade machen, und der Erfolg ist Ihnen sicher.
Im übrigen hängt die Größe der Öltröpfchen vor allem von der Energie ab, mit der Sie das Öl unterschlagen. Je gründlicher Sie Ihre Tapenade durchmixen, desto kleiner sind die Öltröpfchen; die Tapenade bekommt Konsistenz und wird hell und stabil (Abb. 3).

# Austern in Blätterteig
## *Feuilletés aux huîtres*

*Feindseligkeiten sind wie Austern – man eröffnet sie.*
Gustave Flaubert

Warum komplizierte Appetithäppchen zubereiten, wo es doch preiswertes Salzgebäck zu kaufen gibt? Weil es, wie schon der große Carême sagte, besser ist, »seine Freunde einmal im Jahr gut zu bewirten, anstatt sie viermal einzuladen und schlecht zu behandeln.« In der Hoffnung, daß Ihre Gäste noch jahrelang davon schwärmen werden, stelle ich Ihnen hier die Austern in Blätterteig vor, eine echte Gaumenfreude, die uns Gelegenheit gibt, das Geheimnis des Blätterteigs zu ergründen und ein wichtiges Prinzip der guten Küche zu entdecken, die Buttersauce.
Das Rezept ist für einen handgekneteten Teig konzipiert, aber es läßt sich problemlos auf die Teigknetmaschine übertragen. Der Gewinn ist allerdings gering, wenn man bedenkt, wie einfach die Zubereitung ist.
Bevor wir uns in die Arbeit stürzen, hier kurz das Prinzip des Blätterteigs: Butterschichten werden in Teigschichten eingeschlossen, damit beim Backen ein Teil des im Teig enthaltenen Wassers verdampft und dieser Dampf, eingefangen in der undurchlässigen Butterschicht, die Blätter nach oben stößt und den Teig aufgehen läßt.

ZUTATEN FÜR 8 PERSONEN

*150 g Mehl*

*150 g Butter*

*4 g Salz*

*6 cl Wasser*

*64 Austern*

1. *Auf einem Backbrett 150 g Mehl und 25 g Butter verkneten; das Salz im Wasser auflösen und nach und nach einarbeiten. Weiterkneten und etwas Wasser dazugeben, bis Sie einen festen, aber nicht klebrigen Teig erhalten. Den Teig mindestens eine halbe Stunde im Kühlschrank ruhen lassen.*

Warum geben wir keine genaue Wassermenge an, wo doch die Physik und die Chemie exakte Wissenschaften sind? Weil die Eigenschaften des Mehls je nach dem Ausmahlungsgrad, also der Mehltype[3] variieren. Tatsächlich besteht Mehl vor allem aus Stärke und Proteinen (die Stärke findet sich mehr im Kern der Getreidekörner, die Proteine sind mehr in den Randzonen konzentriert). Wenn man es unter Zugabe von Wasser verknetet, bilden die Proteine ein elastisches Netz, das Glutennetz. Dieses Netz können Sie mit einem einfachen Experiment sichtbar machen: Geben Sie ein wenig Mehl mit etwas Wasser in eine Schüssel und kneten Sie das Ganze gut durch; halten Sie den entstandenen Teig dann unter den Wasserhahn. Die Stärke wird ausgeschwemmt, zurück bleibt das Gluten.

Zurück zu unserem Rezept. Bei Brot oder Teigwaren sollte man die Bildung des Glutennetzes begünstigen und folglich ein Mehl nehmen, das viel Proteine enthält. Für eine Brioche, einen Biskuit oder eine Génoise, also für sehr leichtes Gebäck, sollte man dagegen eher ein Mehl verwenden, dessen Proteine das Aufgehen nicht behindern. Bei unserem Blät-

[3] Man ermittelt die Mehltype, indem man den Anteil von Asche mißt, der beim Verbrennen von Mehl zurückbleibt. Verbrennt man beispielsweise 100 g Auszugsmehl (bei dem die äußeren Randschichten des Korns fast völlig fehlen), so bleiben nur 405 mg Asche zurück (= Type 405).

terteig haben Sie die Wahl, aber wenn er gut aufgehen soll, empfiehlt sich ein Mehl mit viel Proteinen, denn diese binden mehr Wasser, das wiederum mehr Dampf beim Backen bildet, wodurch der Teig besser aufgeht.
Was Sie bei diesem ersten Schritt zubereiten, ist ein Vorteig: Wasser dringt in die Stärkekörner ein und läßt sie aufquellen; es bildet sich ein Stärkekleister. Die Butter lagert sich zwischen den aufgequollenen Stärkekörnern an, das Salz löst sich im Wasser auf, und die Mehlproteine bilden das Glutennetz, das für den Zusammenhalt des Ganzen sorgt.
Warum soll man diesen Vorteig eine halbe Stunde ruhen lassen? Weil Sie so dem Wasser Zeit geben, das Mehl gleichmäßig zu verkleistern, aber vor allem, weil das Glutennetz wie eine überdehnte Spiralfeder ist. Wenn man den Teig eine Weile stehen läßt, zieht sich diese Feder wieder zusammen und nimmt eine Ruhestellung ein: Sie verliert an Spannung, und der Teig schnurrt nicht ein, wenn Sie ihn ausrollen. Genaugenommen sind es die Proteine des Glutens, die lauter winzige, beim Kneten stark überdehnte Spiralfedern bilden, aber wie sich diese Proteine im einzelnen im Teig verhalten, bleibt ein Geheimnis.

2. *Wenn der Teig lange genug geruht hat, die restlichen 125 g Butter in eine Schüssel geben und mit den Fingerspitzen weichkneten.*

Dieses Kneten soll der Butter dieselbe Konsistenz geben wie dem Teig; so können Sie die beiden Zutaten problemlos zusammenfalten, ohne daß Butter aus dem Teig hervorquillt. Denken Sie sich einen harten Holzstock, den Sie in einen Papierumschlag legen: Wenn Sie das Papier zusammenfalten, wird es von dem Stock durchbohrt. Und genauso würde eine zu kalte, zu harte Butter den zerbrechlichen Teigumschlag durchbohren.
Das Kneten macht die Butter weich und geschmeidig, weil die von den Fettmolekülen gebildeten Kristalle mechanisch zerbrochen werden und weil die Butter, die beim Kneten erwärmt wird, teilweise schmilzt.

3. *Den Teig auf ein mit Mehl bestäubtes Backbrett geben und mit dem Rollholz zu einem 2 cm dicken Rechteck ausrollen. Die Butter in die Mitte setzen und zu einer rechteckigen Schicht von der halben Seitenlänge des Teigs verstreichen. Die 4 Ecken des Teigs über der Butter zusammenfalten*

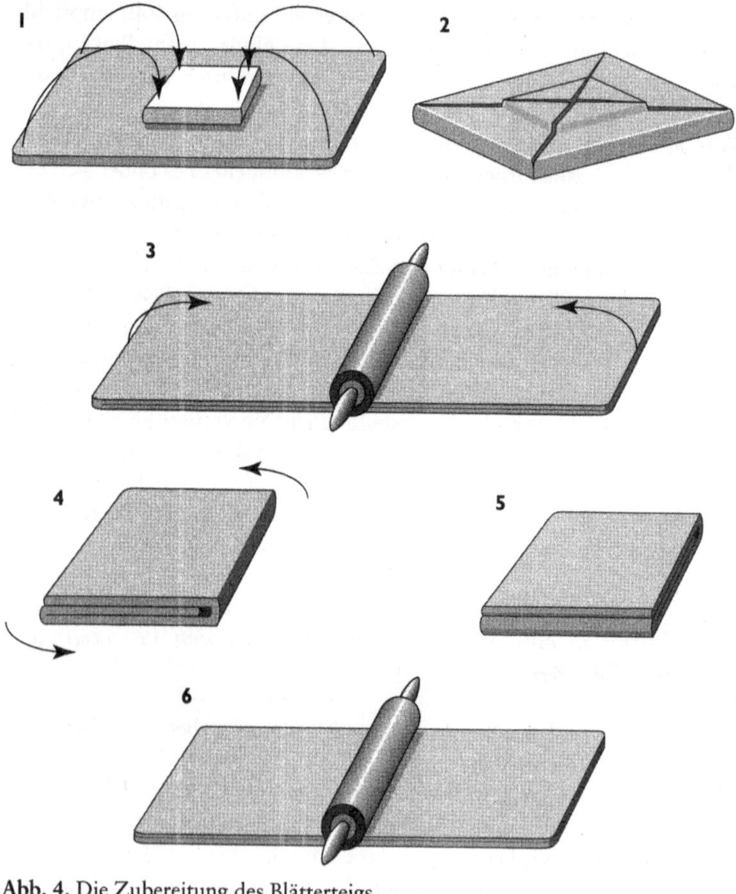


**Abb. 4.** Die Zubereitung des Blätterteigs.

*(Abb. 4, Schritte 1 und 2) und das Paket zu einem Rechteck der dreifachen Länge auswalzen. Die beiden äußeren Drittel des Rechtecks über dem mittleren Teil zusammenschlagen (Abb. 4, Schritte 3 und 4).*

*Bei dieser Prozedur bilden Sie als erstes ein Teigpaket mit einer Schicht Butter zwischen zwei Teigschichten. Wenn Sie den Teigumschlag zu einem Rechteck ausrollen, bleibt die*

*Struktur unverändert, aber nach der Dreifachfaltung erhalten Sie schon insgesamt 6 Teigschichten und 3 Butterschichten.*

4. *Das Teigpaket mit Mehl bestäuben, um 90 Grad drehen und wieder zu einem Rechteck auswalzen (Abb. 4, Schritte 4–6). Erneut in 3 Lagen falten. Mit einem Tuch oder mit Frischhaltefolie bedecken und eine Stunde in den Kühlschrank stellen.*
*Bis jetzt haben Sie 2 Touren gegeben. Sie haben also insgesamt 18 Teigschichten und 9 Butterschichten.*

Warum soll man den Teig nun ruhen lassen? Weil das Glutennetz beim Ausrollen gedehnt wird und weil die Butter sich erwärmt und schmilzt. Wenn man das Teigpaket für eine Weile in den Kühlschrank gibt, wird die zu weich gewordene Butter wieder geschmeidig; desgleichen erhält der Teig wieder genügend Festigkeit, um die Butter gut einschließen zu können.

5. *Den Teig leicht bemehlen und noch einmal 2 Touren geben, wobei man ihn um jeweils 90 Grad dreht. Bis zum Backen in den Kühlschrank stellen.*
*Zählen wir zusammen: Nach diesen beiden Touren haben wir jetzt 162 Teigschichten und 81 Butterschichten.*

Wenn Sie den Blätterteig im voraus zubereiten wollen, könnten Sie jetzt die Arbeit unterbrechen, den Teig in Folie wickeln und einfrieren. Sie würden ihn dann 24 Stunden vor dem Backen aus der Tiefkühltruhe holen und in den Kühlschrank legen.

6. *Die beiden letzten Touren geben, dann den Teig zu einem großen Rechteck ausrollen und auf ein Backblech legen. Kleine Rechtecke von der gewünschten Größe schneiden und bei 230°C ungefähr 20 Minuten im Ofen backen.*
*Das Backblech muß nicht unbedingt eingefettet werden: Der Blätterteig enthält so viel Butter, daß er einiges davon ausschwitzt.*

VORSICHT: beim Ausschneiden der Rechtecke: Schneiden Sie den Teig sauber durch und halten Sie das Messer schräg, so daß die Kante zur Mitte der Rechtecke zeigt; sie gehen dann besser auf.

In manchen Kochbüchern wird empfohlen, kleine Messerschnitte in den Teig zu machen, »damit die Hitze besser eindringen kann«. Dieser Rat ist suspekt und widerspricht den Gesetzen der Thermodynamik. Dagegen ist es nicht völlig ausgeschlossen, daß man so das Aufgehen des Teigs erleichtert – auf welche Weise, bleibt allerdings vorerst ein Rätsel. Noch ein Tip: Bestreichen Sie Ihre Blätterteigteilchen mit Eigelb, bevor sie in den Ofen kommen; so werden sie goldgelb.

7. *Öffnen Sie die Austern. Rechnen Sie 2 Austern pro Blätterteigteilchen und 4 Teilchen pro Person. Die Austern in eine Schüssel geben und das Wasser der Austern in einem Topf aufbewahren.*
*Nehmen Sie keine zu großen Austern.*

Ich denke mit Wehmut an meinen Aufenthalt in einer bretonischen Crêperie zurück, wo ich mich bei der Zubereitung des Crêpeteigs und der Krustentiere sowie im Weinkeller nützlich machte. Eine meiner Aufgaben war das Öffnen der Austern, eine wahre Wonne für mich, denn die ganz kleinen Austern wurden nicht den Kunden vorgesetzt. Wenn die wüßten, was ihnen auf diese Weise entgangen ist! Die beste Auster meines Lebens war die kleinste: ich habe heute noch ihren köstlichen Nußgeschmack auf der Zunge …
Wie man Austern richtig öffnet, können Sie auf Seite 6 nachlesen. – Denken Sie daran, daß das salzige Seewasser der Austern nicht weggespült werden darf: Man fängt es zunächst beim Öffnen auf, und ein weiteres Mal, nachdem die ausgelösten Austern 5–10 Minuten geruht haben. Entfernen Sie sorgfältig alle Muschelsplitter, sobald die Auster geöffnet ist. Spülen Sie das Messer und die Handschuhe öfters unter fließendem Wasser ab.

8. *Das Austernwasser in einen Topf geben und mit feingehackter Petersilie auf ein Viertel reduzieren. Nicht salzen, aber kräftig pfeffern, wenn der Sud ausreichend reduziert ist.*

Salz verdampft nicht: Da das Austernwasser schon salzig genug ist, brauchen Sie also kein Salz dazugeben. Pfeffern Sie erst gegen Ende des Reduzierens, so wie es die Profiköche machen. Der große Escoffier z. B. empfiehlt an mehreren Stellen seines *Guide culinaire*, den Pfeffer weniger als 8 Minuten vor Ende der Garzeit dazuzugeben.

Ich fand diesen Rat lange Zeit seltsam, um nicht zu sagen suspekt. Also habe ich im Hôtel Martinez in Cannes bei einem von P. Neyrat organisierten Lehrgang für Chefköche die Probe aufs Exempel gemacht. Wir bereiteten zwei identische Bouillons zu, die wir bei gleicher Hitze reduzieren ließen. In der einen Bouillon wurde der Pfeffer 15 Minuten lang mitgekocht; die andere Bouillon wurde erst 4 Minuten vor Ende der Kochzeit mit derselben Menge Pfeffer gewürzt.

Dann haben wir die beiden Bouillons blind gekostet: Das Ergebnis war eindeutig! Die Bouillon, die zu lange mit dem Pfeffer gekocht worden war, schmeckte ein wenig bitter und nicht sehr pikant; bei der anderen Bouillon hatte der Pfeffer einen frischen, würzigen Geschmack hinterlassen. Wie läßt sich diese unterschiedliche Geschmackswirkung erklären?

Pfefferkörner enthalten, wie z.B auch Tee, Tannine. Teeliebhaber wissen: Im heißen Wasser setzen die Teeblätter zunächst ihre feinen, subtilen Aromen frei, und erst wenn man sie zu lange ziehen läßt, geben sie ihre bitteren Tannine ab. Ein richtig aufgebrühter Tee ist zart aromatisiert, ein schlecht zubereiteter Tee dagegen übermäßig bitter und adstringierend.

Genauso lösen sich die subtilen und pikanten Aromen des Pfeffers als erste auf, verdampfen aber, wenn sie zu lange kochen, und werden dann von den bitteren Tanninen ersetzt, die in den Pfefferkörnern enthalten sind.

## 9. *Den Topf mit dem reduzierten Austernsaft vom Feuer nehmen und etwas Crème fraîche und ein Eigelb mit dem Schneebesen kräftig unterschlagen.*

Die Crème fraîche und das Eigelb erst dazugeben, wenn der reduzierte Austernjus ein wenig abgekühlt ist, sonst könnte das Eigelb verklumpen: Die knäuelförmigen Proteinmoleküle würden sich auseinanderwickeln, um sich dann in Ihrer Sauce zu unschönen Klumpen zusammenzuschließen.

Schlagen Sie die Mischung *kräftig* auf: Um eine stabile Emulsion zu erhalten, müssen Sie die Fetttröpfchen in dem Austernwasser fein verteilen. Woher kommt das Fett? Von der Crème fraîche natürlich.

Durch das Schlagen trennen Sie die Fettkügelchen voneinander und sorgen dafür, daß sie von den grenzflächenaktiven Molekülen des Eigelbs umhüllt werden. Je kräftiger Sie schlagen, desto besser verteilen Sie die Fettkügelchen und desto homogener und konsistenter wird Ihre Sauce.

10. *Die Blätterteigteilchen aus dem Ofen nehmen und aufschneiden. Zwei Austern und einen Löffel Sauce in jedes Teilchen geben. Die Teilchen wieder verschließen und servieren.*

Servieren Sie Ihre Austern in Blätterteig nicht alle auf einmal, sonst kühlen die Teilchen, die nicht sofort gegessen werden, zu sehr ab und gehören somit zu den »den Lauen, die Gott ausspeit«, wie der Apostel Paulus sagt.

# Stockfischkroketten
## *Acras de morue*

*Ein vierter Philosoph schuf die Erde mit der Atmosphäre eines Kometen und ließ sie vom Schweif eines anderen Kometen überfluten. Die Hitze, die ihr so von ihrem Ursprung blieb, reizte alle Wesen zur Sünde. Daher wurden sie allesamt ertränkt, außer den Fischen, die anscheinend weniger heftige Leidenschaften hatten.*
George Cuvier

Hier bekämpfen wir die Fadheit des Fischs mit Cayennepfeffer und Kräutern. Die »Acras« sind kleine lockere Beignets, köstliche Gaumenkitzler, die man zusammen mit einem Punsch, der ihre Schärfe kompensiert, serviert.
Die Zubereitung beginnt schon am Vortag, denn Stockfisch muß im allgemeinen mit viel Wasser entsalzt werden. Was werden wir entdecken? Die Grundregeln des Fritierens.

ZUTATEN

*500 g Stockfisch*

*60 g Mehl*

*4 dl Milch*

*2 EL Olivenöl*

*2 Eigelb*

*4 steifgeschlagene Eiweiß*

*1 EL gehackte Petersilie*

*Cayennepfeffer*

1. *Am Vortag den Stockfisch in eine große Schüssel mit klarem, kaltem Wasser legen und am nächsten Morgen das Wasser wechseln.*

Sparen Sie nicht mit Wasser: In einigen Stunden verteilt sich das Salz des Stockfischs im gesamten Wasservolumen; je größer dieses Volumen, desto mehr Salz wird aus dem Fisch herausgeschwemmt. Manchmal muß man nach gründlichem Entwässern sogar nachsalzen.

2. *Den gewässerten Stockfisch in einen Topf mit kaltem Wasser geben und bei milder Hitze gar ziehen lassen, bis das Wasser zu kochen beginnt.*

Was passiert beim Garziehen? Fischfleisch besteht wie anderes Fleisch aus Zellen, die viel Wasser und verschiedene lebenswichtige Moleküle enthalten. Vor allem die Muskelzellen enthalten Proteinmoleküle, welche die Muskelkontraktion bewirken. Der wesentliche Unterschied zwischen Fisch und Fleisch liegt darin, daß Fisch nur wenig Kollagenfasern hat, jenes Gewebe, das die Zellen und Zellgruppen umhüllt und für die Zähigkeit mancher Fleischarten verantwortlich ist. Beim Pochieren macht man den Fisch also nicht weich, sondern im Gegenteil fester, weil die Proteine der Zellen gerinnen.
Was heißt das, gerinnen? Die Proteine sind Moleküle, die wie in sich verschlungene Fadenknäuel sind. Beim Erwärmen werden die Wasser-

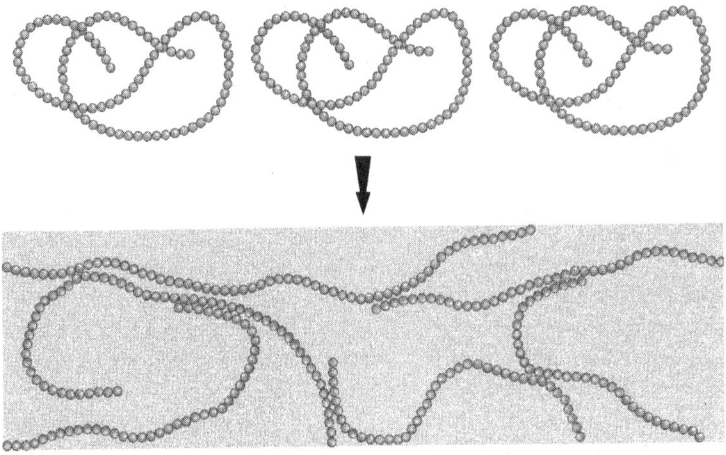

**Abb. 5.** Die ineinander verschlungenen, voneinander getrennten Proteine (oben) wickeln sich beim Garen auseinander und verbinden sich zu einem Netz (unten).

moleküle in immer schnellere Bewegungen versetzt. Dabei kollidieren sie mit den Proteinknäueln, die sich, nachdem sie Energie dazugewonnen haben, nach und nach auseinanderwickeln. Die Teile der Proteine, die für die Knäuelbildung verantwortlich sind, behalten jedoch ihre Tendenz, sich zusammenzuschließen. Sofern sie mit benachbarten Teilen ebenfalls auseinandergewickelter Proteine in Kontakt kommen, verbinden sie sich mit ihnen (Abb. 5).

Jede Zelle ist wie ein winziges Spiegelei: So wie die Proteine des Eiklars ein undurchsichtiges weißes Gel bilden, wenn man sie kocht, gerinnen auch die Fischproteine beim Erhitzen. Und wie bei einem Spiegelei wird durch zu starkes Kochen das Wasser eliminiert, das mit den Proteinen verbunden ist, so daß das Gargut schließlich trocken und hart wird. Lassen Sie den Stockfisch also nicht zu lange und bei zu großer Hitze gar ziehen!

## 3. *Sobald das Wasser zu kochen anfängt, den Fisch herausnehmen und abtropfen lassen.*

Bei mäßiger Hitze kann man in etwa davon ausgehen, daß der Fisch gar ist, wenn das Wasser kocht. Schütten Sie das Kochwasser trotzdem nicht gleich weg: Sollte der Fisch doch noch nicht gar sein, können Sie ihn noch ein paar Sekunden hineingeben.

Manche Kochbuchautoren empfehlen wie ich, den Fisch langsam zu erhitzen, geben aber keinen Grund dafür an. Beispielsweise heißt es in *La cuisine de Madame Saint-Ange*, einem Standardwerk der französischen Kochbuchliteratur: »Bedecken Sie die Fischstücke mit reichlich kaltem Wasser. Geben Sie den Topf auf ein sehr mildes Feuer, da sich die Flüssigkeit nur ganz langsam erhitzen soll. Rütteln Sie den Topf von Zeit zu Zeit ein wenig, um die Stücke umzuschichten und die ungleich erhitzten Wasserschichten zu vermischen. Verpassen Sie nicht den Augenblick, in dem das Wasser zu kochen beginnt, denn nach dem ersten Aufwallen kann der Fisch in wenigen Sekunden hart und zäh werden.« Der letzte Satz wurde bereits im vorigen Abschnitt erläutert. Kommen wir also zum langsamen Erhitzen zurück. Warum langsam? Sehen wir uns dazu zwei verschiedene Arten, Fleisch zu kochen, an.
Für eine kräftige Bouillon bringt man das Fleisch langsam zum Kochen; die Fleischsäfte gehen ins Wasser über. Wenn man dagegen einen Tafelspitz zubereitet, taucht man das Fleisch in sprudelnd kochendes Wasser: Angeblich weil die Oberflächenproteine sofort gerinnen und das Fleisch quasi versiegeln, so daß nur noch ganz wenig Fleischsaft austritt. Entsprechende Experimente konnten diese Hypothese nicht eindeutig erhärten, aber es ist klar, daß Fleisch, das kurze Zeit in heißem Wasser gart, weniger Saft verliert als Fleisch, das lange gekocht wird.
Wie behandeln wir also unseren Stockfisch? Mit milder Hitze, aber aus einem anderen Grund: Wenn man den Fisch nur leicht ziehen läßt, also bei einer Temperatur zwischen 65 und 90°C, wird er gleichmäßig gegart, und sein Fleisch bleibt zart.

4. *Den Fisch mit 2 EL Olivenöl, 60 g Mehl, 40 cl Milch, einer Prise Cayennepfeffer und der gehackten Petersilie pürieren, bis Sie eine Masse mittlerer Konsistenz erhalten.*

Die Petersilie ist für den Geschmack da: Seien Sie ruhig verschwenderisch damit, denn die Blätter und die Stengel (vor allem die letzteren) enthalten eine große Menge Aromamoleküle. Der Cayennepfeffer ist natürlich ein Muß bei diesem Karibik-Rezept. Das Mehl schließlich ist für die Konsistenz verantwortlich: Durch das Wasser in der Milch quellen die Stärkekörner auf, wobei sie manche ihrer Moleküle verlieren, die sich in der Flüssigkeit auflösen. Beide Phänomene erhöhen die Viskosität.

5. *Wenn die Masse fein und homogen ist, die beiden Eigelbe einarbeiten und kurz durchmixen.*

Die Eigelbe binden den Teig beim Ausbacken; außerdem bringen sie eine kräftige Würze mit ein. Vergleichen Sie einmal den Geschmack des Eigelbs mit dem des Eiklars, wenn Sie das nächste Mal ein Ei essen: das Eigelb ist würzig, das Eiweiß fade. Deshalb enthalten viele schmackhafte Zubereitungen (Klößchen, Farcen, Soufflés etc.) im allgemeinen mehr Eigelb als Eiweiß.

6. *Bevor Sie mit dem Fritieren anfangen, die 4 Eiweiß steifschlagen und vorsichtig unter die Fischmasse heben.*

Der Eischnee ist ein Schaum, das heißt, eine Dispersion von Luftblasen in einer Flüssigkeit, und dieser Schaum hat den Vorteil, stabil zu sein (nicht für den Physiker, der ein System nur dann als stabil betrachtet, wenn es unbegrenzt im selben Zustand verharrt, sondern für uns, die wir beim Kochen keinen größeren Zeitraum als den bis zur nächsten Mahlzeit ins Auge fassen müssen).
Das Eiweiß bildet einen solchen Schaum, weil es aus Proteinen besteht, die in seinem Wasser in hoher Konzentration vorhanden sind und eine viskose Flüssigkeit bilden. Bei gewöhnlichem Wasser erhielte man nur einen dünnen, flüchtigen Schaum, weil das Wasser zwischen den Blasen schnell wieder abfließen würde. Die Viskosität des Eiklars hält diesen Abfluß in Grenzen und sichert die Bildung von dickem Schaum.
Durch fortgesetztes Schlagen werden die Blasen verteilt, und der Schaum wird stabilisiert. Warum? Betrachten Sie ein gefülltes Wasserglas: Das Wasser steht am Rande höher und bildet den sog. Meniskus (s. Abb. 8). Warum steigt das Wasser beim Kontakt mit dem Glas an? Weil bestimmte Kräfte es nach oben ziehen. Dieselben Kräfte sind zwischen den Sandkörnern einer Sandburg wirksam, deren Stabilität sie sichern. So auch zwischen den Blasen: das Wasser der Häutchen zwischen den Blasen wird nach oben gezogen. Da das Wasser nicht zurückfällt, trennt es die Blasen und verhindert, daß sie miteinander verschmelzen, stabilisiert also den Schaum.
Halten wir uns jetzt vor Augen, daß das Wasser in einem Glas immer weniger nach oben gezogen wird, je weiter man sich vom Rand entfernt. Die Adhäsionskräfte haben eine geringe Reichweite. Daher wird bei einem Schaum mit kleinen Blasen, bei dem die Abstände zwischen den

einzelnen Blasen kürzer sind, das Wasser besser festgehalten: Ein feiner Schaum ist stabiler als ein grober. Man muß den Eischnee also lange schlagen. Wann ist er steif genug? Wenn man ein ganzes Ei mit der Schale darauflegen kann, ohne daß es einsinkt.
Trotz der Festigkeit des Schaums sollten Sie vorsichtig sein, wenn Sie den Eischnee mit der Fischmasse vermengen: Bei allzu kräftigem Durchmischen gehen Blasen verloren, und ohne diese gehen Ihre Acras nicht auf. Schließlich sollten Sie wissen, daß die Acras um so besser aufgehen, je mehr Eiweiß Sie verwenden (warum, werden wir im nächsten Abschnitt sehen). Übertreiben Sie jedoch nicht: Wenn Sie zuviel Eiweiß nehmen, würden die Acras an Geschmack verlieren, und Sie hätten das Gefühl, leere Luft zu essen, was noch keinen satt gemacht hat.

7. *Die Stockfischkroketten in viel Fett fritieren, damit sie ungehindert aufgehen können. Rechnen Sie mindestens 2 Liter Öl für ein Dutzend Acras.*

Das Fett muß mäßig heiß sein. Testen Sie die Hitze, indem Sie ein nußgroßes Stück Teig in das Fritierfett werfen: Wenn es am Boden liegenbleibt, ist es nicht heiß genug; in diesem Fall besteht die Gefahr, daß sich die Kroketten vollsaugen und am Boden dümpeln.
Wenn das Fett dagegen zu heiß ist, wird die Oberfläche schwarz, bevor die Hitze in das Innere der Acras vordringen kann. Die Temperatur ist richtig, wenn die Teignuß auf den Boden sinkt und fast sofort wieder hochkommt: Durch das Wasser, das verdunstet, verringert sich ihr Gewicht.
Bevor Sie jetzt die Acras ins Fett geben, sollten Sie sie wie folgt zubereitet haben: die Arbeitsfläche bemehlen, kleine Teighäufchen von der gewünschten Größe daraufsetzen und jeweils zu einer Kugel rollen. Die Bällchen auf ein Brett legen und ins Fritierfett gleiten lassen.
Die Acras sind gar (in ungefähr 3 Minuten), wenn ihr Volumen sich verdreifacht hat und wenn sie schön rund, knusprig und goldbraun, aber nicht schwarz geworden sind. Da dem Fritierfett durch die Zugabe von Gargut zunächst Wärme entzogen wird, sollten Sie die Temperatur erhöhen, bis die Acras zu bräunen anfangen. Drehen Sie die Bällchen mit der Messerspitze um, damit sie gleichmäßig garen. Beim Backen dehnt sich die Luft in den Luftblasen ein wenig aus, und das im Teig enthaltene Wasser verdampft. Der Dampf sammelt sich in den Blasen an, wodurch sie noch mehr aufgehen. Gleichzeitig gerinnen die Proteine des Ei-

gelbs und versteifen die Wände der Blasen. Man erhält einen festen Schaum.
Warum würden sich die Acras in einem ungenügend erhitzten Fritierbad mit Fett vollsaugen? Wahrscheinlich, weil das Fett Zeit hätte, ihre äußere Schicht zu durchdringen, bevor sie hart und undurchlässig wird. Und warum bildet sich eine Kruste? Weil das Wasser der Oberfläche bei einer weitaus höheren Temperatur als 100°C schnell verdampft. Was bleibt, ist eine knusprige Schicht ohne Wasser, die undurchlässig genug ist, um ein Eindringen des Fetts zu verhindern.
Die Acras garen in mehreren Etappen: Es bildet sich eine undurchlässige Kruste, während im Inneren Wasserdampf entsteht; der Dampf läßt die äußere Schicht aufspringen und bringt eine neue Schicht Teig an die Oberfläche. Dann wird auch diese Schicht hart, der Dampf läßt sie aufspringen und so fort.

8. *Die fertigen Kroketten mit Küchenkrepp trockentupfen und auf einer vorgewärmten Platte anrichten. Heiß servieren!*

# Hors-d'oeuvres

Ofenfrische Brötchen (Les petits pains)

Mayonnaisen-Ei *(L'oeuf dur de l'extrême)*

Schlemmersalate *(Salades gourmandes)*

Gazpacho mit Ei *(Gaspacho aux oeufs)*

Rühreier mit Krabben
*(Oeufs brouillés aux crevettes)*

Taubenwurst mit Nüssen
*(Saucisson de pigeon aux noix)*

Roquefort-Soufflé *(Soufflé au roquefort)*

Lachsröllchen *(Cornets de saumon)*

Elsässer Pastete *(Pâté alsacien)*

Stopfleberscheiben mit Trauben und Äpfeln
*(Escalopes de foie gras aux raisins)*

Aspik vom Lachs mit grünem Pfeffer
*(Aspic de saumon au poivre vert)*

Spiegeleier *(Les oeufs sur le plat)*

Schinkenmousse mit Portwein
*(Mousse de jambon au porto)*

Geflügelgalantine *(Galantine de volaille)*

Ravioli mit Salbeibutter *(Raviolis à la sauge)*

Trüffeln im Teigmantel *(Truffes en croûte)*

# Ofenfrische Brötchen
## *Les petits pains*

*Der Bauer sprach zu mir im Traum: Dein Brot mach selber,*
*ich ernähre dich nicht mehr; grabe die Erde um und säe.*
*Da erst erkannte ich mein Glück und daß in dieser Welt sich*
*keiner rühmen könne, ohne die Menschen auszukommen;*
*und seit jener Zeit liebe ich sie alle.*
Sully Prudhomme

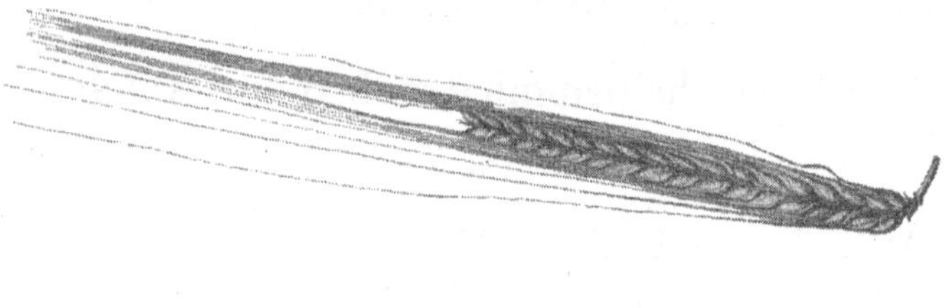

Selbstgemachtes Brot! Holen Sie sich die längst versunkene Welt des Brotbackens mit ihren heimeligen, sinnlichen Gerüchen und Handgriffen zurück und genießen Sie das Gefühl, ein wirklich frisches Brot zu essen. Rechnen Sie mindestens drei Brötchen pro Gast: wenn sie gut sind, kann keiner widerstehen!

Zutaten für 18 Brötchen

*10 g Bäckerhefe*

*1 TL Puderzucker*

*35 cl lauwarmes Wasser*

*10 g feines Salz*

*600 g gewöhnliches Mehl, nicht zu frisch*

1. *10 g Hefe mit 1 TL Puderzucker und 30 cl lauwarmem Wasser vermischen. Eine Viertelstunde gehen lassen.*

Der Hefewürfel, den Sie für wenig Geld beim Bäcker oder im Lebensmittelgeschäft kaufen, besteht aus zahlreichen Mikroorganismen, den Hefepilzen. Mit Zucker und Wasser sind diese Pilze in ihrem Element, sie entwickeln sich, vermehren sich durch Teilung und setzen dabei Kohlendioxid frei, das den Teig aufgehen läßt.
Die Hefepilze sind bei Temperaturen zwischen 25 und 35°C am aktivsten; wenn sie frieren, sinkt ihr Stoffwechsel – wie bei den Murmeltieren im Winter – fast auf den Nullpunkt ab. Werden die Hefepilze dagegen zu stark erhitzt, so können sie absterben: Denken Sie daran, daß es sich um lebende Zellen handelt, nicht anders als jene, aus denen Ihr Körper besteht.

2. *600 g Mehl in eine große Schüssel geben; die Hefe in die Mitte gießen und verkneten, bis die Mischung homogen ist, dann 10 g Salz in etwas Wasser auflösen und das Salzwasser nach und nach in den Teig einarbeiten. Durchkneten, bis sich der Teig von den Wänden der Schüssel löst. Falls nötig, etwas Wasser dazugeben. Arbeiten Sie den Teig lange durch, indem Sie ihn abwechselnd auseinanderziehen und wieder zusammenfalten. Nach ungefähr einer Viertelstunde Kneten muß der Teig weich und fast noch klebend sein.*
*Beim Kneten den Teig auseinanderziehen und wieder zusammenfalten. Diese Methode ist außerordentlich effizient. Rechnen Sie: Angenommen, zwei Punkte des Teigs waren ursprünglich 1/100 mm voneinander entfernt, dann sind es*

*bereits 2/100 mm, wenn Sie den Teig einmal auseinandergezogen und wieder zusammengefaltet haben, 4/100 mm nach dem zweiten Mal ... bis die Punkte etwa einen ganzen Zentimeter voneinander entfernt sind, nachdem Sie die Prozedur nur zehnmal wiederholt haben (Abb. 6)!*

Welchen Zweck hat das Kneten? Das Mehl, wir haben es bereits bei den Austern in Blätterteig gesehen, besteht aus Stärkekörnern und Glutenproteinen. Wenn man Mehl mit Wasser verknetet, entsteht ein Stärkekleister. Die Stärkemoleküle und die Wassermoleküle verteilen sich möglichst homogen, während die Glutenproteine in Verbindung mit dem Wasser ein Netz bilden – das ganz und gar unentbehrlich ist, wie wir bei Schritt 4 sehen werden.

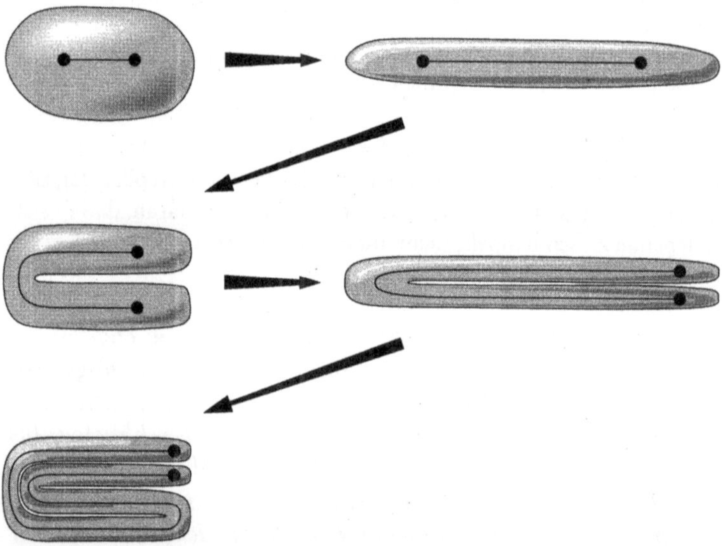

**Abb. 6.** Zwei benachbarte Punkte in einem Teig entfernen sich mit exponentieller Geschwindigkeit voneinander.

### 3. *Den Teig eine Stunde gehen lassen. Das Volumen muß sich verdoppeln.*

In dieser Phase nehmen Ihnen die Hefepilze und verschiedene Enzyme die Arbeit ab. Die Hefepilze habe ich Ihnen bereits vorgestellt. Die Enzyme sind Moleküle, die in allen lebenden Zellen vorkommen und auf bestimmte Arbeiten »spezialisiert« sind: Manche Enzyme z. B. zerschneiden die langen Stärkemoleküle und bilden dabei Zucker, von denen sich die Hefepilze ernähren. Ein wunderbares System, bei dem alles dazu beiträgt, den Teig aufgehen zu lassen. Die im Teig verstreuten Enzyme präparieren die Nahrung der Hefepilze, die Hefepilze ernähren sich von den so entstandenen Zuckern und geben Kohlendioxid ab, das den Teig treibt, sowie verschiedene andere Moleküle, die der Krume ihren charakteristischen delikaten Geschmack verleihen.
Es kommt jedoch der Moment, wo die im Teig festsitzenden Hefepilze in ihrer unmittelbaren Nachbarschaft keine Nahrung mehr finden. Dann muß man ihnen helfen, indem man sie mit anderen Teilen des Teigs in Berührung bringt. Das ist der Grund für die folgende Prozedur:

### 4. *Kneten Sie den Teig noch einmal 10 Minuten durch.*

Die Hefepilze, die jetzt zahlreicher sind als nach dem ersten Kneten, werden durch diese Prozedur im ganzen Teig verteilt. Dort gedeihen und vermehren sie sich weiter, dank der Nährstoffe, die in ihre Reichweite gebracht wurden. Gleichzeitig setzen sie wieder Kohlendioxid frei und sondern Moleküle ab, die zur selben Familie wie der Äthylalkohol gehören und zum guten Brotgeschmack beitragen.
Kommen wir auf unsere Behauptung im vorletzten Abschnitt zurück: Warum ist es wichtig, ein Glutennetz zu schaffen? Weil dieses elastische Netz die Fähigkeit besitzt, das freigesetzte Kohlendioxid festzuhalten Tatsächlich ist Weizenmehl am besten zum Brotbacken geeignet: Seine Stärke verkleistert, setzt die Zucker frei, die die Hefepilze ernähren; diese wiederum geben Kohlendioxid ab, das den Teig gehen läßt, aber darin gefangen bleibt, weil das Glutennetz das Aufgehen begrenzt. Mit Mehlsorten, die zu wenig Proteine enthalten, läßt sich nur schwer Brot backen, schon gar nicht, wenn man ein lockeres, luftiges Baguette erhalten will.

5. *Den Teig in 3 oder 4 Teile reißen. Kleine Kugeln von jeweils ungefähr 40 g formen. In ausreichendem Abstand auf ein Backblech setzen und noch einmal eine halbe Stunde gehen lassen.*
*Die Teigkugeln nicht zu eng plazieren, da sie zweimal aufgehen müssen: einmal vor dem Backen während der vorgeschriebenen Ruhezeit und einmal während des Backens.*

6. *Den Ofen auf 250°C vorheizen und die Wände mit einer Handvoll Wasser besprengen, bevor Sie das Blech mit den Brötchen hineinschieben (Bäcker nennen dies »Schwadengabe«). Ungefähr eine Viertelstunde backen.*

Warum die Schwadengabe? Damit Dampf entsteht und sich eine schöne goldene Kruste auf den Brötchen bilden kann. Zunächst verhindert der Dampf, daß die Oberfläche austrocknet, und die Hitze breitet sich im Inneren der Brötchen aus. Die Mehlstärke, die mit dem Wasser einen Kleister gebildet hat, ist noch weich. Die Hitze dehnt die unzähligen Kohlendioxidbläschen aus, die durch die Hefepilze entstanden sind, bläht die beim Kneten im Teig eingefangenen Luftblasen auf und läßt das Wasser des Teigs verdampfen, wodurch sich die Gasmenge in den Blasen noch zusätzlich erhöht.
Das Brot geht also auf. Gleichzeitig trocknet die Brotoberfläche aus, weil ihr Wasser durch die Hitze vollständig verdunstet. Wie bei einer Mehlschwitze, die durch starkes Erhitzen braun wird, entstehen durch die Maillard-Reaktion zahlreiche Aromaverbindungen. Das Braunwerden der Kruste ist das Zeichen, daß sich diese Aromamoleküle gebildet haben. Auch innen sind die Brötchen nun durchgebacken. Jetzt nur noch abkühlen lassen und ... servieren!

# Mayonnaisen-Ei
## *L'oeuf dur de l'extrême*

*Weil der Schöpfer dem Menschen die Verpflichtung auferlegte zu essen, um zu leben, gab er ihm den Appetit und belohnte ihn durch den Genuß.*
Brillat-Savarin

Wie bitte, ein Rezept für harte Eier? Wie ich das rechtfertigen kann? Indem ich Ihnen verrate, wie man ein Mayonnaisen-Ei aus einem einzigen Ei macht. Unsinn, werden Sie sagen: Man braucht ein Ei für das harte Ei und ein Ei für die Mayonnaise. Nicht unbedingt, wenn Sie sich an ein paar chemisch-physikalische Grundsätze erinnern und sich einen nicht ganz alltäglichen Küchenhelfer zulegen – eine Injektionsspritze!

Ein guter Koch dürfte sich allerdings von einem solchen Rezept nicht bluffen lassen: Er weiß sehr wohl, wie man ein Mayonnaisen-Ei aus einem einzigen Ei zubereitet. Er kocht das Ei, schneidet es in zwei Hälften, nimmt ein wenig Eigelb ab und bereitet eine Mayonnaise daraus zu. Na und?

Nun ja, strenggenommen handelt es sich in diesem Fall nicht um ein Mayonnaisen-Ei, sondern um ein Remouladen-Ei. Die Remoulade ist eine Mayonnaise, bei der das rohe Eigelb durch hartes Eigelb ersetzt wird. In beiden Fällen dienen die grenzflächenaktiven Moleküle des Eigelbs dazu, das Öl in der Sauce zu emulgieren.

Und das echte Mayonnaisen-Ei? Hier mein Geheimnis, für das Sie mir eines Tages dankbar sein werden, wenn Sie spät nach Hause kommen und feststellen müssen, daß Sie nur noch ein einziges Ei im Kühlschrank und in den Küchenschränken nichts als Öl, Essig, Senf, Salz und Pfeffer haben.

Zutaten für eine Person

*1 Ei*

*Öl*

*1 TL Senf*

*1 TL Essig*

*1 Messerspitze Salz*

*1 Prise weißer Pfeffer*

1. *Mit einer Injektionsspritze vorsichtig in das Ei stechen, einen Tropfen Eigelb abnehmen und in eine Schüssel geben.*

Eine Injektionsspritze in der Küche? Sie haben richtig gelesen – ich kann Ihnen dieses Utensil nur wärmstens ans Herz legen. Hier benutzt man sie, um Flüssigkeit abzunehmen, bei der Orangenente und dem falschen Wildschweinbraten dient sie, wie wir noch sehen werden, dem umgekehrten Zweck: der Injektion einer Flüssigkeit.
Verwenden Sie eine Nadel von möglichst großem Durchmesser, denn viskose Flüssigkeiten wie das Eigelb lassen sich mit einer zu dünnen Nadel nur schwer ansaugen. (Eine Spritze können Sie z. B. in der Apotheke bekommen.)

2. *Wasser in einem Topf mit etwas Essig zum Kochen bringen; das Ei hineinlegen, sobald sich die ersten Blasen zeigen.*

Man muß das Ei in kochendes Wasser geben, heißt es immer. Gibt man es in kaltes oder lauwarmes Wasser, so verteilt sich das Eiweiß ungleichmäßig um den Dotter herum, und man erhält in den Eischeiben nicht die gewünschten kreisrunden gelben Rondelle. Ist das richtig?
Ich habe diese Theorie eine Zeitlang vertreten, nachdem ich sie experimentell verifiziert hatte. Aber irgendwann wiederholte ich das Experiment und erhielt nicht immer das erwartete Ergebnis. Also überlegte ich: Das Eigelb verlagert sich deshalb, weil es eine andere Dichte als Eiweiß hat. Wenn man ein Eigelb in einem Glas mit viel Eiweiß vermischt, schwimmt das Eigelb oben (das ist nicht weiter verwunderlich, weil es Lipide enthält). Also habe ich Eier in verschiedenen Positionen gekocht,

nachdem ich sie zunächst in der Position hatte ruhen lassen, in der sie dann gekocht wurden. So kann man das »Dezentrieren« beobachten, weil das Eigelb in den oberen Teil des Eies abwandert.
Will man also ein gut zentriertes Eigelb erhalten, dann ist es sicherlich kein Fehler, wenn man es ins kochende Wasser gibt; aber vor allem muß man das Ei vor dem Kochen in die richtige Stellung bringen, damit der Dotter nicht verrutscht. Aber wie sagte Jean Rostand einmal: »Ich bin nicht so verrückt, meine Überzeugungen für absolute Gewißheiten zu halten.«

3. *Kochdauer 10 Minuten (gerechnet von dem Augenblick an, in dem das Wasser wieder zu sieden beginnt.) Dann das Ei sofort herausnehmen und in kaltes Wasser tauchen.*
*Lassen Sie harte Eier nicht zu lange kochen, denn sonst werden sie zäh, ja sogar trocken, und das Eigelb bekommt einen unschönen grünen Rand, während das Eiweiß einen unangenehmen Geruch verströmt. Warum? Weil die Proteine des Eiklars, die Schwefelatome enthalten, zerfallen, wenn man die Eier zu lange kocht. Dabei setzen sie ein übelriechendes Gas namens Schwefelwasserstoff frei, welches das Eiweiß verunreinigt und ihm die grüne Farbe verleiht. Wer den Geruch von Schwefelwasserstoff kennt, wird keine Zweifel an dieser Erklärung hegen.*

4. *Das Ei im kalten Wasser etwas abkühlen lassen, und sobald Sie es in der Hand halten können, leicht gegen eine ebene Fläche klopfen, bis es rundum gleichmäßig gesprungen ist. Jetzt vorsichtig die Schale ablösen.*
*Wenn man heiße Eier in kaltes Wasser taucht, kühlen sie nicht nur ab, sondern lassen sich auch leichter schälen. Beim Erkalten zieht sich die Schale zusammen, während die Eimasse, die heiß bleibt, ihr Volumen behält: Manchmal platzt dabei die Schale.*

Ein ähnliches Phänomen wurde mir von einer Leserin meiner *Rätsel der Kochkunst* berichtet, die festgestellt hatte, daß gekochte weiße Bohnen (in einem Cassoulet) aufplatzen, wenn man darüberbläst. Was ist der Grund dafür? Weil die Bohnen heiß bleiben, während sich ihre dünne Haut, die durch den Atem abgekühlt wird, zusammenzieht? Ich habe der jungen Molekulargastronomin geraten, mehrere Tests zu machen, um hinter das Geheimnis zu kommen. Ich warte auf ihre Ergebnisse, die ich Ihnen selbstverständlich mitteilen werde.

5. *Bereiten Sie jetzt die Mayonnaise zu. In die Schüssel mit dem Eigelb 1 TL Senf, ein paar Tropfen Wasser, etwas Salz und weißen Pfeffer geben. Mit einer Gabel oder einem kleinen Schneebesen verrühren.*
*Der Senf ist für den Geschmack da, aber er ist kein Muß. Der große Carême gibt in seiner »Art de la Cuisine Française« ein Rezept für eine »Sauce magnonaise« an, die nur Ei, Essig und Öl enthält.*

Bei dieser Mischung liefert das Eigelb zugleich Wasser, Proteine und Emulgatoren (grenzflächenaktive Moleküle, deren einer Teil sich mit dem Wasser und deren anderer Teil sich mit dem Öl verbindet). Die Emulgatoren liegen zunächst als Mizellen vor, kugelförmige Gebilde, deren »wasserfreundliche« Teile nach außen weisen, während sich die »wasserfeindlichen« Teile, die sich mit dem Öl verbinden, im Zentrum zusammenschließen, um den Kontakt mit dem Wasser zu vermeiden.
Das Salz spielt ebenfalls seinen Part im Molekularkonzert. Die positiv geladenen Natriumatome (sie haben eines ihrer Elektronen verloren) und die negativ geladenen Chloratome (sie haben ein zusätzliches Elektron dazugewonnen) lagern sich in einer doppelten Schicht um die Mizellen an, denn deren hydrophile Teile sind negativ geladen. Genauer gesagt, die Natriumatome umgeben die Köpfe der grenzflächenaktiven Moleküle, dann umgibt eine Schicht Chloridionen die Natriumionen. Diese verschiedenen Schichten bewirken die Abstoßung der Mizellen.

6. *Etwas abwarten, dann ein paar Tropfen Öl mit dem Schneebesen kräftig unterschlagen.*

Hier bringt man das Öl in die Mizellen ein, wodurch Öltröpfchen entstehen, die von den grenzflächenaktiven Molekülen umhüllt sind.
Würde man zuviel Öl zu schnell einarbeiten, so könnte es sich nicht richtig verteilen; schlimmer noch, die Emulsion könnte umkippen: Statt einer Öl-in-Wasser-Emulsion würde man eine Wasser-in-Öl-Emulsion erhalten (Abb. 7). Die Mayonnaise wäre mißlungen.

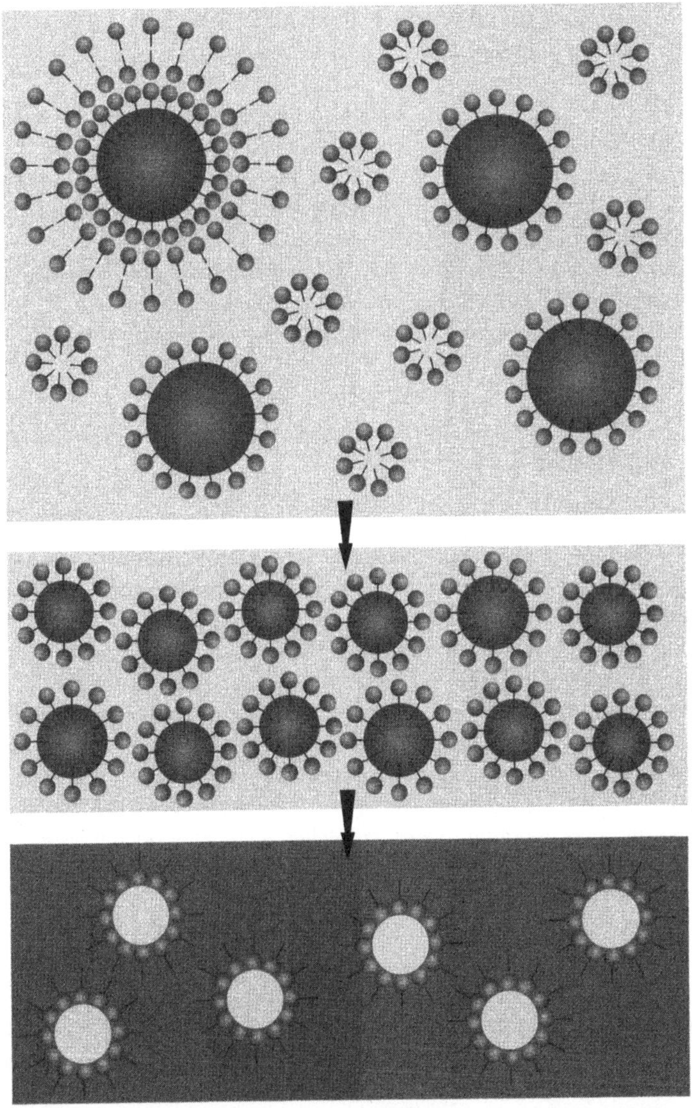

**Abb. 7.** Je mehr Öl man in eine Emulsion einarbeitet, desto kleiner wird der Abstand zwischen den Öltröpfchen. Wenn die Wassermenge nicht mehr ausreicht, verschmelzen sie miteinander, und es kommt zur »Phasenumkehr«: Statt Öltröpfchen in Wasser erhält man Wassertröpfchen in Öl.

7. *Wenn das Öl eingearbeitet ist, erneut eine kleine Menge Öl unterschlagen und die Prozedur mehrmals wiederholen.*

Das Öl dringt nach und nach in die Mizellen ein, die im übrigen verteilt werden. So bilden sich Öltröpfchen, umgeben (und stabilisiert) von den grenzflächenaktiven Molekülen. Die geringe Menge grenzflächenaktiver Moleküle, die in einem Tropfen Eigelb enthalten ist, reicht aus, um eine kleine Schüssel Mayonnaise zu machen.
Halten wir außerdem noch fest, daß der Senf ebenfalls grenzflächenaktive Moleküle enthält. Das anfangs hinzugefügte Wasser hat den Zweck, eine ausreichende Wasserbasis zu schaffen, die alle Öltröpfchen aufnehmen kann.

8. *Jetzt können Sie, ständig weiterschlagend, das Öl in einem dünnen Faden dazugeben. Bereiten Sie auf diese Weise etwa einen halben Deziliter zu.*

Wenn Ihre Mayonnaise zu dünn sein sollte, sollten Sie die Gabel weglassen und statt dessen einen kleinen Schneebesen verwenden. Warum, zeigt das folgende Experiment. Als ich eines Tages die oben erwähnte »Magnonaise« des großen Carême testete, erhielt ich eine zu flüssige Sauce, weil ich, wie ich glaubte, zu viel Essig genommen hatte. Ich nahm einen Mixer zu Hilfe, um ein Phänomen zu verifizieren, das in der Kosmetikindustrie wohlbekannt ist: Der Durchmesser der Tröpfchen in einer Emulsion verringert sich, wenn die Energie beim Schlagen erhöht wird. Und tatsächlich stellte ich fest, daß die praktisch flüssige Sauce nahezu fest wurde. Unter dem Mikroskop sah ich mit dem üblichen Vergrößerungsglas überhaupt keine Tröpfchen mehr. Und doch mußten sie da sein! Ich verwendete eine stärkere Linse und fand die vertrauten Tröpfchen wieder, aber viel kleiner als sonst.
Fazit: Je kräftiger man schlägt, desto besser werden die Öltröpfchen verteilt und desto fester wird die Mayonnaise.

9. *Das harte Ei in Scheiben schneiden und die Scheiben mit jeweils einer Schicht Mayonnaise dazwischen auf einem Teller anrichten.*

Nehmen Sie sich fürs Anrichten etwas Zeit. Denken Sie daran, daß man auch ein karges Mahl mit den Augen ißt.

# Schlemmersalate
# *Salades gourmandes*

*Die Gourmandise, sofern mit Geist und Esprit im Bunde,*
*macht die Menschen liebenswert.*
Grimod de la Reynière

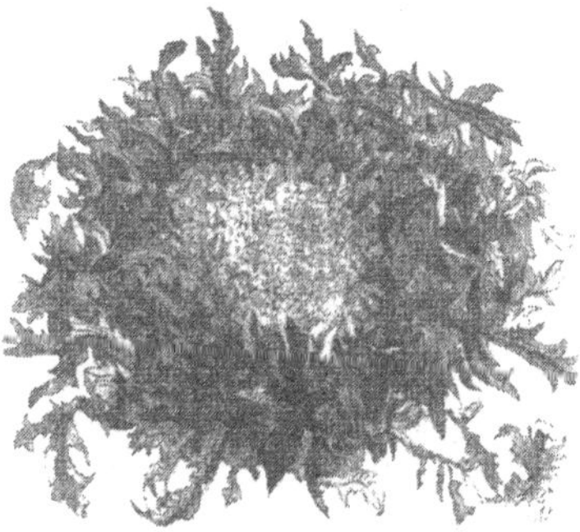

Salate haben einen großen Nachteil: Zu ihnen paßt im allgemeinen kein Wein. Das gilt sowohl für einfache Salate mit nur einem Bestandteil, wie z. B. die grünen Salate, als auch für gemischte Salate, die aus verschiedenen Zutaten bestehen und sich praktisch endlos variieren lassen. Warum müssen Feinschmecker auf ihren geliebten Nektar verzichten, wenn der Salat aufgetragen wird, als Entrée oder nach dem Fleischgericht?
Ich habe da eine Hypothese, aber der Beweis muß erst noch erbracht werden. Weine enthalten häufig Tannine, also »adstringierende« Moleküle, die sozusagen »den Mund zusammenziehen«, weil sie sich mit den schlüpfrigen Proteinen des Speichels verbinden. Warum reicht man Wein zu Fleisch und nicht zu grünen Salaten? Weil, und hier kommt nun meine Hypothese ins Spiel, seine Tannine sich eher mit den Proteinen des Fleischs als mit denen des Speichels verbinden, der schlüpfrig bleibt. Wenn man dagegen Salat ißt, hat man keine anderen Proteine im Mund als die des Speichels, denn im Salat sind nur sehr wenig Proteine enthalten. Die adstringierende Wirkung ist offensichtlich.

Um diese Hypothese zu erhärten, habe ich eines Tages Gilles Brochard, dem Sekretär des »Clubs der Teetrinker«, prophezeit, daß Tee (der ja ebenfalls adstringierende Tannine enthält) sich gut mit Fleisch, aber nicht mit grünen Salaten vertragen müsse. Meine Voraussage bestätigte sich! Bleibt also nur noch, die Hypothese in einen Beweis umzuwandeln. Wie macht man einen guten Salat, der sich mit Wein verträgt? Das ist die Frage, die uns hier beschäftigen soll. Aber bevor wir uns in die Zubereitung eines guten Salats stürzen, möchte ich noch den Schutzpatron der Gourmets, Brillat-Savarin, zitieren, der zum Thema Salat folgendes schreibt: »Salat ... empfehle ich all jenen zum Verzehr, die mir vertrauen. Salat erfrischt, ohne zu schwächen, und stärkt, ohne zu reizen; ich pflege zu sagen, er verjüngt.« Und dann erzählt Brillat-Savarin, wie der Salat zudem noch reich macht. Hier also die Geschichte eines Franzosen, der in London zu Reichtum gelangte, indem er sich darauf verstand, Salat zu machen.

»Er war aus dem Limousin und hieß d'Aubignac oder d'Albignac, wenn mich mein Gedächtnis nicht im Stiche läßt. Obwohl es mit seinen Finanzen schlecht stand, speiste er doch einmal in einem der berühmtesten Londoner Restaurants. Er handelte – wie alle Feinschmecker – nach dem Prinzip, daß man mit einem einzigen Gang dinieren könne, wenn er nur erstklassig ist. Während er in ein saftiges Roastbeef vertieft war, vergnügten sich am Nebentisch fünf oder sechs Dandys der Hocharistokratie; plötzlich erhob sich einer von ihnen, kam heran und sagte in sehr höflichem Tone: 'Pardon, Herr Franzose! Es heißt, Ihre Nation mache den besten Salat von der Welt. Würden Sie uns die Ehre erweisen, sich einmal des unsrigen anzunehmen?' Nach einigem Zögern willigte d'Albignac ein, ließ sich alles bringen, was er zu dem erwarteten Meisterstück zu brauchen glaubte, legte sich ordentlich ins Zeug – und brachte etwas Vollkommenes zustande. Während der Arbeit gab er auf einige Fragen freimütig Antwort: Er sei Emigrant und erhielte – hier errötete er – von der englischen Regierung einige Unterstützung; worauf ihm einer von den jungen Leuten eine Fünfpfundnote zusteckte, die er nach geringem Sträuben auch annahm.

Er hatte seine Adresse hinterlassen und war somit nicht allzu sehr überrascht, als er nach einiger Zeit einen Brief erhielt, in dem er mit den artigsten Worten aufgefordert wurde, in einem der schönsten Hotels am Grosvenor Square den Salat anzumachen. D'Albignac, der nun eine dauernde Einnahme zu wittern begann, kam ohne jede innere Unruhe pünktlich hin, gewappnet mit einigen neuen Gewürzen, die ihm für eine

erhöhte Wirkung geeignet erschienen. Er hatte sich diesmal seine Aufgabe reiflich überlegt, er übertraf sich selbst und erhielt eine Gratifikation, die er keinesfalls zurückweisen konnte, ohne sich empfindlich zu schädigen. Die erste Gesellschaft hatte natürlich den französischen Salat über alle Maßen gelobt, die zweite machte noch mehr Aufhebens, so daß d'Albignacs Ruhm sich rasch in alle Winde verbreitete. Man nannte ihn 'the fashionable salad-maker', und bald wollte hier, in diesem modesüchtigen Land, die elegante Welt der Hauptstadt ihr Leben lassen für einen Salat des französischen Aristokraten: 'I die for it!'
D'Albignac, der ein gewitzter Mann war, verstand es, seine Berühmtheit auszunutzen. Er hielt sich bald ein Carrik[1], um rascher an die Orte seiner Berufung zu gelangen; ein Diener trug ihm in einem Ebenholzkästchen die Ingredienzen nach, mit denen er sein Repertoire bereicherte: Essig von verschiedenem Aroma, Öle mit und ohne Fruchtgeschmack, Soy[2], Kaviar, Trüffeln, Anchovis, Calchup[3], Bratensauce und auch Eigelb, das für die Mayonnaise bestimmt war. Ähnliche Kästchen ließ er später fabrizieren, stattete sie vollkommen aus und verkaufte sie zu Hunderten. Kurz, zielbewußt und klug sammelte er ein Vermögen von 80000 Francs an und ging damit nach Frankreich zurück, als die Zeiten besser geworden waren.«

Wenn man dem *Larousse gastronomique* glauben darf, einem Werk, dessen Lektüre ich wärmstens empfehlen kann, rührt die Bezeichnung »French dressing« für die Vinaigrette, die typisch französische Salatsauce, von dieser Episode her.

Wir haben hier, abgesehen von einer Lektion, wie sie nur der große Gastronom zu geben vermag, die Grundidee für die Salate, die wir zubereiten wollen. Lassen Sie sich von einem grünen Salat mit Morcheln verführen.

---

[1] Brillat-Savarin spickte seine Ausführungen gern mit Fremdwörtern: Ein carrik ist, wie man sich denken kann, eine Art Pferdewagen.

[2] Soy oder Soui ist eine Sauce, die aus Japan stammt und aus verschiedenen Fleischsäften besteht, das Ganze stark gewürzt. – Oder sollte es sich um Sojasauce handeln (engl. soy = Soja)?

[3] Calchup scheint nichts anderes als Ketchup zu sein, wie ich von englischen Freunden erfahren habe.

Zutaten

*1 Bund Kresse*

*1 Endiviensalat*

*1 Kopfsalat*

*200 g Feldsalat*

*4 kleine Tomaten (je nach Jahreszeit)*

*5 kleine gewaschene (oder getrocknete) Morcheln*

*5 cl konzentrierte Geflügelbrühe*

*Kerbel*

*Estragon*

*glatte Petersilie*

*Olivenöl*

*Balsamico-Essig*

*Salz*

*Pfeffer*

*Senf*

*1 Knoblauchzehe*

1. *Die Morcheln in 5 cl Geflügelbrühe quellen lassen. Dadurch wird die Brühe aromatisiert.*

2. *In einem kleinen Topf Wasser zum Kochen bringen und den Knoblauch hineinschneiden, um ihm seine aggressive Würze zu nehmen.*

Auch wer keinen Knoblauch verträgt, sollte ihn einmal probieren, nachdem er lange gekocht wurde. Es gibt ein Rezept für Knoblauchpüree, bei dem der Knoblauch in sieben verschiedenen Wassern gekocht wird. Das Püree, das man erhält, wenn man die so behandelten Zehen zerdrückt, hat seine penetrante mediterrane Würze verloren, so daß es auch für nördlichere Gemüter annehmbar wird.

3. *Die grünen Salate putzen und waschen. Nur die frischesten und zartesten Blätter verwenden. Gut trockenschleudern und in getrennte Salatschüsseln verteilen.*

Hier ein Tip, wie man erkennt, ob ein Salat frisch ist: Wenn der Strunk noch weiß und leicht milchig ist, kann man davon ausgehen, daß der Salat erst vor kurzem geerntet wurde.
Im übrigen werden Sie sehen, daß gerade die Mischung der verschiedenen Salate Ihrer Komposition die besondere Note verleiht.

4. *Die Kräuter kleinschneiden*

Was »kleinschneiden« bedeutet, weiß man erst, wenn man die Meister der Kochkunst bei der Arbeit gesehen hat. In der Küche von J. Robuchon konnte ich einmal beobachten, wie zwei seiner Köche einen Teller mit Trüffeln und Schnittlauch herrichteten. Mit dem Kleinschneiden dieser Zutaten waren die beiden fünf gute Minuten beschäftigt, und das mit äußerster Sorgfalt und Konzentration.
Beim Schnittlauch z. B. werden die Spitzen säuberlich aneinandergereiht. Dann sucht man sich eine bequeme Haltung, wappnet sich mit einem sehr guten Messer und schneidet die Halme so klein, wie es nur menschenmöglich ist. Vergessen wir nicht, daß Kräuter natürliche Aromaspeicher sind: Anstatt Moleküle aus einem Flakon beizumischen, wie es ein Chemiker machen würde, verwendet man die in der Pflanze enthaltenen Aromamoleküle. Diese Aromamoleküle sind in den Pflanzenzellen eingeschlos-
Um sie freizusetzen, muß man möglichst viele davon zerschneiden.

5. *Jetzt bereiten Sie die Sauce in der Salatschüssel zu: den Essig mit dem Salz und dem Senf verquirlen und dann das Öl tropfenweise einrühren. Pfeffern.*

Denken Sie an die alte Volksweisheit: Man braucht vier Leute, um einen Salat zu machen: einen Verschwender für das Öl, einen Geizhals für den Essig, einen Weisen für das Salz und einen Verrückten für den Pfeffer. In der Praxis rechnet man im allgemeinen drei Löffel Öl auf einen Löffel Essig.

Welchen Essig soll man nehmen? Ganz egal, Hauptsache er ist gut. Gewiß, der Balsamico-Essig, der aus erhitztem und mehrere Jahre im Faß vergorenem Traubenmost gemacht wird, ist unerreicht (er verträgt sich mit Wein), aber viele aromatisierte Essigarten sind ebenfalls nicht zu verachten. Kennen Sie z. B. den Honigessig, der im Elsaß hergestellt wird?
Muß man das Öl in den Essig oder den Essig in das Öl einrühren? Wenn Sie nur diese beiden Flüssigkeiten nehmen, spielt das keine Rolle, da sie sich ohnehin nicht vermischen. Wenn Sie dagegen mit Senf würzen, erhalten Sie eine Emulsion, indem Sie den Essig und das Salz mit dem Senf vermischen (der ja bereits Essig enthält) und das Öl tropfenweise einrühren. So bekommt Ihre Sauce eine gleichmäßige, homogene Konsistenz, die Sie nicht erreichen, wenn Sie den Essig ins Öl gießen. – Denken Sie auch daran, daß Salz sich nicht in Öl auflöst.
Und hören Sie nicht auf die Sirenen, die Ihnen weismachen wollen, daß man Essig herstellen kann, indem man Wein reduziert. Durch das Kochen von Wein, einem Gemisch, das 10 Prozent Äthylalkohol enthält, entsteht niemals Essig, der aus 5–20 Prozent Essigsäure besteht. Der Alkohol verwandelt sich beim Kochen nicht in Säure, und wenn Ihr reduzierter Wein sauer ist, dann war er vorher schon stichig.

6. *Die Tomaten ein paar Sekunden in kochendes Wasser tauchen und die Haut abziehen. In zwei Hälften zerteilen und die Kerne herausdrücken. Das Fruchtfleisch in die Sauce schneiden.*

Die Kerne sind hart, nicht wohlschmeckend und zudem adstringierend, weil sie Tannine enthalten.

7. *Zunächst die härtesten Salatblätter untermengen. Dann die zarteren Salate dazugeben und noch einmal mischen.*

Die Vinaigrette macht den Salat mürbe. Man läßt also zuerst die härteren Salatblätter eine Weile durchziehen und gibt dann die zarteren Salate dazu.
Hier noch ein paar Worte zu einem Experiment, mit dem ich feststellen wollte, wie aggressiv Essig im Vergleich zu Öl den Salat angreift. In den *Rätseln der Kochkunst* hatte ich von meinem Freund Harold McGee, einem Molekulargastronomen aus Palo Alto, die These übernommen,

daß Öl leichter ins Innere der Blätter eindringt als Essig und für die Farbveränderung von angemachtem Salat verantwortlich ist. Inzwischen waren mir aber Zweifel gekommen (eine Krankheit, die ich schätze, wenn sie zum Handeln motiviert), und ich wollte ohne Mikroskop testen, in welchem Maß Öl, Essig und die vollständige Vinaigrette das Zusammenfallen des Salats bewirken. Ich habe also vier Kopfsalate, deren Blätter als besonders zart gelten, miteinander verglichen. Die Blätter wurden mit dem Messer zerschnitten und mit Vinaigrette getränkt oder mit der Hand zerissen und mit Vinaigrette getränkt oder ganz in pures Öl oder ganz in puren Essig gelegt. Ich habe dieses Mal nicht die Farbe, sondern die Festigkeit der Blätter beurteilt.
Am besten haben die mit dem Messer geschnittenen und in Öl gelegten Blätter die Prozedur überstanden, während die mit der Hand zerrissenen und mit purem Essig getränkten Blätter am meisten gelitten haben.

## 8. *Geben Sie jetzt die Geflügelbrühe und die kleingeschnittenen Morcheln dazu.*

Ach, der Duft der Morcheln! Und welch unbegrenzte Möglichkeiten! Mit zwei Zutaten kann man bereits zwei verschiedene Salate machen, mit drei Zutaten sieben und mit zehn Zutaten über tausend! Dabei kommen zehn Zutaten schnell zusammen: zwei verschiedene Blattsalate, Tomaten, in Scheiben geschnittene harte Eier, Knoblauch, Senf, Öl, Essig, Salz, Pfeffer. Lassen Sie Ihrer Phantasie freien Lauf...
Hier nun ein paar Tips in bunter Reihenfolge. Denken Sie an Kapern, Cornichons und die Blüten der Kapuzinerkresse mit ihrer köstlichen, feinen Säure. All diese Aromen spielen einen wichtigen Part im Konzert der Salate.
Auch die »Unvermeidlichen« seien hier erwähnt: in Scheiben geschnittene harte Eier, rote Bete, in Streifen geschnittenes kaltes Fleisch (Geflügel oder Rind), Artischockenböden, Endiviensalat, Reis, Champignons, Krabben, Thunfisch, Muscheln, frische Äpfel, Walnüsse, Haselnüsse, Oliven, Paprikaschoten... Und vergessen Sie nicht: Sorgfältiges Kleinschneiden und -hacken trägt wesentlich zum Gelingen Ihres Salats bei.
Schließlich noch ein Versuch: Kartoffeln soll man noch lauwarm in den Salat geben, damit sie die Würze gut aufnehmen, heißt es immer. Ist dieser Rat begründet? Das läßt sich leicht feststellen: Nehmen Sie eine Handvoll Kartoffelscheiben, wiegen Sie sie und legen Sie die eine Hälfte kalt, die andere lauwarm in eine Vinaigrette. Jetzt wiegen Sie sie noch

einmal und vergleichen Sie, welche Kartoffelscheiben am meisten Masse dazugewonnen haben. Sorry, daß ich des Rätsels Lösung vorerst für mich behalte – aber ich möchte Sie so gerne an meinen kleinen Experimenten teilhaben lassen...

# Gazpacho mit Ei
## *Gaspacho aux oeufs*

*Nur an der Tafel ist gleich die erste Stunde interessant.*
Brillat-Savarin

*Wir sind erst am Beginn unserer Mahlzeit – Mittag- oder Abendessen –, und ein warmes Klima verlangt nach frischen Speisen und Getränken. Hier hält die mediterrane Küche kulinarische Trümpfe bereit, die sich in langen Jahrhunderten herausgebildet haben. Das gilt besonders für das folgende Rezept einer kalten Tomatensuppe, das köstlich einfach ist.*

Zutaten für 6 Personen

*1,5 kg Tomaten*

*40 cl Wasser*

*10 cl guten Essig*

*2 Basilikumstengel*

*6 Eier*

*Salz*

*Pfeffer*

*Tabasco*

1. *Die Tomaten ein paar Sekunden lang in kochendes Wasser geben, damit sich die Haut gut abziehen läßt.*

Manche Küchenchefs empfehlen auch, die Tomaten auf eine Gabel zu spießen und einen Augenblick über eine Flamme zu halten. In jedem Fall erhitzen Sie nur die Haut, so daß sie sich vom Fleisch löst und mühelos abziehen läßt.

2. *Die Tomaten halbieren und über einer Schüssel durch ein Sieb drücken; so werden Fleisch und Saft aufgefangen, während die Kerne im Sieb bleiben. 40 cl Wasser hinzufügen.*

Die Kerne sind hart und geschmacklos: Es ist also besser, sie zu entfernen.

3. *Die Tomaten im eigenen Saft fein pürieren.*

Zum Pürieren sollten Sie einen leistungsstarken Pürierstab verwenden, mit dem Sie eine besonders feine Konsistenz erhalten. Aber egal, welches Gerät Sie benutzen, denken Sie daran, daß Tomaten aus kleinen Säckchen bestehen, den Zellen, die verschiedene Aromamoleküle enthalten. Wenn Sie die Tomaten pürieren, zerstören Sie die Säckchen, verteilen das Material ihrer Hüllen und befreien die Moleküle, die darin enthalten waren.

4. *Geben Sie 10 cl Essig, Salz und etwa 15 Tropfen Tabasco dazu. Noch einmal durchmixen und das Tomatenpüree in den Kühlschrank stellen.*

Hier arbeiten wir mit Temperaturkontrasten. Dazu sollten Sie wissen, daß das Abkühlen ein sehr langsamer Vorgang ist. Wenn Sie wollen, können Sie das selbst nachprüfen: Stellen Sie eine Flasche mit Wasser, das ungefähr Zimmertemperatur hat, in den Kühlschrank und messen Sie in regelmäßigen Abständen die Wassertemperatur, z. B. alle 5 Minuten. Das Absinken der Temperatur dauert entsetzlich lange. (Rechnen Sie eine gute Stunde, bis Ihr Gazpacho kalt genug ist.)
Machen Sie nun das umgekehrte Experiment und messen Sie die Kühlschranktemperatur bei geöffneter Tür: Der Kühlschrank wärmt sich sehr schnell auf. Wenn die Tür nur 20 Sekunden offensteht, steigt die Temperatur bereits um mehrere Grade an. Hingegen benötigt man ein Vielfaches an Zeit, um diesen Kälteverlust wieder auszugleichen.

5. *Vor dem Servieren den Gazpacho z. B. in kleine Auflaufformen füllen. Einen Spritzer Essig in einen Topf mit reichlich Wasser geben; die Eier darin pochieren und in die Mitte der Förmchen setzen.*

Stellen Sie sich vor, ein Familienmitglied hat versehentlich harte und rohe Eier im Kühlschrank zusammengestellt. Wie können Sie sie unterscheiden?
Vielleicht haben Sie schon einmal beobachtet, daß der Kaffee in einer Tasse sich nicht mitdreht, wenn die Tasse gedreht wird. Genauso bleibt bei einem rohen Ei der flüssige Inhalt fast unbeweglich, wenn Sie die Schale in Drehung versetzen. Da die Schale sehr leicht ist und nur wenig Trägheit besitzt, kommt ein rohes Ei schnell wieder zum Stillstand. Ein hartes Ei dagegen dreht sich wie ein Kreisel.
Warum ist es besser, Essig statt Salz ins Pochierwasser zu geben? Das finden Sie schnell heraus, wenn Sie folgendes Experiment machen: Füllen Sie dieselbe Menge Wasser in vier Töpfe und geben Sie einen Schuß Essig in den ersten, eine Handvoll grobes Salz in den zweiten, Essig und Salz in den dritten und in den vierten gar nichts. Wenn das Wasser in den vier Töpfen zu kochen anfängt, schlagen Sie jeweils ein Wachtelei hinein. Sie werden von der Wirkung überrascht sein! Im reinen Wasser brei-

tet sich das Eiweiß in einem dünnen Schleier aus, der sich nur schwer zusammenhalten läßt; im Salzwasser ist der Schleier etwas kompakter, aber das pochierte Ei ist oft zu salzig; im Essigwasser stockt das Eiweiß praktisch sofort um das Eigelb herum; im Essig-Salz-Wasser stockt das Eiweiß recht gut, aber der Geschmack ist beeinträchtigt.

6. *Zum Schluß die Förmchen mit dem feingehackten Basilikum dekorieren. Sofort servieren, um den Kontrast zwischen lauwarm und eiskalt zu erhalten.*

Ich erwähnte bereits, wieviel Sorgfalt gute Köche auf das Kleinschneiden von Kräutern verwenden, aber mindestens genauso wichtig ist das dekorative Verteilen. Wenn Sie also das Basilikum so fein wie möglich geschnitten haben, dann werfen Sie das duftende Kraut nicht nachlässig über die Auflaufförmchen. An jenem Tag, als ich den beiden Mitarbeitern von J. Robuchon beim minutiösen Zerkleinern von Trüffeln und Schnittlauch zuschaute, konnte ich anschließend beobachten, wie sie die Früchte ihrer Arbeit verteilten; langsam und gleichmäßig breiteten sie die winzigen Schnipsel über den Teller aus. Auf einen einzigen Teller verwandten sie insgesamt fast eine halbe Stunde konzentrierter Arbeit. Der optische Effekt war umwerfend, und ich nahm mir vor, künftig nicht mehr so streng auf die Rechnung zu sehen...
Sie können dieses köstliche Gericht auch variieren, indem Sie kleine (sehr kleine, versteht sich) Paprika- und Gurkenwürfelchen hineinschneiden. Im Süden gibt man noch rohen Knoblauch dazu, aber wenn Sie dieser Tradition folgen, sollten Sie sicher sein, daß Ihre Gäste rohen Knoblauch auch vertragen, der schwerer verdaulich ist als gekochter. Entfernen Sie auf jeden Fall den inneren, oft grünen Keim. Und denken Sie daran, daß die mediterranen Knoblauch-Liebhaber die violette Sorte der weißen vorziehen, die weniger fein im Geschmack ist.

# Rührreier mit Krabben
## *Oeufs brouillés aux crevettes*

*Nirgends versöhnt man sich so leicht wie bei Tisch.*
Grimod de la Reynière, L'Almanach des Gourmands

Rührreier sind nach Madame Saint-Ange das Delikateste und Feinste, was sich aus Eiern zubereiten läßt. Allerdings, so fügt sie hinzu, erfordert es die äußerste Sorgfalt, wenn die Speise gelingen soll. Gewiß, aber gilt das nicht für alle Arbeiten, ob in der Küche oder anderswo? Was man macht, soll man gut machen, und die Kunst der großen Küchenchefs besteht nicht nur darin, verschiedene Zutaten zu köstlichen Kompositionen zusammenzustellen, sondern auch und vor allem in der Beherrschung der richtigen Zubereitungsart. Dazu gehört nicht nur viel Erfahrung, sondern auch Sorgfalt und Mühe. Ein schlampiger Koch macht keine guten Rührreier.
Was aber heißt nun »richtige Zubereitungsart« im Fall unserer Rührreier? Überlegen wir: Was wir anstreben, ist eine cremige und glatte Masse, bei der sich Eiweiß und Eigelb innig miteinander vermischen. Bei unserem Rezept wird dieser Götterschmaus zudem noch mit Krabben verfeinert. Und wo kommt hier die Wissenschaft ins Spiel? In jeder einzelnen Zubereitungsphase. Rührreier sind ein Paradebeispiel dafür, wie die Kenntnis klarer und einfacher wissenschaftlicher Grundsätze zu einem besseren Gelingen beitragen kann.

ZUTATEN FÜR 6 PERSONEN

*Für die Rührreier*

*14 Eier*

*150 g Butter*

*4 EL Crème fraîche*

*Für die Krabben*

*1 Eigelb*

*200 g Sandgarnelen*

*25 cl trockener Weißwein*

*3 EL Crème fraîche*

*25 cl Wasser*

*1 Thymianzweig*

*25 g Butter*

*1 EL Olivenöl*

*2 Lorbeerblätter*

*100 g Champignons*

*1 Schalotte*

*1 Petersilienzweig*

*Mehl*

*Salz*

*Pfeffer*

*3 dicke Scheiben Weißbrot*

*25 g Butter*

1. *Die Garnelen waschen und in einer Pfanne mit einem EL Olivenöl und einem Thymianzweig sautieren (den Thymian erst zum Schluß dazugeben). Schälen und beiseite stellen. Den Kopf und die Schalen in einen Topf geben.*

Rabelais sagte über die Languste, daß sie beim Kochen »kardinalisiere«; das gilt auch für manche Garnelenarten, deren Panzer Astaxanthin enthält, ein Molekül, das einen schwarzen Komplex mit Proteinen bildet. Beim Erhitzen löst sich dieser Komplex auf, und die kardinalrote Farbe des Moleküls tritt zutage. Was passiert dabei mit dem Fleisch? Seine Farbe ändert sich ein wenig, und vor allem wird es fest, weil die Proteine, aus denen es besteht, gerinnen.
Sautieren Sie die Garnelen bei starker Hitze, aber nur kurz, so daß sie bräunen, ohne schwarz zu werden; das Fleisch darf nicht austrocknen, während der Panzer die Farbe annimmt, die zum Gelingen des Fonds beiträgt.

2. *Ein nußgroßes Stück Butter in den Topf mit den Köpfen und Schalen geben und das Ganze bei starker Hitze anbraten, aber nicht schwarz werden lassen. Dann die Hitze reduzieren, eine fein gehackte Schalotte, einen Petersilienzweig, 100 g gewaschene und kleingeschnittene Champignons, einen Thymianzweig, 2 Lorbeerblätter, 25 cl Weißwein und 25 cl Wasser dazugeben. Eine Viertelstunde lang bei geschlossenem Deckel leise köcheln lassen; abschäumen, dann auf die Hälfte reduzieren lassen. Durch ein Sieb passieren und alle Zutaten kräftig ausdrücken. Noch einmal auf die Hälfte reduzieren.*

Manchmal verwendet man die Schalen für eine Garnelenbutter, die man durch Zerstampfen in Butter, dann Schmelzen gewinnt. Hier heben wir die Schalen für eine Sauce auf. Dieses Prinzip, daß man einen Teil der Hauptzutat für die Herstellung einer Begleitsauce nimmt, sollte man sich merken. Es ist einer der bewährtesten »Tricks« der Küchenchefs: Ente mit Kirschen z. B. wird in einer Sauce serviert, die man aus der Karkasse gewinnt. Zu vielen Fischen reicht man eine Sauce, für die man einen Fond aus den Gräten hergestellt hat. Bei diesen und allen anderen Beispielen kulinarischer Spitzenleistungen werden die Schalen und Ab-

fälle nicht verschwendet. Sie werden mit einer großen Menge Flüssigkeit, in der sich ihre Aromamoleküle auflösen, gekocht und mit zusätzlichen Zutaten angereichert, die ebenfalls ihre Würze beisteuern.
Wenn alle Zutaten ihre jeweiligen Aromen in der Flüssigkeit gelassen haben, werden die festen Teile, die jetzt ausgelaugt und fade sind, herausgenommen und die Brühe zu einer möglichst konzentrierten Sauce eingekocht. Bei Fleisch erhält man eine dickliche Masse, denn die aus den Knochen herausgelöste Gelatine trägt zur Viskosität bei, aber bei Fischen und Krustentieren darf man nicht allzu sehr mit diesem Molekül rechnen: Die Gelatine von Fleisch wird aus Kollagen gewonnen, das für dessen natürliche Festigkeit verantwortlich ist; die zarteren Fische dagegen haben dieses Molekül nur in schwacher Konzentration. Das ist auch der Grund, warum gute Köche häufig einen leichten Kalbsfond in die Fischsauce geben. Der Fisch liefert seine Aromen, der Kalbsfond seine Gelatine. Das ist nicht Wissenschaft, sondern wohlüberlegte kulinarische Ökonomie.

3. *Ungefähr 1 cm dicke Brotscheiben schneiden und mit Butter in einer Pfanne anrösten. Bei 50°C im Ofen warmstellen.*

Croûtons lassen sich am besten mit geklärter Butter (s. S. 114) auf kleinem Feuer zubereiten. Sie sind fertig, wenn ihre Oberfläche hellgolden gebräunt ist. Die Butter darf niemals schwarz werden, wenn die Croûtons nicht nach Holzkohle schmecken sollen, und man muß sie in der offenen Pfanne rösten, denn sonst würde der Dampf, der aus dem Brot entweicht, die Croûtons aufweichen, so daß keine ordentlichen Krusten entstünden.

4. *Den Garnelenfond vorsichtig erhitzen und mit einem Eigelb, einer Prise Mehl und 3 gehäuften EL Crème fraîche binden. Die Sauce vom Feuer nehmen, sobald sie dick wird.*

Warum soll man den Fond binden? Weil die bloßen Säfte, wenn ihre Konsistenz nicht perfekt ist, keinen appetitlichen Anblick bieten. Man erhält leichter ein ästhetisches Resultat, wenn man Speisen mit einer gebundenen Sauce überzieht. Im übrigen sind Crème fraîche und Eigelb köstliche Zutaten, die eventuelle »faux pas« oder vielmehr »faux goûts« ausmerzen, die uns bei der Zubereitung der Brühe unterlaufen sind. Ein

großer Küchenchef, der seine Kunst souverän beherrscht, würde es vermutlich verschmähen, zu diesem kleinen Schwindel zu greifen, aber was bleibt uns armen Sterblichen übrig, die wir von einem gänzlich inkompetenten Hunger gepeinigt sind? Comus, der Gott der Küchenmeister, und Gasterea, ihre Muse, werden uns sicherlich verzeihen.
Und die Prise Mehl? Es handelt sich hier um eines der großen Geheimnisse der Kochkunst. Ein Sabayon, ob süß oder salzig, klumpt nicht, wenn man es mit einer Prise Mehl »schützt«. Leider muß ich zugeben, daß ich nicht weiß, warum das so ist. Ich tröste mich indessen damit, daß keiner der Physiker und Chemiker, die ich über die wunderbare Wirkung der Prise Mehl befragt habe, klüger war als ich. Ich habe meine Hypothesen, sie auch, aber was sind schon Hypothesen...
Zum Schluß sei noch angefügt, daß die Wirkung der Prise Mehl schon seit langem bekannt ist: In *La Sciene du maitre d'hôtel cuisinier*, einem Kochbuch, das im Jahre 1750 von Menon veröffentlicht wurde, wird bereits empfohlen, etwas Mehl in die Saucen zu geben, die unweigerlich, das ist fast so etwas wie ein Katechismus, »drei Eigelb mit Rahm« enthalten.

5. *75 g Butter in einem Topf mit dickem Boden schmelzen lassen. Die nur leicht verquirlten, gesalzenen und gepfefferten 14 Eier sowie die restlichen 75 g Butter in Flöckchen hineingeben. Bei sehr schwacher Hitze stocken lassen und dabei ständig mit einem Holzspatel umrühren. Die Eier zur Mitte ziehen, alle Teile des Topfs gut abkratzen, und wenn die Masse zu schnell anhängt, den Topf vom Feuer nehmen, dabei ständig weiterrühren. Zum Schluß 4 Eßlöffel Crème fraîche dazugeben.*

Hier heißt es ständig auf der Hut sein, wenn man den genauen Garpunkt abpassen will. Überschreitet man diesen Punkt, so werden die Eier klumpig und trocken.
Es versteht sich von selbst, daß Rühreier nicht ungestraft warten können. Das erklärt auch, warum häufig empfohlen wird, die Rühreier im Wasserbad zu machen. In diesem Zusammenhang sollte man wissen, daß Eier bei 60–70°C stocken (das Eigelb gerinnt bei einer etwas höheren Temperatur als das Eiweiß), so daß es sicherlich nicht nötig ist, die Bildung von Blasen (Dampf!) abzuwarten; das wäre im Gegenteil ein sicheres Zeichen, daß die Eier Wasser verlieren und austrocknen.

Im übrigen verbinden sich Proteine beim Gerinnen nach und nach so stark, daß ihr Wasser ausgetrieben wird. Das ist der Grund, warum Sie nur sehr langsam erhitzen dürfen. Wenn man Klümpchen vermeiden will, darf der Holzspatel keinen Augenblick ruhen. Ein Schneebesen könnte zwar eventuelle Klümpchen zerteilen, aber dafür entsteht beim Rühren Schaum, der auf unschöne Weise gerinnen kann.
Bei Rühreiern scheiden sich die kulinarischen Geister: Die eine Schule schwört auf den Holzspatel, die andere auf den Schneebesen; es gibt Köche, die die ganze Butter von Anfang an dazugeben, während andere sie nach und nach einarbeiten. Lassen wir die Köche also ruhig weiterstreiten, denn letztlich versuchen sie nur, ihre Kunst zu perfektionieren, und damit den Genuß, den wir später haben werden. Wie sich diese Rühreierfehde am besten beilegen läßt, können Sie im übrigen dem Motto zu diesem Rezept entnehmen...

6. *Die Rühreier kranzförmig auf der in kochendem Wasser erhitzten Servierplatte anrichten und die mit Sauce überzogenen Garnelenschwänze in die Mitte geben. Dazu die Croûtons reichen.*

Statt der Garnelen kann man auch Steinpilze, Artischockenböden, Tomaten, Trüffel oder Räucherlachs nehmen. Den Garnelenfond ersetzt man dann jeweils durch einen geeigneten anderen Fond: Kalbsfond für Geflügelleber z. B. – Ihrer Phantasie sind hier keine Grenzen gesetzt.

# Taubenwurst mit Nüssen
# *Saucisson de pigeon aux noix*

*Zwei Tauben liebten sich gar sehr.*
La Fontaine
*(Auch ein Gourmand hegt zärtliche Gefühle für diese Tiere.)*

Um den Charakter eines Landes kennenzulernen, so sagte Meister Lin Yutang, muß man zwei Bücher zu Rate ziehen: einen Rechtskodex und ein Kochbuch. Fügen wir noch hinzu, daß es, wenn man die Geschichte eines Landes kennenlernen will, nicht schlecht ist, die Kochbücher der jeweiligen Epochen zu studieren. Wenn ich die Wahl habe zwischen dem *Viandier* von Taillevent, dem *Ménagier de Paris*, der *Science du maître d'hôtel cuisinier* einerseits und einer Geschichte der Französischen Revolution (und sei sie auch von Michelet) andererseits, dann entscheide ich mich für ... raten Sie mal!
Und eben dort, in dem dritten der drei großen kulinarischen Werke, die ich oben zitiert habe, fand ich unter dem Stichwort »Taube« folgenden Kommentar: »Es gibt wilde Tauben und Haustauben: und von den einen wie den anderen unterschiedliche Arten. Zu empfehlen sind sie alle, insofern sie, wenn sie jung, wohlgenährt, fett und fleischig sind, eine gute Speise abgeben, die über die Maßen kräftigt.« Wer könnte einer so überaus lehrreichen und erbaulichen Lektüre widerstehen?

ZUTATEN FÜR 8 PERSONEN

*2 Tauben*

*100 g ungeräucherte Schweinebrust*

*350 g Schweinehals*

*6 Walnüsse*

*5 cl Cognac*

*3 Gelatineblätter*

*Salz*

*Pfeffer*

*Cayennepfeffer*

*3 Karotten*

*1 Zwiebel*

*1 Stange Lauch*

*50 g Nüsse*

1. *Die Taube entbeinen. Das Taubenfleisch und die Hälfte des Schweinehalses in Würfel schneiden. Die Fleischwürfelmischung mit dem restlichen Fleisch (die andere Hälfte des Schweinehalses und die Schweinebrust) und den Taubeninnereien (Lebern und Herzen) in eine Salatschüssel geben. Salzen, pfeffern, eine gute Prise Cayennepfeffer und 5 cl Cognac hinzufügen. Mit einem Tuch bedecken und über Nacht in einen kühlen Raum stellen.*

Der Schweinehals ist ein preiswertes Fleischstück, das von jeher bei der Wurstzubereitung und für verschiedene Haschees Verwendung findet. Knausern Sie nicht mit Salz und Pfeffer: Die Taubenwurst wird kalt serviert, und die Würze kommt bei warmen Gerichten besser zur Geltung als bei kalten.

2. *Die Taubenkarkasse zusammen mit dem in Scheiben geschnittenen Gemüse (Karotten, Zwiebel, Lauch) in einen großen Kochtopf geben. 1 Liter Wasser dazugeben und 2 Stunden leise köcheln lassen. Regelmäßig abschäumen.*

So bereiten Sie eine Bouillon zu, in der Sie später die Wurst brühen können. Sie können Ihre Bouillon übrigens unbesorgt mit weiteren Zutaten anreichern. Wenn Sie z. B. ein altes Suppenhuhn haben, können Sie es ebenfalls dazunehmen.
Die Zubereitung einer solchen Bouillon ist langwierig: Schließlich wollen wir ein Maximum an Fleisch- und Gemüsesäften erhalten. Zwei Stunden Kochzeit sind üblich.
Warum abschäumen? Weil der Schaum bitter ist. Probieren Sie ihn gelegentlich, wenn Sie sich davon überzeugen wollen. Im übrigen hat der Schaum feste Partikel, die Ihre Brühe trüben würden, was nicht besonders vorteilhaft wäre, wenn Sie sie zu Ihrer Wurst servieren möchten: Stellen Sie eine kleine Schale klarer, heißer Bouillon neben den Teller mit der Wurst und den Beilagen, die Sie dazu reichen wollen (Salat, Gelee etc.)

3. *Wenn das Fleisch mariniert ist, die Schweinebrust, die noch nicht zerkleinerte Schweinehalshälfte und die Taubenlebern und -herzen durch den Fleischwolf drehen. Das Hackfleisch zu den Tauben- und Schweinefleischwürfeln geben. Dann die zerdrückten Nüsse hinzufügen und umrühren, bis eine homogene Masse entsteht.*

Manche alten Rezepte empfehlen die Verwendung von Stopfleber, die das Hack binden soll. Ein Raffinement, das mir unnötig erscheint: Wenn das Fleisch gut durchgedreht ist, tut es denselben Dienst und bleibt zudem angenehm »knackig«. Zuviel Fett macht nicht unbedingt eine gute Küche aus.

4. *Die Masse mit der Hand zu einer Wurst formen und in ein dünnes Tuch einrollen. Die Tuchenden zusammendrehen, damit die Wurst schön kompakt wird, mit einem Faden verschnüren und eine dreiviertel Stunde in der am Vorabend zubereiteten Taubenbouillon pochieren. Nicht kochen: ziehen lassen genügt.*

Was passiert beim Garziehen? Das Hackfleisch bindet, wenn es gerinnt, die Tauben- und Schweinefleischwürfel sowie die Nußstücke. Es erfüllt hier denselben Zweck wie das Ei in einem Clafoutis. Warum darf die Wurst nicht kochen? Weil Sie soviel Würze wie möglich behalten soll. Wenn Sie die Wurst zu stark kochen, könnte sie zerfallen, und außerdem würden dem Fleisch Säfte verloren gehen, um die es schade wäre. Warum pochiert man in einem Tuch und nicht in einer Folie? Weil so die Bouillon ihren Geschmack auf die Wurst übertragen kann. Bei einer Folie wäre der Austausch der Moleküle blockiert.

5. *Die Wurst in der Brühe lassen, bis sie lauwarm geworden ist. Dann herausnehmen und im Tuch über Nacht in den Kühlschrank stellen.*

Würste dieser Art erkalten langsam, weil Fleisch die Wärme schlecht leitet. Überhaupt vergißt man oft, daß viele Speisen nur langsam abkühlen. Erinnern Sie sich an meinem Vorschlag beim Gazpacho-Rezept? Ich hatte Sie gebeten, ein Experiment zu machen. Falls Sie es versäumt haben, hier nun das Ergebnis. Um das Abkühlen von Wasser im Kühlschrank zu testen, habe ich regelmäßig die Temperatur einer Flasche Wasser gemessen, die ursprünglich 21°C hatte und die ich neben eine andere Wasserflasche von derselben Größe und Form stellte, die bereits mehrere Tage im Kühlschrank gelagert hatte. Es dauerte 4 Stunden, bis die Temperatur um 10°C gesunken war! Wenn schon Wasser, eine Flüssigkeit, bei der der Wärmeaustausch durch Konvektion begünstigt wird (die Strömungen innerhalb der Flüssigkeit), so langsam abkühlt, was soll man dann von einem festen Körper wie unserer Wurst erwarten, in der sich die Wärme allein durch Konduktion ausbreitet (d. h., die Moleküle kollidieren und übertragen so die Energie von Molekül zu Molekül)? Ein Gourmand braucht viel Geduld...

6. *Die Bouillon auf ein Viertel reduzieren. Dann die 3 in kaltem Wasser eingeweichten Gelatineblätter hineingeben. Sobald sich die Gelatine gelöst hat, den kleingeschnittenen Kerbel dazugeben, dann vom Feuer nehmen und das Gelee in einem kühlen Raum steif werden lassen.*

Ein Gelee! Es gibt so viel zum Gelingen eines guten Gelees zu sagen. Vor allem müßte man die Verwendung von Kalbsfüßen statt Gelatine empfehlen: Gelatine ist im Kalbsfuß reichlich vorhanden und würde bei der Zubereitung der Bouillon herausgekocht werden. Die Prozedur würde allerdings länger dauern. Und nachdem uns die Lebensmittelindustrie Gelatine in Blattform anbietet, sollten wir uns die Arbeit hin und wieder erleichtern. Bei diesen Blättern sind die Gelatinemoleküle in kompakter Form vereint; wenn Sie die Gelatine in der heißen Brühe auflösen, trennen sich die Moleküle, und wenn die Bouillon erkaltet, schließen sich die Gelatinemoleküle erneut zu einem Gel zusammen, das das Wasser einfängt. Das Gelee muß lange im voraus zubereitet werden, damit es fest wird.

7. *Servieren Sie die Wurst in Scheiben geschnitten und mit Geleewürfeln garniert.*

Sie können Salat und Wein dazu reichen. Phantasieren wir ein bißchen: Wie wäre es mit einem Puligny-Montrachet, der das Nußaroma der Wurst hervorhöbe? Oder vielleicht ein etwas weicherer Riesling, der gut mit der Taube harmonieren würde?

## Roquefort-Soufflé
## *Soufflé au roquefort*

*Ein Soufflé wartet nicht – nein, die Gäste müssen auf das Soufflé warten; das aber sollte den Gastgeber nicht stören, denn »bei Tisch altert man nicht«.*
Joseph Joubert

Nichts geht über ein gelungenes Soufflé – zumal ich es dieser Köstlichkeit verdanke, daß ich mich eines Tages Hals über Kopf in das große Abenteuer der Molekulargastronomie stürzte. Es begann an einem Sonntagabend: Ich wollte das Roquefort-Soufflé-Rezept ausprobieren, das ich Ihnen hier vorstelle. Darin hieß es, daß man im gegebenen Moment immer »zwei Eier auf einmal« dazugeben solle. Und warum nicht gleich alle miteinander? Ich ignorierte das Gebot ... und das Ergebnis war sehr mittelmäßig. Am nächsten Sonntag machte ich, offenbar mangels kulinarischer Inspiration, das gleiche Soufflé, aber diesmal wollte ich es noch »besser« machen als angegeben: Ich gab immer nur ein Eigelb auf einmal dazu, und zufällig erhielt ich ein besseres Ergebnis als beim vorigen Mal. Jetzt war es natürlich Ehrensache, daß ich am nächsten Sonntag wieder das gleiche Roquefort-Soufflé machte, und diesmal gab ich je zwei Eier auf einmal dazu, und das Ergebnis war sogar noch besser.

Warum war dieser Rat gut? Und war er es überhaupt? Das frage ich mich heute, denn warum sollte ein Soufflé besser gelingen, wenn man die Eier paarweise dazugibt? Ich habe unermüdlich experimentiert, auf der Suche nach einer Erklärung, die ich nicht finden konnte; statt dessen stieß ich vor allem in Rezepten von Käsewindbeuteln auf ähnliche Ratschläge, die meinen Tests nicht standhielten.
Aber eines weiß ich mittlerweile: daß nämlich die Kochbücher gespickt mit Ratschlägen sind, guten wie schlechten, die es rigoros zu testen gilt. Die Wissenschaft gibt klare Antworten auf richtig gestellte Fragen. Im Falle der Soufflés, an die sich viele Köche und Köchinnen nur zitternd heranwagen, können Physik und Chemie nützliche Helfer sein.

ZUTATEN

*80 g Roquefort*

*30 g Butter*

*50 g Mehl*

*6 Eigelb*

*6 Eiweiß*

*25 cl Milch*

*Salz*

*1 Messerspitze Muskat*

*1 Prise Cayennepfeffer*

1. *In einem kleinen Topf bei milder Hitze 80 g Roquefort und 30 g Butter schmelzen lassen.*

Die Butter ist eine Emulsion aus Wassertröpfchen (die so klein sind, daß man sie mit bloßem Auge nicht sehen kann), verteilt in einer Fettmasse, die in der Hitze schmilzt. In dieser ersten Phase wird das Wasser durch das Schmelzen der Fette freigesetzt. Der Roquefort verhält sich nur wenig anders als die Butter. Auch seine Zusammensetzung ist nicht viel anders: um Roquefort herzustellen, gießt man Lab und einen Mikroorganismus namens Penicillium roqueforti in die Milch, die beim Gerinnen den Mikroorganismus einfängt. Die Molke wird abgesondert, aber das Fett bleibt erhalten, ebenso wie die Milchproteine, Wasser – und köstliche Aromen.

2. *Den Topf auf dem Feuer lassen und 45 g Mehl unterrühren.*

Das Mehl absorbiert das wenige Wasser, das vom Roquefort und der Butter kommt. Die Stärkekörner geben, wenn sie das Wasser absorbieren, einige ihrer Moleküle in die umgebende Flüssigkeit ab, quellen auf (es ensteht eine Art Stärkekleister) und bilden eine homogene Paste, die sich mit dem Fett verbindet.

3. *Mit einem Viertel Liter kochender Milch verdünnen. Die Masse glattrühren, dann salzen. Mit einer Messerspitze Muskat und einer Prise Cayennepfeffer würzen.*

Die heiße Milch löst bestimmte Stärkemoleküle auf und läßt die Stärkekörner beträchtlich aufquellen, indem sie zwischen die Amylopektinmoleküle dringt, die sich nicht auflösen. Man erhält eine dickflüssige Masse, denn die gequollenen Stärkekörner haben keinen Bewegungsspielraum mehr. Das Fett emulgiert praktisch von selbst durch diese Zufuhr von Kaseinen (Proteinmoleküle, die sowohl in der Milch als auch im Käse enthalten sind).

4. *Den Topf vom Feuer nehmen, die Masse etwas abkühlen lassen, dann die 6 Eigelb dazugeben.*

Die Eigelb nicht dazugeben, solange die Masse noch zu heiß ist; sie würden sofort gerinnen und könnten dann später ihre »Bindungsfunktion« nicht mehr erfüllen.
Soll man je zwei Eigelb auf einmal dazugeben, wie manchmal empfohlen wird? Fest steht für mich heute nur eins: daß nämlich die Masse abkühlt, wenn man ein Eigelb hinzufügt. Die letzten Eigelbe werden in eine kältere Masse gegeben als die ersten, bei denen die Gefahr besteht, daß sie gerinnen und die Zubereitung eindicken. Vielleicht ist das ja ein Hinweis, mit dem sich eine mögliche Wirkung erklären ließe?

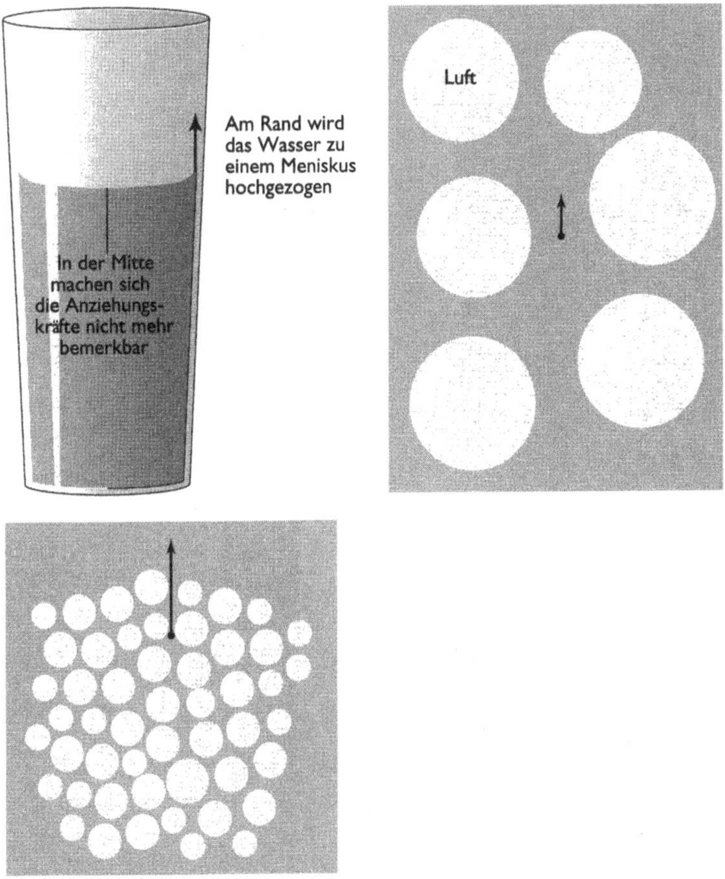


**Abb. 8.** In einem Schaum wird das Wasser zwischen den Luftblasen von denselben Adhäsionskräften gehalten, die für den Meniskus in einem Wasserglas verantwortlich sind.

## 5. *Die 6 Eiweiß mit einer Prise Salz steifschlagen.*

Eischnee ist steif genug, wir haben es bei den »Acras« gesehen, wenn er ein ganzes Ei in der Schale tragen kann, ohne daß es einsinkt. Eischnee ist ein Schaum, das heißt, eine Dispersion von Luftblasen im Wasser des

**Abb. 9.** In zwei Stufen geschlagener Eischnee: wenig fest (links) und sehr fest (rechts).

Eiklars. Der Schaum ist stabil, weil das Wasser nicht ausläuft: Es wird von denselben Kräften gehalten, die das Wasser am Rand eines Wasserglases hochziehen, um einen sog. Meniskus zu bilden (Abb. 8).
Im übrigen werden die Eiweißproteine – das sind ursprünglich vielfach gewundene, knäuelähnliche Gebilde – durch das Schlagen entrollt und ordnen sich mit ihren vorher innerhalb des Knäuels eingeschlossenen Teilen um die Luftblasen an.
Je kräftiger Sie das Eiweiß schlagen, desto besser werden die Blasen verteilt und desto fester ist der Schaum (Abb. 9). Das hat wichtige Konsequenzen für die Zubereitung von Soufflés, wie sich bei einem Experiment zeigte, das ich zusammen mit Pierre Hermé, dem Chef-Pâtissier von Fauchon, gemacht habe. Getestet haben wir ein Schokoladensoufflé, aber das Ergebnis ist bei einem Roquefort-Soufflé dasselbe. Wir haben also eine Soufflé-Masse in zwei gleiche Hälften geteilt und die gleiche Menge Eischnee, aber unterschiedlich geschlagen, hinzugefügt. In die eine Hälfte haben wir nicht sehr festen Eischnee und in die andere Hälfte sehr festen Eischnee gegeben. Dann haben wir die Soufflés gleichzeitig in den Ofen gegeben. Das Ergebnis war eindeutig: Das Soufflé mit dem sehr festen Eiweiß war doppelt so hoch wie das andere, von einem helleren Braun und besser durchgebacken.
Nun meinte aber mein Freund Nicholas Kurti, das Experiment sei nicht ausreichend, weil wir mit dem Backen aufgehört hätten, bevor das zwei-

te Soufflé vollständig durch gewesen sei. Ich wollte also nachprüfen, ob längeres Backen ein besseres Resultat ergeben hätte, auch wenn das Eiweiß schlecht geschlagen war. Ich wiederholte das Experiment mehrere Male und beschränkte mich darauf, die maximale Höhe zu bestimmen. Das Soufflé mit dem weniger festen Eischnee brauchte länger, bis es fertig war, und stieg nie so hoch wie das andere.

## 6. *Den Eischnee unter die Roquefort-Masse heben.*

Wie macht man das? Wir haben gesehen, daß ein Soufflé besser steigt, wenn es eine große Menge sehr kleiner Luftblasen enthält. Vermutlich vergrößert sich die Gesamtoberfläche der Blasen, so daß das Wasser des Soufflés leichter verdunsten kann. Folglich muß der Eischnee so mit der Soufflé-Masse vermischt werden, daß seine Bläschen erhalten bleiben. Das bedeutet, daß man den Eischnee so kurz und schonend wie möglich unter die Masse heben muß, damit die Bläschen nicht platzen oder verlorengehen.

## 7. *Die Masse unverzüglich in eine gebutterte und bemehlte Form geben. Bis auf 2 Drittel der Höhe auffüllen.*

Am besten nehmen Sie eine Form, die nach oben breiter wird, damit das Soufflé leichter steigen kann. Buttern und bemehlen deshalb, weil jedes noch so kleine Hindernis beim Aufgehen ihr Soufflé ruinieren kann. Geben Sie die fertige Masse unverzüglich in den Ofen, wenn Sie ein schönes, hohes Soufflé erhalten wollen. (Mit Nicholas Kurti zusammen habe ich eine ganze Reihe von Tests gemacht, um herauszufinden, ob man ein Soufflé im Wasserbad oder in der Tiefkühltruhe warten lassen kann. Ergebnis: Ein Soufflé geht am besten auf, wenn man es sofort nach dem Steifschlagen des Eischnees in den Ofen gibt.)

## 8. *Bei mittlerer Hitze (170°C) 20 Minuten backen.*

In manchen Rezepten wird empfohlen, das Soufflé 30 Minuten bei 200°C zu backen. Passen Sie die Backzeit dem gewünschten Ergebnis und der Größe des Soufflés an: Wenn das Innere cremig bleiben soll, nicht zu lange backen. Wenn Sie ein homogeneres Soufflé wollen, müssen Sie es länger und bei niedrigerer Temperatur backen.

Als Grundregel gilt: Nicht bei zu starker Hitze backen, wenn das Soufflé groß ist, damit die Hitze das Äußere nicht austrocknet, bevor sie ins Innere dringt. Und bei sehr starker Hitze backen, wenn das Soufflé klein ist.

Und hier noch ein Tip: Wenn Sie ein Soufflé wollen, das oben schön flach ist, stellen Sie es zunächst einen Augenblick unter den Grill, damit die oberste Schicht fest wird. Wenn Sie jetzt das Soufflé in den Ofen schieben, steigt es oben gleichmäßig in die Höhe und bekommt eine dekorative Haube.

# Lachsröllchen
## *Cornets de saumon*

*Bei Victor Hugo fand ich diesen schrecklichen Satz:*
*»Wie nah sich doch Erinnerung und Reue sind ...«*
*Nicht im Reich der Schlemmer!*

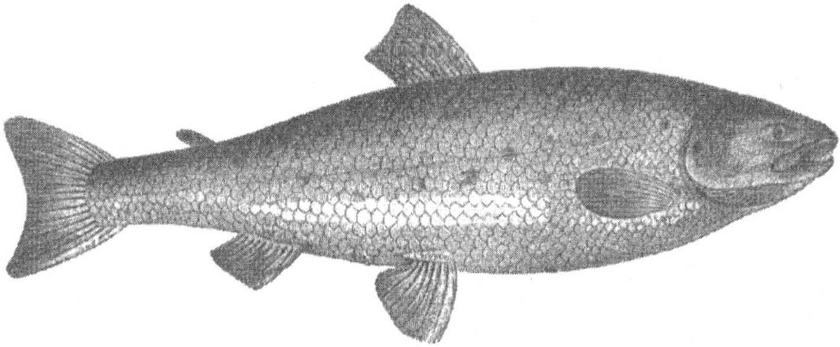

Die folgende Vorspeise, eine köstliche »Erinnerung«, die ich Ihnen hier vorstellen möchte, hat viele Vorteile: Man kann sie im voraus machen, die Zubereitung ist ein Kinderspiel, und ihr Anblick ist ebenso exquisit wie ihr Geschmack.
Was die Wissenschaft dabei zu melden hat, werden wir beim Schlagen der Sahne sehen.

Zutaten für 8 Personen

*8 Scheiben Räucherlachs für die Röllchen*

*10 g Butter*

*100 g große Garnelen*

*3 Blatt Gelatine*

*10 Tropfen Tabasco*

*25 cl Crème double*

*5 cl Milch*

*2 Zitronen*

1. *Bereiten Sie einen Garnelenfond zu: Die Garnelen mit Petersilie, Sellerieblättern, einigen Thymianzweigen und einem kleinen Fenchelzweig in einen Topf mit etwas Butter geben. Wenn die Garnelen Farbe genommen haben, einen halben Liter Wasser angießen, das Sie bei milder Hitze langsam zum Kochen bringen. Eine Viertelstunde köcheln lassen und von Zeit zu Zeit abschäumen.*

Durch die erste Prozedur, das Anbräunen in Fett, entstehen kräftige Aromen. Diese Aromamoleküle werden dann im Wasser gelöst, das man langsam erhitzt, damit sie nicht verdampfen: In sprudelnd kochendem Wasser würden mit dem Dampf Moleküle aller Art entweichen. Hier dagegen wollen wir die Aromamoleküle vom festen in den flüssigen Zustand überführen.

2. *Die Kasserolle vom Feuer nehmen und den Fond durch ein feines Sieb passieren.*

Hier geht es darum, ein Maximum an kräftiger Bouillon zu erhalten und gleichzeitig alle festen Teile herauszufiltern, nämlich das Fleisch und die Gemüse, die einen guten Teil ihrer Würze verloren haben.

3. *Das Garnelenfleisch und das für die Zubereitung der Bouillon verwendete Gemüse in den Mixer geben. Aus den Lachsscheiben gleichmäßige Rechtecke herausschneiden und die anfallenden Reste ebenfalls in den Mixer geben. Das Ganze zusammen mit der Butter pürieren.*

Das Garnelenfleisch, das Gemüse und die Butter, die mit dem Lachs vermischt werden, geben der Mousse das nötige Volumen. Zudem verleihen sie ihr durch ihre Fasern auch Festigkeit. Die Masse muß sehr fein sein.

4. *Lösen Sie jetzt bei milder Hitze 3 Gelatineblätter im Garnelensud auf und gießen Sie die Mischung in den Mixer. Durchmixen, dann 10 Tropfen Tabasco dazugeben und noch einmal durchmixen.*

Die Gelatine läßt die Mousse fest werden, wenn sie abkühlt. Sie bildet ein Gelee, in dem alle Zutaten eingeschlossen sind.

5. *Geben Sie ein wenig Milch zur Sahne und schlagen Sie sie mit dem Schneebesen steif. Die Sahne ist steif, wenn sich kleine Klümpchen am Schneebesen bilden.*

Die Sahne gewinnt an Volumen, weil der Schneebesen Luftblasen einbringt. Dieselben grenzflächenaktiven Moleküle, die bewirken, daß das Fett der Sahne gleichmäßig in ihrem Wasser verteilt bleibt, stabilisieren auch die Luftblasen und das Fett in der geschlagenen Sahne. Mit anderen Worten: Jede Luftblase ist in einer Hülle aus grenzflächenaktiven Molekülen und Fett eingeschlossen. Die Sahne ist richtig steif, wenn die Bläschen klein sind, sich aber noch keine Butter gebildet hat.
Daß sich Butter bildet, kann man verhindern, indem man die Sahne gut gekühlt in einer eiskalten Schüssel schlägt, die man vorher eine halbe Stunde im Gefrierfach des Kühlschranks oder in der Gefriertruhe kaltstellt. Nehmen Sie in jedem Fall lieber den Schneebesen als den elektrischen Handrührer: Der Erfolg wird Ihnen rechtgeben.

6. *Die steifgeschlagene Sahne vorsichtig unter das Lachs-Garnelen-Püree ziehen.*

Seien Sie vorsichtig beim Untermischen, damit die Sahne nicht zusammenfällt: Steifgeschlagene Sahne ist ziemlich instabil, und wenn Sie zu lange mischen, gehen Ihnen die Luftblasen verloren, die Sie vorher so mühsam eingebracht haben.
Wie geht man also vor? Wie bei einer Béchamelsauce, die man mit Eischnee vermischt, um ein Soufflé zu machen: die beiden Massen übereinanderschichten, mit einem Spatel senkrecht hineinschneiden, am Boden entlangfahren und einen Teil der unteren Masse über die obere hochziehen, dann daneben erneut beginnen. Es schadet nichts, wenn die Masse nicht perfekt vermischt ist: So behalten Sie mehr Schaumblasen und geben Ihrer Mousse Profil – das heißt, der Wechsel von reiner Schlagsahne zum Garnelenschaum ist klar erkennbar.

7. *Je ein Räucherlachs-Rechteck auf Frischhaltefolie legen. 3 Eßlöffel Mousse entlang der Mittelachse verteilen. Dann die Lachsschnitte mit Hilfe der Folie zu einer Zigarre rollen. Die beiden Enden zusammendrehen, damit die Mousse gut eingeschlossen ist. Die Röllchen ein paar Stunden in den Kühlschrank legen.*

Im Kühlschrank erstarrt die Gelatine zu Gelee und bildet ein grobmaschiges Netz, in dem die restliche Masse gefangen ist.

8. *Vor dem Servieren die Folie abziehen und die Röllchen mit Zitrone und Petersilie garnieren.*

Vernachlässigen Sie die »Präsentation« nicht. Denken Sie an die Teller, die man Ihnen im Restaurant vorsetzt, und lassen Sie sich davon inspirieren. Schauen Sie sich auch Bauwerke und Denkmäler an. Der große Carême eroberte sich einen Ehrenplatz in der Geschichte der französischen Küche, weil er seine Mußestunden in den Bibliotheken verbrachte und Werke über Architektur studierte. Er bildete Monumente aller Art aus köstlichen Speisen nach und kreierte so die »cuisine monumentale«.

# Elsässer Pastete
## *Pâté alsacien*

*Je mehr man etwas beschwatzt, desto besser erscheint es.*
Grimaud de la Reynière

Pastete und Terrine sollte man auf keinen Fall verwechseln, wenn man nicht als hoffnungsloser Anfänger dastehen will. Zum Glück wird uns die Entscheidung durch die Etymologie leicht gemacht: Eine Terrine ist ein Haschee, das in einem Behälter desselben Namens gekocht wird, während die Pastete von einer »Paste«, dem Teig, umgeben ist. Was das Fleisch angeht, das Herzstück des Gerichts, sind beide Zubereitungen identisch.

Hier handelt es sich um eine Elsässer Variante der Fleischpastete. Die Marinade und die Komposition des Haschees mit viel Kalbfleisch und Elsässer Wein machen dieses Gericht zu einem wahren Festschmaus. Ich weiß noch, wie ich als Kind am Sonntagmittag zum Bäcker pilgerte, um die Fleischpastete abzuholen. Bezahlen mußte man nicht, der Preis wurde auf dem Kassenzettel notiert, und man brachte den Leckerbissen noch warm auf den Sonntagstisch, an dem sich unverzüglich die ganze Familie versammelte.

Selige Erinnerungen, aber zurück zu unserem Rezept, in dem drei verschiedene Zubereitungsarten kombiniert sind: eine Marinade, eine Pastetenfüllung und ein Teig. Im folgenden wollen wir jede dieser drei Zubereitungen wie gewohnt analysieren.

Zutaten

*500 g Mehl*

*180 g Butter*

*12 g Salz*

*2 dl Wasser*

*250 g Kalbsnuß*

*250 g Wurstmasse*

*1 Ei*

*Muskat*

*Ingwer*

*Cayennepfeffer*

*Zimt*

*3 Nelken*

*1 Liter Elsässer Weißwein (am besten ein Riesling)*

*Salz*

*4 Lorbeerblätter*

*2 Zwiebeln*

*Pfeffer*

1. *Marinieren Sie 2 Tage lang folgende Zutaten in einer Schüssel: 250 g gehacktes Kalbfleisch, 250 g Wurstmasse, 2 kleingeschnittene Zwiebeln, in guter Butter goldgelb gedünstet, 1 Liter Elsässer Weißwein, Salz, weißen Pfeffer, 1 Prise Muskat, 3 Nelken, 1 Prise Zimt, 4 Lorbeerblätter, 1 Prise Ingwerpulver, 1 Prise Cayennepfeffer.*

Beim Marinieren wird das Fleisch mit dem Wein und den Aromen der Gewürze imprägniert. Gleichzeitig wird es mürbe. Rühren Sie zweimal am Tag um.

Was geschieht beim Marinieren? Der Wein löst die Aroma-Essenzen der Gewürze und Kräuter (sofern sie wasserlöslich sind), dann dringt die aromatische Lösung aufgrund der Kapillarkräfte zwischen den Fleischstückchen ein. Die Fleischfette wiederum lösen die Aromamoleküle, die nicht wasserlöslich sind. Die Diffusion ist langsam, nicht turbulent, aber sie findet dennoch statt. An anderer Stelle kommen wir auf die *Enfleurage* zu sprechen, eine Methode der Parfümgewinnung, die darin besteht, daß man Blüten auf eine Fettschicht legt, um die fettlöslichen Aromamoleküle im Fett einzufangen. Das Fett wird dann geschmolzen, und man erhält die jeweiligen Duftessenzen. Auch hier ist der Vorgang langsam, aber es ist wohl kaum denkbar, daß eine Industrie wie die, der die Stadt Grasse ihre Blüte verdankt, ohne effiziente Techniken floriert hätte.

Im übrigen erklärt dieses Prinzip auch, warum fettreiche Lebensmittel wie Butter oder Schokolade im Kühlschrank vor allzu starken Gerüchen abgeschirmt werden müssen: Ihre Fette würden die nicht wasserlöslichen Aromen einfangen.

2. *Jetzt die 500 g Mehl auf ein Brett häufen, eine Mulde bilden, ein ganzes Ei, 12 g Salz, 180 g Butter in Flöckchen hineingeben und mit etwas Wasser vermischen, bis der so entstandene Teig glatt, aber nicht zu feucht ist. Das Ganze gut durchkneten, indem Sie den Teig unter ihren Handballen durchgleiten lassen und kräftig von sich wegstoßen. Den Teig zu einer Kugel formen und mit einem Tuch bedeckt ruhen lassen.*

Wieviel Wasser Sie nehmen, hängt von der Mehlstärke ab und von der Temperatur der Butter. Verwenden Sie keine zu warme Butter, damit Sie möglichst viel Wasser in das Mehl einarbeiten können; so quellen die Stärkekörner gut auf, während der Teig ruht, und schließen sich beim Backen fester zusammen.

Das Ei soll den Teig trotz Dampf und Flüssigkeit zusammenschweißen. Es ist ein erprobtes kulinarisches Prinzip, daß ein Teig, der Zutaten enthält, die viel Flüssigkeit freisetzen, auch Eier enthalten muß. Das heißt, wenn Sie Erdbeer- oder Rhabarberkuchen backen, geben Sie Ei in den Teig, aber nicht unbedingt bei einem Apfelkuchen.

3. *Den Teig zu einer großen Platte ausrollen, in der die ganze Pastete Platz hat. Eine Backform mit dem Teig auskleiden und die Farce hineingeben (sie wird zuvor mit den Händen ausgepreßt, damit der überschüssige Wein zurückbleibt). Die Teigplatte übereinanderschlagen und an den Rändern zusammendrücken. Machen Sie einen kleinen »Schornstein« aus einem zusammengerollten Papier, das Sie in die Mitte der Pastete drücken.*

Wenn Sie den Teig ausrollen, sollte er nicht mehr durchgeknetet werden, sonst schrumpft er beim Backen ein. Wie wir bereits an anderer Stelle gesehen haben, enthält das Mehl Proteine, die den Teig elastisch machen. Wenn Sie ihn zu lange kneten, können die Proteine, knäuelähnliche Moleküle, so stark gedehnt werden, daß sie beim Backen, wenn sie durch die Hitze ihre Bewegungsfreiheit zurückbekommen, wieder ihre ursprüngliche verknäuelte Gestalt annehmen. Das bedeutet, daß der Teig sich zusammenzieht oder sogar stellenweise aufbricht.
Und hier noch ein Tip: Verrühren Sie ein Eigelb mit Milch und bepinseln Sie den Teig damit – so wird er schön goldgelb. Für die goldgelbe Farbe ist allein das Eigelb verantwortlich, aber mit Hilfe der Milch läßt sich eine größere Fläche bedecken.

4. *Die Pastete 45 Minuten bei 160°C im Ofen backen.*

Beim Backen gart die Pastete gleichzeitig mit dem Teig. Zuerst »stockt« das Fleisch, so wie man es bei einem Spiegelei beobachten kann: Die ursprünglich flüssige Masse wird fest, weil ihre Proteine gerinnen; ihre Molekülknäuel entrollen sich, um sich dann erneut zu verbinden. Wasser (das vom Fleisch und vom Wein kommt) wird durch unseren »Schornstein« verdampft; so weicht der Teig nicht auf.
Der Teig – er besteht aus Stärkekörnern, die durch das eingebrachte Wasser aufgequollen sind – wird fest, weil die Körner sich immer enger zusammenschließen, je mehr Wasser verdampft. Natürlich verdampft das Wasser an der Peripherie der Körner als erstes. Zurück bleibt der innere Kern der verkleisterten Stärkekörner, die an ihren Rändern verbunden sind.
Die Butter dringt, wenn sie heiß ist, zwischen den Körnern ein; kühlt der Teig ab, so schweißt die Butter die benachbarten Körner zusammen.

Das Ei dient als Bindemittel: Wie bei einem Clafoutis, allerdings in geringerem Maß, hält es ebenfalls die Stärkekörner zusammen, wenn es gerinnt.

5. *Gießen Sie die restliche Marinade in einen kleinen Topf und geben Sie etwas Kalbsfond dazu. Reduzieren Sie das Ganze, bis nur noch 5–10 dl Flüssigkeit übrig sind.*

Eine Flüssigkeit durch Reduzieren zu würzen gehört zu den großen Prinzipien der Kochkunst. Wenn Sie keinen Kalbsfond haben, fehlt Ihnen nicht nur ein Aromaverstärker, sondern auch eine Gelatinereserve, die die Flüssigkeit beim Erkalten gelieren läßt. Sie können statt dessen fertige Bouillonwürfel nehmen, aber geben Sie dann ein Blatt Gelatine dazu.

6. *Die Pastete aus dem Ofen nehmen und den reduzierten Fond in den »Schornstein« gießen. Sofort servieren.*

## Stopfleberscheiben mit Trauben und Äpfeln
## *Escalopes de foie gras aux raisins et aux pommes*

*Exzesse? »Der Punkt, an dem das Vergnügen aufhört*
*und der Mißbrauch beginnt«,*
sagt Brillat-Savarin.
*Lassen wir es nicht so weit kommen!*

Gänseleberscheiben mit Trauben sind en vogue. Es ist ein köstliches Gericht, und ich liebe es, aber trotzdem muß ich zugeben, daß es auch ein bißchen abstoßend ist: Die ohnehin schon sehr gehaltvolle Stopfleber wird noch durch Cognac angereichert und ihre Süße durch die der Trauben verstärkt. Mit einem Wort, dem Gericht fehlt es an Profil, es ist nicht perfekt.

Wie könnte man es abwandeln? Halten wir zunächst fest, daß das Ergebnis besser ist, wenn man »den Rosen die Dornen nimmt«, das heißt, wenn das Gericht nicht im Fett schwimmt, wenn die Trauben keine allzu harte Haut haben und von ihren unangenehmen groben Kernen befreit sind. Die Traubenkerne lassen sich mit ein wenig Sorgfalt leicht entfernen, und eine Sorte mit dünner Haut auszusuchen dürfte jedem möglich sein.

Was fängt man mit dem Fett an, das beim Braten unweigerlich aus der Leber austritt? Ganz einfach: Man hebt es für spätere Zubereitungen auf. Und wie kann man das Gericht etwas pikanter machen? Mit einem Schuß Essig z. B. – ein alter Trick, auf den wir hier keinesfalls verzichten können.

Trotzdem, selbst mit diesen Verbesserungen sind wir noch weit entfernt von den kulinarischen Gipfeln, die jeder echte Gourmand zu erklimmen versucht. Daß wir diesen Gipfel immerhin erahnen können, verdanken wir Christine Ferber, einer höchst talentierten Pâtissière, die in dem reizenden kleinen Dorf Niedermorschwihr an der Weinstraße bei Colmar residiert. Christine Ferbers Spezialitäten sind ihre ausgezeichneten Konfitüren und vor allem ihre süßsauren Fruchtzubereitungen, die »Aigredoux«. Das Elsaß ist bekannt für seine Essig-Zwetschgen, die z. B. als Beilage zum Pot-au-feu serviert werden. Christine Ferber hat eine neue Variante dazu kreiert: Sie kombiniert die Foie gras mit einem Trauben-Aigredoux – und schon haben wir ihn, den kulinarischen Gipfel!

Ein echter Feinschmecker wird sich diese Aigredoux natürlich vor Ort besorgen, aber wer nicht so lange warten mag, kann hier mit mir versuchen, die köstliche Beilage nachzukochen.

Zutaten für 4 Personen

*Für die Foie gras und die Apfelgarnitur*

*1 kleine Gänsestopfleber oder 1 große Entenstopfleber (ungefähr 500 g)*

*5 cl Cognac*

*1 dl trockener Weißwein*

*Salz*

*Pfeffer*

*4 Äpfel*

*Für das Trauben-Aigredoux*

*1 schöne, große Weintraube (mit kleinen Kernen)*

*1 Apfel*

*200 g Zucker*

*20 cl Essig*

*Für den Kalbsfond*

*1 kg Kalbsparüren*

*1 kg zerhackte Kalbsknochen*

*100 g frischer Bauchspeck*

*2 Karotten*

*1 Zwiebel*

*1 Knoblauchzehe*

1. *Das Aigredoux kann ein paar Tage im voraus zubereitet werden. Wie gehen wir vor, ohne das Rezept von Christine Ferber zu kennen? Überlegen wir einen Augenblick: Wir möchten eine Art säuerliche Konfitüre erhalten. Wie würden wir eine Traubenkonfitüre machen? Wir würden Zucker und Äpfel in einen Topf geben, wobei die Äpfel das Pektin beisteuern würden, das die Konfitüre gelieren läßt, indem es das Wasser einfängt. Wir würden den Zucker schmelzen lassen, so daß er das Pektin aus den Zellwänden des Apfels herauslöst. Dann würden wir die Trauben dazugeben und im Sirup leicht köcheln lassen. Beim Erkalten wird das entstandene Gelee fest. Und die Essig-Zwetschgen? Wir würden die Zwetschgen in ein Einmachglas geben und mit einer Mischung aus kochendem Essig und Zucker übergießen. Diesmal bleibt die Flüssigkeit flüssig und erstarrt nicht zu Gelee, weil wir kein Pektin dazugegeben haben.*

Wenn wir diese beiden Rezepte ein wenig abwandeln, kommen wir der köstlichen Kreation von Christine Ferber schon etwas näher. Zunächst brauchen wir eine Pektinquelle: Wir nehmen Äpfel, weil diese Früchte viel Pektin enthalten und ziemlich geschmacksneutral sind. Wie wird das Pektin herausgelöst? Nicht anders als bei der Zubereitung einer Konfitüre: Wir geben 200 g Zucker, das Fruchtfleisch eines Apfels und ein Musselinsäckchen mit den Schalen in einen Topf. Damit der Zucker sich besser auflöst, geben wir in diesem Fall kein Wasser, sondern 10 cl Essig dazu: vergessen wir nicht, daß wir eine süßsaure Geschmacksrichtung anstreben. Jetzt erhitzen wir das Ganze auf kleiner Flamme.
Pflanzen, besonders Äpfel, bestehen aus Zellen, kleinen Säckchen, die die Moleküle einschließen, die für das Funktionieren des pflanzlichen Organismus verantwortlich sind. Diese Säckchen sind im Unterschied zu tierischen Zellen von einer starren Wand umhüllt, die hauptsächlich aus Pektinmolekülen besteht (Abb. 10). Beim Erhitzen lösen sich die Pektine im Sirup auf. Warum haben wir in diesem Stadium den Essig dazugegeben? Das werden wir bei Schritt 3 sehen.

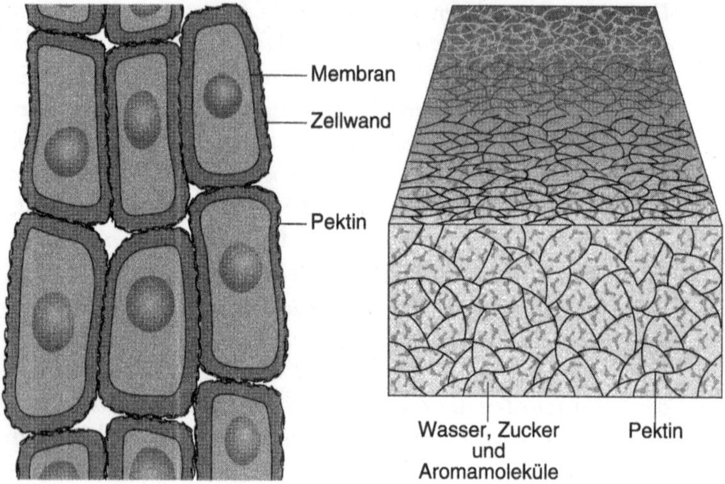


**Abb. 10.** Durch den Abbau der Zellwände werden die Pektinmoleküle freigesetzt, die das Fruchtgelee bilden.

2. *Wenn der Zucker geschmolzen ist, die Trauben dazugeben. Langsam im Zucker garen, die Früchte sollen noch fest bleiben.*

Wir verwenden den Apfel wegen seines Pektins, aber wir möchten, daß die Trauben ihre Struktur behalten. Durch das Kochen sollen sie lediglich weich werden. Nützen Sie einen langweiligen Regentag und verfeinern Sie das Gericht, indem Sie die Trauben mit einer Nadel entkernen.

3. *10 cl Essig erhitzen; sobald sich die ersten Blasen zeigen, vom Feuer nehmen und über die Äpfel, die Trauben und den Zucker gießen. In ausgekochte, sterile Gläser oder Töpfe füllen und einige Tage ruhen lassen, bis das Aigredoux fest geworden ist.*

Der ursprünglich verwendete Essig hat bei der ersten Prozedur seine Kraft verloren, deshalb geben wir frischen dazu. Warum? Um die Säure zu erhalten, die mit dem Zucker kontrastiert, aber auch, weil der Essig dem Pektin hilft, das Gelee zu bilden. Die Pektinmoleküle sind wie lange, verzweigte Fäden. Normalerweise stoßen sich die Enden der Verzweigungen aufgrund ihrer elektrischen Ladungen ab, doch in Gegenwart der Säure verbinden sich die eingebrachten Wasserstoffatome mit den Enden der Verzweigungen, die somit neutralisiert werden. Nachdem die Pektinmoleküle sich jetzt nicht mehr abstoßen, können sie sich zu einem Gel verbinden, das die Trauben, die verkochten Äpfel, den Zucker (der das Wasser ebenfalls festhält) und den Essig einschließt.

4. *Bereiten Sie jetzt den Kalbsfond zu. 1 kg Kalbsparüren und 1 kg Kalbsknochen auf ein Backblech legen. Im Backofen bei 200°C kräftig anbräunen.*

Kalbfleisch hat nur wenig Eigengeschmack. Wir verstärken ihn, wenn wir das Fleisch und die Knochen im Ofen anbräunen. Auch ohne Zugabe von Fett werden die fleischigen Teile bei starker Hitze gebräunt, weil sich die Moleküle nach der bereits erwähnten Maillard-Reaktion (Aminosäuren reagieren mit Zuckern) umsetzen. Die braune Farbe ist ein Zeichen, daß sich das Aroma entwickelt hat.

5. *In einem großen Topf 100 g frischen Speck, 2 Karotten, 1 Zwiebel, 1 Knoblauchzehe in 2 Liter Wasser erhitzen und das gebräunte Fleisch samt Knochen dazugeben. 3 Stunden ziehen lassen, aber nicht kochen. Regelmäßig abschäumen.*

Diese Prozedur dient mehreren Zwecken: Die Aromamoleküle, die sich auf den angebräunten Knochen und Fleischteilen gebildet haben, gehen in Lösung, und die natürlichen Aromen aus den Gemüsen und Gewürzen werden herausgelöst. Außerdem wird die Gelatine aus dem Speck, dem Fleisch und den Knochen herausgekocht, so daß sich die Viskosität des Fonds erhöht. Durch das Abschäumen werden die Partikel entfernt, die den Fond trüben und bitter machen würden.

6. *Den Fond durch ein Spitzsieb passieren, entfetten.*

Drücken Sie die festen Teile im Sieb gut aus, damit kein Aroma verlorengeht. Zum Entfetten sollten Sie den Fond eine Zeitlang in den Kühlschrank oder in die Gefriertruhe stellen. Das Fett, das leichter als die

Wasserlösung ist, steigt an die Oberfläche und erstarrt dort, so daß man es gut entfernen kann.

## 7. *Die Stopfleber auswählen.*

Eine gute Stopfleber muß einen sehr feinen Geschmack haben, aber fast genauso wichtig ist ihre Fähigkeit, das Fett zurückzuhalten. Wie erkennt man, ob diese beiden Eigenschaften zutreffen? Kaufen Sie Ihre Stopfleber nur bei einem sachkundigen und absolut vertrauenswürdigen Händler.

Wenn Sie sich für eine Gänseleber entscheiden, die feinste von allen, sollten Sie keine allzu große (500 g) nehmen, die Farbe sollte schön rosig sein. Eine Entenleber, die rustikalere Variante, sollte ungefähr dasselbe Gewicht haben – es wäre also eine ziemlich große Entenleber.

## 8. *Parieren Sie jetzt die Leber.*

***Eine Leber besteht aus einem großen und einem kleinen Lappen, die vorsichtig getrennt werden müssen. Mit einem spitzen Messer die grünlichen Gallenspuren abkratzen. Eine Schüssel mit Eiswasser füllen, 1 Eßlöffel grobes Salz pro Liter Wasser dazugeben und die Leberlappen in einem kühlen Raum ein paar Stunden einweichen. Dann die Leber aus dem Wasser nehmen, trockentupfen und mit einem Messer die durchsichtige Haut von den beiden Lappen ablösen. Machen Sie jetzt in den kleinen Leberlappen der Länge nach einen Einschnitt von etwa 2,5 cm, fassen Sie das Blutgefäß, das dabei zutage tritt, und entfernen sie es. Dieselbe Prozedur bei den beiden Blutgefäßen des großen Lappens wiederholen. Jeden Rest von Grün und alles Blut säuberlich entfernen.***

Man trennt die Leberlappen, um die Teile freizulegen, durch die man an die Blutgefäße herankommt.

Das Salzwasser hat den Zweck, die Leber gründlich zu reinigen (die Flüssigkeit der Oberfläche wird durch Osmose eliminiert) und das Fleisch zu salzen. Die Haut löst man ab, weil sie beim Garen hart werden würde.

Die Lappen trennt man auch deshalb, weil so die grünlichen bitteren Gallenreste zutage treten, so daß man sie entfernen kann.

Und schließlich entfernt man die Blutgefäße, weil sie hart sind, und das Blut, weil es unästhetisch und bitter ist.

9. *Die Leber in dicke Scheiben schneiden und mit einer Messerklinge leicht flachdrücken. Salzen, pfeffern und 2 Stunden in Cognac marinieren.*

Die Marinade imprägniert das Fleisch nur an der Oberfläche, wenn man es lediglich 1–2 Stunden durchziehen läßt, doch das so gewonnene Aroma ist keineswegs zu vernachlässigen. Es stellt sich allerdings die Frage, ob es überhaupt wünschenswert ist. Manche Kritiker behaupten, der Cognac töte den Lebergeschmack. Aber wie man weiß, stehen sich in Fragen des Geschmacks schon immer zwei Schulen gegenüber: Die Traditionalisten verlangen, daß »ein Gericht nach dem schmecken sollte, was es ist«, während die Experimentierfreudigen sich aufs Komponieren, Zusammenstellen, Mischen verlegen. Wenn keine der beiden Schulen nach so vielen heißen Schlachten gewonnen hat, dann deshalb, weil keine recht hat.

10. *Die Äpfel schälen. In jeweils 8 Spalten schneiden und in einer Pfanne bei milder Hitze 4 Minuten in Butter anbraten. Dabei häufig umwenden.*

Die Äpfel sollten leicht säuerlich sein, damit das Gericht nicht zu schwer und unverdaulich wird. Gut geeignet sind z. B. Boskop-Äpfel mit ihrem feinen, säuerlichen Geschmack oder Kalvillen, eine Apfelsorte aus der Normandie, die sehr fein, aber auch etwas säuerlich ist, oder die saftigen, aromatischen, säuerlichen Reinetten.
Die Äpfel nehmen beim Braten Farbe an, weil ihr Fruchtzucker karamelisiert und die Butter braun wird. Sie werden weich, weil das Pektin aus den Zellwänden herausgelöst wird und die Wände brüchig werden; gleichzeitig platzt ein Teil der Apfelzellen.

11. *Ein nußgroßes Stück Butter in eine Pfanne geben, die Leber mit Mehl bestäuben und von jeder Seite 2 Minuten bei starker Hitze anbraten. Auf einem Teller anrichten und warmhalten, während Sie die Sauce zubereiten.*

Bei starker Hitze, wohlgemerkt! Wenn die Hitze zu schwach ist, verlieren die Leberscheiben ihr Fett, bevor sie an der Oberfläche bräunen können.
Bei dieser Prozedur lernen Sie ein kulinarisches Prinzip kennen, mit dem Chefköche häufig arbeiten: Es geht darum, Abstufungen zu schaffen, so etwas wie ein »Gargefälle«. Was ist gemeint? Das Fleisch wird außen stärker gegart als innen, um die »Geschmackslandschaft« in ein und demselben Stück zu variieren. Dieses Gargefälle hat den Vorteil, daß sich die Konsistenz mit dem Geschmack entwickelt. Indem Sie den Garungsgrad variieren, schaffen Sie nicht nur ein Hitze-, sondern zugleich auch ein Geschmacksgefälle, zusätzlich zu den Nuancen, die durch das Marinieren entstanden sind.
Warum mit Mehl bestäuben und in Butter anbraten, wo doch die Leber mehr als genug Fett enthält, um den Wärmekontakt zwischen der Pfanne und dem Fleisch herzustellen? Das Mehl absorbiert das Wasser, das sonst austreten und beim Kochen die Hitze einfangen würde: Wenn diese Hitze dazu dienen soll, die Leber rasch zu bräunen, anstatt das Wasser zum Sieden zu bringen, heißt es also zum Mehl greifen!

12. *Gießen Sie das Fett ab, das aus der Leber ausgetreten ist. Den Bratensatz mit Weißwein ablösen. Einkochen lassen. Kalbsfond dazugeben.*

Das ausgetretene Fett ist überflüssig. Es würde zwar in der Sauce emulgieren, aber das Gericht unnötig schwer machen. Heben Sie es lieber für ein anderes Gericht auf und behalten Sie nur die karamelisierten Fleischsäfte, den Bratensatz (strenggenommen handelt es sich nicht um Karamel, weil kein Zucker im Spiel ist, sondern um Produkte, die durch die Maillard-Reaktion und einige andere Reaktionen entstanden sind).
Der Wein hat den Zweck, den Bratensatz vom Pfannenboden zu lösen. Nehmen Sie einen guten Wein: Mit einem schlechten Wein erhalten Sie eine schlechte Sauce. Ich habe viele Jahre lang mit möglichst billigen Weinen gekocht, nicht nur, weil mir für bessere Weine die Mittel fehlten, sondern weil ich der Meinung war, daß es ein Wein, der gekocht und reduziert wird und zum Teil verdampft, gar nicht verdiene, gut zu sein. Ein grober Irrtum! Meine Gerichte hatten immer eine unangenehme Säure. Säure ist übrigens nicht das richtige Wort, denn nachdem ich neulich diese Säure gemessen habe, stellte ich fest, daß sie abnimmt, wenn

man den Wein einkochen läßt. Es war eher etwas Scharfes, Beißendes, das sich dabei konzentrierte. Ein schlechter Wein ist häufig mit einer Vielfalt von Aromamolekülen überfrachtet, also ein unausgegorener Wein. Ein guter Wein kann sehr kräftig sein, aber er bildet im allgemeinen keinen »Aroma-Asphalt« beim Kochen

13. *Die Stopfleberscheiben auf Tellern anrichten, mit den Apfelspalten garnieren und mit Sauce überziehen. Das Ganze mit einem Ring Trauben-Aigredoux umgeben.*

Geschafft – endlich! Aber der Aufwand hat sich gelohnt: die feinen Abstufungen in Konsistenz und Geschmack, das Zusammenspiel von Leber, Äpfeln und Trauben, letztere noch fest in ihrer süßsauren Konfitüre, der Kontrast zwischen der Süße der Äpfel und der Leber einerseits und der säuerlichen Note des Aigredoux andererseits, versöhnt und abgerundet durch die Süße desselben Aigredoux...
Aber ich will Sie nicht länger mit meinen Beschreibungen foltern – kosten Sie und urteilen Sie selbst!

# Aspik vom Lachs mit grünem Pfeffer
## *Aspic de saumon au poivre vert*

*Mayonnaise: ersetzt den Franzosen die Staatsreligion.*
Ambrose Bierce, Des Teufels Wörterbuch

Diese Vorspeise, die ich inzwischen nicht mehr so gerne mache wie früher, weil ich sie sozusagen im Schlaf beherrsche, wird in meinem Freundeskreis ganz besonders geschätzt. Die Zubereitung ist schnell und einfach, sie erfordert keinerlei Zeitaufwand »in letzter Minute« – und das Gericht kommt bei Feinschmeckern gut an. Ich selbst habe es, wie gesagt, ein wenig satt, aber ich gebe dem Drängen meiner Freunde nach und stelle es Ihnen hier vor.

ZUTATEN FÜR 8 PERSONEN

*400 g Lachs in Scheiben*

*Schalotten*

*2 Päckchen Gelatinepulver*

*15 Pfefferkörner*

*2 Karotten*

*1 Stange Lauch*

*10 cl weißer Cinzano*

*Saft einer Zitrone*

*1 Ei*

*25 cl Sonnenblumenöl*

*1 Schälchen Kresse*

1. *Die Schalotten und 3 Scheiben Lachs in einer Pfanne bei starker Hitze anbraten. Die Schalotten sollen goldgelb und weich werden; der Lachs soll Farbe annehmen, aber nicht völlig durchgegart sein. Sobald er in der Mitte zu stocken anfängt, vom Feuer nehmen und in einem Teller beiseite stellen. Die Gräten und die Haut entfernen.*

Wir haben schon mehrfach die Maillard-Reaktion erwähnt, eine chemische Reaktion zwischen den Aminosäuren z. B. der Fisch- oder Fleischproteine und den verschiedenen Zuckern, die in den Nahrungsmitteln enthalten sind. Bei diesen Zuckern handelt es sich nicht um unseren Haushaltszucker, die Saccharose, sondern um eine ganze Gruppe von analogen Molekülen: die Glukose, die im Blut aufgelöst als Brennstoff für lebende Zellen dient, und viele andere Moleküle derselben Familie. Wenn man in Öl brät, verdunstet das Wasser an der Oberfläche des Fischs sehr schnell, weil die Temperatur des Öls, das die Hitze auf den Fisch überträgt, den Grenzwert von 100°C übersteigt, den man beim Kochen in einer Bouillon oder einer anderen wäßrigen Flüssigkeit allerhöchstens erreicht. Und wenn die Temperatur steigt, werden die Maillard-Reaktionen beschleunigt, weil die Moleküle sich schneller bewegen: Sie stoßen häufiger und heftiger gegeneinander; die Aromen entwickeln sich.

2. *Eine große Kasserolle mit 1 Liter Wasser füllen und ein Leinensäckchen mit einer Gemüsejulienne, bestehend aus den 2 Karotten, dem Lauch (grün und weiß), den gedünsteten Schalotten, den Pfefferkörnern, der Petersilie, dem Salz hineingeben. Eine halbe Stunde köcheln lassen.*

Mit »Julienne« bezeichnet man in lange Streifen geschnittenes Gemüse; so präpariert, wird das Gemüse schneller weich und gibt seine Aromen leichter in die Brühe ab.
Durch das Garen bei milder Hitze schlägt man mehrere Fliegen mit einer Klappe: Das Gemüse wird weich; die Aromamoleküle werden optimal herausgelöst, ohne daß sie mit dem Wasserdampf entweichen, und es bleibt eine klare Bouillon zurück, ungetrübt von Partikeln, die durch die Turbulenzen eines stark siedenden Wassers losgetrennt würden.
Das Leinensäckchen, das den Wärmeaustausch nicht behindert (die Wassermoleküle sind erheblich kleiner als die Stoffzwischenräume), trägt ebenfalls dazu bei, daß die Bouillon klar bleibt.

3. *Ein Viertel der Brühe abschöpfen und mit einem halben Beutel Gelatinepulver (dosieren Sie nach der Packungsanleitung) erhitzen. Nehmen Sie jetzt das Leinensäckchen aus der restlichen Brühe und geben Sie das darin befindliche Gemüse wieder in die Flüssigkeit. Die übrigen anderthalb Päckchen Gelatinepulver dazuschütten und zum Kochen bringen.*

Unser Ziel sind zwei verschiedene Geleeschichten: eine klare, obere Schicht und eine zweite, untere, in der das Gemüse und der Fisch eingeschlossen sind.
Wir verwenden hier Gelatinepulver, aber Sie könnten auch Blattgelatine nehmen oder – noch besser – ein selbstgemachtes Gelee: Geben Sie einen Kalbsfuß in einen großen Topf mit viel Wasser und lassen Sie ihn bei milder Hitze mehrere Stunden köcheln. Das Kollagen, das im Kalbsfuß reichlich vorhanden ist, wird zu Gelatine denaturiert. Wenn Sie ein solches selbstgemachtes Kalbsfußgelee verwenden, sollten Sie weniger

Wasser nehmen, um die Aromen aus dem Gemüse, den Gewürzen und dem Fisch herauszukochen.
In jedem Fall arbeiten Sie mit Gelatine; langen Molekülen, die vom Kollagen stammen, dem Gewebe, das die Fleischzellen umgibt, und das man auch in der Haut und in den Sehnen findet. Im Kollagen sind die Gelatinemoleküle zu Tripelhelices zusammengeschlossen. Wenn man das Kollagen im Wasser erhitzt, entrollen sich die Moleküle, trennen sich, behalten aber ihre Neigung, sich wieder zusammenzuschließen. Mehr dazu bei Schritt 5.

4. *Wenn die Gemüsebouillon zu sieden beginnt, den in Würfel geschnittenen Lachs 20–30 Sekunden lang darin pochieren. Der Fisch, der ja vorher bei starker Hitze angebraten wurde, braucht nur wenige Augenblicke, bis er gar ist.*

Lassen Sie eine Bouillon, die Gelatine enthält, nicht zu lange kochen, da sich diese sonst zersetzen würde. Ich habe es getestet, indem ich ein Gelee in zwei Hälften teilte und die eine Hälfte wieder zu Gelee erstarren ließ, während ich die andere Hälfte lange Zeit kochte. Dann ließ ich auch diese wieder erkalten, aber das Gelee, das sich bildete, war weniger fest, weil sich die Gelatinemoleküle teilweise zersetzt hatten. Die Gelatine ist ein Molekül, das wie eine lange Perlenkette geformt ist; im kochenden Wasser erhitzt, kann diese Kette an verschiedenen Stellen reißen, und die Fragmente verbinden sich schwerer zu einem Netz, das Wasser einfängt, also geliert.

5. *Die Gemüsebouillon vom Feuer nehmen und in einem kühlen Raum langsam erkalten lassen. 10 cl weißen Cinzano und den Saft einer Zitrone in den Topf mit der klaren Brühe geben und in den Kühlschrank stellen.*

Das Gelee soll fest sein. Damit wir verstehen, warum eine Gelatine unterschiedlich fest werden kann, obwohl die Gelatinekonzentration gleich ist und die Moleküle sich nicht zersetzt haben, wollen wir kurz die physikochemische Beschaffenheit eines Gelees untersuchen. Wir haben gesehen, daß sich die Tripelhelices, zu denen sich die Gelatinemoleküle zusammenschließen, in heißem Wasser trennen. Speisegelatine besteht aus isolierten und getrockneten Helices. Wenn Sie diese Helices

wieder auflösen und in viel Wasser erkalten lassen, schließen sich die Moleküle stellenweise zusammen, indem sie vereinzelt kleine Helices-Segmente bilden und so eine große Menge Wasser einfangen.
Warum hängt dann die Festigkeit des Gelees von der Temperatur ab? Weil sich, wenn Sie das Gelee zu schnell erkalten lassen, zwar Helices-Fragmente bilden, aber zu schnell: In kaltem Wasser verlangsamen sich die Molekülebewegungen so sehr, daß sich die lokalen Helices nicht mehr voneinander lösen können, um sich zu besseren Konfigurationen zusammenzuschließen (indem sie längere Stränge bilden). Wenn das Gelee dagegen langsam erkaltet, haben die Moleküle genug Zeit, um verschiedene Konfigurationen zu »testen« und schließlich eine Form einzunehmen, bei der die Tripelhelices-Stränge lang sind ... und sich ein festes Gel bildet.
Tatsächlich zeigt die Erfahrung zweifelsfrei, daß ein Gelee, das man in den Kühlschrank stellt, instabiler und weniger fest ist als ein Gelee, das man langsam in einem kühlen Raum erkalten läßt.

## 6. *Die Kresse waschen und fein hacken.*

Erinnern wir uns, daß aromatische Pflanzen aus Zellen bestehen, die Aromamoleküle enthalten. Wenn man die Blätter dieser Pflanzen sehr fein schneidet, befreit man die Moleküle, weil man alle Zellen beschädigt, die unter das Messer geraten.

## 7. *Aus etwas Eigelb, etwas Senf und einem Schuß Essig eine Mayonnaise vorbereiten. Die Zutaten mit Salz und weißem Pfeffer verrühren, bis die Masse eindickt.*

Manche Leute behaupten, daß die Mischung aus Essig, Salz und Eigelb das Eindicken des Eigelbs bewirkt. Wenn Sie allerdings genau hinsehen, werden Sie feststellen, daß dies nicht stimmt. Erkennbar dicker wird die Masse erst, wenn Sie den Senf dazugeben; das liegt wahrscheinlich an den Senfpartikeln, die sich an die Mizellen des Lezithins anlagern. (Als Mizellen bezeichnet man die schon erwähnten kugelförmigen Gebilde, die hier entstehen, wenn sich die grenzflächenaktiven Moleküle des Eigelbs beim Schlagen neu gruppieren, wobei die hydrophoben Teile in die Kugelmitte zeigen, die hydrophilen dagegen nach außen zum Wasser, das vom Essig oder vom Ei stammt.)

## 8. *Ganz langsam das Öl dazugeben und mit dem Schneebesen kräftig unterschlagen.*

Mit dem Schneebesen lassen sich die Öltröpfchen besser verteilen als mit der Gabel, die ebenfalls für die Zubereitung von Mayonnaise benutzt wird. Scheuen Sie keine Mühe: Nur durch kräftiges Schlagen erhalten Sie eine feste Mayonnaise.

Falls Ihre Mayonnaise zu sehr eindickt, sollten Sie sich vor Augen halten, daß sie aus Öltröpfchen besteht (von Lezithin und anderen grenzflächenaktiven Molekülen umhüllt), die in dem wenigen Wasser verteilt sind, das vom Eigelb, Senf und Essig kommt. Wenn Ihre Mayonnaise also zu dick wird, sollten Sie sie mit etwas Essig oder Bouillon verdünnen.

Und schließlich noch die Ergebnisse einiger Experimente: Eine fertige Mayonnaise, behaupten manche Küchenchefs, stabilisiere man, indem man kochenden Essig dazugibt. Ich wollte es genau wissen, also habe ich eine gut geschlagene Mayonnaise in vier gleiche Teile geteilt und in vier gleiche Schüsseln gegeben. In der ersten Schüssel ließ ich die Mayonnaise, wie sie war. In der zweiten Schüssel mischte ich einen Löffel heißes Wasser dazu, in der dritten einen Löffel kaltes Wasser und in der vierten einen Löffel kochenden Essig. Dann stellte ich meine vier Schüsseln in den Kühlschrank und wartete geduldig. Nach der ersten Nacht waren die vier Mayonnaisen alle noch gut geschlagen und fest. Nach der zweiten Nacht: immer noch keine Veränderung. Nach der dritten Nacht: wieder nichts. Und so weiter. Mit der Zeit schwamm ein wenig Öl auf den Mayonnaisen, aber die vier Schüsseln blieben gleich.

Mit anderen Worten: Das Hinzufügen von heißem Essig, heißem oder kaltem Wasser ändert nichts an der Festigkeit der Mayonnaise – die äußerst stabil ist. Meine vier Mayonnaisen hielten sich 39 Tage lang in emulgiertem Zustand! Danach mußte ich das Experiment abbrechen, geschmäht von meinen Lieben, weil ich den kostbaren Platz im Kühlschrank mit meinen »Kinkerlitzchen« blockierte...

Später hörte ich von einigen Küchenchefs, daß manche Öle weniger stabile Mayonnaisen produzierten als andere. Ich hatte Sonnenblumenöl benutzt, also wiederholte ich das Experiment mit Sojaöl und Erdnußöl, und das Ergebnis war identisch. Schließlich erhielt ich eine weniger stabile Mayonnaise mit Olivenöl und Traubenkernöl, aber ich habe (in den letzten beiden Fällen) das Experiment nicht oft genug wiederholt, um ein allgemeines Gesetz daraus ableiten zu können. Sicher haben Sie Verständnis dafür, daß ich nicht zu jeder Mahlzeit Mayonnaise esse!

9. *Die zerkleinerte Kresse mit der Mayonnaise verrühren. Das Eiweiß steifschlagen und unterheben. Das Lachsgelee mit dieser »leichteren« (nicht im diätetischen Sinne!) Mayonnaise servieren.*

Gestatten Sie mir abschließend noch ein paar allgemeine Bemerkungen zum Phänomen Mayonnaise. Manche Küchenchefs, wie z. B. Urbain Dubois, greifen zur Gelatine, um ihre Mayonnaise zu »kitten«. Er empfiehlt, die Gelatine mit dem Schneebesen unterzuschlagen. Was soll man von dieser Methode halten? (Bitte etwas Geduld; die Antwort finden Sie weiter unten.)
Außerdem habe ich gehört, daß sich die Konsistenz einer Mayonnaise, die man über Nacht im Kühlschrank läßt, erheblich verschlechtere, wenn man sie erneut schlägt, um die Emulsion wiederherzustellen. Ich habe es ausprobiert und nichts dergleichen festgestellt. Ich erlaube mir also, weiterhin an dieser Behauptung zu zweifeln.
Was endlich kann die Wissenschaft tun, um dieses klassische Rezept abzuwandeln und – wer weiß – vielleicht sogar zu verbessern? Überlegen wir: Eine Mayonnaise ist eine kalte Öl-in-Wasser-Emulsion, bei der die Moleküle des Eigelbs, also Lezithine und Proteine, die Verteilung der Öltröpfchen sichern. Gut, aber warum benutzt man nicht die Proteine des Eiklars als Emulgator? Meine verehrten Leser kennen ja inzwischen die grenzflächenaktiven Eigenschaften dieser Eiweißproteine zur Genüge: Wenn man beim Steifschlagen von Eischnee einen Schaum erhält, so deshalb, weil die hydrophilen Teile der Proteine sich an das Wasser anlagern, die hydrophoben Teile dagegen an die Luftblasen. Auf diese Weise bilden die Proteine eine Hülle, die die Luftblasen stabilisiert.
Wie findet man heraus, ob sich mit den Eiweißproteinen eine Mayonnaise ohne Eigelb aufschlagen läßt? Ganz einfach: Geben Sie ein wenig Essig und Salz zu einem Eiweiß, wie bei der klassischen Mayonnaise, und schlagen Sie dann das Öl unter. Das Ergebnis ist erstaunlich: Zunächst bildet sich unweigerlich Schaum. Wenn man dann das Öl dazugibt, fällt der Schaum ein bißchen zusammen, emulgiert aber tadellos – kein Öl schwimmt an der Oberfläche (Abb. 11). Die Emulsion, die man mit einer großen Tasse Öl und einem einzigen Eiklar erhält, ist phantastisch, mit winzigen Luftbläschen, die in eine glänzend weiße Flüssigkeit eingeschlossen sind – nur schmeckt sie leider nach gar nichts.
Wandeln wir die Idee ab: Für eine leckere Mayonnaise braucht man Wasser, gewiß, aber gut aromatisiertes Wasser, Öl und grenzflächenakti-

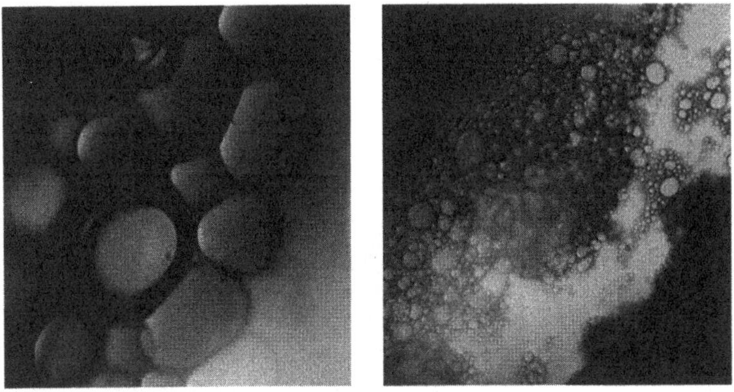

**Abb. 11.** Eine Eiweiß-Mayonnaise zu Beginn (links) und am Ende (rechts) der Zubereitung. Die anfänglich vorhandenen Blasen (die dickwandigen Gebilde) verschwinden allmählich, während die Öltröpfchen kleiner werden.

ve Moleküle. Bei der klassischen Mayonnaise kommen die grenzflächenaktiven Moleküle vom Eigelb; in der Eiklar-Mayonnaise sind es die Proteine des Eiklars. Mein Vorschlag: Verwenden Sie statt Eiklar oder Eigelb Gelatinemoleküle, so wie bei heißen Saucen. Das Prinzip ist immer dasselbe: Sie bereiten eine kräftige Brühe zu, lösen ein Blatt Gelatine darin auf, schlagen das Öl unter – und erhalten eine dicke Sauce. In unserem Fall, als Garnitur für das Aspik, könnten Sie ein Blatt Gelatine und etwas Lachssud zu der Kresse geben und dann das Öl unterschlagen. Wenn Sie das Ganze im Kühlschrank erkalten lassen, bekommen Sie eine sehr feste Mayonnaise, selbst wenn Sie nicht viel Öl eingerührt haben. Aber verdient eine Mayonnaise, die kein Eigelb enthält, überhaupt diesen Namen? Urteilen Sie selbst...

Muß man die Zutaten für die Mayonnaise lange vor der Zubereitung aus dem Kühlschrank nehmen, damit sie alle dieselbe Temperatur haben? Ich habe verschiedene Methoden getestet: mit Zutaten, die ich drei Stunden vorher herausgenommen habe, mit Zutaten frisch aus dem Kühlschrank (außer dem Öl), mit Zutaten, die ich alle zusammen in den Kühlschrank gestellt habe (einschließlich Öl). In allen Fällen ist mir die Mayonnaise gelungen. Wenn manche Leute Probleme damit haben, dann nur, weil sie sich nicht an die elementaren Grundregeln der Zubereitung halten, davon bin ich heute überzeugt.

# Spiegeleier
## *Les oeufs sur le plat*

*Sollte es so weit mit mir gekommen sein, daß ich etwas gegen die heilige Einfachheit sagen oder tun müßte! Oh, daß mich Gott davor bewahre! Es ist die Tugend, die ich am meisten liebe und der ich die größte Aufmerksamkeit in meinen Handlungen schenke, wenn mich recht dünkt.*
Saint Vincent-de-Paul

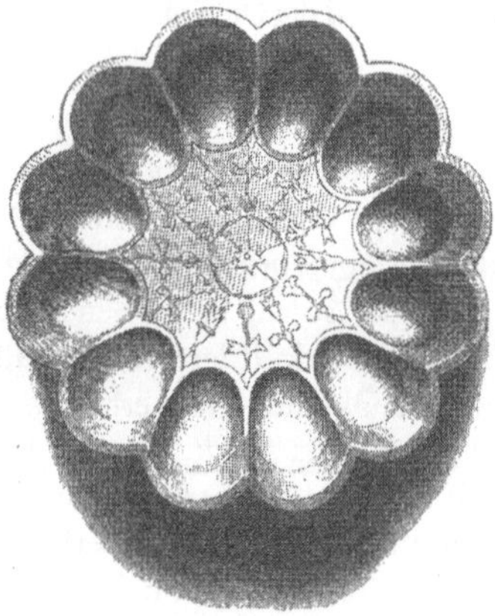

Spiegeleier kann jeder machen, sollte man meinen. Aber das ist ein Irrtum – man braucht nur an die glitschigen oder verkohlten Produkte denken, die man häufig unter diesem Namen vorgesetzt bekommt. Ein richtig zubereitetes Spiegelei dagegen ist ein echter Leckerbissen!
Versuchen wir also, hinter das Geheimnis dieser Zubereitung zu kommen, die nur dann einfach ist, wenn man weiß, worum es geht. Wie sieht ein gelungenes Spiegelei aus? Es muß einheitlich gegart und homogen sein, ohne dickflüssige oder verkohlte Stellen. Sehen wir uns zunächst an, wie man es nicht machen sollte, um anschließend ein perfektes Gericht zuzubereiten.

Ein schlechter Koch würde, ohne viel zu überlegen, eine große Pfanne nehmen, um ein einziges Ei hineinzuschlagen. Das Eiweiß würde sich dann so um das Eigelb anordnen, daß eine Art Stufe entsteht, mit einer dicken Schicht um das Eigelb herum und einem dünneren Rand. Das ist ungünstig, denn der dünnere Teil würde schon durchgegart sein, wenn die dickere Schicht noch zähflüssig ist. Die Dicke ist aber nicht das einzige Problem, denn die Gerinnungstemperatur des inneren Eiweißes ist um einige Grad höher als die des Randeiweißes. Mit anderen Worten, das an das Eigelb angrenzende Eiweiß gart schwerer als das Randeiweiß. Warum dieser Unterschied? Weil die beiden Schichten nicht aus denselben Proteinen bestehen.

Diese Proteine sind knäuelähnliche Gebilde, die sich in der Hitze auseinanderwickeln (Abb. 12); sie gerinnen, weil die Atome, die vorher verbunden waren und durch die Hitze getrennt wurden, die Neigung ha-

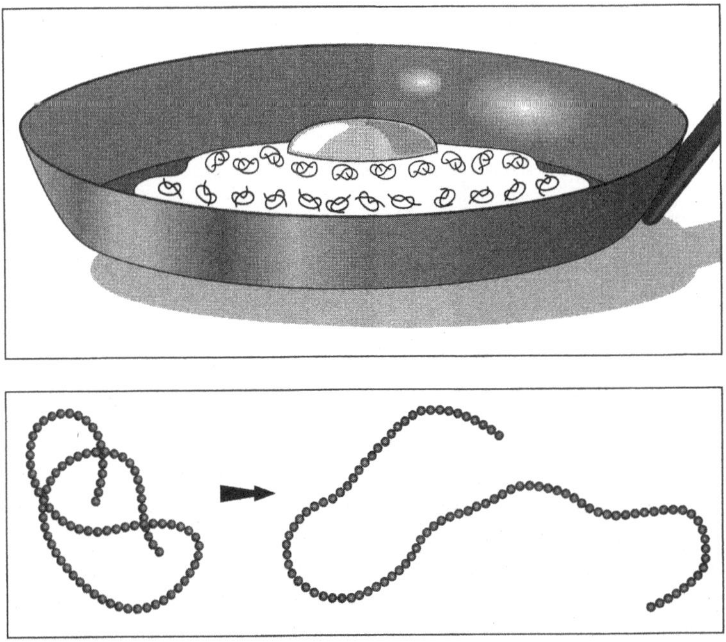

**Abb. 12.** Zunächst wickeln sich die Proteinknäuel auseinander, wenn man ein Spiegelei brät. Dann verbinden sich die einzelnen Fäden miteinander (s. Abb. 5): Das Ei wird gar.

ben, sich wieder zu vereinigen: Benachbarte Moleküle schließen sich zusammen. Gleichzeitig verdampft das Wasser, das mit den Proteinen verbunden war: Man sieht Dampf über einem Ei, das in der Pfanne gart. Das ist auch der Grund, warum zu stark gegartes Eiweiß gummiartig wird: Das Wasser, das es zart macht, ist entwichen.
Doch zurück zu unserem Beispiel. Um das Maß voll zu machen, würzt unser schlechter Koch, indem er Salz und Pfeffer möglichst gleichmäßig über das ganze Ei verstreut. Er glaubt natürlich, daß er seine Sache besonders gut macht, aber das ist ein Irrtum: Das Salz fängt das Wasser des Eigelbs ein und »verkocht« es, wie man an den unschönen dunklen Punkten sehen kann. Der verwendete Pfeffer ist im allgemeinen schwarz, ohne Rücksicht darauf, daß das Eigelb hell ist, und oft auch völlig lieblos und undekorativ verstreut, so daß sich den Gästen ein wenig schöner Anblick bietet. Sie finden meinen kulinarischen Ästhetizismus ein bißchen übertrieben? Ein echter Gourmand wird mich verstehen...
Sehen wir uns jetzt ein Spiegelei an, das diesen Namen auch verdient.

ZUTATEN

*So viele Eier, wie Sie zubereiten wollen*

*(man rechnet im allgemeinen 2 Eier pro Person)*

*Salz*

*Pfeffer*

*geklärte Butter*

*feuerfeste Teller oder Pfännchen (Keramik oder Gußeisen)*

1. *In einem feuerfesten Pfännchen, dessen Durchmesser höchstens doppelt so groß wie der eines Eies sein sollte, ein nußgroßes Stück geklärte Butter zerlassen.*

Der Durchmesser des Pfännchens oder Tellers sollte höchstens 15 cm betragen, damit sich nicht die bereits erwähnte Stufe bildet. Wenn das Eiweiß sich gleichmäßig dick um das Eigelb sammelt, gart es auch gleichmäßiger.
Wenn Sie die Vorteile von geklärter Butter entdecken wollen, empfehle ich Ihnen folgendes Experiment: Erhitzen Sie etwas Butter in einer klei-

nen Pfanne. Sie schmilzt, bräunt, brutzelt, dann wird sie schwarz und verkohlt. Reinigen Sie nun die Pfanne und stellen Sie sich vor, sie hätten geklärte Butter vorbereitet: Sie würde schmelzen, nicht brutzeln und erst bei sehr hohen Temperaturen schwarz werden. Warum?

Normale Butter verkohlt, weil sie aus Lipiden (den Fetten), Wasser (ungefähr 10 Prozent) und Kasein, das von der Milch kommt, besteht. Wenn ungeklärte Butter erhitzt wird, gerinnt das Kasein und verkohlt dann, während das Wasser verdampft; der Dampf ist für das Brutzeln und den Schaum, der sich bildet, verantwortlich. Warum macht geklärte Butter nicht dieselben Verwandlungen durch? Weil sie von ihrem Wasser und ihren Proteinen befreit ist.

Und so bereiten Sie geklärte Butter zu: Die gewünschte Menge Butter in einem Töpfchen bei sehr milder Hitze gute 10 Minuten schmelzen lassen. Dabei bildet sich als Bodensatz eine trübe untere Schicht: das geronnene Kasein. Die obere, durchsichtige Schicht besteht aus dem gereinigten Fett. Gießen Sie nun diese obere Schicht vorsichtig vom Bodensatz ab. Erkalten lassen: fertig.

Geklärte Butter ist phantastisch: Sie schmilzt, brutzelt aber nicht, weil sie von ihrem Wasser befreit wurde, und sie verkohlt nicht, weil sie kein Kasein mehr enthält. Ja, man kann sie sogar bis auf 190°C erhitzen, ohne daß sie sich zersetzt. Das heißt, man kann sie auch zum Fritieren benutzen: In geklärter Butter fritierte Speisen besitzen einen weitaus feineren Geschmack als in Fritierfett gegarte. Zudem hält sich geklärte Butter, die von ihren Proteinen und zahlreichen Unreinheiten befreit ist, viel besser als normale Butter. Wenn Sie eine größere Menge im voraus zubereitet haben, so bewahren Sie sie in luftdicht verschlossenen Gläsern auf. Warum luftdicht? Weil Ihre geklärte Butter sonst Gerüche aus dem Kühlschrank aufnehmen würde.

Fassen wir zusammen, bevor wir mit unserem Rezept weitermachen: Warum verwendet ein guter Koch geklärte Butter für seine Spiegeleier? Weil sie nicht schwarz wird und den unverfälschten, guten Ei-Geschmack bewahrt.

2. *Die geschmolzene Butter wieder erkalten lassen. Dann ein Ei pro Pfännchen hineinschlagen.*

Warum dieser scheinbar überflüssige Aufwand? Das erfahren Sie beim folgenden Schritt.

3. *Nur das Eiweiß, das an das Eigelb grenzt, salzen. Das übrige Eiweiß und das Eigelb aussparen. Gleichmäßig mit weißem Pfeffer bestreuen.*

Warum soll man das Eigelb nicht salzen? Weil es sonst mit kleinen dunklen Punkten verunziert würde: Das Salz »verkocht« das Eigelb, indem es an den betreffenden Stellen das Wasser absorbiert und die Proteine des Eigelbs gerinnen läßt.
Warum salzt man das Eiweiß nur um das Eigelb herum, und nicht am Rand? Weil die Proteine des peripheren Eiklars bei niedrigerer Temperatur gerinnen als die des dotternahen Eiklars. Das Salz fördert die Gerinnung; in seiner Anwesenheit haben es die Proteine leichter, sich zu entrollen, einander anzunähern und miteinander zu verbinden. Wenn man also nur jene Eiweißproteine salzt, die schwerer garen, gleicht man die beiden unterschiedlichen Gerinnungstemperaturen einander an und erhält ein gleichmäßig gegartes Gericht.
Und schließlich, warum weißer Pfeffer? Weil man so die dunklen Punkte auf den durchsichtig-klaren Eiern vermeidet – die so blank wie ein Spiegel sein müssen: siehe nächster Abschnitt!

4. *Die gesalzenen Eier eine Minute ruhen lassen, dann bei sehr milder Hitze im Ofen garen; sie sind fertig, sobald das Eiweiß milchig-weiß geworden ist.*

Durch das Garen im Ofen erhält das Ei eine gleichmäßige Konsistenz: Es ist fest genug, daß man es mit der Gabel aufnehmen kann, bleibt aber dennoch cremig.
Und weil Sie Ihre Eier im Ofen gegart haben, ist das Eigelb von einer zarten weißen Haut umhüllt: deshalb vorhin die Anspielung auf den Spiegel. Insgesamt erhält man die von Madame Saint-Ange geforderte Konsistenz: »Das Eigelb ist noch flüssig, obschon eingedickt, von einem leichten weißen Schleier umhüllt, der es glänzen oder spiegeln läßt, daher auch der alte Name *oeuf au miroir*« – Spiegelei.

# Schinkenmousse mit Portwein
## *Mousse de jambon au porto*

*Die schlechte Zeit vergehe, die gute kehre wieder,*
*derweil wir über dem Schinken trinken!*
Rabelais

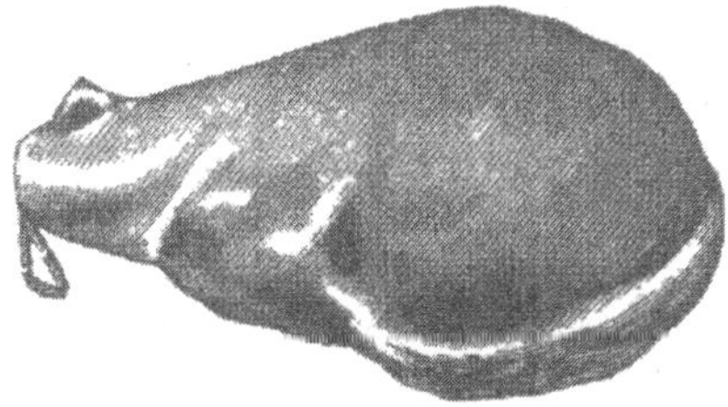

Es heißt, daß die Mousse auf die »Preziösen« des 17. Jahrhunderts zurückgeht, denn eine Mousse schmilzt auf der Zunge, ohne daß man sich zu (wie sie es nannten) »ungraziösen« Kaubewegungen herabwürdigen muß. Die Zubereitung der Farcen war aufwendig, und noch die berühmte Mère Brazier aus Lyon, bei der Paul Bocuse das Kochen gelernt hat, schrieb, daß man die Quenelles, die Schaumklößchen, nicht zu Hause machen könne: Das Zerstampfen der Zutaten war in einem normalen Haushalt wenn auch vielleicht nicht unmöglich, so doch recht mühsam.

Heute sind wir besser dran, denn mit dem Mixer oder dem Pürierstab kann man eine Farce in wenigen Sekunden herstellen. Und damit sind den Mousses und Mousselines, den Quenelles und Godiveaux keine Grenzen mehr gesetzt...

Hier können Sie mit mir den Meisterköchen früherer Zeiten eins auswischen, indem Sie ein köstliches Entrée zubereiten: die Schinkenmousse mit Portwein. Damit sie perfekt gelingt, bereiten Sie sie schon am Vorabend zu.

Zutaten für 6 Personen

*400 g gekochter Schinken*

*10 g Mehl*

*10 g Butter*

*1,5 dl Bouillon*

*4 dl Crème double*

*5 cl kalte Milch*

*2 Beutel Gelatinepulver*

*Cognac*

*5 cl Portwein*

*Salz*

*Pfeffer*

*Cayennepfeffer*

*Muskat*

1. *Bereiten Sie eine Mehlschwitze zu: 10 g Butter und 10 g Mehl bei sehr milder Hitze in einem kleinen Topf anschwitzen; umrühren und köcheln lassen, bis die Masse eine ganz leicht hellbraune Farbe annimmt.*

Was haben wir in dieser Mehlschwitze? Mehl, also Stärkekörner und einige Proteine; Butter, also Lipide, ein wenig Wasser und einige Proteine (Kaseine).

Was geschieht beim Erhitzen? Zuerst schmelzen die Lipide der Butter, wobei sie Wasser freisetzen, das in Form von Tröpfchen darin emulgiert war. Wenn dieses Wasser erhitzt wird, verkleistert es die Stärkekörner, während es teilweise verdampft. Gleichzeitig gerinnen die Proteine und werden denaturiert. Die Stärkemoleküle zerfallen beim Erhitzen ebenfalls in kleinere Moleküle, die Dextrine, oder sogar in kleine Zuckermoleküle (nicht unser Haushaltszucker, sondern seine Verwandten). Mehr braucht es nicht, um die berühmte Maillard-Reaktion in Gang zu set-

zen: Durch die Hitze trocknet die Mehlschwitze aus, so daß die Aminosäuren der Proteine und der Zucker miteinander reagieren können und neue Moleküle mit kräftigen Aromen entstehen.
Da die entstandene Mischung sehr dick ist, besteht die Gefahr, daß sie sich am Boden zu stark erhitzt und anbrennt, wodurch die ganze Mehlschwitze einen bitteren, unangenehmen Beigeschmack bekommen würde.
Erwärmen Sie also Ihre Mehlschwitze sehr vorsichtig: Das Mehl muß leichte Blasen werfen, während das Wasser der Butter zum Teil verdampft, die Stärkekörner des Mehls beim Kontakt mit dem verbleibenden Wasser aufquellen und die Proteine (der Butter und des Mehls) mit den Zuckern des Mehls reagieren, so daß Aromamoleküle entstehen.

2. *1,5 dl Bouillon erhitzen; sobald sie zu kochen anfängt, den Topf vom Feuer nehmen und die Bouillon in die Mehlschwitze einrühren.*

Wenn Sie keine Bouillon vorrätig haben, gibt es zwei Möglichkeiten: Entweder, Sie bereiten selbst eine zu, oder Sie nehmen mit den handelsüblichen Brühwürfeln vorlieb.
Wichtig ist, daß sie Ihre selbstgemachte Bouillon kräftig würzen. Geben Sie folgende Zutaten in eine große Menge Wasser (z. B. 4 Liter): einen halben Kalbsfuß, ein paar preiswerte Stücke vom Rind, Zwiebeln, mit einer Nelke gespickt, eine Sellerieknolle und zwei Lauchstangen. Nicht salzen und langsam bei geschlossenem Deckel zum Kochen bringen. Abschäumen und mindestens zwei Stunden leise weiterköcheln lassen, bis alle Zutaten ihre Bestandteile ins Wasser freigesetzt haben.
Zurück zu unserem Rezept. Wenn wir die Bouillon in die Mehlschwitze geben, bereiten wir dann eine Béchamelsauce oder eine weiße Sauce zu? Weder das eine noch das andere: Eine weiße Sauce stellt man aus einer hellen Mehlschwitze her, in die man etwas Wasser gibt; bei der Béchamelsauce wird das Wasser durch Milch oder Rahm ersetzt. Nein, was wir in diesem Stadium erhalten, ist eine einfache Version der braunen Sauce, einer der großen Grundsaucen der klassischen französischen Küche.

3. *Die Mischung wieder auf den Herd stellen, 1 dl Crème double dazugeben und bei geringer Hitze eindicken lassen; dabei von Zeit zu Zeit gut umrühren, damit die Sauce nicht anbrennt. Mit Salz, Pfeffer und Muskat würzen und auf 1 dl*

*reduzieren. Den Topf vom Feuer nehmen und die Sauce abkühlen lassen.*

Um auf unsere terminologischen Spitzfindigkeiten zurückzukommen: Wenn Sie den Rahm dazugeben, wird aus unserer braunen Sauce eine Sauce Béchamel. So jedenfalls hat sie der große Carème nach seinem Lehrer Laguipierre gemacht!
Die hier beschriebene Prozedur hat den Zweck, die Sauce einzudicken. Gleichzeitig lösen wir die entstandenen Maillard-Moleküle auf und lassen die Stärkekörner quellen. Die Flüssigkeit der Bouillon und die Crème double dringen zwischen die Körner ein und in die Körner zwischen die Stärkemoleküle; einige davon gehen in Lösung über. Die Sauce dickt ein, weil die Stärkekörner beträchtlich aufquellen und große Moleküle freisetzen. All diese im Wasser verteilten Partikel behindern sich gegenseitig, können sich nur mühsam bewegen. Mit anderen Worten: die Sauce wird dick.

4. *1 Liter kaltes Wasser mit dem Gelatinepulver zum Kochen bringen. Dann die Hitze reduzieren, nicht mehr kochen. Die Hälfte der Flüssigkeit in eine Schüssel gießen und an einem kühlen Ort erkalten lassen. Die andere Hälfte bleibt auf dem Feuer und wird bis auf 1 dl eingekocht. Vom Herd nehmen, einen Tropfen Pastis hineingeben und in der Küche abkühlen lassen.*

Wir wollen hier zwei verschiedene Gelees erhalten. Erinnern wir uns: Ein Gelee ist eine Masse, in der sich die langen Gelatinemoleküle zu einem Netz zusammenschließen, welches das Wasser einfängt. Im heißen Wasser bewegen sich diese Moleküle zu schnell, um eine dauerhafte Verbindung einzugehen, aber wenn die Temperatur sinkt, werden die Moleküle langsamer und können sich vereinen: Die spiralförmigen Gebilde, zu denen sich einige ihrer Teile aufgewickelt haben, halten das Netzwerk zusammen (Abb. 13).
Wir haben bereits bei unserem Lachs-Aspik gesehen, wie die Gelatinemoleküle das Wasser in einem Netz einfangen. Hier machen wir zwei Gelees. Das erste im Kühlschrank enthält viel Wasser und wenig Gelatine; es muß elastisch und fest sein. Die zweite, stark reduzierte Lösung hat einen hohen Gelatineanteil. Man gibt sie in eine Zubereitung, die man gelieren lassen will.

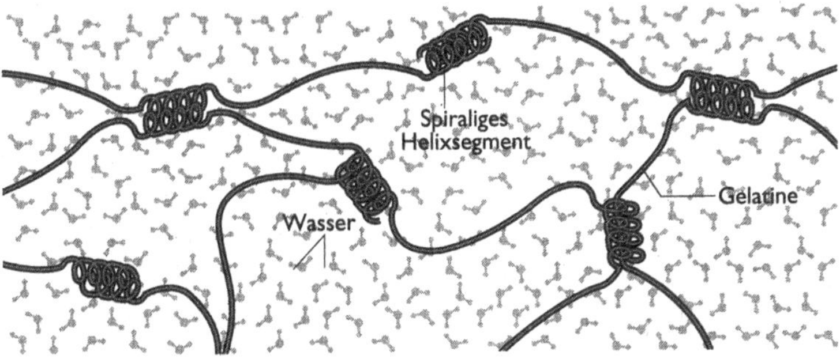


**Abb. 13.** Isolierte Gelatinefäden verbinden sich zu einem Netzwerk, in dem das Wasser eingeschlossen wird.

5. *400 g Schinken, 5 cl Cognac, 5 cl Portwein und die Béchamelsauce mit dem Mixer pürieren, bis Sie eine feine, homogene Farce erhalten. Die Farce in einer großen Schüssel kaltstellen.*

Wenn die Farce mit Ihrem Mixer nicht fein genug wird, können Sie sie auch durch ein Sieb geben. Nur Mut!

6. *3 dl gut gekühlte Crème double (oder die entsprechende Menge Sahne) steifschlagen.*

Damit die Sahne steif wird, sollten Sie Ihr Werk in aller Ruhe vorbereiten. Geben Sie einen Schneebesen und eine große Schüssel (der Rahm verdoppelt sein Volumen) mit hohem Rand (um Spritzer zu vermeiden) eine Viertelstunde lang in den Kühlschrank. Wenn beides kalt genug ist, die Crème double mit einem halben Glas kalter Milch in die Schüssel geben (Sie können auch etwas mehr frische Sahne nehmen, dann erübrigt sich die Milch). Schlagen Sie jetzt den Rahm, bis alle Flüssigkeit integriert ist, das Volumen sich erheblich vergrößert hat und kleine Klümpchen an den Drähten des Schneebesens hängenbleiben. In diesem Stadium hinterläßt der Schneebesen Furchen in der Sahne.
Der geschlagene Rahm muß steif sein, aber passen Sie auf, daß Sie keine Butter produzieren! Deshalb mein Rat, nur kalten Rahm und kalte Milch zu nehmen: Der Rahm wird leichter zu Butter, wenn er warm ist. Wenn Sie Ihren Rahm mit dem elektrischen Handrührer schlagen, sollten Sie sicher sein, daß er sich auch für diesen Zweck eignet. Ich erinne-

re mich noch gut an eine köstliche Butter ... die nur den einen Fehler hatte, daß sie eben keine Schlagsahne war! Was ist Schlagsahne? Ein Schaum, in dem Luftblasen in einer Emulsion verteilt sind (hier eine Dispersion von Fetttröpfchen in Wasser). Durch das Schlagen bringt man Luft ein, diese wiederum wird durch Fettdepots stabilisiert, die eine Art Hülle um die Luft bilden.

7. *Mit einem Holzlöffel die Farce und das Pastisgelee vermischen, bis alles gut durchgearbeitet ist. Kräftig nachwürzen.*

Warum nachwürzen? Dafür gibt es zwei gute Gründe: Erstens verliert die Mousse an Geschmack, wenn die Schlagsahne dazukommt; zweitens verzehrt man die Schinkenmousse kalt, und bei einem kalten Gericht entfalten sich die Aromen weniger gut als bei einem warmen.

8. *Die Schlagsahne vorsichtig unterheben. Großzügig mit Pfeffer oder Cayennepfeffer abschmecken.*

Was heißt unterheben? Das Prinzip ist dasselbe wie bei einer Käsebéchamelsauce, die man für ein Soufflé mit Eischnee vermischt: Die Schlagsahne vorsichtig auf die Mousse geben, dann mit einem Holzspatel hineinschneiden, mit einer Vierteldrehung am Boden entlangfahren und die Schinkenmousse über die Schlagsahne hochziehen, die Schüssel leicht drehen und die Prozedur wiederholen, bis eine homogene Masse entstanden ist.

9. *Die Mousse in eine Schüssel füllen und im untersten Kühlschrankfach steif werden lassen.*

Die Mousse wird aromatischer, wenn Sie sie eine Nacht im Kühlschrank lassen. Warum? Ich weiß es nicht.

10. *Vor dem Servieren die Mousse stürzen; dazu die Form vorher ein paar Sekunden in ein Gefäß mit heißem Wasser stellen. Mit einem Rondell aus möglichst gleichmäßig geschnittenen Geleewürfeln umgeben.*

VORSICHT: Die Form wirklich nur ein paar Sekunden erwärmen, besonders wenn Ihre Mousse nicht sehr fest ist!

# Geflügelgalantine
## *Galantine de volaille*

*Feinschmecker haben so glänzende Augen!*
Brillat-Savarin

Galantine, Gelatine, Gelee: Die Etymologie verrät uns bereits etwas über die Zubereitung des Gerichts und seine möglichen Variationen. Die klassische Galantine besteht aus Fleisch und einer Farce aus Eiern, Gewürzen und verschiedenen anderen Zutaten, die den Geschmack des Fleisches verfeinern sollen. Wenn eine Galantine im Tuch zubereitet wird, also eine runde Form erhält, nennt man sie Ballotine. Genau das ist hier unser Ziel. Der Aufwand lohnt sich: Ihre Gäste werden begeistert sein, wenn Sie sie mit dieser Köstlichkeit überraschen.
Wie sieht eine gelungene Galantine aus? Man bringt eine Garnitur (festes Fleisch) und eine weiche Farce zusammen, die sich innig mit dem Fleisch verbindet. Das Ganze wird in der Haut z. B. einer Poularde gekocht, die Sie zuvor entbeint haben. Serviert wird Ihre Galantine mit einem selbstgemachten Gelee, dessen Rezept gleich folgt.

ZUTATEN

*Für die Garnitur*

*200 g Schweinefilet*

*200 g Kalbfleisch*

*150 g gekochter Schinken*

*150 g frischer Speck*

*1 Glas Cognac*

*1 Glas Madeira*

*Für die Farce*

*800 g frisches, durchwachsenes Schweinefleisch (ungefähr gleich viel fette und magere Teile)*

*Für das Gelee*

*1 kg Kalbshaxe*

*1 kleiner Kalbsfuß*

*1 Speckschwarte*

*1 Zwiebel*

*1 Karotte*

*1 Bouquet garni*

*1 kleines Glas Weißwein*

1. *Eine ungefähr 1,5 kg schwere Poularde auswählen, möglichst fleischig und nicht zu jung. Das Geflügel entbeinen und darauf achten, daß die Haut nicht verletzt wird, die später als Hülle dient. Zum Entbeinen sollten Sie sich mit einem kleinen Messer wappnen und – mit Geduld. Schlitzen*

*Sie zuerst die Halshaut auf der Seite des Rückens vom Kopf bis zum Körper auf. Den Kropf leeren, den Hals abschneiden und die Haut dicht an der Karkasse ablösen.*
*Dann die Keulen und Flügel am ersten Gelenk vom Körper aus durchtrennen. Mit der Messerspitze die Haut der Keulen von den Krallen bis zum Knie aufschlitzen. Lösen Sie das Sehnenpaket vom Knochen und ziehen Sie die Sehnen nacheinander heraus. Mit dem Messerrücken kräftig gegen die Unterkeule schlagen, um sie von der Keule zu trennen.*
*Legen Sie jetzt das Geflügel mit dem Rücken nach oben, den Bürzel in Ihre Richtung. Die Haut am Rücken vom Hals bis zum Bürzel aufschneiden. Das Fleisch bis zum Flügel ablösen. Die Sehnen durchtrennen, die den Flügel mit dem Rumpf verbinden. An den Knochen entlangschabend das Fleisch und die Haut weiter ablösen. Auf der anderen Seite auf dieselbe Weise vorgehen. Dann die beiden Flügel in eine Hand nehmen und mit der anderen die Karkasse in Halsnähe packen. In entgegengesetzter Richtung ziehen, bis die am Brustbein aufliegenden Brüstchen hervortreten. Dann die beiden Oberschenkelknochen umklappen und aus der Karkasse herausdrehen. Lösen Sie jetzt die Keulen mit dem Messer und schaben Sie das restliche Fleisch von der Karkasse ab.*

Warum eine nicht mehr ganz junge Poularde für die Zubereitung einer Galantine nehmen? Weil Hühnervögel nicht anders sind als wir: Ihre Haut wird hart, wenn sie altern, weil das Kollagen, das ursprünglich aus unabhängigen Fasern besteht, mit der Zeit unter der Einwirkung von Maillard-Reaktionen ein komplexes Netz bildet. Aber ja doch! Die besagten Reaktionen spielen nicht nur beim Kochen eine wichtige Rolle, sie sind auch für bestimmte Alterserscheinungen verantwortlich. Trösten wir uns damit, daß die Sache vom kulinarischen Standpunkt aus auch ihre Vorteile hat: Wenn die Haut hart ist, reißt sie weniger leicht bei der Zubereitung dieses Gerichts.
Im übrigen hängt der Erfolg Ihrer »Entbeinungsversuche« von Ihrer Geduld ab. Arbeiten Sie mit gezielten Bewegungen und drücken Sie das Messer kräftig gegen die Knochen, damit möglichst viel Fleisch abgeht. Wenn Sie einigermaßen kampferprobt sind, können Sie sogar versu-

chen, Ihr Huhn, ohne es zu aufzuschneiden, durch die Bürzelöffnung zu entbeinen.

2. *Bereiten Sie die Garnitur vor: 200 g Schweinefleisch, die ausgelösten Poulardenbrustfilets, 150 g gekochten Schinken, 200 g Kalbfleisch und 150 g Speck in 2 cm dicke Würfel schneiden. Alle Fleischwürfel in eine Terrine geben, mit Salz und Pfeffer bestreuen, mit einem Glas Cognac und einem Glas Madeira begießen. Zudecken und durchziehen lassen.*

Schneiden Sie die Würfel nicht zu klein, sonst zerfallen sie beim Kochen. Der Kontrast zwischen dem festen Fleisch und der weichen Farce ist eine der raffiniertesten Gaumenfreuden bei diesem Gericht. Wenn Sie eine noch würzigere Galantine wollen, mit einer knackig-pikanten Garnitur, können Sie die Fleischwürfel kurz in der Pfanne anbraten. Das Fleisch soll nicht garen, sondern nur etwas Farbe nehmen – und Aromen entwickeln, wie wir dank Maillard wissen.

3. *Bereiten Sie jetzt die Farce zu: Alle Fleischreste, die beim Würfeln der Garnitur übriggeblieben sind, das restliche Poulardenfleisch und die 800 g Schweinefleisch durch die feine Scheibe des Fleischwolfs drehen. Mit Salz und Pfeffer würzen und unter die Garnitur mischen.*

Eine sehr feine Farce, wie wir sie hier zubereiten, besteht im wesentlichen aus Proteinen. Sie bildet eine Art »Zement«, weil beim Garen die Proteine gerinnen.

4. *Die Geflügelhaut auseinanderziehen. Die gesamte Garnitur und Farce hineingeben und festdrücken, ohne die Schenkelhüllen zu füllen. Die beiden Hautränder zusammenziehen und die Halshaut über das Ganze schlagen. Nicht zunähen, sondern das Geflügel in ein sauberes Tuch geben und zu einer dicken Wurst zusammenschnüren.*

Das Fleisch nimmt beim Kochen seine endgültige Form an. Das Phänomen ist dasselbe wie bei harten Eiern: Ursprünglich flüssig und formlos,

werden sie rund, wenn sie gekocht sind. Genauso behält das farcierte Geflügel die runde Form, die Sie ihm gegeben haben; es verwandelt sich in eine »Ballotine«. Deshalb ist es auch überflüssig, die Haut nach dem Füllen zuzunähen.
Dieses Prinzip wird häufig in der Küche angewandt: Zum Beispiel können Sie eine Hühnerbrust mit einer Farce füllen, in Haushaltsfolie rollen und im Dampf oder im kochenden Wasser garen. Wie stellt man die Farce zusammen? Ganz nach Belieben: Nur sollte sie als Kontrast zu dem etwas faden Geschmack der pochierten Hühnerbrust gut gewürzt sein.

5. *In einem tiefen Topf Speckstreifen, Zwiebelringe und Karottenscheiben übereinanderschichten. Die Galantine, 1 kg Kalbshaxe, den kleinen Kalbsfuß, die Karkasse und die Geflügelknochen hinzufügen.*

Bei dieser Methode gart die Galantine in der Geleezubereitung, man schlägt also zwei Fliegen mit einer Klappe: Man erhält ein kräftiges Gelee, und die Galantine wird noch würziger.

6. *Bei milder Hitze 10 Minuten anschwitzen.*

Hier sollen zunächst die Maillard-Reaktionen in Gang gesetzt werden, die die Aromamoleküle entstehen lassen. Der Speck gibt sein Fett ab und verhindert so, daß das Gemüse und das Fleisch am Topfboden anbrennen.

7. *Ein kleines Glas Weißwein und so viel Wasser angießen, daß die Flüssigkeit die Galantine vollständig bedeckt. Langsam zum Kochen bringen und bei milder Hitze ungefähr 80 Minuten ziehen lassen. Die Galantine im Schmortopf umwenden und eine weitere Stunde garen lassen.*

Bei diesem Vorgang lösen sich die entstandenen Aromamoleküle in der Flüssigkeit auf, in der die Galantine gart.
Das Kochen dauert deshalb so lange, weil die Garzeit entsprechend der Dicke des Garguts exponentiell zunimmt. Ich verdanke meinem gelehrten Freund Nicholas Kurti eine sehr einfache Erklärung dieses Phänomens. Nehmen wir zunächst die Garzeit einer 1 cm dicken und einer 2 cm

dicken Fleischscheibe in der Bratpfanne. Die Hitze muß in der dickeren Scheibe nicht nur die doppelte Distanz durchlaufen, sondern sie muß außerdem auch mehr Masse erhitzen; insgesamt beträgt die Garzeit nicht das Doppelte, sondern das Vierfache. Stellen Sie sich jetzt vor, daß diese Fleischscheiben zu Würsten zusammengerollt wären. Der entscheidende Faktor wäre dann nicht die Länge der Wurst, sondern ihr Durchmesser: eine 3 m lange Wurst würde genauso schnell garen wie eine 3 cm lange Wurst, vorausgesetzt, daß sie denselben Durchmesser hätte. Das gilt ebenso für die Galantine wie für jeden anderen Gegenstand. Aber statt nun gleich ihren Taschenrechner zu aktivieren, können Sie sich auch ganz einfach an die klassische Regel von 20 Minuten plus 20 Minuten für jedes Pfund halten...

8. *Die Galantine aus dem Topf nehmen, in einen Durchschlag legen und zum Abkühlen in einen kühlen Raum stellen. Ein schweres Brett auf die Galantine legen. Eine Nacht ruhen lassen.*

Ohne diese Prozedur wird die Galantine nicht kompakt genug.

9. *Den Kochsud auf 1,5 Liter reduzieren. Durchseihen, entfetten und klären. Dann in einem kühlen Raum gelieren lassen.*

Wenn Sie die Bouillon reduzieren, konzentrieren Sie die Aromamoleküle, die beim Kochen entstanden sind, ebenso wie die Gelatine, die aus der Kalbshaxe und dem Kalbsfuß herausgelöst wurde. Schnuppern Sie an dem Dampf, der beim Reduzieren entweicht. Riecht er gut? Das bedeutet, daß Sie Aromamoleküle verlieren. Dieser Verlust ist in einer Küche ohne spezielle Vorrichtungen unvermeidlich, denn manche Aromamoleküle verdampfen bei niedrigeren Temperaturen als 100°C: Da die Bouillon bei (ungefähr) 100°C kocht, sind diese Moleküle verloren. Daneben gehen auch Aromamoleküle, die bei mehr als 100°C verdampfen, teilweise verloren, denn die Moleküle unterliegen immer einem »Sättigungsdampfdruck«: Wenn Sie sie in eine Flüssigkeit geben, die sich im Gleichgewicht befindet, geht ein Teil in Dampf über, so daß der Anteil gasförmiger Moleküle konstant bleibt. Und wenn Sie die Bouillon zum Kochen bringen, nimmt der Dampf, der brodelnd aus dem Topf entweicht, die Aromamoleküle mit, die bereits in Form von Dampf da waren; andere verlassen die Bouillon, um in die Dampfphase überzugehen. Man nennt diesen Effekt »Wasserdampfextraktion«; nach diesem Prinzip werden in der Parfümindustrie essentielle Öle extrahiert, deren Moleküle erst bei einer höheren Temperatur als 100°C den Siedepunkt erreichen.

Aber keine Sorge: Die Bouillon verliert zwar Aromen, wenn man sie konzentriert, doch es bilden sich durch verschiedene chemische Reaktionen auch neue Aromamoleküle. Der Beweis? Eine reduzierte Bouillon schmeckt anders als dieselbe Bouillon vor dem Einkochen. Außerdem fällt die Aromakonzentration durch das Reduzieren weitaus mehr ins Gewicht als der Verlust einiger Aromamoleküle. Insgesamt ist die Bouillon nach dem Reduzieren würziger.

Benutzen Sie ein möglichst feinmaschiges Sieb oder ein Passiertuch, um die reduzierte Bouillon durchzuseihen: Denken Sie daran, daß wir ein klares Gelee erhalten wollen. Dafür setzen wir alle Techniken ins Werk, die ein guter Koch beherrschen sollte. Das Durchfiltern ist die erste.

Beim Entfetten wird nicht nur überschüssiges Fett entfernt, sondern es werden auch feste Partikel eliminiert, die in der Flüssigkeit schwimmen. Lassen Sie die Bouillon gut abkühlen, damit die Fettkügelchen, die leichter als das Wasser sind, an die Oberfläche steigen können. Schöpfen Sie das Fett mit einem Löffel ab und nehmen Sie zum Schluß, für die Feinarbeit, Küchenkrepp. Sie können die Bouillon auch in die Tiefkühltruhe stellen, wenn Sie genug Platz haben, damit das ganze Fett fest wird.

Schließlich das Klären. Ein weites Feld! Manche Leute schwören auf Eiswürfel – wenn man Eiswürfel in die Bouillon gibt, werden die festen Partikel angeblich »erschlagen« und sinken auf den Boden. Aber meine Experimente haben leider gezeigt, daß dieses Verfahren sehr unzureichend ist. Wir müssen also wohl oder übel auf die gute alte Eiweiß-Methode zurückgreifen, die ich Ihnen hier vorstellen will.

Ein Eiweiß in einen großen Topf geben, mit dem Schneebesen schlagen und die gut gekühlte Bouillon hinzugießen. Bringen Sie die Flüssigkeit ganz langsam zum Kochen, damit das Eiweiß, wenn es gerinnt, die festen Partikel einfängt. Ständig weiterschlagen, bis die Flüssigkeit sprudelnd kocht, damit das Eiweiß gut verteilt wird und – sehr wichtig – nicht am Boden des Topfs verbrennt. Die Bouillon noch 10 Minuten ziehen lassen und ganz langsam durch ein Sieb geben, das Sie mit einem Leinentuch ausgekleidet haben. Wenn die Bouillon nicht so klar wird, wie Sie es gerne hätten, können Sie sie noch einmal durch dasselbe Tuch passieren, ohne die darin hängengebliebenen festen Partikel zu entfernen, die wie ein zusätzlicher Filter wirken.

10. *Vor dem Servieren die Galantine durchschneiden und die beiden Hälften mit der Schnittfläche nach unten auf ein Brett legen. In Scheiben schneiden und die Scheiben auf der Servierplatte übereinanderschichten, so daß sie sich leicht überlappen. Das Gelee mit einem großen Messer kleinhacken und die Galantine damit dekorieren.*

# Ravioli mit Salbeibutter
## *Raviolis à la sauge*

*Bewahren wir das Mark unseres Herzens,
um es aufs Brot zu streichen, den Saft unserer Leidenschaft,
um ihn auf Flaschen aufzuziehen; machen wir aus unserem ganzen
Selbst einen sublimen Fond, mit dem wir die Nachwelt nähren.*
Flaubert

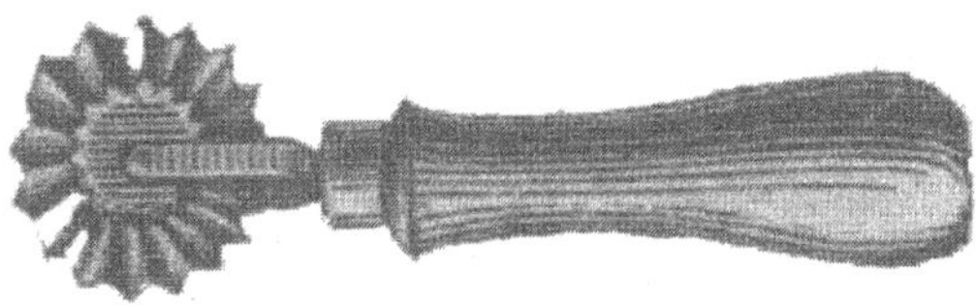

Dieses italienische Rezept ist ausgesprochen raffiniert. Und gleichzeitig lernen wir eine nützliche Methode der Aromaextraktion kennen. Ich liebe solche Beispiele, bei denen das Prinzip einer Sache in aller Deutlichkeit zutage tritt, so daß man es später mühelos bei anderen Gelegenheiten anwenden kann.
Außerdem kommen wir hier endlich auf ein Nahrungsmittel zu sprechen, das sich bei allen, die noch ein wenig Kind geblieben sind, höchster Beliebtheit erfreut: die Pasta.

ZUTATEN FÜR 6 GROSSE RAVIOLI

*500 g Mehl*

*4 Eier (für den Teig)*

*6 Eier*

*200 g alten Parmesan*

*Salz*

*Pfeffer*

*Salbei (reichlich)*

*1 EL Olivenöl*

1. *Für den Ravioliteig 500 g Weizenmehl auf ein Brett häufen, in der Mitte eine Mulde machen und 4 ganze Eier hineinschlagen; 1 EL Olivenöl, Salz und ein paar Tropfen Wasser dazugeben. Den Teig durchkneten, bis er sich von den Händen löst, dann eine Kugel formen, mit einem Tuch bedecken und eine halbe Stunde ruhen lassen.*

Ein Teig entsteht, weil das Wasser der Eier (und das eventuell hinzugefügte Wasser) einen Stärkekleister bildet: Die Stärkekörner des Mehls absorbieren das Wasser, quellen auf und wachsen zusammen. Die Masse muß gut durchgeknetet werden, damit das Wasser gleichmäßig verteilt wird, alle Stärkekörner gleichmäßig verkleistern und ein wirksamer Zusammenhalt garantiert ist. Wenn der Teig dann ruht, wandert das Wasser aus den Teilen, in denen es reichlich vorhanden ist (die Peripherie der Körner) in die Teile, in denen es noch nicht vorhanden ist. Die Peripherie der Stärkekörner trocknet ein bißchen aus, was die Körner noch fester zusammenschweißt, während der innere Teil der Körner Feuchtigkeit aufnimmt. Der Teig wird homogen.
Gleichzeitig hat das Durchkneten des Teigs den Zweck, ein Glutennetz zu schaffen. Das ist auch einer der Gründe, warum man Weizenmehl verwendet, das genug Proteine enthält, um das Glutennetz bilden zu können. Denken Sie daran, daß sich dieses Glutennetz erst nach langem, fleißigem Kneten bildet: Die Proteine müssen erst entrollt werden, bevor

sie sich neu verbinden. Dazu müssen die Disulfid-Brücken, chemische Verbindungen zwischen zwei Schwefelatomen, die die Proteine verknäuelt halten, zerbrochen werden.
Man muß also Energie (und Luft) einbringen. Unterschätzen Sie dieses Netz nicht: Es hält die Pasta in Form, indem es die Stärkekörner im kochenden Nudelwasser zusammenschweißt

2. *Auf einer bemehlten Arbeitsfläche die Teigkugel mit dem Nudelholz flachdrücken und zu einer dünnen Teigplatte ausrollen. Mit einem Ausstecher oder einem Teigrädchen ein Dutzend Teigscheiben von ungefähr 12 cm Durchmesser herausstanzen und auf der bemehlten Arbeitsfläche verteilen. Auf 6 der Scheiben etwas geriebenen Parmesan, Pfeffer, eine Prise Salz, je ein Eigelb und sehr fein geschnittenes Basilikum geben. Die so präparierten Teigmedaillons jeweils mit einer gleich großen Scheibe bedecken und die Ränder zusammendrücken.*

Was fängt man mit dem übriggebliebenen Eiweiß an? Meistens läßt man es im Kühlschrank, in Erwartung eines späteren Gebrauchs, der selten kommt, und nach ein paar Tagen wirft man es schließlich weg, was bestimmt nicht der Sinn der Sache ist. Mein Tip: Sammeln Sie Rezepte, bei denen viel Eiweiß verwendet wird. Hier ein paar Ideen:
Meringen: Das Eiweiß steifschlagen, Puderzucker einarbeiten und bei milder Hitze langsam im Ofen backen.
Krokantziegel: 30 g geschmolzene Butter, 200 g Krokant und 3 Eiweiß miteinander vermischen; 30 g Mehl einarbeiten, eine Stunde ruhen lassen. Dann auf ein mit Backpapier ausgelegtes Backblech kleine Teighäufchen setzen. Bei 180°C goldgelb backen. Die Ziegel aus dem Ofen nehmen und noch heiß über ein Nudelholz oder eine Flasche legen, so daß sie die charaktzeristische Rundung annehmen.
Lachsmousse: Lachsfleisch mit erhitztem Sherry, in dem Sie ein Blatt Gelatine aufgelöst haben, dem Saft einer Zitrone und etwas geschmolzener Butter pürieren. Dann Schlagsahne und steifgeschlagenes Eiweiß unterheben. Bei 150°C rund 20 Minuten im Ofen garen.

3. *Für die Salbeisauce den kleingeschnittenen Salbei in Butter erhitzen.*

Dank ihrem kulinarischen Erfindungsgeist haben schon die Köche früherer Zeiten entdeckt, daß zahlreiche Moleküle nicht in Wasser löslich sind, aber sehr wohl im Fett. Wenn man den Salbei in Butter erhitzt, bringt man die Pflanzenzellen zum Platzen; dadurch werden Aromamoleküle freigesetzt, die sich in der geschmolzenen Butter auflösen. Das Prinzip läßt sich auch auf andere Gerichte übertragen: So kann man mit Öl oder geschmolzener Butter die Aromen von Thymian, Lorbeer und pulverisierten Gewürzen herausziehen. Und warum sollte man nicht zwei verschiedene Arten der Aromaextraktion kombinieren: zuerst in kaltem oder heißem Wasser, dann in Öl oder Butter?

3. *Wenn die Salbeibutter fertig ist, die Ravioli 3 Minuten in sprudelndem Salzwasser kochen. Auf angewärmte Teller geben und mit einem Löffel Salbeibutter übergießen. Sofort servieren.*

Hausgemachte Nudeln waren noch im vorigen Jahrhundert eine Selbstverständlichkeit. Die Elsässer haben die Tradition der »Spätzle« und gebratenen Nudeln, die ein Gedicht sind, bis heute bewahrt. Die Zubereitung ist ein Kinderspiel, wie wir gesehen haben: Mehl, Eier, Wasser, zu einem Teig verarbeitet, den man ruhen läßt, dann in die gewünschte Form bringt und in kochendem Salzwasser gart.
Pasta schmecken nur »al dente«, wenn sie nicht zusammenkleben. Warum zusammenkleben? Weil sie aus Stärke bestehen, die den Stärkekleister bildet, und aus Proteinen: jenen des Glutens, das die Stärkekörner einschließt, und den Proteinen der Eier, die in den Teig eingebracht wurden. Wenn die Kochzeit kurz ist, gerinnt das Gluten (ab ungefähr 60°C), und die Nudeln quellen auf. Es sind vor allem die langen Stärkemoleküle (die Amylose), die sich im Wasser lösen; die verzweigten Moleküle des Amylopektins sind nur schwer löslich. Bei längerer Kochzeit löst sich die Stärke dann massiv im Wasser auf (das Wasser wird milchig), ebenso ein Teil der Proteine, und die Nudeln werden klebrig.
Sie können die Nudeln auch in einer Bouillon kochen: Letztere würde zwar ein wenig leiden, aber dafür sind solche Teigwaren, getränkt mit würziger Fleischbrühe, eine echte Gaumenfreude! (Im Orient hat man das längst begriffen: dort tauchen die Gäste, wie bei einem Fondue, frisch gekochte Nudeln in eine Bouillon, die in der Mitte des Tischs steht).
Oft gießt man die Nudeln zum Abtropfen in ein Sieb, aber die im Kochwasser freigesetzte Stärke bleibt leicht an ihnen haften und macht sie

klebrig. Es ist also besser, einen Schaumlöffel zu verwenden und die Nudeln direkt auf den Teller zu geben.
Vergessen Sie nicht, das Kochwasser zu salzen: Später müßten Sie eine viel größere Menge Salz nehmen. Der Grund: Das Salz im Kochwasser dringt mit dem Wasser in die aufquellenden Teigwaren ein, so daß sie ganz durchgesalzen werden; in die fertig gegarten Ravioli kann das Salz dagegen nicht mehr eindringen.
Warum muß das Nudelwasser sprudelnd kochen? Weil so die Proteine gerinnen, bevor die Amylose sich in größerem Maße auflösen kann.
Des weiteren wird oft empfohlen, die Nudeln in eine große Menge Wasser zu geben. Das ist ein guter Rat, denn so kühlt das Kochwasser nicht merklich ab. In wenigen Augenblicken ist der Siedepunkt wieder erreicht, so daß sich die Kochzeit verkürzt – was, wie wir gesehen haben, die Garantie dafür ist, daß sich die Amylose nicht zu sehr auflöst. Zudem wird die beim Kochen freigesetzte Stärke in der gesamten Wassermenge verteilt und haftet nicht an der Pasta, so daß diese hinterher nicht klebt.
Schließlich raten manche Köche dazu, 4 Löffel Öl pro Liter Wasser zuzugeben, damit die Teigwaren nicht zusammenkleben. Hier sind die Meinungen geteilt, und es bleibt uns nichts anderes, als diese Vorschrift gründlich zu überprüfen.

# Trüffel im Teigmantel
## *Truffes en croûte*

*Wer Trüffel sagt, der spricht ein großes Wort gelassen aus;*
*ein Wort, das neben den gourmandisischen*
*auch erotische Erinnerungen erweckt.*
Brillat-Savarin

Ich fürchte, ich bin ein unverbesserlicher Genießer: Immer wenn ich ein gutes Restaurant aufsuche, male ich mir schon im voraus die Genüsse aus, die ich haben werde; wenn das kulinarische Ballett dann abläuft, sinniere ich über das Vergnügen nach, das ich gerade habe; und wenn die Mahlzeit vorbei ist, geht es weiter: Ich rede darüber, kommentiere, schaffe Ordnung in meinen Eindrücken, um das Fest mit ein paar schönen Erinnerungen in die Länge zu ziehen.
Eine dieser Erinnerungen stammt von einem Essen in der »Auberge de l'Ill« in Illhäusern, wo die Brüder Haeberlin residieren. Nach einem ersten Besuch, auf der Rückkehr aus den Flitterwochen, war mir klar, daß ich wiederkommen würde. Damals hatte ich das Haus mit Hilfe des Menüs entdeckt. Beim zweiten Mal wollte ich meine Mahlzeit selbst zusammenstellen – und entschied mich für eine Trüffel im Teigmantel.

Ein wunderbares Gericht! Es ist nur ein Jammer, daß Trüffeln so selten sind und daß man auf dieses Gericht nicht den Ausspruch von Marmontel anwenden kann: »Die große Kunst, der Menschheit nützlich zu sein, besteht darin, das Vergnügen in den Dienst der Moral zu stellen.«
Auf dem schönen Geschirr der Auberge de l'Ill lag vor mir die Trüffel in der Teigkruste, in der sie ihr köstliches Aroma gelassen hatte.
Es war eines der besten Gerichte, das ich je gegessen hatte, das wußte ich auf Anhieb, ohne mich in den üblichen Betrachtungen zu verlieren. Die Erinnerung daran ist mir noch immer so teuer, daß ich das folgende Rezept ersonnen habe; es weicht zwar ein wenig vom Original ab, wird Sie aber hoffentlich dennoch nicht enttäuschen.

ZUTATEN FÜR 6 PERSONEN

*6 Trüffeln*

*3 Eier*

*Salz*

*Pfeffer*

*200 g Mehl*

*200 g Butter*

*10 cl Wasser*

1. *Für den Blätterteig das Mehl auf ein Brett häufen, in der Mitte eine Mulde bilden, dann eine große Prise Salz und ein wenig Wasser hineingeben. Das Wasser in das Mehl einarbeiten.*

Bei diesem ersten Schritt stellen Sie einen Teig her: Die Stärkekörner, aus denen das Mehl besteht, absorbieren das Wasser und verkleistern.

2. *Kneten Sie die Butter mit den Fingern weich.*

Die Butter ist eine Emulsion, also eine Dispersion von Wassertröpfchen in Fett. Die Wassertröpfchen geben der Butter eine gewisse Elastizität, und die Wärme Ihrer Finger bewirkt ein erstes Schmelzen. Die Butter wird weich: Hören Sie mit dem Kneten auf, wenn sie die gleiche Konsistenz wie der Teig hat. Wir werden gleich sehen, warum.

3. *Rollen Sie den Teig zu einem dicken Rechteck aus. Aus der Butter ein kleineres Rechteck formen und in die Mitte legen. Wenn Ihr Teigrechteck 20 cm lang ist, darf das Butterrechteck also höchstens 10–15 cm lang sein.*

4. *Die Ränder des Teigrechtecks über der Butter zusammenschlagen, so daß diese vollständig umhüllt ist. Mit der Teigrolle das so entstandene Rechteck zu einem neuen Rechteck ausrollen, das dreimal so lang wie breit ist.*

Bei diesem Arbeitsgang macht man ein Teigpaket, in dem die Butter eingeschlossen ist.

5. *Das Teigpaket in 3 Lagen so falten, daß ein Rechteck von derselben Größe wie das ursprüngliche Rechteck entsteht. Die Anzahl der Blätter erhöht sich.*

6. *Das Rechteck um 90° drehen, wieder ausrollen und falten. Dann eine Viertelstunde in den Kühlschrank legen.*

Man läßt den Teig ruhen, damit die Butter erkaltet, ebenso wie der Teig. Letzterer profitiert von der Ruhezeit: Da seine Proteine beim Durcharbeiten stark gedehnt wurden, besteht die Gefahr, daß er sich zusammenzieht. Wenn man den Teig dagegen ruhen läßt, können die Proteine ihre Knäuelgestalt wieder annehmen, und man hat am Ende einen Teig, der die Form behält, die man ihm gibt.

7. *Den Teig aus dem Kühlschrank nehmen. Es folgen die nächsten beiden Touren, nach denen der Teig für eine weitere Viertelstunde in den Kühlschrank kommt. Vor dem Backen die Prozedur wiederholen und den Teig so ausrollen, daß Sie 6 Portionen von ungefähr 10 cm Durchmesser ausschneiden können.*

Damit wäre die vorgeschriebene Anzahl der Blätter erreicht. Warum gibt man dem Blätterteig 6 Touren? Wahrscheinlich ist es ein guter Kompromiß zwischen der Dünne der Blätter und ihrer Anzahl, aber es gibt so viele unerklärliche Regeln in der klassischen Küche...

8. *Die 3 Eiweiß steifschlagen.*

Bei dieser Prozedur stellen Sie einen Schaum her, also eine Dispersion von Luftblasen in der Flüssigkeit des Eiklars. Letzteres ist eine Lösung von Proteinen in Wasser. Wenn Sie mit dem Schneebesen Luftblasen einbringen, ordnen sich die Proteine um die Luftblasen an, wobei sich der Teil der Moleküle, der sich mit dem Wasser verbindet, an den Trennschichten der Luftblasen anlagert, und der Teil, der sich nicht mit dem Wasser verbindet, an der Luft. Dieselben Kräfte, die das Wasser am Glasrand zu einem Meniskus hochziehen (s. Abb. 8), stabilisieren den Schaum, indem sie das Wasser zwischen die Bläschen steigen lassen und verhindern, daß es durch sein Gewicht nach unten sinkt. Man muß kräftig schlagen, denn der Schaum wird um so fester, je kleiner und zahlreicher die Bläschen sind. Erst dann ist der Erfolg beim Backen garantiert.

9. *Den Eischnee mit den Eidottern, dem Salz, dem Pfeffer, 1TL Tomatenmark und einem Schuß Cognac vermischen.*

Wenn das Eiweiß steifgeschlagen ist, kann man jede beliebige kalte Zutat einarbeiten, ohne den Schaum zu gefährden. Das Eigelb beeinträchtigt zwar das Steifschlagen des Eiweißes, aber es läßt bereits steifgeschlagenen Eischnee nicht zusammenfallen. Im übrigen tut es dem Gericht keinen Abbruch, wenn Sie etwas feingeschnittene Foie gras unterziehen.

10. *Auf jede Teigportion einen Klacks Eiermasse und eine Trüffel geben. Den Teig zu einer Tasche formen.*

Wenn das Eiweiß gut steif ist, muß es die Trüffel tragen können. Falls die Ränder der Taschen nicht zusammenhalten, vor dem Festdrücken anfeuchten. Versuchen Sie Ihren Teigtaschen eine Kugelform zu geben. Damit erzielen Sie eine noch bessere Wirkung.

11. *Die 6 Teigtaschen auf der Naht liegend im vorgeheizten Ofen bei 180°C 20 Minuten backen. Aus dem Ofen nehmen und sofort servieren.*

Beim Backen wird die Oberfläche der Teigtaschen auf dieselbe Temperatur erhitzt wie der Ofen: auf 180°C. Durch Wärmeleitung breitet sich die Hitze nach und nach bis ins Innere der Teigtaschen aus, wobei zunächst der Teig gebacken wird; dann geht die Eiermasse auf, und schließlich wird die Trüffel wie in einer Folie gegart. Sehen wir uns die drei Bestandteile einen nach dem anderen an.

Im Teig ist das Wasser verdampft; da die Butterschichten dampfundurchlässig sind, lösen sie sich voneinander, so daß der Teig tatsächlich »blättrig« wird.
Beim Eischnee nistet sich das verdampfte Wasser in den Luftblasen des Schaums ein und bläht diese auf. Gleichzeitig werden die Wände der Blasen durch das Gerinnen der Eiproteine fest.
Die Trüffeln schließlich, die in der feuchten Atmosphäre erhitzt werden, garen und setzen ihre herrlichen Aromen frei, mit denen die gesamte Teigtasche getränkt wird. Aber was rede ich...

# Fische und Krustentiere

Hecht mit Sauce Béarnaise
*(Brochet sauce béarnaise)*

Pochierte Forellen mit weißer Buttersauce
*(Truites pochées au beurre blanc)*

Gegrillte Hummer im Gemüsefond
*(Homards grillés à l'infusion de légumes)*

Lachs, einseitig gebraten
*(Saumon à l'unilatérale)*

Forellenmousseline *(Mousseline de truite)*

Forellenklößchen *(Quenelles de truite)*

# Hecht mit Sauce béarnaise
## *Brochet sauce béarnaise*

*Ein Hecht macht mehr aus einem Empfehlungsbrief.*
Grimod de La Reynière, Almanach des Gourmands

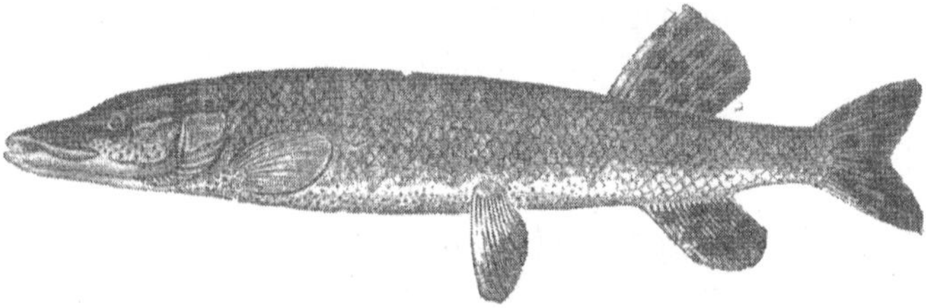

Der Hecht ist ein Fisch mit festem, weißem, delikatem Fleisch, das gut mit einer leichten Sauce béarnaise harmoniert. Manche Hechte werden riesig (über 25 kg, bei einer Länge von 1,5 m), aber sie tauchen selten im Handel auf. Die Hechte, die man im Fischgeschäft findet, sind über 40 cm lang, denn das ist die vorgeschriebene Mindestgröße. Der Hecht ist ein relativ seltener Speisefisch, aber trotzdem nicht übermäßig teuer – wahrscheinlich wegen seiner feinen, aber zahlreichen Gräten. Doch das soll uns nicht stören – der Fisch ist so gut!
Ein »Hecht blau« ist ein Festschmaus, aber man wird selten ein Exemplar ergattern, das frisch aus dem Wasser kommt und noch die schützende Schleimschicht auf den Schuppen hat. Daher empfehle ich hier, den Fisch zu marinieren und zu grillen, um ihm einen angenehmen Geschmack zu geben, der sich gut mit der Sauce béarnaise verträgt.
Bei diesem Gericht lernen wir die Geheimnisse einer warmen Emulsion mit Butter kennen.

ZUTATEN

*1 Hecht*

*4 EL guten Essig*

*4 EL Weißwein für die Sauce*

*15 g Schalotten*

*1 Estragonzweig*

*2 kleine Kerbelzweige*

*1 Prise zerstoßener Pfeffer*

*2 Eigelb*

*1 Prise Mehl*

*200 g Butter*

*2 Flaschen Weißwein für den Sud*

1. *Den Fisch waschen, sorgfältig säubern und die Flossen und den Schwanz abschneiden. Wenn Sie den Fisch ausgenommen haben, auf jeder Seite ungefähr 1 cm tiefe Einschnitte im Abstand von 2 cm machen. Den Fisch mit etwas Salz und Pfeffer gewürzt auf eine Platte legen. Mit Olivenöl und dem Saft einer Zitrone beträufeln und mit feinen Zwiebelringen, kleingeschnittener Petersilie, Thymian und einem zerbröselten Lorbeerblatt bestreuen. Eine halbe Stunde kühlstellen, dann den Fisch umdrehen und von der anderen Seite eine weitere halbe Stunde marinieren.*

Die Marinade gart das Fleisch oder den Fisch nicht richtig, sondern sie führt dazu, daß etwas Wasser aus dem Fleisch austritt, und sie »denaturiert« die Proteine, das heißt, die Molekülknäuel werden entrollt. Hinterher verbinden sie sich leichter, so daß man die Garzeit reduzieren kann und das Fleisch zarter wird. Zudem baut die Säure, wenn sie stark ist, das Kollagen, das dem Fleisch seine Festigkeit verleiht, teilweise ab. Bei unserem Fisch spielt diese Wirkung allerdings keine große Rolle.

2. *Vor dem Grillen den Fisch aus der Marinade nehmen und trockentupfen. Mit Öl bepinseln und auf den Grill geben (rechnen Sie 35–40 Minuten bei einem Fisch von 1,2 kg). Nach 10 Minuten wenden, mit Öl bepinseln und die Prozedur in regelmäßigen Abständen noch zweimal wiederholen.*

Die Hitze des Grills läßt die Proteine gerinnen und das Wasser des Fleischs verdampfen: Der Fisch wird beim Garen fest. Nicht zu stark garen, denn die Marinade hat die Gerinnung des Fischfleischs bereits in Gang gesetzt.

3. *Bereiten Sie jetzt die Sauce zu: 4 EL Weißwein, 4 EL Essig, den zerstoßenen Pfeffer, die Schalotte, den Estragon und den Kerbel, alles kleingeschnitten, in einen Topf geben. Leise köcheln lassen, ohne den Topf zu öffnen, damit die Flüssigkeit sich gut mit dem Aroma der Gewürze verbindet; langsam reduzieren. Vom Feuer nehmen, wenn nur noch etwa 2 EL Flüssigkeit übrig sind. Durch ein feines Sieb geben und die festen Teile gut ausdrücken, um möglichst viel aromatisierte Brühe zu erhalten.*

Mit dieser Prozedur werden die Aromen aus den Schalotten, dem Pfeffer, dem Estragon und dem Kerbel herausgelöst. Gleichzeitig werden die Aromen des Weins und des Essigs konzentriert, die dabei, anders als ich es vermutet hatte, einen Teil ihrer Säure verlieren. Meine Überlegung war die folgende gewesen: Nehmen wir einen Essig, also eine Lösung von Essigsäure in Wasser. Wenn man ihn erhitzt und das Wasser bei 100°C kocht, konzentriert man die Essigsäure, die ihrerseits erst bei 122°C kocht. Mit anderen Worten: Der reduzierte Essig, der eine höhere Säurekonzentration enthält, müßte also saurer sein. Wir haben es ausprobiert – und festgestellt, daß die Säure je nach Essig und Reduktionsgrad in unvorhersehbarer Weise ab- oder zunimmt.
Natürlich! Der Essig besteht nicht nur aus Essigsäure, denn sonst wäre er von geringem kulinarischem Interesse. Er enthält außerdem eine Menge anderer Säuren und Basen von unterschiedlicher Stärke und mit unterschiedlichem Siedepunkt. Der reduzierte Essig verliert einen Teil seiner Essigsäure (daher die beißenden Dämpfe über dem Topf), aber die Lösung bleibt sauer.

4. *Jetzt die beiden Eigelbe mit einer Prise Mehl und einer Prise Salz mit dem Schneebesen unterrühren. Ständig weiterschlagend die Butter Stück für Stück einarbeiten.*
*Die Eigelbe erst unterrühren, wenn der Essig ein wenig abgekühlt ist. Wenn Sie die Butter unterrühren, immer erst ein neues Stück dazugeben, wenn das vorige vollständig eingearbeitet ist. Denken Sie an die Mayonnaise: Damit sie gut emulgiert, muß das Öl gut verteilt sein, bevor man neues dazugibt.*
*Die Sauce bei den ersten Gerinnungsanzeichen vom Herd nehmen und mit einem halben Teelöffel kaltem Wasser kräftig aufschlagen. Das Wasser hat den Zweck, die Emulsion rasch abzukühlen, um zu verhindern, daß das Ei zu Klümpchen gerinnt.*

Warum besteht überhaupt die Gefahr, daß ihre Sauce umkippt? Denken Sie daran, daß sie heiß ist und daß in der Hitze das Wasser verdampft. Um eine Emulsion zu erhalten, also eine Dispersion von geschmolzenen Buttertröpfchen (umgeben von den grenzflächenaktiven Molekülen des Eigelbs) in Wasser, braucht man Wasser. Das einzige Wasser, das Sie haben, kommt vom Ei, von der Butter (18 Prozent im Höchstfall), vom Essig und vom Wein. Das ist wenig, zumal ja noch Wasser verdampft.
Wenn die ganze Butter eingearbeitet ist, muß die Sauce die Konsistenz einer dicken Mayonnaise haben. Je nach Geschmack können Sie noch ein paar Tropfen Zitrone dazugeben. Lauwarm servieren, und wenn die Sauce im voraus fertig ist, im Wasserbad warm halten: dazu die Oberfläche mit ein paar Butterflöckchen bedecken, die beim Schmelzen einen Fettfilm bilden und so verhindern, daß Wasser verdampft; vor dem Servieren noch einmal kräftig schlagen, um die schützende Butterschicht zu emulgieren.

5. *Servieren Sie den Hecht mit der Sauce und mit Kartoffeln, die Sie 30 Minuten in Dampf gegart haben.*

Ich kann es mir nicht verkneifen, Ihnen hier den einzigen mathematischen Geistesblitz meines Lebens zu präsentieren: Ein Freund hatte mich gefragt, warum die gekochten und tournierten Kartoffeln, die man im Restaurant serviert bekommt, ausgerechnet 7 Facetten hätten. Wir

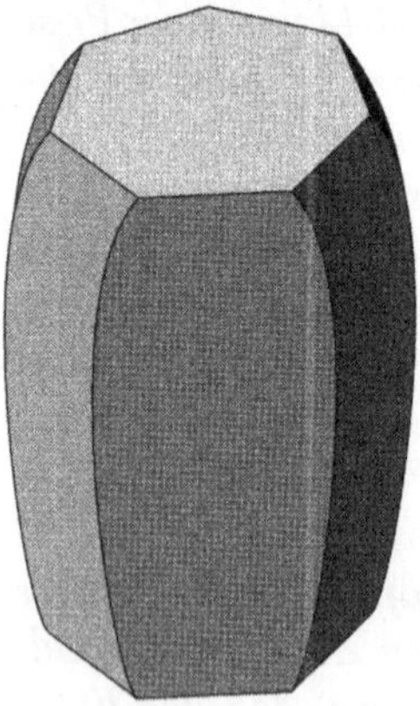

**Abb. 14.** Dekorativ zurechtgeschnittene Kartoffel mit den »magischen« 7 Facetten.

saßen gerade im Restaurant, die Speisekarte schon in der Hand, also bestellte ich einen Fisch mit gekochten Kartoffeln als Beilage, um seine Behauptung zu überprüfen. Das Gericht kam, und die Kartoffeln hatten tatsächlich die 7 angekündigten Facetten (Abb. 14).

Eine ganze Zeitlang verfolgte mich das Rätsel dieser 7 Facetten. Ich konsultierte meine Kochbücher: Die 7 Facetten wurden darin erwähnt. Ich ging in die Küchen der Restaurants, an denen ich vorbeikam, und fragte die Köche nach dem Ursprung dieser Tradition; ich erhielt keine Antwort. Ich überlegte: 7 ist eine ganz besondere Zahl, eine Primzahl (nur durch 1 und durch sich selbst teilbar), eine magische Zahl. Und das Kochhandwerk, ein traditioneller Beruf, hatte sicherlich freimaurerische Verbindungen. Sollte die Gestalt der tournierten Kartoffel also nach einer ebenso göttlichen wie geheimen Maßgabe berechnet worden sein?

Das Wort »berechnen« brachte mich ins Grübeln – und ich kam zu dem Schluß, daß das Tournieren, das rein dekorativen Zwecken dient, nicht sehr ökonomisch ist, denn mit jedem Messerschnitt geht auch ein wenig Kartoffelmasse verloren. Wieviel? Ich stürzte mich in eine kleine Rechenaufgabe. Stellen wir uns die Kartoffel als einen vollkommenen Zylinder vor. Wenn man mit 3 Messerschnitten ein Dreieck herausschneidet, verliert man ziemlich viel Kartoffelmasse. Wenn man 4 Schnitte macht, verliert man schon weniger, und so fort. Ich zeichnete eine Kurve der verlorenen Kartoffelmasse im Verhältnis zu der Anzahl der Schnitte. Es war eine absinkende Kurve, wie vorauszusehen, aber nichts deutete daraufhin, daß die 7 Facetten das Tournieren der Kartoffel besonders ökonomisch machten.

Ich machte trotzdem mit meiner Rechnung weiter. Jetzt versuchte ich herauszufinden, wieviel Kartoffelmasse pro zusätzlichem Messerschnitt gespart wird, und diesmal zeigte die Kurve bei den siebenfacettigen Kartoffeln einen beträchtlichen Knick. Jeder zusätzliche Schnitt zu Beginn des Tournierens spart eine große Menge Kartoffelmasse. Beim siebten Schnitt sind es noch mehrere Prozent, aber beim achten nur noch sehr wenig, und es wäre sinnlos, weiterzumachen. Ob nun die Zahl 7 einen magischen Ursprung hat oder nicht, es ist jedenfalls die Zahl, die den geringsten Kartoffelverlust im Verhältnis zum Arbeitsaufwand ermöglicht.

# Pochierte Forellen mit weißer Buttersauce
## *Truites pochées au beurre blanc*

*Eigentum ist Diebstahl.*
Pierre-Joseph Proudhon

Ich gestehe, ich habe eines meiner Kinder bestohlen – aber es war für einen guten Zweck. Eines Tages waren wir bei Michel Bras, dem Dichterkoch von Laguiole zu Gast, der sich lange, bevor es in Mode kam, auf Absude und Mazerationen spezialisiert hatte. Ich entschied mich für ein Gericht namens »Évasion et Terre«, während meine Kinder das »Kindermenü« wählten: Lachs, Rinderfilet Aubrac, Kartoffelbrei mit Käse und ein Walderdbeeren-Dessert.
Ach, und dieser Lachs! Von einem so zarten Rosa... Ich konnte nicht widerstehen, ich langte mit meiner lüsternen Gabel hinüber und kostete. Wie war der Lachs gegart? So leicht, daß man die lebendige Wärme des Fleischs noch durchzuspüren glaubte. Aber nichts halb Gegartes, innen noch roh und außen vertrocknet, wie es uns eine Zeitlang die »Nouvelle Cuisine« bescherte. Nein, unser Fisch hier war ausgesprochen delikat und von schöner, gleichmäßiger Farbe.
Ich ahnte schon, daß man eine solche Konsistenz nur bei sehr milder Ofenhitze, bei 80°C z. B., erhält. Warum 80°C? Weil es über 60°C liegt,

der Temperatur, bei der die Proteine gerinnen und so das Fleisch garen kann, und weil es unter 100°C liegt, der Temperatur, bei der das Wasser verdampft. Das Prinzip ist dasselbe wie beim Räuchern und bei der 11-Stunden-Lammkeule. Man gart bei einer Temperatur, die so nahe wie möglich am Gerinnungspunkt des Fleischs liegt, damit das Wasser, die Säfte und das Aroma im Fleisch bleiben. So bleibt es zart und saftig.

Was Michel Bras anstrebte, war ein Lachs mit reinem Lachsgeschmack. Aber wenn man das Prinzip beibehält, bei niedriger Temperatur zu garen, kann man sich auch anderer Garmethoden bedienen, die den Eigengeschmack und die Saftigkeit des Fleischs ebenso bewahren oder sogar noch besser zur Geltung bringen.

Hier ein Rezept für Forellen, die manchmal weniger schmackhaft sind als der Lachs, der auf den Märkten angeboten wird; ein Rezept, bei dem die »Courtbouillon«, der Fischsud, eine tragende Rolle spielt. Und als Zugabe eine weitere Emulsion: die weiße Buttersauce »Nantaiser Art«.

ZUTATEN FÜR 6 PERSONEN

*6 Forellen*

*2 Flaschen Weißwein*

*200 g Karotten*

*125 g Zwiebeln*

*1 Petersiliensträußchen*

*1 Thymianzweig*

*5 Lorbeerblätter*

*35 g Salz*

*8 Pfefferkörner*

*280 g Butter*

*5 Schalotten*

*25 cl Essig*

*30 g Butter*

1. *Die kleingeschnittenen Karotten und Zwiebeln in 30g Butter andünsten. Wenn die Gemüse leicht Farbe angenommen haben, die 2 Flaschen Weißwein, 1 Liter Wasser, ein kleines Petersiliensträußchen, einen Thymianzweig, 5 Lorbeerblätter und 35 g Salz dazugeben. Zudecken und eine halbe Stunde leise köcheln lassen. Die 8 Pfefferkörner erst 5 Minuten vor Ende der Kochzeit dazutun. Die Courtbouillon durch ein Sieb gießen und abkühlen lassen.*

Wundern Sie sich nicht über die zwei Flaschen Wein: Das ist keine Verschwendung, denn die Courtbouillon, die Sie zubereiten, wird mehrfach verwendet. Nehmen Sie einen gewöhnlichen Wein, wenn das Gericht nicht zu teuer werden soll, aber Sie sollten wissen, daß eine Courtbouillon, die mit einem guten Weißwein gemacht wurde, einem Chablis z. B., ungeahnte Genüsse bietet, die Sie sich nicht entgehen lassen sollten. Wie oft kann man eine Courtbouillon wiederverwenden? So oft wie möglich: Sie wird dadurch nur noch würziger. Der besseren Haltbarkeit wegen sollten Sie die Bouillon alle 3–4 Tage, je nach Aufbewahrungstemperatur, kräftig aufkochen und jedesmal frisches Wasser dazugeben, um die Verdunstung zu kompensieren; natürlich können Sie die Courtbouillon auch einfrieren.
Bevor wir mit unserem Rezept weitermachen, möchte ich die Gelegenheit beim Schopf ergreifen und das Aussterben der *marmites perpétuelles*, der »ewigen Suppentöpfe«, beklagen: Früher gehörten sie in Paris zum Straßenbild, jene Suppentöpfe, unter denen ständig ein Feuer brannte; man brachte Geflügel dorthin oder kaufte es dem jeweiligen Garkoch ab. Die Hühner wurden in diesen Töpfen gegart, und man goß Wasser nach, wann immer es nötig war. Das Geflügel hatte einen köstlichen Geschmack, denn die Bouillon war nach hundert-, ja tausendmaligem Aufkochen von einer unvergleichlichen Würze. Warum haben sich die Feinschmecker von heute um eine solche Köstlichkeit gebracht? Welcher wohlmeinende Gastronom rettet uns vor der kulinarischen Unwissenheit, in die wir gesunken sind?
Kehren wir nach diesem – hoffentlich wirkungsvollen – Plädoyer wieder zu unserer Courtbouillon zurück. Um den Aromaverlust durch Wasserdampfextraktion zu vermeiden, sollte der Sud nur leise köcheln. Denken Sie daran, daß wir lediglich die Aromen herauslösen wollen, und dazu müssen wir ihn nicht brodelnd kochen; leise simmern lassen genügt.

Schließlich noch zum Pfeffer: Wie wir bereits gesehen haben, darf man die Pfefferkörner erst ungefähr 8 Minuten vor Ende der Kochzeit dazugeben: Bei längerem Kochen verliert der Pfeffer seine Schärfe und sein subtiles Aroma.

2. *Die Courtbouillon in eine große Fischpfanne gießen und die ausgenommenen und gewaschenen Forellen hineinlegen. Der Sud muß alle Fische ganz bedecken. Zudecken und die Fische so langsam wie möglich pochieren.*

Lassen Sie den Fisch nicht kochen, wenn Sie einen ebenso großen Genuß haben wollen, wie ich ihn vorher geschildert habe. Bei einem solchen Rezept wird einem die Notwendigkeit eines Küchenthermometers besonders bewußt. Wenn Sie, wie die großen Küchenchefs, die Garzeiten exakt beherrschen wollen, dann brauchen Sie ein Thermometer. Hier sollten Sie die Flüssigkeit weit unter dem Siedepunkt halten. Messen Sie: die Temperatur muß ungefähr 80°C betragen.
Ein derart langsames Garen hat den Vorteil, daß das Fleisch zart bleibt, und zudem werden die Forellen besser aromatisiert, weil sie länger in der Courtbouillon liegen. Außerdem platzen die Fische nicht auf.
Wie lange muß der Fisch garen? Bei der hier gewählten Garmethode fällt das Kochen des Wassers als Bezugspunkt weg. Mit anderen Worten: Wenn eine Flüssigkeit kocht, kann man sicher sein, daß die Temperatur etwa bei 100°C liegt, und dementsprechend berechnet man die Kochzeit. Hier läßt sich die Temperatur nur schwer auf einem gleichmäßigen Wert halten, und wenn Sie sich nach einer genauen Zeit richten, laufen Sie Gefahr, daß Ihr Fisch nicht ausreichend durch ist.
Deshalb müssen wir es anders angehen. Und so kommen wir wieder einmal auf die alten Kochbücher der guten französischen Küche zurück, wie z. B. die von Menon, einem Zeitgenossen von Brillat-Savarin, Grimod de la Reynière und Berchoux. In diesen Büchern sind keine Garzeiten angegeben, oder nur höchst selten. Warum? Weil eine Viertelstunde mehr oder weniger bei langsamem Garen nicht ins Gewicht fällt. Wie lange müssen wir also unsere Forellen garen? Am besten Sie messen die Temperatur des Fischfleisches mit einem geeigneten Thermometer: Erreicht sie 70°C, so sind die Proteine des Fisches mit Sicherheit geronnen, das heißt, der Fisch ist gar. Oder Sie rechnen ungefähr eine Stunde, wenn Sie die Fische ganz leicht ziehen lassen.

3. *Für die weiße Buttersauce die geschälten und kleingehackten Schalotten mit 25 cl gutem Essig und 25 cl Courtbouillon in einen kleinen Topf geben. Um drei Viertel reduzieren.*

Die weiße Buttersauce ist eine heiße, emulgierte Sauce, bei der das Fett von der zerlassenen Butter kommt. Um die Fetttröpfchen zu verteilen, brauchen wir eine Wasserphase, die möglichst schmackhaft sein soll. Der Essig macht die Sauce nicht nur pikanter, er trägt gleichzeitig dazu bei, sie zu stabilisieren. Die Schalotten sind für den Geschmack da.

4. *Wenn die Bouillon genügend eingekocht ist, 250 g Butter portionsweise dazugeben und mit einem Schneebesen kräftig unterschlagen, bis Sie eine homogene, cremige Sauce erhalten. Nach Geschmack salzen und pfeffern und sofort in einer mit heißem Wasser angewärmten Saucière servieren.*

Bei der Zubereitung einer Mayonnaise lassen wir das Öl langsam einfließen. Hier geben wir die Butter portionsweise dazu und arbeiten sie nach und nach ein. Der Schneebesen ist ein absolutes Muß: Wir haben bereits darauf hingewiesen, daß die Fetttröpfchen kleiner sind und die Emulsion stabiler wird, wenn das Fett durch kräftiges Schlagen gut verteilt ist.

# Gegrillte Hummer im Gemüsesfond
## *Homards grillés à l'infusion de légumes*

Ein Gericht, das den Gästen die Zunge löst,
ein bemerkenswertes Gericht also, denn: »*Plaudern ohne Prätention, ein freundliches Ohr leihen, mehr braucht es nicht, um die Zeit sanft und schnell verrinnen zu lassen.* «
Brillat-Savarin

Im »Hôtel de la Mer« in Saint-Guénolé wurde früher ein »menu dégustation« serviert, das selbst den kräftigsten Appetit befriedigte: ein Dutzend Austern, ein halber Hummer à la Bigouden, pochierter Steinbutt in holländischer Sauce, Lammbraten mit grünen Bohnen, Käse und als Dessert ein köstliches Schokoladen-Fondant. Die Preise waren unschlagbar, der Hummer unerreicht. Ich habe lange Zeit versucht, das Rezept für dieses außergewöhnliche Gericht herauszufinden, das den Höhepunkt der Mahlzeit darstellte. Unermüdlich kehrte ich ins Hôtel de la Mer zurück, um den Hummer à la Bigouden zu kosten und dem Rezept nachzujagen – das ich aber leider nie bekommen habe.

Also versuchte ich, das Rezept auf eigene Faust nachzukochen, doch trotz aller Bemühungen blieb mein Hummer dem sagenhaften Gericht von Saint-Guénolé weit unterlegen. Bei jedem Besuch, den ich dort unten machte, erhielt ich jedoch ein paar wertvolle Hinweise, indem ich meine eigenen Versuche mit dem »Urhummer« verglich. Das folgende Rezept ist zwar nicht das Originalrezept des Küchenchefs von Saint-Guénolé (der nach so langer Zeit sicherlich gewechselt hat), aber probieren Sie es aus: Ich bin sicher, daß nicht einmal die Stammgäste des Hôtel de la Mer etwas daran auszusetzen hätten.

ZUTATEN FÜR 8 PERSONEN

*4 lebende Hummer*

*4 Karotten*

*2 Lauchstangen*

*1 Sellerie*

*1 Fenchelknolle*

*1 Glas Cognac*

*25 cl Crème fraîche*

*2 Zwiebeln*

*3 Tomaten*

*Pfeffer*

*Cayennepfeffer*

*Salz*

*1 Zweig Thymian*

1. *Für die Gemüsebrühe mehrere Liter Wasser, die sehr klein gewürfelte Karotte, die Zwiebeln, den Sellerie, den Fenchel und den Lauch, alles kleingeschnitten, in einen großen Topf mit hohem Rand geben. Mit dem Fenchelgrün, dem Thymian und 1–2 TL Salz würzen, zudecken und bei milder Hitze 3 Stunden köcheln lassen.*

Bei diesem Schritt geben die Gemüse ihre Aromen ins Wasser ab. Die Kochzeit ist lang, weil die Gemüse aus Zellen bestehen, die nicht nur von einer Membran, sondern auch von einer harten Wand umhüllt sind. Langes Garen in heißem Wasser baut diese Wand ab, die Voraussetzung dafür, daß der Inhalt der Zellen in die Brühe übergeht.

2. *Die Brühe durch ein Spitzsieb in einen Topf mit breitem Boden geben. Das Gemüse gut ausdrücken.*

Dieser Arbeitsgang ist wichtig, zumal beim Durchpassieren winzige Partikelchen mit durch das Sieb gehen, die Ihre Brühe eindicken helfen.

3. *Die Gemüsebrühe einkochen lassen; am Ende darf nicht mehr als eine große Schale Flüssigkeit übrigbleiben. Mit einer guten Prise Cayennepfeffer würzen.*

Erhitzen Sie ohne Deckel: das Wasser muß verdampfen. Dadurch gehen Ihnen zwar ein paar Aromen verloren (Beweis: der Dampf, der aus der Kasserolle aufsteigt, hat Geruch), aber es entstehen zweifellos auch neue Aromen. Es wäre von großem Interesse für die Molekulargastronomie, einen solchen reduzierten Fond, sprudelnd eingekocht, mit einem Fond zu vergleichen, der nur leise köchelnd reduziert wurde. Kein Zweifel, daß jeder echte Feinschmecker sich zur letzten Methode bekehren würde, wenn das Ergebnis besser wäre, und sollte die Prozedur auch mehrere Tage dauern!

4. *Auf einem Brett, das man auf ein Backblech legt (um die Flüssigkeiten aufzufangen), die lebenden Hummer der Länge nach durchschneiden, wobei Sie das Messer am Kopf ansetzen.*[1] *Die aufgefangene Flüssigkeit in den Gemüsefond geben. Das Brett wegnehmen und die Hummerhälften Seite an Seite auf das Backblech legen. Im vorgeheizten Ofen eine Viertelstunde lang bei 250°C grillen.*

Nach J. Robuchon muß man die Hummer ein paar Minuten im kochenden Salzwasser blanchieren, bevor man sie grillt oder brät. Als Argument für diese Methode führt er an, daß »das Fleisch des Hummers da-

---

[1] In Deutschland ist es verboten, einen Hummer lebend zu zerteilen – er muß zuerst in kochendem Wasser getötet werden.

durch zarter wird«. Ist das überhaupt wünschenswert? Das ist natürlich Geschmacksache. Ich persönlich mag gerade die Festigkeit des Hummerfleischs, die nichts mit der Konsistenz eines zu lange gegarten Fischs zu tun hat.
Das Grillen bietet keine Geheimnisse: Die Proteine, aus denen das Hummerfleisch besteht, gerinnen. Die Oberfläche färbt sich ein wenig, was den Geschmack am Ende intensiviert. Warum muß der Ofen sehr heiß sein? Weil wir die Garzeit so kurz wie möglich halten müssen, damit wir eine gut gegrillte Oberfläche bekommen, ohne daß das Fleisch austrocknet. Schließlich noch ein Tip: Sie können den Hummer auch im Ganzen garen, ohne ihn zu öffnen; so wirkt der Panzer wie eine Folie, in der das Hummerfleisch im eigenen Saft schmort.

5. *Das Blech herausnehmen und den Ofen sofort wieder zumachen, um ihn gut heiß zu halten. Die Hummer mit einem Glas Cognac begießen und flambieren. Den Gemüsefond mit der Crème fraîche verrühren und über die Hummerhälften gießen. Weitere 5 Minuten in den Ofen geben.*

Hier geht es lediglich darum, die gekochten Hummer mit der aromatisierten Flüssigkeit zu imprägnieren und die Sauce zu konzentrieren, indem man einen Teil des Wassers der Crème fraîche verdampfen läßt. Die Sauce wird eine Emulsion sein, weil die Crème fraîche eine ist.
Soll man überhaupt flambieren? Manche Köche sagen, daß sich durch das Flambieren der Säuregehalt verringere, weil die Säuren des Cognacs auf diese Weise verdampft würden, aber ist das tatsächlich so? Wir haben es nachgeprüft: Zuerst haben wir den Säuregehalt des Cognacs im Topf vor dem Flambieren gemessen; dann haben wir ihn erhitzt, flambiert und gewartet, bis er auf seine ursprüngliche Temperatur abgekühlt war (um verläßliche Werte zu erhalten). Dann haben wir wieder den pH-Wert, also den Säuregehalt, gemessen: kein Unterschied.
Dagegen schmeckt der flambierte Cognac »flach« – scheint also weniger sauer zu sein. Aber lassen wir uns nicht täuschen: Die Säure, die wir im Mund spüren, ist nicht die Säure, die man mißt. Nehmen wir z. B. ein Glas reinen Essig und dieselbe Menge Essig mit Zucker vermischt: welche Flüssigkeit kommt uns saurer vor? Und doch ist der Säuregehalt identisch. Beim Flambieren werden die Säuren des Cognacs zwar sicherlich verdampft, aber man kann daraus nicht schließen, daß der Säuregehalt reduziert ist.

6. *Die Hummer auf heiße Teller legen, die Sauce vom Blech wieder über die Hummer gießen, dann mit zerstoßenem Pfeffer bestreuen und servieren.*

Es gibt für dieses Gericht keine Beilage, die mich jemals zufriedengestellt hätte, aber Sie können einen kleinen Lauchpudding auf den Hummer folgen lassen: Dazu wird der Lauch in Butter angeschwitzt und in ganz wenig Wasser gedünstet. Man gibt ganze Eier dazu, füllt die Masse in kleine Auflaufförmchen und läßt sie bei milder Ofenhitze garen.

# Lachs, einseitig gebraten
## *Saumon à l'unilatérale*

*Die Langeweile wurde an einem eintönigen Tag geboren.*
Houdart de Lamotte

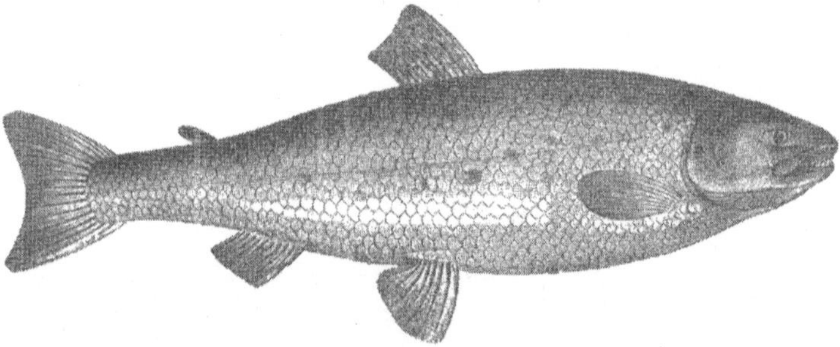

Guy Savoy, ein Küchenchef, der nicht weit von der Place de l'Etoile in Paris residiert, ist ein Meister der Kontraste: Kontraste in der Konsistenz, im Geschmack, in den Aromen.

Ich erinnere mich an ein hervorragendes, einseitig gebratenes Lachsfilet, das ich einmal bei ihm gegessen habe und bei dem zwei Qualitäten miteinander kontrastierten: Der Gargrad – und damit die Festigkeit des Fleischs – nahm von unten nach oben zu, während die Aromen der Kräuter, die den Fisch bedeckten, im Verlauf einer zweiten Garstufe von oben nach unten gewandert waren.

Das Rezept, das ich Ihnen hier vorstelle, ist nicht das seine, aber davon inspiriert. Probieren Sie es ruhig aus: Selbst wenn Sie die Kunst der »gegenläufigen Kontraste« nicht so perfekt beherrschen wie der Meister in der Rue Troyon, werden Sie mit einem köstlichen Fischgericht belohnt.

Zutaten für 6 Personen

*6 kleine Lachsfilets*

*25 g Butter*

*1 EL Olivenöl*

*1 Zwiebel*

*2 Karotten*

*2 Schalotten*

*1 Lauchstange (weiß und grün)*

*1 Sträußchen frisches Koriandergrün*

*1 Thymianzweig*

*1 Petersilienzweig*

*1 Fenchelzweig*

*10 cl Crème double*

1. *Bitten Sie Ihren Fischhändler, die Lachsfilets nicht zu enthäuten und die Stücke für jeweils eine Person zu portionieren. Lassen Sie sich die Gräten mit einpacken.*

Die Haut ist wichtig, denn sie verhindert den verbrannten Geschmack, der entsteht, wenn man den Fisch zu lange bei zu starker Hitze brät: Das Wasser des Fleischs würde verdampfen, das Fleisch würde austrocknen und anbrennen.

2. *Etwas Butter in einen Topf geben und die Gräten mit einer kleingehackten Zwiebel darin andünsten. Wenn die Zwiebelstücke und die Gräten leicht gebräunt sind, einen Zweig Thymian und einen halben Liter Wasser dazugeben. Bei offenem Deckel ungefähr 20 Minuten köcheln lassen. Dann die Brühe durchseihen und so lange reduzieren, bis höchstens noch 1 dl Fischfond übrig ist.*

Der erste Teil dieser Prozedur setzt einige Maillard-Reaktionen in Gang, die dem Fond Farbe und Geschmack geben sollen. Das milde Köcheln hat den Zweck, die Gelatinemoleküle aus den festen Teilen der Gräten und die Aromamoleküle aus der Zwiebel und dem Thymian herauszulösen. Die gewonnene Gelatine ist eines der wichtigsten Moleküle für die spätere Saucenzubereitung: Sie gibt der Sauce Körper, indem sie das Emulgieren der Fette begünstigt.

3. *In einem anderen Topf eine Gemüsejulienne aus Karotten, Schalotten, Fenchel und Lauch in 1 EL Olivenöl anbraten und mit der Petersilie bei geschlossenem Deckel 5 Minuten dünsten.*

Hier bereiten wir die Gemüseauflage für den Fisch zu. Sie soll einen möglichst kräftigen Geschmack bekommen.

4. *Den Deckel abnehmen und das Gemüse fertiggaren, bis alle Flüssigkeit resorbiert oder verdampft ist. Das kleingehackte Koriandergrün untermischen.*

Das Koriandergrün gibt man erst gegen Ende der Garzeit dazu, weil seine Aromen sich sehr leicht verflüchtigen.

5. *Ein nußgroßes Stück geklärte Butter in eine große Pfanne geben und die Lachsfilets mit der Haut nach unten bei starker Hitze ein paar Minuten anbraten, bis das Fleisch ungefähr bis zur halben Höhe gegart ist (die obere Hälfte darf noch nicht vollständig durch sein).*

Geklärte Butter? Eine echte Gaumenfreude, die man sich nicht entgehen lassen sollte. Die Zubereitung ist, wie gesagt, ganz einfach: Man läßt die Butter langsam bei milder Hitze schmelzen, entfernt den Schaum, der oben schwimmt, und gießt sie vorsichtig vom Bodensatz ab.
Beim Braten in der Pfanne steigt die Hitze von unten nach oben. Beobachten Sie den Garvorgang und reduzieren Sie die Hitze, wenn das Fleisch unten gut gegart, aber oben noch nicht ganz durch ist.

6. *Die Filets aus der Pfanne nehmen und auf einen feuerfesten Teller geben. Mit grobem Salz und grob zerstoßenem Pfeffer bestreuen. Mit einer kleinen Schicht Gemüsejulienne bedecken und eine halbe Stunde ziehen lassen, damit das Fleisch von den Aromen der Kräuter durchdrungen wird. Dann bei 70°C 20 Minuten im Ofen garen.*

Im Ofen gehen die Aromen der Gemüseauflage verstärkt in das Fischfleisch über; gleichzeitig werden die Filets fertig gegart.
Hier handelt es sich um die zweite Garstufe, bei der die obere Hälfte des Fischs stärker aromatisiert wird als die untere Hälfte. Damit diese Prozedur gelingt, müssen die Gemüse geschmackskräftig sein. Deshalb die vorher beschriebenen Arbeitsschritte.
Sie können das Rezept abwandeln, indem Sie ein paar dünne Speckscheiben braten. Vor dem Servieren die knusprigen Speckscheiben in streichholzdünne Stiftchen schneiden und die Filets damit garnieren.

7. *10 cl Crème double mit dem Schneebesen in den Fischfond einarbeiten. Die Filets mit der Sauce überziehen.*

Noch eine Emulsion! Sie können die Gemüseauflage übrigens auch durch eine Schicht eßbarer Algen ersetzen.

# Forellenmousseline
## *Mousseline de truite*

*Die Schlemmerei: ein ehrbares Laster.*
Baptista Platina

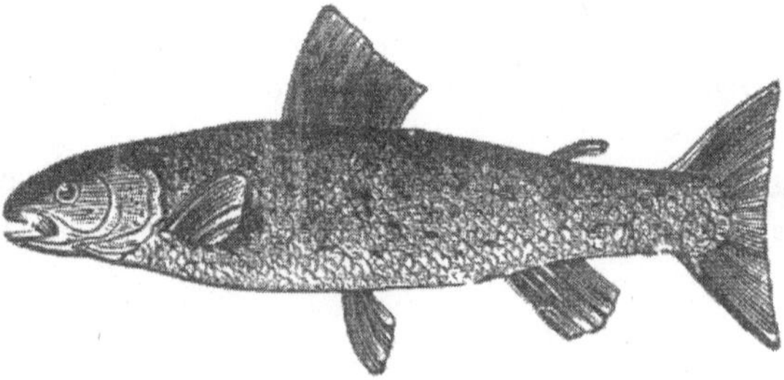

Forelle? Nur blau. Oder wenn Sie keine lebenden Fische bekommen können, Müllerin! Wenn die Forelle schön dick ist, wird sie pochiert und mit weißer Buttersauce serviert, so wie wir es vorhin gemacht haben. Wenn Sie dagegen die Feinheit des Fleischs, die Subtilität der Aromen betonen wollen, sollten Sie es mit der folgenden Zubereitung versuchen.

ZUTATEN FÜR 6 PERSONEN

*4 kleine Forellen (bitten Sie Ihren Fischhändler, die Filets auszulösen und den Kopf und die Parüren mit einzupacken)*

*40 cl Crème fraîche*

*6 Eier*

*1 Zwiebel*

*1 Schalotte*

*1 Lauchstange*

*75 g Champignons*

*0,5 Liter Wasser*

*25 cl trockener Weißwein*

*1 Bouquet garni*

*Salz*

*Pfeffer*

*25 g Butter*

*100 g Spinat*

1. *Das Fischfleisch pürieren und mit der Crème fraîche und den Eiern in den Kühlschrank geben.*

Warum die Zutaten in den Kühlschrank stellen? Ich habe diese Vorsichtsmaßnahme eines Tages vergessen, und prompt hat sich meine Crème fraîche in Butter verwandelt und beim Kochen eine unerfreuliche Flüssigkeit abgesondert. Außerdem läßt sich die Mousseline besser aufschlagen, wenn die Zutaten durch die Kälte fest geworden sind.

2. *In einem Topf die Fischparüren mit einem nußgroßen Stück Butter bei milder Hitze andünsten; dann das kleingeschnittene Gemüse – die Zwiebel, die Schalotte, die Champignons und den Lauch – dazugeben.*

Das ist der erste Schritt für die Zubereitung des Fischfonds. Man gart ohne Zugabe von Flüssigkeit, damit das Wasser verdampft. Auf diese Weise kann die Temperatur in den Zutaten mehr als 100°C erreichen, was die Bildung von Aromen, vor allem durch Maillard-Reaktionen, begünstigt.

3. *Mit dem Weißwein ablöschen, dann das Wasser angießen und das Bouquet garni dazugeben. Mit Salz und Pfeffer würzen und etwa eine halbe Stunde leise köcheln lassen.*

Vorsicht beim Wein. Auch wenn Sie der Meinung sind, daß er ohnehin reduziert und gekocht wird, also verdampft: die Erfahrung zeigt, daß man mit einem guten Wein bessere Gerichte erhält als mit einem mittelmäßigen.
Bei dieser zweiten Phase der Fischfond-Zubereitung gewinnt man die Aromen, die sich in der ersten Phase gebildet haben, und gleichzeitig löst man die Gelatinemoleküle, die der Sauce ihre Konsistenz geben, aus den Gräten heraus. Es heißt immer, daß ein solcher Fond nicht länger als 40 Minuten kochen darf, weil er sonst bitter wird, aber ein Blindvergleich zwischen zwei Fonds, von denen der eine nach 20 Minuten, der andere nach einer Stunde vom Feuer genommen wurde, hat keinen Geschmacksunterschied erbracht. Ich habe lediglich den Eindruck, daß 20 Minuten ausreichen, um die Gelatine aus den Gräten herauszulösen.

4. *Den Fond durch ein Sieb passieren, dabei die festen Teile mit dem Rücken einer Suppenkelle gut ausdrücken. Den Fond reduzieren, bis nur noch 40 cl Flüssigkeit übrig sind.*

Damit Sie einen möglichst klaren Fond erhalten, können Sie ihn auch durch ein Passiertuch geben. Das Reduzieren ist, chemisch gesehen, ein komplexer Vorgang, bei dem zahlreiche vorhandene Moleküle reagieren können. Reduzieren Sie so vorsichtig wie möglich und entfernen Sie den Schaum, der sich durch das Gerinnen der Proteine um die festen Partikel bildet, die den Fond trüben.

5. *Die Eier trennen und zuerst das Eiweiß in das Fischpüree einarbeiten, indem Sie es mit dem Schneebesen kräftig unterschlagen. Dann die Eigelbe und 20 cl Crème fraîche dazugeben und mit einem Holzspatel untermengen.*

Das Mikroskop zeigt deutlich, daß die Mousseline voller Luftbläschen ist. Deshalb geht sie auf (aus demselben Grund, aus dem z. B. auch der Windbeutelteig aufgeht). Warum haben wir Luft in der Mousseline? Weil sie aufgeschlagen wird. Schauen Sie bei den Käsewindbeuteln nach, dort wird die vollständige Erklärung gegeben, und denken Sie daran, daß immer, wenn eine Zubereitung aufgeht, Luftbläschen im Spiel sind, die man mit bloßem Auge oft nicht sehen kann. Damit sie vorhanden sind, muß man sie erst einmal eingebracht haben. Nehmen wir uns Mrs. Beetons[2] Kommentar zu Herzen, die hinsichtlich der französischen Klößchen meinte, daß sie den englischen weit überlegen seien, weil ihr Teig besser geschlagen werde. Greifen Sie also zum Schneebesen, denn auf diese Weise können Sie sich ein wenig Bewegung verschaffen, bevor Sie die Mousseline verspeisen.

6. *Die Fischmousseline in gefettete Auflaufförmchen füllen und im vorgeheizten Ofen bei 150°C ungefähr 20 Minuten backen.*

Vergessen Sie nicht, die Auflaufförmchen zu buttern: die Mousseline steigt dann besser. Ohne die Butter würde sie am Rand festkleben und nicht richtig aufgehen.
Warum bei 150°C garen und nicht z. B. bei 80°C? Schließlich würden doch die Proteine bei 80°C gerinnen, ohne ihr Wasser zu verlieren. Gewiß, aber vergessen wir nicht, daß unsere Mousseline aufgehen soll. Dazu muß das Wasser wie bei einem Soufflé verdampfen, und der Dampf muß sich in den Luftblasen ansammeln, die beim Schlagen in den Teig eingebracht wurden. Außerdem soll der so entstandene Dampf nicht entweichen. Die Oberfläche der Mousselines muß also durch ausreichend starkes Erhitzen undurchlässig gemacht werden. 80°C wären sicher nicht genug.

7. *Salzwasser zum Kochen bringen und den gewaschenen und entstielten Spinat hineinwerfen. Sobald das Wasser wieder*

[2] Mrs. Beeton, die im 19. Jahrhundert in England lebte, war die Autorin eines bemerkenswerten Traktats, in dem sämtliche Arbeiten abgehandelt werden, die in einem Haushalt anfallen, wobei sie den Hauptakzent auf die Küche legt. Von der unterschiedlichen Epoche einmal abgesehen, könnte man sie als das englische Pendant zu Mme de Saint-Ange bezeichnen.

*kocht, den Spinat herausnehmen, abtropfen lassen und bei milder Hitze in Butter dünsten, bis alles Wasser verdampft ist.*

Soll man das Salz erst ins kochende Wasser geben, wie manche Köche empfehlen, weil das Salz den Siedepunkt des Wassers hinauszögere? Das klingt einleuchtend, denn Salzwasser kocht bei einer höheren Temperatur als reines Wasser; außerdem ist die Masse, die insgesamt erhitzt werden muß, größer. Und doch...

Ich habe das folgende Experiment gemacht und festgestellt, daß der Rat überflüssig ist. Ich habe zwei Gläser mit je 25 cl Wasser aus dem Wasserhahn gefüllt und gewartet, bis sich das Wasser in den beiden Gläsern auf Zimmertemperatur erwärmt hatte. Dann goß ich das Wasser aus dem einen Glas in einen kleinen Topf, den ich auf höchster Stufe auf einer Elektroplatte erhitzte; dabei habe ich fortlaufend die Temperatur bis zum Siedepunkt gemessen, der nach ungefähr 4 Minuten erreicht war.

Nachdem ich den Topf geleert und gewaschen hatte, wartete ich, bis die Herdplatte auf ihre ursprüngliche Temperatur abgekühlt war, dann goß ich das Wasser aus dem zweiten Glas in denselben Topf und gab 50 g Salz dazu (mit einer kräftigen Dosis hatte ich bessere Chancen, eine Wirkung zu beobachten). Ich erhitzte den Topf auf derselben Platte wie vorher, ebenfalls auf höchster Stufe, und auch diesmal kontrollierte ich die Temperatur bis zum Siedepunkt. Letzterer war nach derselben Zeit erreicht, mit einer Abweichung von ungefähr 10 Sekunden. Was soll man daraus schließen? Wenn das Salz bei einer so exzessiven Dosierung keine Wirkung zeigt, wird es bei den normalerweise beim Kochen vorgesehenen Mengen erst recht nicht ins Gewicht fallen.

Für den Spinat habe ich hier eine schnelle Garmethode gewählt, damit er frisch und knackig bleibt. Das ist die eine Möglichkeit, ich will aber auch die andere nicht übergehen, die Brillat-Savarin so anschaulich geschildert hat: »Die Kenntnis des Osmazoms brachte den Kanonikus Chevrier dazu, Töpfe mit Schlössern zu erfinden; es war derselbe geistliche Herr, dem man am Freitag nur dann Spinat servieren durfte, wenn dieser schon am Sonntag gekocht und jeden Tag mit einem neuen Stück frischer Butter wieder aufs Feuer gesetzt worden war.«

8. *Den Fischfond mit 20 cl Crème fraîche aufkochen und reduzieren.*

Keine Sorge, Sie können die Crème fraîche ohne weiteres mitkochen. Das ist nötig, um der Sauce Körper zu geben. Den Grund für diese Prozedur versteht man, wenn man weiß, daß die Crème fraîche eine Emulsion ist, also eine Dispersion von Fetttröpfchen, umgeben von Proteinen (hauptsächlich Kaseinmoleküle), in Wasser. Wenn man den Rahm zum Fischfond, also in eine Gelatinelösung gibt, bleibt die Emulsion erhalten. Die Gelatine wirkt als Emulgator, der die Tröpfchen verteilt hält, und die Sauce bekommt Konsistenz, wenn die Tröpfchen zusammengedrängt werden, nachdem ein Großteil des Wassers verdampft ist.

9. *Nach 20 Minuten Backzeit die Mousselines aus dem Ofen nehmen und etwas ruhen lassen. Die Mousselines aus den Förmchen stürzen, auf ein Spinatbett setzen und mit der Sauce überziehen.*

Die Mousselines sollen ein wenig ruhen, bevor sie gestürzt werden, damit sie nicht zerfallen. Dieses Ruhen vollendet den Garprozeß und gibt ihnen mehr Festigkeit; im übrigen sind ihre Bestandteile in abgekühltem Zustand fester als in heißem.

## Forellenklößchen
## *Quenelles de truite*

*Wenn man den Geschmack eines Apfels kennenlernen will,*
*muß man hineinbeißen.*
Chinesisches Sprichwort

Klößchen waren lange Zeit ein Mysterium für mich. Schließlich hatte ich in den *Secrets de la Mère Brazier* gelesen: »Es ist praktisch unmöglich, die Klößchenfarce in einem normalen Haushalt zuzubereiten, der nicht über die nötigen Maschinen verfügt.« Ich hasse solche Kommentare; anstatt zu ermutigen, zum Ausprobieren anzuregen, würgen sie jede Kreativität, jedes Selbstbewußtsein von vornherein ab. Was schadet es, wenn Ihre ersten Klößchen nur mittelmäßig geworden sind? Sie werden andere, bessere machen. Und es kommt der Tag, an dem Sie die köstlichsten Klößchen zubereiten werden, so daß jeder Lyoneser, jeder Elsässer vor Neid erblassen muß.
Die Worte der Mère Brazier haben ganz besonders viel Gewicht: Hat sie nicht Paul Bocuse das Kochen gelehrt? Mir waren also von höchster Autorität die Hände gebunden: Man denke nur, für das einfachste Rezept brauchte man bereits ein Godiveau (eine Fleischfarce) und eine Panade, für mich also etwas völlig Unerreichbares. Dann fing ich an, Klößchenrezepte zu sammeln; ich besitze heute Hunderte davon (Sie können mir aber gerne neue schicken), und ich fand schnell heraus, daß das Godiveau vorteilhaft durch Butter ersetzt werden kann und daß die Panade nichts anderes ist als Mehl, das in eine Mischung aus kochendem Wasser und Butter eingerührt wird. Nichts Mysteriöses.
Was die erwähnten Schwierigkeiten angeht, so existieren sie nicht mehr, seit uns Pürierstäbe und Küchenmaschinen zur Verfügung stehen.

Zutaten

*500 g Forellenfleisch*

*300 g Butter*

*3 Eier*

*80 g Mehl*

*6 EL Crème fraiche*

*1 Zwiebel*

*1 Karotte*

*1 Lauchstange*

*1 TL Tomatenmark*

1. *Eine kleingeschnittene Zwiebel mit den Gräten der Forellen in einem Topf anschwitzen. Sobald das Ganze etwas Farbe angenommen hat, einen Liter Wasser angießen und die Karotte und die Lauchstange kleingeschnitten dazugeben. Eine Viertelstunde leise köcheln lassen. Dann die Brühe durch ein Sieb passieren und reduzieren, bis nur noch 200 cl konzentrierte Flüssigkeit übrig sind.*

Wir bereiten als erstes den Fischfond zu, den wir für die Panade brauchen. Das ist ein zusätzliches Raffinement: Bei vielen Rezepten in meiner Sammlung nimmt man nur Wasser oder Milch, aber wer einmal diese Variante probiert hat, wird nicht mehr davon lassen. Zugegeben, ich kompliziere die Sache, aber es geschieht im Namen der Feinschmeckerei.

2. *Bewahren Sie die Hälfte des Fonds für später auf. Die andere Hälfte in einen Topf mit 50 g Butter geben. Erhitzen, und wenn die Flüssigkeit kocht, vom Feuer nehmen und 80 g Mehl auf einmal hineinschütten.*

Wir bereiten die Panade zu. Das Mehl quillt auf, indem es die heiße Flüssigkeit absorbiert. Die Butter umhüllt die Stärkekörner mit einer dünnen Schicht und bindet so die Masse.

3. *Wenn das Mehl das Wasser absorbiert hat, den Topf mit der Panade auf kleine Flamme stellen und mit einem Holzlöffel umrühren, damit die Panade trocknet, ohne anzubrennen.*

Die Panade, die wir erhalten wollen, soll das Wasser der Eier absorbieren, die den Klößchen beim Gerinnen Festigkeit geben; dazu müssen wir ein wenig von dem absorbierten Wasser verdampfen lassen. Keine Sorge: nur das Wasser entweicht, zurück bleiben die Aromen des so kunstvoll zubereiteten Fonds.

4. *Die Panade mit der restlichen Butter (250 g) und dem Forellenfleisch in den Mixer geben. Gut durchmixen, bis eine homogene Masse entstanden ist. Dann die ganzen Eier, Salz und Pfeffer einarbeiten und noch einmal gründlich pürieren.*

Die Klößchen müssen locker und fein sein. Hier versuchen wir sie fein zu machen. Früher waren die Köche dazu verdammt, mit Mörser und Passiertuch zu Werke zu gehen – eine echte Knochenarbeit. Heute haben wir einen treuen Verbündeten, die Küchenmaschine.

5. *Die Farce in eine Schüssel geben und mit einem dicken Schneebesen kräftig schlagen.*

Mrs. Beeton, das zeitversetzte englische Pendant der Madame Saint-Ange, sagte von den französischen Klößchen, daß sie besser seien, weil sie besser zerstampft, zerstoßen, durchpassiert und geschlagen seien. Für mich, der ich das Prinzip der Klößchenzubereitung verstehen wollte, war das die Erleuchtung: Was zählt, sind wieder einmal die Blasen – wie beim Brandteig, beim Soufflé, bei den Meringen. Wenn ein Klößchen beim Kochen aufgeht, dann deshalb, weil das im Teig enthaltene Wasser beim Garen verdampft. Damit das Wasser in Massen verdampft, muß die Berührungsfläche zwischen dem Wasser und der Luft möglichst groß sein. Um eine große Oberfläche zu erhalten, muß man eine große Menge Luft in den Klößchenteig einbringen. Wie? Indem man ihn kräftig und ausdauernd mit einem Schneebesen schlägt. Und wenn Sie sich überzeugen wollen, daß Ihre Klößchen die nötigen Luftblasen enthalten, können Sie sie unter dem Mikroskop betrachten!

6. *Den Klößchenteig mehrere Stunden in den Kühlschrank stellen. Dann 6 EL Crème fraîche mit der Gabel einarbeiten.*

Ich weiß nicht mehr, ob das Rezept, von dem ich ausging, das Unterrühren der Crème fraîche am Ende der Zubereitung vorgesehen hatte, aber wenn man sie zu früh dazugibt, riskiert man, daß sie sich in Butter verwandelt. Die Aufbewahrung im Kühlschrank soll ebenfalls dazu beitragen, daß die Sahne eine Sahne bleibt.

7. *Die Klößchen in kochendem Salzwasser 10 Minuten pochieren.*

Was bewirkt das Pochieren? Daß die Eier und das Fischfleisch zu einer Art Pudding stocken und die Klößchen aufgehen. Damit die Klößchen aufgehen, muß das Wasser kochen. Wenn es gut gesalzen ist, übersteigt die Siedetemperatur die 100°C-Marke nur um wenige Grade. Nicht zu lange kochen, damit die Klößchen nicht zusammenfallen.

8. *In die restliche Hälfte des Fischfonds ein Eigelb, eine Prise Mehl und 1 TL Tomatenmark geben. Langsam erhitzen, und wenn die Sauce einzudicken beginnt, 100 g Butter portionsweise unterschlagen.*

Madame Saint-Ange merkt an, daß ein echter Gourmand den Geschmack von rohen Eiern verabscheue und daß daher mit Eigelb gebundene Saucen gekocht werden müßten. Die Prise Mehl dient dazu, Klümpchen zu vermeiden. Die Butter hingegen ist vor allem wegen ihres Geschmacks da und nicht so sehr wegen der Konsistenz, die sie in die Sauce einbringt.

9. *Die Klößchen mit der Sauce überziehen und auf heißen Tellern servieren.*

Eines bleibt rätselhaft bei den Klößchen, und ich will es Ihnen nicht verschweigen. Wenn eine Masse aufgehen soll, wird häufig ein steifgeschlagenes Eiweiß untergezogen. Warum wird diese Methode dann in keinem einzigen Rezept meiner Sammlung erwähnt? Ich habe verschiedene Köche gefragt, und die beste Antwort, die ich erhielt, war: »Dann wäre es ja eine Mousselinefarce«. Tatsächlich habe ich Rezepte, bei denen Fischfilets mit einer Klößchenfarce bestrichen werden, bevor man sie im Ofen gart. Die Farce geht auf und trägt dazu bei, das Gericht leichter und luftiger zu machen. Aber warum haben unsere landläufigen Klößchen keinen solchen Eischnee? Sie würden mit Sicherheit aufgehen, wie die Windbeutel, bei denen das Eigelb durch Eiweiß ersetzt wurde.

## Fleischgerichte

Rinderfilet mit Elsässer Pinot noir
*(Filet de boeuf grillé au pinot noir d'Alsace)*

Émincé vom Huhn mit Meerrettichmousse
*(Émincé de poulet aromatique au raifort)*

Geflügeltimbale mit Rieslingsauce
*(Timbale de poulet au riesling)*

Rinderbraten mit Pommes frites
*(Rôti de boeuf et pommes de terre frites)*

Gegrillte Wachteln mit Kartoffelpüree
*(Cailles rôties et purée de pommes de terre)*

Ente à la Brillat-Savarin *(Canard à la Brillat-Savarin)*

Kalbsfrikandeau mit Sauerampfer
*(Le vrai fricandeau à l'oseille)*

Fasanenragout mit frischen Nudeln
*(Salmis de faisan aux pâtes fraîches)*

Schmorkaninchen mit Kartoffelplätzchen
*(Braisé de lapin et galettes de pommes de terre)*

Kaninchenpfeffer *(Civet de lapin)*

Kaninchen mit Honig und fritierten Auberginen
*(Lapin au miel et aux aubergines frites)*

Falscher Wildschweinbraten
*(Rôti de porc façon sauvage)*

Schweinebraten mit Ananas
*(Rôti de porc à l'ananas façon Pravaz)*

# Gegrilltes Rinderfilet mit Elsässer Pinot noir
## *Filet de boeuf grillé au pinot noir d'Alsace*

*Keine Macht der Götter kommt der Nützlichkeit des Weines gleich.*
Asklepiades

Asklepiades hat recht: Die Macht der Götter, sei sie auch noch so groß, ist keine sehr nützliche Zutat für die köstliche Sauce, die dieses Gericht begleitet. Dagegen der Elsässer Pinot noir! Die leichte, fruchtige Variante, wie sie die meisten Genießer bevorzugen, oder der nach Burgunderart gekelterte Pinot, der manchmal ebenso gelungen ist wie manche Rotweine von den Hängen Burgunds.
Sehen wir uns hier einige Grundprinzipien für das Garen von Fleisch an.

Zutaten für 6 Personen

*6 Scheiben Rinderfilet*

*Eine halbe Flasche Elsässer Pinot Noir*

*6 Markknochen*

*175 g Butter*

*5 Schalotten*

*Petersilie*

*Salz*

*Pfeffer*

*5 große Kartoffeln*

1. *Die Kartoffeln schälen, in Scheiben schneiden und gründlich waschen. Gut trocknen. In einer großen Pfanne auf beiden Seiten anbraten; nehmen Sie dazu das beste Fett, das Sie haben. Dann die Kartoffeln im Ofen (bei 50°C) warm halten.*

Die Kartoffeln müssen gewaschen und trockengetupft werden, wenn sie schön knusprig werden sollen. Braten Sie die Kartoffeln auf jeden Fall bei starker Hitze und denken Sie daran, daß eine dünne Scheibe schneller gar ist als eine dicke. Beachten Sie auch, daß die Stärke der Hitze die Farbe Ihrer Kartoffeln bestimmt. Wenn Sie bei sehr starker Hitze braten, werden die Kartoffeln schwarz; wenn Sie bei gemäßigter Hitze braten, dringt die Hitze bis ins Innere der Kartoffeln ein, ehe sie Farbe annehmen.
Was geschieht beim Braten? Ein Mikroskop und ein wenig Überlegung helfen uns weiter (Abb. 15). Unter dem Mikroskop sieht man zunächst einmal, daß die Kartoffeln aus Zellen bestehen (die unter anderem Stärkekörner und Wasser enthalten). Die Stärkekörner lösen sich nicht im Wasser auf, solange es kalt ist, aber wenn die Hitze sich in der Kartoffel ausbreitet, bildet sich in jeder Zelle eine Art Stärkekleister: Die Kartoffel wird weich.
Welches Fett soll man zum Braten verwenden? Gänse- oder Entenschmalz gibt einen sehr kräftigen, aber köstlichen Geschmack. Geklärte

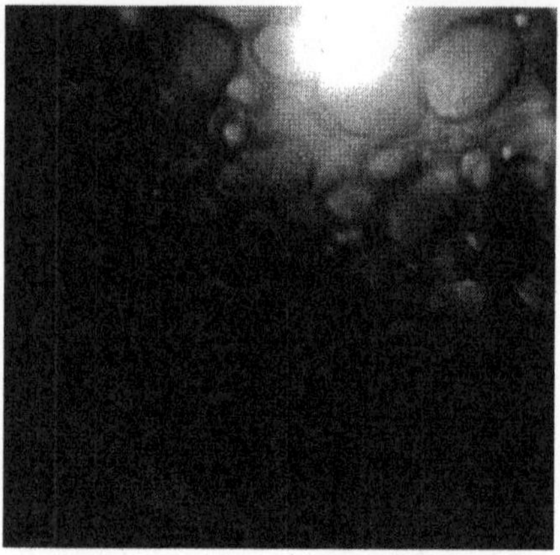

**Abb. 15.** Kartoffelscheibe unter dem Mikroskop

Butter eignet sich ebenfalls ausgezeichnet für diesen Zweck. Sauberes, hitzebeständiges Öl ist akzeptabel.
Wenn Sie Ihre Kartoffeln beim Braten beobachten, werden Sie feststellen, daß Bläschen auf der Oberfläche entstehen: Das Fett, das auf über 100°C erhitzt wird, läßt das Wasser an der Oberfläche der Kartoffeln verdampfen; diese werden knusprig, weil sie an der Oberfläche austrocknen.
Merken wir uns also das folgende kulinarische Prinzip: Wenn man ein Gargut schnell erhitzen will, muß man es auf eine Temperatur von über 100°C bringen und die Gegenwart von Wasser vermeiden. Das heißt, man muß auf das Braten zurückgreifen, bei dem ca. 200°C erreicht werden, oder aber auf das Garen bei direkter Hitze, auf offener Flamme oder auf einem gußeisernen Grill. Ich habe einmal die Temperatur auf einem solchen Grill gemessen: 250°C waren schnell überschritten, aber eine stärkere Glut hätte meinen Grill auf noch höhere Temperaturen erhitzt; notfalls hätte ich ihn zur Weißglut bringen können!

2. *25 g Butter in einer großen Pfanne zerlassen und das Fleisch von beiden Seiten scharf anbraten. Dann die Hitze reduzieren und fertig garen.*

Das Fleisch nicht salzen oder spicken: Wir wollen, daß es gart, also daß seine Proteine gerinnen, und daß es dabei möglichst viel von seinem Saft behält. Wenn Sie das Fleisch spicken, zerstören Sie die Zellen, die dann

ihren Saft verlieren. Wenn Sie salzen, geht der Saft durch Osmose verloren. Es wird immer behauptet, daß scharfes Anbraten die Poren des Fleischs verschließen würde, aber das ist falsch. Der Beweis? Wenn Sie das Fleisch bei sehr starker Hitze anbraten und dann auf einen weißen Teller geben, werden Sie feststellen, daß sich bald eine kleine Saftpfütze bildet. Das ist unvermeidlich, denn der Saftverlust hängt vor allem von der im Fleisch erreichten Temperatur und der jeweiligen Garzeit ab.
Warum also bei starker Hitze anbraten? Weil Sie an der Oberfläche das Wasser des Fleischsafts verdampfen lassen, so daß die Temperatur dort auf über 100°C ansteigt. Auf diese Weise können Maillard-Reaktionen ablaufen und dem Fleisch Farbe und Geschmack geben, während das Innere nicht stark und lange genug erhitzt wird, um allzuviel Saft zu verlieren.
Schließlich sei noch angemerkt, daß nicht jedes Fleisch zum Braten oder Grillen taugt. Das Filet ist deshalb gut geeignet, weil es wenig harte Kollagenfasern enthält. Beim Braten wird es etwas härter, aber es bleibt dennoch zart, solange es saftig ist. Stücke aus dem vorderen Teil dagegen, z. B. Nackenstücke, müssen geschmort werden, weil sie von vornherein hart sind. Hier ist das Ziel vor allem, das Fleisch weich zu machen. Wir werden sehen, daß das bei möglichst milden Temperaturen geschieht.

3. *Das Fleisch vom Feuer nehmen und in einen tiefen Teller geben, den Sie mit einem anderen tiefen Teller zudecken. In den auf 50°C vorgeheizten Ofen stellen.*

Das ist ein gutes Mittel, Fleisch warmzuhalten, ohne daß es austrocknet: Das Wasser, das es unweigerlich in Form von Dampf verliert, bleibt zwischen den beiden Tellern und hält die weitere Verdunstung in Grenzen. Wenn etwas knusprig bleiben soll, wäre das allerdings eine schlechte Methode: Der Dampf würde die Kruste aufweichen, und diese würde sich wieder mit Wasser vollsaugen.

4. *Die Markknochen in einen großen Topf mit kaltem Salzwasser geben. 5 Minuten bei milder Hitze ziehen lassen.*

Seien Sie vorsichtig: Wenn Sie das Mark zu stark erhitzen, löst es sich auf. Das Salz im Wasser scheint diesem Prozeß entgegenzuwirken. Warum, weiß ich nicht, denn ich habe das Phänomen noch nicht ausreichend erforscht. Ich hoffe, Sie verzeihen mir.

5. *Die Schalotten im Bratfett andünsten, dann den Pinot noir angießen und reduzieren.*

Die Schalotten reichern sich beim Andünsten mit den teilweise karamelisierten Säften in der Pfanne an. Mit dem Wein löscht man den Bratensatz ab, der zahlreiche Aromamoleküle enthält.

6. *Ein Gelatineblatt in der Flüssigkeit auflösen. Butter in Flöckchen dazugeben und kräftig unterschlagen.*

Wir wollen eine emulgierte Sauce. Zu diesem Zweck fügen wir einen geschmacksneutralen Emulgator hinzu: die Gelatine. Bei den klassischen Rezepten wird die Gelatine oft aus Kalbsknochen gewonnen, indem man vorher einen Fond zubereitet. Hier haben wir es eilig: Die Sauce muß Gelatine enthalten, also geben wir sie dazu. Die handelsübliche Blattgelatine ist chemisch identisch mit der Gelatine, die Sie selbst zubereiten würden. Ich weiß, daß Kalbsfond relativ geschmacksneutral ist, aber warum nicht gleich den Fond durch reine Gelatine ersetzen, wenn wir die Würze unseres Gerichts unverfälscht erhalten wollen? Und außerdem ist es einfacher.
Nachdem wir die beiden ersten Bestandteile der Emulsion eingebracht haben (das Wasser, das vom Pinot noir kommt, und den Emulgator in Form von Gelatine), geben wir nach und nach die Butter dazu, wobei wir kräftig mit dem Schneebesen schlagen, damit ihr Fett gut verteilt wird und die Sauce eindickt.
Diese Sauce ist eine Emulsion, ähnlich wie die Mayonnaise, aber heiß. Erinnern wir uns an die Prinzipien, die wir bei der Zubereitung der harten Eier kennengelernt haben: Die Konsistenz Ihrer Sauce hängt von dem Verhältnis Wasser/Fett ab, so daß es ratsam ist, von einem stark reduzierten Fond auszugehen, wenn man eine dicke Sauce will. Und natürlich wird Ihre Sauce um so homogener, je kräftiger Sie mit dem Schneebesen schlagen.

7. *Das Fleisch schnell auf sehr heißen Tellern servieren. Mit Salz und zerstoßenem Pfeffer würzen. Das in Scheiben ge-*

*schnittene Mark dekorativ verteilen und alles mit Sauce überziehen. Mit den Kartoffelscheiben umlegen.*

# Émincé vom Huhn mit Meerrettichmousse
## *Émincé de poulet aromatique au raifort*

*Alles wird gut, was warten kann.*
Rabelais

Kennen Sie Fisch auf tahitianische Art? Roher Fisch wird in Limettensaft mariniert, der mit verschiedenen Gewürzen aromatisiert ist. Man erspart sich das Kochen, denn die Marinade denaturiert die Proteine und zieht einen Teil des Wassers heraus, so daß der Fisch fast »gar« wird.

Hier nehme ich die Idee mit der Zitronenmarinade für das zarte, weiße Fleisch unseres Huhns auf und begleite das Ganze mit einer Meerrettichmousse, wie ich sie bei Philippe Bohrer im Restaurant »A la ville de Lyon« in Rouffach zum ersten Mal gekostet habe. Es ist eine echte Delikatesse!

ZUTATEN FÜR 6 PERSONEN

*6 Hühnerbrüstchen*

*6 Knoblauchzehen*

*24 kleine weiße Zwiebeln*

*1 TL Puderzucker*

*25 cl Sahne*

*2 Gelatineblätter*

*2 Zitronen*

*1 Thymianzweig*

*1 Glas Weißwein*

*2 Lorbeerblätter*

*8 Pfefferkörner*

*frisch geriebener Meerrettich*

1. *In eine Schüssel den Saft von 2 Zitronen, ein Glas Weißwein, einen großen Thymianzweig, 2 Lorbeerblätter, 24 kleine weiße Zwiebelchen und 8 Pfefferkörner geben. Die Hühnerbrüstchen in möglichst regelmäßige, 1 cm dicke Streifen schneiden und mindestens 2 Stunden in der Marinade ziehen lassen.*

Eine Marinade ist eine saure und aromatisierte Flüssigkeit, in der das Fleisch so lange ruhen soll, bis die Aromen eingezogen sind. Gleichzeitig denaturiert die Säure die Proteine: Diese Moleküle sind wie kleine Knäuel, die von der Säure teilweise entrollt werden. Benachbarte Proteine schließen sich in diesem Zustand leichter zusammen. Mit anderen Worten, die Marinade setzt den Garprozeß in Gang.

2. *Wenn die Marinierzeit um ist, die 24 kleinen Zwiebeln und die 6 Knoblauchzehen in einem Topf mit einem Löffel Puderzucker und einer Prise Salz anschwitzen. Umrühren und*

*mit Wasser oder Bouillon zur Hälfte bedecken. Zudecken und bei milder Hitze 5 Minuten garen. Den Deckel abnehmen und fertig garen, bis fast alles Wasser verdampft ist. Beiseite stellen.*

Der Topf muß so groß sein, daß alle Zwiebeln nebeneinander Platz haben. Mit der hier beschriebenen Prozedur werden die Zwiebeln »glaciert«. Der Zucker gibt ihnen eine wunderbare Konsistenz und eine schöne goldene Farbe. Wenn Sie der starke Knoblauchgeschmack abstößt, können Sie die Knoblauchzehen vorher kurz in kochendem Wasser blanchieren. Die Aromen des Knoblauchs sind schwefelhaltige Moleküle, die wasserlöslich und ziemlich zerbrechlich sind. Sie können die Knoblauchzehen auch aufschneiden und den grünen Keim im Innern entfernen.

3. *Zwei Gelatineblätter in kaltem Wasser einweichen. Einen Löffel Sahne anwärmen und die Gelatine darin auflösen.*

Haben Sie keine Angst, daß das Erhitzen die Sahne in Gefahr bringt: Bei vielen Saucen erhitzt man die Sahne, ja, man läßt sie sogar kochen, damit die Sauce eindickt. Wie wir bereits wissen, ist die Sahne eine natürliche Emulsion von Fetten der Milch, die ihrerseits eine natürliche Fett-in-Wasser-Emulsion ist.
In der Milch stoßen sich die emulgierten Fettkügelchen ab, was sie stabilisiert, aber sie steigen langsam wieder an die Oberfläche, weil Fett eine geringere Dichte als Wasser hat. In der Sahne wird die Emulsion ebenfalls ziemlich stark stabilisiert. Der Beweis? Wenn Sie die Sahne stehen lassen, ohne sie zu schlagen, werden Sie mit ziemlicher Wahrscheinlichkeit weder eine Trennung der Fett- und Wasserphase erhalten noch die umgekehrte Emulsion, die Dispersion von Wasser in Fett, die der Butter entspricht. Sie können die Sahne also in aller Seelenruhe erhitzen!

4. *20 cl Sahne steifschlagen und 5 cl Marinade unterrühren.*

Vor dem Schlagen der Sahne gibt man Schüssel und Schneebesen eine Weile in den Kühlschrank. Die Marinade rundet den Geschmack ab. Dahinter steckt das alte kulinarische Prinzip, daß man vom Anfang bis zum Ende eines Rezepts immer die gleichen Zutaten nehmen soll.

5. *Die steifgeschlagene Sahne und die Sahne, in der Sie die Gelatine aufgelöst haben, miteinander vermischen. 4 TL frisch geriebenen Meerrettich, Salz und Pfeffer dazugeben. 6 kleine Kugeln formen und im Kühlschrank fest werden lassen.*

Die Mischung erst zubereiten, wenn die Gelatine-Sahne abgekühlt ist. Wenn sie zu heiß ist, riskieren Sie, daß der Schlagrahm wieder zusammenfällt. Zum Formen kleine Löffel oder einen Eisportionierer nehmen. Warten Sie mindestens eine Stunde, bevor Sie die Meerrettichmousse weiterverarbeiten. Vorher ist sie noch nicht steif genug.

6. *Wenn die Meerrettichmousse fest genug ist, die Hühnerbruststreifen bei starker Hitze in Butter braten. Sobald sie Farbe angenommen haben, auf Teller verteilen und mit 4 glacierten Zwiebeln, einer Knoblauchzehe und einer Kugel Meerrettichmousse pro Teller garnieren. Ein wenig Marinade auf den Boden des Tellers gießen.*

# Geflügeltimbale mit Rieslingsauce
## *Timbale de poulet au riesling*

*Wer hat je von einem Menschen gehört, der während der Verdauung eines guten Essens traurig wäre? Wir pflegen dann in einer schwer zu beschreibenden Ruhe zu verweilen, einem Mittelding zwischen den Träumen des Denkers und der dumpfen Zufriedenheit wiederkäuender Tiere, ein Zustand, den man die materielle Melancholie der Feinschmecker nennen könnte.*
Honoré de Balzac, L'auberge rouge

Noch ein Geflügelrezept und zudem wieder eines, das aus dem Elsaß stammt! Ich weiß, daß ich Ihre kulinarische Nachsicht strapaziere; ich bedaure es, aber ich bin nun einmal maßlos in meinen Leidenschaften. Und außerdem habe ich auch noch eine andere Entschuldigung: Dieses alte Rezept ist mir lange ein Rätsel geblieben, und am Ende dieses Kapitels will ich Ihnen die Lösung verraten.
Worin aber besteht dieses Rätsel? Durch eine besondere Zubereitungsart und ausgewählte Zutaten erhält man hier eine Art Kuchen, dessen Konsistenz der Brioche ähnlich ist. Und das, obwohl keinerlei Hefe verwendet wird!

Zutaten für 6 Personen

*100 g Butter*

*8 EL Sahne*

*5 EL Mehl*

*6 Eier*

*1 Prise Salz*

*500 g Hühnerfleisch*

*300 g Pilze (wenn möglich Pfifferlinge, sonst Champignons)*

*2 Schalotten*

*Eine halbe Flasche Riesling*

1. *Eine Charlottenform buttern und mit Mehl bestäuben.*

Das Einfetten und Bemehlen ist wichtig, wenn man will, daß eine Zubereitung, die aufgehen soll, auch wirklich aufgeht. Bei einem salzigen Soufflé z. B. wird die Form mit Butter und Mehl präpariert; bei anderen salzigen Zubereitungen verwendet man Butter und feine Semmelbrösel. Bei süßen Zubereitungen kann man buttern und zuckern.
Wenn Sie sich davon überzeugen wollen, daß dieser Rat begründet ist, machen Sie folgendes Experiment: Geben Sie zwei gleich zubereitete Soufflés in zwei identische Förmchen, von denen aber nur eines gebuttert und bemehlt wurde. Messen Sie die maximale Höhe, die die Soufflés erreicht haben, und vergleichen Sie die Konsistenz. Ich bin sicher, Sie werden die Freuden der molekulargastronomischen Forschung schätzen lernen...

2. *Die Butter in eine Schüssel geben und mit einem Holzlöffel glattrühren.*

Die Butter ist, wie wir bereits mehrfach gesehen haben, eine Emulsion von Wasser (12–18 Prozent) in Fett. Wie kann sich das Wasser im Fett verteilen, wo doch Wasser und Fett sich nicht vermischen? Grenzflächenaktive Moleküle, die in der Milch vorhanden sind und in der

Butter erhalten bleiben, sichern die Bindung: Bei diesen Proteinmolekülen handelt es sich vor allem um die Kaseine, die sich zu Mizellen verbinden, die die Fetttröpfchen in der Milch umhüllen. Sie bleiben in der Sahne und in der Butter erhalten. Warum schließen sie sich zusammen? Weil sie einen wasserlöslichen und einen wasserunlöslichen Pol haben und sich je nach Affinität anordnen: der hydrophile Teil zum Wasser, während der andere Teil das Wasser flieht, entweder indem er sich mit seinesgleichen zusammenschließt, oder indem er sich an das Fett anlagert.
Beim Rühren schmilzt die Butter teilweise, so daß sie für den nächsten Arbeitsschritt bereit ist.

3. *Wenn die Butter glatt ist, 1 EL Sahne dazugeben. Mit dem Löffel verrühren, bis die Sahne vollständig eingearbeitet ist.*

Die Sahne, die ebenfalls eine Emulsion ist, aber von Fett in Wasser, kann in die Butter integriert werden, wenn letztere weich genug ist. Da Sie nur eine kleine Menge Sahne unter eine große Menge Butter mischen, bleibt die Struktur der Butter erhalten, auch wenn sich das Verhältnis von Wasser zu Fett verändert. Die Prozedur ist dem Einarbeiten einer kleinen Menge Öl in eine bereits aufgeschlagene Mayonnaise vergleichbar.

4. *Geben Sie eine Prise Salz, dann ein Eigelb dazu. Wieder sorgfältig einarbeiten.*

Hier heißt es fleißig rühren, damit sich das Salz gut in der kleinen Menge des emulgierten Wassers auflöst. Welchen Zweck aber hat das Eigelb? Lassen Sie uns überlegen: Das Eigelb besteht aus Wasser, das die Verhältnisse in der Emulsion modifiziert, wahrscheinlich ohne ihre Struktur zu verändern, und aus Proteinen, die beim Garen ins Spiel kommen, indem sie gerinnen. Schließlich enthält es zahlreiche grenzflächenaktive Moleküle, die der Emulsion, um die es uns hier geht, bestimmt nicht schaden.

5. *Einen EL Mehl dazugeben und in die Masse einarbeiten.*

Sie werden sehen, das Einarbeiten ist schwierig, denn das Mehl muß einen Teil des Wassers binden. Damit ihm das gelingt, muß man kräftig rühren.

6. *Wiederholen Sie die Schritte 3, 4, und 5, bis Sie die ganze Sahne, alle Eigelbe und das ganze Mehl eingearbeitet haben.*

Was erhalten wir am Ende? Ein komplexes physikalisches System, das eine Emulsion von Wasser in Fett beinhaltet, Proteine, die sich aufgelöst haben, und verkleisterte Stärkepartikel, die verteilt sind.

7. *Die Eiweiß steifschlagen und vorsichtig unter den Teig heben. Den Teig in die Charlottenform gießen und eine Stunde auf unterster Schiene bei 220°C im Ofen backen. Nach 10 Minuten die Kruste mit gefettetem Backpapier abdecken.*

Das Eiweiß ist ein Schaum, wir wissen es bereits, mit zahlreichen Luftblasen, getrennt durch eine Wasserlösung, in der Proteine aufgelöst sind. Wenn wir diesen Schaum zu unserem Teig geben, geht er besser auf. Beobachten Sie beim Backen den Teig durch das Ofenfenster: Er muß steigen. Der Backvorgang ist beendet, wenn die Oberfläche braun wird, nachdem der Teig seine maximale Höhe erreicht hat.

8. *In der Zwischenzeit die Pilze kurz in kaltem Wasser waschen und die erdigen Stiele entfernen. Dann kleinschneiden und mit Butter und kleingehackten Schalotten in einer Pfanne anbraten.*

Wenn Sie die Pilze selber im Wald gesammelt und nur wäßrige, aufgeweichte Exemplare gefunden haben, geben Sie sie eine halbe Stunde mit grobem Salz in ein Sieb: Das Salz zieht durch Osmose das Wasser heraus, und Sie brauchen die Pilze nur noch kurz unter klarem Wasser abzuspülen, bevor Sie sie anbraten.

9. *Wenn alles Wasser verdampft ist, die Pilze beiseite stellen. Das Hühnerfleisch in gleichmäßige Streifen schneiden und sautieren. Beiseite stellen.*

Was es mit dem Sautieren auf sich hat, haben wir bereits im vorigen Rezept gesehen. Die Hitze sollte stark genug sein, daß der Saft, der aus dem Fleisch austritt, sofort verdampft. Nur so erhalten Sie bei Temperaturen von über 100°C die Braunfärbung, die durch die Maillard-Reaktion entsteht.

10. *Mit der halben Flasche Riesling die Pfanne, in der die Pilze und dann das Hühnerfleisch gebraten wurde, ablöschen und auf ungefähr 10 cl einkochen. Dann ein nußgroßes Stück Butter dazugeben, das Sie zuvor mit etwas Mehl verknetet haben. Wenn die Sauce einzudicken beginnt, die Hitze reduzieren und 3 EL Sahne dazugeben.*

Mehlbutter: Früher ein absolutes Muß in der Küche, aber wir haben sie bisher noch nicht verwendet. Der große Auguste Escoffier und andere Meisterköche zu Beginn dieses Jahrhunderts bemängelten den unangenehmen Mehlgeschmack. Das Mehl wurde durch Speisestärke ersetzt.
Ich glaube aber, daß man vor allem die Dosierung übertrieben hat, und das bei einer Küche, die ohnehin viel zu schwer war. Man braucht nur die alten, klassischen Kochbücher aufmerksam zu lesen, dann weiß man, daß mit dem Mehl äußerst sparsam umgegangen wurde, wenn damit eine Sauce gebunden werden sollte. Menon, der im 17. Jahrundert lebte, verwendete nur eine Prise Mehl. Carême und seine Zeitgenossen begnügten sich wenig später ebenfalls mit kleinen Mengen und klärten die Sauce lange und gründlich. Es schadet also nichts, wenn wir ein wenig Mehl unter die Butter mischen, um unsere Sauce einzudicken.
Wenn das Mehl dann verkleistert ist, wenn die Stärkekörner sich mit Wasser vollgesogen und beim Aufquellen einen so großen Teil des Saucenvolumens eingenommen haben, daß diese zähflüssig wird, dann geben Sie die Sahne dazu, die nicht nur als Bindemittel dient, sondern Ihrer Sauce auch einen angenehm frischen Geschmack gibt.

11. *Den fertiggebackenen Teig aus dem Ofen nehmen und aus dem oberen Teil eine Scheibe herausschneiden, die einen etwas kleineren Durchmesser hat. Dann die Pastete mit einem Löffel aushöhlen und überall einen gleichmäßig dicken Rand stehen lassen. Aus der Form stürzen.*

Ich habe versprochen, daß ich Ihnen das Geheimnis der Kruste verrate, und ich vergesse mein Versprechen nicht. Aber ich habe Sie bereits gewarnt, daß ich Sie auf die Folter spannen werde...

12. *Das Hühnerfleisch, die Champignons und die Sauce in die Teighülle geben, die vorher ausgeschnittene Scheibe daraufsetzen und servieren.*

Und was ist nun das Rätsel dieses Pastetenteigs? Die Luftblasen natürlich. Warum, glauben Sie, rührt man den Teig so gründlich und bringt unermüdlich – Blase um Blase – Luft ein? Um die Stärke des Mehls mit dem Wasser der Eier, der Sahne und der Butter zu verkleistern? Gewiß. Um die ursprüngliche Emulsion zu bewahren? Ebenfalls richtig. Um den Teig aufzulockern, damit er beim Backen besser aufgeht? Das vor allen Dingen. Ich habe zuerst geglaubt, das steifgeschlagene Eiweiß genüge, um den Teig steigen zu lassen. Ein verhängnisvoller Irrtum! Der Teig ging zwar auf, aber nicht so gut wie nach dem klassischen Rezept. Alle genannten Voraussetzungen müssen erfüllt sein, damit die Timbale ihre unvergleichliche Konsistenz und Leichtigkeit erhält – ganz zu schweigen vom Geschmack!

## Rinderbraten mit Pommes frites
## *Rôti de boeuf et pommes de terre frites*

*Von allen Eigenschaften, die ein guter Koch besitzen muß,*
*ist Genauigkeit die wichtigste.*
Brillat-Savarin

Bin ich tatsächlich der erste, der die Temperatur in Pommes frites gemessen hat? Ich weiß, daß das Braten von Fleisch ausführlich erforscht wurde, vor allem von den Wissenschaftlern der landwirtschaftlichen Institute in Clermont-Ferrand, in Jouy-en-Josas und in Nantes. Die Zubereitung der Pommes frites dagegen wird sehr stiefmütterlich behandelt. Zwar gibt es – wie sollte es anders sein in einem Schlaraffenland wie Frankreich – ein spezielles Kartoffel-Institut, wo man sich mit der »Fritierfähigkeit« verschiedener Kartoffelsorten beschäftigt, doch bisher scheint niemand das Innere einer Kartoffel beim Fritieren sondiert zu haben.

Mit diesem Rezept liefere ich Ihnen ein paar einfache Grundsätze, wie man die Pommes frites zart und knusprig macht. Servieren wir unsere Pommes frites mit einem guten Braten.

ZUTATEN

*1 Rinderbraten, der groß genug ist, um Ihre Gäste sattzumachen*

*So viele Kartoffeln, wie Sie brauchen, damit Ihre Gäste nach Herzenslust schlemmen können*

1. *Den Braten auf einem Rost über eine Fettpfanne stellen und mit guter, geklärter Butter bepinseln.*

Bei der Frage, ob man den Braten mit Speck umwickeln soll, sind die Meinungen geteilt. Ich werde später noch auf diesen Streit zurückkommen (siehe das Rezept für die gegrillten Wachteln).

2. *Den Braten in dem auf 150°C vorgeheizten Ofen garen lassen. Zwischendurch immer wieder begießen.*

Begießen, aber wie? Muß man zu Beginn der Prozedur Wasser in die Fettpfanne geben? Muß man die aus dem Braten ausgetretenen Säfte auffangen und wieder über das Fleisch gießen? Weder das eine noch das andere! Halten wir zunächst einmal fest, daß ein im Ofen gegarter Braten immer nur ein Notbehelf ist. Früher hätte man ihn am Spieß gebraten. Was will man erhalten, wenn man am Spieß brät? Eine knusprige Oberfläche und darunter zartes Fleisch. Damit die Oberfläche knusprig wird, muß man sie austrocknen: Der Ofen muß heiß sein, aber nicht so heiß, daß das Fleisch verkohlt. Auf keinen Fall darf man eine Flüssigkeit, die Wasser enthält, über das Fleisch gießen, weil das Wasser beim Verdunsten die Hitze absorbieren und das Fleisch abkühlen würde. Zudem würde das Wasser die Maillard-Reaktionen beeinträchtigen und die Kruste aufweichen, die nichts anderes ist als eine Zone, aus der das Wasser eliminiert wurde.

Verwenden Sie also gutes Öl oder geschmolzene Butter. Erleichtern Sie sich die Arbeit einstweilen mit einem Backpinsel, in der Hoffnung, daß irgendwann ein genialer Haushaltsgeräte-Konstrukteur auf die Idee kommt, ein doppeltes Grillsystem zu erfinden, bei dem das Fleisch während des Bratens automatisch eingefettet wird, ohne daß man die Tür aufmachen muß, und bei dem gleichzeitig der Saft und das Fett unter dem Braten getrennt werden.

Wie erkennt man, wann der Braten durchgegart ist? Dazu müssen wir zuerst einmal klären, was ein guter Braten ist. Die Oberfläche muß knusprig und braun sein, ein Zeichen, daß sich durch die Maillard-Reaktionen köstliche Aromamoleküle gebildet haben. Das Innere muß dagegen vollkommen saftig und zart bleiben. Wir haben bereits das Räuchern erwähnt, das dem Fleisch eine perfekte Zartheit verleiht. Aber auch zu Hause können Sie eine solche Zartheit erreichen, eine vollständige Auflösung des Kollagens, das das Fleisch hart macht, und einen minimalen Saftverlust: Sie brauchen nur bei etwas mehr als 65 °C zu garen, einer Temperatur, bei der eventuelle Keime abgetötet werden, die das Gerinnen der Proteine sichert, die aber den Saftverlust begrenzt, der sich mit steigender Temperatur erhöht. Natürlich ist die Garzeit dann ziemlich lang!

Graf Rumford, ein Abenteurer, der im Sold des deutschen Kaiserreiches stand, der die »Royal Institution« in Großbritannien schuf und die Witwe des großen französischen Chemikers Lavoisier heiratete, hat sich mit dieser Garmethode beschäftigt, bei der die Saftigkeit des Fleischs erhalten bleibt, weil die Temperatur niemals Werte erreicht, bei denen die Proteine zu sehr gerinnen und durch das Einschrumpfen des Fleischs der Saft verlorengeht.

Aber angenommen, Sie haben es eilig oder können es nicht erwarten – wie lange muß Ihr Braten garen? Rechnen Sie, wenn Sie ihn innen noch blutig (»saignant«) haben wollen, eine Viertelstunde pro Pfund für einen Braten, der weniger als ein Kilogramm wiegt, und 10 Minuten pro Pfund, wenn der Braten 2 Kilogramm erreicht. Bei diesen Werten müßte der Braten beim Aufschneiden 3 Schichten aufweisen: einen äußeren, braunen Ring, dessen Fleisch knusprig und »maillardisiert« ist, einen mittleren Ring von grauer Färbung, der aus gegartem Fleisch besteht, und einen vollkommen roten inneren Kern.

Natürlich schneiden Sie den Braten nicht sofort auf, wenn er aus dem Ofen kommt, sondern lassen ihn im abgeschalteten Ofen bei leicht geöffneter Tür ruhen. Es heißt manchmal, daß man den Braten ruhen läßt, damit sich der Saft aus dem inneren Bereich, wo er noch reichlich vorhanden ist, in die Randzonen verteilen kann, aus denen er verdampft ist. Das ist sicher richtig, aber gleichzeitig hat das Ruhenlassen auch den Zweck, den Braten bei niedriger Temperatur noch ein wenig weiter zu garen.

Sie könnten übrigens auch einmal die folgende Methode ausprobieren: Lassen Sie den Braten bei sehr starker Hitze bräunen, damit die Maillard-Reaktionen ablaufen, und schalten Sie dann den Ofen ab und warten eine Nacht, bevor Sie Ihren Braten essen, den Sie kurz vor dem Servieren noch einmal aufwärmen. Damit nähern Sie sich der von Rumford studierten Garmethode an, aber auch einem traditionellen Rezept wie der 11-Stunden-Lammkeule.

3. *Während der Braten ruht, haben Sie Zeit genug, die Pommes frites zuzubereiten. Die Kartoffeln waschen und die Pommes frites so schneiden, wie Sie sie mögen. Mit viel Wasser waschen und sorgfältig trockentupfen.*

Welche Kartoffeln soll man nehmen? Da gehen die Meinungen auseinander. Frédéric Grasser, der das Privileg hat, mit Alain Ducasse, dem Chef des »Louis XV« in Monaco zusammenarbeiten zu dürfen, hat die derzeit wichtigsten französischen Küchenchefs dazu befragt. Ergebnis: Jeder macht seine Pommes frites mit der Kartoffelsorte, die er mag, und manche geben sogar zu, daß ihnen jede x-beliebige Kartoffel recht ist.
Das Kartoffel-Institut hat, wie gesagt, die Fritierfähigkeit verschiedener Kartoffelsorten untersucht, aber mit dem Ziel, vorgegarte Pommes frites zuzubereiten, die uns hier nichts angehen. Zudem spielten dabei agronomische Zwänge eine Rolle, mit denen die Gastronomie nichts zu schaffen hat. Nehmen Sie also die Kartoffeln, die Sie kriegen können, solange es keine verläßlichen, begründeten, endgültigen Aussagen gibt.

4. *In einer Friteuse eine große Menge Fritierfett auf 140–160°C erhitzen. Die Pommes frites hineinwerfen und 10 Minuten fritieren.*

Diesmal ist der Rat eindeutig und präzise, ebenso wie die nachfolgende Prozedur. Warum ich mir so sicher bin? Weil ich die Temperatur im Inneren der Pommes frites während des Garens gemessen habe. Die Geschichte fing damit an, daß Frédéric Grasser mir von einem Freund erzählte, der seine Pommes frites in 6 aufeinanderfolgende Bäder tauche, wobei das letzte eine Temperatur von 176°C hätte.
Das erschien mir suspekt: Wie kann man, selbst wenn man relativ gut ausgerüstet ist, sicher sein, daß die Temperatur des Fetts genau 176°C beträgt? 175°C hätte ich ja noch hingehen lassen – ich hätte dann angenommen, daß die Temperatur zwischen 170°C und 180°C liegen müsse.

Aber 176°C, das war einfach zu genau, um wahr zu sein. Andererseits wußte ich, daß bei vielen Rezepten 2 Fritierbäder empfohlen werden, aber 6!
Aber ich wollte es genau wissen. Ich beschloß also, ganz einfach anzufangen, indem ich Pommes frites verglich, die ich fortlaufend in 180°C heißes Öl (mit Schwankungen von ungefähr 10°C) tauchte, und Pommes frites, die ich mit Unterbrechungen in dasselbe Fritierbad gab.
Die Pommes frites wurden mit einer kleinen Temperatursonde im Inneren, einem sog. Thermoelement, eine nach der anderen so in das Fritierbad getaucht, daß sie sich auf halber Höhe zwischen der Fettoberfläche und dem Boden der Friteuse befanden. Ich kontrollierte die Temperatur, die langsam von 20°C auf 100°C anstieg. Langsam! Nach 5 Minuten betrug die gemessene Temperatur erst 80°C, während die Oberfläche des Kartoffelstäbchens bereits braun war. Ich nahm es heraus, kostete es und stellte fest, daß es nicht ausreichend gegart war. Allein diese Messung war schon interessant: Sie zeigt, daß die Trägheit der Kartoffel groß ist und die Hitze Zeit braucht, in die Pommes frites einzudringen. Aufgrund dieser thermischen Trägheit ist es besser, die Pommes frites in 2 Bädern zuzubereiten: Das erste, dessen Temperatur nicht allzu hoch sein darf, dauert etwas mehr als 5 Minuten und läßt die Pommes frites innen gar werden. Das zweite – wie folgt!

5. *Die Pommes frites herausnehmen, das Fett auf 190–200°C erhitzen, bis es zu rauchen beginnt. Die Pommes frites zum zweiten Mal hineintauchen und schön goldgelb werden lassen. Herausnehmen, abtropfen lassen und mit Salz bestreuen. Sofort mit dem Braten servieren.*

Das zweite Fritierbad bei höherer Temperatur macht die Pommes frites knusprig. Geizen Sie nicht mit der Hitze: In dieser Phase soll das restliche Wasser an der Oberfläche der Pommes frites verdampfen, damit sie knusprig werden.
Betrachten Sie gut gelungene Pommes frites im Querschnitt: Innen sehen Sie ein Püree und außen eine dünne Kruste. Richten Sie die Temperatur des Fritierbads nach der gewünschten Dicke der Kruste. Wenn sie dünn sein soll, geben Sie die Pommes frites beim zweiten Durchgang in ein extrem heißes Bad: Die Oberfläche nimmt in wenigen Sekunden Farbe an, während eine dünne Schicht ausgetrocknet ist. Wenn Sie dagegen eine dicke Kruste wollen, darf das zweite Bad nicht zu heiß sein, damit die

Hitze Zeit hat, eine dicke Schicht auszutrocknen, bevor die Pommes frites Farbe annehmen.
Und die 6 Fritierbäder? Die Pommes frites, die ich 5 Minuten lang im Abstand von 30 Sekunden für jeweils 30 Sekunden ins Fritierbad getaucht habe, waren genauso schnell durchgegart wie die durchgehend eingetauchten Pommes frites (das war ein wenig verwunderlich, aber vergessen Sie nicht die große thermische Trägheit der Kartoffel). Mit anderen Worten: Ich bleibe weiterhin skeptisch, was die 6 Fritierbäder angeht, und halte mich lieber an die klassische Methode.
Muß man die Kartoffeln blanchieren, bevor man sie fritiert? Das ist eine weitere ungeklärte Frage. Lassen Sie es mich wissen, wenn Sie zu irgendwelchen Ergebnissen gekommen sind.

# Gegrillte Wachteln mit Kartoffelpüree
## *Cailles rôties et purée de pommes de terre*

*Koch kann man werden, zum Bratkünstler muß man geboren sein.*
Brillat-Savarin

Den Wachteln hat man früher große aphrodisierende Wirkungen nachgesagt: Eine Wachtel im Haus, so hieß es, setzt dieses in erotische Flammen. Wilde Wachteln sind eine Seltenheit, aber auch die Wachteln, die man heute im Restaurant oder beim Metzger bekommt, haben ein so feines Fleisch und Aroma, daß man ohne weiteres versteht, warum eine Wachtel niemals mit einer Flüssigkeit in Berührung kommen oder gar darin kochen soll: Sie würde dabei ihr Aroma verlieren. Bei dem Rezept, das ich Ihnen hier vorstelle, besteht keine Gefahr, daß der subtile Geschmack der Wachteln verlorengeht. Als Beilage können Sie z. B. Kartoffelpüree servieren.

ZUTATEN FÜR 6 PERSONEN

*6 Wachteln*

*1 kg Kartoffeln*

*25 cl Vollmilch*

*200 g Süßrahmbutter*

*Salz*

*6 Speckscheiben*

1. *Die Wachteln aufspießen, bardieren (mit Speckscheiben umwickeln) und in Weinblätter einwickeln.*

Wenn die Wachteln stark erhitzt werden, nimmt ihre Haut Farbe an und wird knusprig – warum, werden wir später sehen. Man hat lange geglaubt, daß das Fett, das z. B. von den Speckstreifen oder von einem in geklärte Butter getauchten Pinsel kommt, nur dazu dient, die Wärmeleitung zu verbessern oder das Fleisch vor allzu großer Hitze zu schützen, aber neuere Untersuchungen von Chemikern in Bristol und Nantes haben gezeigt, daß die Fette vor allem zum Geschmack von gegrilltem oder gebratenem Fleisch beitragen.
Erinnern wir uns: Wenn das Fleisch der Wachteln erhitzt wird, verdampft das Wasser darin, und es bildet sich eine Kruste. Gleichzeitig begünstigt die Hitze die Maillard-Reaktionen: Die im Fleisch enthaltenen Zucker wie z. B. die Glukose reagieren mit den Molekülen der Aminosäuren, aus denen die Proteine bestehen. Durch die Verbindung der Zuckermoleküle mit den Aminosäuren entstehen Moleküle, die der Kruste ihre Farbe und ihren würzigen Geschmack geben.
Zusätzlich verbinden sich, wie die Chemiker vor kurzem entdeckt haben, die Fette noch mit den Molekülen, die durch die Verbindung der Zucker und der Aminosäuren entstanden sind. Die Maillard-Reaktionen schaffen einen Molekül-Cocktail, in dem die aus den Fetten entstandenen Moleküle die Hauptrolle spielen. Ohne die Fette wäre der Geschmack von gegrilltem Fleisch längst nicht das, was er ist!

## 2. *Die Wachteln grillen.*

Grillen, aber wie? Die Anweisungen der großen Köche der Vergangenheit und die eigene Erfahrung zeigen, daß das Grillen viel Aufmerksamkeit erfordert: Wenn Sie Ihr Fleisch von den Flammen ansengen lassen, erhalten Sie nichts als Kohle und Asche. Unsere modernen Backöfen haben im Gegensatz zum offenen Holzfeuer den Vorteil, daß sie infrarote Strahlen liefern, die das Fleisch gleichmäßig garen, ohne daß es von den Flammen versengt wird. Ideal sind sie trotzdem nicht: Die Höhe der Bratspieße läßt sich selten regulieren, so daß man den Braten nicht von der Hitzequelle entfernen kann. Deshalb sollten Sie unbedingt unseren Rat befolgen und die Vögel bardieren. Auf diese Weise trägt der Speck beim Schmelzen zu den vorher erwähnten Maillard-Reaktionen bei, durchtränkt die Weinblätter und verhindert, daß sie verbrennen; die Wachteln garen langsamer, als wenn sie der Hitze direkt ausgesetzt wären.

Soll man die Wachteln bardieren oder mit Speckstreifen spicken? Bardieren ja, spicken nein: Man würde damit nur Öffnungen schaffen, die das Abfließen des Fleischsafts erleichtern würden. Und wie Sie inzwischen wissen, ist es ja gerade unser Ziel, den Saft so weit wie möglich im Fleisch zu behalten.

Kommen wir jetzt zum Grillen über offener Glut. Uns interessieren die infraroten Strahlen, die in alle Richtungen ausgesandt werden: nach oben, aber auch nach vorn und hinten. Das muß jeder Koch, der sich als Bratkünstler versuchen will, verstanden haben: Wenn Sie den Spieß direkt über der Hitzequelle plazieren, werden Ihre Vögel leicht verkohlt; ihr Fett tropft in die Glut, wodurch schwer zu löschende Flammen entstehen, und das Fleisch nimmt einen beißenden Rauchgeschmack an.

Das alles läßt sich problemlos vermeiden: Grillen Sie die Wachteln *vor* der Glut, was den zusätzlichen Vorteil hat, daß Sie sie näher zu sich heranholen. Außerdem vermeiden Sie krebserregende Teerablagerungen durch den Rauch, und Sie können eine Fettpfanne unterschieben, in der Sie das ausgetretene Fett und den Saft auffangen können. Ein Tip: Geben Sie in die Pfanne ein paar große Scheiben Bauernbrot, die Sie mit Knoblauch einreiben und mit der zerdrückten Leber der Wachteln bestreichen. Ein echter Leckerbissen!

Schließlich sollten Sie nicht vergessen, den Spieß regelmäßig zu drehen. Vermeiden Sie jede zu starke Hitze, die die Vögel austrocknen könnte.

Nach der Theorie, daß scharfes Anbraten die Poren schließt, müßte man das Fleisch zunächst bei starker Hitze dicht über der Glut grillen und dann bei milderer Hitze fertig garen. Da die Theorie des »Porenschließens« jedoch nicht stimmt, kann man es genausogut umgekehrt machen: Man läßt das Fleisch langsam garen, so daß es seinen Saft nicht verliert, und brät es dann bei starker Hitze fertig; so erhält man eine Kruste, die nicht aufweichen kann, weil die Vögel sofort serviert werden. Ich gebe diesen Vorschlag an die Vertreter der hohen Kochkunst weiter.

3. *Die Kartoffeln waschen, aber nicht schälen. In einen großen Topf geben und mit Wasser bedecken. Salzen (10 g Salz pro Liter Wasser). Zudecken und bei mittlerer Hitze etwa 25 Minuten kochen.*

Eine Kartoffel besteht aus Millionen von Zellen, die Stärkekörner enthalten. Beim Erhitzen absorbieren diese Körner das Wasser und quellen auf. Die Stärke bildet einen Kleister, der die Zellen ausfüllt. Mein Freund Jeffrey Steingarten, Gastronomiekritiker bei der Zeitschrift *Vogue* in New York, hat geschrieben, daß die Zellen stark miteinander verbunden bleiben, wenn die Kartoffeln ungenügend gekocht sind; versucht man die Kartoffeln zu zerdrücken, so zerbrechen die Zellen, anstatt sich voneinander zu trennen, und der Stärkekleister quillt heraus. Die Kartoffeln bekommen eine gummiähnliche Konsistenz. Wenn man die Kartoffeln dagegen richtig garkocht, wird der »Zement« zwischen den Zellen abgebaut, und die Zellen lösen sich voneinander, ohne zu platzen. Zu langes Kochen ist aber auch nicht gut: Die Zellen würden extrem geschwächt werden, und der Kleister würde ins Kochwasser entweichen, noch bevor man die Kartoffeln pürieren kann.

4. *Die Kartoffeln abgießen, sobald sie gar sind. Nicht im Kochwasser abkühlen lassen.*

Vergessen Sie nicht, daß der Garprozeß weitergeht, solange Wärme einwirkt – und selbst noch darüber hinaus. Denken Sie an die thermische Trägheit, die wir im letzten Rezept bei den Pommes frites gemessen haben. Wenn Sie die Kartoffeln im Kochwasser lassen, garen sie weiter, und Sie können nicht kontrollieren, wie lange.

5. *25 cl Milch in einem großen Topf zum Kochen bringen und vom Feuer nehmen, sobald sich die ersten Blasen zeigen. Die Kartoffeln schälen, wenn sie so weit abgekühlt sind, daß Sie sie in der Hand halten können. Dann durch eine Kartoffelpresse in einen Topf mit dickem Boden pressen. Das Püree auf kleiner Flamme mit dem Holzspatel 4–5 Minuten trockenrühren.*

Oft nehmen die Kartoffeln zuviel Wasser auf. Will man dieses durch schmackhaftere Milch ersetzen, muß man einen Teil des Wassers, das die Stärkekörner aufgenommen haben, verdampfen lassen.

6. *Die Butter dazugeben und kräftig unterschlagen. Dann die Milch in einem dünnen Strahl einfließen lassen und dabei ständig weiterrühren.*

Die Milch und die Butter machen das Püree wunderbar sämig. Zum Unterrühren benützen Sie am besten einen Schneebesen, damit die Butter besser emulgiert.

7. *Das Püree durch ein sehr feines Sieb passieren und abschmecken. Im Wasserbad warmhalten und die restliche Butter an der Oberfläche schmelzen lassen; vor dem Servieren kurz unterrühren.*

Die Butter auf dem Püree verhindert, daß sich eine Kruste bildet. Vor dem Servieren arbeitet man sie mit dem Schneebesen ein.

# Ente à la Brillat-Savarin
## *Canard à la Brillat-Savarin*

*Die Entdeckung eines neuen Gerichts ist für die Menschheit von größerem Nutzen als die Entdeckung eines neuen Gestirns.*
Brillat-Savarin

Dieses Rezept, das ich bereits in meinen Rätseln der Kochkunst vorgestellt habe, sollte zeigen, wie man mit Hilfe der Physik und der Chemie die klassische Küche verbessern kann. Ich habe darin die Verdienste des Mikrowellenherds gerühmt, was so manchen Gourmand auf die Barrikaden bringen dürfte. Fleisch aus der Mikrowelle? Dieses häßliche, graue, geschmacklose Zeug? Aber ich bleibe dabei, denn mit Hilfe der Chemie können wir die Unzulänglichkeiten des Mikrowellenherds beim Garen von Fleisch verstehen und Abhilfe schaffen.
Gewiß, das Grundrezept habe ich bereits abgehandelt, aber hier finden Sie ein paar zusätzliche Raffinements bei der Zubereitung von »Canard à l'orange« ohne Orangen.
Was wir bei diesem Rezept entdecken können? Das Garen von Fleisch natürlich und das Arbeiten mit dem Mikrowellenherd.

ZUTATEN FÜR 6 PERSONEN

*6 Entenkeulen*

*10 cl Cointreau*

*Salz*

*Pfeffer*

*Thymian*

*Lorbeerblätter*

*20 g Butter*

1. *10 cl Cointreau mit dem Salz in einer Schüssel verrühren; den Pfeffer, den Thymian und die Lorbeerblätter darin ziehen lassen.*

Der Cointreau ist ein Likör auf Orangenbasis. Deshalb brauchen wir für unsere Orangenente keine Orangen. Der Thymian und die Lorbeerblätter sind harte Pflanzen, die Sie sorgfältig kleinschneiden müssen. Vergessen Sie nicht, daß wir möglichst viel Aromamoleküle erhalten wollen.

2. *Die Entenkeulen bei starker Hitze mit 20 g geklärter Butter in einer Pfanne anbräunen.*

Fleisch, das in der Mikrowelle erhitzt wird, ist deshalb so fade, weil es von innen gekocht wird: Die Mikrowellen sind so konzipiert, daß sie (wenn auch übrigens nicht vollständig) von den wasserhaltigen Zonen des Fleisches absorbiert werden. Warum ist ein Tafelspitz aus dem Kochtopf schmackhafter als aus der Mikrowelle? Weil die Bouillon, in der man ihn ziehen läßt, gewürzt ist: Die Aromamoleküle gehen aus der Brühe in das Fleisch über. In der Mikrowelle dagegen dringen keine Aromen ein, und zudem geht ein Teil der wenigen Aromamoleküle des Fleischs verloren.
Das heißt, wir müssen die Aromen irgendwie herbeischaffen: Wie man weiß, ist gebratenes Fleisch schmackhafter als gekochtes. Den Grund dafür kennen wir: Durch die Maillard-Reaktionen entstehen an der Oberfläche Aromamoleküle, wenn die Zucker (wie z. B. die Glukose)

und die Aminosäuren (die Moleküle der Proteine) bei hohen Temperaturen erhitzt werden.
Die Sache ist also ganz einfach: Geben Sie das Fleisch vorher ein paar Sekunden in eine Pfanne, damit es Farbe nimmt; das Bräunen ist ein Zeichen dafür, daß die chemischen Reaktionen, insbesondere die Maillard-Reaktion, stattgefunden haben.
Wie bräunt man das Fleisch? Seit dem Erscheinen meines letzten Buches hat sich in der Chemie einiges getan: Biochemiker in Bristol und Nantes haben eine für uns Feinschmecker wichtige Entdeckung gemacht. Sie konnten nachweisen, daß die Fette an den Maillard-Reaktionen beteiligt sind. Genauer gesagt, ein Brathuhn schmeckt deshalb so gut nach Brathuhn, weil die Fette bei den Maillard-Reaktionen mitreagieren. Bisher glaubte man, daß die Reaktionen nur zwischen den Aminosäuren und den Zuckern ablaufen. Das ist richtig, aber die Moleküle, die aus der bloßen Verbindung eines Zuckers mit einer Aminosäure entstehen, sind nicht sonderlich aromatisch. Dagegen schließen sich primäre Maillard-Produkte wie die sog. Amadori-Moleküle zu einem Ring zusammen und bilden Aromamoleküle. Das ist sicher der Grund, warum schon unsere Vorfahren Fleisch zum Braten mit Speckstreifen umwickelt haben: Die Speckstreifen bieten einen Schutz gegen allzu große Hitze und liefern beim Schmelzen Fettmoleküle, die das Aromaspektrum des gebratenen Fleischs bereichern.
Hier gibt man das Fleisch in eine Pfanne mit Fett. Welches Fett? Wenn Sie Butter benutzen, wird sie bei der starken Hitze, die Sie zum Bräunen brauchen, unweigerlich schwarz, weil die Butter Proteine enthält, die »verkohlen«. Haben Sie einmal geklärte Butter ausprobiert? Verzeihen Sie mir, daß ich schon wieder davon anfange, aber ich möchte Sie um jeden Preis mit dem feinen, unverfälschten Buttergeschmack bekanntmachen, der ohne das Bittere ist, das von zu stark erhitzten Proteinen kommt.
»Um jeden Preis« ist übrigens irreführend, denn die Zubereitung von geklärter Butter ist absolut nicht teuer: Man gibt einfach etwas Butter in einen Topf und läßt sie bei milder Hitze langsam schmelzen. Nach einiger Zeit entfernt man den Schaum, der sich an der Oberfläche gebildet hat, und gießt die Flüssigkeit vorsichtig vom Bodensatz ab, der aus Wasser und den ausgefällten Proteinen (Kaseinen) besteht. Geklärte Butter hat zudem den Vorteil, daß sie sich lange hält.

3. *Die gut gebräunten Entenkeulen mit Küchenkrepp abtupfen.*

Auch ein Feinschmecker muß auf seine Linie achten. Das Fett, das die Maillard-Reaktionen begünstigt hat, ist jetzt nicht mehr nützlich. Also weg damit!

4. *Die Cointreau-Mischung filtern und in eine Injektionsspritze füllen. In die Entenkeulen spritzen, indem Sie die Nadel an mehreren Stellen ins Fleisch stechen.*

Nehmen Sie eine möglichst dicke Nadel, die nicht so leicht verstopft. Und denken Sie daran, die Nadel sofort nach Gebrauch mit heißem Wasser zu reinigen.

5. *Die Entenkeulen einige Minuten in die Mikrowelle geben. Sofort servieren.*

Die Garzeit hängt von der Stärke Ihres Mikrowellenherds, von der Größe der Entenkeulen und der Anzahl der Stücke ab, die Sie gleichzeitig garen. Probieren Sie es aus.
Was reicht man zu diesem Gericht? Die klassische Garnitur besteht natürlich aus Orangenspalten, die von allen Fasern, Häuten und Kernen befreit und mit dem Enten-Jus in einer Pfanne erhitzt werden. In unserem Fall würde man den Saft auffangen, der beim Garen in der Mikrowelle aus der Ente ausgetreten ist, man würde ihn in die Pfanne gießen, in der die Entenkeulen angebraten wurden, und man würde die Orangenspalten darin erhitzen. Warum im Konditional? Weil ich Ihnen eine Canard à l'orange ohne Orangen versprochen habe! Ich überlasse es Ihnen, ob Sie sich daran halten wollen...

# Kalbsfrikandeau mit Sauerampfer
## *Le vrai fricandeau à l'oseille*

*Was man hat, soll man mit Verstand gebrauchen,*
*Und je nach den Freuden, die unserem Alter beschieden,*
*die Süße des Lebens aus vollem Herzen genießen.*
Guillaume Colletet, Adieu aux Muses

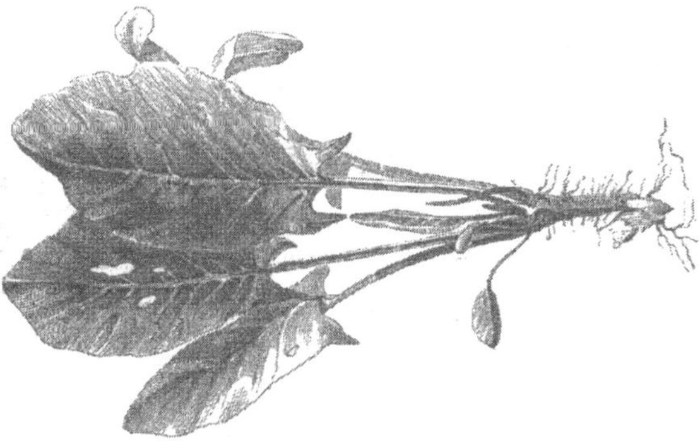

Kalbsfrikandeau! Madame Saint-Ange setzt ein Ausrufezeichen, gefolgt von Auslassungspünktchen, dahinter. »Das Frikandeau ist der Inbegriff des methodischen, geduldigen Schmorens, an dessen Ende man das Fleisch, weich und schön goldblond, in einem Jus, der einem köstlichen bernsteinfarbenen Sirup gleicht, mit dem Löffel essen kann, wie der Volksmund sagt.« Halten wir uns an letzteres: Das Frikandeau ist ein Fleisch, das man mit dem Löffel essen kann; es muß also butterweich und vollendet gegart sein.

ZUTATEN FÜR 6 PERSONEN

*1 kg Kalbsnuß*

*40 g Bauchspeck*

*1 Pfund Sauerampfer*

*60 g Zwiebeln*

*60 g Karotten*

*1 dl Weißwein*

*4 dl schwach gesalzene Bouillon*

*1 Bouquet garni*

1. *Ein Frikandeau wird im allgemeinen aus der Kalbsnuß zubereitet: Nehmen Sie ein langes Stück, etwa 4 cm dick, der Länge nach geschnitten. Schneiden Sie es in Scheiben von der gewünschten Dicke.*

Die Muskeln der Tiere bestehen aus länglichen, parallelen Faserbündeln, den Muskelzellen. Diese zylindrischen Fasern sind von mikroskopisch kleinem Durchmesser, können aber bis zu 20 cm lang sein. Ein Muskel hat eine Richtung: die der Fasern, aus denen er besteht (Abb. 16).

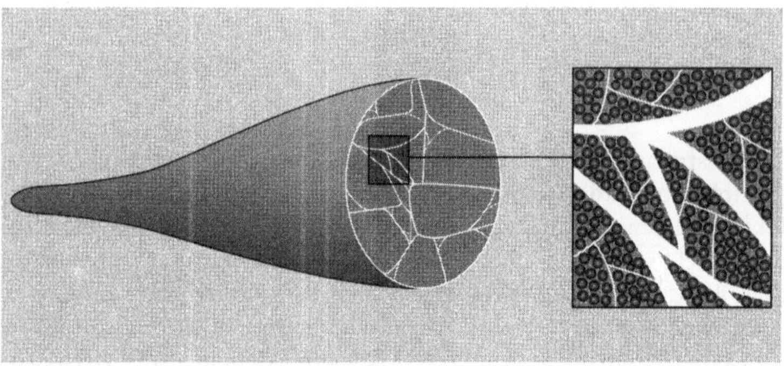

**Abb. 16.** Querschnitt durch einen Muskel.

2. *In einen schweren Topf, in dem die Fleischscheiben nebeneinanderliegend Platz haben, den Speck und darüber das Gemüse geben. Das Kalbfleisch obenauf legen und zudecken. Bei mäßiger Hitze ungefähr 20 Minuten langsam anschwitzen.*

In dieser ersten Phase gibt der Speck allmählich sein Fett ab, das beim Erhitzen schmilzt und die Wärmeleitung verbessert. Gleichzeitig wird das Fleisch im Dampf erhitzt. Die Fleischzellen geben ein wenig Saft ab, der auf den Boden des Topfs tropft, wo er »karamelisiert«. Betrachtet man das Fleisch am Ende der Prozedur unter dem Mikroskop, dann sieht man, daß sich die Zellen, die ursprünglich aneinandergereiht waren, zusammengezogen haben: Ihre Proteine sind geronnen, und ihr Wasser ist ausgetreten. Bei dieser ersten Stufe gart man ohne Wasser: Die Voraussetzungen für das Ablaufen der Maillard-Reaktionen sind also erfüllt.

3. *1 dl Weißwein angießen, zudecken und bei sehr milder Hitze 20 Minuten ziehen lassen.*

Bei diesem Schritt löst sich der karamelisierte Fleischjus auf, und der Alkohol verdunstet, während die Weinmoleküle reagieren und eine erste Aromawelle auslösen.
Die Anweisung »bei sehr milder Hitze« ist kein Ritual, dem ich aus Ehrfurcht vor der gastronomischen Literatur Tribut zolle, ganz im Gegenteil. Wenn Sie einmal das folgende Experiment machen und einen Würfel Rindfleisch wiegen, dann grillen, dann wieder wiegen, dann in kochender Flüssigkeit garen und alle 60 Sekunden wiegen, werden Sie entdecken, daß das Grillen am Anfang einen Gewichtsverlust bedeutet: Saft geht verloren, vor allem an der Oberfläche. Außerdem werden Sie sehen, daß beim Garen in kochender Flüssigkeit ebenfalls Gewicht, also Saft, verlorengeht. Das Fleisch wird zarter, wenn das Kollagen sich allmählich auflöst, aber die Proteine, die gerinnen, verbinden sich immer fester miteinander und verlieren ihr Wasser.
Die Lösung? Bei einer Temperatur garen, die so niedrig wie möglich ist – aber hoch genug, um eventuelle Keime abzutöten. Lassen Sie Ihr Frikandeau ganz leicht simmern, dann garen Sie im richtigen Temperaturbereich (zwischen 75°C und 90°C).

4. *1 dl Bouillon, 1 TL Tomatenmark oder eine sehr reife Tomate (geschält natürlich) dazugeben, zudecken und weitere 20 Minuten schmoren lassen.*

Die Süße der Tomate kompensiert die Säure des Weißweins, und die Bouillon trägt zusätzliche Aromen bei.

5. *Den Rest der Bouillon dazugießen und mit geschlossenem Deckel 2 Stunden lang ganz leise schmoren lassen. Von Zeit zu Zeit das Fleisch begießen, ohne den Inhalt des Topfs umzuschichten.*

In dieser Phase wird das Fleisch zu einem aromatischen Mus. Nur durch langes Garen bleibt die Zartheit des Fleischs erhalten: Die Kollagenfasern werden aufgelöst, so daß der einzige »Hartmacher«, der noch bestehen bleibt, die Masse der geronnenen Proteine ist.
Hüten Sie sich, ich sage es noch einmal, vor zu starker Hitze. In Menons *Science du maître d'hôtel cuisinier* findet man häufig die Empfehlung, »cendre dessus et dessous«, also gewissermaßen in der Asche zu schmoren. Denn anders, als sein Name suggeriert, darf ein Schmorgericht, ein »braisé«, nicht in der »braise« – der Glut – gegart werden. Es verträgt nur eine ganz milde Hitze!

6. *Ein Pfund Sauerampfer in einer Pfanne mit etwas Butter weichdünsten. Sahne und Geflügelfond dazugeben.*

Die Blätter des Sauerampfers sind ein Komplex von Pflanzenzellen, verbunden durch eine Pektozellulosewand, die ihnen trotz ihrer geringen Dicke Festigkeit verleiht. Durch die Hitze platzen die Zellen, und der Pektozellulosezement wird zerbrochen. Denken Sie daran, daß sich die Hitze in einem Blatt sehr schnell ausbreitet, weil die Diffusionsgeschwindigkeit proportional zur Dicke ist. Das ist der Grund, warum die Blätter weich werden. Außerdem sollten Sie wissen, daß der Sauerampfer einen natürlichen Säuregehalt besitzt, der von der Oxalsäure stammt. Kompensieren Sie diese Säure, indem Sie einen Teelöffel Puderzucker, Sahne und Bouillon dazugeben.

7. *Kurz vor dem Servieren das Fleisch mit einem Schaumlöffel aus dem Topf nehmen und auf einen Teller legen. Die Sauce durch ein Sieb passieren, den Topf von den festen Teilen, die als Schmorbett gedient haben, befreien und das Fleisch wieder hineinlegen. Die Sauce entfetten, das Frikandeau damit begießen und zum Glacieren unter den Grill stellen: Alle 3 Minuten viermal hintereinander begießen.*

Die Glasur erhält man dank der Gelatine, die ursprünglich im Kollagen des Fleischs war und sich in der Bouillon aufgelöst hat. Wenn die daraus gewonnene Sauce in der Hitze des Grills verdampft, bleibt nur diese Gelatine übrig, die einen glatten, glänzenden Überzug bildet. Man muß die Prozedur mehrmals wiederholen, um eine ausreichende Gelatinemenge auf die Oberfläche des Fleischs zu bringen.

8. *Das Fleisch auf einer großen Platte servieren. Den Rest der reduzierten Sauce in eine Saucière geben. Den Sauerampfer extra servieren.*

Und was hat der Chemiker dazu zu sagen? Er verneigt sich und wünscht Ihnen einen guten Appetit.

# Fasanenragout mit frischen Nudeln
## *Salmis de faisan aux pâtes fraîches*

*Auch die schmackhafteste Seltenheit verliert ihre Wirkung, wenn sie nicht im Übermaß vorhanden ist.*
Brillat-Savarin

Brillat-Savarin hatte seine »gastronomischen Examina«: Er testete die Feinschmecker mit einer Reihe von »Probegerichten« von wachsender Raffinesse. Seine Testgerichte sind eine wunderbare Erfindung: Das Fasanenragout müßte eines davon sein.
Muß der Fasan abhängen? Die großen Gastronomen empfehlen es einhellig. Heute weiß kaum mehr jemand, wie diese Prozedur im einzelnen vonstatten geht. Manche Leute behaupten sogar – mit angewidertem Gesicht, versteht sich – der Fasan würde am Kopf aufgehängt, bis er herunterfällt. Doch dann wäre er verwest, nicht abgehangen!
Nein, ein Durchforsten der alten Traktate hat ergeben, daß der Fasan an den Schwanzfedern aufgehängt werden muß. Man ißt ihn, wenn er herunterfällt, aber das passiert bereits nach ein oder zwei Tagen, denn der Fasan ist ein ziemlich schweres Tier.

Manchmal wird dem Fasan vor dem Abhängen ein Glas Schnaps eingeflößt, um die Keime abzutöten, die sich eventuell in seinen Gedärmen angesiedelt haben. Es heißt auch, daß während des Abhängens der Saft der Federn von den Federkielen resorbiert würde, um sich dann im Fleisch auszubreiten, wodurch letzteres seinen charakteristischen Geschmack erhielte. (Vielleicht könnte man diese Behauptung testen, indem man einen Farbstoff in die Federn injiziert und dann die angebliche Migration ins Fleisch beobachtet?) Und schließlich heißt es im *Larousse gastronomique*, daß gezüchtete Fasane nicht abhängen dürfen, weil sonst »ihr Fleisch verdirbt wie Geflügelfleisch«. Was soll man davon halten?

Zum Schluß noch eine Anekdote, die hoffentlich nichts weiter als üble Nachrede ist: Es wird berichtet, daß Brillat-Savarin, wenn er sich ans Kassationsgericht begab, die Taschen seiner Magistratsrobe voller Fasane hatte, die er am Körper warmhielt, um das Abhängen zu beschleunigen, und daß sich seine Kollegen von dem Geruch belästigt fühlten. Ich kann mir nicht vorstellen, daß sich der »heikle Professor« (so nannte er sich selbst) zu derartigen Exzentrizitäten hinreißen ließ – er, der so lange gezögert hat, sein Werk zu veröffentlichen. Nein, es waren wohl eher seine Neider, die dieses infame Gerücht in die Welt setzten, um sich über seine »Gourmandise« lustigzumachen.

Zutaten für 4 Personen

*Für das Ragout*

*2 Fasanen*

*2 dicke Scheiben kräftiges Weißbrot*

*Für die Sauce*

*20 g Mehl*

*20 g Butter*

*4 dl Bouillon oder Kalbsfond*

*1 Karotte*

*1 Zwiebel*

*1 Schalotte*

*4 Champignons*

*1 Thymianzweig*

*1 Lorbeerblatt*

*1 Petersilienstengel*

*250 cl Weißwein*

*10 cl Cognac*

*50 g Butter*

*1 EL Olivenöl*

*Für den Nudelteig*

*250 g Mehl*

*1 Prise Salz*

*2 Eier*

*1 EL Olivenöl*

1. *Flößen Sie den beiden Fasanen ein Glas Schnaps ein und hängen Sie sie an einem kühlen, luftigen Ort mit einer Schnur an den Schwanzfedern auf. Wenn die Vögel nach 2–5 Tagen herunterfallen, rupfen und ausnehmen.*

Ich gebe hier einen ziemlich langen Zeitraum an, für diejenigen, die den kräftigen Geschmack von gut abgehangenem Fleisch mögen. Sie können die Prozedur natürlich auch abkürzen. Denken Sie daran, daß das Fleisch bei heißem Wetter schneller abhängt.
Wie rupft man die Vögel, wenn es soweit ist? Manche Leute empfehlen, den Fasan ein paar Stunden vor dem Rupfen in den Kühlschrank zu legen. Dann zieht man die großen Flügelfedern mit einer Drehung heraus und rupft nacheinander den Körper, den Hals und die Flügel.
Zum Ausnehmen schlitzt man die obere Partie der Halshaut in ihrer ganzen Länge auf. Dann löst man den Hals aus der Haut heraus. Jetzt langsam am Darm und am Kropf ziehen, ohne letzteren zum Platzen zu bringen. Dann fährt man mit dem Zeigefinger in die Bauchhöhle des Tieres und löst, an der Wirbelsäule entlanggleitend, die Lunge, den Magen und die Eingeweide ab.
Drehen Sie den Fasan jetzt um, öffnen Sie den Bürzel und entfernen Sie den Magen, die Eingeweide und die Leber. Ziehen Sie dann den Kropf und den großen Darm, die weiter oben freigelegt wurden, heraus. Achten Sie darauf, daß der Magen nicht platzt.
Schauen Sie das nächste Mal Ihrem Metzger über die Schulter und lassen Sie sich von ihm die nötigen Handgriffe zeigen. Er wird Ihnen sicher gerne behilflich sein.

2. *Bereiten Sie jetzt den Nudelteig zu: 2 Eier in eine Schüssel schlagen, mit 1 EL Olivenöl, einer Prise Salz und 250 g Mehl vermischen. Durchkneten und eventuell Wasser dazugeben, bis Sie einen glatten Teig erhalten, der nicht an den Fingern klebt. Zu einer Kugel formen und ruhen lassen.*

Nudelteig? Ein Kinderspiel. Ein wenig Mehl, Eier, die den Zusammenhalt des Teigs beim Kochen sichern, Wasser, um die Stärkekörner zu verkleistern. Wenn Sie den Teig durchkneten, bilden Sie zudem ein Glutennetz aus den im Mehl enthaltenen Proteinen. Damit der Teig fest wird und beim Kochen nicht zerfällt, sollten Sie ein Mehl mit hohem Proteingehalt nehmen.

3. *Die gewaschenen und kleingeschnittenen Champignons mit einem Löffel Olivenöl bei starker Hitze anbraten.*

Garen Sie so lange weiter, bis alles Wasser, das aus den Champignons austritt, verdunstet ist.

4. *Geklärte Butter in einer Pfanne zerlassen und bei milder Hitze Croûtons darin anrösten.*

Das Brot ist eine Art Gel, bestehend aus den Stärkemolekülen und den Proteinen des Glutens, die das Wasser in den Wänden zwischen den Poren der Krume einfangen. Wenn man das Brot in Butter röstet, wird die Krume hart, weil das Wasser verdampft, und man erhält eine braune Farbe, weil man dieselben Maillard-Reaktionen in Gang setzt, die dem Brot beim Backen die braune Kruste geben.

5. *20 g Butter in einem kleinen Topf zerlassen, dann bei milder Hitze 20 g Mehl dazugeben. Die Mehlschwitze muß langsam Farbe annehmen, wobei kleine Bläschen entstehen. Wenn die Mehlschwitze schön nußbraun ist, mit 4 dl Bouillon oder Kalbsfond ablöschen. Leise köcheln lassen.*

Wir bereiten hier eine Mehlschwitze zu. Die Charakteristika dieser Operation haben wir bereits beschrieben: Schmelzen der Butter, Verkleistern der Stärke durch das Wasser aus der Butter und Maillard-Reaktionen, die verschiedene Aromaprodukte entstehen lassen. Halten wir fest, daß diese Reaktionen in Gegenwart eines Fettes ablaufen. Wie wir bei unserem Wachtelrezept gesehen haben, trägt das Fett zum endgültigen Geschmack bei.
Wenn die Mehlschwitze fertig ist, gibt man eine neutrale Bouillon oder Kalbsfond dazu, so daß der Eigengeschmack der Fasanen bewahrt bleibt. Jetzt reduziert man, um eine sämige Sauce zu erhalten, die aus gequollenen Stärkekörnern in köstlicher Flüssigkeit besteht. Die Sauce ist dick, weil die Stärkekörner des Mehls derart gequollen sind, daß sie sich gegenseitig in ihrer Bewegung behindern.

6. *Die Fasanen grillen, nachdem Sie sie bardiert und mit Backpapier umwickelt haben.*

Grillen Sie die Fasanen nicht ganz fertig, denn sie kommen vor dem Servieren in ihrer Sauce in den Ofen, garen also weiter. Wer seinen Talenten als Bratkünstler mißtraut, möge 20 Minuten pro Pfund rechnen.
Halten Sie sich beim Grillen der Fasanen an die Anweisungen, wie wir sie ähnlich bei den Wachteln gegeben haben: Speckstreifen und Backpapier um die Fasanen, Spieß vor und nicht über dem Feuer, Fettpfanne unter den Vögeln, um den Saft aufzufangen, der während des Bratens heruntertropft. Entfernen Sie das Fett und bewahren Sie den Jus in einer kleinen Schüssel auf.

7. *Eine Karotte, eine Zwiebel und eine Schalotte in Juliennestreifen schneiden und in einem Topf bei milder Hitze bräunen.*

Sie bereiten hier die Aromabasis für die Sauce zu. Ein wenig Farbe schadet den Gemüsen nicht, die in eine Sauce eingebracht werden. Gleichzeitig werden sie weich, und die leckeren Moleküle, die sie enthalten, lösen sich leichter in der Sauce auf.

8. *Die fertig gebratenen Fasanen tranchieren und den Saft, der dabei austritt, sorgfältig auffangen. Die Stücke mit den gedünsteten Champignons in eine Pfanne geben. Mit erhitztem Cognac begießen und flambieren. Zudecken und warmhalten.*

Wie tranchiert man einen Fasan? Machen Sie jeweils 6 Stücke, wenn die Fasanen groß sind, und 5, wenn sie klein sind. Im ersten Fall heben Sie die beiden Flügel, die beiden Schenkel und die beiden Brusthälften ab. Im zweiten Fall machen Sie es ebenso, lassen aber die Brust ganz. Die Haut abziehen und zu dem Jus geben, den Sie beim Tranchieren aufgefangen haben.

9. *Die Karkassen und alle Abfälle mit dem Fleischerbeil oder einem Hammer zerkleinern. Mit 250 cl gutem Weißwein und dem beim Braten und Tranchieren aufgefangenen Saft*

*zu den Gemüsen geben. Bei starker Hitze aufkochen und um die Hälfte reduzieren lassen. Dann die braune Sauce, die Sie aus der Mehlschwitze und dem Kalbsfond gemacht haben, dazugeben.*

Die Zubereitung der Sauce geht weiter: Die mit dem Kalbsfond aromatisierte Mehlschwitze, die braune Sauce, dient als Grundlage. Man gibt sie zu einer Fasanenessenz, in der man die Würze des Fleischs und der Knochen ausgekocht und mit den Aromen des Weins vereinigt hat.

10. *Diese Sauce eine halbe Stunde köcheln lassen. Dann durch ein Sieb geben und die festen Teile ausdrücken. Den Topf schräg auf die Herdplatte stellen und vorsichtig die Trübstoffe abschöpfen.*

Beim Kochen lösen sich die Aromamoleküle. Drückt man die Rückstände des Fleisches und des Gemüses im Sieb aus, so gewinnt man auch noch jene Aromamoleküle, die in ihnen verblieben sind. Dann kommt das Abschöpfen der Trübstoffe, ohne das eine klassische Sauce ihren Namen nicht verdient: Das Abschöpfen klärt die Sauce, reinigt sie. Man geht dabei folgendermaßen vor: Man gibt die Sauce in einen Topf, den man schräg hält, damit nur ein einziger Punkt erhitzt wird. Die Flüssigkeit an diesem Punkt wird leichter, weil sie sich ausdehnt, und steigt nach oben, wobei sie die darüberliegende kalte Flüssigkeit vor sich herschiebt, die dann an den Seiten wieder heruntersinkt. Wenn man den Topf auf einen einzigen Punkt stellt, tritt nur eine einzige »Konvektionszelle« in Erscheinung, die die Verunreinigungen und das überschüssige Fett ins Zentrum des Topfs transportiert. Mit dem Löffel schöpft man in regelmäßigen Abständen diese Trübstoffe ab.
Diese Prozedur muß bei sehr milder Hitze durchgeführt werden. Nachlässige Köche, die nicht korrekt abschöpfen, sind schuld daran, daß mehlgebundene Saucen in Verruf gekommen sind. Dabei erhält man mit einer korrekt durchgeführten Mehlbindung äußerst feine, raffinierte und delikate Saucen.

11. *Die Nudeln formen und kochen.*

Eine Nudelmaschine ist ein äußerst nützliches Gerät, das hauchdünne Teigplatten fabriziert, die von derselben Maschine in Spaghetti oder jede x-beliebige andere Nudelsorte verwandelt werden. Dann brauchen Sie die Nudeln nur noch einige Minuten in kochendem Salzwasser garen.

12. *Fünf Minuten vor dem Servieren die Hälfte der geklärten Sauce über die Fasanenstücke gießen. Im vorgeheizten Ofen bei 80°C erhitzen.*

Deshalb sollten die Fasanen nicht ganz durchgegart sein: Mit der Sauce überzogen, garen sie noch ein paar Minuten weiter.

13. *50 g Butter in den Topf mit der restlichen Sauce geben und mit dem Schneebesen kräftig unterschlagen, dabei den Topf vom Feuer nehmen.*

Warum der Schneebesen? Sie haben es bestimmt schon erraten: Butter, die in einer wasser- und gelatinehaltigen Sauce schmilzt, wird mit dem Schneebesen emulgiert, der die geschmolzenen Buttertröpfchen im Wasser verteilt. Damit die Sauce gut eindickt, müssen Sie – ich wiederhole mich – die Fetttröpfchen so fein wie möglich verteilen. Zu diesem Zweck braucht man einen Schneebesen – und viel Energie.

14. *Richten Sie die mit Sauce überzogenen Fasanenstücke, um geben von den Croûtons und den gut abgetropften Nudeln, auf einer Servierplatte an.*

# Schmorkaninchen mit Kartoffelplätzchen
## *Braisé de lapin et galettes de pommes de terre*

*Sauce (f.): einzig unfehlbarer Beweis für das Vorhandensein von Geist und Zivilisation. Ein Volk ohne Saucen hat tausend Laster; ein Volk mit einer Sauce hat nur noch neunhundertneunundneunzig. Für jede neu erfundene und verbreitete Sauce wird ein Laster aufgegeben und verziehen.*
Ambrose Bierce, Des Teufels Wörterbuch

Das große Gericht der großen französischen Küche ist nach Carême der Schmorbraten. Bei diesem königlichsten aller Gerichte wird alles in den Dienst des Fleischs gestellt: Man umgibt es mit tausend kleinen Aufmerksamkeiten, mit tausend Zutaten, um ihm seinen unvergleichlichen Geschmack zu verleihen. Wer aufs Sparen aus ist, sollte die Finger davon lassen; man braucht das Doppelte an Zutaten. Schlimmer noch: Der Schmorbraten ist ein Gericht, das lange garen muß. Dafür aber erhält man ein unvergleichlich zartes Fleisch und äußerst feine Aromen. Was entdecken wir bei diesem Gericht? Ein großes Prinzip der Fleischzubereitung.

Zutaten für 4 Personen

*1 ausgenommenes Kaninchen von 1 kg*

*1 Scheibe Schinken*

*2 Karotten*

*3 Zwiebeln*

*1 Thymianzweig*

*1 Lorbeerzweig*

*3 Scheiben Speck (etwa 1 cm dick)*

*Eine halbe Flasche Weißwein (ein leichter Weißburgunder eignet sich am besten)*

*1 Knoblauchzehe*

*10 g Mehl*

*5 cl Cognac*

*25 g Butter*

*Salz*

*Pfeffer*

*2 schöne Kartoffeln pro Person*

1. *Den Boden eines Schmortopfs mit den 3 Scheiben Speck auslegen, mit einer Schicht Zwiebelringe und einer Schicht Karottenscheiben bedecken und zum Schluß das Kaninchen auf diese dreifache Unterlage betten. Mit einer Scheibe Schinken bedecken.*

Der Speck am Boden setzt beim Erhitzen Fett frei, so daß das Gericht nicht anbrennt. Die Zwiebeln braten, aber ohne mit dem Fleisch in Berührung zu kommen, dem sie einen zu kräftigen Geschmack geben würden. Die Karotten dagegen sind in direktem Kontakt mit dem Fleisch und imprägnieren es mit ihrem Aroma. Das Kaninchen ruht zwischen den Karotten und dem Schinken wie in einem Sandwich, dessen oberer Teil der Hitze des Ofens ausgesetzt ist.

2. *Geben Sie den Schmortopf ohne Deckel in den auf 250°C vorgeheizten Ofen, bis der Schinken zu bräunen beginnt.*

Dieser Schritt ist wichtig, weil sich dabei ein Großteil der Aromen bildet – die der Maillard-Reaktionen. Unterließe man ihn, so würde man sich um den guten Grill- und Bratgeschmack bringen. Das Fleisch gart, das heißt, die Proteine des Fleischs gerinnen, wodurch sich die Zellen zusammenziehen und ihr Wasser verlieren. Da das Fleisch etwas von seinem Saft einbüßt, darf diese Phase nicht allzu lange dauern. Beenden Sie den Vorgang, sobald sich die Farbe verändert.

3. *Den Ofen auf 100°C zurückschalten und den Topf herausnehmen; ein Glas Cognac und die halbe Flasche Weißwein angießen. Den Deckel aufsetzen und wieder in den Ofen schieben.*

Das Schmoren ist eine Garmethode bei sehr milder Hitze, bei der sich die Säfte, anstatt auszutreten wie beim Braten, im Fleisch konzentrieren. Darin liegt auch die Bedeutung der aufwendigen Garnitur, mit der man das Kaninchen umgibt: Der Schinken, der Speck, die Karotten, die Zwiebeln ergeben mit dem Wein nur relativ wenig Garflüssigkeit, in der die Konzentration der verschiedenen Lösungen höher ist als im Fleisch: Dieser würzige Saft durchdringt das Fleisch, indem er zwischen seine Zellen eindringt. Gleichzeitig wird das Kollagen, das die Fleischzellen einschließt, zu Gelatine abgebaut: Die Moleküle lösen sich voneinander und gehen in die intrazelluläre oder extrazelluläre Flüssigkeit über, während Flüssigkeit in die Kollagenfasern eindringt, so daß diese aufquellen.

Da der Fleischsaftverlust von der Temperatur abhängt, sollten Sie den Ofen auf kleinste Stufe einstellen: Die Alten haben in der Asche gegart. Ich gebe hier eine Temperatur von 100°C an, aber Sie können ohne weiteres bei 80°C bleiben, wenn Ihr Ofen es erlaubt; natürlich müssen Sie dann die Garzeit entsprechend verlängern.

4. *Wenn das Fleisch eine halbe Stunde bei ganz milder Hitze im Ofen geschmort hat, beginnen Sie mit einer Mehlschwitze: 25 g Butter in einem Topf schmelzen lassen.*

Die Butter ist eine Dispersion von kleinen Wassertröpfchen in Fett. Beim Erhitzen schmilzt das Fett und bildet eine Masse, die stark erhitzt werden kann: Bei 60°C gerinnen die Proteine der Butter; bei 100°C verdampft das Wasser oder wird von der Mehlstärke eingefangen, aber das Fett kann dann noch bis auf 150°C weitererhitzt werden.

5. *10 g Mehl in die geschmolzene Butter einrühren und auf kleiner Flamme langsam rösten, so daß sich gerade noch kleine Bläschen bilden.*

Das aus der Butter freigesetzte Wasser läßt die Stärkekörner des Mehls quellen, und letzteres kann sich zudem im Teig »dextrinisieren«: Die langen Amylose- und Amylopektinmoleküle, aus denen die Stärke besteht, können chemisch reagieren und zu kleineren, süßlich schmeckenden Molekülen zerfallen. Das Mehl verliert so seinen etwas faden Geschmack und nimmt Farbe an. Die braunen Bestandteile kommen vor allem von den geronnenen Proteinen (der Beweis: in geklärter Butter angeschwitztes Mehl bleibt weißer), aber auch von dem »Karamel«, das sich durch die Dextrinisierung des Mehls gebildet hat, und von den Maillard-Reaktionen, die in dieser Mehlschwitze unweigerlich ablaufen.

6. *Wenn Ihre Mehlschwitze schön hellbraun ist, drei Viertel der Schmorflüssigkeit angießen und das Kaninchen, immer noch mit geschlossenem Deckel, wieder in den Ofen stellen.*

Die Mehlschwitze soll die Sauce binden: In einer heißen Flüssigkeit quellen die Stärkekörner beträchtlich auf und nehmen allen verfügbaren Raum ein. Weil sie sich dann nur noch schwer bewegen können, wird die Sauce sämig.

7. *Den Schmorsaft mit der Mehlschwitze verrühren und auf ganz kleiner Flamme eine Stunde kochen lassen; regelmäßig abschäumen.*

Durch das Abschäumen werden die Partikel entfernt, die die Sauce trüben; die Sauce wird reduziert und dadurch würziger. Gleichzeitig lagern sich die Proteine an die festen Teile an, die die Sauce trüben: nicht aufgelöste Stärkekörner, Fleischpartikel etc. Das lange Kochen rundet die Sauce außerdem ab: Einige Maillard-Reaktionen gehen weiter, die Amyolse und das Amyolpektin dextrinisieren sich, und das Ganze wird weicher und milder, weil die kräftigsten unter den flüchtigen Aromamolekülen verdampfen.

8. *Die Sauce erst unmittelbar vor dem Servieren salzen und pfeffern.*

Den Pfeffer soll man erst 5 Minuten vor dem Servieren dazugeben, weil er die Sauce sonst bitter macht. Siehe hierzu die »Austern in Blätterteig«.

9. *Bereiten Sie jetzt die Kartoffelplätzchen zu: die Kartoffeln schälen, waschen und auf einer groben Reibe raspeln, dann sorgfältig trocknen und kleine Plätzchen formen.*

Die Kartoffelplätzchen müssen gut trocken sein, damit sie knusprig werden. Wenn noch Feuchtigkeit an den Kartoffeln ist, muß das Öl, in dem man sie brät, seine Hitze für das Verdunsten des Wassers verschwenden, anstatt eine undurchlässige Kruste zu bilden.

10. *In einer Pfanne reichlich Öl erhitzen, die Kartoffelplätzchen hineingeben und auf beiden Seiten knusprig braten.*

Das Öl muß sehr heiß sein, damit es die Kartoffeln braten und eine ölundurchlässige Schicht bilden kann. Die richtige Brattemperatur für diese Art der Kartoffelzubereitung liegt bei ungefähr 160°C. Dies dient einem doppelten Zweck: Die Hitze macht die Kartoffeln knusprig und gart sie gleichzeitig durch. Warum sind hier nicht zwei aufeinanderfolgende Fettbäder vorgesehen, so wie bei den Pommes frites? Weil die Kartoffeln fein geraspelt sind; sie garen innen in derselben Zeit durch, in der sich die Kruste bildet.

11. *Das Schmorkaninchen ohne die Schmorgarnitur servieren (die Sie bei der nächsten Mahlzeit unter ein Püree mischen können); mit den gesalzenen und gepfefferten Kartoffelplätzchen umlegen. Die Sauce in einer Saucière auftragen.*

## Kaninchenpfeffer
## *Civet de lapin*

*Nichts vermag einen Ehrenmann beim Essen zu stören.*
Joseph Berchoux, La gastronomie

Wildpfeffer ist ein schmackhaftes, deftiges »Hausmannsgericht«, das man vor allem aus Hasen zubereitete. Hasen sind rar in unseren Städten, aber das ist kein Grund, auf dieses köstliche Gericht zu verzichten: Nehmen Sie statt dessen ein Kaninchen und lassen Sie sich von Ihrem Metzger eine Schüssel Blut geben (möglichst ein paar Tage vorher bestellen).
Welche physikochemische Entdeckung bringt uns dieses Gericht? Das Binden mit Blut.

Zutaten für 6–8 Personen

*Für den Kaninchenpfeffer*

*1 Kaninchen von 2–2,5 kg*

*1 große Tasse Blut*

*Für die Marinade*

*3 EL Olivenöl*

*5 EL Cognac*

*1 große Zwiebel*

*3 Schalotten*

*1 Petersilienzweig*

*1 Lorbeerblatt*

*1 kleiner Thymianzweig*

*1 Knoblauchzehe*

*Für die Garnitur*

*250 g mageren Speck*

*20 kleine weiße Zwiebeln*

*250 g Champignons*

*2 dicke Scheiben Weißbrot für die Croûtons*

*Für die Sauce*

*50 g Butter*

*2 Zwiebeln*

*50 g Mehl*

*1 Liter guten roten Burgunder*

*2 dl Bouillon*

*1 Knoblauchzehe*

*Petersilie*

*Lorbeer*

*10 g Salz*

*Pfeffer*

1. *Zuerst die Hinterläufe des Kaninchens abtrennen und in 2 Teile zerlegen: die Unterkeulen und die Schenkel. Dann die Vorderpfoten abtrennen und in je 2 Stücke zerlegen. Den Kopf abschneiden. Die Rippen zerteilen. Den Rücken quer in 4, 5 oder 6 Stücke schneiden, je nach Größe des Kaninchens. Die Stücke in eine Schüssel legen und alle Zutaten für die Marinade dazugeben: die 3 EL Olivenöl, die 5 EL Cognac, eine große Zwiebel, 3 Schalotten, Petersilie, ein Lorbeerblatt, eine Prise Thymian, eine Knoblauchzehe.*

Vorsicht: Benutzen Sie eine Keramikschüssel, deren Glasur keine Bleisalze enthält, denn diese würden sich in dem Essig auflösen, der sich allmählich bildet. Ein kluger Gourmand riskiert keine Bleivergiftung, die seine Tage und damit seine Mahlzeiten drastisch abkürzen würde.

2. *Lassen Sie das Fleisch in einem kühlen Raum marinieren und begießen Sie die Stücke von Zeit zu Zeit, damit sie gleichmäßig von den Aromen der Marinade durchdrungen werden.*

Die Nützlichkeit der Injektionsspritze habe ich bereits erwähnt. Sie sollten Sie auch hier verwenden, denn dadurch wird die Marinierzeit verkürzt: Sie können die Marinadeflüssigkeit direkt ins Fleisch injizieren.

3. *250 g Bauchspeck grob würfeln, nachdem Sie die Schwarte entfernt haben. Ein paar Sekunden blanchieren.*

Blanchieren heißt in kochendes Wasser tauchen. Mit dieser Prozedur tötete man früher, als es noch keine Kühlschränke gab, eventuelle Keime an der Oberfläche des Fleisches ab. Heute hat das Blanchieren eher den Zweck, den allzu penetranten Geschmack bestimmter Zutaten abzumildern (Zwiebeln, Knoblauch etc.).

4. *In einem hochwandigen Topf etwas Butter bei milder Hitze zerlassen, dann die blanchierten Speckwürfel dazugeben und langsam unter ständigem Umrühren anbräunen. Die Speckwürfel aus dem Topf nehmen und in einer Schüssel beiseitestellen. Dann in der Butter, die mit dem Fett der Speckwürfel angereichert wurde, die 20 kleinen Zwiebeln langsam goldgelb dünsten. Aus dem Topf nehmen und zu den Speckwürfeln geben.*

Die Butter, in der die Zwiebeln und der Speck gedünstet wurden, ist jetzt aromatisiert, weil zahlreiche Aromamoleküle fettlöslich sind. In derselben aromatisierten Butter wird später das Fleisch angebräunt.
Die Speckwürfel müssen jetzt knusprig sein, wenn Sie sie richtig angebraten haben: Ihr Wasser muß verdampfen, ohne daß sie verkohlen. Sie sollten sie also auf ziemlich kleinem Feuer garen, so daß sie ganz allmählich austrocknen können: Das Wasser außen verdunstet und wird durch Flüssigkeit ersetzt, die von innen nachwandert und dann wiederum verdunstet usw.

5. *Die Fleischstücke aus der Marinade nehmen und mit Küchenkrepp trockentupfen. In der Butter, in der die Speckwürfel und die Zwiebeln angedünstet wurden, 50 g Mehl auf ganz kleiner Flamme anschwitzen. Dann die Kaninchenteile dazugeben, ab und zu umwenden. Nach 10 Minuten müssen die Fleischstücke leicht angebräunt sein.*

Seien Sie beim Trockentupfen sehr sorgfäftig, denn nur so bekommen Sie eine schmackhafte braune Kruste.
Das Mehl dient zugleich als Aromaquelle und als Bindemittel für die Sauce. Durch das Anchwitzen wird hier zudem sein unangenehmer Eigengeschmack eliminiert.

6. *Wenn das Fleisch Farbe genommen hat, den Wein und die Bouillon angießen. Umrühren, um die Mehlschwitze abzulöschen, und aufkochen lassen. Salz und Gewürze, dann die restliche Marinade dazugeben.*

Die Sauce wird jetzt eingedickt, das heißt, die Stärkekörner verkleistern: Das Wasser löst eine der beiden Molekülarten auf, aus denen die Stärke besteht (die Amylose), während es die Kristalle des anderen Stärkemoleküls, des unlöslichen Amylopektins, zersetzt. Die Stärkekörner, die so stark gequollen sind, daß sie keine Bewegungsfreiheit mehr haben, machen die Sauce dick.

7. *Bei geschlossenem Topf leise köcheln lassen. Rechnen Sie ungefähr eine Stunde.*

Kaninchenfleisch kann manchmal etwas trocken sein. Damit es schön zart bleibt, sollten Sie es bei ganz milder Hitze schmoren. Vergessen Sie nicht, daß man früher in der Asche gegart hat!

8. *Nach etwa einer Stunde die Stücke herausnehmen und auf eine tiefe Platte legen. Die Speckwürfel dazugeben. Die Sauce durch ein sehr feines Sieb passieren und die festen Teile mit einem Löffel ausdrücken, damit ihre Aromen nicht verlorengehen. Den Topf auswaschen und das Fleisch, die Speckwürfel und die durchpassierte Sauce hineingeben.*

Nachdem wir alle Aromastoffe herausgelöst haben, werden die ausgelaugten Gemüse und Gewürze entfernt, damit wir eine feine, klare Sauce erhalten.

9. *Die Champignons waschen und putzen, je nach Größe in 2 oder 4 Teile schneiden. In den Topf mit der Sauce geben, das Ganze wieder zum Köcheln bringen und dann bei sehr milder Hitze 20 Minuten ziehen lassen.*

Während die Pilze garen, reichert sich die Sauce mit ihren Aromen an.

10. *In geklärter Butter die Croûtons anrösten. Nehmen Sie eine möglichst große Pfanne, in der alle bequem Platz haben. Mit einem Holzlöffel umrühren, bis sie goldgelb geworden sind.*

Hätten Sie gewöhnliche Butter für Ihre Croûtons genommen, dann wären sie unweigerlich schwarz geworden, weil die Proteine der Butter das Erhitzen nicht vertragen. Mit geklärter Butter können Sie auf weit über 100°C erhitzen: Das Wasser der Brotwürfel verdampft, und in dem stark erhitzten Brot laufen Maillard-Reaktionen ab, die den Röstgeschmack in der ganzen Krume verbreiten. Außerdem nehmen die Croûtons den feinen Geschmack der Butter auf.

11. *Die gerösteten Brotwürfel bis zum Servieren in der offenen Pfanne aufbewahren.*

Sie würden sonst weich werden.

12. *Wenn das Fleisch gar ist, wird die Sauce mit dem Blut gebunden. Dann die Zwiebelchen dazugeben und bis zum Servieren bei milder Hitze ziehen lassen.*

Denken Sie an das Binden mit Ei, wenn Sie mit Blut binden: Man gibt das Bindemittel (Ei oder in unserem Fall Blut) dazu, weil dessen Proteine durch die Hitze gerinnen und so die Sauce eindicken. Geben Sie eine Prise Mehl dazu, um Klümpchen zu vermeiden, und schlagen Sie die Sauce beim Erhitzen mit dem Schneebesen.
Wenn Sie kein Blut bekommen haben, können Sie die Kaninchenleber, mit Rotwein püriert, verwenden. Geben Sie dieses Bindemittel erst kurz vor dem Servieren dazu, ohne die Sauce aufzukochen, weil sonst Klümpchen entstünden.

13. *Den Topf vom Feuer nehmen und das Fett von der Oberfläche abschöpfen. Die Fleischstücke mit der Garnitur auf einer Platte anrichten.*

14. *Die Sauce mit dem Schneebesen ungefähr noch 3 Minuten lang kräftig durchrühren und dabei stark erhitzen. Über die Fleischstücke gießen.*

Durch das Rühren wird die Sauce feiner: Alles Fett, das etwa noch oben schwimmt, wird emulgiert.

15. *Den Kaninchenpfeffer mit den Croûtons umgeben und servieren.*

# Kaninchen mit Honig und fritierten Auberginen
## *Lapin au miel et aux aubergines frites*

*Doch was die Welt auch glaube, meine,*
*Die Wissenschaft, das Kleine, Feine,*
*Schimären, alles ist da gut, ich bleib dabei,*
*Daß all das nötig zu der Unterhaltung sei.*
*Sie ist ein reiches Beet mit Blumen mancherlei,*
*Zu allen Blüten man das Bienlein fliegen sieht,*
*Weil es aus allen Honig zieht.*
Jean de la Fontaine

Die Kombination von süß und salzig ist eine Seltenheit in der klassischen französischen Küche. Mit Ausnahme der berühmten Canard à l'orange sind die Gerichte entweder das eine oder das andere. Muß man aber deshalb auf das Vergnügen verzichten, neue Geschmacksnuancen zu entdecken? Ganz bestimmt nicht, wie wir bei den großen Küchenchefs von heute sehen können.

ZUTATEN FÜR 6 PERSONEN

*Für das Kaninchen*

*1 Kaninchen von etwa 2 kg*

*Honig*

*Thymianzweige*

*Karotten*

*Salz*

*Pfeffer*

*Geflügelbouillon*

*Für die Auberginen*

*3 Auberginen*

*100 g Mehl*

*2 Eier*

*2 EL Olivenöl*

*Salz*

*Pfeffer*

1. *Bereiten Sie den Ausbackteig für die Auberginen zu: In einer Salatschüssel 100 g Mehl, 2 EL Olivenöl, Salz, Pfeffer und 2 Eigelbe vermischen. Etwas Wasser unterrühren, bis der Teig die Konsistenz von flüssigem Honig hat. Ruhen lassen.*

Jeder Teig, der Mehl enthält, muß ruhen, vor allem, wenn er kalt gerührt ist: Die Stärkekörner brauchen mindestens eine Stunde, um zu verkleistern und nachher eine durchgehende Schicht bilden zu können.

2. *Die Auberginen in 0,5 cm dicke Scheiben schneiden. Mit grobem Salz bestreuen und eine Stunde lang in einen Durchschlag geben.*

Warum diese Prozedur? Weil die Auberginen sich sonst später beim Fritieren wie Schwämme mit Fett vollsaugen würden. Wie entwässert man möglichst effizient? Ich hatte in einem Kochbuch ein Rezept gefunden, bei dem Zucchini geraspelt und entwässert werden sollten; es wurde empfohlen, die Zucchini eine Stunde in Salz zu legen. Warum eine Stunde? Als ich diese Anweisung las und mir vornahm, die Sache zu testen, hatte ich keine Ahnung, daß daraus ein internationales Abenteuer werden sollte...

Für die Tests schnitt ich Auberginen in gleichmäßige Scheiben von 0,5 cm, 1 cm, 1,5 cm Dicke. Ich wog jede Scheibe, bestreute sie mit Salz, und alle 15 Minuten trocknete ich sie und wog sie erneut. Auf diese Weise entdeckte ich zuerst, daß das Entwässern in den ersten 75 Minuten sehr schnell, dann langsamer vor sich geht. Mit anderen Worten, wenn man Auberginenscheiben gut entwässern will, sollte man eine Viertelstunde länger warten, als im allgemeinen empfohlen wird. Die verlorene Masse (in Form des vom Salz absorbierten Wassers) liegt dann über 50 Prozent.

Wie wird Wasser aus den Auberginen herausgezogen? Durch Osmose, ein Phänomen, das man deutlich beobachten kann, wenn man unter dem Mikroskop ein Salzkristall mit einer Pflanzenzelle, z. B. von einer Zucchini, zusammenbringt. Sobald das Salz mit der Zelle in Kontakt kommt, sieht man, wie diese ihr Wasser abgibt, weil die Moleküle diffundieren, damit ihre Konzentration in dem gesamten Milieu, das ihnen zur Verfügung steht, gleich ist. Es handelt sich hierbei um dasselbe Phänomen, das die spontane Ausbreitung eines Farbtropfens in einem Glas Wasser bewirkt. Im Fall der Auberginen tritt das Wasser aus den Zellen aus, um ins Salz überzugehen, in dem die Wasserkonzentration ursprünglich gleich Null ist: Die Zellen verlieren ihr Wasser.

Auch bei zahlreichen anderen Früchten ist uns die Osmose nützlich: Mit Salz kann man das Wasser aus aufgeweichten Steinpilzen herausziehen; ebenso kann man mit Zucker Erdbeeren trocknen, die man für einen Kuchen verwenden will: Auf diese Weise wird der Teig nicht so feucht.

Warum daraus ein internationales Abenteuer wurde? Weil Nicholas Kurti und ich Geschmack an diesen kleinen Experimenten fanden. Wochenlang vergnügten wir uns damit – er in Oxford, ich in Frankreich –,

Zucchini, Auberginen, Erdbeeren, Äpfel, Orangen, Champignons und Gurken zu entwässern. Unser schönster Erfolg war eine Gurkenscheibe, die nach mehreren Tagen Entwässern hauchdünn, fast so dünn wie Zigarettenpapier, geworden war. Einige Zeit später traf ich dann Michel Trama, Küchenchef in Puymirol, der etwas erfunden hat, was er »la cristalline« nennt. Er schneidet z. B. Steinpilze in hauchdünne Scheiben, bepinselt sie mit einer Mischung aus Sojasauce und Sirup und gibt sie dann bei ganz milder Hitze in den Ofen, bis alles Wasser verdampft ist; so erhält er kristallisierte Steinpilzlamellen. Das ist natürlich strenggenommen kein Entwässern, aber es schmeckt so gut, daß ich es unbedingt erwähnen mußte. Verzeihen Sie mir die kleine Abschweifung.

3. *Die Kaninchenteile mit Honig bepinseln. Mit Thymian bestreuen, salzen und pfeffern.*

Der Honig, der sehr zuckerhaltig ist, trocknet die Oberfläche des Fleischs leicht aus. Lassen Sie das Fleisch also nicht zu lange ruhen.

4. *Den Ofen auf 100°C vorheizen. In einem großen Topf Butter und Öl auf starker Flamme erhitzen und die Knochen und die gewürzten Fleischstücke darin anbräunen. Die Hitze sofort zurückschalten, damit das Kaninchenfleisch nicht austrocknet. Zudecken und schmoren lassen, bis das Fleisch gar, aber noch weich ist, also ungefähr eine Viertelstunde von jeder Seite.*

5. *Die Fleischstücke herausnehmen und in einen großen geschlossenen Topf geben. Im Ofen bei 50°C warmhalten.*

6. *Den Bratensatz mit der Geflügelbouillon ablöschen. Reduzieren, dann durch ein Sieb passieren. Die festen Teile wegwerfen und die Sauce warm stellen.*

7. *Das Fritierfett auf 180°C erhitzen. Inzwischen die beiden Eiweiß steifschlagen und unter den Ausbackteig heben. Wenn das Fett heiß ist, die entwässerten Auberginenscheiben nacheinander zuerst in den Teig, dann in das Fritierbad tauchen. Nicht mehr als 10 Scheiben auf einmal fritieren.*

*Sobald sie auf beiden Seiten gebräunt sind (nach ungefähr 2 Minuten), die Auberginenscheiben auf einer dicken Schicht Küchenkrepp abtropfen lassen und salzen. Das Kaninchen mit den Auberginen servieren.*

Wie wir bereits gesehen haben, muß man zum Fritieren immer eine große Menge Fett nehmen. Das gilt natürlich auch hier.
Fritieren Sie nicht mehr als 10 Auberginenscheiben auf einmal: das Fett würde sonst zu stark abgekühlt, und die Auberginen würden sich vollsaugen. Achten Sie darauf, daß das Fett gut erhitzt ist – es muß fast rauchen. Und seien Sie schnell: das Fett darf nicht schwarz werden, genauso wenig wie die Auberginenscheiben. Lassen Sie sich notfalls helfen.
Halten Sie mehrere Teller bereit, auf die Sie die Auberginen legen können. Wenn Sie sie übereinanderstapeln, selbst mit einer Lage Küchenkrepp dazwischen, würden sie Feuchtigkeit ziehen, und ihre Knusprigkeit verlieren.

# Falscher Wildschweinbraten
## *Rôti de porc façon sauvage*

Ein rustikales Rezept, gewiß, aber
*»der Heikle ist ein beklagenswerter Mensch –
nichts kann ihn zufriedenstellen.«*
Jean de la Fontaine

Wer sich kein Wildschwein leisten kann oder wer außerhalb der Jagdsaison Appetit auf Wildschwein hat, findet hier eine Möglichkeit, aus normalem Schweinefleisch Wildfleisch zu machen. Nein, hier ist keine böse Chemie im Spiel: Das Rezept stammt von Profi-Köchen, die das Verfahren schon seit langem kennen. Es handelt sich lediglich darum, Schweinefleisch anders als üblich zu marinieren. Der Motor der Marinade? Essig. Nehmen Sie einen guten Essig, und da Sie das Gericht mit Johannisbeergelee servieren, können Sie z. B. einen Johannisbeer- oder Erdbeeressig verwenden, um »im Ton« zu bleiben.

Zutaten für 6 Personen

*1 Schweinebraten (ungefähr 1 kg)*

*1 Liter Rotwein*

*1 Glas Essig*

*2 Karotten*

*4 Schalotten*

*1 Zwiebel*

*Thymian*

*18 kleine Kartoffeln*

1. *Die Marinadezutaten und das Fleisch in eine große Porzellanschüssel geben. Mehrere Tage durchziehen lassen, dabei das Fleisch zwei- bis dreimal pro Tag umwenden.*

Der Essig ist sauer. Nehmen Sie keinen Behälter mit einer bleihaltigen Glasur, die vom Essig angegriffen werden könnte. Wichtig: Wählen Sie einen guten Rotwein. Manche Burgunderweine haben ein fruchtiges Bukett, das hervorragend mit einem solchen Gericht und dem dazu servierten Johannisbeergelee harmoniert.
Der Essig trägt dazu bei, das Fleisch mürbe zu machen, indem er das Kollagennetz angreift, das für die Härte des Fleischs verantwortlich ist. Schließlich sollten Sie sich nicht scheuen, zur Spritze zu greifen und die Marinade direkt ins Fleisch zu injizieren. Sie wirkt dann auch von innen, so daß sich die Marinierzeit verkürzt.

2. *Vier Stunden vor dem Servieren das Fleisch mit der Marinade in einen großen Topf geben. Leise köcheln lassen.*

Fleisch, das lange mariniert wurde, soll man nicht braten, weil es sonst zu trocken werden könnte. Wir halten uns an diese Empfehlung. Im übrigen heißt es auch, daß man bei längerem Marinieren keine Petersilie dazugegeben darf. Wir verwenden hier keine, aber ich möchte doch gern wissen, warum die Petersilie in diesem Fall aus dem Topf verbannt werden soll...

3. *Kurz vor dem Servieren die Kartoffeln zubereiten: waschen, schälen und mit kaltem Salzwasser bedeckt in einen großen Topf geben. Ohne Deckel bei mittlerer Hitze ungefähr 20–30 Minuten kochen.*

Kartoffeln sind, das wissen wir bereits, eine Ansammlung von stärkehaltigen Zellen. Damit die Kartoffeln gar werden, müssen ihre Stärkekörner weich werden, aufquellen und gelieren. Die Kartoffel ist jedoch thermisch träge, wie wir bei den Pommes frites gesehen haben (s. S. 193). Daher die lange Garzeit, ich kann es nicht ändern.

4. *Das Fleisch aus dem Topf nehmen und warm stellen. Die Sauce auf die Hälfte reduzieren. Dann mit einer Mehlschwitze binden, die Sie aus 30 g Mehl und 20 g Butter zubereiten.*

Eine bewährte Methode für ein gutes altes Rezept. Nehmen Sie nicht zu viel Mehl, um Ihre Sauce zu binden. Reduzieren Sie lieber die Marinade ein bißchen mehr, so wird das Gericht etwas leichter.

5. *Das »Wildschwein« mit Sauce überziehen und in einem Kranz von Kartoffeln servieren.*

# Schweinebraten mit Ananas
## *Rôti de porc à l'ananas façon Pravaz*

*Nicht das Fleischessen macht unrein, sondern dieses: hartherzig, böswillig, treulos sein, ohne Mitleid, hochmütig, geizig, seine Habe mit niemandem teilen wollen.*
Amagandha Sutta

Dieses Rezept ist beispielhaft für die Wissenschaft, die wir als Molekulargastronomie bezeichnen. Einer ihrer wichtigsten derzeitigen Vertreter ist Professor Nicholas Kurti, ein Physiker, der in Ungarn geboren wurde und seit dem zweiten Weltkrieg in England lebt; Kurti ist Mitglied der Royal Society of London, dem Gegenstück zu unserer Académie des Sciences. Nicholas Kurti hatte den Auftrag, seinen gelehrten Kollegen die Molekulargastronomie vorzustellen, und er tat dies, indem er den Gebrauch der Injektionsspritze in der Küche und die Rolle der proteolytischen Enzyme erläuterte.

Keine Angst: diese »proteolytischen Enzyme« sind keineswegs so schrecklich wie ihr Name, sondern äußerst nützliche Küchenhelfer, die seit alters her bekannt sind: Die Indios in Südamerika z. B.wickeln ihr Fleisch in Papayablätter ein, damit es mürbe wird. Wir wissen heute, daß Papayablätter bestimmte Proteinmoleküle enthalten, die andere Proteine zersetzen (daher der Ausdruck »proteolytische Enzyme«: Sie sind proteolytisch, weil sie die Lyse oder Zersetzung der Proteine bewirken).
Da das Fleisch seine Zähigkeit den Kollagenproteinen verdankt, hat Nicholas Kurti die Methode der Indios übernommen, mit dem Unterschied, daß er die Enzyme mit der Spritze direkt ins Fleisch injizierte, um die Wirkung zu beschleunigen. Hier ist sein Rezept oder zumindest das Prinzip dieses Rezepts.

ZUTATEN FÜR 6 PERSONEN

*1 Schweinebraten von ungefähr 1 kg*

*2 frische Ananas*

1. *Eine Ananas schälen und das Fleisch in ungefähr 1 cm dicke Scheiben schneiden. Beiseite stellen.*

Dieses Fruchtfleisch wird die Garnitur des Gerichts.

2. *Das Fruchtfleisch der zweiten Ananas in den Entsafter geben oder im Mörser zerstampfen und den Saft auffangen.*

Dieser Saft enthält die proteolytischen Enzyme, die das Schweinefleisch weich machen. Die Wirkung ist durchschlagend: Während des zweiten Weltkriegs verschanzte sich ein Teil der englischen Truppen im asiatischen Dschungel, wo die Soldaten auf eine Ananasplantage stießen und sich ausschließlich von dieser Frucht ernährten. Nach ungefähr 10 Tagen fielen ihnen die Zähne aus, weil der Ananassaft das Zahnfleisch zersetzte.

3. *Den frischgepreßten Saft mit 1 TL Salz, Pfeffer und zerstoßenen Gewürznelken vermengen.*

Sie müssen den Saft nun längere Zeit stehenlassen, denn in diesem Fall kann die Gewürzextraktion nicht durch Erhitzen beschleunigt werden,

weil die Enzyme, wie alle Proteine, Temperaturen über 60°C nur schlecht vertragen. Es handelt sich um Molekülknäuel, die ihre chemischen Eigenschaften ihrer spezifischen Faltung verdanken. Erhitzt man sie, so entrollen sie sich, denaturieren und verlieren ihre Eigenschaften. Das ist auch der Grund, warum Sie dieses Gericht nicht mit dem Saft von Ananaskonserven zubereiten können: Beim Sterilisieren gehen die proteolytischen Eigenschaften verloren.
Man kann mit frischer Ananas auch kein Gelatinegelee machen: Die Enzyme des Ananassafts würden die Gelatine und damit die Struktur des Gelees abbauen.

4. *Gießen Sie den Saft durch ein feines Sieb, damit die festen Bestandteile der Gewürze zurückgehalten werden, füllen Sie ihn dann in eine Spritze und injizieren Sie ihn an mehreren Stellen in den Schweinebraten.*

Der Ananassaft ist klebrig; nehmen Sie deshalb eine dicke Nadel, die nicht so schnell verstopft. Spülen Sie die Nadel nach Gebrauch sofort mit heißem Wasser aus.

5. *Den Braten bei 200°C ungefähr 30 Minuten im Ofen garen.*

Die Garzeit ist viel kürzer als üblich. Das liegt an der Ananas, die den Braten von innen gart, während er außen bräunt und eine schöne Kruste bekommt.

6. *Den Braten aus dem Ofen nehmen, mit Ananasscheiben garnieren und noch einmal 10 Minuten in die Röhre schieben.*

Auch die Garnitur muß gegart werden. – Nicholas Kurti hatte die Gelegenheit, dieses Gericht Michel Roux zu präsentieren, einem großen französischen Küchenchef, der in England lebt. Sein Kommentar dazu: »Nicht gerade umwerfend – aber die Kruste ist phantastisch.« Nicholas Kurti machte daraus den Titel für ein Buch, in dem er die kulinarischen Beiträge der Mitglieder der Royal Society publizierte.

# Desserts

Zitronenmousse *(Mousse au citron)*

Schokoladenblätter *(Les trois feuilles de chocolat)*

Kirschgefrorenes *(Mousses glacées aux cerises)*

Rhabarberkuchen *(Tarte à la rhubarbe)*

Aprikosen in Blätterteig *(Feuilletés aux abricots)*

Zitronenkuchen mit Baiser
*(Tarte au citron meringuée)*

Pfirsiche mit Gewürztraminersabayon
*(Pêches au sabayon de gewurtztraminer)*

Pfirsichsorbet *(Sorbet aux pêches)*

Schnee-Eier *(Les oeufs à la neige)*

Apfeltaschen mit Konditorcreme
*(Aumônières de pommes à la cannelle)*

Orangentorte *(Fondant à l'orange)*

Schwarzwälder Kirschtorte
*(Gâteau de la Forêt-Noire)*

Himbeer-Charlotte *(Charlotte aux framboises)*

Madeleines *(Madeleines au miel et au citron)*

Brombeerkonfitüre *(Confiture de mûres)*

# Zitronenmousse
## *Mousse au citron*

*Ich nenne Vernunft jenen scheinbaren geistigen Zusammenhang, den jeder in sich trägt; diese Vernunft ist ein Instrument aus Blei und aus Wachs; sie läßt sich dehnen, biegen und für jeden Zweck gebrauchen.*
Montaigne

Erfinden wir zusammen ein Rezept: die Zitronenmousse. Und keine Sorge, wenn wir mit unseren Überlegungen zu Rande gekommen sind, liefere ich Ihnen das meine, altbewährte. Warum so viele Umstände? Warum verrate ich Ihnen nicht einfach ein Geheimnis, das ich intensiv erforscht habe? Weil das Kochen in erster Linie eine Sache des Experimentierens, des Erfindens ist – etwas Kreatives, wie man heute sagt. Erfinden, gut und schön, aber vielen von uns scheint diese Kunst unerreichbar. Ich will hier zeigen, daß es oft nichts weiter dazu braucht als logisches Denken, in unserem Fall unterstützt von der Physik und der Chemie.

Wir wollen also eine Mousse machen. Halten wir zunächst einmal fest, daß eine Mousse deshalb eine Mousse, also ein Schaum ist, weil sie Luftblasen enthält. Wie bringt man diese Luftblasen hinein? Welche Hilfsmittel hält die Küche zu diesem Zweck bereit? Steifgeschlagenen Eischnee kennen wir alle, genauso wie Schlagsahne oder auch jenen köstlichen Schaum aus Wein und Eiern, den ein gelungenes Sabayon darstellt. Mit einem solchen Schaum müssen wir eine viskose Zitronencreme vermischen.

Fassen wir zusammen: Wir bereiten zuerst eine Zitronencreme zu, die wir mit steifgeschlagenem Eischnee und Schlagsahne vermischen.

Gut, aber wie macht man eine Zitronencreme? Zunächst einmal muß die Creme dick sein, damit die Mousse stabil bleibt. Steifgeschlagener Eischnee z. B. hält sich nicht allzu lange, vor allem weil das Wasser, das den Flüssigkeitsfilm zwischen den Luftblasen bildet, von seinem Gewicht wieder nach unten gezogen wird. Das ist übrigens einer der Gründe, warum altes Eiweiß sich besser steifschlagen läßt als allzu frisches. Altes Eiweiß hat Wasser verloren, das durch die Schale verdunstet, und ist folglich zäher, weil es sich um eine konzentriertere Proteinlösung handelt als bei frischem Eiweiß. Eingebrachte Luftblasen sind in dieser konzentrierteren Proteinlösung stabiler.

Wie also macht man eine dicke Zitronencreme? Eier sind oft ausgezeichnete Verdickungsmittel, denn sie gerinnen beim Kochen. Ergo: Unsere Creme muß Eier enthalten. Andererseits wollen wir ein süßes Dessert: Um die Säure des Zitronensafts zu kompensieren, brauchen wir also Zucker in unserer Creme.

Damit hätten wir den Anfang des Rezepts, die Zubereitung der Creme: Wir schlagen Eigelb mit Zucker schaumig. Wozu? Um eine lockere Creme zu erhalten. Und wie? Durch kräftiges Schlagen mit dem Schneebesen, bis die Mischung hell wird – ein Zeichen, daß genug Luftblasen in der Masse sind.

Zu dieser Grundmischung gibt man eine Flüssigkeit, wie bei der Zubereitung eines Sabayons. Was für eine Flüssigkeit? Da Zitronen sauer sind, müssen wir die Creme ein bißchen milder machen. Milch eignet sich am besten. Wir geben also ein Glas Milch zu unserer Eigelb-Zucker-Mischung und erhitzen sie langsam, wobei wir kräftig weiterschlagen.

Jetzt kommt der gefährliche Moment, wo die Masse gerinnen kann. Küchenprofis wissen, daß eine Prise Mehl in einer Crème anglaise (so nennen sie die Creme, die wir zubereitet haben) die Klümpchenbildung verhindert – sogar, wenn die Creme anfängt zu kochen. Physikalisch

und chemisch läßt sich das so erklären: die Stärkekörner des Mehls quellen auf und setzen dabei sehr lange Moleküle frei, die verhindern, daß die Proteinmolküle des Eigelbs zusammenklumpen. Kehren wir zu unserer Creme zurück: Wir schlagen sie so lange, bis sie zu kochen beginnt und der Topf voller Schaum ist.
Damit die Creme fest wird, geben wir in Wasser eingeweichte Gelatineblätter dazu: So erhalten wir ein Gel, das sie erstarren läßt. Dann aromatisieren wir mit Zitrone, das heißt, wir geben Zitronensaft und geriebene Zitronenschale dazu. Zum Schluß heben wir den Eischnee und die Schlagsahne unter die erkaltete Zitronencreme und lassen das Ganze noch einmal im Kühlschrank oder, besser noch, in einem kühlen Raum abkühlen. Fertig. Und nach ein paar Stunden können Sie dann die Frucht unserer Überlegungen genießen...
Doch jetzt das versprochene, erprobte Rezept:

*Zutaten für 8 Personen*

*6 Zitronen*

*160 g Zucker*

*35 cl Milch*

*3 Eigelb*

*3 Eiweiß*

*4 Blatt Gelatine*

*10 cl Crème double oder Sahne*

1. *In einem kleinen Topf 25 cl Milch zum Kochen bringen und bei milder Hitze eine Viertelstunde kochen lassen, bis die Milch auf die Hälfte reduziert ist.*

Die Milch ist eine Emulsion, also eine Dispersion von Fettkügelchen in Wasser, in dem verschiedene Moleküle gelöst sind. Man kann die Milch sehr gut reduzieren, das heißt die Emulsion konzentrieren, indem man das Wasser verdampft.

2. *Die (unbehandelten) Zitronen waschen und abtrocknen. Die oberste Schicht der Schalen reiben und den Saft auspressen.*

3. *Die Gelatineblätter in einer Schüssel mit kaltem Wasser einweichen.*

Warum weicht man die Gelatineblätter in Wasser ein, bevor man sie verwendet? Ich weiß es nicht, aber ich weiß, daß nicht eingeweichte Gelatineblätter Fäden ziehen und schwer zu verarbeiten sind.

4. *Die 3 Eigelbe mit den 160 g Zucker in einen Topf geben. Kräftig schlagen, bis die Mischung hell wird und eine glatte, dickflüssige Konsistenz bekommt.*

Wie wir gesehen haben, dient das Schlagen dazu, Luftblasen in die Eigelb-Zucker-Mischung einzubringen. Es ist sehr wichtig, sofort mit dem Schlagen zu beginnen, wenn man Eigelb und Zucker zusammengegeben hat. Der Zucker entzieht sonst dem Eigelb Feuchtigkeit, so daß es sich nicht mehr aufschlagen läßt.

5. *Die heiße Milch unterrühren. Dann den Topf mit einer Prise Mehl aufs Feuer geben, dabei kräftig weiterschlagen. Sobald die Masse eindickt, den Topf vom Feuer nehmen und in ein kaltes Wasserbad stellen.*

Man streckt die Creme mit der Milch. Dann wird das Ganze erhitzt, damit das Wasser verdampft; dabei bildet es Dampfblasen, die in der Creme eingefangen werden und sie in eine Mousse verwandeln. Warum werden die Blasen eingefangen? Weil die Proteine des Eigelbs die Zubereitung eindicken.

6. *Die Gelatine mit dem Zitronensaft und der abgeriebenen Zitronenschale dazugeben. Verrühren und eine Viertelstunde in den Kühlschrank stellen.*

Die Gelatine besteht aus sehr langen Molekülen, die die Tendenz haben, sich örtlich zu Tripelhelices zusammenzuschließen. Sie verbinden sich so zu einem Netz, das die ganze Creme ausfüllt, wenn diese erkaltet, und ein Gel bildet, das alle Wassermoleküle und alle Zutaten, die sich in der Creme befinden, einschließt.

7. *Die 3 Eiweiß steifschlagen.*

Eiweiß steifschlagen heißt Luftblasen einbringen und dann so verteilen, daß man immer kleinere Blasen und folglich einen immer festeren Eischnee erhält. Warum fester? Weil, wie wir bereits öfter gesehen haben, die Kräfte, die das Wasser zwischen den Blasen festhalten, bei kleineren Blasen stärker sind als bei größeren. Was sind das für Kräfte? Dieselben, die für den Meniskus in einem Glas Wasser verantwortlich sind. Diese Kräfte ziehen das Wasser hoch, wo es mit dem Glas in Berührung kommt. Genauso wird im Eischnee das Wasser zwischen den Blasen angezogen. Und je kleiner die Bläschen sind und je dichter sie beieinanderliegen, desto besser wird es festgehalten. Das Wasser kann nicht mehr zurücksinken: der Schnee ist stabilisiert.

8. *10 cl dicke Crème double mit 10 cl Milch (oder die entsprechende Menge Sahne ohne Milch) steifschlagen.*

Schlagsahne ist wie Eischnee ein Schaum, das heißt, Luftblasen werden in eine Flüssigkeit eingebracht. Schlagsahne ist viskos, also ziemlich stabil (stabiler als Eischnee). Im Eischnee sind die Blasen von Eiweißproteinen umhüllt, die eine Art Gerüst bilden, das die Blasen festigt und ihre Zersetzung oder Verschmelzung blockiert. In der Schlagsahne tragen die Proteine ebenfalls dazu bei, die Blasen zu stabilisieren.

9. *Die Schlagsahne, den Eischnee und die Zitronencreme miteinander vermischen. In kleine Förmchen oder Schalen füllen und mehrere Stunden in den Kühlschrank stellen.*

# Schokoladenblätter
## *Les trois feuilles de chocolat*

*Das Dessert, das dem Feinschmecker vorgesetzt wird,*
*wenn sein Hunger gestillt ist, muß spektakulär sein.*
Grimod de la Reynière

Die mehrstöckigen Torten, die man heutzutage macht, sind nur ein blasser Abklatsch der phantastischen Kreationen, denen Marie-Antoine Carême, der Napoleon der Backöfen, seinen Ruhm verdankte. Er schuf Denkmäler, Tempel, berühmte Persönlichkeiten, Tiere und Blumen, die so täuschend echt waren, daß man hätte meinen können, sie seien lebendig. Wir haben hier nicht den Ehrgeiz, es diesem Künstler gleichzutun, sondern wir wollen ein sauberes, klares, durchkomponiertes Dessert realisieren, das durch seine Strenge beeindruckt. Auf jedem Teller werden drei dreieckige Schokoladenblätter arrangiert, mit jeweils einer Schicht aromatisierter Mousse dazwischen.

### ZUTATEN FÜR 8 PERSONEN

*Für die Blätter*

*400 g schwarze Schokolade*

*Für die Mousse*

*400 g schwarze Schokolade*

*50 cl Sahne*

*1 Ei*

*1 Kardamomkapsel*

*1 Vanilleschote*

*Zimt*

*Schwarzer Pfeffer*

*Puderzucker*

1. *Ein Backblech mit Aluminiumfolie auslegen.*

Als erstes brauchen wir eine glatte, harte Unterlage, mit der Sie die Schokoladenblätter zum Erstarren in den Kühlschrank transportieren können.

2. *Für die Blätter die Schokolade schmelzen lassen: die Schokolade in einem offenen Topf auf kleine Flamme geben und mit einem Holzspatel ständig umrühren. Vom Feuer nehmen, bevor die ganze Schokolade geschmolzen ist.*

Wenn Ihr Herd zu stark ist, sollten Sie die Schokolade lieber im Wasserbad schmelzen. Die Schokolade ist ein sehr empfindliches Produkt, das leicht krümelig wird und sein Aroma verliert, wenn man es zu stark erhitzt. Nehmen Sie die Schokolade vom Feuer, bevor sie vollständig geschmolzen ist, damit die überschüssige Hitze des geschmolzenen Teils auf den noch festen Teil der Schokolade übergeht. Beim Schmelzen absorbiert dieser feste Teil die Hitze, die die flüssige Schokolade gefährdet.

Aber was ist eigentlich Schokolade? Vergessen wir alle Beschreibungen, die ein Feinschmecker uns liefern könnte, und beschäftigen wir uns mit der physikochemischen Struktur dieser Göttergabe. Für uns besteht die Schokolade aus Zuckerkörnern, die in einem Fett, der Kakaobutter, verteilt sind. Die Aromen sind im Fett aufgelöst.
Warum schmilzt Schokolade auf der Zunge? Ich will es mit einem analogen Phänomen erklären: Das Eis, das ausschließlich aus Wassermolekülen besteht, schmilzt bei einer konstanten Temperatur von 0°C. Solange Wasser und Eis gleichzeitig vorhanden sind, bleibt die Temperatur konstant. Erhitzt man das Eis, muß es zunächst vollkommen schmelzen, bis die Temperatur des Wassers steigen kann; umgekehrt muß erst alles Wasser zu Eis erstarrt sein, bis die Temperatur unter 0°C sinken kann. Mischungen dagegen haben keine feste Schmelz- bzw. Erstarrungstemperatur.
Die Schokolade verhält sich fast wie eine reine Substanz, wie Wasser z. B., weil die Kakaobutter aus nur drei Haupttypen von Molekülen besteht. Wenn die Schokolade fest wird, können diese Moleküle regelmäßige Kristalle bilden, deren Anordnung von der Temperatur und den Schmelzbedingungen abhängt. Deshalb sind Temperaturabstufungen so wichtig, wenn man Schokolade verarbeitet.

3. *Zum Formen der Blätter die Schokolade löffelweise aufnehmen und 10 cm breite Streifen auf die Aluminiumfolie setzen. Mit einem Spatel oder Teigschaber glatt verstreichen. Dann mit einem großen Messer die Streifen alle 10 cm durchschneiden und die so entstandenen Quadrate diagonal je in 2 Dreiecke aufteilen (Abb. 17). Die Dreiecke auf der Folie liegen lassen und das Backblech in den Kühlschrank stellen; die Schokolade eine Viertelstunde abkühlen lassen.*

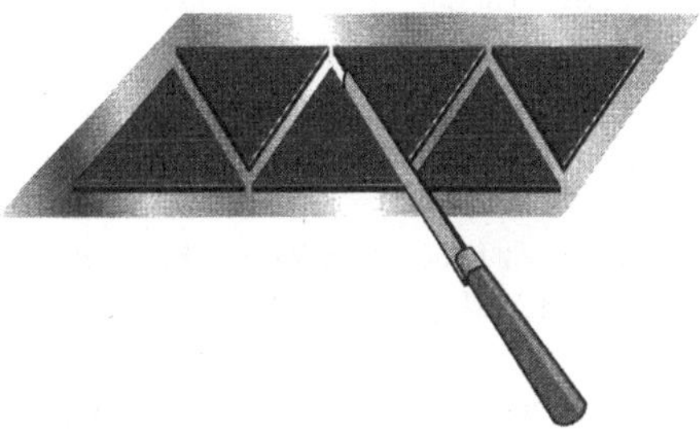

**Abb. 17.** Ablösen der Schokoladenblätter.

Achten Sie darauf, daß Sie keine stark riechenden Produkte im Kühlschrank haben, wenn Sie die Schokolade hineinstellen. Wir haben bereits die »Enfleurage« erwähnt, eine Methode, mit der Duftstoffe aus zerbrechlichen Blüten extrahiert werden, indem man letztere auf eine Fettschicht bettet. Aus dem Fett, das die flüchtigen Duftstoffe einfängt, werden später beim Einschmelzen die sog. essentiellen Öle gewonnen. Die Schokolade, ein Fett, löst wasserunlösliche Moleküle, die aber fettlöslich sind, sehr gut auf. Und wie ich des öfteren feststellen mußte, gibt es sehr viele Moleküle, die sich in Fett lösen!

4. *Während die Blätter fest werden, bereiten Sie die Schokoladenmousse zu. Die Gewürze – eine Prise frisch gemahlener schwarzer Pfeffer, Kardamom, Vanillemark und etwas Zimt – in ein kleines Säckchen geben. 3 EL Wasser in einen kleinen Topf gießen und das Säckchen hineintauchen. Erwärmen, bis das Wasser heiß ist, aber nicht kocht. Vom Feuer nehmen und wieder abkühlen lassen.*

Wir geben uns nicht mit der Schokolade zufrieden, wie man sie fertig kaufen kann, sondern verleihen ihr eine besondere Würze. Dabei hilft uns, daß Schokolade, wie wir bereits gesehen haben, überwiegend aus Fett besteht und fettlösliche Aromen aufnehmen kann. Und vergessen wir nicht, daß Schokolade grenzflächenaktive Moleküle enthält, die eine Lösung von Aromamolekülen in Wasser emulgieren können. Die Möglichkeiten sind nahezu unbegrenzt.

5. *Ein Eigelb in die Flüssigkeit geben, dann bei sehr milder Hitze 400 g Schokolade unter kräftigem Schlagen langsam einschmelzen. Vom Feuer nehmen und etwas abkühlen lassen.*

Zu der vorher aromatisierten Flüssigkeit geben Sie jetzt die Schokolade. Kräftig schlagen, damit die beiden Hälften der Emulsion sich innig verbinden. Vergessen Sie nicht, daß aus dieser Mischung zwei verschiedene Systeme hervorgehen können: eine Emulsion von Wasser in Fett oder eine von Fett in Wasser.
Lassen Sie mich jetzt erklären, warum wir bei diesem Rezept Flüssigkeit, Ei und Schokolade mischen. Pierre Hermé, der geniale Chef-Pâtissier von Fauchon, den ich sicherlich nicht zum ersten Mal erwähne, hat mich gefragt, ob ich bei der Zubereitung einer »Ganache«, einer Scho-

koladen-Sahne-Mischung, die Sahne in die Schokolade oder die Schokolade in die Sahne geben würde. Ich stellte eine einfache physikochemische Überlegung an, die ich aber vergaß, bis mich Hervé Bizol, ein bekannter Gastronom, anrief und mir aus heiterem Himmel dieselbe Frage stellte. Ich kam mir wie ein gestreßter Prüfling vor, aber ich fand meine Überlegung wieder: Die Sahne ist eine Emulsion von Fett in Wasser; wenn man geschmolzenes Fett langsam dazugibt, kann man die ursprüngliche Emulsion bewahren, indem man die geschmolzene Schokolade in Form von Tröpfchen im Wasser der Sahne verteilt. Wenn man dagegen die Sahne in die Schokolade gibt, ist es höchst unwahrscheinlich, daß man eine Emulsion erhält – oder haben Sie je den Essig ins Öl gerührt, um eine Mayonnaise zu machen?
Ich verfolgte den Gedanken weiter und kam so zu einem Rezept für eine Schokoladen-Hollandaise, die von der Schokoladen-Akademie prämiiert wurde. Ihr Prinzip ist das einer heißen Emulsion, so wie die Hollandaise, einer Emulsion von geschmolzener Butter in Wasser, wobei das Eigelb als Emulgator fungiert (Eigelb, wir erinnern uns, enthält Lezithine, die in hohem Maß grenzflächenaktiv sind, und Proteine mit ebenfalls grenzflächenaktiven Eigenschaften). Wie bei einer Hollandaise geht man von einer kleinen Menge Wasser aus, in dem verschiedene Aromamoleküle gelöst sind (nehmen Sie z. B. ein wenig starken Kaffee oder Orangensaft), dann gibt man das Eigelb dazu und schließlich die Schokolade, die man – ebenfalls wie bei einer Hollandaise – in kleinen Portionen kräftig unterschlägt. Auf diese Weise bildet sich eine Emulsion.

6. *Das Backblech aus dem Kühlschrank nehmen, die Aluminiumfolie um die Schokoladenstreifen herum durchschneiden. Mit der Messerspitze die Ränder der Rechtecke vollständig durchtrennen, dann vorsichtig die Schokoladendreiecke abheben.*

Die Schokolade ist in der Kälte gut erstarrt und dadurch härter geworden. Sie müßte leicht von der Folie zu trennen sein, weil sie, da sie Fett enthält, nicht daran festklebt.

7. *Zurück zu unserer Mousse: In die geschmolzene, aber höchstens noch lauwarme Schokolade das steifgeschlagene Eiweiß, dann die 50 cl Schlagsahne einarbeiten. Auf jeden Teller 3 Schokoladenblätter geben, mit einer dicken Schicht Mousse dazwischen. Mit Puderzucker bestäuben.*

Eine Mousse, haben wir gesagt: Dazu braucht man geschlagene Sahne oder Eischnee oder beides – so wie hier.

# Kirschgefrorenes
## *Mousses glacées aux cerises*

*Jemand zu Gaste zu laden, heißt für sein Glück zu sorgen, solange er unter unserem Dache weilt.*
Brillat-Savarin

Für das Glück seiner Gäste zu sorgen ist keine Kleinigkeit: Man muß sie mit köstlichen Leckerbissen verwöhnen und mit allerlei Aufmerksamkeiten umgeben; und das, während sie bereits am Tisch sitzen und man selbst noch schnell in die Küche hetzen muß, um im letzten Moment eine Sauce fertigzumachen, einen Topf zu kontrollieren oder eine Platte anzurichten. Jedes Gericht, das man im voraus zubereiten kann, ist da willkommen – so wie das leichte leckere Dessert, das ich Ihnen hier vorstelle und das Sie schon am Vortag machen können.

ZUTATEN FÜR 6 PORTIONEN

*Für das Eis*

*100 g in Sirup eingekochte Kirschen*

*4 Eier*

*50 cl Sahne*

*150 g Puderzucker*

*50 g Haselnüsse*

*5 cl Kirschwasser*

*Für die Sauce*

*300 g in Sirup eingekochte Kirschen*

*1 Zitrone*

*50 g Puderzucker*

1. *100 g Kirschen abtropfen lassen und in eine Schüssel geben. Mit 5 cl Kirschwasser übergießen.*

Nehmen Sie nur ein gutes, klares Kirschwasser, wie man es z. B. im Elsaß herstellt. Der echte Kirsch wird aus den ganzen Kirschen mit dem Kern destilliert.

2. *50 g Nüsse grob hacken und eine Viertelstunde bei 100°C im Ofen rösten.*

3. *Die 4 Eigelbe mit den 150 g Puderzucker in einen Topf geben und mit dem Schneebesen schlagen, bis die Masse hell und glatt wird. Wenn die Mischung an Volumen gewonnen hat und Fäden zieht, eine Prise Mehl, 5 cl Kirschsirup und das Kirschwasser dazugeben, in dem Sie die Kirschen mariniert haben. Die Mischung ständig schlagend auf kleinem Feuer erwärmen, bis sie dick und schaumig zu werden beginnt. Vom Feuer nehmen und bis zum völligen Erkalten weiterschlagen.*

Wir bereiten hier ein Sabayon zu. Die Mischung aus Zucker und Eigelb »zieht Fäden«, wenn sie sich sich langsam vom hochgehobenen Löffel löst und ohne abzureißen herunterläuft. Eine Masse, die Fäden zieht, ist hell, cremig-leicht und glatt. Dieses Ergebnis erhält man nur durch kräftiges, langes Schlagen.
Die Prise Mehl schmeckt man nicht, sie verhindert aber, daß die Masse beim Erhitzen verklumpt.

4. *Schlagen Sie jetzt die 50 cl Sahne steif: Die eiskalte Sahne in eine gutgekühlte Schüssel geben und zuerst langsam, dann schneller schlagen. Sobald sie steif wird, mit dem Schlagen aufhören und die Sahne in den Kühlschrank stellen.*

Schlagsahne (die in Frankreich Crème Chantilly heißt, wenn sie gezuckert ist) wird aus dem Rahm zubereitet, der sich im Sommer nach 24 Stunden und bei kühler Witterung nach 36 Stunden an der Oberfläche von frischer Milch bildet, oder aus Crème double, die mit etwas Milch gestreckt wird. Die Sahne verdoppelt ihr Volumen, wenn man sie richtig schlägt.
Schlagen Sie die Sahne mit dem Schneebesen so, wie Sie es beim Eischnee machen: mit kleinen Schlägen anfangen, ohne jedesmal den Schneebesen aus der Sahne herauszuziehen; wenn sich dann zahlreiche Luftbläschen bilden, schneller schlagen und weiter Luft in die Zubereitung einbringen, bis die Sahne so fest ist, daß der Schneebesen Furchen darin hinterläßt. An diesem Punkt müssen Sie aufhören, damit aus Ihrer Sahne keine Butter wird.
Die Sahne sollte ebenso wie die Schüssel und der Schneebesen gut gekühlt sein. Das ist keine übertriebene Vorsichtsmaßnahme: Beim Schlagen muß das Fett um die Luftblasen eine stabilisierende Hülle bilden. Und wenn das Fett fest sein soll, muß es kühl sein.

5. *Die 4 Eiweiß sehr steifschlagen, dann 50 g Zucker dazugeben und noch ein wenig weiterschlagen. Kühlstellen.*

Das Eiweiß muß in einer fettfreien Schüssel geschlagen werden, und man braucht dazu einen Schneebesen mit möglichst dickem Griff oder einen elektrischen Handrührer, dessen Rührquirle ausschließlich für das Steifschlagen von Eischnee reserviert sind: jede noch so winzige Fettspur verlangsamt die Arbeit erheblich. Der Eischnee ist fest, wenn er ein ganzes Ei in der Schale tragen kann. Aber Vorsicht: nicht zu lange schlagen, das Eiweiß könnte sonst ausflocken.

6. *Den Eischnee, dann die steifgeschlagene Sahne unter das Sabayon heben. Die gerösteten Nüsse und die Kirschen dazugeben. In kleine Förmchen gießen und mehrere Stunden ins Eisfach des Kühlschranks oder in die Tiefkühltruhe stellen.*

7. *Für die Sauce 300 g Kirschen mit 150 g Puderzucker, dem Saft einer Zitrone und dem restlichen Kirschsirup 2 Minuten im Mixer pürieren. In den Kühlschrank stellen.*

Sie pürieren Kirschen, d. h. eine Ansammlung von Zellen, die Kirschsaft enthalten. Der Mixer zerschneidet die Zellen und setzt so den Saft frei, der den Zucker auflöst.

8. *Zum Servieren die Eistörtchen stürzen, nachdem Sie die Formen ganz kurz in heißes Wasser getaucht haben, und mit Kirschsauce überziehen.*

VORSICHT: wirklich nur ganz kurz erwärmen, d. h. höchstens 1–2 Sekunden.

# Rhabarberkuchen
## *Tarte à la rhubarbe*

*Wissen, denken, heißt klassifizieren.*
Georges Clémenceau, Au soir de la pensée

Ein Anfänger verliert sich rettungslos im Labyrinth der Teigarten: Es gibt kaum eine Familie, die nicht ihre speziellen Rezepte hat. Teig, ja, aber welcher? Ein Pasteten- oder Mürbeteig? Ein Sandteig? Ein »Auslegeteig«, ein süßer Mürbeteig? Die Zutaten variieren oft nur wenig, aber die Ergebnisse sind sehr unterschiedlich. Der einzige Teig, der sich zweifelsfrei einordnen läßt, ist der Blätterteig (s. S. 29 ff.).

Das Durcheinander in dieser Hinsicht ist selbst bei Profi-Köchen und -Bäckern perfekt. Also habe ich eine Übersichtstafel mit allen Rezepten der obigen Teigarten angelegt, die ich in meinen Kochbüchern, alten wie neuen, gefunden habe; als erstes habe ich dann festzustellen versucht, wie die Zutaten variieren. Das war vergebliche Mühe, denn ich habe alle nur denkbaren Mischungen gefunden.
Beim Mürbeteig z. B. liegt die angegebene Buttermenge für 500 g Mehl zwischen 200 und 450 g. Und dabei herrscht gerade bei dieser Teigart noch die größte Übereinstimmung! Beim Sandteig ist die einzige Gemeinsamkeit das Vorhandensein von Eiern, Zucker oder geriebenen Mandeln, aber die Zusammensetzung variiert beträchtlich. Beim süßen Mürbeteig gibt es nur einen einzigen gemeinsamen Nenner, nämlich die Verwendung von Mehl und Zucker.
Bis hierher war mir nur eines klar: Die Teigart ließ sich ganz offensichlich nicht durch die Zusammensetzung der Zutaten bestimmen. Also sagte ich mir, daß es wohl eher an der Zubereitungsart liegen mußte, ob aus dem Teig ein Sand- oder ein Mürbeteig wurde. Diesmal hatte ich ins Schwarze getroffen: Bei einem Mürbeteig siebt man das Mehl, macht eine Mulde in der Mitte, in die man die anderen Zutaten hineingibt, und mischt und knetet das Ganze gut durch; die Prozedur kann, je nach Rezept, bis zu dreimal wiederholt werden, aber es wird immer empfohlen, den Teig vor dem Backen ruhen zu lassen.
Beim Sandteig ist die Reihenfolge ganz anders (nur ein einziger zeitgenössischer Pâtissier schreibt, daß die Zubereitung dieselbe wie beim Mürbeteig sei und daß sich beim Sandteig lediglich die Zuckermenge ändere und geriebene Mandeln dazukämen): Man mischt zunächst den Zucker, das Salz und die Eier, dann gibt man das Mehl dazu, arbeitet den Teig aber nur wenig durch, bevor man ihn ruhen läßt.
Aus dieser Analyse und vor allen Dingen aus der Lektüre der alten Kochbücher geht klar hervor, daß die Einteilung in Sand- und Mürbeteig relativ neu und nicht sehr klar ist. Zahlreiche Varianten sind möglich, aber man erhält immer einen Auslegeteig, das heißt, einen Teig, mit dem man eine Kuchenform auslegt. Mehr Butter scheint einen feineren, aber auch üppigeren Teig zu geben. Wir backen offenbar mit mehr Raffinement als unsere Vorfahren. Und was sagt die Wissenschaft dazu?
Beim Mürbeteig, bei dem im allgemeinen ein Teil Butter auf zwei Teile Mehl kommt, scheint das Durchkneten die Stärkekörner des Mehls mit einer Fettschicht zu umhüllen, bevor das Wasser sie verkleistern kann. Die Butter verhindert, daß die Körner zusammenkleben und nach dem

Backen eine durchgehende, harte Schicht bilden. So verkleistern die Stärkekörner während des Backens jedes für sich, die Butter schmilzt und verbindet alle Körner innig miteinander. Der Teig bleibt mürbe, solange er heiß ist, weil die Butter weich ist. Erkaltet er, so wirkt die Butter wie ein »Zement«, der die gequollenen Körner zusammenhält. Der Teig schmilzt auf der Zunge, weil kalte Butter niemals sehr hart ist.

Beim Sandteig bilden der Zucker und das Eigelb eine Art groben Grieß, von dem das Mehl absorbiert wird. Das Ei dringt aufgrund seiner Viskosität schwerer in das Mehl ein, das zudem in geringerer Menge vorhanden ist; insgesamt ist der Teig zerbrechlicher. Das Gerinnen des Eigelbs in den entstandenen »Grießkörnern« ist für die charakteristische »sandige« Konsistenz dieses Teigs verantwortlich. Der Teig darf nicht zu sehr durchgearbeitet werden, weil diese sandige Konsistenz sonst verlorengehen könnte, wenn sich ein Glutennetz im Teig ausbreitet.

Und der Auslegeteig? Die Wörterbücher empfehlen uns indirekt, diese Definition zu vergessen. Der Ausdruck bedeutet lediglich, daß man eine Kuchenform auslegt, das heißt, daß man den Teig auf den Boden dieser Form gibt. Man kann aber sowohl mit einem Sandteig als auch mit einem Mürbeteig auslegen, das spielt keine Rolle.

Des weiteren kann man sowohl einen salzigen wie einen süßen Mürbeteig zubereiten, und dasselbe gilt für den Sandteig, der ebenfalls süß oder salzig sein kann.

Zutaten

*500 g Mehl*

*200 g Puderzucker*

*150 g Butter*

*2 Eier*

*Milch*

*10 g Salz*

*1 kg Rhabarber*

1. *Das Mehl auf die Arbeitsfläche, am besten ein Backbrett aus Holz oder Marmor, sieben.*

Wenn man das Mehl in kleinen, bereits gut gesiebten Packungen kauft, erübrigt sich diese Prozedur; für Profis, die ihr Mehl en gros beziehen, ist das Sieben allerdings ein Muß.

2. *Eine Mulde in das Mehl machen. Die nicht zu weiche Butter, 2 Eier, 200 g Puderzucker und 10 g Salz hineingeben. Die Zutaten gut vermischen und den Teig durchkneten, indem Sie ihn mit den Handballen gegen die Arbeitsfläche drücken.*

Hier vermischen wir die Butter mit Mehl und Zucker, um einen süßen Mürbeteig zu erhalten. Die Eier liefern die Proteine, die dem Teig Festigkeit geben, indem sie gerinnen. Ein Obstkuchenteig sollte immer Eier enthalten, damit er nicht zu sehr aufweicht, wenn die Früchte Flüssigkeit freisetzen.

3. *Den Teig zu einer Kugel formen und mehrere Stunden im Kühlen ruhen lassen.*

Warum ruhen lassen? Das bleibt vorläufig ein Rätsel. Französische Mehlspezialisten versuchen die Sache damit zu erklären, daß die ursprünglich knäuelförmigen Moleküle durch das Kneten stark gedehnt werden.

Würde man den Teig backen, ohne ihn vorher ruhen zu lassen, so würden sich die Proteine, die durch die zugeführte Wärmeenergie beweglicher werden, wieder verknäueln und so den Teig einschrumpfen lassen.

4. *Kurz vor dem Backen den Teig auf die Arbeitsfläche legen und mit einem Rollholz zu einer runden Platte ausrollen, die denselben Durchmesser wie die Backform hat.*

Den Teig bei diesem Schritt möglichst wenig durcharbeiten, sonst kann es passieren, daß Sie wieder ganz von vorne anfangen müssen.

5. *Den Teig mit Zucker bestreuen und mit geschälten Rhabarberstücken belegen.*

Der Zucker soll den Saft aus den Rhabarberstücken herausziehen und binden, damit der Teig nicht aufweicht. Zucker und Wasser bilden einen Sirup, der verhindert, daß der Teig sich zu sehr vollsaugt. Außerdem schreit der Rhabarber geradezu nach Zucker!

6. *Bei starker Hitze (200°C) ungefähr 35 Minuten im Ofen backen.*

Beim Backen läßt das Wasser der Eier die Stärkekörner aufquellen und verkleistern. Gleichzeitig schmilzt die Butter, wobei sie die Stärkekörner vollständig umhüllt, und die Eiproteine gerinnen. Die Mehlkörner haben sich zusammengeschlossen.

7. *Den Kuchen aus dem Ofen nehmen, abkühlen lassen und vor dem Servieren großzügig mit Zucker bestreuen.*

Der Kuchen darf nicht aus der Form genommen werden, solange er heiß ist: Er würde sonst auseinanderbrechen, denn die heiße Butter bindet die gequollenen Stärkekörner nicht genug.

# Aprikosen in Blätterteig
## *Feuilletés aux abricots*

*Die Aprikose, eine Götterfrucht, die in der Antike als »goldenes Ei der Sonne« bezeichnet wurde.*

Was ich Ihnen hier vorstelle, ist kein Rezept, sondern lediglich ein Prinzip. Sie können den Blätterteig ganz unterschiedlich füllen, mit ganzen oder pürierten Früchten, begleitet von diversen Cremes. Hier wird die Creme mit dem Fruchtpüree gemischt. Heiß serviert sind die Aprikosen in Blätterteig eine Köstlichkeit, der niemand widerstehen kann!

ZUTATEN FÜR 6 PERSONEN

*300 g Mehl*

*300 g Butter*

*Salz*

*1 große Dose Aprikosen (1 kg)*

*2 EL Rum*

*50 g geriebene Mandeln*

*1 Ei*

*50 g Puderzucker*

*15 cl Wasser*

1. *300 g Mehl mit 1 TL Salz und 10 cl Wasser auf ein Backbrett geben. Mit den Fingerspitzen verkneten. Dann das restliche Wasser einarbeiten, bis der Teig nicht mehr an den Fingern klebt. Zu einer Kugel formen und eine Viertelstunde ruhen lassen.*

Wie man Blätterteig zubereitet, haben wir bereits ausführlich beschrieben (s. S. 29). Manche Leute geben übrigens ein wenig Schnaps oder ein paar Tropfen hellen Essig in den Blätterteig. Der Alkohol verdampft leichter als das Wasser: er müßte also dazu beitragen, daß der Blätterteig gut aufgeht. Der Essig dagegen soll wahrscheinlich die übermäßige Süße der Butter kompensieren; angeblich verhindert er, daß der Teig sich beim Ruhen verfärbt, aber inwiefern begünstigt seine Säure das Aufgehen des Teigs? Verzeihen Sie meine Unwissenheit, aber ich gelobe Besserung: Wenn ich eines Tages die Antwort auf diese Frage gefunden habe, werde ich meine Feinschmecker-Freunde umgehend informieren!

2. *In einer Schüssel die 300 g Butter weichkneten, bis sie dieselbe Konsistenz wie der Teig hat.*

Beim Blätterteig herrscht zwar relative Einmütigkeit, aber trotzdem sollten Sie wissen, daß es ebenso viele Blätterteige wie Konditoren gibt! Die

Zutaten variieren, die Anzahl der Touren, die Reihenfolge der einzelnen Arbeitsschritte. – Hier stelle ich Ihnen ein Rezept vor, bei dem an Butter nicht gespart wird. Zugegeben, ein selbstgemachter Blätterteig ist ein wenig aufwendiger, als wenn Sie einen fertigen aus der Tiefkühltruhe verwenden, aber glauben Sie mir, die Mühe lohnt sich!

3. *Den Teig auf der mit Mehl bestäubten Arbeitsfläche zu einer 2 cm dicken Platte ausrollen. Die Butter in einem kleineren Block auf die Mitte geben. Den Teig über der Butter zusammenschlagen.*

Das Teigpaket gut verschließen, damit die Butter zwischen den Teigblättern bleibt und diese trennt.

4. *Den Teig bemehlen und zu einem Rechteck ausrollen, das dreimal so lang wie breit ist. Vorsicht: Die Butter darf nicht aus dem Teig herausquellen. Dann das Rechteck in 3 Lagen falten (s. Abb. 4). Damit haben Sie eine Tour gegeben.*

Es hat sich bewährt, die beiden äußeren Drittel des Rechtecks über dem mittleren Drittel zusammenzuschlagen.

5. *Den Teig um 90° drehen, dann die Prozedur wiederholen und das Teigpaket 15–30 Minuten in den Kühlschrank legen. Ihr Teig hat jetzt 2 Touren.*

Nach dem Ruhen haben die Butter und der Teig wieder mehr Konsistenz; das Teigpaket kann die Butterschicht, die etwas fester geworden ist, besser einschließen.

6. *Die nächsten beiden Touren geben, so daß ihr Teig nun 4 Touren hat. Wieder ruhen lassen.*

Normalerweise bekommt ein Blätterteig 6 Touren, aber wie ich bereits angedeutet habe, gibt es zahlreiche Varianten. Manche Leute begnügen sich mit 4 Touren, andere geben immer nur eine Tour auf einmal.

7. *Vor dem Backen die beiden letzten Touren geben. Dann den Teig in 6 gleich große Rechtecke schneiden. Auf einem bemehlten Backblech im vorgeheizten Ofen bei 220°C ungefähr eine halbe Stunde backen.*

Der Tiefkühlblätterteig verdirbt die Backgewohnheiten: Wenn man ihn zu lange bäckt, trocknet er aus und wird schwarz. Das kann Ihnen bei Ihrem hausgemachten Blätterteig nicht passieren: Backen Sie ihn lieber etwas zu lang als zu kurz. Wenn er zu dunkel wird, ist das ein Zeichen, daß Ihr Ofen die angezeigte Temperatur überschreitet.
Manchmal erlebt man Überraschungen: Ich hatte früher einen Ofen, in dem ich aus purer Neugier die Temperatur gemessen habe, nachdem ich den Thermostat auf 200°C eingestellt hatte. Mein Thermoelement, ein sehr präzises und schnelles Thermometer, zeigte an, daß die Temperatur in den ersten 10 Minuten kontinuierlich anstieg. Die gewünschte Temperatur von 200°C war nach genau 11 Minuten erreicht – aber die Temperatur stieg weiter bis auf 220°C, dann sank sie auf 180°C zurück, um erneut auf 220°C anzusteigen und so fort. Wenn in einem Rezept 200°C angegeben sind, ist eine solche Ungenauigkeit nicht weiter schlimm, denn die thermische Trägheit kompensiert die Schwankungen. Wenn Sie jedoch bei milderer Hitze backen, sollten Sie diese Abweichungen unbedingt berücksichtigen: Ihr Gericht könnte austrocknen, weil es zu stark gegart wird, und umgekehrt könnten schädliche Keime überdauern, wenn die Hitze nicht ausreichend ist. Wenn Sie bei niedrigen Temperaturen garen wollen, können Sie die thermische Trägheit dadurch steigern, daß Sie das Gericht in einem Wasserbad in den Ofen geben (z. B. eine Karamelcreme oder eine Fleisch- oder Fischmousse).

8. *Inzwischen die Füllung zubereiten. Die Dosenaprikosen abgießen. Die Früchte mit dem Saft einer Zitrone pürieren. Den abgegossenen Sirup mit 1EL Rum vermischen. In einem Topf ein ganzes Ei mit 50 g Puderzucker schaumig rühren. Dann 50 g geriebene Mandeln und eine Prise Mehl dazugeben. Langsam erhitzen und dabei ständig weiterschlagen, bis die Masse weiß wird. Vom Feuer nehmen und mit dem Aprikosenpüree vermischen.*

Die Füllung ist also eine Mischung aus Mandelcreme und Aprikosenpüree. Beachten Sie die Ähnlichkeit der Mandelcreme mit einem Sabayon: deshalb die Prise Mehl, die Klümpchen verhindern soll.
Daß die Aprikosen aus der Dose kommen, soll Ihnen natürlich die Arbeit erleichtern, aber vergessen Sie nicht, was ich eingangs gesagt habe: Wir beschäftigen uns hier mit einem Prinzip. Selbstverständlich können Sie auch frisch gepflückte, noch sonnenwarme Früchte aus Ihrem Garten nehmen, und natürlich können Sie die Aprikosen durch Pfirsiche, Mirabellen, Pflaumen usw. ersetzen.

9. *Die fertigen Blätterteigteilchen aus dem Ofen nehmen, waagrecht halbieren und mit der Aprikosen-Mandel-Creme füllen. Je ein Blätterteigteilchen auf einen Teller legen und etwas Rumsirup herumgießen.*

# Zitronenkuchen mit Baiser
## *Tarte au citron meringuée*

*Wer nach einem guten Mahl ein Dessert begehrt, ist ein Irrer, der seinen Geist und seinen Magen zerstört.*
Vincent La Chapelle

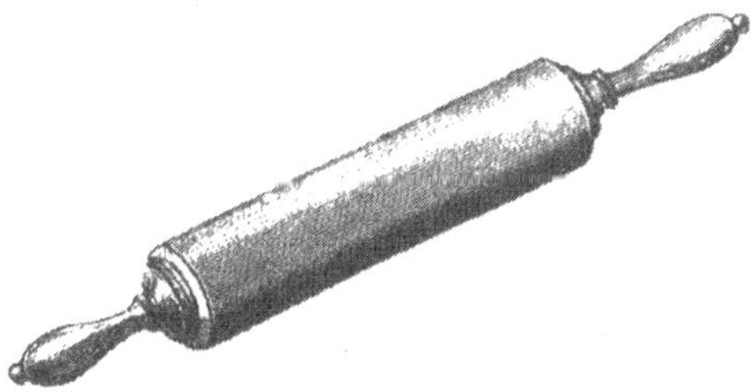

Wie kommt es, daß ein so berühmter Maître de cuisine wie Vincent La Chapelle, Leibkoch von Louis XV, sich zu einem derart harten Urteil hinreißen ließ? Hat man ihm ähnlich lieblose Desserts serviert wie den unvermeidlichen Zitronenbaiserkuchen, den man heutzutage in mittelmäßigen Restaurants in Paris und anderen französischen Städten vorgesetzt bekommt? Diese Kuchen sind selten hausgemacht und so schwer, daß es eine Schande ist.
In Wirklichkeit ist ein echter Zitronenkuchen, so wie dieser hier, einfach köstlich: Die Säure der Zitrone kontrastiert mit der Süße des Teigs, und das Baiser verleiht dem ganzen eine Leichtigkeit, welche die Schwere der beiden anderen Bestandteile kompensiert. Baiser, aber welches? Wir werden sehen, daß auch hier die Wissenschaft ein Wörtchen mitzureden hat.

Zutaten für 6 Personen

*Für den Teig*

*125 g Mehl*

*90 g Butter*

*35 g Puderzucker*

*1 Ei*

*1 Prise Salz*

*35 g geriebene Mandeln*

*Für die Zitronencreme*

*30 g Puderzucker*

*30 g Speisestärke oder Mehl*

*3 Eigelb*

*1 Zitrone*

*25 cl Milch*

*Für das Baiser*

*3 Eiweiß*

*125 g Puderzucker*

1. *In einer Schüssel die Butter weichkneten. Mit dem Zucker, dem Salz, den geriebenen Mandeln vermischen. Das Ei dazugeben und den Teig schnell zu einer Kugel zusammenkneten. Den süßen Sandteig – um einen solchen handelt es sich hier – eine Nacht in den Kühlschrank stellen.*

Der Teig, den Sie erhalten, ist ein süßer Teig, weil er Zucker enthält. Wenn Sie es richtig anpacken, haben Sie zudem auch einen Sandteig.

2. *Den Teig aus dem Kühlschrank nehmen und eine Kuchenform damit auslegen. Mit Butterbrotpapier abdecken und mit einer Schicht sauberer Kieselsteinchen beschweren. 25 Minuten bei 225°C backen. Abkühlen lassen, das Papier und die Kieselsteine wegnehmen.*

Damit die Zitronencreme schön weich bleibt, wird sie getrennt zubereitet; der Teig wird vorher blind gebacken.

3. *Bereiten Sie eine Konditorcreme zu, indem Sie 30 g Puderzucker mit 3 Eidottern verrühren. Kräftig schlagen, bis die Mischung weiß wird, dann 30 g Speisestärke und 25 cl Milch dazugeben. Ständig weiterschlagend aufkochen, bis die Creme eindickt. Den Saft einer Zitrone in die heiße Creme geben und abkühlen lassen.*

Der Hauptunterschied zwischen einer englischen Creme und einer Konditorcreme ist die Zugabe von Mehl bei letzterer. Damit die Creme nicht nach rohem Mehl schmeckt, haben wir hier Speisestärke genommen. Trotzdem ist bei einer Konditorcreme Vorsicht geboten: Wie die Béchamelsauce oder eine Reihe von anderen mehlgebundenen Saucen der guten Küche darf sie nicht schwer und unverdaulich werden. Konditorcreme also – aber locker und luftig, fast wie eine englische Creme.

4. *Die abgeriebene Zitronenschale mit 20 g Zucker und 2 EL Wasser in einem kleinen Topf erhitzen. Einkochen lassen, dann zu der Zitronencreme geben.*

Durch das Einkochen entsteht ein Sirup, der mit Zitronenschalenaroma parfümiert ist.

5. *Für das Baiser zuerst den Eischnee schlagen und 1 TL Puderzucker dazugeben, wenn die Masse bereits gut aufgegangen ist.*

Hier schlägt man das Eiweiß in 2 Stufen auf. Zuerst bildet man einen Schaum, wie wir es schon mehrfach gesehen haben, dann läßt man den Eischnee »einschrumpfen«, indem man Puderzucker dazugibt: die Bla-

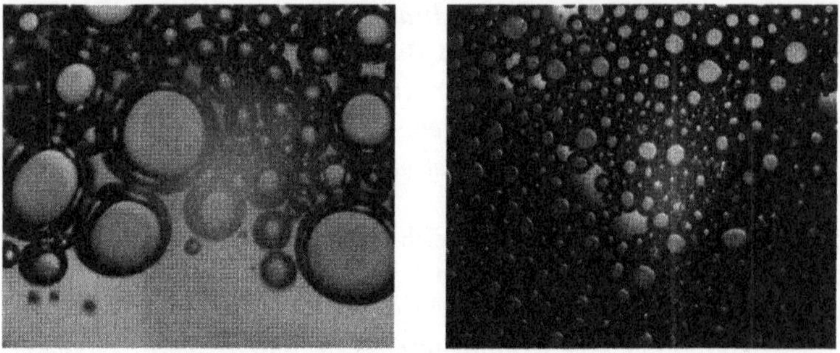

**Abb. 18.** Eischnee (links) und derselbe Eischnee nach Zugabe von Puderzucker (rechts): Die Luftblasen sind sehr viel kleiner geworden.

sen unter dem Mikroskop werden kleiner (Abb. 18). Der Zucker fängt einen Teil des Wassers ein, das sich in den Häutchen befindet, die die Blasen trennen. Der Eischnee wird glänzender.

6. *125 g Puderzucker mit 3 EL Wasser in einem kleinen Topf bis auf 125°C erhitzen. Diesen heißen Sirup über den Eischnee gießen und kräftig schlagen, bis die Masse abgekühlt ist.*

Hier zeigt sich, wie wichtig modernes Handwerkszeug ist! Früher hätte man lediglich die Anweisung bekommen, den Sirup »zur Kugel« zu kochen (wenn man einen Tropfen Sirup in eine Schüssel mit kaltem Wasser fallen ließ, mußte er eine Kugel bilden).

Ein Thermometer ist zweifellos praktischer. Hier macht man sich die Tatsache zunutze, daß eine Zuckerlösung bei einer Temperatur kocht, die von ihrer jeweiligen Konzentration abhängt. Reines Wasser kocht bei 100°C; schwach gezuckertes Wasser kocht bei einigen Graden darüber, aber ein konzentrierter Sirup kocht, je nach seiner Konzentration, bei 110°C, 140°C, 160°C.

Im übrigen ist die Zubereitung eines Baiserkuchens mit einem solchen italienischen Baiser erheblich einfacher. Manche Rezepte sehen eine klassische Baisermasse vor, die man nach der Hälfte der Backzeit auf den Kuchen gibt. Das ist bei einem Apfelkuchen möglich, bei dem man keine Angst haben muß, daß er zu stark gebacken wird, aber riskant bei einer Zitronentorte, deren Creme sehr empfindlich ist.

7. *Die Hälfte der Baisermasse unter die Zitronencreme heben. Den Tortenboden mit der Creme bestreichen. Dann die restliche Baisermasse darübergeben. 2 Minuten unter den Grill schieben, bis die Oberfläche goldgelb gebräunt ist.*

# Pfirsiche mit Gewürztraminersabayon
## *Pêches au sabayon de gewurtztraminer*

*Göttliche »Venusbrüstchen«!*

Der Sommer ist da, die Freilandpfirsiche kommen: aromatisch, knackig, saftig, sonnengetränkt. Dann kehrt der Winter ein, und die Früchte lagern in ihrem Sirup im Einmachschrank. Wie auch immer die Jahreszeit – nehmen Sie ein paar Eier, einen süßen Wein, ein klares Obstwasser und etwas Zucker zu Hilfe: fertig ist das Pfirsich-Dessert! Vorausgesetzt, Sie vergessen die Prise Mehl nicht!

ZUTATEN

*1 große Dose Pfirsiche (oder 1 kg frische Pfirsiche)*

*3 Eigelb*

*100 g Puderzucker*

*Saft einer halben Zitrone*

*1,5 dl Gewürztraminer oder 2 EL Likör oder besser noch ein Obstwasser*

1. *Die Früchte in Spalten schneiden und fächerförmig auf den Dessertellern anordnen.*

Nehmen Sie für diese Arbeit kein stumpfes Küchenmesser, mit dem Sie Ihre Früchte eher zerfetzen als zerschneiden würden. Vergessen Sie nicht: Ein guter Koch braucht gutes Werkzeug!

2. *Die Eigelbe mit dem Zucker in einen Topf geben und sofort kräftig schlagen, bis die Mischung Fäden zieht.*

Fäden ziehen? Das bedeutet, daß die Masse ihre Konsistenz verändert. Wenn man sie mit einem Löffel über den Topf hebt, löst sie sich und fließt langsam, in einem kontinuierlichen Faden, ab.
Woher kommt diese Transformation? Das Mikroskop zeigt es: Während die ursprüngliche Masse voller Zuckerkörner ist, enthält die Mischung, wenn sie Fäden zieht, Myriaden von Luftbläschen. Diese Blasen sind für das Hellwerden der Masse verantwortlich (Abb. 19).

3. *Den Saft einer halben Zitrone, den Wein (oder das Obstwasser oder den Likör) in die Eigelb-Zucker-Masse einrühren; eine Prise Mehl dazugeben.*

Die Prise Mehl hat mich schon viel Kopfzerbrechen gekostet: Wie kommt es, daß eine einzige Prise Mehl in einem ganzen Topf Sabayon die gefürchtete Klümpchenbildung verhindert? Der erste Schritt zum Verständnis dieses Phänomens war ein einfaches Kalkül: Wenn die Mehlmoleküle, die wie lange Fäden sind, sich an den Kanten eines würfelförmigen Netzes

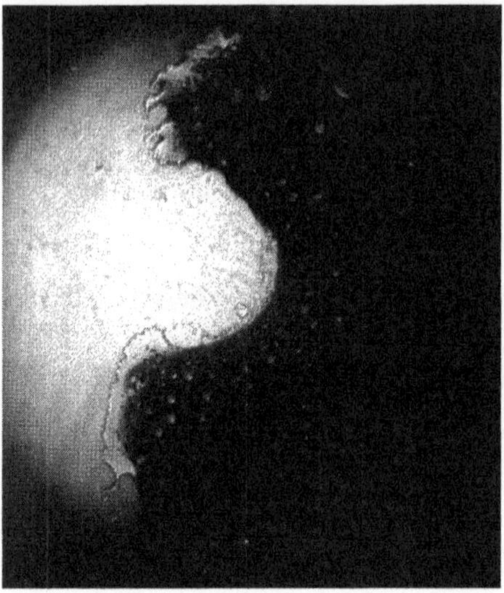

**Abb. 19.** Wenn man Eigelb mit Zucker schaumig schlägt, bringt man unzählige Luftbläschen ein, die mit bloßem Auge nicht sichtbar sind. Wartet man aber zu lange mit dem Schlagen, so absorbiert der Zucker das Wasser des Eigelbs und verändert dessen Konsistenz: Jetzt lassen sich Luftblasen nur noch schwer einbringen.

plazieren würden, könnte ein Gramm Mehl ein Netz herstellen, das ungefähr einen Kubikmeter einnehmen würde. Auch bei Saucen genügt sehr wenig Mehl, weil die Stärkekörner das Wasser absorbieren, aufquellen und lange Moleküle freisetzen, die die Flüssigkeit eindicken. Das heißt in unserem Fall, daß das Sababyon so viskos wird, daß sich die Proteine nicht zu Klümpchen zusammenschließen können. Vergleichen Sie einmal zwei Zwillingssabayons, die Sie zum Kochen bringen – das eine mit, das andere ohne Mehl. Im ersten Fall erhalten Sie die gewünschte Schaumcreme; im zweiten Fall können Sie ziemlich sicher mit einem Omelett rechnen.

## 4. *Das Sabayon auf kleinem Feuer unter ständigem Schlagen erhitzen.*

Ich habe lange geglaubt, daß das Mehl ein Sabayon vor allem Unheil bewahrt – bis ich auf einer Tagung der »École supérieure de physique et chimie« in Paris ein Sabayon auf einer vorsintflutlichen Elektroplatte ohne jede Wärmeregulierung zubereiten mußte. Die Platte war sehr heiß, und selbst mit der Prise Mehl erhielt ich eher eine schwere Creme als die leichte Schaumspeise, die ich meinen Zuschauern präsentieren wollte. An jenem Tag entdeckte ich das Geheimnis der Sabayon-Zubereitung. Hier ist es:

Damit ein Sabayon schaumig wird, muß es Luftblasen einschließen. Was für Luftblasen? Nicht nur die, die man anfangs einbringt, wenn man die Zucker-Eier-Mischung schaumig rührt, sondern auch die Dampfblasen, die beim Erhitzen der Zubereitung entstehen. Das Problem ist, wie fängt man diese Dampfblasen ein? Erhitzt man zu stark, verdunsten sie, bevor die Zubereitung ausreichend viskos ist. Wenn man dagegen langsam erhitzt, wird das Sabayon dick, bevor sich Blasen zeigen. Wenn die Blasen sich jetzt erst bilden, bleiben sie im Sabayon und lassen es aufgehen. Außerdem muß man während der Zubereitung ständig weiterschlagen, weil man auf diese Weise zahlreiche neue Luftblasen einbringt. So erhält man schließlich die gewünschte Schaumcreme, die wegen des schützenden Mehls nicht umkippt.

5. *Sobald die Mischung aufschäumt, vom Feuer nehmen, ohne mit dem Schlagen aufzuhören, und das Sabayon um die Früchte herumgießen. Sofort servieren.*

Die Kombination der kalten Früchte mit dem heißen Sabayon macht dieses Dessert zu einem besonderen Genuß.

Und hier noch ein Tip: Verfeinern Sie Ihr Sabayon mit dem köstlichen Orangenpulver von Michel Bras, dem Chef des Laguiole: 100 g Puderzucker, 50 cl Wasser und die hauchdünn abgezogene Schale einer Orange in einen Topf geben. Kochen lassen, bis der Sirup eindickt, dann die abgetropften Schalen auf das Ofenblech geben und 20 Minuten bei 130°C dörren. Die Schalen auf einen Teller geben, abkühlen lassen, mit der Teigrolle zu Pulver zermahlen und über das Sabayon streuen.. Genießen Sie die Kontraste zwischen dem köstlichen Pulver, dem samtigen Sabayon und dem zarten Pfirsichfleisch. Und merken Sie sich den kulinarischen Grundsatz: Wenn etwas knusprig werden soll, muß es vorher gut getrocknet werden.

# Pfirsichsorbet
## *Sorbet aux pêches*

*Wie! Sie schwören mir ewige Glut!*
*Und Sie schwören es so kalten Bluts?*
Racine, Britannicus

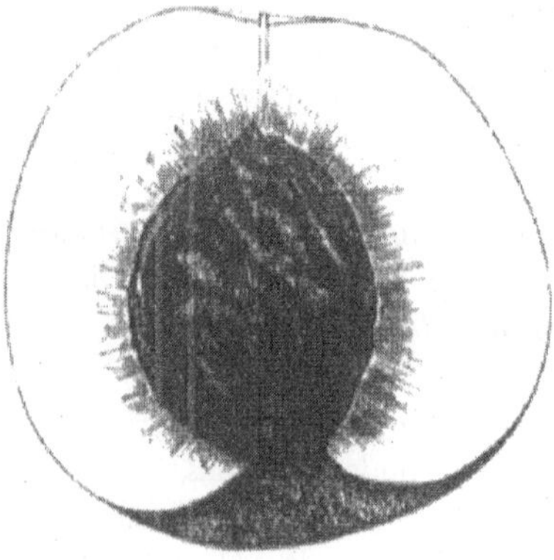

Ein Sorbet in Sekundenschnelle! Ein großes Spektakel bei Tisch! Eine wunderbar feine Konsistenz! Warum gebe ich Ihnen nicht einfach das Rezept? Weil es die Verwendung von flüssigem Stickstoff einschließt, der nicht ganz ungefährlich ist, besonders in einer Familie mit Kindern, denen es noch an der nötigen Umsicht fehlt. Ich liefere Ihnen also hier das Rezept, aber ergänzt mit konventionelleren Anweisungen, so daß Sie dieses begehrte Dessert gefahrlos im Sommer wie im Winter zubereiten können.

ZUTATEN

*Für das Sorbet*

*1 kg Pfirsiche*

*300 g Puderzucker*

*1 Zitrone*

*1 Liter flüssiger Stickstoff*

*Für die Schälchen*

*4 Eiweiß*

*30 g Mehl*

*30 g Butter*

*200 g Krokant oder gemahlene Mandeln oder Nüsse*

1. *In einem Topf 300 g Puderzucker in 10 cl Wasser auflösen. Wenn der Sirup kocht, die entsteinten Früchte hineingeben und einige Minuten kochen. Kurz pürieren, damit Sie eine homogene Masse erhalten.*

Sie können das Fruchtpüree problemlos einfrieren: So können Sie mitten im Winter ein köstliches Johannisbeer-, Kirsch- oder Aprikosensorbet mit den Früchten aus Ihrem eigenen Garten genießen! Die Zuckermenge richtet sich danach, ob die Früchte eine feste Schale haben oder nicht. Für ein Zitronen-, Orangen- oder Grapefruitsorbet sollten Sie z. B. 450 g Zucker nehmen.

2. *Jetzt zu den Schälchen. Die geschmolzene Butter, den Krokant und die 4 Eiweiß verrühren. Das Mehl einarbeiten. Eine Stunde ruhen lassen.*

Hier wird Mehl mit Zutaten vermischt, die Wasser enthalten, und der Teig soll ruhen. Wir wissen auch, warum: damit die Stärkekörner quellen, was in kaltem Zustand ziemlich lange dauert.

3. *Kleine Teighäufchen auf gefettetes Backpapier setzen. Dünne Scheiben von 10 cm Durchmesser formen und bei 180°C im Ofen goldgelb backen.*

Die Teigscheiben gut beobachten: Wenn sie zuviel Wasser verlieren, weil die Hitze zu stark ist, können Sie hinterher keine Sorbetförmchen daraus machen. Warum behalten die Scheiben eine gewisse Geschmeidigkeit, solange sie heiß sind? Das liegt an ihren Bestandteilen: verkleistertem Mehl, das beim Backen braun wird, wie bei einer Mehlschwitze; Eiweiß, das beim Gerinnen für die Bindung sorgt; Butter, die heiß als »Weichmacher« fungiert, aber kalt die einzelnen Bestandteile zusammenschweißt. Es trägt also alles dazu bei, daß die Teigscheiben biegsam sind, wenn sie aus dem Ofen kommen, und erst hinterher hart werden.

4. *Die Scheiben aus dem Ofen nehmen, über auf dem Kopf stehende Gläser stülpen und kleine Sorbetschalen daraus formen. Rechnen Sie mit einem Schälchen pro Teller, auf das Sie 2 Sorbetkugeln geben können.*

Übriggebliebene Schälchen können Sie in einer luftdicht verschlossenen Dose aufbewahren.

5. *Die Sorbetmasse in einen Topf mit hohem Rand geben. Handschuhe anziehen und eine Schutzbrille aufsetzen. Der Stickstoff wird nun von einem ebenfalls geschützten Helfer in kleinen Portionen angegossen, während Sie mit dem Holzlöffel rühren.*

Seien Sie vorsichtig, denn flüssiger Stickstoff hat eine Temperatur von ungefähr –200°C. Ein Blatt Salat oder eine Scheibe Wurst würden darin sofort vereisen und hart und brüchig werden: denken Sie an die erfrorenen Zehenglieder der Bergsteiger! Flüssiger Stickstoff wird übrigens von Dermatologen verwendet, um Warzen »auszubrennen«: Er vereist die Hautzone, auf die er gegeben wird. Hüten Sie sich auch vor Spritzern: Die Gefahr ist ähnlich wie bei heißem Fett, in das Sie feuchtes Fritiergut geben; aber hier haben die Spritzer die Temperatur des flüssigen Stickstoffs und würden Sie noch viel schlimmer »verbrennen«.

Wenden wir uns jetzt wieder der Wissenschaft zu. Warum eignet sich Stickstoff so hervorragend für die Sorbetzubereitung? Weil wir möglichst kleine Eiskristalle und Blasen in der Sorbetmasse erhalten wollen. In puncto kleine Kristalle gibt es nichts Besseres als Stickstoff, denn jeder Chemiker weiß, daß Kristalle um so größer werden, je langsamer das Kristallisieren vor sich geht. Dagegen bilden sich bei sehr tiefen Temperaturen die Kristalle so schnell, daß sie keine Zeit haben, größer zu werden. Und die Bläschen? Wenn Sie den flüssigen Stickstoff mit dem Holzlöffel unter Ihr Sorbet mischen, verdampft er, und die entstandenen Blasen werden in der erstarrenden Sorbetmasse eingefangen.

Allerdings wird das Sorbet schaumiger, wenn die Masse nicht zu groß ist. Machen Sie darum immer nur Portionen von einen Liter Sorbet auf einmal. Ich hatte einmal die Gelegenheit, Eis mit flüssigem Stickstoff für die 250 Teilnehmer des Kolloquiums »Chemie und Gesellschaft« des »Centre national de la recherche scientifique« in Biarritz zuzubereiten: Das Sorbet wurde in großen 10-Liter-Behältern mit Stickstoff der Société Airgaz gemacht, deren Präsident mir bei der Zubereitung half. Das Sorbet wurde steif, aber langsam, weil die abzukühlende Menge zu groß war, und ein großer Teil der entstandenen Blasen konnte entweichen, bevor die Masse sich verfestigt hatte. Die Schaumbildung war daher nur schwach.

Die hier angegebenen Mengen sind besser geeignet. Schließlich sei noch gesagt, daß man ein Sorbet natürlich auch in der Eismaschine machen kann. Wenn Ihnen dieses einfache Mittel lieber ist, dann streichen Sie den Stickstoff von der Liste der Zutaten, aber Ihr Sorbet wird dann nicht so perfekt sein. Im Oktober 1994 konnte ich Sorbets, die mit flüssigem Stickstoff und solche, die in der Eismaschine hergestellt worden waren, miteinander vergleichen. Das Experiment fand bei Philippe und Christian Conticini im »Table d'Anvers« statt, einem erstklassigen Pariser Restaurant. Ergebnis: Die Konsistenz der Stickstoffdesserts war unzweifelhaft feiner. Wer kann da noch guten Gewissens auf flüssigen Stickstoff in der Küche verzichten?

# Schnee-Eier
## *Les oeufs à la neige*

*Hört das sanfte Lied, das bloß*
*klagt, damit es euch gefällt;*
*es ist leis und leicht, und wellt*
*hin wie Wasser übers Moos.*
Paul Verlaine, Sagesse

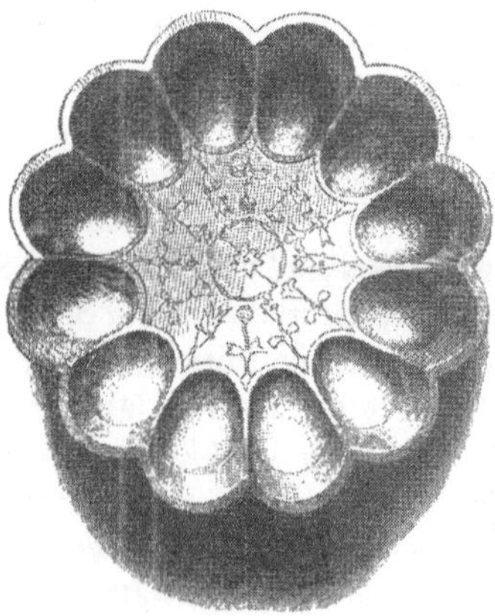

Schnee-Eier? Ein luftiges Dessert, auf ein Saucenbett mit reichem Vanillearoma gesetzt. Die Zubereitung ist einfach und der Erfolg sicher. Für die Wissenschaft ist dieser Schaum ein Vergnügen: Er ist ein Zwischending zwischen Eischnee und Baiser. Er läßt sich weitaus vielseitiger zubereiten, als im allgemeinen angegeben wird. Im Gegensatz zum vorigen Kapitel liefere ich Ihnen hier zuerst das klassische Rezept und zum Schluß die physikochemische Variante.

ZUTATEN

*6 Eier*

*400 g Puderzucker*

*0,5 Liter Milch*

*1 Vanilleschote*

*Saft einer Zitrone*

1. *Die Vanilleschote der Länge nach aufschneiden und mit dem halben Liter Milch aufkochen. Dann die Hitze auf höchstens 85°C reduzieren.*

Das Herauslösen der Vanillearomen in der heißen Milch darf nicht bei allzu hohen Temperaturen geschehen: Wenn die Milch fast kocht, entweicht der Dampf mit Hochdruck und nimmt die Vanillearomen mit. Sie könnten übrigens auch ein künstliches Aroma nehmen: Der Geschmack wäre ähnlich wie bei der echten Vanille, aber dennoch anders. Gewiß, das Hauptaroma der Vanille ist das Vanillin, aus dem die künstlichen Extrakte ausschließlich bestehen; in der Vanilleschote ist es aber nicht das einzige Aroma, das zur Reichhaltigkeit des Geschmacks beiträgt. Mit anderen Worten: Da der Aroma-Cocktail der Schote reicher ist als der des synthetischen Extrakts, ist die Chemie nicht in der Lage, das Vanillearoma der Schote extakt zu reproduzieren. Aber warum nicht die beiden Möglichkeiten kombinieren, um das Aroma einer Vanilleschote zu verstärken?

2. *Die 6 Eiweiß sehr steif schlagen, dann 150 g Puderzucker dazugeben und weiterschlagen, bis der Schaum glatt und glänzend wird.*

Der Schnee ist steif genug, wenn man ein ganzes Ei in der Schale darauflegen kann. Wichtig ist, daß Sie den Zucker erst dazugeben, wenn das Eiweiß schon steifgeschlagen ist. Würden Sie ihn am Anfang dazugeben, so würde der Zucker das Wasser des Eiklars binden, das folglich nicht mehr die Wände der Blasen im Eischnee bilden könnte. Beim steifen Eischnee dagegen trocknet der Zucker die Wände der Blasen ein wenig aus, und die Körner helfen mit, die bereits entstandenen Blasen zu trennen. Der Eischnee wird »dichter«.

3. *Einen Bogen Backpapier neben dem Topf bereitlegen. Dann mit einem Suppenlöffel ungefähr 20 Eischneeklößchen daraufsetzen.*

Diese Prozedur erleichtert die Arbeit: Sie haben Zeit genug, Ihren Schnee-Eiern die gewünschte Form zu geben.

4. *Die Schnee-Eier mit Hilfe eines Teigschabers in die Vanillemilch geben und pochieren; achten Sie darauf, daß sich die Klößchen nicht berühren. Nach 5 Minuten umdrehen und weitere 5 Minuten ziehen lassen.*

Vorsicht, die Schnee-Eier vergrößern beim Garziehen ihr Volumen.
Wenn Sie eine Mikrowelle haben, können Sie sich die Arbeit noch weiter vereinfachen und die Schnee-Eier darin ein paar Sekunden auf höchster Stufe garen.
Und hier eine Idee, wie Sie Schnee-Eier machen können, die extrem gut aufgehen. Vor einigen Jahren hatte sich Nicholas Kurti, den Sie ja nun schon kennen, ein System ausgedacht, bestehend aus einer Glasglocke mit einem Heizelement und einer Vakuumvorrichtung. In diese Glocke legte er ein Schnee-Ei und stellte beim Erhitzen ein Vakuum her. In einem solchen System erhält man, wenn man den Luftdruck halbiert, ein Schnee-Ei von doppeltem Volumen, wenn man den Druck drittelt, von dreifachem Volumen. Durch das Erhitzen, kombiniert mit der Extraktion des Wassers, das im Vakuum verdampfte, entstanden »Windkristalle«: optimal aufgegangener Eischnee, aber mit so dünnen Wänden, daß seine kulinarischen Eigenschaften verloren waren.
Vor einiger Zeit habe ich mir ein etwas anderes, einfacheres System ausgedacht – das heißt, ich habe einen Plexiglaswürfel mit einem Hahn konstruiert. In diesen Apparat gebe ich Eischnee und pumpe mit einer Handpumpe die Luft ab, damit der Eischnee aufgeht. Dann fixiere ich den aufgegangenen Eischnee, indem ich den Hahn schließe und den Würfel samt Inhalt ein paar Sekunden in die Mikrowelle stelle.
Mit diesem System kann man auch Soufflés oder Klößchen oder andere Schaumzubereitungen machen, und man erhält ein weitaus besseres kulinarisches Ergebnis als bei den »Windkristallen«.

5. *Die Schnee-Eier auf einem sauberen Tuch oder einer Lage Küchenkrepp abtropfen lassen. Wenn alle Schnee-Eier fertig sind, die 6 Eigelbe mit 150 g Puderzucker in eine Schüssel geben. Sofort kräftig schlagen, bis die Mischung hell wird und Fäden zieht.*

6. *Unter ständigem Schlagen die gekochte Milch, in der die Schnee-Eier pochiert wurden, auf die Eigelb-Zucker-Masse gießen, dann die Mischung wieder aufs Feuer stellen und ständig weiterschlagend erhitzen, aber nicht kochen lassen. Wenn die Sauce eindickt, den Topf vom Feuer nehmen und in kaltes Wasser stellen. Noch eine Minute weiterschlagen, damit die Masse schneller abkühlt.*

Die Sauce wird dick, weil die Proteine gerinnen. Achten Sie darauf, daß sich keine Klümpchen bilden, und denken Sie an die thermische Trägheit der Sauce: Wenn sie eingedickt ist, bewahrt sie die Hitze lange in ihrer Masse und kocht selbst dann noch weiter, wenn Sie sie vom Feuer genommen haben. Falls die Sauce trotzdem klumpt, bleibt Ihnen als letzte Rettung immer noch der Mixer. Aber geben Sie es niemals zu!

7. *Ein wenig Sauce auf die Teller geben und je ein Schnee-Ei daraufsetzen.*

Weil man ja bekanntlich auch mit den Augen ißt, hier noch ein Dekorationstip: Lassen Sie schwarze Schokolade mit ein wenig Wasser in einem Topf schmelzen. Mit einem Spritzbeutel einen Schokoladenkreis auf den gelben Fond setzen. Dann mit einer Messerspitze abwechselnd nach innen zur Tellermitte und nach außen zum Tellerrand in den Kreis hineinschneiden.

8. *Für den Karamel 100 g Puderzucker, 2 Löffel Wasser und ein paar Tropfen Zitronensaft in einen Topf geben. Erhitzen und dabei vorsichtig mit einem kleinen Schneebesen umrühren.*

Damit der Karamel nicht »klumpt«, das heißt, sich zu einem Block verfestigt, sollten Sie keinen Puderzucker an den Rand des Topfs bringen und während des Kochens die Ränder mit einem feuchten Pinsel bestreichen.

9. *Sobald der Zucker dicke Blasen wirft, nicht mehr umrühren, sondern nur noch vorsichtig den Topf bewegen, damit die Farbe einheitlich wird. Den Topf in kaltes Wasser stellen, so daß die Masse nicht mehr weiterkocht.*

Wenn Sie einen Mikrowellenherd haben, sollten Sie den Karamel darin zubereiten. Sie brauchen nur Zucker, Wasser und ein paar Tropfen Zitronensaft in eine Schüssel zu geben und das Ganze ungefähr eine Minute zu erhitzen.

10. *Den Schneebesen in die Karamelmasse tauchen und über den Schnee-Eiern herumschwenken, dabei mit der anderen Hand den Teller drehen, so daß ein Muster aus Karamelfäden entsteht. Sofort servieren.*

# Apfeltaschen mit Konditorcreme
## *Aumônières de pommes à la cannelle*

*Das Dessert kommt, neue Gefahr...*
Brillat-Savarin

Auch hier wieder ein kulinarisches Prinzip, und nicht so sehr ein genaues Rezept. Man kann sowohl den Inhalt als auch die Hülle variieren. Als Hülle schlage ich hier eine Crêpe vor, aber man kann genauso gut Blätterteig nehmen oder Elsässer Strudelteig (s. Schritt 3) oder, wenn Sie ein salziges Gericht zubereiten wollen, Kohl- oder Spinatblätter. Als Inhalt nehmen wir hier Äpfel, aber Sie können Ihre Taschen auch mit einer Maronencreme oder mit einem Wildhaschee füllen. Lassen Sie Ihrer Phantasie freien Lauf.
Was entdecken wir bei diesem Gericht? Das Prinzip des Crêpeteigs.

ZUTATEN FÜR 6 PERSONEN

*Für den Crêpeteig*

*250 g Mehl*

*0,5 Liter Milch*

*3 ganze Eier*

*1 Prise Salz*

*50 g Puderzucker*

*40 g Butter*

*2 EL Rum*

*Für Äpfel und Konditorcreme*

*1 kg Kochäpfel*

*50 cl Milch*

*6 Eigelb*

*180 g Puderzucker*

*20 g Mehl*

1. *Den Crêpeteig 2 Stunden vor dem Backen zubereiten. 250 g Mehl in eine Schüssel sieben, dann 3 Eier und eine Prise Salz einarbeiten. Dabei den Teig hochheben und so zurückfallen lassen, daß er Blasen wirft (das heißt, Sie bringen Luft ein, die eingefangen wird, wenn der Teig zurückfällt).*

Der Crêpeteig wird im voraus zubereitet, damit er Zeit zum Ruhen hat: Die Stärkekörner des Mehls, aus dem er besteht, quellen auf, indem sie das Wasser der Eier absorbieren, und verkleistern.

Könnte man das Verkleistern der Stärkekörner abkürzen? Da sich Stärke heiß besser auflöst als kalt und die Molekülbewegungen schneller werden, wenn die Temperatur steigt, kam ich auf die Idee, daß man den Crêpeteig heiß zubereiten könnte. Heiß? Aber dann würde das Ei doch

gekocht werden? Ja: Ich bat also Pierre Hermé, Mehl mit heißer Milch zu vermischen, zu warten, bis die Mischung abkühlt, und dann die Eier dazuzugeben. Er verglich diese Zubereitung mit einem Crêpeteig, der eine Nacht geruht hatte – und erhielt ein befriedigendes Ergebnis. Ich überlasse es Ihnen, das Experiment zu wiederholen.
Rühren Sie Ihren Teig gut durch: aus irgendeinem unerfindlichen Grund kleben die Crêpes nicht, wenn man auf die oben beschriebene Weise Luft einbringt. In manchen Rezepten heißt es, daß man einen Schuß Bier in den Teig geben soll: Offensichtlich haben die im Bier enthaltenen Kohlendioxidblasen einen ähnlichen Effekt wie die Luft; allerdings ist der Geschmack dann etwas anders als bei den bretonischen Crêpes, wie ich sie kenne und zubereite.

2. *Unter kräftigem Schlagen die Milch einrühren. Wenn der Teig glatt ist, 50 g Zucker, 40 g geschmolzene Butter und 2 EL Rum dazugeben.*

Bei dieser Prozedur streckt man den Teig, bis er die richtige Konsistenz hat: Mit einem dicken Teig erhält man dicke Crêpes, mit einem flüssigen Teig erhält man dünnere Crêpes.

3. *Zwei Stunden ruhen lassen.*

In dieser Phase quellen die Stärkekörner und setzen lange Amylosemoleküle frei, die den Crêpeteig verkleistern. Die ganze Lösung ist mit der Stärke durchdrungen, die sich beim Backen verfestigt. Einen Teig, dessen Ruhezeit zu kurz war (und dessen Backresultat darum mager ausfallen dürfte), zeigt Abb. 20.

**Abb. 20.** Bei einem Crèpeteig, der nicht lange genug geruht hat, sind die Stärkekörner noch klein und erscheinen ungleichmäßig in der Flüssigkeit verteilt.

Während der Teig ruht, gebe ich Ihnen das versprochene Strudelteigrezept: 500 g Mehl, 25 cl lauwarmes Wasser, 1 ganzes Ei, 5 cl Öl und 10 g feines Salz vermischen. Den Teig in zwei Hälften teilen. Die erste Hälfte mit der Teigrolle ausrollen, dann auf die Teigrolle aufwickeln und auf ein bemehltes Tuch legen. Jetzt den Teig nach und nach mit der Hand von der Mitte zu den Rändern hin ausziehen, bis Sie eine beinahe durchsichtige Teigplatte erhalten. Dieselbe Prozedur bei der anderen Hälfte wiederholen. Der Strudel wird bei 180°C ungefähr 30 Minuten im Ofen gebacken.

4. *Bereiten Sie inzwischen eine Konditorcreme zu, indem Sie zunächst 50 cl Milch aufkochen.*

Nehmen Sie heiße Milch, denn die Creme, die Sie erhalten wollen, muß ziemlich dick sein. Für das Eindicken sorgt das Eigelb, indem es gerinnt, aber damit die Masse nicht klumpt, verwendet man auch Mehl. Letzteres hat zwei Funktionen: erstens bindet es die Lösung, zweitens verhindert es die Klümpchenbildung; das heißt, die langen Mehlmoleküle, die in der Creme aufgelöst sind, trennen die Proteinmoleküle, die dann nicht zu Klümpchen gerinnen können.

5. *Während die Milch heiß wird, 6 Eigelbe mit 180 g Puderzucker schlagen, bis die Mischung weiß und glatt ist.*

Fangen Sie mit dem Schlagen an, sobald die Eier und der Zucker miteinander in Berührung kommen. Wenn man die Mischung, ohne zu schlagen, stehenläßt, erhält man nicht mehr die schaumige, glatte Masse, die wir anstreben. Offensichtlich fängt der Zucker das Wasser der Proteine ein und bringt sie zum Gerinnen, bevor die Proteine die beim Schlagen eingebrachten Luftblasen umhüllen können.

6. *20 g Mehl einarbeiten, dann die noch heiße Milch unterrühren. Das Ganze wieder auf kleine Flamme setzen und unter kräftigem Schlagen langsam zum Kochen bringen. Dabei kräftig am Topfboden entlangfahren, damit die Creme nicht anhängt oder klumpt.*

Mit dem Mehl können Sie die Creme unbesorgt erhitzen. Natürlich sollten Sie es nicht übertreiben, aber die Creme verträgt das Kochen, ohne zu klumpen.

7. *Sobald die Masse kocht, den Topf vom Feuer nehmen und in kaltes Wasser stellen, damit die Creme schnell abkühlt.*

Auf diese Weise verhindern Sie, daß die Creme weiterkocht, nachdem Sie sie vom Feuer genommen haben. Genaugenommen sollte man die Creme bis zum Erkalten weiterschlagen, da sie aufgrund ihrer Viskosität und ihrer starken thermischen Trägheit nur langsam abkühlt.

8. *Die Äpfel schälen, in kleine Würfel schneiden und mit dem Saft einer Zitrone beträufeln, damit sie nicht braun werden.*

Die Äpfel werden braun, wenn man sie zerschneidet, weil man die Pflanzenzellen zerstört und an der Schnittfläche Enzymmoleküle freisetzt, die chemische Reaktionen provozieren, ohne dabei selbst umgesetzt zu werden. Mit anderen Worten: eine kleine Anzahl Enzyme hat beträchtliche Wirkungen. Manche dieser Enzyme, die Polyphenoloxydasen, synthetisieren tiefdunkle Moleküle, ähnlich denen, die uns im Sommer bräunen lassen. Auf jeden Fall können diese Enzyme durch Erhitzen oder durch Säure gehemmt werden. Der Zitronensaft bringt diese Säure und verfeinert gleichzeitig den Geschmack.

9. *Geben Sie die Äpfel eine Minute in die Mikrowelle, bis sie gar, aber noch knackig sind, oder dünsten Sie sie mit etwas Butter und einem Eßlöffel Zucker in der Pfanne. Vom Feuer nehmen und ein Drittel der noch heißen Konditorcreme dazugeben.*

Durch das Erhitzen werden die Äpfel weich. Äpfel bestehen wie alle Pflanzen aus Zellen, die von einer weichen Membran und einer Pektozellulosewand umhüllt sind; diese Wand, die also sowohl Zellulose als auch Pektin enthält (das »Geliermolekül«), ist ziemlich hart, wird aber beim Kochen abgebaut.

10. *Die Crêpes in einer großen Pfanne in reichlich heißer Butter backen.*

Beim Backen verdampft das Wasser der Crêpes, wodurch sich die verkleisterten Stärkekörner zusammenschweißen; gleichzeitig gerinnen die Ei-Proteine und tragen so zur Festigkeit der Crêpes bei.

11. *Die Crêpes mit der Creme-Apfel-Mischung füllen. Zusammenklappen und mit kleinen Holzspießchen verschließen, auf Teller verteilen und mit der restlichen Konditorcreme überziehen.*

# Orangentorte
## *Fondant à l'orange*

*Ein Paradox ist nicht die Negierung einer empirischen Wahrheit, denn sonst wäre das Paradox immer falsch; indessen ist es häufig gerade die Wahrheit. Das Paradox ist also nur eine Behauptung, die der allgemeinen Meinung entgegensteht; und da die allgemeine Meinung falsch sein kann, kann das Paradox wahr sein.*
Denis Diderot, Pages contre un tyran

Eiweiß, so heißt es, muß frei von jedem noch so winzigen Eigelb- oder Fettpartikelchen sein, damit es sich gut schlagen läßt. Und weiter heißt es, daß der Eischnee erst dann mit Puderzucker vermischt werden darf, wenn er bereits aufgeschlagen ist.
Wenn man dagegen eine Génoise macht, so wie hier als Basis für unsere köstliche Orangentorte, schlägt man ganze Eier auf – ja, Sie haben richtig gelesen: Eigelb und Eiweiß auf einmal –, und das auch noch zusammen mit Puderzucker! Zur Strafe für soviel kulinarischen Widersinn muß man die Masse heiß eine gute Viertelstunde schlagen, damit man eine Génoise erhält, die diesen Namen auch verdient.

Wie nützlich die Wissenschaft sein kann, zeigte sich wieder einmal bei meiner ersten Génoise, die ich nach dem Rezept eines bekannten Pâtissiers zubereitete. Ich befolgte gewissenhaft, ja geradezu sklavisch alle Anweisungen – aber das Ergebnis war kläglich: Ich erhielt nur einen dünnen Fladen, ungefähr 1 cm dick, den man unmöglich halbieren konnte, um daraus die beiden Schichten für den prachtvollen Kuchen zu machen, den ich mir erträumt hatte.
Offensichtlich war ein wenig Überlegung angesagt: Bei einer Génoise muß man zunächst sehr lange schlagen. Warum? Weil die Masse aufgehen soll und das Vermischen von Eigelb und Eiweiß die Schaumbildung behindert. Das Ziel ist jedoch eindeutig: Wir wollen einen Schaum erhalten. Ich prüfte mit dem Mikroskop nach, ob der Génoiseteig tatsächlich ein Schaum war. Ich sah Blasen, also stimmte es. Dann ließ ich alle Arbeitsschritte, die in meinem Rezept angegeben waren, Revue passieren – es waren die gleichen wie bei allen Génoise-Rezepten, höchstens manchmal etwas anders formuliert. Ich konnte keinen gravierenden Fehler entdecken, aber als ich den Versuch wiederholte, stellte ich fest, daß ich beim ersten Mal einen Elektroquirl verwendet hatte, den ich senkrecht in die Mischung hielt, was nicht die beste Art ist, Luft in einen Teig einzubringen. Man muß den Quirl schräg halten, auch wenn man dabei einige Spritzer riskiert. Auf diese Weise konnte ich das Volumen meines Génoiseteigs verdoppeln. Ich gab ihn in den Ofen, und das Ergebnis war perfekt. Vergessen Sie also die Luftblasen nicht, wenn Sie sich ans Werk machen!
Ganz allgemein – Sie haben sicher schon bemerkt, daß ich eine Schwäche für allgemeine Prinzipien habe – sollten Sie daran denken, daß eine Masse deshalb aufgeht, weil sie Luftblasen enthält, die Sie vorher eingebracht haben müssen. Andererseits trägt das Verdunsten des Wassers zum Aufgehen des Teigs bei, und folglich muß er Wasser enthalten, das verdunsten kann.

ZUTATEN FÜR 8 PERSONEN

*Für den Teig*

*4 Eier*

*125 g Puderzucker*

*50 g Butter*

*125 g Mehl*

*Für die Creme*

*4 Orangen*

*3 Eigelb*

*250 Puderzucker*

*1 Vanilleschote*

*0,25 Liter Milch*

*40 g Speisestärke oder Mehl*

*15 cl Sahne*

*3 Gelatineblätter*

1. *50 g Butter bei milder Hitze in einem kleinen Topf zerlassen. Nach einer halben Stunde die geklärte Butter abgießen und abkühlen lassen. Den Bodensatz und den Schaum wegschütten.*

Das Thema geklärte Butter haben wir bereits ausführlich besprochen (s. S. 114). Ich weiß nicht, warum man mit geklärter Butter bei einer Génoise bessere Ergebnisse erzielt. Ich weiß nur, daß das Kasein ein guter Emulgator ist, aber wenn man es zu einem Schaum gibt, der Lezithin enthält, ebenfalls ein hervorragender Emulgator, scheint es die Struktur der Masse nur wenig zu modifizieren. Wer dieses Rätsel lösen kann, hat sich um die Feinschmeckerei verdient gemacht!

2. *125 g Puderzucker, 4 ganze Eier und eine Prise Salz in eine Schüssel geben. Die Schüssel ins heiße Wasserbad stellen und kräftig schlagen, bis die Masse ihr Volumen verdoppelt hat: sie muß glänzend-dick sein und Fäden ziehen. Dann die Schüssel aus dem Wasserbad nehmen und bis zum Erkalten weiterschlagen.*

Beachten Sie, daß die Eigelb-Zucker-Mischung bei einem Sabayon einen Schaum bildet und in jedem Fall unzählige Blasen aufnimmt, wenn man sie genügend aufschlägt. Man kann aber auch ein Sabayon machen, indem man die Eiweiße zu den Dottern gibt; ein solches Sabayon ist weniger fein, bildet aber einen perfekten Schaum. Es gibt also keinen Grund, warum die hier vorgeschlagene Mischung nicht aufgehen sollte.

Warum wird die Schaumbildung durch die Hitze begünstigt? Noch ein Rätsel. Bei dieser Prozedur gehen allerdings die Meinungen auseinander. Michel Bras z. B. macht seine Génoise, indem er die Eier ganz und in der Schale in einer Schüssel mit heißem Wasser erhitzt. Dann taucht er die Rührschüssel in kochendes Wasser und schlägt die Masse ohne weiteres Erhitzen auf. Joel Robuchon schlägt zuerst die Eier kalt, dann gibt er – ständig schlagend – den Zucker dazu, schlägt ein paar Minuten auf dem Feuer weiter, dann noch ein paar Minuten, nachdem er den Topf vom Feuer genommen hat. Gaston Lenôtre schlägt die Zucker-Eier-Mischung heiß, dann nimmt er sie vom Feuer und schlägt in zwei Stufen weiter: zuerst schnell, dann langsam. Und andere haben wieder andere Methoden.

Was muß man daraus schließen? Daß es *die* Methode nicht gibt; die einzige Übereinstimmung besteht darin, daß man lange und kräftig schlagen muß, wofür die Wissenschaft eine Erklärung hat. Hier also meine Interpretation des Phänomens, in der Hoffnung, daß ich die Geduld meiner verehrten Leser nicht allzusehr strapaziere:

Warum ist es schwieriger, Eiweiß zu schlagen, das mit Eigelb vermischt ist? Weil das Eigelb zwar Emulgatoren enthält, aber auch viele Lipide (Fette). Das Eiweiß aber wird zu Eischnee, weil sich seine grenzflächenaktiven Moleküle an der Oberfläche der Luftblasen anlagern, die sie offenbar in zwei Schichten umhüllen (diese Tatsache hat R. Douillard, ein Physikochemiker der INRA in Nantes, herausgefunden). Die grenzflächenaktiven Moleküle haben die Eigenschaft, Schaum zu bilden, weil ihr hydrophiler Teil sich am Wasser im Innern der Flüssigkeitsfilme zwischen den Blasen anlagert, die hydrophoben Teile dagegen

an der Luft der Blasen. Gibt man nun wasserunlösliche Fette dazu: wo lagern sie sich an? An den hydrophoben Teilen der grenzflächenaktiven Moleküle, die dann nicht mehr verfügbar sind, um sich an der Luft anzulagern und die Blasen einzuhüllen.
Warum läßt sich dann aber ein Eiklar in Gegenwart von Fett oder Eigelb trotzdem zu Schnee schlagen? Weil eine einfache Rechnung zeigt, daß das Eiweiß weitaus mehr grenzflächenaktive Moleküle hat, als nötig ist, um den Schaum zu bilden. Die große Mehrheit der grenzflächenaktiven Moleküle bleibt in den Flüssigkeitsfilmen. Dort können diese Moleküle die Fette emulgieren, so daß sie die Schaumbildung nicht mehr behindern können. Trotzdem läßt sich das Eiweiß schwerer steifschlagen, wenn es Fette enthält, weil zur Schaumbildung ebenso Energie nötig ist wie für die Bildung der Emulsion. Das ist so, als würde man eine Mayonnaise und Eischnee gleichzeitig machen.

3. *Die geklärte Butter dazugeben und untermischen. Dann mit einem Schneebesen vorsichtig 125 g Mehl untermischen.*

In diesem Stadium den Teig nicht zu stark durcharbeiten: Sie würden die Blasen verlieren, die Sie so mühsam hineingeschlagen haben.

4. *Den Teig in eine gebutterte und bemehlte Form gießen und ungefähr eine Viertelstunde im vorgeheizten Ofen (200°C) backen. Heiß stürzen.*

Ich habe mir die Mühe gemacht, die Backtemperaturen der verschiedenen Génoise-Rezepte zu vergleichen: Danach muß die Génoise bei einer Temperatur zwischen 180°C und 220°C gebacken werden. Hier gebe ich einen Durchschnittswert an, mit dem ich gute Resultate erzielt habe. Das ist vielleicht nicht optimal, aber wer kann heute schon behaupten, daß er die optimale Backtemperatur einer Génoise kennt?

5. *Vier ungeschälte Orangen in sehr dünne Scheiben schneiden. Einen Liter Wasser mit 200 g Puderzucker aufkochen. Die Orangenscheiben dazugeben und 2 Stunden ziehen lassen. Vom Feuer nehmen und eine Nacht ruhen lassen.*

Mit dieser Prozedur kandieren Sie die Orangen; Sie bereiten einen Sirup zu, in den Sie die kleingeschnittenen Früchte geben. Der Zuckersirup zieht das Wasser aus den Pflanzenzellen heraus, wodurch diese zerstört und die harten Teile aufgeweicht werden. Gleichzeitig wird der Sirup aromatisiert.

6. *Wenn die Orangen kandiert sind, bereiten Sie eine Konditorcreme zu: Zuerst einen Viertelliter Milch mit einer der Länge nach aufgeschnittenen Vanilleschote aufkochen. In einem anderen Topf 3 Eigelb mit 50 g Puderzucker schlagen, bis die Mischung weiß wird. Dann 40 g Speisestärke dazugeben, die kochende Vanillemilch angießen und vorsichtig unterschlagen. Eine Minute kochen, dabei kräftig schlagen und aufpassen, daß die Masse nicht anbrennt. 3 Gelatineblätter darin auflösen und abkühlen lassen.*

In den vorhergehenden Rezepten haben wir gesehen, daß man ein Sabayon mit der berühmten Prise Mehl schützt. Hier nehmen wir 40 g Speisestärke: die Gefahr, daß sich Klümpchen bilden, ist gering.

7. *15 cl Sahne steifschlagen.*

Lassen Sie mich kurz die Methode rekapitulieren: Die Sahne in die Schüssel geben, in der sie geschlagen werden soll, dann die Schüssel samt Inhalt sowie den Schneebesen im Kühlschrank oder der Gefriertruhe kaltstellen. Nach einiger Zeit die Schüssel herausnehmen und die Sahne schlagen; denken Sie daran, daß Sie Luftblasen einbringen wollen. Die Sahne ist fest genug, wenn der Schneebesen Furchen in der Masse hinterläßt und sich beim Herausnehmen Knötchen an den Drähten bilden. Bei dieser Prozedur lagert sich das Fett der Sahne um die Luftblasen an und bildet eine steife Hülle, die die Blasen einschließt.

8. *Ein paar schöne Orangenscheiben beiseite legen, die restlichen Früchte kleinschneiden und unter die Konditorcreme mischen. Dann vorsichtig die Schlagsahne unterheben.*

Vorsicht beim Vermischen – die Schlagsahne könnte sonst leicht wieder zusammenfallen.

9. *Die Génoise mit einem großen Messer waagrecht halbieren. Die untere Hälfte mit Orangensirup tränken und in einen Tortenring legen. Mit der Hälfte der Creme bestreichen, die andere Hälfte der Génoise darauflegen, ebenfalls mit Orangensirup tränken und mit der restlichen Creme bedecken. Mit Puderzucker bestäuben und vorsichtig mit den beiseite gelegten Orangenscheiben garnieren. Einen halben Tag kühl stellen.*

Das ist eine harte Geduldsprobe, ich weiß, aber die Génoise braucht Zeit, um die überschüssigen Flüssigkeiten zu absorbieren, und die Creme braucht ebenfalls Zeit, um – dank der Gelatine – zu erstarren. Wenn Sie den Kuchen nicht lange genug ruhen lassen, sackt er zusammen, wenn Sie ihn aus der Form nehmen.

# Schwarzwälder Kirschtorte
## *Gâteau de la Forêt-Noire*

*Die Wälder waren die ersten Tempel der Gottheit,*
*und aus den Wäldern haben die Menschen ihre erste Vorstellung*
*von Architektur mitgenommen.*
Chateaubriand, Génie du Christianisme

Ich kenne mehrere Schwarzwälder-Kirschtorten-Rezepte, aber dieses hier hat den Vorteil, daß ich Ihnen die Zubereitung eines Biskuits statt einer Génoise vorführen kann. Es handelt sich also um das Pendant zum vorigen Rezept, der Orangentorte. Der Unterschied liegt hauptsächlich im Schlagen der Eier: Während man den Génoise-Teig durch längeres Schlagen der ganzen Eier erhält, wird der Biskuit aus den Dottern einerseits und den steifgeschlagenen Eiweiß andererseits zubereitet. Die Konsistenz ist verschieden, aber der luftigere Biskuit eignet sich bestens für die Zubereitung einer sehr leichten Torte wie dieser hier.

ZUTATEN FÜR 8 PERSONEN

*Für den Biskuitteig*

*250 g Zucker*

*8 Eier*

*125 g Mehl*

*50 g Kakaopulver*

*1 Prise Salz*

*Für den Kirschsirup*

*5 cl Wasser*

*50 g Puderzucker*

*5 cl Kirschwasser*

*Für die Creme*

*25 cl Milch*

*3 Eigelb*

*80 g Puderzucker*

*20 g Mehl*

*10 cl Kirschwasser*

*25 cl Sahne*

*Für die Garnitur*

*100 g frische oder eingelegte Kirschen*

1. *Für den Biskuitteig 250 g Zucker mit 8 Eigelb schlagen. Wenn die Mischung hell und glatt wird (wenn sie Fäden zieht), 125 g Mehl und 50 g Kakaopulver dazugeben.*

Bei dieser Prozedur lösen sich die Zuckerkristalle im Wasser der Eier auf, während unzählige kleine Luftblasen in die Mischung eingebracht werden. Die Eiproteine umgeben die Blasen und stabilisieren sie.

Den Zucker und die Eigelb schlagen, sobald sie miteinander in Berührung kommen, damit das Eigelb nicht »verbrennt«: Der Zucker würde sich dann nur schwer auflösen, und man könnte auch nicht so viele Luftblasen einbringen.

Warum verbrennt das Eigelb? Ich habe diese Frage bereits in meinen *Rätseln der Kochkunst* gestellt, aber jetzt kann ich mit einer detaillierten Antwort aufwarten, was ich dem folgenden Experiment verdanke: Ich habe ein Eigelb und Zucker in eine Schüssel gegeben, und ein anderes Eigelb mit derselben Menge Zucker in eine andere Schüssel. Dann habe ich die eine Mischung mit dem Schneebesen geschlagen, während ich die andere eine halbe Stunde ruhen ließ, bevor ich sie ebenfalls schlug. In jedem Stadium habe ich die Zubereitungen unter dem Mikroskop untersucht.

Zuerst stellte ich fest, daß die Eigelb-Zucker-Mischung deshalb weiß und schaumig wird, weil sie eine große Menge Luftblasen enthält. Wenn man die Mischung dagegen eine Weile stehenläßt, kann man noch so lange schlagen: Man sieht unter dem Mikroskop nur ein paar große Blasen in der aufgeschlagenen Masse. Warum? Weil der Zucker das Wasser des Eigelbs absorbiert. Bei der sofort geschlagenen Mischung jedoch werden die Blasen in großer Zahl eingebracht, bevor der Zucker dem Eigelb das Wasser entziehen kann.

## 2. *Die 8 Eiweiß mit einer Prise Salz sehr steifschlagen.*

Wenn man Eischnee schlägt, bringt man Luftblasen in das Eiweiß ein, das eine Lösung von Proteinen in Wasser ist. Je kleiner die Blasen, desto stärker die Oberflächenkräfte: sie triumphieren über die Gravitationskräfte, die dazu tendieren würden, das Wasser nach unten zu ziehen und die Blasen ineinanderlaufen zu lassen. Das Salz scheint diese Schaumbildung zu begünstigen, weil es Ionen einbringt, die die elektrischen Ladungen der Molekülproteine abschirmen. Letztere können sich an der Oberfläche der Blasen verbinden und so den Schaum noch mehr stabilisieren.

3. *Den Eischnee vorsichtig mit der Biskuitmasse vermischen. In eine runde Backform vom gewünschten Durchmesser geben. Im vorgeheizten Ofen bei 180°C ungefähr 25 Minuten backen.*

Beim Mischen muß man sehr vorsichtig sein, denn es gehen unweigerlich Luftblasen verloren, indem sie platzen oder ineinanderlaufen. Das Backen bei einer Temperatur von über 100°C läßt die Hitze langsam in die Masse eindringen und die Proteine gerinnen. Ein Teil des Wassers an der Oberfläche verdampft, was die Bildung einer Kruste ermöglicht. Backen Sie bei milderer Hitze und entsprechend länger, wenn Sie eine Form mit kleinem Durchmesser verwenden, oder bei stärkerer Hitze und kürzer, wenn Sie eine große Form nehmen.

4. *5 cl Wasser mit 50 g Puderzucker zu einem Sirup einkochen. Vom Feuer nehmen und 5 cl Kirschwasser dazugeben.*

Durch das Erhitzen löst sich der Zucker leichter auf. Der Sirup darf nicht zu heiß sein, wenn das Kirschwasser dazugegeben wird, damit der Alkohol nicht verdampft.

5. *Für die Konditorcreme, die als Grundlage für die Tortencreme dient, 25 cl Milch aufkochen.*

Bei einer Konditorcreme verwendet man kochende Milch, die sich besser mit dem Mehl vermischt.

6. *Inzwischen 3 Eigelb mit 75 g Puderzucker in einer Schüssel schaumig rühren. Dann 25 g Mehl dazugeben und unter ständigem Schlagen langsam die kochende Milch zugießen.*

Man fügt das Mehl hinzu, weil es die Masse, die durch die Milch zu flüssig werden würde, eindicken soll.

7. *Die Creme langsam wieder erhitzen und unter ständigem Schlagen zum Kochen bringen.*

Wenn man auf diese Weise weiterschlägt, dickt die Creme ein, weil die Mehlmoleküle sich auflösen und die Eimoleküle gerinnen. Die geduldig eingebrachten Luftblasen bleiben z. T. erhalten; andere werden neu eingebracht. Wenn die Creme dick genug ist, können die Luftblasen nicht mehr entweichen.

8. *Sobald die Mischung kocht und eingedickt ist, den Topf in kaltes Wasser stellen, damit die Creme abkühlt.*

Vorsicht: Die Creme ist eine sehr viskose Masse, bei der keine Wärmekonvektion stattfindet; sie kühlt nur sehr langsam ab. Das Phänomen der Wärmekonvektion hat übrigens der Physiker Rumford im 18. Jahrhundert entdeckt, als er eine dicke Suppe mit Kaffee verglich.

9. *Schlagen Sie jetzt die Sahne: In eine Schüssel, die ein paar Minuten im Eisfach kaltgestellt wurde, die ebenfalls gekühlte Sahne gießen. Mit einem Schneebesen mit dickem Griff schlagen und Luft einbringen, bis sich das Volumen verdoppelt hat. Die Schlagsahne ist fest genug, wenn sich Knötchen an den Ästen des Schneebesens bilden.*

Mit einem dickgriffigen Schneebesen schlägt es sich leichter. Alle Zutaten und der Behälter müssen gut gekühlt sein, damit sich keine Butter bildet. Wie beim Eischnee geht es hier darum, möglichst viele Luftblasen einzubringen. Im Rahm sind zahlreiche grenzflächenaktive Moleküle enthalten, die die Schlagsahne stabilisieren können.

10. *Die steifgeschlagene Sahne vorsichtig unter die Konditorcreme mischen. Dann 10 cl Kirschwasser dazugeben.*

Vorsicht: Die Konditorcreme muß kalt sein, wenn Sie die Schlagsahne dazugeben, sonst fällt diese zusammen. Die Hitze verringert nämlich ihre Viskosität, so daß ihr das Wasser leichter entzogen wird und die Fettdepots schmelzen, die die Luftblasen umhüllen.

11. *100 g in Alkohol oder Sirup eingelegte Kirschen abtropfen lassen.*

Kosten Sie den Sirup und bewahren Sie ihn für ein anderes Gericht auf.

**12.** *Den Biskuit waagrecht halbieren.*

Nehmen Sie ein Messer, dessen Klinge länger ist als der Durchmesser des Biskuitbodens. Und hier noch ein Tip, den ich Bernard Loiseau, dem Küchenchef des »Côte d'or« in Saulieu verdanke: Stellen Sie zwei kleine Holzleisten rechts und links neben den Biskuit und lassen Sie das Messer darübergleiten, damit die Biskuithälften schön gleichmäßig werden.

**13.** *Die Oberseite des Biskuits, der den Boden der Torte bildet, und die Unterseite der anderen Biskuithälfte mit Kirschsirup tränken.*

Wir haben es hier mit demselben Prinzip zu tun wie bei dem »einseitig gebratenen Lachs«: Der Lachs wird auf der Hautseite gebraten, so daß der Gargrad von unten nach oben ansteigt. Auf diese Weise erhält man köstliche Abstufungen in Konsistenz und Geschmack, die von unten nach oben verlaufen. Hier schafft man ein »Konsistenzgefälle«: Der Kuchen ist außen trockener als innen.

**14.** *Die Creme auf die untere Biskuithälfte streichen, dann die Kirschen darauf verteilen.*

Die Kirschen im Herzen der Torte sind wie Aroma-Inseln. Gleichzeitig dienen sie als Stützpfeiler, die verhindern, daß die obere Biskuithälfte die Creme eindrückt.

**15.** *Die obere Hälfte auflegen und mit Creme bestreichen, mit Puderzucker bestäuben und mit Kirschen garnieren. Sofort servieren.*

# Himbeer-Charlotte
## *Charlotte aux framboises*

*Die Folge der Speisen geht von den schwereren zu den leichten.*
Brillat-Savarin

Löffelbiskuits finden bei zahlreichen Desserts Verwendung – so dienen sie z. B. als Wände für leichte, zartschmelzende Kuchenmassen. Der Teig ist ähnlich wie bei einem Savoyer Biskuit, aber leichter, und ihren Namen verdanken die Löffelbiskuits dem Löffel, mit dem man sie ursprünglich aufs Backblech setzte; heute nimmt man dafür einen Spritzbeutel. Löffelbiskuits lassen sich mehrere Wochen lang in einer luftdicht verschlossenen Dose aufbewahren.
Ein Rezept, bei dem wir eine Menge lernen können: über Gelees und feste Schäume.

Zutaten für 8 Personen

*Für die Biskuits*

*8 Eier*

*200 g Mehl*

*Für die Himbeermasse*

*200 g Himbeeren*

*50 g Zucker*

1. *250 g Zucker mit 8 Eigelb in einer Schüssel schlagen, bis die Masse Fäden zieht.*

Schlagen Sie die Eigelb-Zucker-Mischung, sobald die beiden Zutaten zusammenkommen, sonst riskieren Sie, daß der Zucker den Eigelben das Wasser entzieht. Die Wirkung ist dieselbe, wenn man einen Fisch mit grobem Salz einreibt oder aufgeweichte Pilze zum Entwässern mit grobem Salz in ein Sieb gibt. Die Wassermoleküle haben bei ihren willkürlichen Bewegungen die Tendenz, die gesamte Lösung, die ihnen zur Verfügung steht, in gleichmäßiger Konzentration zu besetzen: Sie wechseln aus den Bereichen, in denen die Salz- oder Zuckerkonzentration schwach ist, bei unserem Beispiel also aus den Fisch- oder Pilzzellen, in die Bereiche mit höherer Konzentration über. Es handelt sich um eine osmotische Wirkung.
Da wir hier die Mischung schaumig rühren, also Luftblasen einbringen wollen (gut sichtbar unter dem Mikroskop), ist es einleuchtend, daß der Zucker das Wasser des Eigelbs nicht absorbieren darf.

2. *Die Zucker-Eigelb-Masse mit einem Eßlöffel Zitronensaft aromatisieren und 200 g Mehl dazugeben, dann vorsichtig die 8 steifgeschlagenen Eiweiß unterziehen.*

Das Mehl und der Zucker absorbieren die Flüssigkeit des Zitronensafts. Der Eischnee muß sehr steif geschlagen sein, wenn man ihn mit der restlichen Masse vermischen will, ohne daß er zusammenfällt. Ich habe zusammen mit Pierre Hermé, dem Chef-Pâtissier von Fauchon, ein Experiment gemacht: Wir haben gleichzeitig zwei Schokoladensoufflés gebacken, die sich nur in der Festigkeit des Eischnees unterschieden. Das Soufflé mit dem weniger steif geschlagenen Eischnee blieb flacher, weil seine – ziemlich großen – Luftblasen beim Vermischen mit der Schokolade ineinandergelaufen waren. Kleine Blasen sind stabiler als große, wie alle Kinder wissen, die gern mit Seife spielen.

3. *Den Teig in einen Spritzbeutel mit einer glatten, breiten Spritztülle geben und die Biskuits auf eine Lage Backpapier spritzen. Mit Puderzucker bestäuben und das Backpapier leicht anheben, damit der überschüssige Puderzucker abfällt. Bei milder Hitze (160°C) 20 Minuten im Ofen backen.*

4. *Die fertigen Löffelbiskuits in der Mitte durchschneiden und senkrecht am Rand einer runden, glatten Form dicht aneinanderreihen. Die Wand der Form ganz leicht mit Butter einfetten, damit die Biskuits daran kleben bleiben.*

5. *Gelatine in einer Schüssel mit kaltem Wasser ein paar Minuten einweichen.*

Warum einweichen? Ich weiß es nicht, das habe ich bereits gebeichtet – ich weiß nur, daß es sinnvoll ist.

6. *Für die Himbeermasse die Himbeeren mit einem Spritzer Zitronensaft und 50 g Zucker pürieren. Die Mischung in einem Topf leicht erhitzen, dann die Gelatineblätter darin auflösen.*

Man sollte nicht zu stark erhitzen, weil das Püree sonst an Aroma verliert.

7. *Ganze Löffelbiskuits in dieses flüssige Püree tauchen und den gesamten Boden der runden Form damit auslegen. Abwechselnd mit einer Schicht steifgeschlagener Sahne und ei-*

*ner Schicht Himbeerpüree auffüllen; mit dem Himbeerpüree abschließen. 2 Stunden im Kühlschrank erstarren lassen. Dann die Form ein paar Sekunden in heißes Wasser tauchen und auf eine Servierplatte stürzen.*

Geduld, Geduld! Dieselbe Charlotte, die dem zu Eiligen unweigerlich zusammenfallen würde, hält nach einigen Stunden wunderbar, weil die Biskuits inzwischen Flüssigkeit absorbiert haben und die Gelatine zu Gelee erstarrt ist. – Gelierungsprozesse können sehr lange dauern, manchmal sogar mehrere Tage, wie Madeleine Djabourov von der »École supérieure de physique et chimie« in Paris beim Experimentieren mit Gelatinegelees feststellte.

8. *Mit etwas Himbeerpüree überziehen und mit Puderzucker bestäuben.*

Verwenden Sie verschiedene Siebe für den Puderzucker, wenn Sie Ihre Charlotte mit einem aparten Muster verschönern wollen.

# Madeleines
## *Madeleines au miel et au citron*

*Es war der Geschmack jener Madeleine ...*
Marcel Proust

Beschließen wir das Kapitel Backen mit einem »mythischen« Gebäck: der Madeleine. Warum mythisch? Weil Marcel Prousts berühmte Madeleine eher ins Reich der Fabel als in das der realen Erinnerung gehört. In einem Entwurf zu den *Recherches du temps perdu* beschreibt er das Wiederaufleben von Erinnerungen, die an einen bestimmten Geschmack geknüpft sind, aber in diesem Entwurf ist nur die Rede von »kleinen, gebutterten Zwiebacken«. Erst später, in der endgültigen Fassung, wurde aus dem prosaischen Zwieback die mythische Madeleine.
Meine Kindheits-Madeleine war immer schon die richtige, die originale aus der Stadt Commercy, geschaffen von der Kammerzofe Madeleine, die eines Tages den Hofkonditor von Stanislaus Leszczynski, Herzog von Lothringen, bei einem Empfang ersetzten mußte. Stanislaus fand das Gebäck so köstlich, daß er ihm ihren Namen gab.
Die Zubereitung der Madeleine ist so einfach, daß ich Ihnen hier zwei Rezepte zum Vergleich gebe.

REZEPT 1 (ZUTATEN FÜR EIN DUTZEND MADELEINES)

*60 g Butter*

*125 g Mehl*

*125 g Zucker*

*1 EL Orangenblütenwasser*

*3 Eier*

*Die Butter erhitzen, das Mehl, den Zucker, das Orangenblütenwasser, die Eigelbe und die steifgeschlagenen Eiweiße dazugeben. Die Masse in gebutterte und gezuckerte Madeleineförmchen füllen und bei mittlerer Hitze im Ofen backen.*

REZEPT 2 (ZUTATEN FÜR EIN DUTZEND MADELEINES)

*100 g Butter*

*100 g Puderzucker*

*40 g Mehl*

*40 g geriebene Mandeln*

*3 Eiweiß*

*1 EL Orangenblütenwasser*

*Die Butter klären und abkühlen lassen. Das Mehl mit dem Zucker durchsieben. Die geriebenen Mandeln daruntermischen. Die Eiweiß steifschlagen. Die Mandel-Mehl-Zucker-Mischung zum Eischnee geben. Leicht schlagen, dann die geschmolzene Butter und das Orangenblütenwasser einarbeiten. Den Teig in Madeleineförmchen verteilen, eine Stunde im Kühlschrank ruhen lassen, dann 15 Minuten bei mittlerer Hitze backen (190°C).*

Wo sind die Gemeinsamkeiten? In beiden Fällen ist das Eiweiß für die Luftblasen verantwortlich, die die Madeleine aufgehen lassen, nicht aufgrund der Ausdehnung der Luftblasen, sondern weil das Wasser des Teigs verdampft und sich in den Blasen ansammelt.

Beachten Sie, daß beim ersten Rezept Eigelb verwendet wird, aber nicht beim zweiten. Dagegen kommen beim zweiten Rezept geriebene Mandeln dazu. Und schließlich wird beim zweiten Rezept das fehlende Eigelb, das Fett enthält, durch Butter ersetzt, die zudem noch geklärt wird. Welche unterschiedlichen Ergebnisse erzielt man mit diesen Modifikationen? Am besten machen Sie die beiden Rezepte gleichzeitig, so daß Sie insgesamt 24 Madeleines erhalten. Damit haben Sie genug Material für einen Geschmacksvergleich (der Gerechtigkeit halber sollten Sie die Madeleines auch gleichzeitig backen).

Später können Sie dann die Zutaten variieren und Ihr eigenes Rezept entwickeln, das vielleicht ein Kompromiß zwischen beiden hier angegebenen sein wird, der mehr nach Ihrem Geschmack ist.

# Brombeerkonfitüre
# *Confiture de mûres*

*Mit Früchten und Blüten vermischt, ergibt der Zucker Konfitüren,*
*Marmeladen, Kompotte, Pasten und Kanditen,*
*eine Konservierungsmethode, die es uns erlaubt,*
*diese Früchte und Blüten noch lange nach der Jahreszeit,*
*die ihnen von der Natur vorgegeben ist, zu genießen.*
Brillat-Savarin

Brombeerkonfitüre hat nur einen Fehler: daß der Vorrat leider nie für den ganzen Winter ausreicht. Außerdem wird sie oft nicht dick genug. Das Problem ist nicht der Mangel an Pektin, und die Verwendung eines Geliermittels ist auch keine gute Lösung, weil die Konfitüre dann zu schwer und zu fest wird. Ein Tropfen Zitrone dagegen wirkt oft Wunder. Was gibt es für uns dabei zu entdecken? Das Prinzip der Gelees.

ZUTATEN FÜR 2 KG KONFITÜRE

*1 kg Brombeeren*

*1 kg Zucker*

1. *Die Brombeeren in einem großen Topf mit dem Zucker vermischen und ein paar Stunden ruhen lassen.*

Auf diese Weise werden die Früchte »entwässert«: Der Zucker entzieht den Zellen das Wasser, wobei die Zellwände und -membranen platzen. So wird die Extraktion der Pektinmoleküle vorbereitet, die die Konfitüre gelieren lassen.

2. *Den Topf mit der Brombeer-Zucker-Mischung kräftig erhitzen.*

Der erhitzte Zucker bildet mit dem Brombeersaft einen Sirup, den man auf höhere Temperaturen als auf den Siedepunkt von Wasser erhitzen kann. Das Erhitzen begünstigt die Extraktion der Pektinmoleküle. Außerdem verdampft ein wenig Wasser, und der Sirup wird konzentriert.

3. *Die Konfitüre vom Feuer nehmen, sobald sie aufschäumt. Den Schaum abschöpfen und beiseite stellen, dann die Konfitüre wieder aufs Feuer setzen und kräftig kochen lassen.*

Werfen Sie den Schaum nicht weg, sondern kosten Sie ihn noch heiß! Ein Leckerbissen!

4. *Noch einmal abschäumen und ein letztes Mal aufkochen. Den Zitronensaft dazugießen.*

Die Zitrone hat den Zweck, die Konfitüre zu säuern und das Gelieren zu erleichtern. Tatsächlich ist es so, daß die Pektinmoleküle, je nach der Säurehaltigkeit ihres Milieus, einige ihrer Sauerstoffatome verlieren und elektrisch geladen werden. Wenn man die Konfitüre säuert, also Wasserstoffionen hinzufügt, verbinden sich diese mit den Pektinmolekülen.

Dadurch verlieren sie ihre elektrische Ladung, stoßen sich nicht mehr ab und können sich zum Gel verbinden: der Konfitüre.

5. *Die Konfitüre in sterile Gläser füllen, die Sie aber nicht sofort verschließen dürfen.*

Dieser Rat ist wichtig: Wenn Sie die Gläser verschließen würden, solange die Konfitüre und die umgebende Luft noch heiß sind, würde sie beim Abkühlen, das mit einer Kontraktion der Luft einhergeht, die äußere Luft ansaugen, die mit Keimen aller Art gesättigt ist.

6. *Am nächsten Tag Zellophanscheiben vom Durchmesser der Konfitürengläser ausschneiden, in Branntwein tauchen und die Konfitüre damit bedecken. Die Gläser luftdicht verschließen.*

Der Alkohol desinfiziert die Oberfläche der Konfitüre. Ohnehin wird sie bei der starken Zuckerkonzentration in diesem Rezept nicht so leicht von Keimen besiedelt und schimmelt daher nicht.
Wir verwenden hier nur Früchte und Zucker, aber bei anderen Früchten (oder wenn man eine etwas flüssigere Konfitüre zum Bestreichen von Kuchen erhalten will), gibt man ein wenig Wasser dazu. Nehmen Sie aber nicht irgendein x-beliebiges Wasser: Pierre Hermé hat solche Konfitüren mit Wasser aus dem Wasserhahn gemacht, aber er war unzufrieden mit dem Geschmack des Wassers, das sein hochempfindlicher Gaumen aus den Konfitüren herausschmeckte. Also versuchte er es statt dessen mit Mineralwasser – und erhielt eine viel weniger feste Konfitüre. Warum?
Damals glaubte ich, daß hauptsächlich der Säuregehalt die Festigkeit einer Konfitüre bestimme (abgesehen von der richtigen Menge Zucker und Pektin natürlich). Meine erste Vermutung war also, daß das Wasser aus dem Wasserhahn eine anderen Säuregehalt hatte als das verwendete Mineralwasser. Der Säuregehalt wurde gemessen: kein Unterschied. Als ich dann mit einer Studie über Trockengemüse beschäftigt war, befragte ich Michel Varoquaux vom INRA-Institut in Montfavet, warum man seiner Meinung nach Trockengemüse in möglichst kalkarmem Wasser kochen soll. Er erklärte es damit, daß die Kalziumionen die Möglichkeit hätten, sich gleichzeitig mit zwei Pektinmolekülen zu verbinden, wodurch das Gemüse hart würde.

Und genau das war der Grund für die unbefriedigende Konsistenz der Mineralwasser-Konfitüre: Das Wasser, das mein Freund verwendet hatte, war besonders weich (man verwendet es für Säuglinge und Kranke), während das Wasser aus dem Wasserhahn kalkhaltiger war. Um auch mit Mineralwasser eine feste Konfitüre zu bekommen, mußte er ein kalziumreicheres nehmen als das erste, das er rein zufällig gewählt hatte.

# Epilog

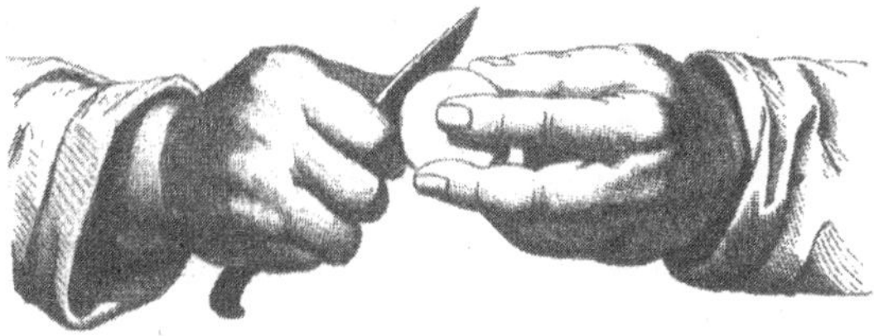

Liebe Feinschmecker-Freunde,
lassen Sie uns am Ende unserer kulinarischen Reise ein wenig von der Kochkunst der Zukunft träumen.

Nachdem unsere Vorfahren sich in grauer Vorzeit von Aas, Früchten, Pflanzen und Körnern ernährt hatten, wurden sie Jäger und lernten das Feuer zu beherrschen: Die Menschheit fing an, ihre Nahrung zu kochen, das heißt, harte Nahrungsmittel weichzumachen und fadem Fleisch mehr Würze zu geben. Vor ungefähr 10 000 Jahren entwickelte sich dann die Landwirtschaft, Pflanzen wurden angebaut und Tiere gezüchtet, so daß die Menschen das ganze Jahr über genügend zu essen hatten. Trotzdem blieb die Nahrung karg und grob: Eine Graupen- oder Dinkelsuppe ist nicht gerade der Gipfel des Tafelvergnügens.

Falls es je einen steinzeitlichen Brillat-Savarin gegeben hat, so ist es ihm jedenfalls nicht gelungen, seinen Zeitgenossen den Begriff der »Vis gastronomica« zu vermitteln, jener kulinarischen Leidenschaft, die so köstliche Gerichte wie einen Fasan à l'Alcantara oder einen Hummer Thermidor hervorzubringen vermag. Die Menschen waren arm, und sie waren froh, wenn sie sich satt essen konnten.

Mit der Kultur kamen die Wunder der Gastronomie: Aus der Antike sind uns die ersten kulinarischen Glanzpunkte überliefert. Allmählich entsteht eine große Küche: Die Gartechniken werden verbessert, Wein wird gekeltert, nach ausgefallenen Speisen und Gewürzen gefahndet; vor allem aber entdeckt man, daß sich bei langsamem, mildem Garen die Aromen des Fleischs besser entfalten, das zudem auch noch saftiger bleibt. Man lernt, in der Asche zu garen, zu räuchern, zu dörren, zu pökeln, Käse zu machen.

Und endlich führt uns unser Exkurs in ein kleines, hexagonales Land, von den Göttern gesegnet, von gemäßigtem Klima, in dem nach und nach die Gemüse und Früchte aus aller Welt heimisch werden: Die Bevölkerung nutzt diesen Reichtum, um neue Gerichte zu erfinden und die Kochkunst zu ungeahnten Gipfeln zu führen. Mit der Verbindung von Sahne, Butter, Olivenöl, von atlantischen und mediterranen Fischen und Meeresfrüchten waren der Feinschmeckerei seit dem 16. Jahrhundert Tor und Tür geöffnet. Frankreich wurde zum Schlaraffenland, in dem man köstliche Saucen erfand, Pasteten- und Kuchenteige kreierte. Gelobt sei der Tag, an dem der Blätterteig erfunden wurde! Oder die Sauce béarnaise! Oder die weiße Buttersauce! Und der Cognac! Die Seezunge à la Dugléré! Das Tournedos Masséna!

Unermüdlich perfektionierten die großen Küchenmeister ihre Kunst, besonders seit die Revolution drei Großmeister der gastronomischen Literatur – Berchoux, Grimod de la Reynière, Brillat-Savarin – auf französischem Boden zusammengebracht hatte. Nach dem zweiten Weltkrieg kamen die modernen Küchengeräte: elektrischer Mixer, Gefriertruhe, Entsafter, Mikrowelle, Induktionsherd usw. Jede technische Neuerung erfordert eine neue Methode, ermöglicht neue Rezepte. Doch der Fortschritt in der Küche ist wie die Metamorphose eines Insekts: Bei jeder neuen Errungenschaft gerät man erst einmal aus dem Takt, macht ungeschickte Versuche, bis man allmählich damit umzugehen lernt. Die Kochkunst zieht sich dann sozusagen eine Weile in sich selbst zurück, macht sich mit den neuen Geräten oder den neuen Zutaten vertraut; und eines Tages taucht sie wieder auf, gestärkt und gereift durch die Zeit des Lernens und Experimentierens.

Was wir heute erleben, ist das Ende einer solchen Übergangsperiode. Die Garmethoden, die nach dem zweiten Weltkrieg aufkamen, haben uns die Erkenntnisse früherer Zeiten vergessen lassen. Man wußte nicht mehr, daß in vielen Fällen langsames Garen zu besseren Ergebnissen führt als schnelles. Berauscht von der enormen Kapazität der neuen Küchenherde, glaubte man, die Hitze müsse stark sein, wenn ein Gericht gelingen sollte. Die Kunst des Dünstens und des Schmorens geriet in Vergessenheit.

Die Nouvelle Cuisine, die so hochgerühmt und leider oft so schlecht umgesetzt wurde, hat der französischen Küche einiges von ihrer Schwere genommen, aber sie blieb zaghaft. Heute greifen viele Chefköche wieder auf die alten Weisheiten zurück, aber sie passen sie den heutigen Gegebenheiten an. Mit den modernen Geräten kann man schnell auf hohe

Temperaturen erhitzen, gewiß, aber andererseits ermöglichen sie auch ein exaktes Schmoren von einer Regelmäßigkeit, die bislang unerreicht ist. Bei 55°C vermehren sich bestimmte Keime, aber bei 65°C bekommt das Fleisch eine ungeahnte Zartheit. Eine Crème brûlée würde auf offenem Feuer sicherlich oft mißlingen, aber wenn man sie im Wasserbad macht und hinterher kurz unter den Grill stellt, ist die Zubereitung ein Kinderspiel. Mit anderen Worten: Wenn wir uns die neue Technik erst einmal angeeignet haben, wird unsere Kochkunst ungeahnte Fortschritte machen.

Diese Entwicklung zeichnet sich bereits ab: Die großen Meisterköche sind dabei, ein Bündnis mit der Wissenschaft zu schließen. Das Wissen um die chemischen Prozesse gibt ihnen neue Möglichkeiten, ihre Kunst zu perfektionieren: durch exaktere Garzeiten, genauere Dosierungen, feinere Texturen, neue Geschmacksrichtungen.

Welche Gerichte erwarten uns? Und wird dieses Bündnis zwischen Kochkunst und Wissenschaft eine Liebesheirat oder eher eine Vernunftehe sein? Wir werden sehen. Auf jeden Fall brechen aufregende Zeiten für die Feinschmecker an: tagtäglich werden neue Entdeckungen gemacht, die für die gute Küche nützlich sind. Was hier sozusagen auf der Straße herumliegt, sind Perlen des Wissens, Trüffeln der Erkenntnis – man braucht sie nur einzusammeln! Zum ersten Mal in der Geschichte der Menschheit wissen wir, aus welchen Molekülen sich die Lebensmittel zusammensetzen, und wo wir es noch nicht wissen, haben wir die Möglichkeit, es herauszufinden. Die Chemiker synthetisieren Moleküle, die es auf diesem Globus noch nie gegeben hat, manche davon sicher mit ganz neuen, köstlichen Aromen. Die Physiker ihrerseits sind den Molekülkonstellationen auf der Spur, die das Cremige, das Fette, das Knusprige bewirken; sie können die Viskosität der Saucen, die Beschaffenheit der Pürees erklären...

Sie sehen, die Möglichkeiten sind nahezu unbegrenzt, und mit einem solchen Arsenal von neuen Kenntnissen gerüstet, werden die Meister der Kochkunst Ungeahntes vollbringen.

Wenn wir mehr über den Geschmacksinn wissen, wird es vielleicht möglich sein, neue Moleküle mit noch besserem Geschmack zu erfinden. Die Chemiker haben bereits Moleküle entwickelt, die einmal süß, dann wieder bitter schmecken. Im Weininstitut in Bordeaux wurden Moleküle entdeckt, die für den Nachklang eines Weines verantwortlich sind. Man stelle sich vor, daß in Zukunft die Kochkünstler nicht nur außergewöhnlich wohlschmeckende Speisen kreieren, sondern außerdem dafür sorgen könnten, daß wir den Genuß lange auf der Zunge spüren.

Ich weiß, daß ich mit meinem Enthusiasmus auf Kritik stoßen werde. Zugegeben, die Physik hat uns die Atomkraft beschert, aber auch die Atombombe. Der Chemie verdanken wir viele lebenswichtige Medikamente, aber leider auch das Kampfgas. Und dennoch – sollen wir deshalb die Hände in den Schoß legen und unsere Bemühungen einstellen, nur weil wir uns vor den Nachteilen fürchten, die manchmal mit dem Fortschritt einhergehen? Die Frage ist falsch gestellt: Der Mensch wird, solange er Mensch bleibt, immer mit dem Feuer spielen; und der eine wird das Feuer zum Kochen verwenden, der andere wird Brände damit legen.

Daß gerade die Kochkunst dazu beitragen kann, letzteres zu verhindern, hat bereits Graf Rumford (1753–1814) erkannt. Rumford, der ursprünglich Benjamin Thompson hieß, trat nach Aufenthalten in England und Amerika in die Dienste des bayrischen Königs. Zu jener Zeit war München voller Bettler, die in diesem Stand aufgewachsen und so daran gewöhnt waren, daß sie sich nichts anderes vorstellen konnten, als zu betteln. Rumford wußte, daß gute Ratschläge und Ermahnungen hier ganz vergeblich waren. Anstatt der landläufigen Meinung zu huldigen, daß man einen Menschen erst tugendhaft machen und ihm seine Laster abgewöhnen müsse, damit er glücklich werden könne, ging er den umgekehrten Weg: Warum sollte man die Menschen nicht zuerst glücklich machen, damit sie dann vielleicht auch tugendhaft würden? Wenn Glück und Tugend untrennbar zusammengehören, wird das eine das andere nach sich ziehen.

Um also die Bettler von München glücklich zu machen, perfektionierte Rumford die Suppenzubereitung mit dem Ziel, große Mengen möglichst effizient zu produzieren und auf den Straßen zu verteilen; er versuchte, die Küche zu rationalisieren – und entdeckte dabei das Phänomen der Wärmekonvektion.

Was lernen wir aus diesem Beispiel? Daß wir die Möglichkeit haben, mit dem technischen Fortschritt auch die Menschheit voranzubringen. Essen wir also gut, damit wir glücklich sind – die Tugendhaftigkeit kommt von alleine.

# Glossar

**Aufkochen** Wenn man eine Flüssigkeit erhitzt, kommt irgendwann der Augenblick, in dem die Moleküle genug Energie haben, um die Flüssigkeit zu verlassen. Das nennt man Kochen. Bei einer reinen Substanz wie dem Wasser variiert die Temperatur nicht; in einem Topf mit kochendem Wasser bleibt die Temperatur bei 100°C, solange noch Wasser da ist (bei normalem Luftdruck). Deshalb kann man durch Kochen im Wasserbad die Temperatur konstant halten.
**Aminosäuren** reihen sich wie die Glieder einer Kette zu Proteinen auf. Es sind Säuren, die zugleich eine Aminogruppe enthalten, bestehend aus einem Stickstoff- und einem Wasserstoffatom ($NH_2$).
**Ananas** Frischer Ananassaft enthält proteolytische Enzyme (siehe *Enzyme*). Er läßt sich nicht gelieren, denn die Enzyme würden die Gelatinemoleküle angreifen. Um ein Ananasgelee zu erhalten, müßte man zuerst den Saft erhitzen, um die proteolytische Aktivität der Ananasenzyme, das Bromelain, zu zerstören.
**Anschwitzen** hat nichts mit Schwitzen zu tun, sondern heißt in der Küchensprache, daß man z. B. Schalotten oder Zwiebeln langsam erhitzt, damit diese weich werden und die aggressivsten Aromamoleküle verdunsten. Man kann auch etwas anschwitzen, ohne es Farbe annehmen zu lassen.
**Atome** werden klassischerweise als Gebilde dargestellt, die aus einem Kern und einer Hülle bestehen. Im Kern befinden sich die positiv geladenen Protonen und die Neutronen. Um den Kern kreisen die negativ geladenen Elektronen. Kern und Hülle werden durch die elektrostatische Anziehung ihrer entgegengesetzten Ladungen zusammengehalten.

**Berchoux, Joseph (1765–1839)** Er hat das Wort »Gastronomie« in die französische Sprache eingeführt. Sein in Versen geschriebenes Buch trägt den Untertitel »L'homme des champs à table«.
**Blanchieren** Eine Zutat kurze Zeit in kochendes Wasser tauchen. Blanchiert wird aus verschiedenen Gründen, z. B. um Knoblauch oder Zwiebeln milder und verträglicher zu machen. Speck, der bereits etwas ranzig ist, verliert beim Blanchieren seinen strengen Geschmack, weil

sich die ranzigen Fette an seiner Oberfläche auflösen. Und schließlich blanchiert man Pommes frites, um ihre Oberfläche zu verkleistern (ich habe eine Fritte vor und nach dem Blanchieren gewogen: ihre Masse von 15 g hatte sich um ein Gramm erhöht).

**Brillat-Savarin, Jean Anthelme (1755–1826)** Ein großer Mann, der ein unsterbliches Werk hinterlassen hat: die *Physiologie des Geschmacks*. Es ist ein Buch, von dem ich nie genug bekommen kann: amüsant, geistreich, instruktiv, historisch bedeutsam. Die »Physiologie« ist einer der Grundpfeiler der gastronomischen Literatur, zusammen mit Grimod de la Reynières *Manuel des amphitryons* und der *Gastronomie* von Joseph Berchoux.

**Butter** Wasser-in-Öl-Emulsion, die man aus Rahm zubereitet. Rahm ist, wie wir gesehen haben, eine Emulsion von Fetttröpfchen in Wasser. Wenn man diese Emulsion lange genug aufschlägt, verändert man ihre Struktur: Molke tritt aus, und man erhält Butter, eine Emulsion von Wasser (ungefähr 10%) in Fett. Die Kaseinmoleküle, die das Fett in der Sahne emulgiert haben, emulgieren nun das Wasser in der Butter.

**Carême, Marie-Antoine (geb. 1783 in Paris)** Einer der größten Köche aller Zeiten. Er wurde als Kind von einem Garkoch aufgelesen, der ihm das Kochen beibrachte. Carême wurde ein Schüler von Laguipierre, der die Saucen reformierte, und verfaßte äußerst kenntnisreiche und brillante Kochbücher, in denen er sich selbst als größten Koch aller Zeiten feierte – was er ja vielleicht auch war. Er hat die Saucen klassifiziert und damit das Werk seines berühmten Lehrers fortgeführt, und er hat begriffen, daß zu den wahren Tafelfreuden alle Aspekte gehören: nicht nur der Geschmack, sondern auch der Anblick der Speisen, die Dekoration und Präsentation.

**Dampf** Ein Gas, das aus Wassermolekülen besteht. Seine Temperatur liegt immer bei 100°C oder darüber. Wenn man Wasser erhitzt, bewegen sich die Moleküle so schnell, daß sie über die Kräfte siegen, die sie in einer Flüssigkeit festhalten: es entsteht Dampf, dessen Temperatur über 100°C liegt. Würde die Temperatur unter 100°C absinken, so würden die Wassermoleküle wieder zu flüssigem Wasser kondensieren. Für das Kochen ist in erster Linie die hohe Temperatur des Dampfs relevant: Im Dampf kann man garen, denn die Wassermoleküle, durch das Erhitzen in schnelle Bewegungen versetzt, stoßen gegen die Oberflächenmoleküle des Garguts, die nun ihrerseits gegen die Moleküle der inneren Schichten stoßen, die dadurch erhitzt werden. So breitet sich die Hitze von Molekül zu Molekül bis in den innersten Kern des Garguts aus. Diese Garmethode hat den Vorteil, daß die Moleküle des Garguts in diesem erhalten bleiben, anstatt in die Kochflüssigkeit überzugehen.

**Deglacieren** Ablöschen. Aroma- und Geschmacksmoleküle eines Bratensatzes werden mit Bouillon, Wein, Fond etc. vom Boden des Kochtopfs oder der Pfanne gelöst. Vergessen Sie also bei Ihrem nächsten Braten das Deglacieren nicht, denn es wäre schade um die Aromamoleküle, die sonst im Topf zurückbleiben würden. Denken Sie an die köstliche Sauce, die Sie daraus zubereiten können!

**Diffusion** Wenn man einen farbigen Siruptropfen in ein Glas Wasser gibt, sieht man, wie sich die Farbe allmählich im ganzen Glas verteilt, auch wenn man es nicht bewegt. Was wir hier beobachten, sind Molekülbewegungen. Je wärmer die Flüssigkeit, desto schneller bewegen sich die Moleküle. Dabei kollidieren die Sirupmoleküle und die Wassermoleküle miteinander und verteilen sich willkürlich im Glas. Diese Molekülbewegungen nennt man Diffusion. Die Diffusion ist die Grundlage der Osmose (s. dort).

# E

**Ei** Ein Ei wiegt zwischen 45 g und 75 g, also durchschnittlich 60 g. Es besteht zu zwei Dritteln aus Eiweiß und zu einem Drittel aus Eigelb. Die Schale schließt außerdem ein wenig Luft ein. Sie ist wasser- und luftdurchlässig.

**Einfrieren** Der Zusammenschluß von Molekülen zu einem festen Körper, wenn man eine Flüssigkeit stark abkühlt. Beim Gefrieren von Wasser z. B. bildet sich Eis. Das Erstarren der Wassermoleküle schließt übrigens die anderen Moleküle aus, die bei einer höheren Temperatur als 0°C fest werden. So kann man z. B. Schnaps produzieren: Friert man Cidre ein, bildet sich ein Eisblock, der ausschließlich aus Wasser besteht; die verbliebene Flüssikeit ist mit Alkohol angereichert. Dieses »Kalt-Destillieren« ist gesetzlich verboten. Dagegen ist es nicht verboten, eine Bouillon einzufrieren, um sie mit diversen Aromamolekülen anzureichern.

**Emulsion** Verteilung von Fetttröpfchen in Wasser oder umgekehrt von Wassertröpfchen in Fett. Die erste Variante nennt man Öl-in-Wasser-Emulsion, die zweite Wasser-in-Öl-Emulsion. Zum Öl-in-Wasser-Typ gehören z. B. die Mayonnaise, der Rahm, die Sauce Béarnaise, die weiße Buttersauce, Milch. Die Butter dagegen ist eine Wasser-in-Öl-Emulsion.
**Enfleurage** Eine Methode der Parfümgewinnung, die auf der Fettlöslichkeit beruht. Hochempfindliche Blüten werden auf eine Fettschicht gebettet: das Fett fängt die flüchtigen Duftstoffe ein. Durch das Einschmelzen des Fetts werden anschließend die Duftstoffe herausgelöst.
**Escoffier, Auguste** Noch ein großer Koch. Wenn Sie in die Gegend von Cannes kommen, sollten Sie unbedingt das August-Escoffier-Museum in Villeneuve-Loubet besuchen. Escoffier hat mit Ritz zusammen die berühmten Ritz-Hotels konzipiert. Sein Guide culinaire ist für alle Feinschmecker ein absolutes Muß.
**Essenz** Eine Essenz erhält man, indem man einen gewürzten Sud oder eine Marinade reduziert. Für eine Schinkenessenz z. B. läßt man den Schinken mehrere Stunden in einer Bouillon kochen, die man hinterher lange und langsam reduziert.
**Essig** Für den Physikochemiker eine Mischung aus Wasser und einer Säure, der Essigsäure. Die Essigsäurekonzentration ist je nach Essig mehr oder weniger stark. Ein Essig wird übrigens nicht unbedingt stärker, wenn man ihn reduziert.

**Fisch** Was man an ihm schätzt, ist – wie bei anderem Fleisch – das Muskelfleisch. Allerdings enthalten die Muskeln des Fischs wenig Kollagen, so daß man ihn nicht allzu lange kochen darf, wenn er nicht hart und zäh werden soll.
**Fleisch** Sagen wir es ganz einfach: Fleisch ist nichts anderes als Muskeln. Und Muskeln wiederum bestehen aus Muskelzellen und einem Bindegewebe, das die Zellen und ganzen Muskeln umhüllt: dem Kollagen. Wenn man Fleisch gart, macht man es einerseits hart, weil man die Proteine in den Muskelzellen koagulieren läßt, aber andererseits macht man es auch weich, weil man das Kollagen nach und nach auflöst. Vorsicht: Bei Temperaturen über 100°C koagulieren die Proteine sehr schnell; dadurch geht das Wasser (der Fleischsaft), an das sie gebunden sind, verloren, während das Kollagen sich allmählich auflöst, und man erhält ein sehr trockenes und zähes Fleisch. Übrigens ist die Kolla-

genmenge sehr unterschiedlich, so daß man nicht jedes Fleisch auf dieselbe Weise garen kann. Ein zartes Steak z. B., das wenig Kollagen enthält, darf nur kurz gebraten werden, weil es genügt, wenn die Proteine koagulieren (und die Maillard-Reaktionen an der Oberfläche ablaufen); wenn Sie das Steak weitergaren würden, würden die Proteine übermäßig koagulieren und ihr ganzes Wasser verlieren, und Sie würden statt des gewünschten saftigen Fleischs eine zähe Schuhsohle erhalten. Zähes Fleisch dagegen muß lange Zeit bei niedriger Temperatur (zwischen 70 und 85°C) gegart werden, damit das Kollagen zu Gelatine wird, ohne daß zuviel Wasser verlorengeht.

**Fond** Eine würzige Bouillon aus Fleisch, Fisch (einen Fischfond nennt man auch Fumet) oder Gemüse, mit der man eine Mehlschwitze ablöscht oder eine Grundsauce herstellt. Ein Fond enthält häufig Gelatine, also grenzflächenaktive Moleküle, die eine wichtige Rolle bei der Zubereitung von Saucen spielen, denn sie sind für das Emulgieren der Fette (Sahne oder Butter) verantwortlich.

**Fritieren** Da Wasser nur auf 100°C erhitzt werden kann, verwendet man Fett, um Gargut schnell zu erhitzen. Das ist das Prinzip des Fritierens. Im allgemeinen wird in Öl fritiert, weil letzteres auf hohe Temperaturen gebracht werden kann (bis ungefähr 220°C je nach Öl), aber man kann ähnlich hohe Temperaturen auch in einem Zuckersirup erhalten.

**Fruktose** Ein Zucker, den man in verschiedenen Früchten, z. B. in Trauben, findet.

**Gel** Denken Sie sich ein Zimmer, in dem eine Spinne ihre Fäden in alle Richtungen gezogen hat, vom Fußboden bis zur Decke, und nicht nur in den Ecken und Winkeln. So ungefähr muß man sich ein Gel vorstellen: Die Fäden sind die Gelatinemoleküle in einem Aspik oder die Pektinmoleküle in einer Konfitüre; die Fliegen sind die Wassermoleküle. Mit sehr wenig Fäden fängt man viele Fliegen; ebenso fängt man mit wenigen Gramm Gelatine eine große Menge Wasser – und alle möglichen Aromen ein.

**Gelatine** Ein Protein, aus dem sich das Kollagen zusammensetzt, jenes Bindegewebe, das die Muskelzellen im Fleisch umhüllt und das man in der Haut, den Sehnen, den Knochen findet. Wegen ihrer grenzflächenaktiven Eigenschaften verwendet man die Gelatine gern bei der Zubereitung von Saucen oder Gelees.

**Glacieren** Wenn man ein Gericht mit einem schönen, glänzenden Überzug versehen will, stellt man es unter den Grill und begießt es mit einer geeigneten Flüssigkeit, z. B. einem Zuckersirup oder einem gelatinehaltigen Fond. Dann läßt man das Wasser verdampfen, und es bleibt eine dünne, glänzende Haut zurück.

**Glukose** Ein Zucker, der im Blut und in tierischen Zellen reichlich vorhanden ist.

**Grimod de La Reynière, Alexandre Balthasar** (1758-1838) Sohn eines Gutsbesitzers, einer der drei Stützpfeiler der gastronomischen Literatur. Von der Revolution ruiniert, schlug er Kapital aus seiner »Gourmandise«, indem er der neuen, wohlhabenden Klasse die gastronomischen Geheimnisse der Reichen des Ancien Régime verriet. Er lehrte sie die raffiniertesten Tafelfreuden in seinem unsterblichen Werk *Le Manuel des amphitryons*, und er schuf eine Art »Gault et Millau« seiner Epoche, den *Almanach du gourmand.*

**Gluten** Klebereiweiß, bestehend aus den wasserunlöslichen, aber quellfähigen Proteinen Gliadin und Glutenin des Mehls. Beim Verkneten von Mehl mit Wasser bildet es ein elastisches Netz. Zu starkes Durchwalken birgt allerdings die Gefahr, daß das Glutennetz den Teig beim Backen einschnurren läßt.

**Gourmand** Ein Mensch, der die Tafelfreuden liebt. Ein Gourmand hält sich dabei mehr an die festen Speisen, ein Gourmet an die flüssigen.

**Gourmet** Ein Gourmet ist jemand, der den Wein liebt, ein Gourmand schätzt mehr das gute Essen. Der eine ist nicht besser als der andere, auch wenn es heißt, daß das Essen nur ein körperliches, der Wein dagegen ein geistiges Vergnügen sei. (Der Urheber dieser Maxime dürfte wohl eher ein Gourmet gewesen sein.)

**Hefen** Einzellige Mikroorganismen (Pilze), die sich von Zucker ernähren und Kohlendioxid freisetzen. Die berühmteste Unterart heißt Saccharomyces cerevisiae. Man verwendet sie beim Brotbacken, aber auch beim Bierbrauen.

**Infusion** Aufguß, Sud. Dient zur Extraktion von Aromamolekülen in heißer Flüssigkeit. Tee ist z. B. eine solche Infusion. Denken Sie daran, daß die flüchtigsten Moleküle zuerst herausgelöst werden, dann die weniger flüchtigen Moleküle. Aus diesem Grund ist Tee, der nur kurz gezogen hat, aromatisch; läßt man ihn länger durchziehen, wird er bitter und adstringierend, weil das heiße Wasser dann die bitteren Tannine aus den Blättern herauslöst. Die Infusion ist im übrigen ein allgemeines Küchenprinzip, das nicht nur bei der Teezubereitung Verwendung findet.

**Kalzium** Ein chemisches Element. Ein Kalziumatom bildet zusammen mit einem Kohlenstoffatom und drei Sauerstoffatomen das Kalziumkarbonat, eine wenig wasserlösliche Substanz, die das Wasser hart (oder »kalkig«) macht. Es ist auch für die Härte von Trockengemüse verantwortlich, weil es sich mit den Pektinmolekülen der Zellwände verbindet und ihre Zersetzung blockiert.

**Käse** Ensteht, wenn Sie Lab zur Milch geben. Dadurch koagulieren die Kaseine, wobei sie das in der Milch enthaltene Fett festhalten und die Molke freisetzen. Wenn man das Wasser des so entstandenen Gels abtropfen läßt, erhält man Frischkäse. Durch die Fermentierung dieses Frischkäses mit Hilfe diverser Mikroorganismen erhält man die vielen verschiedenen Käsesorten, für die Frankreich so berühmt ist.

**Karamel** erhält man, wenn man Zucker in Wasser kocht. Solange die Wassermenge groß ist, liegt die Temperatur bei 100°C. Wenn sich die Wasserkonzentration dann verringert, erhält man einen Sirup, dessen Temperatur um so höher ist, je stärker die Sirupkonzentration wird. Von einem bestimmten Moment an wird der Sirup braun: man erhält den Karamel. Karamel läßt sich übrigens auch leicht in der Mikrowelle herstellen.

**Karamelisieren** Dieser Ausdruck wird in der Küche zum einen für das Karamelisieren von Zucker, zum anderen aber auch in bezug auf Bratensaft oder Jus gebraucht. In Wirklichkeit handelt es sich dabei häufig um eine Maillard-Reaktion, bei der sich braune Moleküle wie der Karamel bilden. Chemiker aus Grenoble haben bewiesen, daß beide Reaktionen (die Maillard-Reaktion und die Karamelisierung) gleichzeitig ablaufen, wenn Zucker und Proteine zusammenkommen.

**Kasein** Ein Protein, das man in der Milch findet. Die Kaseinproteine schließen sich darin zu kleinen Aggregaten zusammen, den sogenannten Mizellen; diese Mizellen verteilen sich im Wasser, das den größten Teil der Milch ausmacht, oder lagern sich an der Oberfläche der Fettkügelchen an. Aufgrund seiner grenzflächenaktiven Eigenschaften ist das Kasein äußerst nützlich bei der Zubereitung von Schaumspeisen oder Emulsionen.

**Klären** Entfernen von trübenden Substanzen aus Suppen und Saucen. Um eine klare, durchsichtige Bouillon zu erhalten, gibt man ein Eiweiß in die kalte Bouillon, die man langsam und unter ständigem Umrühren erhitzt. Wenn das Eiweiß gerinnt, fängt es die Partikelchen ein, die die Bouillon trüben. Beim Abgießen durch ein Sieb oder Passiertuch bleiben sie darin hängen.

**Koagulieren** Gerinnen von Proteinen, z. B. beim Erhitzen.

**Kollagen** Hauptbestandteil der Kollagenfasern, die die Fleischzellen umhüllen und zäh machen. Im heißen Wasser wird es nach und nach abgebaut, wobei es die Gelatinemoleküle freisetzt, aus denen es besteht.

**Knusprig** Lebensmittel sind knusprig, weil ihr Wasser an der Oberfläche (der Kruste) oder ganz verdampft ist. Aber Vorsicht: Das Knusprige bleibt nicht lange knusprig, wenn es mit Wasser in Kontakt kommen. So sollte man z. B. gebratene Auberginen nicht aufeinanderstapeln: Da sie heiß sind, setzen sie Wasserdampf frei, der die Kruste aufweicht. Dasselbe passiert mit Kartoffelchips, die man zu lange offen herumliegen läßt, denn die Luft enthält immer eine gewisse Feuchtigkeit.

**Laktose** Der Zucker, der in der Milch enthalten ist.

**Lipide** Fette oder fettähnliche Substanzen, die fest oder flüssig (dann nennt man sie Öle) sein können. Eine wichtige Klasse der Lipide stellen die Triglyceride dar, die dreizinkigen Kämmen ähneln: der Griff des Kamms ist das Glyzerin, die Zinken sind die Fettsäuremoleküle, die ausschließlich aus Kohlenstoff- und Wasserstoffatomen bestehen. Die Fettsäuren sind wie die Triglyzeride insgesamt nicht wasserlöslich.

**Lösung** Nehmen wir eine Flüssigkeit, die ausschließlich identische Moleküle enthält, und verteilen wir andere Moleküle darin: Wir erhalten eine Lösung. Wein ist z. B. eine Lösung in Wasser oder eine wäßrige Lösung von Äthylalkohl und allen anderen Molekülen, die dieses Getränk zu einer Göttergabe machen. Essig ist eine wäßrige Lösung von Essigsäure und anderen Aromamolekülen.

**Maillard, Louis-Camille (1878–1936)** Ein Chemiker aus Nancy. Warum hat ihm die Stadt noch kein Denkmal gesetzt? Und warum ist seine Asche nicht längst ins Pantheon überführt worden? Liebe Feinschmecker-Freunde, lassen Sie uns gemeinsam dafür kämpfen, daß diesem Wohltäter der Menschheit endlich Gerechtigkeit widerfährt.

**Maillard-Reaktion** Wichtige chemische Reaktion beim Kochen. Aus ihr gehen die aromatischen Bräunungsstoffe hervor, die wir an der Braten- oder Brotkruste lieben. Proteine und Zucker reagieren chemisch miteinander, wenn man bestimmte Lebensmittel ohne Wasser erhitzt: Die beiden Moleküle verbinden sich zu einem größeren Molekül, dem sogenannten Amadori-Komplex. Durch eine Transformation des letzteren entstehen verschiedene Aromamoleküle und Bräunungsstoffe.

**Mazeration** Dient zur Lösung von Aromamolekülen in kalter Flüssigkeit. Durch Mazeration erhält man z. B. Orangenwein (siehe unser Rezept) oder Pfefferminzlikör, mit dem Sie Ihre Desserts parfümieren können: Geben Sie Minzeblätter ein paar Tage lang mit Zucker in einen klaren Schnaps und filtern Sie dann die Flüssigkeit.

**Mehl** wird durch Mahlen von Getreidekörnern gewonnen. Das Weizenmehl z. B. besteht aus Stärke und einigen Proteinen. Unter den Proteinen nehmen die Glutenproteine eine besondere Stellung ein; das Gluten wird sichtbar, wenn man ein wenig Mehl mit Wasser verknetet und die Teigkugel unter einen Wasserstrahl hält: das Wasser fließt weißlich ab, weil sich die Stärke darin auflöst, und es bleibt eine gummiartige Masse zurück, das Gluten. Dieses Gluten ist ein Netz, das beim Brotbacken die Kohlensäure im Teig festhält, aber bei bestimmten Backwaren behindert es das Aufgehen. Die Stärkekörner des Mehls bestehen aus den Amylosemolekülen, die sich aus einer großen Zahl von Glukosemolekülen zusammensetzen, und den Amylopektinmolekülen, ebenfalls einer Aneinanderreihung von Glukosemolekülen, aber verzweigt. Im ersten Fall hat man einen langen Faden, im zweiten Fall eher einen Baum.

**Mikrowellen** Elektromagnetische Wellen, die in Lebensmittel eindringen können. Die Mikrowellen unserer Mikrowellenherde sind so konzipiert, daß sie gut von Wassermolekülen absorbiert werden; dabei reichern sich die Wassermoleküle mit der Energie der Mikrowellen an und bewegen sich immer schneller. Mit anderen Worten, sie werden erhitzt.

**Moleküle** Zusammenschluß von Atomen, der durch chemische Bindung bewirkt wird. Je nach Art der Atome und ihrer Anordnung innerhalb der Moleküle haben sie verschiedene Eigenschaften. Die Moleküle der organischen Welt, also von Tieren und Pflanzen, bestehen hauptsächlich aus Kohlenstoff, Wasserstoff, Sauerstoff, Stickstoff, Schwefel und einigen anderen Atomen.

**Öl** besteht aus wasserunlöslichen Molekülen, die sich bis auf über 200°C erhitzen lassen, ohne zu kochen. Jenseits dieser Grenze fängt das Öl zu rauchen an und wird chemisch umgebaut: Die Atome der Ölmoleküle ordnen sich neu an und und bilden dabei unter anderem ein Molekül, das in den Augen beißt, das Akrolein. Die verschiedenen Speiseöle (Sonnenblumenöl, Sojaöl, Traubenkernöl, Walnußöl, Olivenöl) ertragen verschieden hohe Maximaltemperaturen, so daß man sie nach ihrem »Rauchpunkt« klassifizieren kann.

**Osmazom** Brillat-Savarin glaubte, gestützt auf die Arbeiten des großen französischen Chemikers Baron Louis Thénard, daß das Osmazom für den Geschmack des Fleischs verantwortlich sei. In Wirklichkeit verdankt Fleisch seinen Geschmack einer Mischung aus zahlreichen Molekülen.

**Osmose** Physikalisches Prinzip, das auf der Diffusion (s. dort) der Moleküle durch eine Membran beruht. Wassermoleküle z. B. diffundieren so lange, bis sie auf beiden Seiten der Zellmembranen in gleicher Konzentration vorhanden sind. Wenn man ein Salzkristall mit einer Zelle in Kontakt bringt, tritt Wasser aus der Zelle aus, damit die Salzkonzentration innerhalb und außerhalb der Zelle gleich ist. Auf diese Weise kann man z. B. Auberginenscheiben entwässern oder Fleisch pökeln.

**Papaya** Köstliche exotische Früchte, die proteolytische Enzyme (Papain) enthalten, mit denen man Fleisch weichmachen kann.

**Panade** Eine Mischung aus Mehl und kochendem Wasser, in dem man Fett aufgelöst hat. Panaden bilden die Grundlage für die Zubereitung von Klößchen, Windbeuteln, Brandteig usw.

**Parüren** Fleischabfälle, die man erhält, wenn man Fleisch »pariert«, das heißt, Sehnen, Knorpel, überschüssiges Fett entfernt.

**Pektin** Molekül, das die harte Wand der Pflanzenzellen bildet.

**Proteine** Moleküle, die wie lange Perlenketten sind; die Perlen sind die Aminosäuren. Manche Proteine, die sogenannten globulären Proteine, sind in sich verschlungen; andere liegen ausgestreckt im Wasser, das den größten Teil der Lebensmittel ausmacht. Für uns ist vor allem relevant, daß durch die chemischen Reaktionen der Proteine mit den Zuckern wohlschmeckende Moleküle entstehen und daß sich in der Hitze die Proteine entrollen, um sich dann untereinander zu verbinden; das nennt man Koagulieren.

**Reduzieren** Ein wichtiges kulinarisches Prinzip. Durch die Hitze verdampft das Wasser einer Lösung, so daß die aufgelösten Aromamoleküle konzentriert werden.

**Sahne** Wenn man Milch stehen läßt, steigen die Fetttröpfchen, umhüllt von Kaseinmizellen, langsam an die Oberfläche, weil sie leichter als das Wasser sind. Entrahmt man die Milch, erhält man Sahne, eine Dispersion von Fetttröpfchen in ein wenig Wasser: das ist eine Emulsion. Die Sahne enthält Wasser, grenzflächenaktive Moleküle (das Kasein) und Fette. Wenn man geschmolzene Butter oder Rahm in einer aromatisierten Lösung aufschlägt, reichert man letztere mit Fett an: die Grundlage für zahlreiche Saucen. Gibt man eine Flüssigkeit dazu, macht man die Emulsion flüssiger, weil die Fetttröpfchen mehr Bewegungsfreiheit haben.

**Salz** Tafelsalz (NaCl) ist eine einfache Substanz: Stellen Sie sich eine großes würfelförmiges Gebilde vor, das wiederum aus lauter kleinen, übereinandergestapelten Würfeln besteht, die abwechselnd rot und blau sind. Dieses Netz wäre ein Salzkristall, wobei die roten Würfel die Natriumatome und die blauen Würfel die Chloratome repräsentieren. Elektrische Kräfte halten diesen gleichmäßigen Kristall zusammen. Gibt man die Salzkristalle in Wasser, so stoßen die Wassermoleküle, die unablässig in Bewegung sind (je heißer das Wasser, desto schneller die Bewegungen), gegen diese Gebilde und bringen sie aus dem Gleichgewicht. Die Chlor- und Natriumatome verteilen sich im Wasser, so daß das Wasser salzig wird (der salzige Geschmack kommt von den Natriumatomen).

**Schaum** Dispersion von Gasblasen in einer Flüssigkeit (flüssiger Schaum) oder einer festen Substanz (fester Schaum). Eischnee ist z. B. ein flüssiger Schaum: Die Luftblasen sind von den Eiweißproteinen und einer Flüssigkeit umgeben, die nicht abfließen kann, da sie viskos ist und von denselben Kräften gehalten wird, die das Wasser in einem Wasserglas am Rand nach oben ziehen. Vergessen wir nicht, daß die Flüssigkeit oder feste Substanz um die Blasen herum köstliche Dinge enthalten kann. Die Luftblasen dagegen geben dem Ganzen eine wunderbare Leichtigkeit.

**Stärke** Hauptbestandteil des Mehls. Die Stärke des Weizens z. B. enthält zwei Molekültypen: die Amylosemoleküle, die in heißem Wasser löslich sind, und die Amyolpektinmoleküle, die in den Stärkekörnern gefangen bleiben. Eine weiße Sauce dickt z. B. deshalb ein, weil die Amylosemoleküle sich auflösen und die kristalline Anordnung der Amylopektinmoleküle durch die Wassermoleküle zerstört wird, wodurch die Stärkekörner aufquellen.

**Stärkekleister** Wenn man Stärke mit Wasser erhitzt, lösen sich die Amylosemoleküle im Wasser auf, während die Wassermoleküle sich unter die Amylopektinmoleküle der Körner mischen. Letztere quellen auf, und man erhält ein Gel namens Stärkekleister.

T**annine** Gerbstoffe. Im Mund verbinden sie sich mit den Proteinen des Speichels und blockieren deren Funktion: daher ihre schleimhautzusammenziehende, adstringierende Wirkung. Tannine sind in zahlreichen kulinarischen Zutaten enthalten: im Wein, vor allem, wenn er im Faß gereift ist, in Pflanzen und Gewürzen wie Pfeffer und Tee usw.

W**asser** Eine durchsichtige, farb-, geruch- und geschmacklose Flüssigkeit. Wasser besteht aus einer einzigen Molekülart, den Wassermolekülen. Jedes Wassermolekül enthält drei Atome: ein Sauerstoffatom, das mit zwei Wasserstoffatomen verbunden ist. In flüssigem Wasser bewegen sich die Moleküle unablässig in alle Richtungen. Je mehr man das Wasser erhitzt, desto schneller werden sie. Erreicht die Temperatur schließlich 100°C, sind die Bewegungen so schnell, daß die Wassermoleküle die Flüssigkeit verlassen können und so über die Kräfte siegen, die sie zusammenhalten. Das Wasser verdunstet, oder anders gesagt: die Moleküle verlassen die Flüssigkeit in Form von Dampf. Umgekehrt werden die Moleküle langsamer, wenn man das Wasser abkühlt, bis sie schließlich bei 0°C zu einem Kristall erstarren, dem Eis.

**Wasserdampfextraktion** Eine weitere Methode der Parfümgewinnung. Dabei werden pflanzliche Substanzen in Wasser gekocht. Beim Kochen werden die Substanzen zersetzt und geben die essentiellen Öle frei, die in den Zellen eingeschlossen waren. Das Prinzip der Wasserdampfextraktion beruht auf der Tatsache, daß die verschiedenen Moleküle einer Lösung immer in einem gewissen Maß spontan verdunsten: über jeder Flüssigkeit liegt ein Dampf aus den Molekülen der Flüssigkeit. Kocht man also eine Mischung, nimmt der Wasserdampf die Moleküle mit, die den Dampf bilden: andere Moleküle entweichen, um den gasförmigen Teil wiederherzustellen. Kondensiert dann der mit Aromamolekülen beladene Dampf, können die nicht wasserlöslichen Aromamoleküle vom Kondenswasser getrennt werden.

**Wein** Für den Physikochemiker eine Flüssigkeit, die zu neun Zehnteln aus Wasser besteht und zu nur einem Zehntel aus Äythlalkohol, mit Spuren anderer Zutaten (Glyzerin, Tannine, Farbstoffe, verschiedene Aromen), die, obwohl sie in winzigen Mengen vorliegen, daraus ein köstliches, unverwechselbares Getränk machen.

**Zellen** Kleinste Bau- und Funktionseinheit lebender Organismen. Bei den einzelligen Mikroorganismen ist jede Zelle ein Organismus für sich. In diesem Fall enthält die Zelle viel Wasser und verschiedene Moleküle, die den Einzeller lebens- und reproduktionsfähig machen. Manche dieser Zellen sind äußerst nützlich, so z. B. die Hefepilze, die im Brotteig die Zuckermoleküle verzehren und dabei Kohlendioxid freisetzen, wodurch der Teig aufgeht.

**Zucker** Die Terminologie ist ein wenig irreführend, aber die Sache ist trotzdem einfach. Mit Zucker ganz allgemein ist der Haushaltszucker gemeint, den die Chemiker Saccharose nennen: seine Moleküle bestehen aus einer Aneinanderreihung von einem Glukosemolekül (das Molekül, das unserem Organismus als Brennstoff dient) und einem Fruktosemolekül (das Molekül, das für den süßen Geschmack von Früchten verantwortlich ist). Die Saccharose ist nur eines der zahlreichen Mitglieder einer großen Familie: die Glukose und Fruktose sind ihre Schwestern, also ebenfalls Zucker. Zur Familie gehören außerdem die Laktose (Milchzucker), die Mannose, die Maltose usw., die ebenfalls ziemlich einfache Zucker sind. Und natürlich dürfen wir nicht die Klasse der komplexen Zucker vergessen: ihre Moleküle sind viel länger und bestehen oft aus einer Aneinanderreihung von einfachen Zuckern.